율법이 복음을 만나다

국립중앙도서관 출판예정도서목록(CIP)

율법이 복음을 만나다 = Commandments and gospel :
613개의 율법에 대한 종합해설서 / 지은이: 김영진.
— 서울 : 미크라, 2015
976p. ; 15.2X22.5cm

연대표 수록
ISBN 979-11-956033-0-5 03230 : ₩50000

율법[律法]
복음[福音]

234.12-KDC6
241-DDC23   CIP2015024183

율법이 복음을 만나다

613개의 율법에 대한 종합 해설서

초판 1쇄 발행 2015년 9월 25일

　지은이　김영진
　발행인　김영진
　펴낸곳　도서출판 미크라(Miqra)
등록번호　제 2008-000047호
등록일자　2008년 3월 4일
　　주소　서울시 강남구 학동로1길 19(논현동)
홈페이지　www.mikra.co.kr

　디자인　참디자인(02-3216-1085)

　ISBN　979-11-956033-0-5 (03230)

＊ 독자 여러분들의 의견을 기다립니다.
＊ 파본은 교환해 드립니다.

율법이 복음을 만나다

613개의 율법에 대한 종합 해설서

김영진 지음

mikra 미크라

Commandments

and

Gospel

Preface

들어가는 말

    율법이 복음을 만나다는 구약성경을 여는 열쇠가 되는 토라(תּוֹרָה)(teaching)를 통하여 성경전체를 통섭적으로 읽으려고 시도한 것이다. 이러한 시도의 필요성은 신구약성경은 하나의 맥으로 이해할 때 그 의미가 있기 때문이다. 경우에 따라서 그 내용이 변해가는 것들이 있다. 그런 것은 왜 그렇게 변해졌는가 하는 그 이유를 설명해야만 한다. 그래야 적어도 성경 안에서의 모순을 피할 수 있기 때문이다.

    표면적으로 보면 성경은 모순투성이처럼 보인다. 같은 주제에 대하여 구약성경 안에서도 각기 다르게 설명하는 경우도 있고, 또 구약성경과 신약성경 사이에서도 차이점이 분명히 드러난다.

    성경 안에 흐르는 이러한 생각의 흐름을 이해하지 않으면 우리는 성경을 완전히 잘못 이해하게 된다. 예를 들어 물질의 축복에 대한 문제도 우리는 구약에서만 머무는 것이 아니라 예수님의 가르침과 신약성경 전체의 가르침과 함께 생각해야만 한다.

    오늘날 많은 사람들은 성경을 너무나 단순화시키는 경향이 있다. 그렇다면 처음부터 성경을 단순하게 기록하지 왜 이렇게 방대하게 기록하였으며, 또 구약성경이 필요없다면 처음부터 정경에 포함시키지 않았을 것이다. 하나님은 우리보다 더 치밀하시고 완전한 분이기 때문에 그분 생각에 필요하다고 여겨서 우리에게 주신 신구약성경을 소중히 여기는 자들이 되어야 한다. 하나님이 소중하다고 말씀하는 것을 인간이 소중하다고 말하지 않고, 단순화 시키는 것은 바람직한 모습이 아니다. 하나님이 주신 것을 사람이 필요없거나 덜 중요하다고 말하는 것 역시 바람직하지 못한 성경관이다.

따라서 우리는 성경을 단순화 할 것이 아니라 복잡한 성경을 성령의 도우심으로 이해하고 믿고 그대로 살아가는 것이 필요하다. 이해는 내 자신뿐만 아니라 타인을 위해서도 필요한 것이고, 믿음과 삶은 성도의 의무이기도 하다.

또 한가지 오늘날 성경읽기의 문제점은 성경을 부분적으로만 읽는다는 것이다. 따라서 성경 전체의 인과관계를 정확히 알지 못한다. 이런 경우는 성경을 다 아는 것 같지만 그러나 실제로 성경의 껍질만 알게 된다. 메시야 예언이 선포된 구약을 읽고 그 성취인 신약을 읽어야 한다. 뿐만 아니라 율법의 내용과 실태가 무엇인지 잘 모르면서 신약의 율법주의를 다 안다고 생각하는 문제점이 있다. 이러한 성경읽기를 '성경 물구나무 서서 읽기'라고 부르겠다. 물구나무 서서 성경을 읽는 것보다는 바로 보는 것이 훨씬 성경에 접근하기가 쉽다. 따라서 본 책은 성경 바로보기를 도와준다.

성경은 예수 그리스도를 통한 구원을 우리에게 알려주는 책이다. 이것을 깨닫고 이해하기 위해서는 주어진 말씀 전체를 이해하는 노력이 필요하다. 주어진 말씀이란 우리가 어떻게 할 수 없는 것이란 의미이다. 하나님의 말씀을 우리가 어떻게 할 수 없는 것과 마찬가지이다.

율법이 복음을 만나다는 마이모니데스(Maimonides = Rabbi Moses ben Maimon = Rambam)(1135~1204년)의 분류를 따른다(Maimonides, "Commandments, the 613," *Judaica* 5: 763-782). 그는 613개의 가르침(토

라)을 형식에 따라 긍정과 부정으로 나누고 이것을 다시 31개의 주제로 나누었다. 그러나 이러한 분류의 문제는 긍정에서 다룬 주제를 부정에서 다시 한 번 다루는 중복성의 문제가 생긴다. 따라서 이를 보완하기 위하여 본 책에서는 613개의 가르침에 대한 분류는 그의 분류를 따르나 필자는 이 전체를 12개의 대주제, 80개의 소주제로 나누었다. 여기에 구약본문과 상관된 신약 본문에 대한 연구뿐만 아니라 역사적, 문화적, 신학적 이해와 고고학과 고대근동과의 관련성 그리고 심지어는 유대인들의 이해까지 모든 분야를 모두 망라하였다.

율법이 복음을 만나다가 세상에 빛을 보이게 된 것을 하나님께 감사드린다. 원고 교정을 위하여 도와준 김평화 집사와 맑고밝은교회 성도들께 고마움을 전한다. 아무쪼록 이 작은 노력들이 성경의 맥을 집어가는데 기여하는 작은 씨가 되었으면 한다.

2015년 8월 1일
Homo Dei
קים יונג נין

Contents

차례

제 13부 정치 생활 · 849

제 14부 경제 생활 · 877

Abbreviations

약어표

AB   Anchor Bible

ABD   *Anchor Bible Dictionary*, 6 Vols, New York, 1992

ANET   J. B. Pritchard(ed.), *Ancient Near Eastern Texts Relating to the Old Testament*, 3rd Edition, Princeton, 1969

BA   *Biblical Archaeologist*, Philadelphia

BAR   *Biblical Archaeology Review*. Washington, DC

BASOR   *Bulletin of the American Schools of Oriental Research*, Philadelphia

BZ   *Biblische Zeitschrift*, Paderborn

CAD   *The Assyrian Dictionary of the Oriental Institute of the University of Chicago*, Chicago: The Oriental Institute

CBQ   *Catholic Biblical Quarterly*, Washington, DC

CS   W. W. Hallo and K.L. Younger, Jr., *The Context of Scripture Volume I: Canonical Compositions from the Biblical World*; *Volume II: Monumental Inscriptions from the Biblical World*; *Volume III: Archival Documents from the Biblical World*, Leiden: E · J Brill, 1995, 2000, 2002

DCH   D. J. A. Clines(ed.), *The Dictionary of Classical Hebrew*, Sheffield: Sheffield Academic Press, 1993–

EI   *Eretz Israel*, Jerusalem

Enc.Miqr(אנציקלופידיה מקראית *Encyclopaedia Biblica*), Jerusalem, 1950–1988(Hebrew)

HALOT	L. Koehler and W. Baumgartner, *The Hebrew and Aramaic Lexicon of the Old Testament*, 5 Vols., Leiden, 1994−2000
HSS	*Harvard Semitic Studies*, Atlanta, GA
IEJ	*Israel Exploration Journal*, Jerusalem
IOS	*Israel Oriental Studies*, Tel−Aviv
JAOS	*Journal of the American Oriental Society*, New Haven, CT
JBL	*Journal of Biblical Literature*, Atlanta, GA
JCS	*Journal of Cuneiform Studies*, New Haven
JNES	*Journal of Near Eastern Studies*, Chicago
JPOS	*Journal of the Palestine Oriental Society*, Jerusalem
JPS	The Jewish Publication Society
JSOT	*Journal for the Study of the Old Testament*, Sheffield
Jud	*Judaism: A Quarterly Journal of Jewish Life and Thought*, New York
Judaica	*Encyclopedia Judaica*, 17 Vols, Jerusalem, 1971
Judaica 2nd	*Encyclopedia Judaica 2nd*, 22 Vols, Jerusalem, 2007
KAI	H. Donner and W. Röllig, *Kanaanäische und aramäische Inscriften*, 3 Vols, Wiesbaden, 1962
LXX	Septuagint
NAB	*The New American Bible*, New York, 1970
NICO	The New International Commentary on the Old Testament
NJB	*The New Jerusalem Bible*, New York, 1985
NKJV	*The Holy Bible, New King James Version*, New York, 1982
NRSV	*The Holy Bible, New Revised Standard Version*, Oxford, 1989
OTL	Old Testament Library
PEQ	*Palestine Exploration Quarterly*, London
PRU	*Le Palais royal d'Ugarit*, Paris
Rashi, *Deuteronomy*	Rabbi A. Ben Isaiah and Rabbi B. Sharfman, *Deuteronomy*, The Pentateuch and Rashi's Commentary A Linear Translation into English(New York: S.S. & R. Publishing Company, INC, 1977)

Rashi, *Exodus* Rabbi A. Ben Isaiah and Rabbi B. Sharfman, *Exodus*, The
Pentateuch and Rashi's Commentary A Linear Translation into
English(New York: S.S. & R. Publishing Company, INC,
1977)

Rashi, *Genesis* Rabbi A. Ben Isaiah and Rabbi B. Sharfman, *Genesis*,
The Pentateuch and Rashi's Commentary A Linear Translation
into English(New York: S.S. & R. Publishing Company, INC,
1977)

Rashi, *Leviticus* Rabbi A. Ben Isaiah and Rabbi B. Sharfman, *Leviticus*,
The Pentateuch and Rashi's Commentary A Linear Translation
into English(New York: S.S. & R. Publishing Company, INC,
1977)

Rashi *Numbers* Rabbi A. Ben Isaiah and Rabbi B. Sharfman, *Numbers*,
The Pentateuch and Rashi's Commentary A Linear Translation
into English(New York: S.S. & R. Publishing Company, INC,
1977)

RB   *Revue Biblique*, Paris

REB   *The Revised English Bible*, Oxford, 1989

RGG   K. Galling ed., *Die Religion in Geschichte und Gegenwart*.
3rd. ed. 6 Vols., Tuebingen: Mohr/Siebeck, 1957−1965

SJB   Tanakh − The Holy Scriptures, *The Standard Jewish Bible for
the English speaking world*, Philadelphia, 1988

SJT   *Scottish Journal of Theology*

UT   C. H. Gordon, *Ugarit Text*, Rome, 1965

VT   *Vetus Testamentum*, Leiden

WBC   Word Biblical Commentary

ZAW   *Zeitschrift für die alttestamentliche Wissenschaft*, Berlin

Chronological Table

주전 2천년대 고대근동 연대표

이집트		메소포타미아			
[중왕국]		**[아시리아]**		**[바벨론]**	
이집트의 왕 연대표는 하자에 따라 차이가 있음					
아메넴헤트 1 (Amenemhet)	주전 1991-1962				
센보스레트 1 (Senwosret)	주전 1971-1926				
아메넴헤트 2 (Amenemhet)	주전 1929-1892				
센보스레트 2 (Senwosret)	주전 1897-1878	나람신 (Narm-Sin)		수무아붐 (Sumuabum)	주전 1894-1881
센보스레트 3 (Senwosret)	주전 1897-1841	에리슘 (Erishum)		수무라엘 (Sumulael)	주전 1880-1845
아메넴헤트 3 (Amenemhet)	주전 1844-1797	삼시-아다드 1 (Shamshi-Adad)	주전 1808-1776	사비움 (Sabium)	주전 1844-1831
아메넴헤트 4 (Amenemhet)	주전 1799-1787	이수메-다간 (Ishme-Dagan)	주전 1775-	아필-신 (Apil-Sin)	주전 1830-1813
네푸르소벡 (Nefrusobek)	주전 1787-1783			신-무발리트 (Sin-muballit)	주전 1812-1793
				함무라비 (Hamurabi)	주전 1792-1750
				삼수일루나 (Samsuiluna)	주전 1749-1712
				아비-에슈 (Abi-Eshuh)	주전 1711-1684
				아미디타나 (Ammiditana)	주전 1683-1647
				암미짜두카 (Ammiṣaduqa)	주전 1646-1626
				삼수디타나 (Samsuditana)	주전 1625-1595

[신왕국]					
제18왕조					
아흐메세	주전1569-1545				
아멘호텝 1	주전1545-1525				
투트모세 1	주전1525-1516				
투트모세 2	주전1516-1504				
투트모세 3	주전1504-1452				
헤쳅수트 (Hatshepsut)	주전1502-1482				
아멘호텝 2	주전1454-1419				
투트모세 4	주전1419-1410				
아멘호텝 3	주전1410-1372	아수르-우발리 1	주전1363-1328	카다쉬만-엔릴 1(Kadashman-Enlil)	주전1374?-1360

이집트		아시리아		바빌로니아	
스멘하레 (Smenkhkare)	주전1355	엔릴-니라리 1 (Enlil-nirari)	주전1327-1318	부르나부리아쉬 3	주전1359-1333
투탄하문	주전1355-1346	아릭-텐-일리 (Arik-den-ili)	주전1317-1306	카라-하다쉬 (Kara-Hardash)	주전1333
아이(Ay)	주전1346-1343	아다드-니라리 1 (Adad-nirari)	주전1305-1274	나지-부가쉬 (Nazi-Bugash)	주전1333
호렘헵 (Horemheb)	주전1343-1315	살만에셀 1 (Shalmaneser)	주전1273-1244	쿠리갈주 2	주전1332-1308
		투쿨티-니누르타 1 (Tukulti-ninurta)	주전1243-1207	나지-마루타쉬	주전1307-1282
제19왕조		아수르-나딘-아플리 (Assur-nadin-apli)	주전1206-1203	카다쉬만-투르구	주전1281-1264
람세스 1	주전1315-1314	아수르-니라리 III	주전1202-1197	카다쉬만-엔릴 2	주전1263-1255
세티 1	주전1314-1304	엔릴-쿠두리-우쭈루 (Enlil-kuduri-usur)	주전1196-1192	쿠두루-엔릴	주전1254-1246
람세스 2	주전1304-1237	니누르타-아필-에쿠르 (Ninurta-apil-Ekur)	주전1191-1179	샤가라크티-슈리아쉬 (Shagarakti-Shuriash)	주전1245-1233
메르넵타	주전1237-1226	아수르-단 1 (Assur-dan)	주전1178-1133	카쉬틸리아슈 4	주전1232-1225
아멘메세 (Amenmesse)	주전1226-1221	무타킬-누스쿠 (Mutakkil-Nusku)	주전	엔릴-나딘-슈미 (Enlil-nadin-shujmi)	주전1224
메르넵타-시프타	주전1215-1209	아수르-레샤-이쉬 (Assur-resha-ishi)	주전1132-1115	카다쉬만-하르베 2(Kadashman-Harbe)	주전1223
토스레트	주전1209-1201	디글랏빌레셋1	주전1114-1076	아다드-슈마-이디나	
		아샤리드-아필-에쿠르 (Asharid-apil-Ekur)	주전1075-1074	아다드-슘마-우쭈르	주전1216-1187
제20왕조		아수르-벨-칼라	주전1073-1056	델리-시파크	주전1186-1172
세트나흐테	주전1200-1198	에리바-아다드 2	주전1055-1054	마르둑-아플리-이디나 1	주전1171-1159
람세스 3	주전1198-1166	샴시-아다드 4	주전1053-1050	자바바-슈마-이디나	주전1158
람세스 4	주전1166-1160	아수르나찌르팔 1	주전1049-1031	엔릴-나딘-아히	주전1157-1155
람세스 5	주전1160-1156	살만에셀 2	주전1030-1019		
람세스 6	주전1156-1149	아수르-니라리 4	주전1018-1013		
람세스 7	주전1149-1141	아수르-라비 2	주전1012-972		
람세스 8	주전1141-1139	아수리-레샤-아쉬 2	주전971-969		
람세스 9	주전1139-1120	디글랏빌레셋 2	주전966-935		
람세스 10	주전1120-1111	앗수르-단 2	주전934-912		
람세스 11	주전1111-1081	아다드-니라리 2	주전911-891		

고대 이스라엘 연대표

통일 왕국	
사울(Saul)	주전 11세기 말
다윗(David)	주전 1004-965
솔로몬(Solomon)	주전 967-965(섭) 주전 965-928

유다 왕국		이스라엘 왕국		메소포타미아	
르호보암	주전 928-911	여로보암	주전 928-907		
아비얌	주전 911-908	나답	주전 907-906		
아사	주전 908-867	바아사	주전 906-883	아다드-니라리 2세	주전 911-891
여호사밧	주전 870-867(섭) 주전 867-846	엘라	주전 883-882	투쿨타-니누르타 2세	주전 890-884
		시므리	주전 882	앗수르나찌르팔	주전 883-859
		티브니	주전 882-878	살만에셀 3세	주전 859-824
		오므리	주전 882-871		
		아합	주전 873-871(섭) 주전 871-852		
		아하시야	주전 852-851		
여호람	주전 851-846(섭) 주전 846-843	여호람	주전 851-842		
아하시야	주전 843-842	예후	주전 842-814	샴시-아다드 5세	주전 823-811
아달랴	주전 842-836	여호아하스	주전 817-814(섭) 주전 814-800	아다드-니라리 3세	주전 810-783
요아스	주전 836-798	요아스	주전 800-784		
아마샤	주전 798-769			살만에셀 4세	주전 782-773
아사랴	주전 769-758	여로보암	주전 789-784(섭) 주전789-749	앗수르 단 2세	주전 772-755
		스가랴	주전 748/7	앗수르 니라리 5세	주전 754-745
		살룸	주전 748/7		
요담	주전 758-743	므나헴	주전 747-737	디글랏빌레셀 3세	주전 745-727
아하스	주전 743-733(섭) 주전 733-727	브가히야	주전 737-735		
		베가	주전 735-733		
히스기야	주전 727-698	호세아	주전 733-724	살만에셀 5세	주전 727-722
므낫세	주전 698-642			사르곤 2세	주전 722-705
아몬	주전 641-640			산헤립	주전 705-681
요시야	주전 639-609			에살하돈	주전 680-669
여호아하스	주전 609			앗수르바니팔	주전 668-627
				앗수르-에텔-일라니	주전 627-623
				신-샤-이쉬쿤	주전 622-612
				앗수르-우발리트	주전 611-?

			바벨론 제국	
여호야김	주전 608-598		나보폴레살	주전 625-605
여호야긴	주전 597		느부갓네살	주전 605-562
시드기야	주전 596-586		에윌-모르닥	주전 561-560
			네르글리살	주전 559-556
			라바쉬-마르둑	주전 556(3개월)
			나보니두스	주전 555-539

페르시아 제국	
테이스페스(Teispes)	대략 주전 650-620
고레스 1세	대략 주전 620-590
캄비세스 1세	대략 주전 590-559
고레스 2세	주전 559-530
캄비세스 2세	주전 529-522
바르디야	주전 522(6개월)
느부갓네살 3세	주전 522(2개월)
느부갓네살 4세	주전 522(3개월)
다리우스 1세	주전 522-486
세력세스(Xerxes)	주전 486-465
아르닥사스다 1세 (Artaxerxes)	주전 465-424/3
다리우스 2세	주전 423-405
아르닥사스다 2세	주전 405-359
아르닥사스다 3세	주전 359-338
아르닥사스다 4세	주전 338-336
다리우스 3세	주전 336-330

고고학 연대표

고고학구분	시대	성서시대	고대근동
신석기 토기 이전시대A	주전 8300-7300		
신석기 토기 이전시대B	주전 7300-6000/5800		
신석기 토기시대	주전 6000/5800-5000/4800		
금석병용기 전기시대	주전 5000/4800-4200		
금석병용기 중기·후기시대	주전 4200-3200/3100		
초기 청동기 1	주전 3200/3100-2950/2900		
초기 청동기 2	주전 2950/2900-2700/2650		
초기 청동기 3	주전 2700/2650-2350		
초기 청동기 4	주전 2350-2200		
중기 청동기	주전 2200-2000		
중기 청동기 2 A	주전 2000-1750	족장시대	
중기 청동기 2 B	주전 1750-1600/1550		
후기 청동기 1	주전 1600/1550-1400	이집트 입국 및 이집트 체류 시기	
후기 청동기 2	주전 1400-1300		
후기 청동기 3	주전 1300-1200/1150	출애굽시대	
철기시대 1	주전 1200/1150-1000	사사시대	
철기시대 2 A	주전 1000-800		
철기시대 2 B	주전 800-700	왕국시대	아시리아 제국
철기시대 3 A	주전 700-586		바벨론 제국
철기시대 3 B	주전 586-520	페르시아 제국	

이스라엘 월력

오늘날 달력	구약의 달력	현대 이스라엘 달력	메소포타미아 달력
3월	첫째 달	ניסן	니산(Nisannu) 월
4월	둘째 달	אייר	아야르(Ayaru) 월
5월	셋째 달	סיון	시마누(Simanu) 월
6월	넷째 달	תמוז	타무즈(Tamuzu) 월
7월	다섯째 달	אב	아부(Abû) 월
8월	여섯째 달	אלול	엘룰(Elulu) 월
9월	일곱째 달	תשרי	타슈리투(Tašritu) 월
10월	여덟째 달	מרחון	아라흐삼누(Araḫsamnu)반
11월	아홉째 달	כסלמו	키슬리무(Kislimu) 월
12월	열째 달	טבת	테베투(Ṭebetu) 월
1월	열한째 달	שבט	샤바투(Šabatu) 월
2월	열두째 달	אדר	아다루(Addaru) 월

제1부

'율법이 복음을 만나다' 는 어떤 책인가?

'율법이 복음을 만나다'는 구약성경을 여는 열쇠가 되는 토라(חוֹרָה)
(teaching)를 통하여 성경전체를 통섭적으로 읽으려고 시도한 책이다.

내용

율법이 복음을 만나다는 토라의 각 항목에 대하여 다음과 같은 설명을
제시한다.

각 율법 조항의 **본문의 이해**에서는 본문을 언어학적, 성서적, 역사적,
문화적으로 그 의미를 파악한다. 왜냐하면 이를 통하여 본문의 성서적
의미를 좀더 깊이 발견할 수 있기 때문이다.

구약성서의 이해는 구약성서의 다른 부분에서 같은 내용이 어떤 의미
로 사용되었는가 그 용례를 살펴본다. 왜냐하면 경우에 따라서 같은 주
제가 다르게 사용되는 예가 있기 때문이다.

유대인의 이해는 주로 소위 라쉬(Rashi)로 불리는 랍비 슐로모 이츠하
키(Rabbi Shlomo Yitzḥaqi)(1040~1105년)의 오경 주석을 소개한다. 왜냐
하면 유대인들의 해석을 알아야 말씀이 어떻게 해석되어 내려왔는가를
알 수 있기 때문이다.

고대근동의 이해는 고대 이스라엘의 주변 세계에서 같은 내용이 어떻
게 사용되었는가를 밝힌다. 왜냐하면 성서 본문의 좀 더 깊은 의미를 파
악하기 위해서 뿐만 아니라 어떤 경우에는 성경으로 그 의미를 파악하기
어려운 부분이 있기 때문이다.

고고학적 이해는 성서 본문과 관련된 고고학 발굴 결과를 소개하여 본
문 이해를 돕는다. 왜냐하면 고고학적 유적과 유물은 말씀이 실제적으로
어떻게 적용되었는가를 보여주기 때문이다.

신약성서의 이해는 이 가르침이 신약성서 특히 예수님과 바울에게서

어떻게 사용되는가를 보여준다. 왜냐하면 신약성서의 많은 구절에서 구약성서의 내용을 반영하고 있을 뿐만 아니라 어떤 경우에는 구약성서의 내용이 거부된 경우도 있기 때문이다.

의미에서는 본문이 갖는 신학적 의미를 제시한다. 왜냐하면 성서의 가르침을 단순히 알뿐만 아니라 우리의 삶에 적용하는 것이 중요하기 때문이다.

필요성

율법이 복음을 만나다는 왜 필요한가? 구약성경이 신약성경을 이해하는데 꼭 필요한가? 이에 대하여서는 절대적으로 필요하다고 답할 수 있다. 그것은 다음의 내용을 통하여 잘 알 수 있다.

예수께서 율법을 지키셨고, 율법의 완성을 위하여 오셨다

예수님이 반율법주의자였다는 것은 바람직한 평가가 아니다.[1] 오히려 예수님이율법을 지킨 예는 복음서를 통하여 쉽게 찾아 볼 수 있다. 신명기 22:12과 민수기 15:37~40의 겉옷의 네 귀에 술을 만들어야 하는 율법을 예수님은 지켰다. 마태복음 9:20, 23:5, 마가복음 6:56, 누가복음 8:44에서 '옷 가'에 대하여 언급하고 있다. 즉, 예수님은 옷 가 찌찌트(ציצת)(크라스페톤, κράσπεδον)가 달린 탈리트(*tallit*)를 입으셨다. 또한 마태복음 17:24~27에 의하면 예수님은 성전세 반 세겔을 납부하신다. 이것은 출애굽기 30:13의 규정에 의한 것이다. 뿐만 아니라 예수님은 레위기 14:1~7에 기록된 대로 나병환자가 고침을 받은 후 제의적 절차를 거치게 하였다(막 1:44, 마 8:4, 눅 5:14). 또한 마가복음 2:23~28, 마태복음 12:1~8, 누가복음 6:1~5에서 예수님은 안식일을 지키셨다. 안식일에 이삭을 먹은 것은 예수님의 제자들이었지 예수님 자신은 아니셨다. 이처럼 예수님은 율법을 지키셨을 뿐만 아니라 마가복음 7:1~8(마 15:1~9)에서는 유대인들의 식사 전에 손을 씻는 전통을 지키셨다.

비록 마가복음 7:19에서 예수님은 모든 음식이 깨끗하다고 말씀하심으로 레위기 11장의 음식에 관한 율법을 거부하셨지만 예수님은 마태복음 5:17에서 '내가 율법이나 선지자를 폐하러 온 줄로 생각하지 말라 폐하러 온 것이 아니요 완전하게 하려 함이라'고 말씀하심으로 율법에 대한 자세를 밝히고 있다.

신약성서에 기록된 사건의 배경을 이해할 수 있다

누가복음 2:22~24에 의하면 예수님을 낳은 마리아가 정결기간이 끝나자 예루살렘으로 정결례를 위하여 올라갔다. 이 때 산비둘기 한 쌍이나 혹은 어린 집비둘기 둘을 제물로 드렸다. 이러한 모든 행동은 레위기 12장의 아이낳은 여인의 정결례 가르침에 의한 것이다. 그에 따르면, 마리아는 아들을 낳았기 때문에 여덟째 날 할례를 치르며, 그때부터 33일이 지나야 정결해진다. 따라서 40여일이 지나서 예루살렘에 올라간 것이다. 또한 레위기 12:8의 가르침대로 산비둘기나 어린 집비둘기 두 마리를 제물로 드렸다.

뿐만 아니라 예수님의 행동은 구약을 전혀 무시하지 않는다. 이런 오경의 핵심 말씀들을 통하여 예수님의 행동이나 말씀을 이해할 때 좀 더 심도 있게 본문을 이해할 수 있다. 마가복음 1:45에서 예수님이 나병 환자를 고치신 일이 사람들에게 알려지자 예수님은 드러나게 동네에 들어가지 못하고 오직 바깥 한적한 곳에 계셨다. 그리고 마가복음 2:1에 의하면 수일 후에 예수님은 다시 가버나움으로 들어가셨다. 왜 예수님은 한적한 곳에 계셨는가? 그것은 예수님이 나병환자와 접촉한 사실이 알려겼기 때문이다. 예수님은 유대인들의 나병환자에 관한 가르침(레 13장)에 따라 몇 일간의 유예 기간을 통하여 나병이 옮았는가를 알아 보는데 일정 기간이 필요했다. 이처럼 예수님의 행동을 이해하는데 오경의 말씀은 중요한 역할을 한다.

신약성서의 사건을 좀더 심층있게 이해할 수 있다

마태복음 8:21~22에서 제자 중 한 사람이 자신의 아버지의 장례를 지내기를 허락해 줄 것을 요청하지만 예수님은 '죽은 자들이 그들의 죽은 자들을 장사하게 하고 너는 나를 따르라'고 말씀하신다. 이 말씀에 대하여 핵심말씀을 적용하면 다음과 같이 이해할 수 있다. 예수의 제자가 되는 것은 거룩한 일이며, 하나님의 일과 같다. 마치 제사장이 거룩한 일을 담당하는 것과 같은 것이다. 레위기 21:2~3에 의하면 제사장들은 아버지나 어머니의 죽음으로 자신을 더럽힐 수 없도록 되어 있다. 뿐만 아니라 레위기 10:7에 의하면 제사장은 직무 중 성소를 떠날 수 없도록 가르친다. 따라서 예수님은 자신을 따르는 것은 하나님의 일을 하는 것과 같은 것임을 강조하신 것이다. 그와 더불어 예수님을 따르는 자는 자신을 더럽혀서는 안 된다는 것을 말씀하신 것이다.

신약성서의 내용이 오경의 핵심 말씀을 근거로 기록된 경우가 많기 때문이다

특히 바울서신은 오경을 근거하고 있음을 알 수 있다. 디모데전서 1:8~11은 사도바울이 디모데에게 보낸 서신이지만 그 내용은 오경의 내용으로 기록되어 있다.

⁸ 그러나 율법은 사람이 그것을 적법하게만 쓰면 선한 것임을 우리는 아노라

▶ 38 이스라엘 자손에게 명령하여 대대로 그들의 옷단 귀에 술을 만들고 청색 끈을 그 귀의 술에 더하라 39 이 술은 너희가 보고 여호와의 모든 계명을 기억하여 준행하고 너희를 방종하게 하는 자신의 마음과 눈의 욕심을 따라 음행하지 않게 하기 위함이라(민 15:38~39)

▶ 9 네가 네 하나님 여호와의 명령을 지켜 그 길로 행하면 여호와께서 네게 맹세하신대로 너를 세워 자기의 성민이 되게 하시리니(신 28:9)

9 알 것은 이것이니 율법은 옳은 사람을 위하여 세운 것이 아니요 오직 불법한 자와 복종하지 아니하는 자와 경건하지 아니한 자와 죄인과 거룩하지 아니한 자와 망령된 자와 아버지를 죽이는 자와 어머니를 죽이는 자와 살인하는 자며

▶ 9 네가 네 하나님 여호와의 명령을 지켜 그 길로 행하면 여호와께서 네게 맹세하신대로 너를 세워 자기의 성민이 되게 하시리니(신 28:9)

▶ 32 너희는 내 성호를 속되게 하지 말라(레 22:32)

▶ 7 그 가난한 형제에게 네 마음을 완악하게 하지 말며 네 손을 움켜쥐지 말고(신 15:7)

▶ 27 하나님 아버지 앞에서 정결하고 더러움이 없는 경건은 곧 고아와 과부를 그 환난중에 돌보고 또 자기를 지켜 세속에 물들지 아니하는 그것이니라(약 1:27)

▶ 7 너는 너의 하나님 여호와의 이름을 망령되이 일컫지 말라(출 20:7)

▶ 15 자기 아버지나 어머니를 치는 자는 반드시 죽일지니라(출 21:15)

▶ 17 자기의 아버지나 어머니를 저주하는 자는 반드시 죽일지니라(출 21:17)

▶ 13 살인하지 말라(출 20:13)

10 음행하는 자와 남색하는 자와 인신 매매를 하는 자와 거짓말하는 자와 거짓맹세하는 자와 기타 바른 교훈을 거스르는 자를 위함이니

▶ 20 너는 네 이웃의 아내와 동침하여 설정함으로 그 여자와 함께 자기를 더럽히지 말지니라(레 18:20)

▶ 16 사람을 후린 자가 그 사람을 팔았든지 자기 수하에 두었든지 그를 반드시 죽일찌니라(출 21:16)

▶ 16 네 이웃에 대하여 거짓 증거하지 말찌니라(출 20:16)

▶ 11 서로 거짓말 하지 말며(레 19:11)

▶ 12 너희는 내 이름으로 거짓 맹세함으로 네 하나님의 이름을 욕되게 하지 말라(레 19:12)

▶ 11 곧 그들이 네게 가르치는 율법의 뜻대로, 그들이 네게 말하는 판결대로 행할 것이요 그들이 네게 보이는 판결을 어겨 좌로나 우로나 치우치지 말 것이니라(신 17:11)

11 이 교훈은 내게 맡기신 바 복되신 하나님의 영광의 복음을 따름이니라

이처럼 디모데전서 1:8~11은 모두가 구약 오경의 핵심말씀을 인용하여 말하고 있다. 따라서 오경의 핵심말씀을 이해하는 것은 곧 신약성경을 이해하는 출발이 된다.

율법의 완성을 위하여 율법을 깨달아야 하기 때문이다

많은 사람들은 율법은 필요없다고 생각하는 자들이 많다. 그러나 율법은 곧 말씀이고, 이 말씀이 육신이 된 분이 예수 그리스도이다. 따라서 율법을 완성하지 않고는 하나님 나라에 갈 자가 없다. 그런 의미에서 율법인 오경의 핵심 말씀에 대한 이해가 필요하다. 더욱이 마태복음 5:17에서 예수님께서 율법을 완전하게 하기 위하여 오셨다고 말씀하신다.

특징

율법이 복음을 만나다는 오경에 기록된 613개의 토라를 근거로 신구약 성경 전체를 하나로 읽는 통섭적인 성서 읽기를 가능하게 하며, 신구약 성경의 맥을 잡아줌으로써 평면적 성경읽기에서 입체적 성경읽기로 바꾸어 준다.

율법이 복음을 만나다는 구약과 신약을 주제, 신학, 사상, 관주적으로 연결하여 읽으며, 여기에 고고학적 이해와 고대근동적 이해를 더하여 성

경을 재미있고, 폭넓게 읽도록 돕는다.

율법이 복음을 만나다는 성경의 흐름을 느끼게 한다. 구약에서 신약으로 흐르는 신학적, 사상적, 역사적, 문화적 발전 및 흐름을 파악하게 한다.

장점

율법이 복음을 만나다는 다음과 같은 장점이 있다.

성경의 세계가 열린다

신구약성경 뿐만 아니라 고대 근동세계 속에서 성경을 볼 수 있는 넓은 눈을 갖게 된다. 구약성경은 고대 이집트, 메소포타미아 그리고 고대 이스라엘의 배경에서 기록되었으며, 신약성경은 그리스-로마 제국의 문화적 배경 아래서 기록되었기 때문에 이러한 세계에 대한 이해가 필수적이다. 신구약 성경의 원어공부가 대표적으로 이런한 예를 보여주는 것이다.

성경이 재미있어 진다.

성경읽기가 무척 재미있어진다. 성경 본문 뿐만 아니라 본문의 배경적인 이야기를 통하여 이해함으로 성경에 대한 정보가 풍부해진다. 또한 성경 내에서의 통일성을 발견할 수 있다. 뿐만 아니라 이야기 전체의 인과관계를 분명하게 파악할 수 있다. 예수님의 행동과 말씀의 의미를 분명하게 알 수 있다.

설교의 너비, 길이, 높이 그리고 깊이가 달라진다

설교의 다양성, 설교의 질, 그리고 설교의 깊이가 달라진다. 설교 주제가 무궁무진해진다. 그리고 본문이 쉽게 다가옴으로 설교가 더욱 더 재미있어진다. 여기에 각자의 영성이 결부되면 움직이는 설교, 요동치는 설교가 될 것이다.

성경을 바로 보게 된다

지금까지 우리는 성경을 물구나무 서서 보았다. 신약성경을 통하여 구약성경을 보았다. 그 결과 어떤 이들은 구약무용론을 주장하거나 성경을 바르게 이해하지 못하였다. 따라서 본 책은 물구나무서서 보던 성경을 바로 보게 만든다.

---

1) C.B. Anderson, *Ancient Laws and Contemporary Controversies: The Need for Inclusive Biblical Interpretation* (Oxford: Oxford University Press, 2009), p. 80.

Commandments

and

Gospel

제2부

개론적 이해

01
토라: 가르침

일반적으로 오경에 있는 토라(חוֹרָה)를 '율법'(律法)으로 번역하는데 사실 구약성서에 법(法)은 없다. 단지 법의 형식을 띤 가르침(teaching)만 있을 뿐이다. 오경 안에는 613개의 가르침이 있다. 즉, 여호와 신앙을 갖기 위하여 꼭 필요한 내용들이다. 그런데 이 가르침들이 형식적인 측면에서 고대 근동세계의 다양한 법전과 유사점이 발견되기 때문에 많은 학자들은 구약성서에도 법이 있다고 생각하며, 이것을 특별히 율법(律法)이라 부르고 이를 기록하고 있는 오경을 율법서(律法書)라고 부른다.[1]

구약성서의 대표적인 가르침은 계약적인 가르침(출 20:22~23:19), 십계명(출 20:2~17, 신 5:6~21), 제의적 십계명(출 34:14~26), 신명기적 가르침(신 12~26장), 성결법전(레 17~25장), 그리고 제사장과 제사에 관한 가르침(레 1~7, 11~16장) 등이 있다.

이스라엘의 가르침

고대 이스라엘에서 법의 형식을 띤 가르침은 613개인데 이들은 주로 오경(창세기~신명기)에 분포되어 있다. 창세기에는 단 3개의 가르침(1:28, 17:10, 32:32)이 있고, 출애굽기에는 111개, 레위기에는 247개, 민수기에는 52개 그리고 신명기에 200개의 가르침이 기록되어 있다. 형식적인 측면에서 365개의 가르침은 "~하지 말라"는 금지의 내용을 담고 있으며, 248개의 가르침은 "~하라"는 긍정의 명령을 담고 있다. 긍정의 가르침은 이스라엘 신앙에 대한 지침을 선언하는 것이 주를 이루며, 부정의 가르침은 긍정의 가르침을 지키기 위하여 해서는 안 될 것을 제시하는 일종의 판례적 성격이 있다.

613개 오경의 가르침에 대한 분류는 마이노니데스(M. Mainonides)의 분류를 따른다.[2] 그는 오경에서 613개의 가르침을 분류하고, 이를 형식에 따라 긍정과 부정으로 크게 나눈 후 이것을 주제별로 긍정의 가르침을 18개 주제로, 부정의 가르침을 13개 총 31개의 주제로 분류하였다.

이러한 이스라엘 가르침은 내용상 민법적 가르침, 형법적 가르침 그리고 제의적 가르침 등으로 나눌 수 있다. 특히 제의적 가르침은 고대 근동의 다른 지역에서는 전혀 발견되지 않는 이스라엘만의 독특한 특징 가운데 하나이다. 뿐만 아니라 약자를 보호하라는 가르침은 고대 근동의 다른 법전보다 발전적인 내용으로 기록되어 있다.

가르침의 형식

오경의 가르침이 법의 형식을 취하고 있기 때문에 알트(A. Alt)는 구약성서의 가르침을 양식에 의하여 단언적 법(apodictic law)의 형식을 따른 가르침과 결의론적 법(casuistic law)의 형식을 따른 가르침으로 구분하였다.[3] 단언적 법의 형식은 '~하라'(긍정) 혹은 '~하지 말라'(부정)의 형식의 명령 형태이다. 반면에 결의론적인 법의 형식은 조건절과 평결문으로 구성된다. 즉, '만일~면'(임, ~ אם)이라는 조건문에 '그 때에…하라'라는 평결문 형태로 설명될 수 있다. 예를 들어 '너는 마음을 다하고 뜻을

[함무라비 법전]

다하고 힘을 다하여 네 하나님 여호와를 사랑하라'(신 6:5)나 '너는 나 외에는 다른 신들을 네게 두지 말라'(출 20:3)와 같은 가르침은 단언적 법의 형태에 속하며 '네 형제가 네게서 멀거나 또는 네가 그를 알지 못하거든 그 짐승을 네 집으로 끌고 가서 네 형제가 찾기까지 네게 두었다가 그에게 돌려 줄지니'(신 22:2)나 '네가 히브리 종을 사면 그가 육년 동안 섬길 것이요 제 7년에는 값없이 나가 자유 할 것이며……'(출 21:2)와 같은 경우가 결의론적 법의 형식에 속한다.

법의 형식적인 측면에서 구약성서의 가르침과 고대 근동의 법 양식을 비교해 보면 다음과 같은 차이점을 발견할 수 있다. 대부분의 고대근동 법은 결의론적인 법 형태를 띠고 있으며, 매우 한정된 의미에서 단언적인 법 형태를 지닌다. 함무라비 법전의 대부분의 조항은 '만약~'(šumma)으로 시작하는 조건문과 평결문으로 구성되어 있다. 예를 들어 함무라비 법전 제1조항에 의하면 '만일 어떤 사람이 다른 사람을 살인죄로 고소했으나 그것을 입증하지 못하면(조건문), 그 고소자는 사형에 처해질 것이다(평결문).' 그러나 이스라엘의 가르침은 고대 근동의 법과 달리 주로 금지의 단언적 법 형식에 그 기초를 두고 있고, 결의론적인 법의 형식에 의해 확장되었다. 따라서 이스라엘의 결의론적인 법 형식의 가르침은 고대근동의 법과 많은 유사점을 갖는다. 그러나 이스라엘 가르침은 단언법의 사용으로 그 자체의 특색을 이루게 된다.

가르침의 내용

고대 근동의 법전은 내용적인 면에서 대부분 민법과 형법을 다루고 있다. 그러나 이스라엘의 가르침에는 민법적 내용과 형법적 내용 이외에 종교적 혹은 제의적 가르침이라는 독특한 내용이 첨가되었다. 즉, 하나님에 대하여, 성전에 대하여, 제사에 대하여, 제사장에 대하여 그리고 종교 절기에 관한 내용이 포함되어 있다. 따라서 이러한 내용들은 성경 이외의 다른 곳에서 그 내용을 찾아 볼 수 없다.

특히 레위기에 기록된 제의법은 다른 고대근동에서는 발견되지 않는 이스라엘만의 독특한 것이다. 레위기 1~7장에서는 제사제도에 대하여 기록하고 있고, 레위기 8~10장에서는 제사장 임명에 관하여, 레위기 11~16장은 부정에 관한 율법, 레위기 16~26장은 성결법전 그리고 레위기 27장의 헌물에 대한 규정 등으로 구성되어 있다.

613개의 율법의 내용을 주제별로 분류하면 크게 다음과 같은 12개의 주제로 나눌 수 있다.

1) 하나님 이해, 2) 하나님 말씀, 3) 성전과 제사장, 4) 성전제사, 5) 헌물, 6) 정결, 7) 절기, 8) 사회생활, 9) 사법생활, 10) 가족생활, 11) 정치생활, 12) 경제생활 등이다.

이스라엘 가르침의 특징

고대 근동의 법과 성서의 가르침 사이에는 많은 공통점이 발견된다.

그럼에도 이스라엘 가르침만이 갖는 몇 가지 특징이 있다.

첫째, 인도주의적인 성격이다.

고대 이스라엘의 가르침은 고대 근동의 법규들과는 달리, 재산의 보호, 특히 인명의 보호에 더 큰 관심을 갖고 있다. 이러한 사실은 종에 관한 법에서 잘 나타난다. 뿐만 아니라 약자보호법은 이스라엘 가르침의 인도주의적 특징을 분명하게 나타낸다.

고대 근동의 법전들에서도 그 서문이나 발문에서 법 제정자들이 약자들, 특별히 과부와 고아에 관심을 갖고 있다고 밝히고는 있지만 사실상 이러한 내용이 법 조항에 적용된 예는 많지 않다. 함무라비 법전에서는 오히려 신분이 낮은 사람들을 보호하기보다는 신분이 높은 사람들을 보호하고 있는 경우가 대부분이다. 서문을 제외하고 고대 근동의 법규들 가운데서 과부와 고아 또는 가난한 사람들에 대해서 돌보도록 하라는 규정은 어디에서도 발견되지 않는다.

그러나 구약성서의 가르침에서는 과부와 고아 보호에 대하여 구체적으로 언급하고 있다(출 22:22~25). 구약성서에는 약자보호법이 반복적으로 나타난다(출 22:2~3, 5~7, 21~27, 23:4~5, 신 10:18, 16:11, 24:19~21, 27:19, 레 19:33 등).

구약성서에는 가난한 자를 위한 구체적인 규정이 있다. 가난한 자들을 위해서 율법은 3년에 한 번씩 십일조를 떼도록 규정하고 있다(신 14:28~29). 그들을 위해서 추수할 때에 곡식을 남겨 놓아야 했다(레 19:9~10). 가난한 사람들에게는 이자를 받아서도 안되었고, 저당을 잡아서도 안 되었다(출 22:25, 레 25:36~37, 신 24:10~11). 가난하여 종이 된 사람들은 안식년이나 희년이 되면 자동적으로 풀어 주어야 했다(레 25:41). 그들을 내보낼 때에는 빈손으로 보내서는 안 되었다(신 15:13~14). 안식년에는 그들의 빚을 면제해 주어야 했다(신 15:2). 희년이 되면 가난하여 땅을 판 사람들은 다시 땅을 찾을 수가 있었다(레 25:24). 안식년이 다가온다고 가난한 사람들에게 돈을 꾸어 주지 않으면 안 된다(신 15:9). 가난한 사람들에게는 인색하지 말도록 가르친다(신 15:7~8).

이처럼 구약성서의 가르침은 고대 근동의 어떤 법전보다도 인도주의적인 특징을 가지고 있다.

둘째, 종교적 특징을 가지고 있다.

고대 이스라엘 가르침은 이스라엘 사람과 하나님과의 관계 속에서 이해해야만 가르침의 본질을 이해할 수 있다. 이러한 사실은 구약성서의 가르침에는 제의법을 포함하고 있는 데서도 잘 나타난다.[4] 레위기에는 제의법에 해당하는 가르침이 247개나 포함되어 있다. 이런 종교적인 특징은 가르침의 형식에 있어서도 윤리적 종교적 내용을 다루는 필연적인 법의 형식을 취하고 있다. 구약성서의 모든 가르침은 하나님이 수여하기 때문에 하나님과의 관계 속에서만 성서의 가르침을 이해할 수 있다. 따라서 고대 이스라엘에 있어서 가르침(법)과 종교는 상당히 밀접한 관련성을 갖고 있었다.[5]

구약성서 가르침의 종교적 특징과 관련하여서는 이스라엘의 법 수여를 이스라엘의 출애굽이라는 역사적 경험과 연결시킨다(출 20:2, 신 5:6, 13:5, 10, 15:15, 20:1, 23:5, 24:9, 18, 25:17, 레 18:3, 25:42, 26:45).

이스라엘 가르침의 종교적 특징을 나타내는 또 다른 사실은 가르침이 하나님과 이스라엘의 계약조건으로 제시된다는 점이다.[6] 고대 이스라엘의 가르침은 누구에게나 다 해당되는 보편적인 것이 아니라 계약 백성인 이스라엘에게만 적용되어지는 가르침이다.

셋째, 고대 이스라엘의 특징적인 형벌 원칙이다.

함무라비 법전과 마찬가지로 구약성서에서 동태복수법이 등장하기는 하지만(출 21:22~25, 신 19:21) 이러한 형벌 원칙이 구체적으로 적용된 예가 성서에서 발견되지는 않는다.[7] 또한 함무라비 법전은 많은 경우에 신체상의 일부를 절단하는 체형을 가하고 있지만 성서에서는 이러한 형벌이 단 한번만 발견된다(신 25:12). 한편 함무라비 법전에서는 25개의 법규에서 사형을 선고하고 있다. 이 법전에서는 화형, 물에 빠뜨려 죽이거나 말뚝에 박아 죽이는 것과 같은 가혹한 방법으로 사람을 처형하도록 하고 있다. 아마도 함무라비가 이처럼 가혹한 형벌을 가한 것은 그가 정복한 제국들을 다스리기 위해서 불가피했던 것으로 보인다. 이와 달리 고대 이스라엘에서는 태형만이 가끔 언급되고 있으나 다른 형벌들은 알려지지 않고 있다(신 22:13~18, 25:1~5).[8] 한편, 함무라비 법전과는 달리 율법에서는 재산 보호를 위하여 처형을 하는 경우는 하나도 없다.

고대 이스라엘의 특징적인 형벌 가운데 하나는 돌로 쳐 죽이는 것이다. 이는 성서의 이야기들이나 법규들에서 자주 발견된다(레 24:14, 민 15:35, 신 21:21, 22:21 등). 이것은 공동체가 집행하며 성문 밖에서 행해졌다(레 24:14, 민 15:35~36, 왕상 21:13). 이 형벌은 공동체로부터의 축출을 목적으로 하고 있는 것으로서 시체까지도 성 밖에 버렸다. 고대 근동이나 이스라엘에서 투옥과 같은 형벌은 전혀 없었다.[9]

고대 사회에서는 무죄 여부를 가리기 위하여 시죄법이나 신 앞에서 맹세하는 방법을 사용하였다. 시죄법(ordeal)이란 심판에 대한 신의 섭리라는 의미를 갖고 있다. 함무라비 법전에서는 피소자를 물속에 집어 던져서 무죄 여부를 가렸다. 물속에 집어 던져서 살아나면 그는 무죄한 것이며, 그렇지 않고 가라앉아 죽게 되면 신의 심판으로 이해를 하였던 것이다(제 2, 132조). 이와 비슷하게 성서에서는 아내의 정절을 의심하는 경우 남편이 아내로 하여금 시죄법을 통과하게 하였다. 여자가 자신의 무죄를 주장할 경우 제사장은 그에게 쓴 물을 마시도록 하였다. 그녀가 이것을 마시고도 죽지 않으면 그녀의 무죄가 입증되는 것으로 여겼다(민 5:12~28). 그러나 이 여자가 그것을 마시지 않겠다고 주장하면 그녀는 유죄로 판결되었다.

신 앞에서의 맹세를 통해 어떤 경우에는 보상의 책임을 면할 수도 있었다. 맹세는 피소자만이 할 수 있었다. 함무라비 법전에서는 많은 경우에 신 앞에서의 맹세를 통해 문제를 해결하도록 하고 있다(제 100~107, 122~126, 249, 263~266조). 이 경우는 대부분 재산의 문제와 관계되어 있다는 것이 그 특징이다. 율법에서도 남의 재산에 손해를 입힌 경우에 하나님 앞에서 맹세를 하면 그 책임이 면제되는 경우들이 나와 있다(출 22:8, 11).

넷째, 법규의 형평 적용의 원칙이다.

함무라비 법전에서는 형벌이 피해자의 사회적 지위에 따라 다르게 적용되었다. 한 예를 들면, 상해를 입은 피해자가 아웰룸(awēlum, 무스케눔보다 상위에 속하는 계층) 계층일 때는 예외 없이 동태복수법이 적용된다(제 196~197조). 그러나 피해자가 무스케눔(muskēnum, 아웰룸 계층보다 하위에 속하는 계층) 계층일 때에는 단지 벌금으로 처리된다(제 201조). 종이 주인의 아들을 때렸을 경우에는 그에게는 동태복수법보다 더 무서운 체형이 가해졌다(제 205조). 그러나 상해의 경우에 있어서, 가해자와 피해자가 다 같은 계층일 때에는 벌금으로 처리될 수 있도록 하였다(제 202~204조). 함무라비 법전은 모든 경우에 사회적 계층에 관한 분명한 언급이 나온다. 즉 피해자나 가해자가 어떤 계층의 사람인가 하는 것이 명시되고 있는 것이다.

그러나 성서는 모든 사람에게 형평 적용의 원칙이 적용되고 있다. 성서는 특별히 가난한 자들과 과부, 고아, 이방인들과 같이 법적인 보호를 받기 어려운 사람들에 대해서 공정하게 대할 것을 강조하고 있다. 히브리 법규에서는 피해자나 가해자의 사회적 신분에 따라 법을 다르게 적용하는 예가 하나도 없다.

성서의 가르침과 고대 근동의 법의 비교

지금까지 고대 법전에 관한 연구는 이 법전들과 구약성서의 율법을 비교하여 형식적, 내용적 유사점과 차이점을 밝히는 것이었다. 이스라엘 법과 고대 근동의 법을 비교할 때 다음과 같은 유사점과 차이점이 있다.

구약성서에만 나타나는 가르침

구약성서와 고대 근동의 법을 비교하였을 때 고대 이스라엘에서만 나타나는 법조항이 있다. 레위기나 민수기에 주로 나타나는 제의적 규정은 고대근동의 법에서는 전혀 나타나지 않고 오직 고대 이스라엘의 법에서만 나타난다.

하나님에 관한 규정, 토라(율법)에 관한 규정, 성전과 제사장에 관한 규정, 희생제에 관한 규정, 서원(혹은 맹세)에 관한 규정, 종교적 정결에 관한 규정, 성전세에 관한 규정, 식용 동물에 관한 규정, 절기에 관한 규정, 우상숭배에 관한 규정, 나실인에 관한 규정 등이다. 이러한 규정은 오직 구약성서에만 등장하는 독특한 것이며, 대체로 종교적인 규정들이다.

이스라엘의 가르침과 고대근동 법전 비교

고대 이스라엘의 법과 고대 근동의 법전을 비교하면 형식적인 유사점과 내용적인 유사점이 많이 발견되지만 그러나 두 법 사이의 차이점도 발견된다.

내용적인 측면에서 살펴보면, 구약성서와 고대근동 법 사이에 유사한 법조항을 찾아 볼 수 있다.

우르-남무 법전 제1조는 살인죄에 대하여 언급한다. 즉, "사람이 사람을 살인했을 경우에 그 사람을 죽일 것이다"는 조항은 출애굽기 21:12의 "사람을 쳐죽인 자는 반드시 죽일 것이나" 혹은 출애굽기 20:13의 "살인하지 말라"는 것과 같은 의미다.

제4조의 "남종이 그의 요구로 여종과 결혼했는데 그 남종에게 자유가 주어질 경우에 그는 (주인의) 집에서 그녀를 데리고 나가지 못한다"는 규정은 출애굽기 21:5~6의 "만일 종이 분명히 말하기를 내가 상전과 내 처자를 사랑하니 나가서 자유인이 되지 않겠노라 하면 상전이 그를 데리고 재판장에게로 갈 것이요 또 그를 문이나 문설주 앞으로 데리고 가서 그것에다가 송곳으로 그의 귀를 뚫을 것이라 그는 종신토록 그 상전을 섬기리라"는 것과 유사한 규정이다.

제6조의 "처녀인 젊은이의 아내를 다른 사람이 힘을 행사하여 강간했을 경우에 그 사람을 죽일 것이라"는 규정은 신명기 22:23~27, 28~29의 "처녀인 여자가 남자와 약혼한 후에 어떤 남자가 그를 성읍 중에서 만나 동침하면 너희는 그들을 둘 다 성읍 문으로 끌어내고 그들을 돌로 쳐 죽일 것이니 그 처녀는 성안에 있으면서도 소리 지르지 아니하였음이요 그 남자는 그 이웃의 아내를 욕보였음이라 너는 이같이 하여 너희 가운데에서 악을 제할지니라 만일 남자가 어떤 약혼한 처녀를 들에서 만나서 강간하였으면 그 강간한 남자만 죽일 것이요 처녀에게는 아무것도 행하지 말 것은 처녀에게는 죽일 죄가 없음이라 이 일은 사람이 일어나 그 이웃을 쳐 죽인 것과 같은 것이라 남자가 처녀를 들에서 만난 까닭에 그 약혼한 처녀가 소리 질러도 구원할 자가 없었음이니라 만일 남자가 약혼하지 아니한 처녀를 만나 그를 붙들고 동침하는 중에 그 두 사람이 발견되

면 그 동침한 남자는 그 처녀의 아버지에게 은 오십 세겔을 주고 그 처녀를 아내로 삼을 것이라 그가 그 처녀를 욕보였은즉 평생에 그를 버리지 못하리라"(신 22:23~29)와 유사한 규정이다.

리피트-이쉬타르 법전 제 12조의 "만일 누군가의 여종 혹은 남종이 도망하여 그 도시에 숨어있는 경우, (그 종이) 어떤 사람의 집에 한 달 동안 숨어 지낸 사실이 발견되면, 그 사람(즉, 그 종을 숨겨준 사람)은 다른 종으로 변상해야 한다"는 규정은 신명기 23:15~16의 "종이 그의 주인을 피하여 네게로 도망하거든 너는 그의 주인에게 돌려주지 말고 그가 네 성읍 중에서 원하는 곳을 택하는 대로 너와 함께 네 가운데에 거주하게 하고 그를 압제하지 말지니라"와 차이점이 발견된다. 리피트-이쉬타르의 법전에서는 종은 주인의 재산으로서 다른 사람들이 차지할 수 없음을 말하고 있다.

에쉬눈나 법전 제 53조의 "만일 한 마리의 황소가 또 다른 황소를 들이 받아서, 이것이 죽음에 이르거든 이 두 황소의 주인들은 살아 있는 황소의 가치와 죽은 황소의 고기를 나누어 가져야 한다"는 규정은 출애굽기 21:35~36의 "이 사람의 소가 저 사람의 소를 받아 죽이면, 살아 있는 소를 팔아 그 값을 반으로 나누고, 또한 죽은 것도 반으로 나누려니와 그 소가 본래 받는 버릇이 있는 줄을 알고도 그 임자가 단속하지 아니하였으면 그는 소로 소를 갚을 것이요 죽은 것은 그가 차지할지니라"는 것과 유사한 규정이다. 또한 에쉬눈나 법전 제 56조의 "만일 개 한 마리가 심술궂어 그의 주인에게 감독하라고 알려주었으나, 그가 그의 개를 통제하는 데에 실패하였고 이것이 사람을 물어 죽음에 이르게 하였거든, 그 개의 주인은 은 40세겔을 부담하여 건네주어야 한다"는 규정은 출애굽기 21:28~30의 "소가 남자나 여자를 받아서 죽이면 그 소는 반드시 돌로 쳐서 죽일 것이요 그 고기는 먹지 말 것이며 임자는 형벌을 면하려니와 소가 본래 받는 버릇이 있고 그 임자는 그로 말미암아 경고를 받았으되 단속하지 아니하여 남녀를 막론하고 받아 죽이면 그 소는 돌로 쳐 죽일 것이고 임자도 죽일 것이며 만일 그에게 속죄금을 부과하면 무릇 그 명령한 것을 생명의 대가로 낼 것이요"와 유사하다. 그러나 에쉬눈나 법전에서는 개가 대상이었다면 출애굽기 21:28~30에서는 소가 대상이라는 점에서 차이가 있다.

함무라비 법전 제 3조에 의하면 "만일 어떤 사람이 소송에서 거짓 증언으로 나섰는데 그의 피의 사실을 입증하지 못하면 그 소송이 재산의 보호와 관련된 것이며 그(= 거짓 증언한 이)는 사형에 처해질 것이다"라고 규정하고 있다. 신명기 19:16~19에서도 "만일 위증하는 자가 있어 어떤 사람이 악을 행하였다고 말하면 그 논쟁하는 쌍방이 같이 하나님 앞에 나아가 그 당시의 제사장과 재판장 앞에 설 것이요 재판장은 자세히 조사하여 그 증인이 거짓 증거하여 그 형제를 거짓으로 모함한 것이 판명되면 그가 그의 형제에게 행하려고 꾀한 그대로 그에게 행하여 너희 중에서 악을 제하라"고 규정함으로써 거짓 증거를 금하고 있다. 리피트-이쉬타르 법전 제 17조에서도 이와 같은 내용을 찾아 볼 수 있다.

함무라비 법전 제 8조는 신전이나 왕궁에서 도둑질 한 자에 관한 배상을 다루고 있다. 제 8조에 의하면 "만일 어떤 사람이 황소, 양, 나귀, 돼지, 혹은 보트를 훔쳤는데, 그것이 신이나 왕궁에 속한 것이면, 그는 30배를 주어야 한다; 그것이 평민에게 속한 것이면, 그는 10배를 주어야 하고, 만약 이 도둑이 아무것도 보상하지 못하면 그는 사형에 처한다"라고 기록하고 있다. 이와 유사한 규정을 출애굽기 22:1, 22:2~3에서도 찾아 볼 수 있다. 출애굽기 22:1에 의하면 "사람이 소나 양을 도둑질하여 잡거나 팔면 그는 소 한 마리에 소 다섯 마리로 갚고 양 한 마리에 양 네 마리로 갚을지니라"고 규정하고 있다. 그러나 출애굽기의 규정은 신전이나 왕궁에서 도둑질 한 경우를 다루는 것은 아니다. 함무라비 법전에서 일반 백성들의 것을 도둑질 하였을 경우에는 10배로 배상하도록 규정함으로 출애굽기 22:1의 소 다섯 배, 양 네 배로 배상하는 것과 차이가 있다.

함무라비 법전 제 14조는 유괴범에 대하여 규정하고 있다. "만일 어떤 사람이 사람의 어린 아이를 유괴했다면, 그는 사형에 처한다." 이와 비슷하게 출애굽기 21:16에서도 유괴범에 대하여 다루고 있다. 즉, "사람을 납치한 자가 그 사람을 팔았든지 자기 수하에 두었든지 그를 반드시 죽일지니라"고 규정하고 있다. 또한 신명기 24:7에서는 "사람이 자기 형제 곧 이스라엘 자손 중 한 사람을 유인하여 종으로 삼거나 판 것이 발견되면 그 유인한 자를 죽일지니 이같이 하여 너희 중에 악을 제할지니라"고 규정하고 있다.

함무라비 법전 제 17조는 도망한 종을 잡아 주인에게 주었을 경우 보상에 관하여 기록하고 있다. "만일 어떤 이가 도망하는 남녀종을 들판에서 잡아, 그의 주인에게 돌려주면, 종의 주인은 그에게 은 2세겔을 지불해야 한다." 히타이트 법전 제 22조에서도 이에 관한 규정을 발견할 수 있다. 그러나 신명기 23:15~16은 이런 경우에 대하여 다르게 묘사하고 있다. "종이 그의 주인을 피하여 네게로 도망하거든 너는 그의 주인에게 돌려주지 말고 그가 네 성읍 중에서 원하는 곳을 택하는 대로 너와 함께 네 가운데에 거주하게 하고 그를 압제하지 말지니라"고 기록하고 있다.

함무라비 법전 제 45~46조의 토지 임대에 관한 규정은 구약성서에서 발견되지는 않는다. 레위기 25:23에 의하면 "토지를 영구히 팔지 말 것은 토지는 다 내 것임이니라"고 규정하고 있다. 토지는 여호와 하나님의 것이라는 생각 때문에 토지를 임대하는 규정이 구약성서에 등장하지 않는다.

함무라비 법전 제 58조의 "만일 삼각기 신호에 의하여 방목이 끝났다는 것을 알고 목초지에서 돌아와서 전체 양떼를 성문 내에 묶어 놓았을 때, 목자가 양을 밭으로 이끌고 나가 그곳에서 양을 먹였다면, 목자는 그가 양을 먹였던 밭을 돌봐야 하고, 수확 때 그는 밭의 주인에게 18이쿠마다 18,000실라(SILA)의 곡물을 주어야 한다."와 유사한 규정은 출애굽기 22:5에서 찾아 볼 수 있다. 즉 "사람이 밭에서나 포도원에서 짐승을 먹이다가 자기의 짐승을 놓아 남의 밭에서 먹게 하면 자기 밭의 가장 좋은 것과 자기 포도원의 가장 좋은 것으로 배상할지니라"는 규정에서 유사성을 찾아 볼 수 있다. 그러나 출애굽기의 규정에서는 정확한 보상의 양을 정하지 않았지만 함무라비 법전에서는 18이쿠(1 이쿠=3600 ㎡)마다 18000실라(1 Sila = 1 liter)의 곡물을 주어야 함을 규정하고 있다.

함무라비 제 117조에서는 종의 기간을 3년으로 제한하고 있다. "만일 기간이 만기가 되어 어떤 사람이 그의 아내, 아들, 혹은 딸(의 노동력)을 팔거나, 혹은 자신이 고용살이에 묶이게 되면, 그들은 그들의 구매자 혹은 채권자의 집에서 3년 동안 일을 해야 하며, 4년째에 그들의 자유가 회복될 것이다." 구약성서 출애굽기 21:2에도 종에 관한 규정이 있지만 함무라비 법전과는 달리 6년간 종살이하고, 7년째 해방되도록 규정하고 있다.

함무라비 제 118조에서는 "남자 혹은 여자 종이 고용살이에 묶여 있을 기간일 때, 만일 상인이 기간을 파기하려면, 그는 마음이 바뀔 가능성이 없다면 (그를) 팔 수 있다" 고 규정한다.

함무라비 법전 제 125~126조의 손해 배상에 관한 규정은 출애굽기 22:7~8에서도 발견할 수 있다. 함무라비 법전 제 125~126조는 "(제 125조) 만일 어떤 사람이 보관을 위해 그의 재산을 맡겼는데, 그가 맡겨둔 그 곳에서, 도둑이 들거나 (벽이) 허물어짐으로써, 그의 재산이 집주인의 재산과 함께 사라졌다면, 너무 부주의해서 그에게 보관해 달라고 맡겨진 물건들을 잃어버린 집주인은 (그것을) 보상하고 물건의 주인에게 상환해 주어야 하며, 반면 자신의 잃어버린 재산을 조사하여 도둑으로부터 (그 것을) 취해야 한다. (제 126조) 만일 어떤 사람이 재산을 잃지 않고도, 그 가 말하기를 "나의 재산을 잃었다"고 하면서 그가 사는 도시의 시의회를 속이면, 시의회는 신 앞에서 그에 관한 사실들을 밝혀내야 하고, 그의 재 산이 잃어버린 것이 아니면 그는 시의회에 그가 주장했던 2배를 지불해 야 한다."고 규정하고 있다. 출애굽기 22:7~9에서도 "사람이 돈이나 물 품을 이웃에게 맡겨 지키게 하였다가 그 이웃 집에서 도둑을 맞았는데 그 도둑이 잡히면 갑절을 배상할 것이요. 도둑이 잡히지 아니하면 그 집 주인이 재판장 앞에 가서 자기가 그 이웃의 물품에 손 댄 여부의 조사를 받을 것이며 어떤 잃은 물건 즉 소나 나귀나 양이나 의복이나 또는 다른 잃은 물건에 대하여 어떤 사람이 이르기를 이것이 그것이라 하면 양편이 재판장 앞에 나아갈 것이요 재판장이 죄 있다고 하는 자가 그 상대편에 게 갑절을 배상할지니라."고 규정한다. 그러나 출애굽기 22:7~9은 정말 도둑 맞았는지를 가려내는 일에 치중하고 있는 것에 반해 함무라비 법전 에서는 물품을 맡은 자의 의무에 초점을 맞추고 있다.

함무라비 법전 제 130조는 강간범에 관한 규정을 기록하고 있다. "만 일 어떤 사람이 다른 사람의 (약혼한) 여인을 구금했는데, 그녀는 남자와 는 관계한 적이 없고 그녀의 아버지의 집에서 머물고 있었던 중이었다 면, 그리고 그가 그녀의 가슴에 누워 있다가〈자다가〉잡혔다면, 그 사람 은 사형에 처해질 것이고 그녀는 자유로워질 것이다." 이러한 규정은 신 명기 22:23~24에도 기록되어 있다. "처녀인 여자가 남자와 약혼한 후 에 어떤 남자가 그를 성읍 중에서 만나 동침하면 너희는 그들을 둘 다 성 읍 문으로 끌어내고 그들을 돌로 쳐죽일 것이니 그 처녀는 성안에 있으 면서도 소리 지르지 아니하였음이요 그 남자는 그 이웃의 아내를 욕보였 음이라 너는 이같이 하여 너희 가운데에서 악을 제할지니라." 또한 여자를 들에서 강간하였을 경우에는 여자는 살려두고 남자만 죽여야 한다(신 22:25~27).

함무라비 법전 149조에 기록된 부부에 관한 규정은 출애굽기 22:15~16처럼 납폐금(지참금)에 대하여 언급하고 있다. 즉, 여자가 남편의 집에서 살기 싫어할 때에는 지참금을 돌려주도록 규정하고 있다. "만일 그 여인이 남편의 집에서 살기를 거절한다면, 그는 그녀가 그녀의 아버지의 집에서 가져온 지참금을 지불해야 하며, 그리고 나면 그녀는 떠날 수 있다."

이러한 사실은 고대시대의 결혼에서 지참금을 지불했음을 알 수 있게 한다. 이는 출애굽기 22:16~17에서 알 수 있다("약혼하지 아니한 처녀를 꾀어 동침하였으면 납폐금을 주고 아내로 삼을 것이요 처녀의 아버지가 딸을 그에게 주기를 거절하면 그는 처녀에게 납폐금으로 돈을 낼지니라").

함무라비 법전 제 154조는 "만일 어떤 사람이 그의 딸과 관계를 했다면, 그들은 그가 도시에서 떠나도록 해야 한다."라는 규정을 통하여 가족 사이의 성관계를 금하고 있다. 이러한 내용은 레위기 18장에도 자세히 기록되어 있다. 마찬가지로 함무라비 법전 제 157조의 "만일 어떤 사람이 아버지의 (죽음) 이후에 그의 어머니의 가슴에 누워 있으면, 그들은 그 둘을 화형에 처해야 한다"는 규정 역시 레위기 18장에서도 발견된다.

함무라비 법전 제 167조에는 배다른 형제들의 공정한 상속에 대한 규정이 있다. "만일, 어떤 사람이 아내를 얻어서 그녀가 아이들을 낳았는데, 그녀가 (그녀의) 운명을 다하고 (그리고) 그녀의 (죽음) 후에 그가 다른 여자와 결혼을 했는데 그녀가 또 아이들을 낳았다면, 아버지가 죽은 후에 아이들은 어머니들에 따라 재산을 나누어서는 안된다; 그들은 그들의 (각각의) 어머니들의 지참금을 취해야 하며 그리고 나서 아버지의 재산을 동등하게 나누어야 한다." 이러한 규정은 신명기 21:15~17에서도 발견할 수 있다. "어떤 사람이 두 아내를 두었는데 하나는 사랑을 받고 하나는 미움을 받다가 그 사랑을 받는 자와 미움을 받는 자가 둘 다 아들을 낳았다 하자 그 미움을 받는 자의 아들이 장자이면 자기의 소유를 그의 아들들에게 기업으로 나누는 날에 그 사랑을 받는 자의 아들을 장자로 삼아 참 장자 곧 미움을 받는 자의 아들보다 앞세우지 말고 반드시 그 미움을 받는 자의 아들을 장자로 인정하여 자기의 소유에서 그에게는 두 몫을 줄 것이니 그는 자기의 기력의 시작이라 장자의 권리가 그에게 있음이니라"는 규정을 통하여 알 수 있다.

함무라비 법전 제 209~214조에서는 폭력으로 유산시켰을 경우 배상에 대하여 기록하고 있으며, 출애굽기 21:22~25에도 유사한 규정이 있다. "사람이 서로 싸우다가 임신한 여인을 쳐서 낙태하게 하였으나 다른 해가 없으면 그 남편의 청구대로 반드시 벌금을 내되 재판장의 판결을 따라 낼 것이니라 그러나 다른 해가 있으면 갚되 생명은 생명으로, 눈은 눈으로, 이는 이로, 손은 손으로, 발은 발로, 덴 것은 덴 것으로, 상하게 한 것은 상함으로, 때린 것은 때림으로 갚을지니라." 이와 유사한 법 조항은 히타이트 법 17조에서도 찾아 볼 수 있다.

함무라비 법전 249조의 "만일 어떤 사람이 황소를 지불하였는데 신이 그것을 쳐서 그것이 죽으면, 그 황소를 임대한 이는 신 앞에서 맹세를 하고 그리고 나면 그는 자유로울 것이다."는 규정은 출애굽기 22:9~14과 유사하다. "어떤 잃은 물건 즉 소나 나귀나 양이나 의복이나 또는 다른 잃은 물건에 대하여 어떤 사람이 이르기를 이것이 그것이라 하면 양편이 재판장(혹은 하나님으로도 번역됨) 앞에 나아갈 것이요 재판장이 죄 있다고 하는 자가 그 상대편에게 갑절을 배상할지니라 사람이 나귀나 소나 양이나 다른 짐승을 이웃에게 맡겨 지키게 하였다가 죽거나 상하거나 끌려가도 본 사람이 없으면 두 사람 사이에 맡은 자가 이웃의 것에 손을 대지 아니하였다고 여호와께 맹세할 것이요 그 임자는 그대로 믿을 것이며 그 사람은 배상하지 아니하려니와 만일 자기에게서 도둑맞았으면 그 임 자에게 배상할 것이며 만일 찢겼으면 그것을 가져다가 증언할 것이요 그 찢긴 것에 대하여 배상하지 아니할지니라 만일 이웃에게 빌려온 것이 그 임자가 함께 있지 아니할 때에 상하거나 죽으면 반드시 배상하려니와."

함무라비 법전 제 252조는 소가 사람을 다치게 했을 경우에 관한 배 상의 원칙을 기록하고 있다. 즉, "만일 죽은 이가 어떤 이의 종이면, 그 는 은 1/3미나를 지불해야 한다." 출애굽기 21:28~29, 35~36에도 이와 유사한 내용을 기록하고 있다. "소가 남자나 여자를 받아서 죽이면 그 소 는 반드시 돌로 쳐서 죽일 것이요 그 고기는 먹지 말 것이며 임자는 형벌 을 면하려니와 소가 본래 받는 버릇이 있고 그 임자는 그로 말미암아 경 고를 받았으되 단속하지 아니하여 남녀를 막론하고 받아 죽이면 그 소는 돌로 쳐죽일 것이고 임자도 죽일 것이며"(28~29). "이 사람의 소가 저 사 람의 소를 받아 죽이면 살아 있는 소를 팔아 그 값을 반으로 나누고 또한 죽은 것도 반으로 나누려니와 그 소가 본래 받는 버릇이 있는 줄을 알고 도 그 임자가 단속하지 아니하였으면 그는 소로 소를 갚을 것이요 죽은 것은 그가 차지할지니라"(35~36).

고대 근동의 법과 성서의 법을 비교하면 많은 유사점과 차이점을 발 견할 수 있다. 고대근동의 법과 마찬가지로 구약성서의 법도 민법 형법 으로 구성되어 있다. 그런데 이스라엘의 법에는 고대근동지역에서 발견 되지 않은 종교법이 더 기록되어 있다. 뿐만 아니라 형식적인 측면에서 단언적 형태와 결의론적인 형태의 법전이 모두 발견된다.

이스라엘 법과 고대 근동 법은 강조점에 있어서 차이가 발견된다. 고 대 근동의 법은 민법에 강조점이 있는 반면 구약성서에서는 종교 제의법 을 강조하고 있다. 형식적인 측면에서도 고대근동의 법은 대체로 단언적인 형식이 많이 사용되는 반면 구약성서의 법은 결의론적인 형태가 많다. 또한 법을 제정한 목적에 있어서도 고대근동에서는 정의구현이 목적이라면 구약성서의 법은 계약을 준수하여 하나님의 백성답게 살게 하기 위한 종교적 목적으로 법이 제정되었다.[10]

경우에 따라서는 같은 죄에 대한 처벌의 내용이 고대 근동의 경우와 구약성서의 경우에 있어서 차이점을 나타내기도 한다. 예를 들어 출애굽기 21:28~32에 기록된 들이받은 소에 관한 처벌에 있어서 고대근동의 법전과 구약성서의 법은 차이점을 나타낸다.

> 28 소가 남자나 여자를 받아서 죽이면 그 소는 반드시 돌에 맞아 죽을 것이요 그 고기는 먹지 말 것이며 임자는 형벌을 면하려니와 29 소는 본래 받는 버릇이 있고 그 임자는 그로 인하여 경고를 받았으되 단속하지 아니하므로 남녀 간에 받아 죽이면 그 소는 돌로 쳐 죽일 것이고 임자도 죽일 것이며 30 만일 그에게 속죄금을 명하면 무릇 그 명한 것을 생명의 속으로 낼 것이요 31 아들을 받든지 딸을 받든지 이 율례대로 그 임자에게 행할 것이며(출 21:28~31).

> 만일 황소가 길을 지나다가 사람을 피 흘려 죽게 하면, 손해보상을 요구할 수 없다(함무라비 제 250조).

> 만일 어떤 사람의 황소가 사람을 죽여서 시의회가 주인에게 그 사실을 알게 하였는데, 그가 그 뿔에 덧대거나 그의 황소를 묶어두지 않아서 그 황소가 귀족계급의 구성원을 피 흘려 죽게 하면, 그는 은 1/2미나를 지불해야 한다(함무라비 제 251조).

출애굽기의 규정에 의하면 소가 사람을 들이 받게 되면 그 소는 반드시 죽임을 당하고 그 소의 주인에게는 죄가 없다고 기록하고 있다. 그러나 그 소가 사람을 받는 것을 알고도 주인의 부주의함에 의하여 받는 일이 발생하면 주인도 함께 죽이도록 규정하고 있다. 따라서 출애굽기에서는 사람의 생명을 해한 자에 대하여 생명으로 값을 치르게 하는 것을 발견할 수 있다. 함무라비 법전에서는 비록 소가 사람을 들이 받기는 하지만 소에게 책임을 묻지는 않는다. 만약 소의 나쁜 버릇을 알고도 주인이 부주의해서 생긴 일이면 주인이 손해를 보상하게 되어 있다. 구약성서나 함무라비 법전 모두 소 주인의 부주의에 대해서는 책임을 묻지만 책임을 묻는 방법에 있어서는 차이는 있다.

뿐만 아니라 고대 근동의 법전과 고대 이스라엘의 율법을 비교할 때 같은 항목에 대한 각기 다른 해석이나 법 적용을 발견할 수 있다.[11] 그 내용은 다음과 같다.

가족 제도에 관한 제반 규정

고대 사회에 있어서 가장 기본적이며 중요한 공동체는 가족 또는 씨족이었다. 초기의 조항에서 가장(家長)은 법집행에 있어서 매우 중요한 존재다.

결혼에 관한 법규

함무라비 법전 제 127~132 조항은 결혼 및 부부관계에 대하여 언급하고 있다. 그러나 결혼에 관한 규정이 고대 이스라엘에서는 거의 발견되지 않는다. 다만 성서에 나오는 여러 가지 이야기들 가운데서 간접적으로만 발견할 수 있을 뿐이다. 계약 법전을 통해서는 결혼 지참금의 제도가 있었다는 암시를 받을 수 있다(출 22:16~17). 결혼지참금은 남편 될 사람이 장인 될 사람에게 지불해야 했던 돈이다.

고대 이스라엘 사회에서는 결혼에 대하여 아버지의 결정이 매우 중요했다. 특히 여자는 아버지의 결정에 거부할 권한이 없었던 것으로 보인다. 이것은 고대 바벨론에서도 마찬가지였다.

고대 이스라엘의 결혼제도 가운데 특징적인 것은 수혼법이다. 즉, 죽은 형의 아내인 형수와 결혼하는 제도로 룻과 보아스의 결혼 이야기에서 그 예를 찾아 볼 수 있다(창 38:8, 14, 룻기).

고대 근동에서 결혼 때는 반드시 결혼계약문서를 작성했다. 따라서 함무라비 법전에 의하면, 바벨론에서는 반드시 결혼 계약 문서를 작성하여야 했다(제 128조). 결혼한 여자라고 할지라도 이 문서 없이는 법적으로 아내의 자격이 없었다. 그러나 이 계약 문서를 작성하는 것은 남자가 여자를 마음대로 대하지 못하도록 하기 위한 것으로 보인다. 반면에 토라에서는 이런 규정이 나타나지 않는다. 또한 이 법전은 결혼 시 여자는 지참금을 가지고 가도록 하였으며, 남편은 장인에게 선물을 주도록 하였다. 이와 유사하게 창세기 24:59~61은 결혼지참금 제도가 고대 이스라엘에서도 있었을 가능성을 보여주고 있다.

이혼에 관한 법규

고대 사회에서 남자는 별반 어려움 없이도 그의 아내와 이혼할 수가 있었다. 이혼의 경우에 있어서 주도권은 항상 남자에게 주어져 있었다. 이는 고대 이스라엘에서도 마찬가지였다. 예를 들어 아내가 '수치스러운 일'을 했을 경우 남편은 이혼 증서만 쓰면 이혼할 수가 있었다(신 24:1~4). 그러나 함무라비 법전에서는 여자에게도 그녀의 남편과 이혼할 수 있는 권리를 부여하고 있다(제 142~143조). 이러한 예는 성서에서는 발견되지 않는다. 한편 율법서에서는 남편이 아내와 이혼할 수 없는 몇몇 경우들에 대해 규정하고 있다(신 22:13~19, 28~29).

함무라비 법전은 여자 편의 잘못 없이 이혼할 경우 여자가 위자료를 받을 수 있는 권리를 규정하고 있다. 여자는 이혼 당할 때, 지참금은 물론 자녀의 양육비와 자신의 생계를 위해 필요한 경비까지 요구할 수 있었다(제 137~139조). 그러나 구약성경에서는 이러한 위자료 지불 규정을 찾아볼 수 없다. 함무라비 법전에서는 아내가 심각한 질병을 잃거나 자식을 낳지 못하는 경우에도 이혼할 수 있도록 하였다(제 138조). 그러나 성서에서 이혼의 사유로는 단 한 가지, 여자가 '수치스런 일'을 행했을 경우만을 제시하고 있다.

간음에 관한 법규

고대 사회에 있어서 간음은 기본적으로 혈연관계로 맺어진 공동체 유지에 치명적인 위협을 가하는 것으로 여겼다. 따라서 간음죄에 대해서는 고대 근동이나 이스라엘 모두 중벌을 내렸다. 간음 문제를 다룸에 있어서 고대 근동이나 이스라엘은 모두 여자에 의한 간음을 문제시하고 있다. 함무라비 법전에서는 간음한 여인은 물에 던져 죽게 하였다(제 129조). 여자가 간음죄로 기소를 당했을 때에는 무죄를 증명하기 위해서 맹세를 하거나 시죄법을 통과해야 했다(제 131, 132조). 약혼한 여인을 범한 경우에는 남자에게도 사형이 주어졌다(제 130조). 그러나 성서에서는 약혼하지 않은 처녀를 범한 남자는 그녀와 결혼을 해야 하며, 그녀의 아버지에게 벌금을 내도록 하였다(출 22:16~17). 신명기 법전에서는 성 안에서 약혼한 여자와 다른 남자가 성 관계를 가졌을 경우에 둘 다 사형에 처하도록 하고 있다. 그러나 성 밖에서 이런 일이 일어났을 때에는 남자만 죽이도록 하였다(신 22:23~27).

상속 및 양자에 관한 규정

함무라비 법전에서는 상속에 대한 일반적인 원칙을 발견할 수 없다. 이 법전은 특별한 경우들의 상속에 대해서만 언급을 하고 있다(제 168~172조). 그러나 대체적으로 남자에게만 같은 분량으로 상속된 것으로 보인다. 제 170조에 의하면 첫 번째 부인의 자녀와 주인이 인정한 종에게서 낳은 자녀가 동등하게 재산을 상속받았지만 첫 번째 부인이 낳은 자녀들에게 우선권이 주어졌다. 물론 남편이 죽은 경우, 부인에게도 상속권이 있었다. 이스라엘에는 상속에 관한 법 규정은 없고, 단지 장자 상속법에 대한 규정만을 기록하고 있다(신 21:15~17). 그러나 남자 상속자가 없는 경우에는 여자에게도 상속권이 허락되었다(민 27:1~11).

함무라비 법전(제 185~193조)과는 달리 성서에서는 양자를 들이는 예가 있기는 하지만 양자 제도나 양자에 관한 규정이 전혀 없다. 그 당시 양자 입양 제도는 종족 보존을 위한 것이었다. 그런데 이스라엘은 혈통을 중시하기 때문에 양자제도보다는 수혼법을 더 선호한 것으로 보인다. 그러나 이스라엘을 제외한 고대 근동의 여러 지역에서 양자 제도는 매우 보편적이며 오랜 역사를 갖고 있다. 함무라비 법전에서는 양자보다도 양자를 들인 사람의 권리 보호에 초점을 두고 있다. 즉 양자로 들어온 사람이 특별한 이유 없이 부모와의 관계를 깨뜨리는 것을 금하고 있다(제 192, 193조).

종에 관한 규정

고대 사회에 있어서 종 제도는 정치, 경제, 사회적으로 중요한 역할을 하였다. 가장 오래된 바벨론의 토판들에서도 종의 매매에 관한 자료들이 발견된다. 종이 되는 이유가 처음에는 전쟁 포로에 의해서였으나 나중에는 경제적인 이유로, 즉 빚을 갚지 못해 종이 되는 경우들이 많이 생기게 되었다. 성서에서 언급하고 있는 종들은 대부분이 빚을 갚지 못하는 경우들이다(느 5장). 이러한 종 제도에 대해서 함무라비 법전은 21개 조항에 걸쳐 상세하게 언급하고 있으나 계약 법전에서는 14개 조항에 걸쳐서 규정하고 있다.

종의 권리

구약성서에서 주인이 종에게 상해를 입힌 경우, 종이 즉사하면 주인은 형벌을 받아야 했다(출 21:20~21). 그러나 즉사하지 않은 경우에는 주인은 아무런 책임도 지지 않았다(출 21:20~21, 26~27). 종을 주인의 소유로 인정하면서도(출 21:21), 종의 권리를 보호하고 가족처럼 여겨야 했다(출 21:9). 반면에 신체를 상해한 경우에는 그 종을 놓아주어야 한다고 규정하고 있다(출 21:26). 그러나 함무라비 법전에 의하면, 주인은 종을 마음대로 처분할 수 있었다. 심지어 주인은 종을 죽일 수도 있었다. 따라서 함무라비 법전에서는 주인이 종을 상해하거나 죽이는 것은 종에 대한 주인의 권리에 속하는 것이었기 때문에 이에 관한 규정이 없다. 그러나 다른 사람들에 의해 종이 상해를 입거나 죽게 된 경우에는 주인이 배상을 받을 수 있었다. 왜냐하면 종에 대한 상해는 재산에 대한 손실로 여겼기 때문이다. 이러한 사실은 함무라비 법전이 종의 권리 보호에 대해서는 관심이 없으며 주인의 권리 보호에만 초점을 두고 있음을 알려준다.

종의 방면

구약성서에서는 종을 6년 이상 부리지 못하도록 제한하고 있다(출 21:2). 모든 종은 안식년이나 희년이 되면 풀어 주어야 했다. 그러나 고대 이스라엘만이 이런 법을 갖고 있었던 것은 아니다. 함무라비 법전은 모든 종을 3년 동안 일을 시킨 다음에는 놓아주어야 한다고 규정하고 있다. 언뜻 보면, 함무라비 법전이 성서보다 종들에 대해 더 관대한 것처럼 보인다. 그러나 이스라엘에서는 6년간 일을 하게 한 반면 바벨론에서는

3년간만 일을 시키도록 한 것은 바벨론 사회가 그만큼 경제가 발전했음을 보여주는 것이다. 종들은 기본적으로 노동력 제공을 통해 빚을 갚는 사람들이었다. 바벨론 사회는 경제가 발전하여 노동 임금이 높았기에 종들이 3년 만에 빚을 갚을 수 있었다. 그러나 이스라엘의 경우는 그렇지 않았기에 6년 동안 일을 시키도록 한 것이다. 물론 전쟁의 포로로 끌려와 종이 된 사람들은 방면하지 않았다. 그밖에 이를 천지창조와 관련하여 신학적으로도 이해할 수 있다. 즉, 하나님의 창조 행위가 6일간 지속된 후 칠 일째 쉬셨기 때문에 종에 대해서도 6년간 일시키고 방면하게 하였다는 설명이다.

이스라엘에서는 여종의 경우 풀어 주지 않았는데(출 21:7), 이는 대부분 여종들은 주인이나 그 가족의 일원과 결혼하여 그 가족의 한 사람이 되었기 때문이다. 이러한 종들에게는 법적인 보호가 어느 정도 주어졌다. 이는 바벨론의 경우도 마찬가지였다(함무라비 법전 제 119, 137, 144~146, 170~171조). 한편, 남종을 내보낼 때에는 그들이 다시는 종으로 팔려 가지 않도록 그들의 생계를 유지할 수 있는 대책을 마련해 주어서 내보내야 된다고 율법은 규정하고 있다(신 15:12~18). 이러한 규정은 다른 데서는 발견되지 않는다. 따라서 학자들은 성서법의 인도주의적인 성격을 주장한다.

도망친 종에 관한 규정

도망친 종들에 대한 문제는 고대 근동의 모든 법전들에 있어서 중요한 관심사 가운데 하나였다(Ur-Nammu 법전 제 15조; Lipit-Ishtar 법전 제 12~13조; Eshnunna 법전 제 49조 이하). 왜냐하면 도망친 종들은 단지 주인의 재산에 관계된 문제일 뿐 아니라 사회 질서의 균형을 위협하는 것으로 이해됐기 때문이다. 따라서 이 문제는 중대 범죄로 취급하였다.

함무라비 법전은 도망친 종에게 은신처를 제공해 주는 사람은 사형에 처하게 하였으며, 도망친 종들을 고발한 자에게는 상급을 주도록 규정하였다(제 17조). 그리고 잡힌 종은 사형에 처하였다. 그러나 이런 혹독한 규정이 성서에서는 발견되지 않는다.

성서에서는 도망 온 종들을 오히려 잘 보호해 줄 것을 규정하고 있다. 구체적으로, 그들을 주인에게로 돌려보내서는 안 되었다(신 23:15~16). 아마도 이 규정은 외국으로부터 도망온 종들에 관한 것으로 보인다.[12]

기타 규정

종의 매매에 관한 규정은 함무라비 법전의 맨 마지막 부분에 나온다. 여기에서는 종을 사려고 하는 자는 건강한 종을 살 권리가 있으며(제 278조), 파는 사람이 그 종의 주인임이 증명되어야 한다고 규정하고 있다(제 279조). 또한 종이 주인에게 대들 때에는 죽일 수 있도록 하였다(제 282조). 성서에서는 어떤 종이라도 도로 팔 수 없다고 규정하고 있다. 이는 아내로 삼으려고 산 여종이나 포로로 끌려와 주인의 아내가 된 여종의 경우에도 마찬가지였다(출 21:7~11, 신 21:14).

이를 통하여 알 수 있는 바는, 이스라엘의 종들이 다른 나라의 종들보다 훨씬 인도적인 대우를 받았으며 결코 상품이나 주인이 마음대로 처분할 수 있는 재산으로 취급되지 않았다는 점이다. 고대 근동의 법규들은 주인의 권익 보호에 관심을 갖고 있으나, 성서에서는 근본적으로 종의 권리 보호에 관심을 갖고 있다. 그러나 다른 이웃 민족들처럼 이스라엘에서도 종의 제도가 그렇게 발달하지 않았던 것은 사실이다.

상해법

가장 오래된 법전들인 우르 남무 법전이나 에쉬눈나 법전에서는 상해의 경우에 보상하도록 규정하고 있다. 우르 남무 법전에서는 손과 발, 코, 이 등에 상해를 입힌 경우에는 돈으로 배상하도록 하였다(제 15~19조). 에쉬눈나 법전도 마찬가지이다(제 42~47조). 특별히 이 법전에서는 동물에 의한 상해를 다루고 있다(제 53~57조).

그러나 함무라비 법전에서는 '눈에는 눈, 이에는 이'로 잘 알려진 동태복수법을 적용하고 있다. 비록 구약성서에 '눈에는 눈으로, 이에는 이로, 손에는 손으로, 발에는 발로'라는 조항이 기록되어 있기는 하지만(출 21:23~25) 이것은 성서 고유의 형벌 원칙이 아니었다. 함무라비 법전에서는 이 원칙을 여러 경우에 적용하고 있으나(제 116, 196, 197, 200, 210, 229~231, 235, 263, 267조), 성서에서는 실제로 동태복수법의 원칙이 적용된 예가 한 번도 나오지 않는다. 따라서 동태복수법을 성서의 기본적인 형벌 원칙으로 보아서는 안 된다. 대부분의 상해의 경우, 성서에서는 돈으로 보상하도록 규정하고 있다. 따라서 함무라비 법전을 제외한 다른 법전과 마찬가지로 성서에서도 보상 원칙을 발견할 수 있다.

함무라비 법전은 상해의 경우, 자유인 피해자와 가해자의 사회적 신분에 따라 형벌이 다르게 주어졌다. 동태복수법은 아웰룸(awēlum) 계층 간에만 적용되었다. 무스케눔(muškēnum) 계층 간에 일어난 상해에 대해서는 벌금을 내도록 하였다. 그러나 종이 다른 사람에게 상해를 입힌 경우에는 동태복수법보다 더 중한 형벌을 가했다. 또한 특별히 임신한 여자에게 상해를 입혀 유산시키게 된 경우에 대해서 자세하게 규정하고 있다. 이는 성서에서도 마찬가지이다(출 21:22~27). 함무라비 법전의 가장 큰 특징은 이전에는 보상으로 처리했던 문제들에 대해 동태복수법을 적용하고 있다는 것이다.

상해(치사)의 경우에 있어서, 함무라비 법전이나 성서는 모두 그 상해가 의도적인 것이었는가 아닌가에 따라 형벌을 달리 부과하고 있다.

성서에서는 의도적인 살인이 아닌 경우(오살죄) 도피성으로 피할 수 있게 하였으며(신 4:41~43), 함무라비 법전에서는 벌금형을 내렸다. 짐승에 의한 상해(치사)를 입은 경우들에 대해서는 고대 근동의 법전에 따라 그 벌칙이 각기 다르다(에쉬눈나 법전 제 54~57조; 함무라비 법전 제 250~252 조, 출 21:28~32). 그런데 에쉬눈나 법전, 함무라비 법전, 그리고 구약성서 법의 공통점은 예로서 모두 황소가 언급되었다는 점이다. 특별히 에쉬눈나 법전은 다른 법전과 달리 개에 의한 상해에 대해서도 기록하고 있다. 또 다른 공통점은 사람에게 상해를 입힌 짐승이 위험한 짐승이라는 것을 주인이 알고 있었는지의 여부에 따라 형벌이 다르게 주어졌다는 점이다. 이 법전들은 모두 그 짐승이 위험하다는 것을 주인이 모른 경우에는 주인에게 아무런 책임도 묻지 않았다.

재산권 보호에 관한 규정

성서의 법규들은 재산권 보호에 대하여 비교적 언급이 없다. 그러나 함무라비 법전의 가장 큰 관심사는 재산권 보호이다. 성경에서는 물건을 도둑질한 경우, 이웃 농경지에 피해를 입힌 경우, 물건이나 짐승을 위탁한 경우, 빌려 온 짐승에게 해를 입힌 경우에 대하여 언급하고 있다.

물건을 도둑질한 경우

가축을 도둑질한 경우에 도둑은 4~5배의 보상을 해야 했으며, 도둑이 그것을 이미 다 처리한 경우에는 더 중한 보상을 해야 했다. 배상을 하지 못하면 종으로 팔려 갔다(출 22:3). 함무라비 법전에서는 성전에 속한 짐승이나 물건을 훔친 사람에게 사형을 명했다. 그러나 무스케눔의 소유를 도둑질한 경우에는 보상을 하도록 하였는데, 히브리인들보다 훨씬 무거운 보상을 해야 했다. 그밖에 장물(臟物)을 구입한 사람에게도 이 법전은 사형을 내리도록 하고 있다.

이웃 농경지에 피해를 입힌 경우

성서나 함무라비 법전 모두 이웃의 농경지에 피해를 입힌 경우에는 보상하도록 규정하고 있다(출 22:5~6; 함무라비 법전 제 57조). 출애굽기 22:5에서는 짐승이 잘못하여 남의 밭에 가서 먹이를 먹게 되면 가축의 주인이 자기 밭의 가장 좋은 것과 자기 포도원에서 가장 좋은 것으로 배상하도록 규정하고 있다. 6절에서는 불을 놓아 잘못하여 밭을 태우면 불을 놓은 사람이 배상하도록 규정하고 있다.

재산을 보관하도록 위탁한 경우에 관한 규정

에쉬눈나 법전과 함무라비 법전, 그리고 성서 모두가 이러한 경우들에 관하여 규정하고 있다(에쉬눈나 법전 제 36~37조; 함무라비 법전 제 120~126조; 출 22:7~13). 함무라비 법전은 이웃의 곡식을 맡아 보관하였다가 손해를 입혔을 경우에 두 배로 변상하도록 하고 있다. 도둑 맞았을 경우에도 마찬가지이다. 그러나 성서는 맡은 물건을 도둑 당한 경우에는 하나님 앞에 맹세하기만 하면 변상하지 않아도 되도록 하고 있다. 에쉬눈나 법전에서도 도둑 당한 경우에는 변상하지 않아도 되도록 하였다.

한편 성서에서는 맡아 보관하던 가축이 야생 동물에 의해 피해를 당한 경우에도 변상하지 않아도 되지만(출 22:10~11) 그것을 도둑맞은 경우에는 변상해야 했다(12절). 함무라비 법전은 자연 재해로 인해 문제가 생겼을 때에 신 앞에서 맹세를 하게 되면 보상 책임이 면해질 수 있었다(제 266조). 즉, 재해로 손해를 보았다는 것을 입증하는 것이다.

빌려 온 가축에 해를 입힌 경우

성서는 빌려 온 가축이 해를 입게 되면 보상하도록 규정하고 있다(출 22:14). 출애굽기의 규정은 어떤 이유에서든지 빌려왔으면 그 짐승을 보호할 책임이 임차인에게 있음을 강조한다. 이와 함께 출애굽기 22:15에서는 빌려온 짐승일지라도 주인과 함께 있을 때 그 짐승이 죽은 경우에는 배상하지 않아도 됨을 기록하고 있다. 그러나 함무라비 법전에서는 자연 재해로 인해 빌려 온 가축에 해를 입힌 경우에는 보상의 의무가 면제되었다(제 249조).

이상에서 우리는 가축에 대한 특별 보호 규정을 쉽게 인지할 수 있다. 이를 통해 가축이 농경 사회에서 중요한 재산 가운데 하나였음이 분명하게 드러난다. 가축에 상해를 입힌 경우, 고대 사회에서는 모두 비슷하게 처리를 했는데 이는 서로간에 유사한 사회적 배경에서 비롯된 자연스런 결과다.

1) 김영진, 『율법과 법전: 율법과 고대근동의 법 연구』(서울: 한들출판사, 2005).

2) M. Mainonides, "Commandments, the 613," *Judaica 2nd,* 5: 763-782.

3) A. Alt, "Origin of Israelite Law," *Essays on the Old Testament History and Religion* (Oxford: Blackwell, 1966), pp. 81-132.

4) H. E. Waldow, "Social Responsibility and Social Structure in Early Israel," *CBQ* 32 (1970), p. 189.

5) A. H. J. Gunneweg, *Understanding the Old Testament,* (London: SCM Press, 1978), p. 102.

6) W. Eichrodt, *Theology of the Old Testament* vol. 1, 70; G. von Rad, *The Problem of the Hexateuch and Other Essays,* (London: SCM Press, 1966), p. 1.

7) 동태복수법(*Lax talionis*)에 대한 논란 가운데 하나는, 이것이 보복의 원칙이냐, 아니면 보상의 원칙이냐 라고 하는 것이다. 일반적으로는 보복의 원칙으로 알려져 있는데, 알트는 보복의 원칙이 아니라 보상의 원칙으로 이해를 하고 있다. 즉 피해자가 가해자에게 눈에는 눈으로, 이에는 이로 보복을 할 수 있다는 것이 아니라, 상해를 입힌 경우에는 그에 상당한 보상을 해야 한다는 법칙이라는 것이다. 출애굽기 21:23 이하를 직역하면 이렇다. '너는 목숨에는 목숨으로, 이에는 이로, 손에는 손으로...주어야 할 것이다.' 여기에서는 피해자가 가해자에게 보복하는 것이 아니라, 가해자가 피해자에게 보상하는 것으로 되어 있다. "최악의 경우에는 상대방의 눈을 보상(치료)하기 위하여 자신의 눈을 빼 주어야 하며, 이를 보상하기 위해서는 이를 빼 주어야 한다"는 뜻이라고 하는 것이다.

8) Z.W. Falk, *Hebrew Law in Biblical Times* (Winona Lake: Eisenbrauns, 2001), p. 74.

9) 팔크(Z.W. Falk)는 이스라엘에서 투옥 처벌은 포로 이전시대에는 사용되지 않았다고 주장한다. Z.W. Falk, *Hebrew Law in Biblical Times,* p. 74.

10) 고대근동법전의 목적은 현존하는 법전의 서문이나 발문에 기록되어 있는 법 제정의 목적을 통하여 잘 알 수 있다. 리피트-이쉬타르 서문(Lipit-Ishtar)에 의하면 "나는 ... [수]메르와 아카드에 엔릴의 말씀에 따라 [정]의를 [세웠]다."라 고 기록하고 있을 뿐만 아니라 함무라비 법전의 서문에 의하면 "......그 때에, 아눔과 엘릴이 백성들의 복지를 장려하도록, 나를 임명하셨고, 또한 이 땅에 정의가 널리 퍼지게 하도록 나 함무라비, 경건한 자이며, 신을 경외하는 왕자 를 임명하셨으며, 악한 것을 쳐부수도록 나를 임명하셨다.......마르둑께서 그 백성들을 올바르게 이끌도록 나에게 맡기셨을 때, 나는 그 땅의 언어로 법과 정의를 세웠다, 그로써 백성들의 복지를 장려하였다."라고 기록하고 있다. 이러한 사실을 통하여 고대근동법 제정의 목적이 정의를 세우는 것임을 알 수 있다.

11) 이진희의 www.yeshua.net/index.html을 참고함.

12) Smith, *The Origin and History of Hebrew Law*, (New Jersey : The Lawbook Exchange, 2005) P. 65.

Commandments

and

Gospel

제3부

하나님 이해

하나님은 누구이신가? 이스라엘 신앙의 대상인 하나님은 어떤 분이며, 무엇을 요구하는가? 그리고 더 나아가 이스라엘 신앙의 특징은 무엇인가? 이에 대하여 토라는 무엇이라고 답하는가?

오경에 나타난 가르침 가운데 하나님에 대해서는 다음 네 가지 주제로 언급하고 있다. 즉, 여호와 하나님(신론), 신성모독, 우상숭배 금지 및 이방 풍습 금지 등이다.

하나님과 이스라엘 사이의 관계를 이해하기 위해서는 고대 세계의 왕과 신하 혹은 봉신과 종주의 관계를 이해하면 쉽게 공감할 수 있다. 고대 사회의 최고의 권력은 왕이었다. 따라서 고대인들은 하나님과의 관계를 자신들이 느끼고 있는 최고 권력인 왕과 자신들의 관계로 설명하거나 혹은 묘사하였다.

여호와 하나님-신론(神論)에서는 하나님과 이스라엘의 관계를 설정하고 있다. 이것은 왕과 백성 혹은 종주와 봉신의 관계 설정과 비교된다. 구약성서에는 여호와를 이스라엘 왕으로, 백성을 신하로 묘사하고 있다(출 15:18, 삼상 8:7, 12:12, 시 93:1, 96:10, 97:1, 99:1, 146:10, 사 33:22, 미 4:7). 왕이나 종주는 백성이나 봉신을 보호하는 자이며, 백성이나 봉신은 한 왕이나 종주를 섬겨야 한다. 봉신/백성이 여러 명의 왕이나 종주를 섬기는 것이 배신이며 반란이듯이, 이스라엘이 여호와 이외의 다른 신을 섬기는 것이 배신이다. 백성/봉신이 왕이나 종주에 대하여 사랑(충성)하고, 경외하고, 의지하며, 의존하듯이 이스라엘은 여호와에 대하여 이렇게 해야 한다. 뿐만 아니라 백성이 왕의 명령을 순종하듯이 이스라엘도 여호와의 명령에 순종해야 한다.

신성모독이란 신하/봉신이 왕/종주에 대하여 그 이름을 모독하지 않아야 하는 것처럼 이스라엘 또한 여호와의 이름을 모독하거나 망령되게 일컬어서는 안 된다는 것을 지칭한다. 에살하돈의 계승조약(*SAA* II 6)에 의하면 봉신들은 왕이나 왕위를 계승할 왕자에 대해 흉보거나 좋지 못한 악한 말, 부적절하고 추한 말을 들으면 이 사실을 알려서 더 이상 확산되지 못하게 할 책임이 있다. 마찬가지로 이스라엘 백성은 왕이신 여호와를 모독해서는 안 된다.

우상숭배를 금하는 것은 마치 종주가 봉신에게 다른 왕이나 나라와 조약을 체결하는 것을 허용하지 않는 것과 마찬가지이다. 고대 근동세계에서 종주에 대한 봉신의 반란은 조공(선물)을 바치지 않거나 종주와 적대적인 다른 나라와 외교관계를 맺는 경우이다. 따라서 이스라엘 백성들이 여호와가 인정하지 않는 다른 신을 섬기거나 다른 신에게 헌물을 드리는 것을 금한다. 특히 구약성서에서는 이를 우상숭배로 규정하여 금할 뿐만 아니라 엄격히 처벌한다.

이방풍습을 따르지 못하게 하는 것은 이를 따르면 여호와를 더럽힐 수 있기 때문이다.

이상에서처럼 오경에서는 왕이신 여호와가 누구이며, 백성된 이스라엘이 여화와를 어떻게 섬겨야 하는지에 대해 보여준다.

이때 구약성서의 하나님과 이스라엘과는 언약적(계약적) 관계가 형성된다. 마치 고대 군주와 신하 사이에 계약적 관계가 형성되듯이 말이다. 따라서 하나님과 이스라엘의 관계를 이해하는데 가장 중요한 개념은 언약(조약)이다.

01

여호와 하나님

신론(神論)에서는 여호와가 누구이며, 어떤 분이며, 이 분을 이스라엘이 어떻게 섬겨야 하는 가를 보여준다. 즉, 구약성서의 여호와가 누구이며, 신앙을 갖는다는 것이 무엇을 뜻하는가를 설명한다. 여호와에 대한 이해는 고대 근동의 왕과 신하의 관계를 묘사하는 기록을 통하여 쉽게 이해할 수 있다.

신론의 가장 큰 특징은 구약성서의 신관이 유일신관이라는 점이다. 이것은 다른 고대 근동의 다신교적 특징과 가장 큰 차이점이다. 따라서 구약의 신관은 매우 배타적이며 다른 신적 존재를 허용하지 않는다.

[가나안에서 발견된 청동으로 만든 바알 신상]

제1조항 : 하나님을 믿으라

² 나는 너를 애굽 땅, 종 되었던 집에서 인도하여 낸 너의 하나님 여호와로 라(출 20:2)

출애굽기 20:2은 유대교 십계명의 제1계명에 해당하는 것으로 이스라엘 사람들은 하나님이 계심을 믿어야 한다. 그런데 출애굽기 20:2에서는 하나님이 어떤 분인가를 설명한다. 출애굽기 20:2은 이스라엘 신앙의 대상인 여호와께서 자신을 스스로 소개하는, 일종의 하나님의 자기소개이다. 여기에는 이스라엘의 하나님 여호와가 누구이며, 그는 이스라엘에게 어떤 분인가를 역사적 정황 속에서 설명하고 있다.

본문의 이해 출애굽기 20:2은 고대 세계에서 신이 자신을 소개하는 데 많이 사용하는 명사문장에 종속절이 첨가된 형태를 띠고 있다. 명사문장에서는 여호와가 이스라엘의 하나님이심을 선포하고, 수식절에서는 그 하나님이 이스라엘에게 행하였던 구원의 역사를 설명하고 있다. 따라서 이 구절의 핵심은 '나는', '여호와', '너의 하나님'(아노키 아도나이 엘로헤이카, אָנֹכִי יְהוָה אֱלֹהֶיךָ)이다. 이러한 표현은 출애굽기 20:2 외에도 신명기 5:6, 이사야 51:15, 시편 81:10 등에도 등장한다. 이 기본적인 명사문장에 관계대명사(아쉐르, אֲשֶׁר)로 연결된 종속절에 여호와의 구체적인 구원 행위가 기록되어 있다. '인도하여 낸'(호찌, הוֹצֵיא)은 어떤 곳에서 다른 곳으로 이끌어내는 것을 의미한다. 따라서 2절에서는 여호와가 이스라엘을 이집트 땅과 종의 집에서 인도하여 냈다는 뜻이다. '애굽 땅, 종 되었던 집'(메에레쯔 미쯔라임 미베이트 아바딤, מֵאֶרֶץ מִצְרַיִם מִבֵּית עֲבָדִים)에서 지리적 표현인 '애굽 땅'과 사회적 신분을 나타내는 '종 되었던 집'은 동격으로 사용되었다. 종 되었던 집(בֵּית עֲבָדִים)이란 표현의 정확한 의미는 '종들의 집'이다(출 13:3, 14, 20:2, 신 5:6, 6:12, 7:8, 8:14, 13:5, 10, 수 24:17, 삿 6:8, 렘 34:13). 따라서 여호와는 이스라엘에게는 종들의 집이었던 이집트에서 이스라엘을 구원해 준 구원자로 스스로를 묘사하고 있다.

너의 하나님 여호와(아도나이 엘로헤이카, יְהוָה אֱלֹהֶיךָ)라는 표현에서 이스라엘의 하나님은 여호와(יְהוָה)임을 선포한다. 일반적으로 하나님으로 번역된 히브리어 엘로힘(אֱלֹהִים)은 보통명사로 여기에 소유의 인칭 접미사가 붙었다. 하나님의 이름인 여호와(יְהוָה)의 어근 및 의미에 대해서는 여러 가지 설명이 있지만 출애굽기 3:14의 '나는 스스로 있는 자이니라'(에히예 아쉐르 에히예, אֶהְיֶה אֲשֶׁר אֶהְיֶה)를 통하여 설명한다. 출애굽기 3:14은 그 의미를 정확히 이해하기는 힘들다. 그러나 '나는 스스로 있는 자'란 고대근동 세계에 널리 퍼져있던 다신교적 배경에서 쉽게 이해할 수 있다. 고대 근동세계에서는 새로운 신의 탄생을 남녀 신들의 결혼을 통하여 탄생한다는 신의 계보에 의하여 설명한다. 그러나 여호와께서 '나는 스스로 있는 자'라고 말한 것은 아버지 신(父神)과 어머니 신(母神)과 같은 다른 신적 존재를 부정하는 것이며, 고대 근동세계의 다른 신 이해와 차별화하는 것이다. 따라서 나는 스스로 있는 자이니라는 표현은 유일신 신앙을 표현하는 또 다른 종교사회학적 표현이다.

출애굽기 20:2에 나타난 여호와의 표상은 구원자 혹은 인도자의 개념이다.

구약의 이해 구약성서에 기록된 하나님의 자기 소개 방식은 매우 다양하다. 가장 기본적인 형식은 나는 여호와이다(아니 아도나이, אֲנִי יְהוָה)이다. 이 표현은 출애굽기 6:2, 6 등에서 149회 사용되었다. 두번째는 기본형이 확장된 형태로 나는 너희/그들의 하나님 여호와이다(אֲנִי אֱלֹהֵיכֶם / יְהוָה אֱלֹהֵיהֶם)(출 6:7, 민 10:10, 등/ 출 29:46, 레 26:44, 겔 28:26, 34:30,

39:22, 28, 슥 10:6)이다. 이 형식은 여호와가 '너희들' 혹은 '그들'의 하나님임을 나타내는 것으로 엘로힘(אֱלֹהִים)에 소유격 어미가 붙은 것이다.

근동의 이해 고대 근동의 모든 기록에서 왕/신은 처음 자신이 누구인가를 설명한다. 이럴 때는 대체로 과거의 역사적 사건을 통하여 설명한다. 이러한 자기소개 양식이 가장 잘 나타나는 장르는 국제조약이다. 조약 당사자들 사이의 합의에 의하여 계약을 체결할 때 계약 당사자가 누구인가를 소개하는 부분이 있다. 대부분의 국제조약의 서언부분에서 조약에 참여한 왕이 누구인가를 소개한다. 히타이트의 무르쉴리와 두피-테슈브의 조약의 서문에 이 조약이 무리쉴리가 투-테슈브에게 명하여 체결한 조약임을 밝히면서 무리쉴리가 누구인가를 부연설명함으로 왕을 소개하고 있다.

> [이것은] 짐, 무르쉴리(Muršili), 위대한 왕, 하티의 왕, 영웅, 폭풍의 신이 사랑하는 자, 위대한 왕이며 하티의 왕이며, 영웅이었던 슈필루리우마(Šuppiluliuma)의 아들이 말했다.[1]

자기 소개의 양식은 고대근동의 예언문학에서도 사용된다. 고대 근동의 다양한 신들은 자신이 누구인가를 설명하기 위하여 자기소개의 양식을 사용한다. 아시리아의 여신인 이쉬타르(Ishtar)는 자신을 '나는 위대한 여신, 나는 아르벨라의 이쉬타르'라고 소개하고 있다.[2] 뿐만 아니라 아시리아의 하사비문에서도 왕에 대한 소개부분이 등장한다. 아수르바니팔이 발티야에게 세금을 면제해 주는 비문의 서두에 아수르바니팔에 대한 소개가 등장한다.[3]

> 나, 아수르바니팔은 [위대한 왕, 강력한 왕, 세상의 왕, 아수르의 왕], 네 방위의 왕, [진정한 목자], 선을 [행하는] 자, 의로운 왕, [지리를] 사랑하는

[자, 그의] 백성을 [만족시켜] 주는 자, 항상 [그를] 보좌하는 관리[들]에 대하여 친절[하게] 행동하고, [그의] 왕정 명령에 복종하는 공손한 자에게 보상해 주는 자이다.

뿐만 아니라 주전 9세기 중엽의 것으로 추정되는 모압석비에서도 모압의 메사 왕은 자신을 '나는 그모스[야트]의 아들, 모압의 왕 메사'(아노키 메샤아 벤 크모쉬야트 멜렉 모압, אנך משע בן כמשיׁתע מלך מאב)라고 기록하고 있다.[4] 또한 요르단의 케락(el-Kerak)에서 발견된 비문 조각에서도 같은 기록이 발견되었다.[5]

이처럼 고대 근동의 보편적인 자기소개 양식을 차용하여 이스라엘의 하나님 여호와가 누구인가를 소개하고 있다.

Rashi의 이해   유대인 랍비인 라쉬는 출애굽기 20:2은 이스라엘이 여호와를 섬겨도 될만한 역사적 이유를 제시한다고 설명한다. 그에 의하면 이 구절은 여호와께서 이스라엘을 이집트에서 구원하신 그 분이며, 또한 홍해 가운데서 나타나 이스라엘을 구원하였던 바로 그 분이라는 의미를 갖고 있다고 설명한다.[6]

신약의 이해   신약성서에는 엄밀한 의미에서 예수님의 자기소개는 등장하지 않는다. 오히려 자신의 본성을 나타내는 은유적 표현이 등장한다. 예를 들어, 요한복음 8:12의 '나는 세상의 빛이니'는 예수님이 자신을 세상의 빛에 비유한 것이며, 요한복음 10:11, 14의 '나는 선한목자라' 역시 자신을 목자에 비유하신 것이다.

오히려 신약성서에서는 다른 사람에 의하여 예수 그리스도에 대한 것이 소개되고 있다. 가장 대표적인 것이 마태복음 16:16에 나타난 시몬

베드로의 예수 그리스도에 대한 고백이다. 즉, '주는 그리스도시요 살아 계신 하나님의 아들이시니이다'를 통하여 예수님을 소개하고 있다. 당신 (예수님)은 그리스도이며, 살아계신 하나님의 아들이라는 것이다. 여기 서도 문장의 구조는 명사문장이다. 따라서 마태복음 16:16의 예수님 소개는 출애굽기 20:2의 여호와의 자기소개와 강조점의 차이가 있음을 알 수 있다. 출애굽기 20장은 여호와의 존재에 관한 것이라면 마태복음 16 장은 예수님의 역할과 하나님과의 관계에 초점을 맞추고 있다.

마태복음 1:21, 25에서 주의 사자가 요셉과 마리아에게 아들을 예수 로 소개한다. 즉, 백성을 죄에서 구원하실 분이라는 의미이다.

의미 여호와께서 출애굽기 20:2처럼 이스라엘 백성을 이집트에서 인 도하였다는 것은 다음으로 몇 가지 의미를 갖는다.

첫째, 정치적인 측면에서는 이스라엘이 이집트 왕국의 속박에서 벗 어나 자유로운 백성이 된다는 의미이며, 더 나아가 이스라엘 왕국의 형 성의 출발점이 되었다. 오늘날 학자들이 출애굽 사건이 일어났을 것으 로 추정하는 주전 13세기(주전 1290년 혹은 1250년)는 신왕국 시대로서 이집트 19왕조가 시리아-팔레스틴에 대한 주도권을 쥐고 있던 시기이 다. 하나님의 인도하심으로 이집트로부터 벗어난 자들은 하나님의 약속 의 땅에 거주하게 되었기 때문에 다시 이집트로 돌아가서는 안 된다(신 17:16). 이러한 생각은 출애굽기 24장에서 아브라함이 그의 아들 이삭의 아내를 구하러 그의 늙은 종을 보낼 때 아브라함의 며느리 감이 가나안 으로 오는 것을 거부한다고 해서 이삭을 데리고 메소포타미아로 다시 가 지 말라는 것과도 같은 것이다.

둘째, 문화적인 측면에서 하나님은 이스라엘 백성을 발달된 도시문화 에서 사막과 광야 그리고 산지로 내 몰았다. 당대 최고의 문명국이었던 이집트에서 날마다 하나님의 은혜를 기다려야 하는 사막, 광야 그리고 산지로 옮겨짐을 의미한다. 고대근동 세계에서 이집트와 바벨론은 당대 최고의 문명으로 인식되었을 터인데 이집트로부터의 해방이라는 것은 당시 최고의 문명으로부터 해방을 의미한다. 이러한 사실을 통하여 알 수 있는 것은 성서 기록자들은 문명에 대한 부정적인 생각을 가지고 있었던 것을 알 수 있다. 왜냐하면, 문명의 발달이 이방문화와의 접촉이기 때문이다.

셋째, 종교적인 측면에서는 이집트의 만신전으로부터 유일하신 여호와 숭배로 전환하는 계기가 되었다. 따라서 신명기 6:14에서는 사면에 있는 백성들의 신을 따르지 말라고 말하고 있다. 고대 근동세계는 수많은 신들을 숭배하던 곳이다. 따라서 이러한 다신론적인 세계로부터의 탈출이라는 의미를 갖고 있다. 특히, 여호와란 이름의 의미가 나는 스스로 있는 자이니라는 것은 고대근동의 보편적인 신의 계보를 단절하는 것이다.

넷째, 경제적인 측면에서 이스라엘은 고센평지의 비옥함과 경제적 풍요로움에서 광야의 배고픔으로 내몰렸다. 실질적인 경제적 상황은 나일 강 삼각주보다 팔레스틴 땅이 나을 것이 없었지만 그러나 젖과 꿀이 흐르는 땅이라는 이데아를 통하여 이집트에서 팔레스틴으로의 이주가 경제적인 부흥이라는 생각을 가지고 있었다. 따라서 신명기 6:10 이하에 의하면 가나안 땅이 아름다운 성읍이 있는 곳이나 배불리 먹게 되는 곳으로 기록되어 있다.

다음으로는 출애굽기 20:2을 통하여 구약성서에 기록된 하나님의 표상을 발견할 수 있다. 첫째, 이스라엘이 믿는 하나님은 역사적 구원을 이루어주신 분임을 알 수 있다. 여호와는 이스라엘의 인도자이며, 구원자이다.

또한 이집트를 떠나 가나안으로 향하는 노정의 전과정을 인도하신 인도자이며, 사막과 광야에서 이스라엘의 길이 되어주었다. 이것은 요한복음 14:6에 기록된 "내가 곧 길이요 진리요 생명이요"라고 말씀하신 예수님의 말씀과 같은 것이며, 더 나아가 요한복음 10:14의 "나는 선한 목자라"는 표상과도 같은 맥락의 말씀이다.

따라서 이스라엘의 길을 막는다는 것은 여호와의 인도를 막는 것과 같은 것으로 오바댜서에서 에돔 사람들이 도망하는 이스라엘 백성들을 막았다는 것(옵 14절)은 하나님의 인도하심을 방해 한 것으로 이해할 수 있고, 이것이 에돔의 죄가 된 것이다.

여호와를 인도자로 이해하는 것은 고대근동 세계에서 왕을 목자로 표현하는 것과 같은 개념이다. 따라서 구약성서에서도 여호와를 목자로 묘사하고 있다(시 23편). 여호와가 이스라엘을 인도하는 것을 마치 목자가 양떼를 인도하는 모습으로 비유한 것이다.

둘째, 물신숭배에서 인격적인 여호와 숭배로 전환하는 것이다.

고대 세계는 전통적으로 자연을 숭배하는 물신숭배(物神崇拜) 사상이 보편적이었다. 따라서 이집트에서는 재칼의 머리를 하고 있는 미라의 신 아누비스(Anubis)를 숭배하였고, 고양이를 신적 존재로 생각하여 섬기는 신인 바스트(Bast)를 숭배하였다.

그러나 이스라엘이 여호와를 숭배하는 것은 물신숭배를 거부하는 것이기 때문에 자연스럽게 우상숭배 또한 거부하게 된다. 심지어는 하나님 자신을 위한 신상을 만드는 것도 거부한다. 따라서 이스라엘이 이집트에서 인도되어졌다는 것은 이러한 물신숭배에서 자유로워졌다는 의미를 지니고 있다.

셋째, 사막의 영성을 발견하는 계기가 되었다.

하나님께서는 인본주의, 인간의 성취함을 부인하는 분이다. 고대 이집트는 큰 도시들을 건설하였다. 이때 하나님은 비돔과 람암셋을 건축하였던 이스라엘 백성들을 사막과 광야로 인도한다. 이것은 인간이 만든 문화에 예속되지 않는 하나님의 특성을 보여준다. 이러한 사실은 창세기 11장의 바벨탑 이야기나 예수님께서 마태복음 24:1~2에서 예루살렘 성전 건물의 무너짐을 예견하신 것과도 같은 맥락의 말씀이다.

예수님께서 바리새인과 사두개인 그리고 서기관들을 비난했던 이유는 이들의 형식적이고, 인본주의적 신앙 때문이다.

그런데 구약시대에 이스라엘 백성이 가나안 복지에 들어가는 길목은 사막이었다. 이곳은 하나님의 백성이 탄생하는 장소가 되었다. 사막은 홀로 하나님을 만나는 곳이다. 사막은 인간의 나약함이 드러나는 곳인 동시에 하나님의 자비와 사랑이 나타나는 곳이다. 따라서 사막의 영성(광야의 영성)은 하나님의 은혜를 발견하는 것이다. 만나, 메추라기, 그리고 바위의 물 공급 등은 이스라엘에 대한 하나님의 사랑을 구체화시켜 보여준 것이다.

베드로의 예수 그리스도에 대한 고백은 하나님의 자기 소개를 통하여 여호와가 고대근동 세계의 일반적인 신들과는 근본적으로 다른 분임을 보여주었으며, 하나님의 대표적인 표상이 구원자임을 보여준다(마 1:16, 21). 이는 예수 그리스도의 표상과도 일치한다.

관련 성구 여호와가 이스라엘을 애굽에서 구원한 여호와라는 말씀과 관련된 성구는 다음과 같다.

• 그러므로 이스라엘 자손에게 말하기를 나는 여호와라 내가 애굽 사람의 무거운 짐 밑에서 너희를 빼내며 그들의 노역에서 너희를 건지며 편 팔과 여러 큰 심판들로써 너희를 속량하여 너희를 내 백성으로 삼고 나는 너희의 하나님이 되리니 나는 애굽 사람의 무거운 짐 밑에서 너희를 빼낸 너희의 하나님 여호와인 줄 너희가 알지라(출 6:6~7)

• 그들은 내가 그들의 하나님 여호와로서 그들 중에 거하려고 그들을 애굽 땅에서 인도하여 낸 줄을 알리라 나는 그들의 하나님 여호와니라 (출 29:46)

• 나는 너희의 하나님이 되려고 너희를 애굽 땅에서 인도하여 낸 여호와라 내가 거룩하니 너희도 거룩할지어다(레 11:45)

• 나는 너희를 인도하여 애굽 땅에서 나오게 한 너희의 하나님 여호와이니라(레 19:36)

• 너희의 하나님이 되려고 너희를 애굽 땅에서 인도하여 낸 자니 나는 여호와이니라(레 22:33)

• 이스라엘 자손은 나의 종들이 됨이라 그들은 내가 애굽 땅에서 인도하여 낸 내 종이요 나는 너희의 하나님 여호와이니라(레 25:55)

• 내가 그들의 하나님이 되기 위하여 민족들이 보는 앞에서 애굽 땅으로부터 그들을 인도하여 낸 그들의 조상과의 언약을 그들을 위하여 기억하리라 나는 여호와이니라(레 26:45)

• 나는 여호와 너희 하나님이라 나는 너희의 하나님이 되려고 너희를 애굽 땅에서 인도해 내었느니라 나는 여호와 너희의 하나님이니라(민 15:41)

• 나는 너를 애굽 땅, 종 되었던 집에서 인도하여 낸 네 하나님 여호와라(신 5:6)

제2조항 : 여호와의 유일성

4 우리 하나님 여호와는 오직 유일한 여호와이시니(신 6:4)

쉐마(Shema)의 첫 부분인 신명기 6:4은 이스라엘 신앙의 대상인 여호와의 존재에 관한 문제를 다루고 있다. 즉, 여호와의 유일성에 대한 것이다. 신명기 6:4은 출애굽기 20:2의 하나님의 자기소개에 대한 이스라엘 백성들의 신앙 고백 내지는 신조로서 이스라엘 신앙의 마그나 카르타(Magna Carta)라고 부른다.

본문의 이해 신명기 6:4의 우리말 번역인 우리 하나님 여호와는 오직 유일한 여호와이시니는 본문의 의미를 정확히 살리지 못했다. 본문은 다음 몇 가지로 이해할 수 있다. 첫째, '여호와! 우리 하나님 여호와는 한 분이시다(유일하시다)'와 둘째, '여호와는 우리 하나님, 여호와는 한 분이시다(유일하시다)'이다. 그러나 문장의 구조적인 측면에서는 두 번째 해석이 가장 적합하다. 따라서 영어 성경(NKJV)은 이 구절을 The Lord our God, the Lord is one으로 번역하였다. 이에 대한 부정적인 표현이 출애굽기 20:3의 '너는 나외에는 다른 신들을 네게 두지말라'이다.

신명기 6:4은 삼단논법이 적용되었다(A=B, A=C ∴ A=B=C). 즉, 여호와는 우리 하나님이고, 여호와는 한 분이다. 따라서 우리 하나님은 한 분인 것이다.

이 구절은 고대 근동의 배경 속에서 이해해야만 한다. 구약시대 이스라엘 사람들은 고대 근동의 문화 속에서 수많은 신들의 홍수 속에 살았다. 메소포타미아에는 400여개의 신이 있으며, 이집트에는 240여개의 신이 있었다. 뿐만 아니라 가나안 땅의 원주민들이 섬기던 바알(Baʿal) 신과 배우자 여신인 아세라(Asherah), 모압 지방의 그모스(Chemosh) 신, 암몬 사람들의 밀곰(Milcom) 신과 몰록 신(Molech), 시돈 지방의 여신 아스다롯(Ashtaroth) 그리고 블레셋 사람들이 섬기던 다곤(Dagon) 신 등 수많은 만신전의 신들이 있었으며 그 외에 태양신, 달 신, 폭풍의 신, 산의 신, 강의 신, 질병의 신 등 각종 신들이 있었고, 또한 성읍, 도시들은 제

각기 그들의 수호신들을 가지고 있었다. 이처럼 고대 이스라엘은 수많은 신들의 홍수 속에서 오직 한 분 여호와 하나님을 섬기겠다는 신앙적 결단이 요구되었다.

구약의 이해 구약성서에서 여호와가 유일하신 분이란 것은 여호와의 존재론적인 측면과 기능적인 측면으로 설명하고 있다. 존재론적인 측면에서 여호와 유일신 신앙은 이사야 44:6에서도 찾아 볼 수 있다.

> 만군의 여호와가 이같이 말하노라 나는 처음이요 나는 마지막이라 나 외에 다른 신이 없느니라(사 44:6)

즉, 이스라엘은 주변의 여러 나라와 달리 오직 여호와만을 신(神)으로 인정한다는 것이다. 따라서 이스라엘이 다른 신을 섬기는 것은 여호와를 배반하는 것이다. 십계명 제1계명인 "너는 나 외에는 다른 신들을 네게 두지 말라"는 가르침과 같은 의미이다. 이외에도 구약성서에는 다른 신의 존재를 부정하는 많은 기록이 있다.

> 너는 오늘 위로 하늘에나 아래로 땅에 오직 여호와는 하나님이시요 다른 신이 없는 줄을 알아 명심하고(신 4:39).

존재론적인 측면에서 유일신 신앙을 가장 잘 보여주는 것은 이사야 37:8~20에 기록된 히스기야 왕의 발언에서 찾아 볼 수 있다. 히스기야 왕은 이사야 37:19에서 다른 나라의 신들은 신이 아니라 사람의 손으로 만든 것 뿐이라고 말함으로써 여호와 유일신 신앙을 고백하였다.

여호와 유일신 신앙에 대한 기능적인 측면의 설명은 여호와 하나님은 유일하신 분으로 누구와도 비교할 수 없는 분이라고 주장한다. 따라서 하나님은 누구와도 비교될 수 없는 초월적 능력을 가지고 있다는 것을 포함한다.

> 너희가 하나님을 누구와 같다 하겠으며, 무슨 형상에 비기겠느냐?(사
> 40:18)

이것은 창조주이신 하나님 여호와가 한 분이라는 사실을 통하여 아무
와도 비교되지 않는 분임을 강조하고 있다.

근동의 이해 구약성서의 유일신앙은 마치 고대근동의 조약문서에서 오직 한
왕에 대한 절대적인 충성을 요구하는 것과 유사하다. 에살하돈
(Esarhaddon)의 계승조약에 의하면 다음과 같이 충성을 요구하고 있다.

> 위대한 영광의 왕자 아수르바니팔이 땅과 사람들에 대한 충성심을 지킬 것
> 이며, 그의 이름이 후에 왕권으로 주장될 것이다. 다른 어떤 왕의 이름이나
> 주를 그 자리에 대신하지 말라.

여기서는 오직 아수르바니팔(Ashurbanipal)만이 후계자임을 강조하고
있다. 따라서 여호와 유일신 신앙이란 고대 근동의 봉신(封臣)이나 신하
가 오직 한 종주(宗主)나 왕을 섬겨야 한다는 것과 같은 의미이다.[7]
뿐만 아니라 에살하돈의 계승 조약은 '어떠한 다른 왕이나 주인을 세
우지도 말며 어떠한 다른 왕이나 주인에게 맹세하지도 말라'고 기록하고
있다.[8]

Rashi의 이해 라쉬는 신명기 6:4이 여호와는 다른 나라의 하나님이 아니라 이
스라엘만의 하나님이며, 그는 앞으로 한 하나님이 될 것임을 천
명한다고 설명한다. 이러한 생각은 스바냐 3:9의 '그 때에 내가 여러 백성
의 입술을 깨끗하게 하여 그들이 다 여호와의 이름을 부르며 한 가지로

나를 섬기게 하리니'에 나타나 있다고 보았다. 또한 스가랴 14:9에서 '여호와께서 천하의 왕이 되시리니 그 날에는 여호와께서 홀로 한 분이실 것이요 그의 이름이 홀로 하나이실 것이라'에 나타나 있다고 설명한다. [9]

고고학의 이해 구약성서의 유일신 신앙과 달리, 이스라엘에 대한 고고학 발굴의 결과 수많은 신상들이 발견되었다. 특히 이스라엘이 가나안에 정착한 이후인 철기시대(주전 1200년 이후)에 속한 많은 신상이나 신의 형상이 그려진 유물이 발견되었다. 인장이나 인장각인, 오스트라카, 그리고 항아리 손잡이에 찍힌 인장 각인 등에서 신 혹은 신적 주제들이 많이 발견된다. 이러한 사실은 고대 이스라엘 사람들이 유일신 신앙을 버리고 여러 다양한 신들을 섬겼음을 보여준다.

신약의 이해 신약성서의 유일신 신앙은 구약성서와 달리 하나님이 보내신 아들 예수 이외에 다른 구원자가 없음을 보여준다.

이러한 여호와 유일신 사상은 요한복음 14:6에서 예수가 '내가 곧 길이요 진리요 생명이니 나로 말미암지 않고는 아버지께로 올 자가 없느니라'는 말씀에 나타난다. 예수님만이 유일한 길임을 말하고 있다. 사도행전 4:12의 그분(예수님) 외에는 다른 구원이 없다는 것은 사도들의 유일신 신앙고백의 핵심이 되었다(참고 마 1:21, 행 10:43, 고전 3:11). 로마서 3:30에서 바울은 하나님은 한 분이시라고 말하고 있고, 골로새서 1:17에 예수님이 만물보다 먼저 계셨고, 만물이 그 안에 함께 있다는 것은 유일신론을 근거한 것이다. 유다서 8절에서 꿈꾸는 자들은 그리스도의 주권을 무시하는 자들이라고 기록하고 있다. 그리스도의 주권을 무시하는 것은 그리스도의 유일하심을 무시하는 것이다. 따라서 그리스도의 유일함을 강조하고 있음을 알 수 있다. 요한계시록 1:8에서는 예수가 '나는 알

파요 오메가라'는, 이사야 44:6과 같은 주장을 통해 예수 그리스도 밖에 다른 신이 없음을 보여준다.

이러한 삼단논법은 신약성서에서 삼위일체를 설명하는 사상적 근간이 된다.

의미 여호와의 존재에 관한 대답으로 우리 하나님은 한 분이며, 유일한 분이시다. 이스라엘의 하나님이 한 분이시다는 것은 결코 다른 신들을 이스라엘의 하나님으로 대체하여 고백할 수 없음을 말하는 것이다.

더 나아가 여호와는 한 분이라는 선언은 고대 근동의 다른 신들처럼 배우자 여신을 인정하지 않는다는 선언이었다. 이것은 고대 근동세계에서 매우 획기적인 선언이었다. 왜냐하면 고대 근동세계에서는 신의 계보에 의하면 배우자 여신이 있어야 아들 신을 생산한다고 생각했는데 여호와가 한 분이라는 것은 이러한 신의 계보를 부정하는 것이기 때문이다. 이는 출애굽기 3:14의 '나는 스스로 있는 자이니라'는 선언과도 관계되어 있다. 즉, 여호와는 신의 계보 속에 속하는 어떤 최고신의 하위(下位) 신이 아님을 선언하는 것으로 이스라엘의 하나님은 절대주권을 가진 고대 근동세계의 최고 신임을 선언하는 것이다.

따라서 유일신 사상을 바르게 갖고 있는 자들은 귀신의 존재에 대해서도 인정하지 않는다. 신명기 32:17에 의하면 귀신이란 누군가를 두렵게 만드는 존재이며, 사람들은 이 귀신을 섬기기까지 한다. 그런데 예수 그리스도 안에서 두려움이 없는 자는 귀신의 존재를 인정하지 않게 된다.

바로 이것이 이스라엘의 유일신 사상의 근거가 되었다.

여호와의 유일성에 관한 성구는 다음과 같다.

　　　• 그룹 사이에 계신 이스라엘 하나님 만군의 여호와여 주
는 천하 만국에 유일하신 하나님이시라 주께서 천지를 만드셨나이다(사
37:16)

제3조항 : 여호와를 사랑하라

⁵ 너는 마음을 다하고 뜻을 다하고 힘을 다하여 네 하나님 여호와를 사랑
하라(신 6:5)

신명기 6:5은 이스라엘에게 하나님 여호와를 사랑하라고 가르친다.

신명기 6:5의 주 문장은 '너(이스라엘)는 사랑하라 네 하나님 여
호와를'이며, 수단을 의미하는 히브리어 전치사 베(בְּ)로 연결된
세 개의 부사구가 사용되었다. 즉, 마음(레바브, לֵבָב), 뜻(네페쉬, נֶפֶשׁ), 그
리고 힘(메오드, מְאֹד)을 다하여 사랑하라고 가르친다.

　여호와가 이스라엘의 사랑의 대상으로 묘사되어 있는데 여기서 '사랑
하다'는 동사의 의미는 무엇인가? 히브리어 동사 아하브(אָהֵב)는 부모와
자녀, 사람과 친구사이 그리고 하나님과 이스라엘의 관계를 묘사하는 동
사로 사용된다. 그런데 사랑의 대상에 따라서 그 의미가 약간씩 다르다.
즉, 하급자가 상급자나 동급자를 사랑한다고 할 때는 그 의미가 '충성한
다'는 뜻을 지닌다. 반면에 상급자가 하급자를 사랑한다고 할 때는 '보호
하다'는 의미를 갖는다. 따라서 신명기 6:5의 의미는 '너는 여호와께 충
성하라'이다.

　그런데 신명기 6:5에는 사랑(충성)하는 자의 자세 세 가지를 제시한

다. 즉, 너의 모든 마음으로, 너의 모든 뜻으로, 그리고 너의 모든 힘으로이다. 첫째, 마음을 뜻하는 히브리어 단어 레바브(לֵבָב)는 레브(לֵב)에서 유래되었다. 레브라는 단어는 일반적으로 '마음'으로 번역하지만 그러나 히브리어 레브는 고대 사람들에게 있어서는 그 사람의 중심을 뜻한다. 따라서 고대 이집트 사람들이 죽은 사람의 미라를 만들 때 뇌의 골수는 모두 긁어내지만 심장을 남겨두었다. 심장이 있어야 사람이 부활 할 때 여기에 기운이 들어가 다시 살아날 수 있다고 생각했기 때문이다. 따라서 '마음을 다하고'의 의미는 '중심을 다하여'라는 뜻과 함께 '네 전부로'라는 의미를 갖는다. 왜냐하면 히브리어 레바브(לֵבָב)은 단순한 마음이 아니라 그 사람의 전부를 나타내기 때문이다.

둘째, 뜻이란 히브리어 단어는 네페쉬(נֶפֶשׁ)를 번역한 것이다. 그런데 히브리어 단어 네페쉬(נֶפֶשׁ)는 '영' 혹은 '목숨'이란 의미를 갖고 있다. 이 구절에서는 영보다는 목숨이란 의미가 문맥적으로 더 잘 맞는다. 따라서 '뜻을 다하고'는 '목숨을 다하고'라는 의미를 갖는다.

셋째, 힘으로 번역된 히브리어 단어는 메오드(מְאֹד)이며, 이 단어는 신명기 6:5에서만 명사로 사용되었고, 명사로서 메오드(מְאֹד)는 '힘'이란 뜻을 갖는다.

신명기 6:5의 마음, 뜻, 힘으로 번역된 세 단어는 영, 육, 혼과 연계하여 생각할 수 있다. 영에 해당하는 것이 뜻(נֶפֶשׁ)이고, 혼에 해당하는 것이 마음(לֵבָב)이고, 육에 해당하는 것이 힘(מְאֹד)이다.

신명기 6:5	마태복음 22:37
마음(לֵבָב)	καρδία
뜻(נֶפֶשׁ)	ψυχή
힘(מְאֹד)	διάνοια

신명기에는 '마음을 다하고 힘을 다하여'(뜻을 다하고는 생략됨)라는

표현이 사랑하다(신 30:6), 하나님을 찾다(신 4:29), 하나님을 섬기다(신 10:12), 계명을 실천하고 지키다(신 26:16), 하나님께 귀를 기울이다(신 30:2) 그리고 그분께 돌아가다(신 30:2, 10) 등과 함께 사용되었다.

구약의
이해 구약성서에서 사랑하다(אָהֵב)의 의미를 이해하기 위해서는 이 단어가 사용된 용례를 살펴봐야 한다. 구약성서에 아하브(אָהֵב)라는 동사는 소중하게 여기는 대상에 대하여 사용하고 있음을 알 수 있다.

- 어머니가 그 아들을 사랑하고(אָהֵב)(창 25:28)
- 아버지가 아들을 사랑하고(אָהֵב)(창 22:2)
- 남편이 부인을 사랑하고(אָהֵב)(창 24:67)
- 아내가 남편을 사랑하고(אָהֵב)(삼상 18:20)
- 여인이 자신의 시모를 사랑하고(אָהֵב)(룻 4:15)
- 종이 주인을 사랑하고(אָהֵב)(출 21:5)
- 친구를 사랑하고(אָהֵב)(렘 20:4, 6)
- 이스라엘이 하나님을 사랑하고(אָהֵב)(출 20:6, 신 5:10, 7:9 등)
- 하나님이 이스라엘을 사랑하고(אָהֵב)(호 3:1)

히브리어 동사 아하브(אָהֵב)는 사람의 관계뿐만 아니라 사물에 대해서도 사랑하다는 동사로서 사용되는데, 주로 목적어를 귀하게 여길 때 사용한다.

- 정의를 사랑하고(אָהֵב)(시 37:28, 33:5),
- 뇌물을 사랑하고(אָהֵב)(사 1:23),
- 예루살렘 등을 사랑한다고(사 66:10) 기록되어 있다.

히브리어 동사 '사랑하다'(אָהֵב)는 관계와 가치의 문제를 중요하게 생각하며 사용되었다. 즉, 소중한 관계를 맺을 때 사랑한다는 동사를 사용한다. 하나님, 남편, 아내, 자녀, 그리고 주인 등 자신이 소중한 관계를 맺어야 할 때 사랑한다는 동사를 사용한다.

뿐만 아니라 사랑하다(אָהֵב)는 동사의 용례를 통하여 이 동사가 내포하는 의미는 주어와 목적어의 관계에 따라 두 가지로 이해될 수 있다. 주어가 목적어보다 연장자이거나 능력이 있는 경우에는 사랑하다는 말은 보호하다는 의미를 갖는다. 아버지나 어머니가 아들을 사랑한다는 말에는 보호한다는 의미를 갖는다(창 22:2). 하나님이 이스라엘을 사랑한다는 것은 하나님이 이스라엘을 보호한다는 의미를 갖는다. 그러나 주어가 목적어보다 약자이거나 힘이 없을 때는 충성하다는 의미를 갖는다. 이스라엘이 하나님을 사랑하거나(출 20:6), 종이 주인을 사랑하는 것(출 21:5)은 충성의 의미를 갖는다.

구약성서에서 사랑하다로 번역되는 또 다른 동사인 하샤크(חָשַׁק)는 '～에 꼭 붙어 있다'는 의미이다. 시편 91:14의 '그가 나를 사랑한즉 내가 그를 건지리라 그가 내 이름을 안즉 내가 그를 높이리라'에서 '나를 사랑한즉(비 하샤크, כִּי חָשַׁק)'은 곧 나에게 꼭 붙어 있는 즉 내가 그를 건지겠다는 의미이다. 이 구절을 통하여 두 가지 사실을 알 수 있다. 즉, 사랑한다는 것이 누구엔가 꼭 붙어 있는 것이며, 사랑한다는 것은 곧 능력을 믿고 충성을 다하는 것을 의미한다는 점이다. 그러므로 시편 91:14은 그가 여호와에게 꼭 붙어 있고, 여호와의 능력을 알고 충성하기 때문에 여호와가 그를 구원하시고 높이신다는 의미이다. 따라서 신명기 10:20에서는 여호와를 친근히하라 즉 여호와에게 꼭 붙어 있으라고 말한다.

근동의 이해 구약성서에 사용된 사랑하다의 의미를 이해하기 위하여 고대근동의 기록에서 사랑하다(*râmu*)가 어떤 의미로 사용되었는지 살펴볼 필요가 있다.

에살하돈(Esarhaddon)의 계승조약에 의하면 '너는 너 자신과 같이 너의 주이며, 아수르의 왕 에살하돈의 아들 지명된 위대한 왕자 아수르바니팔을 사랑하라'고 기록하고 있다.[10] 여기서 사랑하다(râmu)는 단어의 의미는 단순한 사랑하다가 아니라 '반란을 일으키거나 반대하지 말라'는 의미를 내포하고 있다. 즉, 왕을 사랑한다는 것은 곧 왕에게 충성을 다하는 것을 의미한다.

에살하돈이 바벨론에 있는 왕자에게 쓴 편지에 '나를 사랑하는(râmu), 나의 종인 바벨론 시민들이 나에게 편지를 쓸 때 나는 그들의 편지를 뜯어 읽었다'라는 표현이 등장한다.[11] 여기서 바벨론 시민들이 에살하돈을 사랑한다는 것은 에살하돈에게 충성한다는 의미이다.

보르시파(Borsippa)의 나부-발라수-이크비(Nabû-balassu-iqbi)가 아수르바니팔에게 보낸 편지에 의하면 자기 자신에 대하여 '나는 처음부터 그 주인의 집을 사랑하는 개였다'라고 표현한다.[12] 여기서 개가 주인의 집을 사랑한다는 것은 곧 주인에게 충성한다는 의미이다. 따라서 여호와를 사랑하라는 것은 곧 여호와에게 충성하라는 것을 의미한다. 이러한 아시리아의 기록을 통해서 볼 때 여호와를 사랑하라는 것은 여호와와 소중한 관계를 맺고 여호와에게 충성하라는 것이다.

이와 달리 신이 왕을 사랑한다는 표현은 신이 왕을 보호한다는 의미를 지니고 있다(SAA II 11).

Rashi의 이해 라쉬는 마음을 다하고 뜻을 다하고 힘을 다하여를 다음과 같이 설명한다. '마음을 다하고'는 사람의 마음이 전능자에 대하여 나누어져서는 안된다는 의미이고, '뜻을 다하고'는 마치 여호와에게 네 뜻을 놓은 것처럼이란 의미이다. 그리고 힘을 다하여는 너의 모든 소유를 가지고라는 의미라고 설명한다.[13] 따라서 라쉬에 의하면 여호와에게 마음과 뜻을 두고 네 소유를 모두 가지고 여호와를 사랑하라는 것으로 이해할 수 있다.

신약성서는 예수님을 사랑하는 것에 관한 구절과 구약성서의 말씀을 재인용한 구절로 나눌 수 있다. 재인용한 예로는 마태복음 22:37(막 12:30)에서 '네 마음을 다하고, 목숨을 다하고, 뜻을 다하여 주 너의 하나님을 사랑하라'는 기록이다.

반면에 요한복음 21:15~17에서 예수는 베드로에게 '나를 사랑하느냐?'고 질문하였고, 이에 베드로는 세 차례 '내가 주를 사랑한다'고 대답하였다. 이 문맥에서 예수는 베드로에게 '내 양을 먹이라'는 임무를 준다. 따라서 요한복음 21장의 사랑이란 문자적인 사랑이 아니라 충성을 의미한다. 이러한 사실은 요한복음 14:15, 23~24에서 예수를 사랑하는 것이 예수의 계명을 지키는 것이라는 것을 통하여 잘 알 수 있다. 즉, 예수님을 사랑하는 것은 곧 그분의 말씀에 충성을 하는 것이다.

의미 이스라엘 백성들이 하나님과 어떤 관계를 유지해야 하는가를 설명하고 있는 신명기 6:5은 다음과 같은 의미를 지니고 있다.

첫째, 신명기 6:5은 이스라엘 백성들이 하나님을 가장 소중히 여기며, 소중한 관계를 맺고 충성하는 삶을 살아야 한다는 것을 강조한다.

둘째, 하나님을 사랑할 때의 마음 자세를 기록하고 있다. 마음을 다하고 뜻을 다하고 힘을 다한다는 것의 의미는 마음의 중심으로 두고 목숨을 다하며 있는 힘을 다해 하나님을 소중하게 생각하고, 충성을 다해야 한다는 것이다. 즉, 희생적 충성을 요구한다.

신명기 6:5은 이스라엘 백성들에게 자신의 전 삶을 바쳐서 하나님에게 충성하는 자가 되어야 함을 가르쳐 준다.

여호와(하나님)를 사랑하라는 말씀과 관련된 성구는 다음과 같
다.

• 그러므로 스스로 조심하여 너희의 하나님 여호와를 사랑하라(수
23:11).

• 너희 모든 성도들아 여호와를 사랑하라 여호와께서 진실한 자를 보
호하시고 교만하게 행하는 자에게 엄중히 갚으시느니라(시 31:23).

• 예수께서 이르시되 네 마음을 다하고 목숨을 다하고 뜻을 다하여
주 너의 하나님을 사랑하라 하셨으니(마 22:37).

• 네 마음을 다하고 목숨을 다하고 뜻을 다하고 힘을 다하여 주 너의
하나님을 사랑하라 하신 것이요(막 12:30).

• 대답하여 이르되 네 마음을 다하며 목숨을 다하며 힘을 다하며 뜻
을 다하여 주 너의 하나님을 사랑하고 또한 네 이웃을 네 자신 같이 사랑
하라 하였나이다(눅 10:27).

제4조항 : 여호와를 경외하라

[13] 네 하나님 여호와를 경외하며 그를 섬기며 그의 이름으로 맹세할 것이
니라(신 6:13)

신명기6:13은 여호와를 경외하라고 가르친다. 또한 신명기 6:13은 여
호와를 자신들의 하나님으로 선택한 이스라엘이 신명기 6:5의 사랑(충
성)하는 것 이외에 여호와에 대하여 어떤 마음을 가져야 하는 가를 설명
하고 있다. 이는 마치 신하가 왕을 두려워하는 마음을 가져야 하는 것과
같이 여호와 하나님을 두려워하라는 것이다.

신명기 6:13을 직역하면 '여호와를, 너희 하나님, 너는 두려워
하라(경외하라)'이다. 구문론적으로 보면 이 문장에서는 여호와
를 두려워하라는 것이다. '경외하다'로 번역된 히브리어 동사 야라(יָרֵא)의
기본적인 의미는 모든 종류의 두려움을 뜻하는 '두려워하다'이다.[14] 이
동사는 주로 하나님을 목적어로 사용하며(레 19:14, 32, 25:17), 레위기
19:3에서는 부모를 경외하고, 레위기 26:2에서는 성소를 경외하라고 가
르친다. 신명기 6:13에서 목적어인 여호와가 문장 맨 앞에 놓인 것은 두
려워 해야할 대상이 여호와임을 강조하기 위해서이다.

경외하다는 말의 신학적 의미를 가장 잘 설명해 주는 것은 동의적평
행법으로 기록된 잠언 9:1이다. "여호와를 경외하는 것이 지혜의 근본이
요, 거룩하신 자를 아는 것이 명철이니라"는 구절을 통하여 경외하다는
동사의 신학적 의미가 '알다'임을 알 수 있다.

여호와를	경외하는 것이	지혜의 근본이요
‖	‖	‖
거룩하신 자를	아는 것이	명철이니라

즉 '경외하다'는 동사의 의미는 '알다'의 뜻을 갖는다. 따라서 우리가
여호와를 경외한다는 것은 여호와를 아는 것이다. 즉, 여호와를 인정하
는 것을 의미한다. 여호와가 있다는 사실을 인정하는 것이다. 고대근동
세계에서도 신하가 왕을 경외한다는 것은 왕의 힘과 능력을 인정하는 것
이다.

따라서 여호와를 알고 경외한다는 것은 곧 여호와에게 예배하는 것을
의미한다. 로핑크(Lohfink)는 신명기 6:13의 여호와를 경외하라는 것은
곧 여호와를 예배하라는 의미라고 주장한다.[15] 그런데 이것은 여호와와
의 계약을 위해 이스라엘에게 주어진 기본적인 것이다. 따라서 여호와를

경외하라는 말에는 여호와에게 예배하라는 의미 이외에 여호와와의 계약에 충실하라는 의미까지도 내포하고 있다.

구약의 이해 신명기 6:13의 여호와를 경외하라와 유사한 말씀은 신명기 역사가의 기록에서 많이 발견된다.

신명기 7:9에서는 "그런즉 너는 알라 오직 네 하나님 여호와는 하나님이시요 신실하신 하나님이시라 그를 사랑하고 그의 계명을 지키는 자에게는 천 대까지 그의 언약을 이행하시며 인애를 베푸시되"라고 기록하고 있다. 신명기 32:39에서는 "이제는 나 곧 내가 그인 줄 알라 나 외에는 신이 없도다 나는 죽이기도 하며 살리기도 하며 상하게도 하며"라고 기록하고 있다.

여호수아 23:13에서는 "확실히 알라 너희의 하나님 여호와께서 이 민족들을 너희 목전에서 다시는 쫓아내지 아니하시리니 그들이 너희에게 올무가 되며 덫이 되며 너희의 옆구리에 채찍이 되며 너희의 눈에 가시가 되어서 너희가 마침내 너희의 하나님 여호와께서 너희에게 주신 이 아름다운 땅에서 멸하리라"고 기록함으로써 여호와를 안다는 것이 여호와의 존재 뿐만 아니라 그의 능력이나 구원의 행위를 알고 인정하라는 것을 뜻함을 가르친다.

전도서의 주제인 하나님의 개입하심이 없는 모든 것이 허무하다는 것은 곧 신명기 16:13의 여호와를 경외(인정)하라는 것과 같은 주제이다.

여호와를 경외하지 않는 자의 모습은 스스로 지혜롭다하며 스스로 명철하다 하는 자들이다(사 5:21, 잠 3:7, 롬 12:16).

신약의 이해 신약성서에서는 하나님을 경외하는 자(행 10:2, 35, 13:16, 계 19:5)란 표현과 함께 그리스도를 경외하는 자(엡 5:21)란 표현이 함께 사용된다. 즉, 그리스도 예수의 능력을 알고 그를 인정하는 것을 의미한다. 요한복음 1:12에서 '영접하는 자 곧 그의 이름을 믿는 자'라는 표현 속에서 여호와를 경외하고 인정한다는 것은 곧 영접하는 것을 의미한다. 요한복음 5:23에서는 예수님을 하나님처럼 공경하라고 말씀하신다.

의미 신명기 6:13의 여호와를 경외하라는 것은 여호와를 인정하고, 그의 능력을 알고 그를 두려워하라는 뜻이다. 즉, 고대 사회에서 신하가 왕의 능력을 인정할 때 반란을 일으키지 못한 것처럼 여호와의 능력을 알고 여호와를 배신하지 말라는 것이다.

관련 성구 여호와(하나님)를 경외하라는 말씀은 다음과 같이 사용되고 있다.

• 네 하나님을 경외하라 나는 여호와이니라(레 19:14, 32)

• 너희 각 사람은 자기 이웃을 속이지 말고 네 하나님을 경외하라 나는 너희의 하나님 여호와이니라(레 25:17)

• 오직 너희 하나님 여호와만을 경외하라(왕하 17:39)

• 그들에게 명령하여 이르되 너희는 진실과 성심을 다하여 여호와를 경외하라(대하 19:9)

• 너희 성도들아 여호와를 경외하라 그를 경외하는 자에게는 부족함이 없도다(시 34:9)

• 네 마음으로 죄인의 형통을 부러워하지 말고 항상 여호와를 경외하라(잠 23:17)

제5조항 : 여호와를 섬기라

25 너의 하나님 여호와를 섬기라 그리하면 여호와가 너희의 양식과 물에 복을 내리고 너희 중에 병을 제하리니(출 23:25)

출애굽기 23:25은 여호와를 섬기라고 가르치며, 여호와를 섬기는 자들에게 여호와가 양식과 물과 복을 주고 병을 제거해 주는 축복을 준다고 가르치고 있다. 출애굽기 23:25은 마치 봉신과 신하가 왕과 종주를 섬기면 왕은 신하에게 하사품을 내리는 고대 근동의 지배 구조와 같은 형식의 말씀이다.

본문의 이해 출애굽기 23:25은 비록 조건을 나타내는 부사 임(אִם)('만약,' If~)이 사용되지는 않았지만, 의미상 조건절과 종속절 두 부분으로 구성되어 있다. 즉, 하나님 여호와를 섬기면(조건절) 하나님께서 세 가지 복을 주시겠다(종속절)는 내용으로 구성되어 있다.

여호와를 섬긴다(아바드템 에트 아도나이, עֲבַדְתֶּם אֵת יְהוָה)는 말의 의미는 두 가지로 설명할 수 있다. 첫째, 정치적인 의미로 섬긴다(아바드, עָבַד)는 동사는 기본적으로 주종관계를 전제한다. 따라서 여호와를 섬긴다는 말의 의미는 여호와와 주종관계를 맺는 것을 전제한다. 뿐만 아니라 종교적인 의미에서 섬긴다는 동사는 '여호와에게 제사드리다'를 의미한다.[16] 따라서 히브리어 표현 가운데 아바드 에트 아도나이(עָבַד אֵת יְהוָה)는 '여호와에게 제사하다'는 의미를 갖는다.[17] 또한 여호와를 섬기는 자들에 대하여 여호와의 종(오베드 아도나이, עוֹבֵד יהוה)이란 호칭을 붙인다. 모세(신 34:5, 수 1:1), 여호수아(삿 2:8), 선지자들(왕하 10:23)을 구약성서에서는 여호와의 종 혹은 하나님의 종(대상 6:49)이라고 부른다.

따라서 출애굽기 23:25은 이스라엘이 하나님과 주종관계를 맺고, 여호와에게 봉사하고 제사해야 하며 하나님은 이런 자들을 축복한다는 것을 가르치고 있다.

구약성서에는 여호와를 섬기라는 가르침이 무수히 많이 기록되어 있다.

신명기 13:4(5)에서는 "너희는 너희의 하나님 여호와를 따르며 그를 경외하며 그의 명령을 지키며 그의 목소리를 청종하며 그를 섬기며(아바드, עָבַד) 그를 의지하며"라고 이스라엘 백성들이 여호와를 섬길 것을 명령하고 있다.

신명기 6:13에서는 "네 하나님 여호와를 경외하며 그를 섬기며(아바드, עָבַד) 그의 이름으로 맹세할 것이니라"라고 기록하고 있다.

이처럼 구약성서에서는 여호와 하나님을 섬기라(아바드, עָבַד)는 명령이 기록되어 있으며, 경우에 따라 그 결과 주어질 축복에 대하여도 기록되어 있다.

신명기 11:13에는 하나님을 섬기는 자에 대한 축복이 출애굽기 23:25과는 다른 관점에서 기록되어 있다. 즉, "내가 오늘날 너희에게 명하는 나의 명령을 너희가 만일 청종하고 너희의 하나님 여호와를 사랑하여 마음을 다하고 성품을 다하여 섬기면(아바드, עָבַד)(신 11:13)[조건] 여호와께서 너희의 땅에 이른 비, 늦은 비를 적당한 때에 내리시리니 너희가 곡식과 포도주와 기름을 얻을 것이요 또 가축을 위하여 들에 풀이 나게 하시리니 네가 먹고 배부를 것이라."(신 11:14~15)[축복] 이는 하나님을 섬기는 자가 곡식(다간, דָּגָן), 포도주(티로쉬, תִּירוֹשׁ), 올리브기름(이쯔하르, יִצְהָר)을 얻게 되며 그가 기르는 가축들(베헴마, בְּהֵמָה)이 배부르게 먹게 될 것임을 약속하고 있다.

아수르바니팔의 충성조약에 의하면 조약을 체결하는 상대에 대하여 다음과 같이 언급하고 있다. '아수르의 왕 에살하돈이 다음과 같은 조약을 맺어왔다: 너는 그들에게 진실되고, 적합한 태도로 항상 봉사해야 하며, 진심에서 우러난 진실을 가지고 그들과 함께 말하며, 촌락과 마을 안에서 그를 보호하라.' 여기서 봉신은 종주에 대하여 항상 봉사해야 한다. 마찬가지로 이스라엘은 여호와에게 항상 봉사해야 한다는 의미이다.

고대 이스라엘의 이상적인 왕은 여호와이기 때문에 이스라엘 백성들은 여호와에게 봉사해야만 한다고 가르치는 것이 당연하다. 뿐만 아니라 고대 왕들은 항상 왕의 명령에 복종하는 자들에게 보상해주는 자로 인식되었기 때문이다.

신약성서에서는 주로 구약성서의 하나님 대신 그리스도 예수를 섬기라는 구절이 있다.

요한복음 5:10~18에서 유대인들은 예수가 하나님을 자기의 친 아버지라고 말하며 자신과 하나님을 동등하게 삼았기 때문에 예수를 죽이려고 하였다. 유대인의 생각에 하나님은 섬김의 대상이기 때문이다. 요한복음 12:26에 의하면 예수를 섬기는 것은 예수를 따르는 것이고, 예수님과 함께 하는 것이라고 설명한다. 골로새서 3:24에 너희는 주 그리스도를 섬기라고 기록하고 있다. 로마서 16:18에서는 그리스도를 섬기지 않는 자에 대하여 언급한다. 따라서 신약성경에는 하나님을 섬기는 것과 함께 그리스도를 섬기는 것에 대하여 언급한다. 그런데 하나님을 섬길 때는 헬라어 동사 라트레우오($\lambda\alpha\tau\rho\epsilon\acute{u}\omega$) 동사가 사용됐지만 예수님을 섬길 때는 도우레우오($\delta o\upsilon\lambda\epsilon\acute{u}\omega$) 동사가 사용되었다. 구약성서와 달리 신약성서에서 섬긴다는 말은 '예배하다'는 의미가 좀 더 강하다.

의미
이 가르침은 다음과 같은 의미를 지니고 있다.

여호와를 섬기라는 것은 두 가지 의미를 갖는다. 첫째, 이스라엘은 여호와와 주종관계를 맺어야 한다는 것이다. 출애굽기 19:5의 '너희가 내 말을 잘 듣고 내 언약을 지키면 너희는 모든 민족 중에서 내 소유가 되겠고'라는 말씀은 이스라엘이 여호와에게 속해 있음을 말한다. 둘째, 이스라엘은 제사장 나라로서 여호와를 제사해야 한다는 것이다. 출애굽기 19:6의 '너희가 내게 대하여 제사장 나라가 되며 거룩한 백성이 되리라'는 말씀을 기초로 여호와의 제사장이며, 여호와의 백성인 이스라엘은 여호와에게 제사(예배)해야 한다는 것이다. 이처럼 여호와를 섬기며 여호와와 주종관계를 맺고 거룩한 제사장 나라로 제사하는 자들에게 하나님은 복을 주시는 것이다.

관련 성구
여호와를 섬기라는 관련 성구는 다음과 같다.
- 모세와 아론을 바로에게로 다시 데려오니 바로가 그들에게 이르되 가서 너희의 하나님 여호와를 섬기라 갈 자는 누구 누구냐(출 10:8)
- 그렇게 하지 말고 너희 장정만 가서 여호와를 섬기라 이것이 너희가 구하는 바니라 이에 그들이 바로 앞에서 쫓겨나니라(출 10:11)
- 네 하나님 여호와를 섬기라 그리하면 여호와가 너희의 양식과 물에 복을 내리고 너희 중에서 병을 제하리니(출 23:25)
- 그러므로 이제는 여호와를 경외하며 온전함과 진실함으로 그를 섬기라 너희의 조상들이 강 저쪽과 애굽에서 섬기던 신들을 치워 버리고 여호와만 섬기라(수 24:14)
- 사무엘이 백성에게 이르되 두려워하지 말라 너희가 과연 이 모든 악을 행하였으나 여호와를 따르는 데에서 돌아서지 말고 오직 너희의 마음을 다하여 여호와를 섬기라(삼상 12:20)

• 여호와의 제단을 보수하고 화목제와 감사제를 그 제단 위에 드리고 유다를 명령하여 이스라엘 하나님 여호와를 섬기라 하매(대하 33:16)

제6조항 : 여호와를 친근히하라

²⁰ 네 하나님 여호와를 경외하여 그를 섬기며 그에게 친근히 하고 그 이름으로 맹세하라(신 10:20)

신명기10:20에서 여호와를 친근히 하라는 가르침은 여호와에게서 떨어지지 말고 꼭 붙어있으라는 가르침이다.

본문의 이해 신명기 10:20은 신명기 6:13의 "네 하나님 여호와를 경외하며 섬기며 그 이름으로 맹세할 것이니라"에 의지하다(다바크, דָבַק)는 동사가 첨가되었다. 히브리어 동사 다바크(דָבַק)의 사전적인 의미는 '붙다,' '매달리다'이다.[18] 그러므로 신명기 10:20의 우보 티드바크(וּבוֹ תִדְבָּק)를 직역하면 '그에게 붙다'이다. 즉 여호와를 섬기는 자들은 여호와에 붙어 있거나 매달려있는 자라는 뜻이다.[19] 따라서 이 구절은 이스라엘에게 여호와에게서 떨어지지 말고 붙어 있으라고 가르친다. 이는 마치 백성이나 봉신들이 왕이나 종주를 떠나서는 안 된다는 것과 같은 의미이다.

구약의 이해 일반적으로 히브리어 동사 다바크(דָבַק)는 사람과의 관계를 나타낼 때 사용할 뿐만 아니라 같은 성(性)을 가진 사람들 사이의 관계를 나타낼 때도 사용한다. 창세기 2:24에서는 남편이 아내와 하나가 될 때도 다바크 동사를 사용한다("그의 아내와 합하여 둘이 한 몸을 이룰지로다"). 룻기 1:14에서 룻이 나오미에게 붙좇았을 때도 이 동사를 사용한다. 또한 룻기 2:8, 23에서 룻이 보아스의 소녀들과 함께 있음을 나타낼 때도 이 동사를 사용한다. 룻기 2:21에서 보아스가 룻에게 추수를 다 할 때까지 자신의 밭에서 이삭을 주으라고 말할 때도 이 단어를 사용한다 ("너는 내 소년들에게 가까이 있으라 하더이다"). 잠언 18:24에서 다바크는 사람과의 좋은 관계를 나타낼 때 사용하였다.[20]

열왕기하 18:6에서는 히스기야 왕이 여호와께 연합하였다(וַיִּדְבַּק בַּיהוָה)고 기록하였다. 열왕기하 18:6에 의하면 여호와와 연합한다는 것은 여호와를 떠나지 않고, 그의 계명을 지키는 것임을 알 수 있다.

이상으로 구약성서의 용례를 통해서 볼 때, 히브리어 동사 다바크(דָּבַק)는 이스라엘과 하나님의 매우 친밀한 관계를 나타낼 때 사용되었다.[21] 특히 이스라엘이 하나님을 의지하는 관계일 때 주로 사용하는 동사였다. 상하 관계에서는 아랫사람이 윗사람에게 떨어지지 말고 붙어 있어야 할 때 이 동사를 사용한다.

신약의 이해 요한복음 15:1~11 중 특히 5절에서 예수님은 포도나무 그리고 너희는 가지라고 말씀하시면서 가지가 스스로 열매를 맺을 수 없다고 말씀하시는 것은 바로 신명기 10:20의 하나님을 가까이하라는 말씀과 같은 맥락이다.

뿐만 아니라 신약성서에서 여호와에게 붙어야 한다는 것은 예수 그리스도에게 붙는 것을 의미하는데, 이 경우에는 예수님을 영접하는 것이다. 따라서 요한복음 1:12에 의하면 여호와를 친근히 한다는 것은 예수님을 영접하는 것과 같은 의미이다. 이는 로마서 11:13~24의 이방인의 구원에 관한 설명의 기초가 되었다. 즉 돌감람나무인 이방인들이 참감람나무에 접붙여져 그 뿌리의 진액을 받아 구원에 이르게 됨을 설명하는 것도 이스라엘이 하나님에게 붙어 있어야 한다는 생각에 근거한 것이다.

골로새서 1:21의 '전에 악한 행실로 멀리 떠나 마음으로 원수가 되었던 너희'라는 표현은 곧 악행으로 인하여 하나님으로부터 멀리 떠났다는 의미이다. 에베소서 2:13에 의하면 하나님과 멀리 떨어져 있던 자들이 그리스도의 피로 가까워졌다고 말한다. 즉, 죄로 인하여 하나님으로부터 떨어져 있던 자들이 그리스도로 인하여 하나님과 하나가 되는 것을 의미한다. 야고보서 4:8에서는 하나님을 가까이 하면 하나님이 가까이 하실 것이라고 말한다. 요한복음 10:38에서 주님이 내 안에 내가 주님 안에 있다는 표현은 성도가 예수님에게 붙어 있는 삶을 의미하는데, 이것은 곧 신명기 10:20의 하나님에게 붙는다는 것과 같은 개념이다.

의미 신명기 10:20은 여호와를 숭배하는 자가 여호와와 좋은 관계 즉, 여호와에 매달려 있는 관계가 되어야 함을 가르친다.

첫째, 여호와 편에 붙어서 여호와께 충성하라는 뜻이다.

둘째, 하나님으로부터 떨어지지 말라는 의미이다. 여호와에게 붙어 있는 것은 거리적으로 '여호와를 가까이한다'는 뜻으로 하나님과 함께 하는 삶이다. 예수께서 임마누엘로 우리와 함께 하시는 것처럼 우리도 하나님과 함께 하는 삶을 살아야한다. 따라서 구약성서에서는 여호와를 떠나는 것을 죄로 여긴다(렘 8:5, 17:11, 호 7:13 등).

셋째, 여호와로부터 떨어지지 말라는 것의 의미는 '의지하라'는 뜻이다. 여호와에게 붙어 있다는 것은 곧 여호와를 의지한다는 뜻을 내포하기도 한다. 의지한다는 것은 여호와에게 붙어서 먹고 사는 것을 의미한다. 여호와를 가까이하라는 것은 곧 여호와에게서 붙어 살라는 것을 의미한다.

관련 성구 여호와를 친근히(가까이)하라는 말씀의 용례는 다음과 같다.
 • 모세가 또 아론에게 이르되 이스라엘 자손의 온 회중에게

말하기를 여호와께 가까이 나아오라 여호와께서 너희의 원망함을 들으셨느니라 하라(출 16:9)

- 오직 너희의 하나님 여호와께 가까이 하기를 오늘까지 행한 것 같이 하라(수 23:8)

- 하나님께 가까이 함이 내게 복이라 내가 주 여호와를 나의 피난처로 삼아 주의 모든 행적을 전파하리이다(시 73:28)

- 북쪽을 향한 방은 제단을 지키는 제사장들이 쓸 것이라 이들은 레위의 후손 중 사독의 자손으로서 여호와께 가까이 나아가 수종드는 자니라 하고(겔 40:46)

- 그가 내게 이르되 좌우 골방 뜰 앞 곧 북쪽과 남쪽에 있는 방들은 거룩한 방이라 여호와를 가까이 하는 제사장들이 지성물을 거기에서 먹을 것이며 지성물 곧 소제와 속죄제와 속건제의 제물을 거기 둘 것이니 이는 거룩한 곳이라(겔 42:13)

- 주 여호와의 말씀이니라 나를 가까이 하여 내게 수종드는 사독의 자손 레위 사람 제사장에게 너는 어린 수송아지 한 마리를 주어 속죄제 물을 삼되(겔 43:19)

- 그가 명령을 듣지 아니하며 교훈을 받지 아니하며 여호와를 의뢰하지 아니하며 자기 하나님에게 가까이 나아가지 아니하였도다(습 3:2)

- 하나님을 가까이하라 그리하면 너희를 가까이하시리라 죄인들아 손을 깨끗이 하라 두 마음을 품은 자들아 마음을 성결하게 하라(약 4:8)

제7조항 : 여호와의 이름으로 맹세하라

20 네 하나님 여호와를 경외하여 그를 섬기며 그에게 친근히 하고 그 이름으로 맹세하라(신 10:20)

신명기 10:20은 여호와의 이름으로 맹세하라고 가르친다.

본문의 이해 신명기 10:20의 '맹세하다'는 의미의 히브리어는 샤바아(שָׁבַע)이다. 이 히브리어 동사는 대체로 니프알 형태(נִשְׁבַּע)로 사용되며, 전치사 베(בְ)가 사용된다. '그의 이름으로 맹세하라' 즉, 여호와의 능력을 의지하여 맹세하라는 것을 의미한다.[22]

여호와의 능력이 맹세하는 자의 맹세의 효능을 검증해준다는 뜻이다. 따라서 여호와의 이름으로 맹세한다는 것은 여호와의 능력을 믿는다는 것을 의미한다.

구약의 이해 스바냐 1:5에 의하면 유다 왕국 말기에 유다의 종교적 상황은 여호와에게 맹세하면서도 말감을 가리켜 맹세하는 자들이 있었음을 말하고 있다. 예레미야 12:16~17에 의하면 바알의 이름으로 맹세하는 것을 배교행위라고 기록하고 있다. 신명기 6:13에서는 '네 하나님 여호와를 경외하며 섬기며 그 이름으로 맹세할 것이니라'고 기록하고 있다. 또한 레위기 19:12에서는 '너희는 내 이름으로 거짓 맹세함으로 내 하나님의 이름을 욕되게 하지 말라'고 가르친다.

Rashi의 이해 라쉬는 여호와의 이름으로 맹세한다는 것은 신명기 10:20에 언급된대로 여호와를 경외하고, 섬기고 그를 의지할 때 비로소 여호와의 이름으로 맹세할 수 있다고 설명한다.[23] 즉, 경외함, 섬김 그리고 의지함이 있을 때 여호와의 이름으로 맹세할 수 있다는 설명이다.

근동의 이해 고대근동의 법전에 의하면 증거가 없는데 자신의 무고함을 입증하기 위하여 신 앞에서 맹세하게 된다. 따라서 함무라비 법전

제131조에 의하면 '만일 어떤 사람의 아내가 자신의 남편에 의하여 고소 당했는데 그녀는 다른 남자와 누워있는 동안에 잡힌 것이 아니라면, 그녀는 신 앞에서 맹세하고 그녀의 집으로 돌아갈 수 있다'고 기록하고 있다.[24] 즉, 이 경우 자신의 무고함을 나타내기 위하여 맹세한다.

고대 근동의 국제 조약이나 충성 조약에서 계약 당사자는 계약의 내용을 준수할 것을 신들에게 맹세하도록 규정하고 있다. 또한 에살하돈의 계승 조약의 서약(誓約) 부분에서 아시리아의 여러 신들 앞에서 맹세하도록 규정하고 있다.[25] 이때의 맹세는 조약의 당사자들이 성실하게 조약의 내용을 지키겠다는 의미이다.

신약의 이해 마태복음 5:33~37에서 예수는 '도무지 맹세하지 말지니'라고 말씀한다. 그 이유는 거짓 맹세하는 신성모독 죄를 범할 수 있기 때문이다. 따라서 예수는 '예 예, 아니오 아니오'라고 말하면서 진실된 삶을 살라고 가르친다.

의미 여호와의 이름으로 맹세하라에서 여호와의 이름은 두 가지 신학적 의미를 갖는다. 첫째, 여호와가 자기 이름을 백성들에게 나타냈다는 것은 매우 친밀한 관계에 있음을 보여주는 것이다. 따라서 그의 이름, 즉 여호와의 이름으로 맹세할 수 있을 만큼 하나님과 친밀한 관계를 가지라는 의미이다. 둘째, 이스라엘이나 고대 근동에서 이름은 그 사람이나 신의 능력을 나타낸다.[26]

관련 성구 여호와의 이름으로 맹세하라의 관련 성구는 다음과 같다.
• 네 하나님 여호와를 경외하여 그를 섬기며 그에게 의지하고 그의 이름으로 맹세하라(신 10:20)

• 그런즉 너는 내 후손을 끊지 아니하며 내 아버지의 집에서 내 이름을 멸하지 아니할 것을 이제 여호와의 이름으로 내게 맹세하라 하니라(삼상 24:21)

이와 유사하게 하나님을 가리켜 맹세하라는 표현으로도 사용된다.

• 그런즉 너는 나와 내 아들과 내 손자에게 거짓되이 행하지 아니하기를 이제 여기서 하나님을 가리켜 내게 맹세하라 내가 네게 후대한 대로 너도 나와 네가 머무는 이 땅에 행할 것이니라(창 21:23)

• 내가 그들을 책망하고 저주하며 그들 중 몇 사람을 때리고 그들의 머리털을 뽑고 이르되 너희는 너희 딸들을 그들의 아들들에게 주지 말고 너희 아들들이나 너희를 위하여 그들의 딸을 데려오지 아니하겠다고 하나님을 가리켜 맹세하라 하고(느 13:25)

제8조항 : 여호와의 길로 가라

⁹ 네가 네 하나님 여호와의 명령을 지켜 그 길로 행하면 여호와께서 네게 맹세하신 대로 너를 세워 자기의 성민이 되게 하시리니(신 28:9)

신명기 28:9은 거룩한 하나님의 백성이 되는 길이 무엇인가를 가르쳐준다. 여호와 하나님의 명령을 지키고 그 길로 행하는 자가 되라고 가르친다.

본문의 이해 신명기 28:9에서 두 개의 중요한 명사와 동사가 있다. 여호와의 명령(미쯔오트 아도나이, מִצְוֹת יְהוָה)과 여호와의 길(데레크, דֶּרֶךְ)이라는 명사와 '지키다'(샤마르, שָׁמַר)와 '걸어가다'(할라크, הָלַךְ)(to go)는 동사이다. 이 구절도 동의적평행법으로 기록되어 있다. 여호와의 명령과 여호와의 길은 같은 의미이고, '지키다'와 '걸어가다'는 같은 의미를 갖는다. 즉, 여호와의 명령을 지키는 것이 여호와의 길을 걸어가는 것과 같다는 의미이다. 따라서 지킴은 곧 행함이다. 또한 그 결과로 나타나는 것이 성민(קָדוֹשׁ עַם)이다.

이 본문에는 회개의 개념도 포함된다. 다른 길로 가던 자가 여호와의 길로 걸어 갈 수 있기 때문이다. 따라서 요나 3:10의 "하나님이 그들이 행한 것 곧 그 악한 길에서 떠난 것을 보시고 하나님이 뜻을 돌이키사 그들에게 내리리라고 말씀하신 재앙을 내리지 아니하시리라"는 구절에서는 행한 악한 길에서 돌이키는 것이 진정한 회개임을 말해주는데, 이것은 마치 말씀을 듣고 행함으로 돌아오는 것이 거룩한 백성의 의무인 것과 같다.

구약의 이해 '여호와의 명령을 지키고(שָׁמַר), 여호와의 길로 행하다(הָלַךְ)'는 표현과 유사한 표현은 '여호와의 말씀을 듣고 지키면'이며, 이러한 예를 구약성서에서 찾아볼 수 있다.

신명기 7:12에 의하면 세 가지 주요 동사가 사용되었다. 즉, 듣다(שָׁמַר), 지키다(שָׁמַר) 그리고 행하다(הָלַךְ)가 사용되었다(신 12:28, 13:18(19), 15:5, 28:1 등).

여호와의 길로 가라는 것은 여호와와 동행하라는 의미를 지닌다. 창세기 6:9에 의하면, 여호와와 동행하면 그는 의인이 되며 하나님의 구원을 얻게 된다(창 5:24).

라쉬의 이해 라쉬는 여호와의 명령을 지킨다는 것은 그것을 잊지 않고 기억하기 위한 교육을 필요로 한다고 설명한다. 만약 교육을 통해 여호와의 명령과 말씀을 배운다면 그것을 듣고 지키게 될 것이다. 그러나

배우지 않는 자는 옳게 행하는 자에 속할 수 없다고 이해하였다.[27]

고대 근동의 세계에서도 봉신과 종주의 조약에서 봉신은 종주의
명령을 듣고 지켜야 할 의무가 있다. 스피레(Sefire)의 조약에 의
하면 "네가 이 조약에 순종하고 이 조약을 지키며 말하기를 '나는 동맹이
다'라고 말하면 나는 너에 대하여 손을 들지 않을 것이다"라고 기록하고
있다.[28] 즉, 종주와 맺은 조약을 지켜야 할 의무를 강조하고 있다.

신약성서에도 행함을 강조하는 말씀이 많다. 마태복음 7:21의
'나더러 주여 주여 하는 자마다 다 천국에 들어갈 것이 아니요 다
만 하늘에 계신 내 아버지의 뜻대로 행하는 자라야 들어가리라.' 이는 마
태복음 7:24의 '누구든지 나의 이 말을 듣고 행하는 자는 그 집을 반석 위
에 지은 지혜로운 사람 같으리니'와 같은 가르침이다. 말씀을 듣는 것과
행하는 것이 중요한 것은 야고보서 1:22과 2:22을 통하여 알 수 있다. 야
고보서 1:22은 '너희는 말씀을 행하는 자가 되고 듣기만 하여 자신을 속
이는 자가 되지 말라'고 가르치며, 또한 2:22은 '네가 보거니와 믿음이 그
의 행함과 함께 일하고 행함으로 믿음이 온전하게 되었느니라'고 가르친
다. 특히 야고보서에서는 행함이 없는 믿음은 그 자체가 죽은 것이라고
정의한다(2:17).

신명기 28:9의 의미는 무엇인가? 여기서는 이스라엘이 여호와
하나님의 명령을 따르고, 그의 길로 걸어가는 자가 되어야 하나
님의 거룩한 백성이 될 수 있음을 가르치고 있다. 이것은 에베소서 1:13
과 같은 말씀이다.

그 안에서 너희도 진리의 말씀 곧 너희의 구원의 복음을 듣고 그 안에서 또한 믿어 약속의 성령으로 인치심을 받았으니(엡 1:13)

따라서 그리스도의 구원의 복음을 듣고 행할 때 예수 그리스도에게 속한 사람이 될 수 있다. 하나님의 백성이 된다는 것은 하나님의 말씀을 듣고 그대로 살아갈 때 가능하다. 따라서 믿음은 믿는 것은 곧 행하는 것이다.

신명기 28:9은 회개와도 밀접한 관련이 있다. 회개란 여호와의 말씀을 듣고서 그의 길로 돌아가는 것을 의미한다(욘 3:10). 믿음은 말씀을 듣고 그 뜻대로 행하는 것이 되어야 함을 가르친다.

관련
성구
여호와의 말씀을 듣고 그 명령을 지키며, 여호와의 길로 가라는 말씀은 성경에 여러 번 등장한다.

• 너희가 이 모든 법도를 듣고 지켜 행하면 네 하나님 여호와께서 네 조상들에게 맹세하신 언약을 지켜 네게 인애를 베푸실 것이라(신 7:12)

• 내가 네게 명령하는 이 모든 말을 너는 듣고 지키라 네 하나님 여호와의 목전에 선과 의를 행하면 너와 네 후손에게 영구히 복이 있으리라(신 12:28)

• 네가 만일 네 하나님 여호와의 말씀을 듣고 오늘 내가 네게 명하는 그 모든 명령을 지켜 네 하나님 여호와의 목전에서 정직하게 행하면 이같이 되리라(신 13:18)

• 네가 만일 네 하나님 여호와의 말씀만 듣고 내가 오늘 네게 내리는 그 명령을 다 지켜 행하면 네 하나님 여호와께서 네게 기업으로 주신 땅에서 네가 반드시 복을 받으리니 너희 중에 가난한 자가 없으리라(신 15:4~5)

• 네가 네 하나님 여호와의 말씀을 삼가 듣고 내가 오늘 네게 명령하는 그의 모든 명령을 지켜 행하면 네 하나님 여호와께서 너를 세계 모든 민족 위에 뛰어나게 하실 것이라(신 28:1)

제9조항 : 여호와의 이름을 거룩하게 하라

³² 너희는 내 성호를 속되게 하지 말라 나는 이스라엘 자손 중에서 거룩하게 함을 받을 것이니라 나는 너희를 거룩하게 하는 여호와요(레 22:32)

레위기 22:32은 여호와께서 거룩하시기 때문에 이스라엘 백성들은 여호와를 거룩하게 섬겨야 하며, 그 방법으로는 여호와의 이름을 더럽혀서는 안 된다는 것을 가르치고 있다.

본문의 이해 레위기 22:32을 직역하면 '너희는 나의 거룩한 이름을 더럽히지 말라'이다. 히브리어 동사 힐렐(חָלַל)의 의미는 '속되게 하다' 혹은 '오염시키다'이다. 본문을 통하여 여호와는 이스라엘 백성들 가운데서 거룩히 여김 받기를 원하심을 말하고 있다. 그러기 위하여 이스라엘은 여호와의 이름을 거룩하게 해야만 한다는 것이다.

레위기 22:32은 출애굽기 20:7과 유사하다. 그렇다면 여호와의 이름을 속되게 하지 말라는 것과 여호와의 이름을 망령되게 부르지 말라는 것의 의미는 무엇인가? 출애굽기 20:7에 대한 해석이 학자들에 따라 다양하지만 대체적으로 하나님의 이름을 불필요하게 사용하거나 거짓된 맹세, 신성 모독, 마술, 저주 등을 위하여 함부로 부르지 말라는 뜻으로 이해한다. 즉, 여호와의 능력을 헛되게 사용하지 말라는 의미이다.[29] 더 나아가 여호와의 이름으로 거짓 예언하는 것도 여호와의 이름을 속되게 하는 것이다(렘 14:14, 20:6). 이스라엘은 여호와의 거룩한 이름을 속되게 사용해서는 안 된다.

구약의
이해 구약성서의 여러 구절을 통하여 하나님의 이름을 속되게 하거나 더럽히는 것이 무엇인지 알 수 있다.

첫째, 레위기 22:2 – '아론과 그 아들들에게 고하여 그들로 이스라엘 자손이 내게 드리는 성물에 대하여 스스로 구별하여 내 성호를 욕되게 함이 없게 하라 나는 여호와니라' – 을 근거로 할 때 여호와께 드리는 성물/제물을 구별하여 드리지 못하는 것이 여호와의 이름을 욕되게 하고, 더럽히는 것임을 알 수 있다. 말라기 1:6은 여호와의 이름을 멸하는 제사장이란 여호와를 공경하지 않는 것이라 말한다. 말라기 1:12에서는 여호와의 식탁 즉 제사를 더럽히는 것은 여호와의 이름을 더럽히는 것으로 말하고 있다.

둘째, 레위기 19:12 – '너희는 내 이름으로 거짓맹세 함으로 네 하나님의 이름을 욕되게 하지 말라' – 에 의하면 거짓 맹세함으로 하나님의 이름을 욕되게 함을 알 수 있다.

셋째, 출애굽기 20:7을 근거로 하나님의 이름을 불필요하게 사용하거나 거짓된 맹세, 신성 모독, 마술, 저주 등을 위하여 함부로 사용할 때 여호와의 이름을 속되게 하는 것임을 알 수 있다. 특히 예레미야 14:14을 보면, 예언자들이 내 이름(= 여호와의 이름)으로 거짓 예언하는 것은 여호와의 이름을 속되게 하는 것이다(렘 27:15, 29:9, 21, 23). 이 가운데서 레위기 22:26~33의 내용을 고려할 때 32절의 더럽힘은 성물을 구별하지 않음으로 여호와의 이름을 더럽히는 것으로 해석할 수 있다. 스가랴 5:4에서는 여호와의 이름으로 망령되이 맹세하는 자를 멸할 것이라 말한다.

Rashi의 이해 라쉬가 보았을 때 이 가르침은 여호와의 말씀들을 의도적으로 범함으로 더럽히지 말라는 것을 의미한다. 따라서 네 삶을 포기할 때 여호와의 이름이 거룩해진다는 의미도 내포하고 있다. 누구든지 삶을 포기한 자는 죽기까지 포기할 수 있다. 그러나 누구든지 기적에 참여하기 위하여 자기 삶을 포기하는 자에게는 기적이 나타나지 않는다.[30] 다니엘 3:17~18에 의하면 여호와가 불 가운데서 와 왕에게로부터 우리를 구원하지 않는다고 해도 다른 신을 섬기지 않겠다는 것이 여호와의 이름을 거룩히 하는 것이다.

신약의 이해 예수의 주기도문 가운데서도 마태복음 6:9에 '이름이 거룩히 여김을 받으시오며'라는 구절이 있다. 따라서 여호와의 이름을 거룩히 여겨야 한다. 마태복음 7:22에서는 주의 이름으로 예언도 하고, 주의 이름으로 귀신을 쫓고 주의 이름으로 권능(행 3:6)을 행하는 경우도 있음을 기록하고 있다. 이 경우 여호와의 이름을 망령되이 사용한 것이다. 왜냐하면 여호와께서 이들의 악행으로 인하여 이들을 알지 못하기 때문이다. 마태복음 28:19에서는 아버지와 아들과 성령의 이름으로 세례를 베풀라고 가르친다. 이것은 성호를 거룩히하는 것이다.

이는 오늘날 하나님께 드리는 예배의 거룩함을 지켜나가는 것과 같다. 예배하는 자가 거룩함을 지켜가는 것은 영과 진리로 예배하는 것이다.

> 아버지께 참되게 예배하는 자들은 영과 진리로 예배할 때가 오나니 곧 이때라 아버지께서는 자기에게 이렇게 예배하는 자들을 찾으시느니라 하나님은 영이시니 예배하는 자가 영과 진리로 예배할지니라(요 4:23~24)

사도행전 2:21에서는 누구든지 주(예수)의 이름을 부르는 자는 구원을 얻으리라고 말한다.

고대 이스라엘에서 이름이란 그 사람의 본질을 나타내는 것이다. 뿐만 아니라 이름은 그 사람의 능력이나 성품을 나타낸다. 따라서 여호와의 이름이란 여호와의 능력과 본성을 나타낸다. 이를 통해 알 수 있는 의미는, 여호와의 이름이 갖는 능력이 있기 때문에 이것을 남용해서는 안 된다는 것이다. 뿐만 아니라 여호와의 이름이 거룩하기 때문에 이 거룩함을 지켜야 한다. 본문은 여호와의 이름이 거룩하며, 그 거룩함을 지켜나가야 한다고 강조한다. 따라서 이스라엘 백성들은 여호와의 이름으로 맹세하였다.

관련 성구 여호와의 이름을 더럽히지 말라와 관련된 성구는 다음과 같다.
•나도 그 사람에게 진노하여 그를 그의 백성 중에서 끊으리니 이는 그가 그의 자식을 몰렉에게 주어서 내 성소를 더럽히고 내 성호를 욕되게 하였음이라(레 20:3)
•아론과 그의 아들들에게 말하여 그들로 이스라엘 자손이 내게 드리는 그 성물에 대하여 스스로 구별하여 내 성호를 욕되게 함이 없게 하라 나는 여호와이니라(레 22:2)
•너희는 내 성호를 속되게 하지 말라 나는 이스라엘 자손 중에서 거룩하게 함을 받을 것이니라 나는 너희를 거룩하게 하는 여호와요(레 22:32)

02

신성모독 금지

이 부분에서는 신성모독이 무엇인가를 가르쳐 준다. 또한 신성모독에 대하여 일곱 가지 주제를 제시한다. 신성모독이란 무엇보다 여호와의 이름을 모욕하는 것이다. 예수님 역시 신성모독으로 인하여 대제사장에게 고소 당하고 처형당했다(마 26:57~68, 65).

가나안에서 발견된 여신상들. 풍요와 다산을 상징하는 것으로
여성의 가슴을 풍만하게 만들었다

제10조항 : 여호와의 이름을 모독하지 말라

¹⁶ 여호와의 이름을 모독하면 그를 반드시 죽일지니 온 회중이 돌로 그를 칠 것이니라 거류민이든지 본토인이든지 여호와의 이름을 모독하면 그를 죽일지니라(레 24:16)

레위기 24:16은 여호와의 거룩한 이름을 모독하지 말라고 가르친다.

본문의 이해 16절에서는 거류민이든 본토민이든 할 것 없이 하나님을 저주하거나 여호와의 이름을 모독하는 자를 돌로 쳐 죽이라(라감, ּרָגַם)고 가르친다. 여기에 사용된 '모독하다'로 번역된 히브리어 동사 나카브(נָקַב)의 문자적 의미는 '중상하다' 혹은 '저주하다'이고 특히 나카브 동사가 이름(הַשֵּׁם)과 함께 사용될 때는 '중상하다'는 의미로 사용된다(레 24:11, 16).³¹ 따라서 16절을 직역하면 '여호와의 이름을 저주하는 자(중상하는 자)는 반드시 죽을 것이다'이다. 여기에는 이방인이든 본토인이든 구별이 없다.

이 구절에 대하여 대부분의 성경은 '모독하다'로 번역하고 있다. 그러나 히브리어 동사 나캅(נָקַב)을 '말하다'로 번역해도 무방하다. 그럴 경우, 나캅의 주어가 되는 게르(גֵּר)와 에즈라(אֶזְרָח)를 어떻게 번역하는가 하는 문제가 있다. 특히 에즈라(אֶזְרָח)를 어떻게 번역할 것인가 하는 것이다. 일반적으로 에즈라(אֶזְרָח)를 본토인으로 해석한다. 그런데 레위기 24:10~16에 의하면 슬로밋과 이집트 남편 사이에서 출생한 아이가 여호와의 이름을 모독하여 돌로 쳐 죽였다. 슬로밋과 이집트 남자와의 결혼은 원천적으로 금하는 결혼이다. 이방인과의 결혼이기 때문이다. 더 나아가 그 결혼을 통하여 난 아이들도 이방인과 같이 대접을 받게 된다. 이 경우 아버지가 이집트 사람이기 때문에 아이 또한 이집트 사람이다.

그런데 이방인이 여호와의 이름을 부를 수 있는가? 출애굽기 23:13에는 다른 신의 이름을 부르지 못하도록 가르치고 있다. 마찬가지로 이방인이 여호와의 이름을 부르는 것도 금한 것이다. 이방인이 여호와의 이름을 부르는 것은 여호와를 모독하는 것과 같다. 따라서 16절에서 여호와의 이름을 모욕하다는 의미보다 이방인들이 여호와의 이름을 부른 것이 문제가 되는 것이다. 그러므로 영어성경(TNK)에서는 이 구절을 'if he pronounced the Name'이라고 번역하였다. 이방인이 여호와의 이름을 부르는 것이 금해진 것이며, 여호와를 믿지 않는 이방인이 여호와의 이름을 부르는 것은 곧 여호와의 이름을 모욕한 것과 마찬가지이다. 이러한 해석을 가능하게 하는 것은 앞절(15절)의 '누구든지 그의 하나님을 저주하면 죄를 담당할 것이요'에서 저주하다는 의미의 동사가 킬렐(קִלֵּל)을 사용하고 있다는 점에서다.

구약의 이해 이와 관련하여 '너는 재판장을 모독하지 말며'(엘로힘 로 테칼렐, אֱלֹהִים לֹא תְקַלֵּל)로 번역된 출애굽기 22:28(27)을 직역하면 '너는 여호와를 저주하지 말라'이다. 신성모독을 금하는 것이다. 이것은 레위기 22:32의 여호와의 성호를 거룩히 하라는 가르침을 지키기 위하여 이방인들이 여호와의 이름을 부르게 해서는 안 된다는 것이다. 따라서 레위기 24:15에서는 하나님을 저주하면 죄를 담당하는데 여호와의 이름을 모독하면 죽임을 당하게 된다고 말하고 있다. 여호와의 이름을 모독하는 것은 여호와의 이름을 오남용하는 것이다(출 20:7). 따라서 레위기 24:16에서는 여호와의 이름을 모독하지 말라고 가르친다.

Rashi의 이해 라쉬는 여호와의 이름을 부르는 것은 죄가 아니지만 여호와의 이름으로 저주하는 것은 죄라고 설명한다.[32] 라쉬는 '모독하다'

로 번역된 히브리어 동사 나카브(נָקַב)의 의미가 민수기 23:8처럼 '저주하다'라고 주장한다.

근동의 이해 고대근동의 기록에 왕이나 신에 대한 저주를 금하는 내용은 찾아보기 어렵다. 그러나 이와 유사한 내용으로 왕에 대하여 악의를 품은 험담이나 불충한 말들을 하지 못하도록 규정하고 있다. 에살하돈의 계승조약에 의하면 다음과 같이 기록하고 있다.

> 무장 반란을 선동하거나, 소요 또는 악의를 품은 험담, 악의 있고 부적당한 사건들, 또는 배반하는 불충한 말들이, 시리아의 왕이신 에살하돈에 대해서, 지명된 왕세자인 앗수르바니팔에 대해서, 앗수르바니팔과 같은 어머니를 가진 아들들인 그의 형제들에 대해서, 우리에게 들려진다면, 우리는 그것을 숨기지 않고 우리의 주인되신 지명된 왕세자인 앗수르바니팔에게 보고할 것입니다.[33]

조약에서는 왕은 물론이고 왕가에 대한 험담이나 악의 있는 일 그리고 불충한 말들을 즉각 앗수르바니팔 왕에게 보고할 것이라고 말한다. 따라서 봉신국가들에 대하여 왕에 대한 부정적인 말을 하지 못하도록 기록하고 있다. 이것은 하나님에 대하여 저주하지 말라는 것과 같은 의미의 말씀이다.

신약의 이해 그러나 요엘 2:32(히 3:5)을 인용한 사도행전 2:21과 로마서 10:13의 '예수의 이름을 부르는 자는 구원을 얻으리라'는 것은 누구든지 주께로 돌아서서 그에게 복종하는 자는 구원을 얻는다는 의미이다. 여기서 누구든지는 이방인이든 유대인이든 구별이 없는 개념으로 구약의 개념보다 확장되어 사용되었다. 예수의 이름은 특히 사도행전에서 강조된다. 예수의 이름은 곧 예수의 능력과 예수님 자신을 나타낸다. 따라서 예수의 이름으로 병자가 고침을 받는다(행 3:6, 16). 사도행전 4:18에서 대제사장이 베드로에게 예수의 이름으로는 절대로 말하지말고 가르치지 말라는 것은 예수의 능력 혹은 예수님을 증거하지 말라는 것과 같은 것이다. 데살로니가후서 1:12에 의하면 예수의 이름이 영광을받도록 하는 것이 주의 재림을 기다리는 성도의 삶이라고 가르친다.

의미 이러한 가르침은 개종으로 인하여 이방인이 유대인의 총회에 들어오게 되면서 혈통적인 개념보다는 여호와에 대한 고백의 개념으로 바뀌었음을 의미한다. 따라서 룻도 이방여인이지만 여호와를 고백한다(룻 1:16).

요엘 2:32(3:5)의 '누구든지 여호와의 이름을 부르는 자는 구원을 얻으리니'에서 누구든지는 남은 자 가운데 여호와의 이름을 부르는 사람은누구든지라는 의미이다. 따라서 이방인을 포함하는 개념의 누구든지는아니다. 구약시대에는 이방인이 여호와의 이름을 부르는 것을 여호와의이름을 모욕하는 것으로 여겨 금하였다. 그러나 예수 그리스도 이후에는누구든지 여호와의 이름을 부를 수 있게 되었다.

관련 성구 여호와의 이름을 모독하지 말라는 말씀과 관련있는 성구는 다음과 같다.

• 그 이스라엘 여인의 아들이 여호와의 이름을 모독하며 저주하므로무리가 끌고 모세에게로 가니라 그의 어머니의 이름은 슬로밋이요 단 지파 디브리의 딸이었더라(레 24:11)

제11조항 : 맹세의 말을 어기지 말라

¹² 너희는 내 이름으로 거짓 맹세함으로 네 하나님의 이름을 욕되게 하지 말라 나는 여호와니라(레 19:12)

레위기 19:12에서는 여호와의 이름으로 맹세한 것은 어떤 것도 어기지 말고 지키라고 가르친다.

본문의 이해 레위기 19:12(로-티샤브우 베슈미 라샤케르, לֹא־תִשָּׁבְעוּ בִשְׁמִי לַשָּׁקֶר) 을 직역하면 '속이기 위하여 내 이름으로 맹세하지 말라'이다. 왜냐하면 여호와의 이름을 망령되이 일컬을 수 없기 때문이다(출 20:7). 이 구절이 내포하는 의미는 여호와의 이름으로 맹세한 것은 반드시 지켜야 함을 강조하는 것이다. 만약 여호와의 이름으로 맹세하고도 지키지 않으면 그 약속을 보증한 여호와의 이름을 욕되게 하는 것과 같다. 12절의 속이고 거짓말 하지 말라는 것은 십계명의 제9계명, 그리고 거짓 맹세함은 제3계명을 인용한 것이다. 따라서 율법은 이스라엘 백성들에게 진실함을 요구하고 있다.

구약의 이해 거짓 맹세의 구체적인 예는 레위기 6:1~7(5:20~26)에 기록되어 있다. 즉, 이웃이 맡긴 물건이나 전당물을 속이거나(1절), 도둑질하거나 착취한 사실을 부인하거나(1절), 남의 잃은 물건을 줍고도 부인하여 거짓 맹세하는 경우(2절)에 그는 20%를 더하여 주인에게 돌려주어야 한다고 기록하고 있다.

예레미야 5:2에 의하면 예루살렘과 유다 사람들이 여호와께서 살아 계심을 두고 맹세했지만 사실은 거짓 맹세였다고 기록하고 있다.

Rashi의 이해 라쉬는 여호와의 이름을 망령되이 사용할 수 없기 때문에 거짓 맹세를 해서는 안된다고 설명한다. 라쉬는 하나님에 대한 모든 이름으로 거짓 맹세를 해서는 안된다고 설명한다.[34]

신약의 이해 이 구절은 마태복음 5:33에서 예수님에 의하여 인용되었다. 예수님은 산상수훈 가운데 일체의 맹세를 하지 말고, 진실되게 말하여 옳은 것은 옳다고 말하고, 아닌 것은 아니라 말하라고 가르친다.

디모데전서 1:10에서는 율법이 거짓맹세하는 자들을 위하여 있는 것이라고 설명한다.

의미 여호와의 이름으로 거짓맹세하지 말 것을 가르치는 것은 여호와의 이름으로 맹세한 것은 반드시 지켜야 한다고 가르치는 것과 같다.

관련성구 구약성서에는 거짓 맹세와 관련된 성경 구절들이 있다. 그 가운데서 히브리어 동사 샤바아(שָׁבַע)와 거짓이란 의미의 명사 쉐케르(שֶׁקֶר)가 사용된 경우는 다음과 같다.

• 남의 잃은 물건을 줍고도 사실을 부인하여 거짓 맹세하는(니슈바아 샤케르, וְנִשְׁבַּע ם לַשָּׁקֶר) 등 사람이 이 모든 일 중의 하나라도 행하여 범죄하면(레 6:3, 5)

• 곧 손이 깨끗하며 마음이 청결하며 뜻을 허탄한 데에 두지 아니하며 거짓 맹세하지 아니하는 자(로 니슈바 레미르마, לֹא נִשְׁבַּע לְמִרְמָה)로다(시 24:4).

• 그들이 여호와께서 살아 계심을 두고 맹세할지라도 실상은 거짓 맹세니라(라쉐케르 이샤베우, לַשֶּׁקֶר יִשָּׁבֵעוּ)(렘 5:2).

• 너희가 도둑질하며 살인하며 간음하며 거짓 맹세하며(히샤베아 라쉐케르, הַשָּׁבֵעַ לַשֶּׁקֶר) 바알에게 분향하며 너희가 알지 못하는 다른 신들을 따르면서(렘 7:9).

• 마음에 서로 해하기를 도모하지 말며 거짓 맹세(슈부아트 쉐케르, שְׁבֻעַת שֶׁקֶר)를 좋아하지 말라 이 모든 일은 내가 미워하는 것이니라 여호와의 말이니라(슥 8:17).

제12조항 : 망령되이 맹세하지 말라

⁷ 너는 너의 하나님 여호와의 이름을 망령되이 일컫지 말라 나 여호와는 나의 이름을 망령되이 일컫는 자를 죄 없다 하지 아니하리라(출 20:7)

출애굽기 20:7은 십계명 가운데 세 번째 계명에 속하는 것으로 여호와의 이름을 망령되이 부르지 말라고 가르친다.

본문의 이해 하나님의 이름을 망령되이 일컫는다는 말은 무슨 뜻인가? 이 말의 정확한 의미는 망령이라는 뜻을 가진 히브리어 샤베(שָׁוְא)의 용례를 통하여 알 수 있다. 사전적인 의미에서 망령(妄靈)이라는 말은 '늙거나 정신이 흐려서 언행이 비정상인 상태'를 의미한다. 따라서 하나님의 이름을 망령되이 일컫지 말라는 의미는 하나님의 이름을 비정상적으로 사용하지 말라는 것이다.

구약의 이해 구약성서에서 망령(샤베, שָׁוְא)이라는 단어는 다음의 뜻을 가지고 있다. 첫째, 가치 없다의 의미이다. 이사야 1:13에서는 하나님이 이스라엘 백성에게 "헛된(שָׁוְא) 제물을 가져오지 말라"고 명한다.

둘째, 거짓, 속임이라는 뜻을 갖는다. 셋째, 하나님의 이름을 도용하거나 남용, 오용하지 말라는 뜻이다.[35] 즉, 불필요하거나 거짓된 맹세, 신성 모독, 마술, 저주 등으로 하나님의 이름을 함부로 부르지 말라는 것이다. 이 계명과 관련하여 유대인들의 전통에서도 제3계명은 하나님의 거룩한 이름을 부정한 사람의 입술에 올릴 수 없다는 뜻을 내포하는 것으로 생각해 왔다. 그래서 유대인들은 성경을 읽을 때, 하나님의 이름 야웨(Yahweh)가 나오면 본래 발음대로 읽지 않고 '주'라는 뜻을 가진 아도나이(adonay)로 읽거나 '그 이름'(the name)이라는 뜻을 가진 하-쉠(ha-shem)으로 읽었다.

그러나 구약성서에서는 여호와의 이름을 부르는 자(욜 2:32)라는 표현을 사용하거나 혹은 열심히 주의 이름을 부르라고 기록되어 있다.

Rashi의 이해 라쉬는 이 구절에 대하여 여호와의 이름을 '헛되이' 부르지 말라고 번역하였다. 그러나 샤베(שׁוא)를 '거짓으로'도 번역할 수 있다고 말한다. 헛되이 맹세하는 것에 대하여 라쉬는 '나무로 만들어진 것에 대하여 그가 이것을 나무라고 맹세하는 것'을 헛된 맹세라고 설명한다. 즉, 나무를 나무라고 맹세하는 것이 헛된 맹세이다. 거짓으로 맹세하는 것이란 알려진 것에 반대되는 것을 맹세하는 것이다. 즉, 금으로 만들어진 것을 돌로 만들어진 것이라 말하는 것을 거짓된 맹세라고 설명한다.[36]

고고학의 이해 고고학적인 발굴결과는 구약성경의 가르침과 약간 다르다. 라기스(Lachish)에서 발견된 주전 7세기경의 편지에 의하면 야웨의 이름이 기록되어 있다. 따라서 고대 이스라엘 사람들이 구약성경에 기록된 하나님의 이름을 사용하였음을 보여주는 성서 밖의 증거이다.

예수께서 직접적으로 제3계명을 언급한 경우가 없으나 의미적으로 제3계명의 내용을 언급하는 부분은 찾을 수 있다. 구약시대의 율법처럼 그 당시에도 사람이 율법을 어기면 하나님의 이름으로 정죄하고 이들을 죄인 취급하였는데, 예수는 오직 모든 사람을 용서하라고 말한다. 즉, 구약시대의 제3계명을 기초로 한 정죄에서 벗어나 진정으로 사람을 용서하고 사랑하라고 말한다. 이는 하나님의 이름으로 사람을 저주하거나 죄인으로 정죄하지 말라는 것이다. 예수의 가르침은 약간 추상적인 성격을 띠고 있다.

이러한 예수의 가르침이 구체적으로 나타난 것은 사도 바울에게서다. 사도바울은 로마서 12:14에서 "너희를 핍박하는 자를 축복하라 축복하고 저주하지 말라"고 가르친다. 즉, 자신에게 해를 끼치는 자에게도 저주하지 말라는 것이다.

사도행전 19:13~20에서는 마술을 하는 유대인이 예수의 이름으로 악귀를 쫓아내려다 오히려 악귀들린 사람에게 상처를 입게 되었다. 여호와의 이름을 망령되이 부른 죄가 나타난 것이다.

 하나님의 이름은 바르게 사용해야 함을 가르쳐 준다.

제13조항 : 여호와의 약속과 경고를 시험하지 말라

¹⁶ 너희가 맛사에서 시험한 것 같이 너희의 하나님 여호와를 시험하지 말고(신 6:16)

신명기 6:16은 하나님을 시험하지 말라고 가르친다.

신명기 6:16 상반절(로 테나쑤 에트-아도나이 엘로헤이켐, לֹא תְנַסּוּ
אֶת־יְהוָה אֱלֹהֵיכֶם)을 직역하면 '너희들의 하나님 여호와를 시험하
지 말라'이다. 여호와를 '시험한다'(נַסָּה)는 것은 여호와의 능력을 완전히
믿지 못하는 자들이 여호와의 약속이나 경고를 시험하는 행동을 의미한
다. 이것은 토라신학에 있어서는 있을 수 없는 배교와 같은 것이다. 따
라서 하나님에 대한 믿음을 가져야지 시험하는 자가 되어서는 안 된다고
가르친다.

이스라엘 백성의 출애굽 과정에서 즉, 시내 광야의 맛사(Massah)
에서 이스라엘 백성들은 여호와를 시험하였다(출 17:1~7). 뿐만
아니라 광야에서 이스라엘은 물이 없어 목이 마르자 왜 자신들을 목말라
죽게 하느냐고 불평하면서 여호와를 시험하였다. 또한 민수기 14:22에
의하면 이스라엘이 여호와를 열 번이나 시험하였다고 기록하고 있다. 시
편 78:56에서도 이스라엘에 지존하신 하나님을 시험하고 반항하였다고
기록하고 있다.

사무엘상 17장의 다윗과 골리앗 사건에서 블레셋 사람들이 이스라엘
군대를 모욕한 내용은, 나와서 나와 한 번 겨루어보자는 것이었다(10절).
이 모욕은 결국 이스라엘 하나님의 능력을 시험하는 것이었다. 즉, 여호
와를 의지하는 이스라엘이 자신과 겨루어서 이기면 골리앗은 이스라엘
을 섬기겠다고 말했는데, 이는 곧 이스라엘의 하나님 여호와의 능력을
시험하는 것이었기 때문이다(9절). 유다 왕 아하스는 '나는 여호와를 시
험하지 않겠다'고 고백한다(사 7:12). 심지어 말라기 3:10에서는 온전한
십일조를 드리는 자를 하나님이 축복하는지 하지 않는지 시험해 보라고
말한다. 이는 하나님의 말씀대로 행하지 않는 자들에 대한 항변이다.

하나님을 시험하지 않는 대표적인 예는 다니엘 3:17~18에 보인다.

다니엘과 친구들은 왕에게 '여호와께서 왕의 손에서와 풀무불에서 구원하지 않으시더라도 여호와를 배반하지 않겠다'고 말하는데, 이것이 여호와를 시험하지 않는 믿음이다.

신약의 이해 마귀에게 시험을 받던 예수님은 이 구절을 인용하여 주 너의 하나님을 시험하지 말라고 대답한다(마 4:7).

사도행전 5:9에서는 베드로가 삽비라에게 '주의 영을 시험하느냐?'고 꾸짖은 직후 삽비라가 죽었다. 주의 영을 시험한 것은 곧 하나님을 시험하는 것과 마찬가지이다.

고린도전서 10:9에서 바울은 이스라엘 백성이 여호와를 시험하다 뱀에 물려 죽었으니(민 21:4~6) 시험하지 말라고 말한다.

의미 여호와를 믿는 자들은 여호와의 능력을 의심하여 시험하지 말고 절대적으로 믿어야 함을 가르친다.

관련 성구 성경에는 두 종류의 시험이 있다. 즉, 시험의 주체와 대상에 따라서 하나님이 이스라엘을 시험하시는 경우와 이스라엘이 하나님을 시험하는 경우이다. 신명기 6:16에서는 후자 즉, 이스라엘이 하나님을 시험해서는 안 됨을 가르치며, 이러한 내용은 성경에 여러 군데 기록되어 있다.

• 백성이 모세와 다투어 이르되 우리에게 물을 주어 마시게 하라 모세가 그들에게 이르되 너희가 어찌하여 나와 다투느냐 너희가 어찌하여 여호와를 시험하느냐(נסה)(출 17:2)

• 아하스가 이르되 나는 구하지 아니하겠나이다 나는 여호와를 시험하지(נסה) 아니하겠나이다 한지라(사 7:12)

• 만군의 여호와가 이르노라 너희의 온전한 십일조를 창고에 들여 나의 집에 양식이 있게 하고 그것으로 나를 시험하여(נסה) 내가 하늘 문을 열고 너희에게 복을 쌓을 곳이 없도록 붓지 아니하나 보라(말 3:10)

제14조항 : 성전과 거룩한 책들을 부수지 말라

4 너희의 하나님 여호와께는 너희가 그처럼 행하지 말고(신 12:4)

신명기 12:4은 신명기 12:2~3의 우상을 부수고 그 이름을 지워버리듯이 하나님께 대해서는 그렇게 하지 말라고 가르치고 있다.

본문의 이해 신명기 12:2~3에 의하면 우상을 섬기는 곳을 무너뜨리고, 우상의 주상을 깨뜨리고 조각한 신상을 찍어 버리고 그 이름을 멸하는 것처럼(2~3절) 여호와에 대해서는 그렇게 하지 말라고 가르치고 있다(로-타아쑨 켄 라아도나이 엘로헤이켐, לֹא־תַעֲשׂוּן כֵּן לַיהוָה אֱלֹהֵיכֶם).

신명기 12:2~3의 우상숭배의 모든 것을 제거하는 상황을 배경으로 본문을 이해하면 여호와의 이름은 하나님의 성전에 두는 것이다(신 12:5). 그런데 이 여호와의 이름을 지우지 말라는 것은 여호와의 성전을 훼파하지 말라는 의미로 이해할 수 있다.

따라서 신명기 12:3에서 이름을 그곳에서 멸하라는 것은 아세라의 이름으로 숭배하던 곳을 없애버리라는 의미이다. 제의장소를 파괴하라는 것이다. 멸하라는 뜻을 가진 히브리어 동사 이바드(אבד)는 건물을 '부수다'는 의미로 많이 사용되는 단어이다.

Rashi의 이해 라쉬는 신명기 12:4에서 그처럼 행하지 말라는 것은 곧 제단을 파괴하는 것과 이름을 파괴하는 것 같은 일을 하지 말라는 것으로 이해하였다.[37]

근동의 이해 고대 근동에서는 신의 이름을 지우는 경우가 많다. 고대 국제 조약에서는 봉신에게 조약에 쓰여진 것을 지우지 말라고 하는데, 여기에는 종주가 섬기는 신들의 이름도 포함된다. 이는 종주가 섬기는 신의 이름을 지우지 말라는 것과 같은 의미이다. 국제조약의 경우 이름을 지운다는 것은 곧 반란을 의미하는 것이다.

또한 리피트 이쉬타르 법전의 저주 부분에는 누군가가 왕의 이름을 제거하고 자신의 이름을 기록한 자는 저주를 받아 소멸될 것이라고 말한다.[38]

신약의 이해 마가복음 14:57~58에서 누군가 성전을 헐고 손으로 짓지 아니한 다른 성전을 사흘 동안에 지으리라는 것으로 예수님을 고발하였으나 일치하는 증언을 찾지 못하였다. 그러나 만약 증언이 일치했다면 예수님이 신명기 12:2~4의 규정을 어긴 것이 된다(렘 26장 참조).

사도행전 4:18~19에서 베드로와 요한에게 대제사장과 사두개인들이 예수의 이름으로 절대로 말하지도 말고, 가르치지도 말라는 것은 곧 예수의 이름을 지워버리는 것과 같다. 그러나 베드로와 요한은 이러한 협박에 굴하지 않았다.

의미 여호와의 이름을 지우지 말라는 것은 여호와의 성전을 무너뜨리지 말라는 의미이며, 오늘날은 교회를 무너뜨리지 말라는 것이다.

03

우상숭배 금지

우상숭배는 신성모독의 구체적인 예를 제시한다. 즉, 여호와 외에 다른 신을 섬기지 말라는 것이 우상숭배 금지의 핵심이다. 우상숭배와 관련된 민족, 건물, 성읍 등을 철저하게 진멸할 것을 가르친다.

우상숭배를 금지하는 가르침은 구체적인 사례를 제시하고 있다. 우상과 다른 신적 존재에 관한 입장 및 우상숭배에 관계된 구체적인 행위들을 금하고 있다. 뿐만 아니라 우상숭배를 근절하기 위한 구체적인 방법까지도 제시되어 있다. 따라서 이것은 하나님에 관한 가르침을 보완하여 온전한 신앙을 갖게 한다.

고대 왕들은 신하나 백성들이 다른 왕을 섬기는 것을 용납하지 않을 뿐만 아니라 이러한 행동을 배신으로 규정하여 엄격하게 처벌했다. 마찬가지로 여호와도 이스라엘 백성들에게 다른 신을 숭배하는 것을 엄격하게 금지하고 있다.

또한 여호와를 섬기는 자들은 여호와의 적들을 미워해야 한다. 시편 139:21~22처럼 여호와를 미워하는 자들을 미워해야 한다. 따라서 이스라엘 백성들에게 우상은 절대 용납될 수 없는 것이다.

제15조항 : 다른 신을 믿지 말라

³ 너는 나 외에는 다른 신들을 네게 두지 말라(출 20:3)

출애굽기 20:3은 십계명 제1계명으로 여호와 하나님 이외의 다른 신들을 있게 하지 말라는 가르침이다.

본문의 이해 출애굽기 20:3(로 이히예-르카 엘로힘 아헤림, לֹא יִהְיֶה-לְךָ אֱלֹהִים אֲחֵרִים עַל-פָּנָי)은 문자적으로 "너에게 있게 말라 다른 신을 내 앞에" 이다. 문법적으로 강조하는 것은 하나님 앞에서 이스라엘이 다른 신을 채택하는 것을 금지하기 위해서다. 원문에서 '로 이히예-르카'(לֹא יִהְיֶה-לְךָ) 즉, "너에게 있게 말라"가 문두(文頭)에 나와서 다른 신적 존재를 채택하여 이스라엘 곁에 있게 하는 것을 금지하는 것이다. 이것은 신명기 6:4을 부정적으로 묘사한 것이다.

구약의 이해 이스라엘 사람들이 자녀들에게 신앙교육을 할 때 핵심을 이루는 쉐마(Shema)에도 이러한 유일신 신앙이 잘 보인다.

이스라엘아 들으라 우리 하나님 여호와는 오직 유일한 여호와이시니 너는 마음을 다하고 뜻을 다하고 힘을 다하여 네 하나님 여호와를 사랑하라(신 6:4~5).

의미 이스라엘 백성에게 하나님은 여호와 한 분이다. 이는 다른 신의 존재를 인정하지 않는 것이다(신 4:39). 따라서 이스라엘의 유일신 신앙은 우상 숭배를 금지할 뿐만 아니라 혼합종교도 용납하지 않는다. 다른 신을 섬기는 것을 금하는 가르침들은 구약성서에서 쉽게 발견할 수 있으며, 특히 신명기에서 많이 발견된다.

너는 오늘 위로 하늘에나 아래로 땅에 오직 여호와는 하나님이시요 다른 신이 없는 줄을 알아 명심하고(신 4:39).

너희는 다른 신들 곧 네 사면에 있는 백성의 신들을 좇지 말라(신 6:14).

그런데 다른 신을 믿게 되는 중요한 계기는 무엇인가? 바로 결혼이다. 따라서 이스라엘 사람들에게 이방인과의 결혼은 금지되었다. 유일신 신앙의 순수성을 지키기 위해 이방인과 결혼을 하지 말라는 가르침은 구약성서에서 많이 찾아 볼 수 있다.

또 그들과 혼인하지도 말지니 네 딸을 그들의 아들에게 주지 말 것이요 그들의 딸도 네 며느리로 삼지 말 것은 그가 네 아들을 유혹하여 그가 여호와를 떠나고 다른 신들을 섬기게 하므로 여호와께서 너희에게 진노하사 갑자기 너희를 멸하실 것임이니라(신 7:3~4).

이스라엘 역사 가운데서 솔로몬 왕과 아합 왕은 이방 여인과 결혼하여 신앙적인 타락을 초래하였을 뿐만 아니라 바벨론 포로에서 귀환한 이스라엘 백성도 이방인들과 결혼을 함으로서 하나님의 질책을 받는다(스 10:1~44, 느 13:23~31). 구약성서에는 우상 숭배자들에 대해서 엄격하게 처벌한다.

너희 가운데 혹시 어떤 남자나 여자가… 가서 다른 신들을 섬겨 그것에게 절하며 내가 명하지 아니한 일월성신에게 절한다 하자… 너는 그 악을 행한 남자나 여자를 네 성문으로 끌어내고 돌로 그 남자나 여자를 쳐죽이라(신 17:2~5).

다른 신을 섬기는 우상 숭배자들은 남녀를 불문하고 돌로 쳐 죽이라고 기록되어 있다. 악의 뿌리를 원천적으로 차단하려는 의도이다. 다만 이런 경우에 우상 숭배자를 고발하는 증인은 반드시 2인 이상의 복수 증인을 세워야 하며, 개인적 감정이나 모함에 의한 처형을 하지 못하도록 규정하였다(신 17:6~7). 뿐만 아니라 공동체의 우상숭배 역시 엄격하게 다루었으며 우상 숭배하는 성읍에 대한 처벌 역시 엄격했다.

> 12 네 하나님 여호와께서 네게 주어 거주하게 하시는 한 성읍에 대하여 네게 소문이 들리기를 13 너희 가운데서 어떤 불량배가 일어나서 그 성읍 주민을 유혹하여 이르기를 너희가 알지 못하던 다른 신들을 우리가 가서 섬기자 한다 하거든 14 너는 자세히 묻고 살펴 보아서 이런 가증한 일이 너희 가운데에 있다는 것이 확실한 사실로 드러나면 15 너는 마땅히 그 성읍 주민을 칼날로 죽이고 그 성읍과 그 가운데에 거주하는 모든 것과 그 가축을 칼날로 진멸하고 16 또 그 속에서 빼앗아 차지한 물건을 다 거리에 모아 놓고 그 성읍과 그 탈취물 전부를 불살라 네 하나님 여호와께 드릴지니 그 성읍은 영구히 폐허가 되어 다시는 건축되지 아니할 것이라(신 13:12~16).

우상숭배 도시에 대해서는 다시 재건하지 못하도록 기록하고 있다(겔 8~10장 참조).

그러나 이스라엘이 정착하여 살았던 가나안 땅은 많은 신들의 유혹이 많은 곳이었다. 특히 가나안 사람들이 섬기던 바알종교의 유혹을 물리치기는 쉽지 않았다. 바알종교는 다산종교로서, 비를 주관하는 남자 신인 바알(Ba'al)이 배우자 여신 아세라(Asherah)와의 성적 관계를 통해서 땅에 다산과 풍요를 가져다준다고 믿었다. 뿐만 아니라 사람들은 바알과 아세라의 성적 행위를 모방하면 유감주술의 효과로 자신들에게 다산의 결과를 가져온다고 생각했다. 그로 인해 신전 창기제도가 생겨났고, 바알의 신전에는 신전 창기와 남창이 있어서 성과 혼합된 종교가 이스라엘 사람들을 유혹했다. 예언자 호세아는 바알종교의 이러한 실상을 잘 보여준다(호 4:13).

> 곡식과 새 포도주와 기름은 내가 그에게 준 것이요, 그들이 바알을 위하
> 여 쓴 은과 금도 내가 그에게 더하여 준 것이어늘 그가 알지 못하도다(호
> 2:8).

오히려 이스라엘 사람들은 하나님께서 주신 곡식과 새 포도주와 기름을 모두 바알 신이 준 것으로 생각하고 있다(호 2:5). 또한 이스라엘 사람들은 바알 종교의 신전 창기들에게 정신을 빼앗기고 말았다(호 4:11~14).

바알 종교로 타락하고 혼돈의 상태에 빠진 이스라엘을 향해 하나님은 행음을 행했다고 말한다(호 1:2). 구약성서에서 행음은 두 가지 뜻을 갖는다. 먼저는 신앙적 행음으로 여호와 하나님만 섬겨야 할 이스라엘이 다른 신인 바알과 아세라를 섬기는 것을 말한다. 뿐만 아니라 바알종교 그 자체가 신전창기제도를 통하여 행음이 행해지는 것을 의미한다.

이사야 2:8에 우상이란 자기 손으로 짓고 자기 손가락으로 만든 것을 경배하는 것으로 정의한다. 그런데 이런 우상은 실상 자신을 위한 것이다(사 2:20).

이스라엘 역사에서 바알종교는 왕권의 비호를 받으면서까지 번성했던 시대도 있었다. 북 이스라엘의 왕 아합이 시돈의 공주 이세벨과 결혼함으로 이세벨은 왕권을 이용하여 바알 종교를 이스라엘 사람들에게 널리 전파했고, 그 결과 이스라엘의 신앙상태는 타락하게 되었다.

이 처럼 이스라엘 역사 속에서 종교적 행음은 빈번하게 발생하였다. 따라서 이에 대한 예언자의 질책과 심지어는 종교개혁까지 일어났다. 아합시대의 엘리야는 이스라엘의 하나님은 여호와 한 분임을 강조하면서(왕상 18:39) 행음하는 이스라엘의 선택과 회개를 촉구하였다(왕상

18:21).

그 후에도 유다와 이스라엘은 바알종교로부터 자유롭지 못했다. 따라서 유다 왕 아사는 바알종교의 신전 창기제도를 폐지시키고 신상들을 제거하는 종교개혁을 단행하였다(왕상 15:9~13). 본격적인 신앙회복 운동은 유다 왕 히스기야 때 일어났다. 바알종교의 온상이었던 산당을 철폐하고, 바알종교의 신상들을 모두 폐기시켰다(왕하 18장). 이스라엘 역사를 통해 가장 큰 규모의 신앙회복 운동은 요시야 왕 때도 일어났다(주전 621년). 그의 신앙회복 운동은 열왕기하 23장에 자세하게 기록되어 있다. 그러나 요시야의 신앙회복 운동도 요시야 왕이 이집트 왕 느고 2세와의 전쟁에서 전사함으로 무위로 돌아갔고, 예루살렘과 성전도 다시 우상 숭배의 도시로 전락하였으며(겔 8장), 궁극적으로 바벨론에 의하여 패망하게 되었다. 주전 586년 바벨론 군대에게 예루살렘이 함락됨으로써 가나안 땅에서의 600여년에 걸친 이스라엘 역사는 끝이 나고 말았다. 하나님께 회개하고 돌아가지 않는 이스라엘 백성들에게 신명기에 선언된 우상 숭배의 징벌이 그대로 이루어졌다.

> 17 그러나 네가 만일 마음을 돌이켜 듣지 아니하고 유혹을 받아 다른 신들에게 절하고 그를 섬기면 18 내가 오늘 너희에게 선언하노니 너희가 반드시 망할 것이라 너희가 요단을 건너가서 차지할 땅에서 너희의 날이 길지 못할 것이니라(신 30:17~18).

신명기 신학을 바탕으로 한 신명기 사가의 역사 신학은 다음과 같은 특징을 가지고 있다. 첫째, 신명기 사가의 역사는 정치적 의미의 역사가 아니라 종교사이다. 따라서 신명기 사가는 유다와 이스라엘 왕들에 대하여 종교적인 관점에서 업적을 평가한다. 둘째, 신명기역사는 여호수아에서부터 시작하여 열왕기하 25장에서 끝난다. 이스라엘이 가나안 땅에 들어가서부터 유다 왕국이 멸망할 때까지의 역사를 신명기 신학적 관점에서 기술하였다. 신명기역사는 정치적 역사가 아니라 신앙적 역사이기 때문에, 정치적 업적이 아닌 종교적 순수성, 즉 야웨 신앙에 의해 이스라엘 왕들(41명)의 업적을 평가하고 있다. 예를 들어, 열왕기상 16장의 오므리 왕조, 즉 아합 왕의 업적을 언급하였는데, 국력을 신장시키고 영토를 확장하고 주변 나라들에 대해 명성을 떨쳐 세상적으로는 위대한 왕이었지만 그의 정치적 업적을 보려거든 이스라엘 왕 역대지략을 참고할 것을 언급하며 그를 결국 하나님께 불의한 왕(왕상 16:25)으로 평가한다. 신명기역사는 정치적 업적이 아닌 신앙의 기준으로 왕들을 평가하였다는 점에서 인간의 평가와 구별된다.

신명기역사는 북이스라엘 왕국의 왕들에 대해 부정적인 평가를 내리고 있다. 특히 느밧의 아들 여로보암은 열왕기상 12:25~33에서 보듯이 북쪽 이스라엘 왕국을 세우고 네 가지 악을 저지른 것으로 나타난다. 첫째, 북이스라엘의 단과 벧엘에 성전을 만들고 금송아지를 세우고 우상을 숭배하도록 하였다. 둘째, 산당을 세워 혼합종교의 온상을 만들고 이스라엘 신앙이 타락하는 계기를 마련하였다. 셋째, 제사장 제도를 문란하게 하여 레위 지파만이 계승할 수 있는 제사장직을 보통 사람에게 임명하는 등의 문제를 일으켰다. 넷째, 일곱째 달에 지켜지는 초막절을 여덟째 달로 변경하는 등 종교적 절기를 자의로 변경하였다. 이러한 여로보암에 대한 부정적인 입장은 후대의 북 이스라엘 왕에게까지 확대되어 '느밧의 아들 여로보암의 죄'와 관련된다(왕하 14:24, 15:9, 18, 24, 28). 또한 여로보암 뿐 아니라 북 이스라엘의 왕 19명은 모두 신명기 역사에서 칭찬을 받는 대상으로부터 제외되었다.

신명기 역사가는 역사기록 가운데 남북왕국의 왕의 업적을 기록하는 데 약간의 차이점을 나타낸다. 왕의 통치를 묘사할 때 남 유다의 왕은 예루살렘에서 몇 년간 통치했는지 기록할 뿐만 아니라 어머니의 이름까지 반드시 기록하고 있다. 그러나 북 왕국의 왕에 대해서는 어머니의 이름을 기록하지 않는다.

토라는 왜 여호와만 섬겨야 한다고 가르치는가? 이는 출애굽기 3:14의 '나는 나다'(에히예 아쉐르 에히예, אֶהְיֶה אֲשֶׁר אֶהְיֶה) 혹은 '나는 스스로 있는 자'라는 말씀 때문이다. 여호와께서 '스스로 있는 자' 혹은 '나는 나다'라고 말씀하신 것의 의미는 무엇인가? 이에 대한 여러 가지 다양한 견해가 가능하지만, 먼저는 고대근동의 신 이해에서 출발해야 한다. 고대 근동지역은 다신을 섬기는 세계이다. 뿐만 아니라 새로운 신이 소개될 때는 항상 그의 아버지와 어머니 신을 통하여 새로운 신의 능력과 위력이 결정된다. 따라서 이스라엘 백성도 모세가 전하는 여호와가 누구인가 하는 질문을 제기한다. 이에 대하여 하나님은 '나는 스스로 있는 자'라는 대답을 한다.

신의 계보적인 관점에서 여호와 하나님은 고대 근동의 다른 신들처럼 아버지와 어머니 신에 의하여 태어난 신이 아니라는 설명이다. 이것은 유일신 신앙에 절대적으로 필요하며, 더 나아가 하나님의 전지전능하심을 설명하기 위해서도 여호와는 스스로 생겨난 신이다.

하나님의 거룩한 백성은 다른 신을 있게 해서는 안 되며, 오직 여호와 토라는 한 분만이 이스라엘의 하나님임을 고백하고 사는 자가 되어야 함을 가르친다.

근동의 이해 고대근동의 여러 조약에서 종주는 봉신들에게 다른 왕을 섬기지 말 것을 규정하고 있다. 이것은 마치 여호와 이외의 다른 신을 용납하지 않는 것과 마찬가지이다.

에살하돈의 계승조약에 의하면 다음과 같이 충성을 요구하고 있다.

위대한 영광의 왕자 아수르바니팔이 땅과 사람들에 대한 충성심을 지킬 것이며, 그의 이름이 후에 왕권으로 주장될 것이다. 다른 어떤 왕의 이름이나 주를 그 자리에 대신하지 말라

다른 나라 왕을 섬기는 것이 정치적 배신이듯이 여호와 외에 다른 신을 섬기는 것은 종교적 배신인 배교이다.

Rashi의 이해 라쉬는 출애굽기 20:3에 대하여 '두다'는 말의 의미를 '만들다'는 의미로 이해한다(출 20:4). 따라서 본 구절의 의미를 너는 다른 신을 만들지 말라로 이해한다. 또한 다른 신들을 신이 아니라 만들어진 신으로 이해한다. 따라서 절대적 존재이신 여호와 옆에 만들어진 다른 신을 놓는다는 것은 대단한 신성모독인 것이다. 또한 '내 앞'이란 여호와가 존재하는 한 항상이란 의미로 이해하였다. 따라서 라쉬는 여호와가 존재하는 한 다른 신들을 만들어서 여호와 옆에 두지 말라는 것으로 보인다.

신약의 이해 고린도전서 8:4~6에 의하면 하나님은 한 분이라는 것을 말하고 있다. 즉, 출애굽기 20:3과 같은 생각을 나타내고 있다.

고린도전서 10:20~21에 귀신의 잔과 주님의 잔, 주님의 식탁과 귀신의 식탁을 겸하여 참여하지 말라는 것은 여호와 이외의 다른 신을 인정하지 말라는 것이다.

의미 출애굽기 20:3의 의미는 여호와만을 이스라엘의 하나님으로 인정해야 한다는 것이다. 이것이 십계명 가운데서 가장 먼저 기록된 것은 믿음의 대상이 누구인가를 보여주기 위해서다. 특히 이것은 고

대 근동이란 공간 속에서는 매우 중요했다. 왜냐하면 구약시대 이스라엘 사람들은 신들의 홍수 속에 살았기 때문이다. 메소포타미아에는 400여 개의 신이 있으며, 이집트에는 240여개의 신이 있다. 뿐만 아니라 가나 안 땅의 원주민들이 섬기던 바알 신과 배우자 여신 아세라, 모압 지방의 그모스 신, 암몬 사람들의 밀곰 신과 몰록 신, 시돈 지방의 여신 아스다 롯 그리고 블레셋 사람들이 섬기던 다곤 신 등 수많은 만신전의 신들이 있었으며 그 외에 태양신, 달 신, 폭풍의 신, 산 신, 강 신, 질병의 신 등 각종 신들이 있었고 또한 성읍, 도시들은 제각기 그들의 수호신들을 가 지고 있었다.

그러나 이스라엘의 여호와는 이 모든 것들과 다른 유일하신 하나님임 을 강조한다.

제16조항 : 섬기기 위하여 우상을 만들지 말라

4 너를 위하여 새긴 우상을 만들지 말고 또 위로 하늘에 있는 것이나 아래 로 땅에 있는 것이나 땅 아래 물속에 있는 것의 아무 형상이든지 만들지 말며 그것들에게 절하지 말며 그것들을 섬기지 말라(출 20:4)

출애굽기 20:4은 너 자신을 위해 우상을 만들지 말라고 가르친다.

본문의 이해 4절에서는 이스라엘 자신을 위해서 우상(페쎌, פֶּסֶל)을 만들지 말 라(로 타아쎄-르카 페쎌 베콜-트무나, לֹא תַעֲשֶׂה-לְךָ פֶסֶל וְכָל-תְּמוּנָה) 고 가르친다. 이 우상은 숭배를 위하여 만드는 것으로써 구체적으로 신 상을 뜻한다. 이 가르침의 구조는 다른 금지의 가르침들과 같은 구조로 되어 있다.

고대 사람들은 신상에 신이 현존한다고 믿었기 때문에 숭배의 대상으로 신상을 만들어 왔다. 따라서 고대근동의 대부분의 신전에는 신상이 놓여 있으며, 전쟁 때도 점령 국가의 신상을 옮겨 옴으로써 전쟁의 승리를 상징하였다. 고대 근동의 왕들은 새로 즉위하면 새로운 신상을 만들어 신전에 안치하였기 때문에 고고학 발굴의 결과 많은 신상들이 발견된다. 가족 수호신들을 만들어 지니는 것이 보편화 된 결과이기도 하다.

4절에서는 신상 뿐만 아니라 어떤 것의 형상도 만들어서는 안 된다고 가르친다. 형상(트무나, תְּמוּנָה)을 만들지 말라는 것은 고대 근동의 종교적 현상과 밀접한 관련이 있다. 형상을 뜻하는 트무나(תְּמוּנָה)는 우상(פֶּסֶל)과 달리 평면적으로 묘사되거나 그려진 신의 형상을 의미한다.[39] 따라서 형상과 우상은 신의 모습을 어디에 어떻게 만드냐에 따라 나뉜 것이지만 그 내용은 모두 신상을 그리거나 만든 것이다.

이러한 생각과 달리 구약성서에서 하나님은 이스라엘 가운데 임재하시는 분이기 때문에 신상을 만들어 섬길 필요가 없다. 왜냐하면 출애굽기 20:20에 의하면 하나님은 강림하심을 통하여 임재하시기 때문이다.

구약의 이해 구약성서에 신상이 아닌 상을 만든 예가 있다. 속죄소 두 끝에 두었던 그룹(Cherub)(출 25:18~20)과 모세가 여호와의 명령에 의하여 장대 끝에 매달았던 불뱀(민 21:8~9), 그리고 솔로몬이 바다를 받치기 위하여 만든 열 두 마리의 소(왕상 7:25) 등이다.

고대시대로부터 인간들은 동물의 모습이나 사람의 형태로 많은 신상을 만들어 왔다. 오늘날 고고학자들은 팔레스틴과 그 주변의 지역에서도 수많은 신상들을 발굴하였다. 특히 황소의 등에 서 있는 바알의 모습이나 여성의 생식기나 풍만한 가슴을 본떠서 만든 다산의 여신상이 다량으로 발굴되었다. 또한 피라미드의 벽화나 돌 조각들을 통해서도 다양한 이집트 신들의 모습을 발견할 수 있다. 창세기 31장에서 라헬이 아버지 라반으로부터 훔쳤던 드라빔도 가족 수호신의 일종이었다. 이렇듯 무수하게 많은 신상들로 가득 찬 고대 근동 세계에 살고 있던 이스라엘 사람들을 향해서 신상을 만들지 말라는 것은 그만큼 이스라엘의 종교가 다른 주변 세계와 다르다는 것을 보여주는 것이다.

구약성서에서 제2계명을 어긴 불상사를 여러 번 발견할 수 있다. 이스라엘 백성들이 제2계명인 우상을 만들지 말라는 가르침을 어긴 것은 예언자들의 이스라엘 사회에 대한 비판에서 찾아 볼 수 있다.

가장 먼저 일어난 사건은 시내 산에서 금송아지를 만든 사건이다. 이 사건은 이스라엘이 제2계명을 어긴 것을 말하고 있다. 시내 산에 올라갔던 모세가 빨리 내려오지 않자 이스라엘 사람들은 아론으로 하여금 금송아지를 만들게 하였다. 그리고 그들은 "이스라엘아! 이는 너희를 애굽 땅에서 인도하여 낸 너의 신이로다"라고 외쳤다(출 32:4).

이와 유사한 사건은 여로보암(1세) 왕이 금송아지를 만든 것이다. 이는 솔로몬 왕이 죽은 후 여로보암이 북쪽 10지파를 분리하여 북 이스라엘 왕국을 수립하였을 때 발생했다. 그는 단과 벧엘에 예루살렘 성전에 대항하는 성전을 세우고, 그 두 성전 안에 금송아지를 만들어 세웠다(왕상 12:25 이하). 이 두 가지 사건은 이스라엘 사람들이 금송아지를 만들어 섬겼다는 점에서 공통점이 있다.

그렇다면 이스라엘 사람들은 하나님의 신상으로서 왜 금송아지를 만들었을까? 이스라엘 사람들이 송아지를 하나님으로 섬길 만큼 어리석었을까? 지금까지 고고학자들이 발굴한 고대 근동지방의 신상을 보면, 다수가 황소의 등 위에 서 있는 모습으로 묘사된 것을 볼 수 있다. 즉, 황소는 신들이 서 있는 일종의 발판이었던 것이다. 이러한 고고학적인 증거를 볼 때, 이스라엘 사람들이 만들었던 금송아지는 그 자체가 하나님의 신상이었다기 보다는 하나님이 서 계신 발판으로 만들어진 것이라고 볼 수 있다. 즉, 하나님께서 보이지 않는 모습으로 금송아지 위에 서 계신 것이라고 생각했던 것이다. 따라서 이스라엘에서 발견되는 송아지 상은 제의 대상의 역할을 하였다. 즉, 송아지를 통하여 하나님을 생각하게 하는 역할을 하였다.

이렇게 해석한다고 해서 이스라엘 사람들이 지었던 죄가 결코 경감되는 것은 아니다. 오히려 금송아지를 만들어서 이방 종교식으로 하나님을 섬기려 했던 가증스러움을 더해주는 것이다. 이것은 이스라엘 신앙 안에 이방 종교의 영향이 얼마나 깊숙이 침투했었는지를 잘 보여주고 있다.

또 다른 사건은 므낫세 왕 때 발생했다. 그는 예루살렘 성전 안에 아로새긴 아세라 목상을 세우게 했다(왕하 21:7). 이것은 신명기 16:21의 가르침을 어기는 것이었다. 아세라는 바알종교의 여신으로, 그 신상은 나무로 만들어진 목상이었다. 반면 바알신의 신상은 돌로 만들어진 석상이었다. 그래서 이 신상들을 파괴해서 없애 버리라는 구약의 말씀을 보면, "바알의 신상은 깨뜨리고, 아세라 신상은 불살라 태워 버리라"고 되어 있다(신 12:3 등). 므낫세의 이 죄는 유다 왕국이 멸망하는 중요한 원인이 되었다(왕하 23:26).

제2계명인 우상을 만들지 말라는 가르침을 이스라엘 백성들이 어긴 것은 예언서에서도 찾아 볼 수 있다. 이사야 2:8~9에서는 다음과 같이 말하고 있다.

> 그 땅에는 우상도 가득하므로 그들이 자기 손으로 짓고 자기 손가락으로 만든 것을 공경하여 천한 자도 절하며 귀한 자도 굴복하오니 그들을 용서하지 마옵소서(사 2:8~9)

즉, 유다 땅에 우상이 가득하고 사람들이 손으로 만든 우상을 공경하기 때문에 이들을 용서하지 말 것을 말하고 있다. 이사야 예언자가 예언 활동하던 시대의 유다 땅은 이처럼 이방 신상을 만드는 죄를 범하였다.

사실 고대 종교에서 신상이 없는 종교란 생각조차 할 수 없던 시대에 신상이 없다는 것은 대단한 차별화가 아닐 수 없다. 이 말씀은 제1계명과 함께 이스라엘 신앙의 독특한 특징을 이루고 있다.

고고학의 이해 이스라엘 고고학 발굴의 결과로 나타난 유적과 유물을 살펴보면 이스라엘이 얼마나 제2계명을 어기며 살았는가를 볼 수 있다.

첫째, 구약성서의 기록과 달리 여러 지역에서 신전이 발견되었다. 단과 브엘세바와 아라드와 후르바트 키트미트, 므깃도와 라기스와 다아낙과 벧산과 텔 카실레와 텔 아말 등지에서 신전이 발견되었다.

둘째, 이스라엘 지역에서는 진흙으로 만든 여신상 토기가 많이 발견되었다. 이것은 이스라엘 사람들의 일상 종교생활과 밀접한 관련이 있는 듯하다. 이 신상들은 풍요를 기원하기 위하여 사용되었다. 또한 신상의 모습이 이스라엘 지역에서 발견된 것과 유다 지역에서 발견된 것이 차이가 있다. 북 이스라엘 지역에서 발견된 신상들은 페니키아 예술의 영향으로 자연스러운 모습을 갖고 있다. 일반적으로 나체이며, 손으로 자신의 가슴을 쥐고 있다. 반면에 유다에서 발견된 신상은 대체로 기둥신상의 모습을 가지고 있다. 신상의 밑 부분은 단단한 기둥모양을 하고 있으며 윗 몸통 부분과 머리 부분은 손으로 가슴을 받치고 있는 모습을 띄고 있다. 얼굴은 매우 정교하게 조각하였고, 기하학적인 모습으로 새 모양을 하고 있다.

셋째, 신전이 여러 곳에서 발견되었듯이 제단도 므깃도와 다아낙에서 발견되었다. 제단에는 다양한 무늬가 조각되어 있다. 여자 스핑크스나 사자, 생명나무, 날개 달린 태양 원판 그리고 송아지 등이 조각되어 있다.

다아낙에서 발견된 이 제단은 아세라와 관련이 있는 것으로 추정된다.

넷째, 현재까지 이스라엘에서 약 1500여개의 인장 혹은 인장 각인이 발견되었는데, 이 가운데 신의 모습이나 형상 혹은 상징이 그려진 것들이 발견되었다.

[사마리아에서 발견된 청동으로 만든 송아지상]

다섯째, 주전 6세기부터 이스라엘에서 동전 사용이 보편화 되기 시작하면서 이스라엘의 여러 지역에서 동전이 주조되었다. 이 동전 가운데 아테네 양식을 따라 주조된 동전의 경우에는 아텐 여신의 상이 새겨진 것이 있는가 하면 긴 수염을 기른 사람이나 신적인 상징을 나타내는 것들이 새겨진 동전들도 발견된다. 그러나 이스라엘 역사 가운데 주전 135년 바르-코크바 시대 때 만들어진 동전에는 일체의 사람 형상 대신 곡물을 새겨넣었다.

여섯째, 고고학적으로 발견된 토기조각에 신의 형상이 잉크로 그려진 예가 있다. 쿤티레트 아주르드(Kuntillet 'Ajurd)에서 발견된 토기 조각에는 이집트 베스(Bes) 신의 형상이 그려져 있었다. 뿐만 아니라 이집트에서 발견된 파피루스에는 동물 모양을 한 이집트 신들의 형상이 그려져 있다.

Rashi의 이해 라쉬는 출애굽기 20:3과 관련지어 이 구절을 어떤 상도 새기지 말라는 것, 즉 만들지 말라는 것으로 이해한다.

신약성서 가운데 사도바울은 소아시아의 여러 도시에 복음을 증
거하면서 그 도시에서 숭배하던 우상(εἰδωλον)에 대하여 언급한
다. 특히 고린도지역에서 바울은 이들의 우상숭배를 비판한다(고전 8:4,
10:19). 뿐만 아니라 데살로니가에서는 우상을 버리고 참 신이신 하나님
께 돌아와서 하나님을 섬기자고 선포한다(살전 1:9).

골로새서 1:15의 '보이지 않는 하나님의 형상'이라는 표현은 바로 이
러한 가르침을 반영한 것이다.

이 가르침은 신앙의 대상인 여호와를 형상화하는 일체의 상이
나 그림을 만들지 말고 보이지 않는 하나님을 믿을 것을 가르친
다. 또한 임재하시는 하나님을 체험하기 위해 이처럼 우상을 만들지 말
라는 것뿐만 아니라 섬기지도 말라는 것은 우상은 사람이 만든 것에 지
나지 않으며(사 40:19), 이 우상은 누구도 구원할 수 없기 때문이다(사
44:9~17).

이 둘째 계명은 마치 양면에 날이 선 칼과 같이 두 가지 의미를 동시에
포함하고 있다.

첫째로, 하나님의 백성인 이스라엘은 하나님 이외에 어떠한 이방신
이든 다른 신의 신상을 만들거나 그것을 섬겨서는 안 된다는 의미이다.
호세아 4:12에서는 우상숭배에 대하여 "내 백성은 나무에게 묻고 그 막
대기는 그들에게 고하나니 이들은 그들이 음란한 마음에 미혹되어 하
나님을 버리고 음행하였음이니라"고 기록하고 있다(사 40:18~20, 41:7,
21~24, 44:15~18, 렘 10:2~5).

둘째는 여호와를 위한 신상을 만드는 것도 금지하는 것이다. 이스라
엘의 하나님은 자신이 어떤 다른 형태나 형상으로도 묘사될 수 없다는
것을 강조한다.

너희가 하나님을 누구와 같다 하겠으며, 무슨 형상에 비기겠느냐?(사 40:18)

이스라엘의 하나님은 인간의 기본적이고 종교적인 욕구인 신의 형상을 만드는 일을 허락하지 않았다. 그리고 신상들이 범람하던 고대 근동 세계에서 신상이 없는 신앙을 강조하였다. 오늘날까지도 유대인들 중에 전통을 중요시하는 정통 유대인들은 제2계명을 지나치게 확대 해석한 나머지 초상화나 동상, 심지어는 인물 사진을 찍는 것까지 꺼려하고 있다. 일체의 형상을 부인하는 이유에서이다. 이러한 이유 때문에 역사적으로 위대한 유대교 지도자들 가운데 그 얼굴 모습이 보존되어있지 않은 경우가 많으며, 유대인 예술가 가운데 미술가의 수가 음악가보다 적은 것도 제2계명의 영향이다.

제17조항 : 다른 이를 위해서도 우상을 만들지 말라

⁴ 너희는 헛것을 위하지 말며 너희를 위하여 신상들을 부어 만들지 말라 나는 너희 하나님 여호와니라(레 19:4)

레위기 19:4은 다른 사람들을 위하여 우상을 만들지 말라고 가르친다.

본문의 이해 레위기 19:4(엘로헤이 마쎄카 로 타아쑤 라켐, לֹא תַעֲשׂוּ לָכֶם מַסֵּכָה וֵאלֹהֵי)을 직역하면 '너희들을 위하여 부어만든 신들을 만들지 말라'이며, 이는 십계명 1, 2계명과 관계 있는 구절이다. 레위기 19:4의 '헛것'(엘릴림, אֱלִילִים)은 '우상들'(idols)이란 뜻을 가지고 있으며, 매우 모욕적인 호칭이며,⁴⁰ 본문에서는 신상(엘로헤이 마쎄카, אֱלֹהֵי מַסֵּכָה)과 같은 의미로 사용되었다. 히브리어 '엘로헤이 마쎄카'(אֱלֹהֵי מַסֵּכָה)를 직역하면 '부어진 신들'(molton gods)이란 의미이다.

따라서 이 구절은 다른 이들을 위해서 혹은 상업적 목적을 위하여 신상을 부어 만들지 말라는 것이다. 부어 만드는 것은 같은 것을 대량 생산할 수 있게 한다.

구약의 이해 출애굽기 34:17에서는 '신상들을 부어 만들지 말지니라'고 기록하고 있으며 신명기 27:15에서도 '부어만든 우상은 여호와께 가증하니'라고 기록하고 있다.

이사야 44:9~20, 특히 10~11절에서는 우상을 부어 만든 자에 대하여 그들이 수치를 당할 것이라고 말하고 있다. 예레미야 10:14~15에서도 예레미야는 우상에 대하여 '부어만든 우상은 거짓이요 그 속에 생기가 없음이라 그것은 헛 것이요 망령되이 만든 것인 즉 징벌하실 때 멸망할 것이니'라고 말한다.

Rashi의 이해 라쉬는 이 가르침에 대해 다른 사람을 위하여 신상들을 만들지 말뿐만 아니라 다른 사람들이 너를 위하여도 만들게하지 말라는 것이라고 설명한다. 부어만든 신상은 무익한 것이지만 이것들에게 관심을 갖게되면 궁극적으로 신들을 만든 것이 된다.[41]

신약의 이해 사도행전 19:24 이하의 데메드리오라 하는 은장색은 은으로 아데미 신상 모형을 만들어 직공들에게 적지 않은 벌이를 하게 했는데, 레위기 19:4은 이런 일을 금하는 것이다.

이 가르침은 다른 이들을 위해서라도 신상을 만드는 일이 없어야 함을 강조한 것이다. 따라서 오늘날 유대인들은 기독교 선물용품을 잘 만들지 않는다. 주로 아랍계 기독교인들이 만든다.

제18조항 : 사람의 상을 만들지 말라

²⁰ 모세가 백성에게 이르되 두려워하지 말라 하나님이 임하심은 너희를 시험하고, 너희로 경외하여 범죄하지 않게 하려 하심이니라(출 20:20)

출애굽기 20:20에서 하나님은 현존하심을 통해 이스라엘에게 보여주기 때문에 어떤 사람 형상의 우상을 만들지 말라고 가르친다.

하나님이 임하심(바 하엘로힘, בָּא הָאֱלֹהִים)을 직역하면 '하나님이 오심'이다. 즉, 하나님께서 이스라엘 백성들에게 오시는 목적은 백성들을 시험하시고, 여호와를 경외하여 범죄하지 않게 하기 위함이라고 말하고 있다. 따라서 여호와의 오심으로 인하여 하나님의 상을 만들어서는 안 된다.

신상은 신의 임재를 상징하는 것으로 고대 근동의 모든 종교가 신상을 만들어 섬겼다. 그러나 출애굽기 20:20에서 이스라엘은 신상대신 하나님의 강림을 통하여 임재를 확인했다. 따라서 이 구절은 이스라엘에 신상이 없는 이유를 설명한다.

하나님의 강림을 통하여 이스라엘은 여호와를 경외하며 우상을 섬기는 죄를 짓지 못하게 된다. 따라서 이스라엘은 어떤 목적으로든지 우상을 만들면 안 된다. 이는 고대 이스라엘의 종교가 신상이 없는 종교라고 불리는 이유다.

근동의 이해 고대 근동세계에서 많은 신상을 만든 것은 그 신상에 신이 임재한다고 생각했기 때문이다. 따라서 왕이 새로 부임하면 선왕이 만든 신상을 치우고 자신이 새로 만든 신상을 신전에 안치하곤 하였다. 또한 신인동형동성론적인 생각에서 신의 성품뿐만 아니라 외형도 사람의 모습으로 형상화한 예를 쉽게 발견할 수 있다. 가나안의 바알은 남성 가운데서도 전사의 모습으로, 그리고 아세라는 여성의 풍만한 가슴을 가진 자로 묘사하는 것을 고고학 발굴의 결과를 통하여 알 수 있다.

신약의 이해 디모데전서 1:17에 의하면 하나님에 대하여 '보이지 않으시는 분'이라고 말한다. 따라서 어떤 상을 통하여 하나님을 체험해서는 안 된다. 뿐만 아니라 요한복음에서 강조하는 내주하시는 예수님은 형상을 만들어 섬기지 못하게 만든다. 왜냐하면 이미 예수님이 우리 안에 임재해 계시기 때문이다.

의미 보이는 신상을 만들지 말고 하나님의 강림하심의 체험을 통하여 하나님의 임재를 체험할 것을 가르친다.

제19조항 : 아무 형상에든지 절하지 말라

⁵ 그것들에게 절하지 말며 그것들을 섬기지 말라 나 네 하나님 여호와는 질투하는 하나님인즉 나를 미워하는 자의 죄를 갚되 아버지로부터 아들에게로 삼사 대까지 이르게 하거니와(출 20:5)

출애굽기 20:5은 4절과 연결된 것으로 아무 형상도 만들어서는 안 될 뿐만 아니라 아무 형상에도 절하지 말라고 가르친다.

본문의 이해 절하지 말라(로 티스타헤베 라헴, לֹא־תִשְׁתַּחֲוֶה לָהֶם)에서 '절하다'(히스타하바, הִשְׁתַּחֲוָה)의 의미는 '신 앞에서 자신을 종속시키는 행위'를 의미한다.

이것은 마치 고대 근동세계에서 봉신 왕이 종주 왕에게 땅에 이마를 대고 절하는 것과 같은 개념을 갖는다. 따라서 절을 한다는 것은 단순히 인사의 개념이 아니라 절하는 대상에게 자신을 복종시키겠다는 표시인 것이다. 형상에게 절하는 것은 곧 다른 신에게 절하는 것과 같은 것으로(출 34:14), 우상숭배를 의미한다. 따라서 이스라엘은 여호와에게만 절하도록 가르치고 있다. 나 네 하나님 여호와는 질투하는 하나님인즉(아노키 아도나이 엘로헤이카 엘 카나, אָנֹכִי יְהוָה אֱלֹהֶיךָ אֵל קַנָּא)의 의미는 여호와가 자신의 위치에 대하여 질투하는 분이라는 의미이다.

여호와가 질투하는 분이라는 것은 출애굽기 20:5, 34:14, 신명기 4:24, 5:9, 6:15, 29:20, 32:16, 여호수아 24:19, 스가랴 1:14, 8:2, 에스겔 36:6, 나훔 1:2 등에서도 등장한다. 또한 삼사 대(알-실레쉼 베알-리베임, עַל־שִׁלֵּשִׁים וְעַל־רִבֵּעִים)는 '영원히'라는 의미를 지니고 있다.

구약의 이해 여호수아 23:7에서 여호수아는 이스라엘 백성들에게 이 민족 신들에게 절하지 말라고 부탁한다. 그러나 사사기 2:17, 19에서 이스라엘 백성들은 사사가 없을 때 다른 신들에게 절하였다고 기록하고 있다. 다니엘 3:14에서는 사드락, 메삭, 아벳느고 등이 금신상에게 절하지 않았다고 기록하고 있다. 왜냐하면 다른 신들에게 절할 수 없었기 때문이다.

근동의 이해 아시리아의 살만에셀 3세의 Black Obelisk에는 살만에셀 왕 앞에서 머리를 조아리고 절하는 예후의 모습이 새겨져 있다. 따라서 고대 사회에서 왕이나 신들 앞에 절하는 모습은 이 모습을 통하여 추정할 수 있다.

신약의 이해 고린도전서 10:14에서는 우상숭배하는 일을 피하라고 말씀하며, 요한복음 11:32에서 예수를 영접하는 마리아의 모습은 성경에서 말하는 절하는 것이 어떤 것인지를 잘 보여준다. 즉, 예수님의 발앞에 엎드리는 것이 절하는 모습이다.

의미 형상에게 절을 한다는 것은 곧 다른 신에게 절하는 것과 같은 것으로 자신을 절하는 신상이나 형상에 복종시키는 것이다. 따라서 이스라엘은 하나님 이외의 다른 것에 자신을 복종시키지 말라고 가르친다.

제20조항 : 아무 형상에든지 섬기지 말라

⁵ 그것들에게 절하지 말며 그것들을 섬기지 말라 나 네 하나님 여호와는 질투하는 하나님인즉 나를 미워하는 자의 죄를 갚되 아버지로부터 아들에게로 삼사 대까지 이르게 하거니와(출 20:5)

출애굽기 20:5은 아무 형상이든지 섬기지 말라고 가르친다. 이것은 출애굽기 23:25의 '네 하나님 여호와를 섬기라'는 말씀과 밀접한 관련이 있다.

본문의 이해 5절의 그것들을 섬기지 말라(로 타아브뎀, לֹא תָעָבְדֵם)에서 섬기다라고 번역된 히브리어 동사 아바드(עָבַד)는 주로 주종관계에서 사용되는 동사이다. 즉, 종이 주인을 섬길 때 이 동사를 사용한다. 그것들을 섬기지 말라(로 타아브뎀, לֹא תָעָבְדֵם)는 말의 의미는 '그 형상들과 주종관계를 맺지 말라'는 것을 의미한다. 뿐만 아니라 섬기다(עָבַד)는 말은 '예배하다'는 의미도 지닌다. 따라서 이스라엘은 오직 여호와와 주종관계를 맺기 때문에 다른 신적 존재와 주종관계를 맺지 말고, 그것을 위하여 제사드리지 말라는 것이다. 이스라엘은 여호와만을 위하여 일하고 섬겨야 한다는 의미이다.

구약의 이해 신명기 6:13을 근거로 우리는 여호와를 주라고 부르며, 하나님의 일꾼을 여호와의 종이라고 부른다. 따라서 모세(신 34:5, 수 1:1), 여호수아(삿 2:8), 선지자들(왕상 14:18, 왕하 9:7, 10:23)을 여호와의 종 혹은 하나님의 종(대상 6:49)이라고 부른다. 또한 사도들에 대해서도 주로 하나님의 종(디 1:1, 벧전 2:16, 행 16:17)이라고 부른다.

신약의 이해 골로새서 2:18에 의하면 천사숭배자들이 있었음을 보여준다.

의미 오직 여호와만을 위하여 일하는 자가 되어야지 여호와 이외의 다른 신들과 주종관계를 맺지 말라는 것이다.

제21조항 : 몰렉에게 아이를 드리지 말라

²¹ 너는 결단코 자녀를 몰렉에게 주어 불로 통과하게 함으로 네 하나님의

이름을 욕되게 하지 말라 나는 여호와이니라(레 18:21)

레위기 18:21은 몰렉에게 아이를 헌정하지 말라고 가르치고 있다.

본문의 이해 21절의 너는 결단코 자녀를 몰렉에게 주어 불로 통과하게 함으로(미자르아카 로-티텐 레하아비르 라몰레크, וּמִזַּרְעֲךָ לֹא־תִתֵּן לְהַעֲבִיר לַמֹּלֶךְ)를 직역하면 '너는 네 자녀를 몰렉에게 헌정하지 말라'이다.[42] 왜냐하면 히브리어 동사 어근이 라메드-베이트-레쉬(√לבר)의 사역형인 히프힐형의 의미가 '어린이 제물을 드리다'이기 때문이다.[43]

몰렉(מֹלֶךְ)은 어근이 멤-라메드-카프(√מלך)로 암몬의 국가 신이었던 밀곰(מִלְכּוֹם)과 같은 신으로 이해한다. 따라서 몰렉제사는 가나안의 제사로서 암몬의 밀곰제사와 같은 것으로 여겼다.

이 구절은 몰렉에게 제사를 드리는 자는 사형에 처한다는 구약성서의 가르침을 반영하고 있다. 즉, 우상숭배하지 말라는 것이다. 몰렉에게 아이를 드리는 것은 원래 여호와에게 드려야 함에도 여호와 대신 몰렉에게 드리는 우상숭배이다.

구약의 이해 레위기 20:2~5이나 열왕기상 11:7, 열왕기하 23:10 그리고 예레미야 32:35 등은 몰렉 제사를 엄하게 금하고 있다. 드보(R. de Vaux)는 이러한 몰렉제사를 카니발리즘으로 이해하며, 카르타고(Carthago)에서 주전 7세기경부터 발견된다고 주장한다.[44]

이들은 구약성경에서 이스라엘이 적군에 포위 당했을 때 실제로 사람을 먹는 것처럼 묘사하는 부분이 많다고 주장한다(레 26:29, 신 28:53~57, 왕하 6:26~30, 렘 19:9, 애가 2:20, 4:10 등). 그러나 자녀를 불로 통과하게 한다는 것은 카니발리즘을 의미하는 것은 아니다. 단지 자녀를 불 가운데 통과시켜 그슬르게 하는 의식이다. 몰렉 제사를 금하는 것은 가나안 풍습을 멀리하게 하는 또 다른 이론적 근거가 된다. 가나안 사람들이 추방당해야 하는 이유는 성적 탈선 뿐만 아니라 몰렉 제사를 통하여 땅을 더럽혔기 때문이다. 몰렉 제사가 여호와의 이름을 욕되게 한다는 것은 여호와를 제사하는 것 대신 몰렉을 숭배하기 때문에 여호와의 존재를 욕되게 하는 것이라는 의미이다.

에스겔 16:20~21에 의하면 예루살렘이 여호와를 위해 자녀들을 우상에게 데려가 불태운 것에 대하여 비판하고 있다.

Rashi의 이해 라쉬는 레위기 18:21이 우상숭배를 보여주는 것으로, 몰렉을 따르는 자가 자신의 아들을 몰렉의 제사장에게 주면 그들은 큰 장작더미 두 개를 준비하여 그 아들이 맨발로 불붙은 장작더미사이를 걷게 하는 것으로 이해하였다. 즉 몰렉에게 준다는 것은 몰렉을 섬기는 제사장에게 아들을 준다는 것으로 이해하였다.[45]

의미 따라서 레위기 18:21은 가나안 풍습 및 우상숭배를 하지 말라는 가르침을 구체화한 것이다. 따라서 자신의 자녀를 이방신들에게 헌정해서는 안된다는 것을 강조하고 있다.

제22조항 : 혼백을 불러내지 말라

[31] 너희는 신접한 자와 박수를 믿지 말며 그들을 추종하여 스스로 더럽히지 말라 나는 너희 하나님 여호와니라(레 19:31)

레위기 19:31은 혼백을 불러내지 말고 그것을 추종하지 말라고 가르치고 있다.

본문의 이해 레위기 19:31에서 신접한 자로 번역된 히브리어 오브(אוב)는 원래 정확한 의미를 알 수 없지만 '망령,' '혼백'으로 번역하며, 이 일을 하는 영매를 뜻한다. 따라서 신접한 자, 즉 망령이나 혼백을 불러내는 일을 하지 말라는 의미이다. 왜냐하면 이것은 가나안의 풍습이기 때문이다. 죽은 자의 혼백을 불러내는 것은 그를 통하여 무엇인가를 알아내기 위한 것이다.

벤함(G.J. Wenham)은 신접한 자로 번역된 히브리어 오브(אוב/אבח)가 '조상'을 뜻하는 아보트(אבח)가 손상된 것으로써 그 의미는 지하세계에 사는 '조상들의 영혼'이라고 주장한다.[46]

구약의 이해 고대 이스라엘에서 죽은 사람의 혼백을 불러내 삶의 문제를 해결하려고 했다는 것은 신명기 18:10~11의 아홉 가지 관습을 통하여 알 수 있다. 특히 본문은 죽은 자와 살아 있는 자 사이의 교제를 위한 아홉 가지 주술적인 영매(靈媒) 관습을 자세히 소개하고 있다.[47] 사무엘상 28:3~25에서 사울이 엔돌의 신접한 여인을 찾는 이야기는 죽은 사람의 혼백을 불러서 어떤 일의 되어짐에 관한 정보를 얻으려는 것인데, 이는 고대 이스라엘에서 이러한 관습이 보편적이었음을 보여준다. 레위기 19:31은 그 가운데서 신접한 자(접신한 자)와 박수를 믿지 말 것을 언급하고 있다. 이처럼 강신술은 조상숭배와 밀접한 관련이 있기 때문에 성서는 이를 우상숭배로 규정하고 금한다. 뿐만 아니라 고대 이스라엘 사람들은 강신술을 통하여 미래를 읽을 수 있다고 생각하여 강신술을 신탁으로 생각하였기 때문에 이를 금하였다.[48] 구약시대에 하나님이 하나님의 뜻을 전달하는 합법적인 수단은 꿈이나 환상, 계시를 통하여 직접 전달하거나 혹은 예언자를 통하여 전달하는 것 뿐이었다. 따라서 혼백을 불러내거나 박수를 통하여 하나님의 뜻을 알려고 하는 것은 곧 우상숭배이다.

Rashi의 이해 라쉬는 신접한 자란 마법으로 말하는 마술사라고 설명한다.[49]

신약의 이해 요한복음 14:6에서 예수님이 "내가 곧 길이요 진리요 생명이니 나로 말미암지 않고는 아버지께로 올 자가 없느니라"고 말한 것은 예수님만이 하나님과 백성 사이를 연결하는 유일한 통로였음을 말한다. 따라서 다른 통로를 통하여 하나님의 뜻을 알려고 하는 일체의 행위는 자신을 더럽히는 일이 된다.

의미 하나님 이외의 다른 수단을 통하여 일의 결과를 예견하여 알고자 하는 것은 잘못된 믿음임을 말하고 있다.

제23조항 : 점쟁이 도움을 받지 말라

[31] 너희는 신접한 자와 박수를 믿지 말며 그들을 추종하여 스스로 더럽히지 말라 나는 너희 하나님 여호와니라(레 19:31)

레위기 19:31은 이스라엘이 점쟁이들에게 어떤 도움도 청하지 말라고 가르친다.

본문의 이해 레위기 19:31의 박수로 번역된 것은 히브리어 이드오님(יִדְּעֹנִים)을 번역한 것으로 그 의미는 점쟁이이다. 히브리어 이드오님(יִדְּעֹנִים)은 '알다'라는 의미를 가진 히브리어 동사 어근 √ידע에서 파생된 단어이다. 따라서 점쟁이의 기본적인 기능은 무엇인가를 알려주는 것이다.

레위기 19:31은 무엇인가를 알기 위하여 여호와에게 묻지 않고 다른 통로를 통하는 것이 잘못된 것임을 가르친다. 따라서 출애굽기 22:18에서는 무당을 죽이라고 말한다.

Rashi의 이해 라쉬는 박수란 이도아라고 부르는 동물의 뼈를 입에 넣은 채, 그 뼈가 말하는 자라고 설명한다.

신약의 이해 히브리서 11:1~2에서 믿음이란 아직 이루어지지 않은 것을 믿는 것이며, 알지 못하고, 보지 못하는 것을 믿는 것이 믿음이라고 설명한다.

의미 다른 것을 통하여 묻고 그들의 말을 믿는 것은 곧 우상숭배와 같은 것이기 때문에 이를 금한다.

제24조항 : 우상의 관습을 배우지 말라

⁴ 너희는 헛된 것들에게로 향하지 말며 너희를 위하여 신상들을 부어 만들지 말라 나는 너희 하나님 여호와니라(레 19:4)

레위기 19:4은 헛된 우상에게 관심을 갖거나 이를 믿지 말라고 가르친다.

본문의 이해 레위기 19:4은 십계명 1, 2계명과 관계있는 구절이다. 너희는 헛된 것들에게로 향하지 말며(알-티프누 엘-하엘릴림, אַל־תִּפְנוּ אֶל־הָאֱלִילִים)에서 '향하지 말며'(알-티프누 엘, אַל־תִּפְנוּ אֶל)의 의미는 여러 가지로 이해할 수 있다. (1) 관심을 갖지 말라(삼하 9:8), (2) 쳐다보지 말라(신 29:17, 30:17), (3) 예배하지 말라, 그리고 (4) 도움이나 축복을 하지 말라(신 31:16~20, 호 3:1, 시 40:5) 등이다.[50] 엘릴림(אֱלִילִים)은 문자적으로는 '헛된'의 의미이지만 구약성서에서 헛된 것은 우상들을 비하해서 부르는 것이다.[51]

따라서 레위기 19:4의 의미는 그 헛된 것에 관심을 갖고 믿지 말라는 것이다. 즉, 헛된 우상이나 우상에 관한 이야기에 관심을 갖거나 이를 믿지 말라는 것이다.

Rashi의 이해 라쉬는 레위기 19:4의 헛것을 위하지 말라는 것이 헛것을 숭배하지 말라는 의미로 이해하였다.[52]

신약의 이해 바울은 디모데에게 허탄한 신화(딤전 4:7)를 버리고 이런 것에 몰두하지 말라고 가르친다(딤전 1:4). 베드로후서 1:16에서 예수 그리스도에 관한 것이 교묘히 만든 이야기가 아니라는 것을 강조하는 것은 일반적으로 베드로후서의 수신인들이 성경과 유대교 전통에 익숙한 사람들이기에 이들에게 있어서는 교묘히 만든 헛된 이야기에 관심을 두어서는 안 되기 때문이다. 골로새서 2:8에서는 속이는 헛된 철학에 사로잡히지 말 것을 권면한다.

의미 하나님을 믿는 자들은 하나님과 예수 그리스도 이외의 다른 어떤 것에 관심을 갖거나 믿어서도 안 됨을 가르쳐 준다.

제25조항 : 주상을 세우지 말라

²² 자기를 위하여 주상을 세우지 말라 네 하나님 여호와께서 미워하시느니라(신 16:22)

신명기 16:22은 하나님을 위해서도 주상을 세우지 말라고 가르친다.

본문의 이해 신명기 16:22(로-타킴 르카 마쩨바 아쉐르 싸네 아도나이 엘로헤이카, לֹא־תָקִים לְךָ מַצֵּבָה אֲשֶׁר שָׂנֵא יְהוָה אֱלֹהֶיךָ)을 직역하면 '너희 하나님 여호와께서 싫어하는 주상을 세우지 말라'이다. 우리말 번역의 '자기를'은 번역상 삽입된 것으로 보이며, 자기는 하나님을 위해서라고 이해해야 한다. 주상(마쩨바, מַצֵּבָה)이란 무엇을 기념해서 세우거나 제사를 위하여 세운 돌을 말한다. 그러므로 여기서는 여호와를 섬기기 위하여 어떤 주상을 만드는 것도 금하는 것이다. 즉, 제의 대상을 만들지 말라는 것이다. 여호와께서는 강림하셔서 이스라엘과 함께 임재하시기 때문에 하나님을 기념하는 어떤 상이나 그림이 필요하지 않았다. 히브리어 마쩨바(מַצֵּבָה)는 '묘비'를 의미하기도 한다. 즉, 죽은 사람을 기념하여 세운 돌이다(창 35:20).

[하솔의 주상들]

구약의 이해 주상은 창세기 28:22에서 야곱이 벧엘에서 돌을 가져다가 세운 기둥(마쩨바, מַצֵּבָה)을 의미한다. 이 기둥은 야곱이 꿈에 하나님을 만난 것을 기념하는 것이며, 이곳에서 야곱은 여호와에게 제사를 드렸다. 뿐만 아니라 창세기 31:45에서 야곱과 라반이 언약을 맺을 때도 기둥을 세웠다. 즉, 이 기둥이 둘 사이의 언약을 기념한다는 의미이다. 출애굽기 24:4에서 모세는 시내산 언약을 마치고 열 두 지파를 상징하는 열 두 기둥을 세웠다. 뿐만 아니라 압살롬은 자기를 위하여 비석(마쩨베트, מַצֶּבֶת)을 세웠다(삼하 18:18). 압살롬의 경우 이 가르침을 정면으로 위반한 격이 된다. 열왕기하 18:4에 의하면 히스기야 왕은 주상을 깨뜨렸다고 기록하고 있다.

Rashi의 이해 라쉬는 주상을 돌 하나 세운 것으로 이해하였다.

고고학의 이해 고고학 발굴의 결과, 하솔과 게젤 등 이스라엘의 여러 지역에서 주상들이 서 있는 것이 발견되었다. 이 돌들의 역할에 대하여 대부분의 학자들은 종교적 목적을 위하여 세운 것으로 본다.

의미 자기를 위하여 주상(비석)을 세우지 말라는 것은 모든 일은 여호와가 한 것이지 사람이 한 것이 아니라는 신학적 의도가 포함된 것이다. 뿐만 아니라 여호와를 위해서도 주상을 세우지 못하도록 규정한 것이다.

제26조항 : 우상숭배를 위해 단을 세우지 말라

¹ 너희는 자기를 위하여 우상을 만들지 말지니 조각한 것이나 주상을 세우지 말며 너희 땅에 조각한 석상을 세우고 그에게 경배하지 말라 나는 너희의 하나님 여호와임이니라(레 26:1)

레위기 26:1은 우상에게 절하기 위한 위한 돌을 만들지 말라고 가르치고 있다.

본문의 이해 주상(마쩨바, מַצֵּבָה)이란 무엇을 기념해서 돌로 세우는 것을 말한다. 즉, 여기서는 여호와를 섬기기 위하여 어떤 주상을 만드는 것을 금하는 것이다. 즉, 제의 대상을 만들지 말라는 것이다. 히브리어 마쩨바(מַצֵּבָה)는 '묘비'를 의미하기도 한다. 이는 죽은 사람을 기념하여 세운 돌이다(창 35:20). 또한 이스라엘 자신을 위해서 우상(페쎌, פֶּסֶל)을 만들지 말라고 가르친다. 이 우상은 숭배를 위하여 만드는 것으로 구체적으로는 신상을 뜻한다. 석상(אֶבֶן מַשְׂכִּית)에서 히브리어 마슈키트(מַשְׂכִּית)는 민수기 33:52, 에스겔 8:12 등에서 우상과 관련된 상황에서 사용되는 단어이다. 히브리어 마슈키트(מַשְׂכִּית)의 뜻은 '상' 혹은 '조각'이다.이 가르침의 구조는 다른 금지의 가르침들과 같은 구조로 되어 있다. 고대 사람들은 신상에 신이 현존한다고 믿었기 때문에 숭배의 대상으로 신상을 만들어 왔다. 따라서 고대근동의 대부분의 신전에는 신상이 놓여 있으며, 전쟁 때도 점령 국가의 신상을 옮겨 옴으로써 전쟁의 승리를 상징하였다. 고대 근동의 왕들은 새로 즉위하면 새로운 신상을 만들어 신전에 안치하였기 때문에 고고학 발굴의 결과 많은 신상들이 발견된다. 가족 수호신들을 만들어 지니는 것이 보편화 된 결과이기도 하다.

구약의 이해 북 왕국의 여로보암은 단과 벧엘에 단을 세우고 여기에 금송아지를 두었다(왕상 12:25~33). 또한 아합의 부인인 시돈 사람 이세벨이 사마리아에 바알의 신전을 세우고 그 안에 제단을 쌓았다(왕상 16:31). 사무엘상 7:17에 의하면 사무엘이 라마(Ramah)에 제단을 쌓은 것은 여호와를 위하여 쌓은 제단이기 때문에 이 가르침의 의도와는 다른 것이다.

라쉬는 성소 밖에서 심지어 하늘을 향해서도 손발을 뻗고 경배하는 것을 금한다고 설명한다.[53]

우상숭배를 위하여 제단을 쌓지 말라는 것이다. 즉, 이스라엘은 오직 여호와만을 위하여 제단을 쌓아야 함을 가르친다.

제27조항 : 성전에 아세라 상을 말라

²¹ 네 하나님 여호와를 위하여 쌓은 제단 곁에 어떤 나무로든지 아세라 상을 세우지 말며(신 16:21)

신명기 16:21은 성전에 나무로 만든 아세라 상을 세우지 말라고 가르친다.

신명기 16:21에 의하면 여호와를 위한 제단 곁에 아세라 상을 세우지 말라고 말한다. 즉, 여호와를 위하여 세운 성전 안에 아세라 목상을 세우지 말라는 것이다. 왜냐하면 하나님의 제단은 하나님의 처소인데 여기에 아세라 신상을 세운다는 것은 하나님의 처소가 침범당하는 매우 굴욕적인 일이며, 신성모독에 해당한다. 따라서 하나님의 제단 옆에 아세라 상을 포함한 일체의 신상을 세워서는 안 된다고 가르친다. 이 가르침에는 유일신 신앙도 내포하고 있다.

고대 근동의 대부분의 신전 안에는 그 신을 형상화한 신상이 있다. 경우에 따라서는 여러 개의 신상이 같이 놓여 있기도 한다. 이러한 배경에서 신명기 16:21은 여호와의 성전에 다른 신상을 두지 말 것을 강조한다.

구약의 이해 이스라엘 역사에 있어서 아합은 이세벨과 결혼한 후 바알을 위한 신전을 사마리아에 건축하였으며, 그 안에 바알을 위한 제단과 아세라 상을 만들었다(왕상 16:31~33).

므낫세 왕 때도 그는 성전에 아세라 목상을 세웠으며(왕하 21:7), 이는 유다 왕국 멸망의 원인이 되었다.

신약의 이해 신구약 중간시대인 주전 164년 마카비혁명이 일어난 것은 바로 이 가르침과 직접적인 관련이 있다. 안티오쿠스 4세는 예루살렘 성전에서 금기시되던 돼지고기를 제우스신에게 제물로 바쳤을 뿐만 아니라, 지속적으로 예루살렘 성전에서 제우스 신에게 제물을 바치도록 했다. 따라서 마카비 가문은 성전 정화를 위하여 혁명을 일으켰다.

의미 신명기 16:21은 성전에 아세라 상을 포함한 다른 신의 상을 세우지 말라는 것이다. 따라서 여호와 유일신 신앙을 지키라는 의미이다.

제28조항 : 다른 신의 이름으로 맹세하지 말라

¹³ 내가 네게 이른 모든 일을 삼가 지키고 다른 신들의 이름은 부르지도 말며 네 입에서 들리게도 하지 말지니라(출 23:13)

출애굽기 23:13은 이스라엘 백성들에게 다른 신의 이름으로 부르지 말것을 가르친다.

본문의 이해 출애굽기 23:13(쉠 엘로힘 아헤림 로 타즈키루 로 이샤마 알-피카, שֵׁם אֱלֹהִים אֲחֵרִים לֹא תַזְכִּירוּ לֹא יִשָּׁמַע עַל-פִּיךָ)을 직역하면 '다른 신들의 이름을 기억하지 말며, 네 입에서부터 듣게 하지 말라'이다. 따라서 13절의 의미는 다른 신들의 이름을 기억하거나 그 이름을 입에 담는 것을 금하고 있다. 특별히 본문에서 이처럼 다른 신들의 이름을 기억하거나 말하는 것을 금하는 것은 출애굽기 23:14~17에 기록된 이스라엘의 삼대 절기와 관련이 있다. 이방 종교에서는 유월절, 칠칠절 그리고 초막절 등 농사와 관련된 종교 절기에 각기 다른 신들의 주술적인 힘을 빌어서 제사를 드리기 때문에 이 절기를 지키면서 여호와 이외의 다른 신들의 이름을 입에 담지도 말라고 규정한 것이다.

뿐만 아니라 신의 이름을 부르는 것은 맹세할 때하게 되는데, 이때는 자기가 믿는 신의 이름을 부르게 된다. 따라서 다른 신의 이름을 부르지 말라는 것은 곧 다른 신의 이름으로 맹세하지 말라는 것이다. 이것은 신명기 10:20의 여호와의 이름으로 맹세하라는 것을 부연설명하는 것이다.

구약성서에서 이름(שֵׁם)이란 그 이름을 가진 존재의 힘을 상징한다. 따라서 다른 신의 이름을 기억한다는 것은 다른 신의 능력을 기억하는 것과 마찬가지이기 때문에 이를 금하고 있다. 고대 근동지역에서는 이름을 지우는 것이 그 능력을 지워버리는 것과 마찬가지이며, 이것은 곧 반란을 의미한다. 따라서 다른 신의 이름을 기억하는 것은 여호와에 대한 반란과 같은 것이다.

구약의 이해 여호수아 23:7에서 여호수아는 다른 신들의 이름을 부르지 말라고 훈계하였다.

스바냐 1:5의 유다 왕국 말기에 하늘의 뭇별들에게 경배한다는 것은 다른 신들의 이름을 부르는 것과 마찬가지이다.

Rashi의 이해 라쉬는 이 구절에 대하여 이방사람의 입에서 그들이 섬기는 신의 이름이 들리게 해서는 안 된다고 이해한다. 즉, 이방인과 연합하지 말라는 의미라고 해석하였다. 왜냐하면 이방인들이 이방신의 이름으로 맹세하는 것을 금했기 때문이다. 뿐만 아니라 '어떤 우상 곁에서 나를 기다려라' 혹은 어떤 우상의 날에 나와 함께 서 있자'와 같은 말을 해서는 안 된다는 것을 가르치는 것으로 이해하였다.

다른 신의 이름으로 맹세하지 말라는 것은 곧 다른 신을 경배하지 말라는 것과 같은 의미이다.

제29조항 : 백성에게 우상숭배를 권장하지 말라

¹³ 내가 네게 이른 모든 일을 삼가 지키고 다른 신들의 이름은 부르지도 말며 네 입에서 들리게도 하지 말지니라(출 23:13)

출애굽기 23:13은 우상숭배를 권장해서는 안 된다는 가르침이다.

본문의 이해 출애굽기 23:13의 다른 신들의 이름은 부르지도 말며 네 입에서 들리게도 하지 말지니라를 직역하면 '다른 신들의 이름을 기억하지 말며, 네 입으로부터 듣게하지 말라'이다. 13절 하반부에서 '다른 신들의 이름은… 네 입에서 들리게도 하지 말지니라'는 다른 사람들에게 우상숭배를 권장하기 위하여 다른 신들의 이름을 언급해서는 안 된다는 의미이다.

신약의 이해 고린도전서 8:13에서 우상에게 바쳐진 제물이 우리의 믿음에 아무런 영향을 끼치지는 못하지만 그러나 우상에게 바쳐진 제물을 먹는 것이 형제를 실족하게 한다면 고기를 먹지 않아서 형제가 실족하지 않게 할 것이라는 것은 본문과 같은 의미의 말씀이다.

사도행전 2:21이나 로마서 10:13에서 '주의 이름을 부르는 자는 구원을 받으리라'는 말씀은 다른 신의 이름을 부르지도 말라는 것과 밀접한 관련이 있으며, 주의 이름을 부르는 자는 하나님의 구원을 얻게 된다.

의미 다른 신의 이름을 부르지 말라는 것은 곧 다른 신을 경배하지 말라는 것과 같은 의미이다.

제30조항 : 이스라엘에게 우상숭배를 권장하지 말라

¹³ 너희 가운데서 어떤 불량배가 일어나서 그 성읍 주민을 유혹하여 이르기를 너희가 알지 못하던 다른 신들을 우리가 가서 섬기자 한다 하거든(신 13:13(14))

신명기 13:13(14)은 이스라엘 백성이든 혹은 누구든지에게 우상을 권하지 말라고 가르치고 있다.

본문의 이해 신명기 13:12(13)~17(18)은 어떤 사람이 다른 신을 섬기자고 유혹하면 그 일이 사실로 밝혀질 때 그가 사는 성읍 사람들 전체를 죽이고, 그들의 가축과 모든 물건을 불사르고, 그 성읍은 다시 건축되지 않도록 규정하고 있다. 특히 이들에게서 탈취한 탈취물에 절대 손을 대지 못하도록 가르치고 있다.

13(14)절에 의하면 다른 신을 섬길 것을 유혹하는 것은 매우 엄하게 다스리며, 그 벌 역시 매우 참혹하다. 따라서 이것을 집행하기에 앞서서

철저한 조사가 있어야 한다. 이들에 대한 처벌은 신명기 2:33~36에 기록된 가나안 도시 시혼(Sihon)를 처리하는 것과 대체로 같은 방식으로 처리하도록 가르치고 있다. 다만 가나안의 도시를 처리할 때 소유물을 취할 수 있지만 우상 숭배하는 도시를 처리할 때는 모든 소유물을 불사르도록 가르치고 있다. 그 이유는 우상 숭배자들의 우상으로 말미암아 이스라엘 백성들이 부정하게 되는 것을 방지하기 위함이다.

 사도행전 17:18에 의하면 바울이 아덴에서 복음을 전할 때 바울은 이방신을 전하는 자로 오해받았다.

우상숭배를 설득하는 자는 신약시대의 적 그리스도와 같다. 이들은 예수께서 그리스도이심을 거부하게 만드는 사람들을 의미하며, 이들은 성도들을 미혹시킨다(요일 2:18, 22, 4:3, 요이 1:7). 뿐만 아니라 우상숭배를 설득하는 자는 예수 그리스도에 대한 믿음을 흔들어 놓는, 미혹하게 하는 자를 의미한다(요일 2:26, 3:7). 따라서 미혹을 받지 말라고 가르친다(고전 6:9, 살후 2:3).

의미　이스라엘 사람들에게 우상숭배를 권해서는 안 된다는 것을 가르친다.

제31조항 : 우상에게 인도하는 자를 사랑하지 말라

⁸ 너는 그를 따르지 말며 듣지 말며 긍휼히 여기지 말며 애석히 여기지 말며 덮어 숨기지 말고(신 13:8(9))

신명기 13:6~11은 우상숭배에 관해서 금하는 내용을 다루고 있는데 특히 8(9)절은 다른 신을 섬길 것을 권하는 자를 따르고 사랑하지 말라고 가르치고 있다.

본문의 이해 특히 신명기 13:8(9)은 형제나 가까운 친구 가운데서 다른 신을 섬길 것을 유혹하는 자가 있으면 그를 따르지 말며(로-토베로, לֹא־תֹאבֶה לוֹ), 듣지 말며(로 티슈마 엘라브, לֹא תִשְׁמַע אֵלָיו), 긍휼히 여기지 말며(로-타호스 에인카 알라브, לֹא־תָחוֹס עֵינְךָ עָלָיו), 애석히 여기지 말며(로-타흐몰, לֹא־תַחְמֹל), 덮어 숨기지 말라(로-테카쎄 알라브, לֹא־תְכַסֶּה עָלָיו)고 가르친다. 본문의 의도는 이렇게 다른 신 숭배를 권장하는 자를 멀리하라는 의도이다.

따르다로 번역된 히브리어 동사(아바, אָבָה)는 '원하다'란 의미를 지니며, 전치사 레(לְ)와 함께 사용하여 '~를 만족하다'란 의미를 지닌다. 따라서 본문 로-토베 로(לֹא־תֹאבֶה לוֹ)의 의미는 '그를 만족해하지 말라' 혹은 '그에게 동의하지 말라'는 의미를 갖는다.

따라서 이 가르침은 우상숭배를 권하는 자에게 동의하지 말라는 의미이거나 혹은 우상숭배를 권하는 자를 만족해하지 말라는 뜻이다.

구약의 이해 이스라엘 역사에 있어서 우상숭배를 권하는 자를 옆에 두어서 여호와 앞에서 쫓겨난 자가 있다. 솔로몬 왕의 경우는 이방 결혼을 통하여 다른 신들을 따랐고(왕상 11:1~2), 그 결과 하나님이 그에게 진노하였다(왕상 11:9).

북 왕국 아합 왕도 이방 부인 이세벨과 결혼함으로 바알을 섬겨 예배하였다(왕상 16:31). 따라서 아합은 그 이전의 여러 왕들보다도 더 큰 악을 여호와 앞에 저지른 왕이 되었다(왕상 16:30). 이처럼 우상숭배자를 따르는 것은 하나님 앞에 죄가 된다.

라쉬는 그를 따르지 말며(로-토베 로, לֹא־תֹאבֶה לֹו)를 '그를 동경하지 말라고 사랑하지 말라'는 뜻으로 이해하였다.

고대근동의 조약에 의하면 왕에 대한 반대 및 반란에 대하여 엄격하게 금하고 있다. 에살하돈의 계승 조약에 의하면 왕에 대한 충성치 못한 행위를 금지하고 있다.[54] 충성심에 대한 정의를 내리고 충성치 못한 행위를 금할 뿐만 아니라 반역을 알려야 할 책임까지 적시하고 있다.

> 108. 만약 네가 앗수르바니팔의 적의 입으로부터, 혹은 그의 동맹국의 입으로부터, 혹은 그의 형제들의 입으로부터, 혹은 그의 삼촌들, 그의 사촌들, 그의 가족, 그의 아버지를 따르는 무리들의 입으로부터 혹은 너의 형제들, 아들들, 너의 딸들의 입으로부터, 혹은 예언자, 무아지경에 있는 자, 신탁의 심문자의 입으로부터 혹은 어떠한 모든 인간의 입으로부터, 너의 주인 앗수르의 왕 에살하돈의 아들이며 지명된 위대한 왕자에게 대한 보기 흉하거나 좋지 못한 악하고, 부적절하고 추한 말을 들었다면, 너는 그것을 숨기지 말고 와서 앗수르의 왕 에살하돈의 아들 지명된 위대한 왕자 앗수르바니팔에게 그것을 알려라.[55]

이처럼 정치적 반란자를 엄격히 금하는 것은 신명기 18장의 우상숭배를 금하는 것과 같다.

고린도전서 7장에서는 믿지 않는 사람과의 결혼을 허락한다. 그 이유는 14절 때문이다. 그러나 사도바울은 이 경우 믿지 않는 자가 예수 믿기를 원하지 않고 이혼을 원하면 이혼하라고 말한다.

우상숭배를 권장하는 자를 가까이 두고 그의 이야기를 듣거나 그에게 동의하지 말라고 가르친다. 그 이유는 그들로 인하여 믿음이 흔들리고 우상숭배할 가능성이 있기 때문이다. 그러나 사도바울은 전도의 목적으로 이방 결혼을 허락한다.

제32조항 : 잘못 인도한 자를 혐오하는 것을 누그러뜨리지 말라

9 너는 용서 없이 그를 죽이되 죽일 때에 네가 먼저 그에게 손을 대고 후에 뭇 백성이 손을 대라(신13:9)

신명기 13:9(10)에 의하면 다른 신 숭배를 권장하는 가까운 친척이나 친구를 미워하는 마음을 억제하지 말라고 가르치고 있다.

본문 9(10)절에서는 용서 없이 죽이라(하로그 아하르게누 야드카, הָרֹג תַּהַרְגֶנּוּ יָדְךָ)고 가르치고 있다. 이 구절을 직역하면 '네 손으로 반드시 죽이라'이며, 이는 결코 용서하지 말라는 의미를 내포하고 있다. 그런데 처형할 때 먼저 손을 대는 것은 자신의 증거와 처형이 옳다는 것을 상징적으로 보여주는 것이다.[56] 우상숭배를 권장하는 자를 처형하는 데 있어서 주저하지 말라는 뜻이다.

신명기 13:9(10)은 우상숭배를 전하는 자의 말을 듣지 말고, 그를 미워하는 마음을 억제하지 말라는 것이다. 그 이유는 이들을 받아들인다면 여호와 숭배자를 유혹하거나 혹은 하나님을 배반하게 만들 수 있기 때문이다. 본문은 이러한 자를 죽이라고 가르친다. 악을 발본

색원하여 믿음의 순수성을 지키라는 것이다. 따라서 신명기 7:1~11은 이스라엘이 가나안에 들어가서 그 땅을 차지할 때, 그들을 불쌍히 여기지도 말고, 그들을 진멸하라고 가르친다(2절). 뿐만 아니라 이들과 어떤 혼인도 하지 말라고 가르치는데 그 이유는 결혼을 통하여 유혹을 받아 다른 신을 섬기게 될 것을 염려하기 때문이다(4절).

Rashi의 이해 라쉬는 용서 없이 죽이라의 의미를 만약 우상을 권하는 자가 법정에서 무죄가 되면 그에게 가서 그의 죄를 묻고, 만약 그가 법정에서 유죄판결 받으면 그를 면죄하기 위하여 그에게 가지 말라는 의미라고 설명한다.

의미 우상숭배를 권하는 자들을 미워할 뿐만 아니라 이를 제거하기 위하여 앞장 서야함을 가르쳐 준다.

제33조항 : 잘못 인도하는 자의 생명을 구하지 말라

8 너는 그를 따르지 말며 듣지 말며 긍휼히 여기지 말며 애석히 여기지 말며 덮어 숨기지 말고(신13:8)

신명기 13:8(9)에 의하면 다른 신 숭배를 권장하는 자를 불쌍히 여기고 동정하여 용서하지 말라고 가르치고 있다.

본문의 이해 8절의 '긍휼히 여기지 말며'(로 타호스 에이네카 알라브, לֹא־תָחוֹס עֵינְךָ עָלָיו)는 다른 신을 섬길 것을 유혹하는 자를 동정하지 말라는 의미이다. 이처럼 우상을 권하는 자를 동정하지 말라는 것을 9절에서는 죽이라는 것으로 명시하며 이를 행동적으로 보여준다.

신명기 7:2의 가나안 땅에 들어가 이방인들을 대한 태도에서도 이러한 생각이 나타난다. 즉, '네 하나님 여호와께서 그들을 네게 넘겨 네게 치게 하시리니 그 때에 너는 그들을 진멸할 것이라 그들과 어떤 언약도 하지 말 것이요 그들을 불쌍히 여기지도 말 것이며'라고 기록하고 있다. 신명기 13:8에서는 하스(עָיִן תָחֹס)동사가 사용되었는데 신명기 7:2에서는 하난(חָנַן) 동사가 사용된 것의 차이가 있으나 그 의미상의 차이는 없다. 전자는 '자비로운 눈으로 보다'이며, 후자는 '자비롭게 여기다'이다.

의미 우상숭배자에 대하여 동정심을 갖지 말라고 가르친다.

제34조항 : 잘못 인도하는 자를 위해 간청하지 말라

8 너는 그를 따르지 말며 듣지 말며 긍휼히 여기지 말며 애석히 여기지 말며 덮어 숨기지 말고(신13:8)

신명기 13:8(9)에 의하면 다른 신 숭배를 선택하여 개종한 자를 보호하지 말라고 가르치고 있다.

본문의 이해 다른 신을 섬길 것을 권장하는 자를 애석히 여기지 말라(תָחְמֹל-לֹא)는 직역하면 '동정하지 말라,' 즉 같은 마음을 갖지 말라고 말한다. 용서하여 살려두지 말라는 의미까지도 내포하고 있다. 이러한 사실은 사무엘상 15:3에서도 같은 표현이 사용 된데서 알 수 있다.

라쉬는 애석히 여기지 말라는 구절의 의미가 그 사람의 장점을 찾지 말라는 것이라고 설명한다.

제35조항 : 잘못 인도한 자에게 호의적이지 않는 증거를 억제하지 말라

8 너는 그를 따르지 말며 듣지 말며 긍휼히 여기지 말며 애석히 여기지 말며 덮어 숨기지 말고(신13:8)

신명기 13:8(9)에 의하면 우상숭배로 개종한 자를 덮어주지 말라고 가르치고 있다.

본문의
이해 다른 신을 섬길 것을 권장하는 자를 덮어 숨기지 말라(로-테카쎄 아라브, לֹא־תְכַסֶּה עָלָיו)는 표현의 원어적인 의미는 '그를 덮어주지 말라'이다. 즉, 다른 우상숭배자를 숨겨주지 말라고 한다.

Rashi의
이해 라쉬는 덮어 숨기지 말라는 구절의 의미가 그에 관한 죄를 알고도 그가 조용히 있는 것을 허락하지 말라는 것이라 이해한다.

신약의
이해 에베소서 5:13에 의하면 책망받은 모든 것은 빛으로 말미암아 드러나게 된다고 말한다. 책망 받을 일은 에베소서 5:1~7에 의하면 음행, 우상숭배, 더러운 것 탐하는 자, 탐욕 등이 포함된다. 따라서 우상숭배자는 드러내야 한다.

제36조항 : 우상을 장식했던 것에서 이익을 취하지 말라

²⁵ 너는 그들이 조각한 신상들을 불사르고 그것에 입힌 은이나 금을 탐내지 말며 취하지 말라 네가 그것으로 말미암아 올무에 걸릴까 하노니 이는 네 하나님 여호와께서 가증히 여기시는 것임이니라(신 7:25)

신명기 7:25에서는 조각한 신상의 금, 은 장식품들을 탐내지 말라고 가르친다.

본문의 이해 신명기 7:25(프씰레이 엘로헤이헴 티스르푼 바에쉬 로-다흐모드 케세프 베자하브 알레이헴 베라카흐타, פְּסִילֵי אֱלֹהֵיהֶם תִּשְׂרְפוּן בָּאֵשׁ לֹא־תַחְמֹד כֶּסֶף וְזָהָב עֲלֵיהֶם וְלָקַחְתָּ לָךְ)을 직역하면 '그들의 신들의 상들을 불로 태우고 그 위에 있는 금과 은을 탐내지 말고 네를 위하여 취하지 말라' 이다. 본문은 사람의 탐욕으로 인하여 죄를 짓지 못하도록 금하는 가르침이지만 종교적으로 우상의 것에 손을 대지 말라는 것이 결합됐다. 그 이유는 신상에 장식된 금과 은은 하나님이 가증이 여기는 것이기 때문이라고 설명한다. 이처럼 하나님이 가증히 여기는 것은 불태우도록 규정하고 있다.

특히 전쟁 중에 전리품을 취할 때 우상의 장식들을 탐내지 말라는 의미도 내포하고 있다.

구약의 이해 사사기 8:22~28에 의하면 이스라엘 사람들이 기드온에게 이스라엘을 다스려 달라는 요청을 한 후 기드온은 사람들에게 이스마엘 사람들에게서 빼앗은 전리품 가운데 금 귀고리를 달라고 요청하고, 이것을 가지고 금 에봇을 만들어 자기 집에 둔 것이 기드온과 그 집의 올무가 되었다고 기록하고 있다. 구약성서에서 전리품에 관해서는 민수기

31:25~54에 기록되어 있다.

근동의 이해 고대 근동의 전쟁에서 가장 중요한 것은 점령 지역에서 섬기던 신상을 탈취하는 것이다. 신상을 취하는 데에는 두 가지 이유가 있다. 첫째, 이념적으로 다른 신상을 취함으로 그 지역에 대한 점령의 합법성을 얻을 수 있기 때문이고, 둘째는 신상에 장식되어 있는 금, 은 보석을 취하기 위해서이다. 마찬가지로 이스라엘도 주변 국가와의 전쟁에서 그들이 섬기던 신상을 파괴하게 된다. 그런데 이 신상에 도금되어 있는 금과 은 혹은 여러 가지 보석류 장식품을 취하지 않도록 요구된다는 점에서 차이점이 있다.

의미 우상의 금, 과 은과 같진 것일지라도 그것을 탐내지 말라고 가르친다.

관련 성구 조각한 신상과 관련된 성경 구절들을 여러 곳에서 발견할 수 있다.

• 그 제단을 헐며 주상을 깨뜨리며 아세라 상을 불사르고 또 그 조각한 신상들을 찍어 그 이름을 그 곳에서 멸하라(신 12:3)

• 조각한 신상을 섬기며 허무한 것으로 자랑하는 자는 다 수치를 당할 것이라 너희 신들아 여호와께 경배할지어다(시 97:7)

• 내 손이 이미 우상을 섬기는 나라들에 미쳤나니 그들이 조각한 신상들이 예루살렘과 사마리아의 신상들보다 뛰어났느니라(사 10:10)

• 보소서 마병대가 쌍쌍이 오나이다 하니 그가 대답하여 이르시되 함락되었도다 함락되었도다 바벨론이여 그들이 조각한 신상들이 다 부서져 땅에 떨어졌도다 하시도다(사 21:9)

• 딸 내 백성의 심히 먼 땅에서 부르짖는 소리로다 여호와께서 시온에 계시지 아니한가, 그의 왕이 그 가운데 계시지 아니한가 그들이 어찌하여 그 조각한 신상과 이방의 헛된 것들로 나를 격노하게 하였는고 하시니(렘 8:19)

• 사람마다 어리석고 무식하도다 은장이마다 자기의 조각한 신상으로 말미암아 수치를 당하나니 이는 그가 부어 만든 우상은 거짓 것이요 그 속에 생기가 없음이라(렘 10:14)

• 가뭄이 물 위에 내리어 그것을 말리리니 이는 그 땅이 조각한 신상의 땅이요 그들은 무서운 것을 보고 실성하였음이니라(렘 50:38)

제37조항 : 우상숭배의 도시를 재건하지 말라

¹⁶ 또 그 속에서 빼앗아 차지한 물건을 다 거리에 모아 놓고 그 성읍과 그 탈취물 전부를 불살라 네 하나님 여호와께 드릴지니 그 성읍은 영구히 폐허가 되어 다시는 건축되지 아니할 것이라(신 13:16)

신명기 13:16(17)은 우상숭배로 파괴된 성읍을 다시 재건하지 못하도록 가르치고 있다.

본문의 이해 다른 신을 섬기는 성읍의 멸망과 그 성읍이 영구히(올람, עוֹלָם) 폐허가 되어 다시 건축되지 못하도록 규정하고 있다. 폐허(תֵּל) 로 번역된 히브리어의 사전적인 의미는 '쓰레기 더미'(렘 49:2, 수 11:13, 8:28)를 의미한다. 즉, 도시가 완전히 파괴되었다는 의미이다. 그리고 이 폐허가 된 도시가 다시는 건축되게 해서는 안 된다. 왜냐하면 우상숭배로 더러워진 도시는 하나님 앞에 가증하기에 이 도시를 다시 재건해서는 안 되기 때문이다.

구약의 이해 여호수아 8장의 아이 성을 점령하는 과정에 의하면, 성을 불로 태웠을 뿐만 아니라(수 8:19), 모든 아이 주민들을 들에서 칼로 진멸하였다(수 8:24~25). 이러한 조치는 우상을 섬기는 도시를 영구히 폐허가 되게 하기 위한 것이었다.

여호수아 6:26에 의하면 여호수아는 여리고 성을 다시 건축하는 자들은 하나님의 저주를 받을 것이라고 말한다. 이러한 예언은 열왕기상 16:34에서 성취되었다. 벧엘 사람 히엘이 여리고 성을 건축할 때 아비람과 스굽 등 두 아들을 잃었다.

의미 우상숭배를 뿌리채 뽑아 버리기 위하여 우상숭배한 도시를 파괴시키고 다시 재건하지 말라는 가르침이다.

제38조항 : 우상숭배의 도시의 재산에서 이득을 취하지 말라

¹⁶ 또 그 속에서 빼앗아 차지한 물건을 다 거리에 모아 놓고 그 성읍과 그 탈취물 전부를 불살라 네 하나님 여호와께 드릴지니 그 성읍은 영구히 폐허가 되어 다시는 건축되지 아니할 것이라(신 13:16)

신명기 13:16(17)은 우상을 섬기는 도시의 재산으로부터 어떤 이득을 보려고 해서는 안 됨을 가르치고 있다.

본문의 이해 구약성서에 의하면 다른 신을 섬기는 도시에서 빼앗은 모든 물건은 전부 불태우도록 기록하고 있다. 이처럼 엄격한 처벌을 내리는 것은 진노하는 하나님의 얼굴을 돌려놓기 위한 것이다. 이것은 앞의 제 36조항과도 관련이 있다. 전쟁 중에 전리품을 취할 때 우상의 장식들을 탐내지 말라는 의미도 내포하고 있다(신 7:25).

구약의 이해 여호수아 7장에 기록된 아간의 범죄는 노략한 물건으로 시날 산의 아름다운 외투 한 벌과 은 이백 세겔과 오십 세겔 무게의 금덩이 하나를 훔친 것이다(수 7:21). 그 결과 하나님은 이스라엘이 아이 성을 점령하기 위하여 공격한 전쟁에서 패하게 만드셨다(수 7:2~9). 그 결과 아간은 죽임을 당하였다(수 7:25~26).

여호수아는 가나안의 도시를 정복할 때마다 하나님의 말씀대로 가나안 도시의 모든 사람들을 진멸하고 그 성을 불태웠다(수 10:28~42).

민수기 31:25~54에는 전리품에 대하여 기록하고 있다. 우상을 숭배하는 자의 도시의 것은 모두 불태우도록 기록하고 있다.

의미 하나님의 백성은 우상숭배자들로부터 이익을 얻어서는 안 됨을 가르쳐 준다.

오늘날 유대인들은 가급적 기독교 관광 기념용품을 만들지 않으며, 이것을 만들 경우에는 아랍사람들을 고용해서 만든다.

제39조항 : 우상숭배와 관계된 것으로부터 부를 얻지 말라

²⁶ 너는 가증한 것을 네 집에 들이지 말라 너도 그것과 같이 진멸 당할까

하노라 너는 그것을 멀리하며 심히 미워하라 그것은 진멸 당할 것임이니라(신 7:26)

신명기 7:26은 가증한 것을 집에 들이지 말 것을 가르친다.

본문의 이해 본문에서 가증한 것(토에바, חּוֹעֵבָה)이란 '증오하는 것,' 혹은 싫어하는 것'이란 의미를 갖고 있으며, 이러한 것은 신명기 7:25와 연관지어 생각할 때 우상숭배와 관련된 것을 의미한다. 이처럼 구약성서에서 우상숭배와 관련된 것을 가증한 것이라고 부르는 것은 위악어법이다. 우상숭배와 관련된 증오하는 것들은 이스라엘 백성들이 멀리해야 할 대상이다.

구약의 이해 여호수아 7:1에 의하면 아간은 여리고 성을 정복하고 그곳에서 탈취한 물건을 도둑질하였다. 즉, 가증한 물건을 집 안에 들여 놓은 것이다.

신약의 이해 고린도전서 8장에서 사도바울은 우상에게 바쳐진 제물을 먹는 것에 대하여 그것이 문제가 아니라 다른 사람들의 믿음에 걸림돌이 되어서는 안 된다는 것을 강조하고 있다(고전 8:8~9, 13).

의미 따라서 본문의 의미는 우상숭배를 집에 들이지 말라는 것이다. 구체적으로 이러한 규정은 출애굽기 32장처럼 우상을 만들어 놓고 이것을 마치 여호와인 것처럼 믿지 못하도록 한다.

제40조항 : 다른 신의 이름으로 예언하지 말라

²⁰ 만일 어떤 선지자가 내가 전하라고 명령하지 아니한 말을 제 마음대로 내 이름으로 전하든지 다른 신들의 이름으로 말하면 그 선지자는 죽임을 당하리라 하셨느니라(신 18:20)

신명기 18:9~22은 예언과 예언자에 대하여 가르치며 특히 20절은 다른 신의 이름으로 예언하지 말것을 가르친다.

본문의 이해 다른 신들(엘로힘 아헤림, אֱלֹהִים אֲחֵרִים)의 이름으로 예언하지 말라는 것은 곧 우상의 이름으로 예언하지 말라는 것과 같은 의미이다. 이처럼 다른 신들의 이름으로 예언한다면 그는 거짓 선지자이며, 십계명의 제1계명을 어긴 자로서 죽임 당함을 면할 길이 없다. 뿐만 아니라 다른 신들의 이름을 우리의 입에서 들리게 해서는 안 된다.

구약의 이해 이스라엘 역사에 있어서 북 이스라엘의 왕 아하시야는 자신이 다락 난간에서 떨어져 병들매 에그론의 신인 바알세붑에게 이 병이 낫겠는지 물어보기 위하여 사람을 보낸다(왕하 1:2). 이 사자를 만난 엘리야는 그 사신들에게 아하시야에게로 가서 '이스라엘에 하나님이 없어서 네가 에그론의 신 바알세붑에게 물으려고 보내느냐'(왕하 1:6)는 말을 전하라고 한다. 아하시야의 예에서 보듯이 다른 신의 이름으로 예언을 하거나 혹은 예언을 물어보는 것은 여호와를 인정하지 않고, 다른 신을 인정하는 매우 중차대한 범죄를 짓는 일이다.

신명기 13:1~5에서는 거짓 예언자들과 우상숭배의 유혹자들이 받을 벌에 대하여 기록하고 있다. 특히 거짓 선지자들의 이적과 기사를 믿지 말라고 경고한다.

열왕기상 18장의 갈멜산에서 엘리야와 바알의 선지자 450인(왕상 18:22)의 대결에서 이들은 바알의 이름으로 예언해서는 안 됨에도 불구하고 이를 행하는데, 이는 이스라엘에 많은 바알의 선지자들이 있었음을 보여준다.

예레미야 14:13~16에 의하면 거짓 계시와 복술과 허탄한 것과 자기 마음의 속임으로 평강을 예언하는 거짓 예언자들은 칼과 기근으로 망하고 그들의 예언을 받은 자들도 칼과 기근으로 망할 것이라고 말씀하고 있다.

예레미야 23:13에 의하면 사마리아 예언자들의 범죄함은 그들이 바알을 의지하여 예언하는 것 (히나브우 바바알, הַנִּבְּאוּ בַבַּעַל) 이었다.

신약의 이해
신약성서 중에서도 특히 사도바울은 고린도전서 14장에서 예언과 방언의 문제를 다루며 예언은 믿는 자들을 위한 표적으로서 교회를 세우는 데 사용해야 함을 강조하고 있다. 따라서 사도바울은 은사의 공공성을 강조하고 있다.

의미
오직 여호와께서 전하라고 주신 말씀만 여호와의 이름으로 선포해야 함을 의미한다.

제41조항 : 거짓 예언하지 말라

20 만일 어떤 선지자가 내가 전하라고 명령하지 아니한 말을 제 마음대로 내 이름으로 전하든지 다른 신들의 이름으로 말하면 그 선지자는 죽임을 당하리라 하셨느니라(신 18:20)

신명기 18:20은 하나님이 전하라고 명하지 않은 것을 예언하는 거짓 예언을 금하고 있다.

본문의 이해 신명기 18:20을 직역하면 '선지자가 내가 그에게 명령하지 않은 것을 추정해서 내 이름으로 예언을 말하면'이란 뜻이다. 즉 여호와의 말씀을 대언하는 것이 아니라 자신이 추정해서 여호와의 이름으로 예언하는 일을 행하지 말라고 가르친다. 그러나 거짓 예언자는 자기들이 하나님의 이름으로, 곧 하나님의 위탁을 받아서 말한다고 주장한다.

예레미야 14:14에 의하면 선지자들이 여호와의 이름으로 거짓 예언하였다고 기록하고 있다.

구약의 이해 예레미야 23:9~31은 거짓 예언자를 여호와께서 칠 것이라고 말씀한다. 특히 예레미야 23:16에 의하면 거짓 예언자들의 예언은 '그가 말한 묵시는 자기 마음으로 말미암은 것'이라고 말하고 있다. 예레미야 23:21은 거짓 예언자에 관해 신명기 18:20과 같은 상황을 보여준다. 즉, '이 선지자들은 내가 보내지 아니하였어도 달음질하며 내가 그들에게 이르지 아니하였어도 예언하였은 즉'이다. 또한 예레미야 27:14에 의하면 유다가 바벨론을 섬기지 않을 것이라는 예언은 거짓예언이라고 말함으로써 많은 예언자들이 거짓 예언을 말하고 있음을 보여준다.

하나님의 이름으로 거짓 예언을 행한 대표적인 예는 예레미야 시대의 하나냐였다(렘 28장). 하나냐는 예레미야와 달리 여호와의 이름으로 여호와의 성전의 모든 기구가 이 년안에 다시 이곳으로 돌아오게 된다는 예언을 한다(렘 28:3). 그러나 그의 예언과는 달리 예레미야는 하나냐에게 "여호와께서 너를 보내지 아니하셨거늘 네가 이 백성에게 거짓을 믿게 하는도다"라고 선포했을 뿐만 아니라 "네가 금년에 죽으리라"고 선포하였다. 그 결과 하나냐가 그해 일곱째 달에 죽었다(렘 28:17).

뿐만 아니라 미가서 3장에 기록된 유혹하는 선지자들은 이에 물 것을 주면 평강을 외치나 그 입에 무엇을 채워 주지 않으면 전쟁을 준비하는 선지자로서 하나님의 말씀을 전하는 것이 아니라 자신의 이해관계에 의하여 말씀의 내용이 달라지는 자들을 의미한다.

신약의 이해 마태복음 7:15~23에서 거짓 선지자는 열매가 없는 자라고 정의한다. 그 이유는 신명기 18:22을 참고하면 쉽게 이해할 수 있다. 뿐만 아니라 이들은 하나님의 말씀대로 행하지 않는 자이다.

의미 자신의 유익함을 위하여 여호와가 말씀하지 않은 말이나 환상을 전하는 일을 해서는 안 된다고 가르친다. 하나님이 주신 신령한 은사를 교회를 위하여 사용되어야 함을 기억해야 한다(고전 14:22).

제42조항 : 우상의 이름으로 한 예언을 듣지 말라

2 그가 네게 말한 그 이적과 기사가 이루어지고 너희가 알지 못하던 다른 신들을 우리가 따라 섬기자고 말할지라도 3 너는 그 선지자나 꿈 꾸는 자의 말을 청종하지 말라 이는 너희의 하나님 여호와께서 너희가 마음을 다하고 뜻을 다하여 너희의 하나님 여호와를 사랑하는 여부를 알려 하사 너희를 시험하심이니라(신 13:2~3)

신명기 13:2(3)~3(4)은 우상의 이름으로 예언하는 자의 예언을 듣지 말라는 것이다.

본문의 이해 신명기 13:3(4)은 다른 신의 선지자(나비, נָבִיא)나 꿈꾸는 자(홀렘, חֹלֵם)의 말을 듣지 말라고 기록하고 있다. 그 이유는 이적과 기사를 행하는 선지자나 꿈꾸는 자들의 말은 여호와를 사랑하는지의 여부를 시험하기 위한 것이기 때문이다. 그러나 꿈꾸는 자들은 자신들이 직접 꿈을 통하여 하나님의 말씀을 들었다고 말한다.

창세기 28:12~19, 민수기 12:6, 마태복음 1:20 등에서는 꿈에 하나님의 뜻을 받은 예가 있다.

구약의 이해 열왕기상 18장의 갈멜산에서 이뤄진 엘리야와 바알의 선지자 450인(왕상 18:22)의 대결에 대한 기록은 이스라엘에서 바알의 이름으로 예언해서는 안 될 뿐만 아니라 이스라엘 백성들이 이들의 말을 들어서는 안 됨에도 바알의 선지자의 말에 귀를 기울이는 현실을 보여준다.

예레미야 23:13에 의하면 바알을 의지하여 예언하는 자들이 있었음을 말하고 있다. 뿐만 아니라 예레미야 23:25~29에서는 거짓을 예언하는 자들이 꿈을 꾸었다고 말한다. 그러나 28절에서 여호와의 말을 받은 자는 여호와의 말씀을 전하고 여호와께서 주시지 않은 꿈을 꾸었다고 말하는 자들은 꿈을 말한다고 말씀하면서 예언자는 말씀을 증거하는 자임을 강조한다. 따라서 여호와께서 꿈을 꾸었다고 말하는 자들을 부스러뜨리겠다고 말씀하신다(29절).

신약의 이해 고린도후서 11:1~6은 다른 예수를 전파하는 것이 다른 신을 높이는 것과 유사하다는 맥락의 말씀이다.

유다서 8절에 의하면 꿈꾸는 자들은 예수님의 주권을 무시하는 자들이며, 이들은 곧 예수님을 모독하는 자들이라고 기록하고 있다.

따라서 다른 신의 이름으로 예언하는 선지자의 말을 듣지 말 것을 가르친다. 그 이유는 이들이 여호와를 모독하는 자들이기 때문이다.

제43조항 : 거짓 예언자를 두려워 말라

²² 만일 선지자가 있어 여호와의 이름으로 말한 일에 증험도 없고 성취함도 없으면 이는 여호와께서 말씀하신 것이 아니요 그 선지자가 제 마음대로 한 말이니 너는 그를 두려워하지 말지니라(신 18:22)

신명기 18:22은 거짓 예언자를 두려워하지 말라고 가르치고 있다.

본문의 이해 신명기 18:22에서는 거짓 예언자란 명칭을 사용하지 않지만 여호와의 이름으로 예언한 일에 어떤 증험(로 예히예 하다바르, לֹא־יִהְיֶה הַדָּבָר)이나 성취함이 없을 때(로 야보 후, לֹא יָבוֹא הוּא) 그것은 거짓 예언이며, 따라서 그를 두려워하지 말라고 말한다. 왜냐하면 그는 제 마음대로 예언한 것이기 때문이다. 본 구절을 통하여 거짓 예언자를 판단하는 중요한 기준은 증험과 성취함이다. 증험도 없고 성취함도 없으면(로-이히예 하다바르 베로 야보후, לֹא־יִהְיֶה הַדָּבָר וְלֹא יָבוֹא הוּא)의 문자적인 의미는 '그 일이 없고, 그 일이 성취되지 않으면'이란 뜻이다. 여호와의 이름으로 선포한 예언은 그대로 되어지며, 성취되어야 한다.

뿐만 아니라 예레미야 23:32에 의하면 여호와의 말씀을 의지하지 않고 꿈으로 예언하여 백성들을 미혹하게 하는 것도 거짓 예언자이다. 따라서 거짓 예언은 여호와께서 주신 것이 아니기 때문에 성취되지 않고, 백성들에게 아무런 유익이 없다.

구약의
이해 여호사밧 시대의 선지자였던 미가야는 동시대의 다른 선지자들
을 두려워하지 않고 자신이 들은 하나님의 말씀을 선포하였다
(왕상 22:12~23).

미가 3:5~7에 의하면 유혹하는 선지자들(거짓 선지자)은 입에 무엇을
채워주면 평화를 외치고 입에 무엇을 채워주지 아니하는 사람에게는 전
쟁을 예언하는 자인데 이런 자들은 밤을 만나 이상을 보지 못하며, 점을
치지 못하고, 이 선지자 위에는 해가 져서 낮이 캄캄할 것이라고 말한다.

예레미야는 동시대에 활동하였던 하나냐를 조금도 두려워하지 않았
다(렘 28장). 특히 예레미야 28:9에 의하면 평화를 선포하는 예언자들은
예언이 응한 후에야 그가 진실된 예언자임을 알 수 있다.

에스겔 13:1~16에서는 거짓 예언자들의 종말에 대하여 언급한다. 특
히 여호와의 말씀에 본 것 없이 자기 심령을 따라 예언하는 자들에게 화
가 있다고 말한다(겔 13:3). 또한 에스겔 13:17~23에서는 거짓말로 예언
하는 부녀자들에게도 화가 있음을 기록하고 있다.

의미 예언자의 말을 듣는 것이 이스라엘 백성의 의무이지만(신 18:19)
그러나 거짓 예언자는 무시해도 된다. 참된 예언은 말씀의 내용
과 응답을 통하여 알 수 있다.

제44조항 : 모든 우상숭배를 파괴하라

5 오직 너희가 그들에게 행할 것은 이러하니 그들의 제단을 헐며 주상을
깨뜨리며 아세라 목상을 찍으며 조각한 우상들을 불사를 것이니라(신 7:5)

¹² 너희가 쫓아낼 민족들이 그들의 신들을 섬기는 곳은 높은 산이든지 작은 산이든지 푸른 나무 아래든지를 막론하고 그 모든 곳을 너희가 마땅히 파멸하며(신 12:2)

신명기 7:5나 12:2에서는 우상숭배 금지와 우상숭배와 관련된 부속 물들을 파괴할 것을 가르치고 있다.

본문의 이해 신명기 7:5에서는 우상 숭배가 구체적으로 일어나는 제단(미즈 베아흐, מִזְבֵּחַ)을 헐고, 주상(마쩨바, מַצֵּבָה)을 깨뜨리고, 아세라 목 상을 찍으며 그리고 그 외에 조각한 우상(프씰, פָּסִיל)을 불사르라고 한다. 또한 다른 신을 상징하는 모든 것을 깨뜨리거나 불사르라고 말한다. 뿐만 아니라 신명기 12:2에서는 다른 민족들이 우상을 섬기던 장소를 파멸 하라고 규정하고 있다.

구약의 이해 그러나 호세아 4:13에 의하면 산꼭대기, 작은 산 위, 그리고 참 나무와 버드나무와 상수리나무 아래에서 우상을 숭배하였다고 기록하고 있다.

열왕기하 10:15~27에 의하면 예후가 아합의 집안을 뿌리 뽑은 후 바알 숭배도 뿌리 뽑았음을 기록하고 있다. 따라서 27절에 의하면 바알의 신당 을 헐어서 변소로 만들었다고 기록하고 있다. 26~27절의 바알의 목상을 가져다가 불사르는 행위는 곧 바알의 이름을 지워버리는 것과도 같다.

근동의 이해 오늘날 지중해 지역의 기독교 유적지 가운데 과거 이슬람 사원 이었던 것을 개조하여 성당으로 만든 것을 많이 찾아 볼 수 있 다. 이것은 역사적 산물이다. 그러나 신명기 12:2에서는 이러한 것들을 모두 제거하라고 기록하고 있다.

우상을 숭배하는 장소와 그 안에 숭배의 대상이 되는 물건들을 모두 파괴해야 함을 가르친다. 이것은 이스라엘이 이들로부터 어떠한 영향도 받지 않게 하려는 의도이다.

제45조항 : 변절한 도시에 관한 율법

16 또 그 속에서 빼앗아 차지한 물건을 다 거리에 모아 놓고 그 성읍과 그 탈취물 전부를 불살라 네 하나님 여호와께 드릴지니 그 성읍은 영구히 폐허가 되어 다시는 건축되지 아니할 것이라(신 13:16)

신명기 13:16(17)은 변절한 성읍에 관한 처리법을 가르치고 있다.

우상숭배한 도시의 처리에 관한 말씀으로 다른 신을 섬기는 성읍의 멸망과 그 성읍이 영구히(올람, עוֹלָם) 폐허가 되어 다시 건축되지 못하도록 규정하고 있다. 폐허(תֵּל)로 번역된 히브리어의 사전적인 의미는 '쓰레기 더미'(렘 49:2, 수 8:28)를 의미한다. 즉, 도시가 완전히 파괴되었다는 의미이다. 그리고 이 폐허가 된 도시가 다시는 건축되게 해서는 안 된다. 왜냐하면 우상숭배로 더러워진 도시는 하나님 앞에 가증하기 때문에 이 도시를 다시 재건해서는 안 되는 것이다.

여호수아 8장의 아이 성을 점령하는 과정에 의하면, 성을 불로 태웠을 뿐만 아니라(수 8:19), 모든 아이 주민들을 들에서 칼로 진멸하였다(수 8:24~25). 이러한 조치는 우상을 섬기는 도시를 영구히 폐허가 되게하기 위한 것이었다. 여호수아 6:26에 의하면 여호수아는 여리고 성을 다시 건축하는 자들은 하나님의 저주를 받을 것이라고 말한다. 이러한 예언은 열왕기상 16:34에서 성취되었다. 벧엘 사람 히엘이 여리고 성을 건축할 때 아비람과 스굽 등 두 아들을 잃었다.

제46조항 : 가나안 칠족을 멸하라

¹⁷ 곧 헷 족속과 아모리 족속과 가나안 족속과 브리스 족속과 히위 족속과 여부스 족속을 네가 진멸하되 네 하나님 여호와께서 네게 명령하신 대로 하라(신20:17)

신명기 20:16~18에서는 약속의 땅에 들어가서 그 땅에 있는 일곱 민족을 진멸할 것을 가르치고 있다.

본문의 이해 17절에는 구체적으로 이스라엘이 약속의 땅에 들어가 멸해야 할 가나안 일곱 족속에 대하여 기록하고 있다. 즉, 헷 족속과 아모리 족속과 가나안 족속과 브리스 족속과 히위 족속과 여부스 족속이다. 이들을 멸해야 하는 이유는 이 민족을 살려두면 이들이 이스라엘 백성들에게 우상을 숭배하는 일을 가르쳐 하나님에게 죄를 범하게 만들기 때문이라고 기록하고 있다. 본문에서 언급한 가나안 일곱 족속은 가나안에 사는 사람 전체를 의미한다. 또한 이들에 대하여 '진멸하라'(하헤림, החרים)고 가르친다.

아모리(אמרי)는 아카드어로는 아무루(amurru)('서쪽 사람')라고 부르며, 주전 3천년대부터 유프라테스 강 서쪽에 거주했던 사람들을 부르는 명칭이다. 헷 족속(החתי)은 일반적으로는 오늘날 터키 지역에 거주했던 사람들을 지칭하는 용어이지만 성경에서는 가나안 땅에 이스라엘 백성들이 정착하기 전 거주했던 사람들로 기록하고 있다. 브리스 족속(הַפְּרִזִּי)은 다른 족속들과 함께 팔레스틴 중부 산악지역의 주민으로 불린다. 히위(חִוִּי)는 구약성서에 의하면 가나안 땅에 거주하는 민족으로 등장하는데 구약성서의 각 책마다 그들의 거주 위치가 다르다. 여호수아 9:7, 11:19에서는 기브온 근처에 거주하는 것으로, 창세기 34:2에서는 세겜 근처 그리고 여호수아 11:3에서는 헬몬산 어귀에 거주하는 것으로 기록하고 있다. 여부스(הַיְבוּסִי)는 다윗이 점령하기 전 예루살렘에 거주했던 민족이다.

신약의 이해 이방민족에 대한 사도바울의 태도는 전혀 다르다. 그 이유는 선교적 목적때문이다. 이방인과의 식사, 우상의 제물의 문제 등이 그렇다(고전 8:1~13).

의미 이스라엘에게 우상숭배의 영향을 줄 수 있는 가나안 일곱 족속을 멸하라고 가르친다.

제47조항 : 아말렉의 씨를 제거하라

¹⁹ 그러므로 네 하나님 여호와께서 네게 기업으로 주어 차지하게 하시는 땅에서 네 하나님 여호와께서 사방에 있는 모든 적군으로부터 네게 안식을 주실 때에 너는 천하에서 아말렉에 대한 기억을 지워버리라 너는 잊지 말지니라(신 25:19)

신명기 25:17~19 중 특히 19절에서는 이스라엘에게 아말렉의 씨(후손)를 지워버리라고 가르치고 있다.

이스라엘이 가나안에 정착하여 적군으로부터 안식을 취할 때 아말렉의 씨를 제거하라고 가르친다. 아말렉의 기억(제케르 아말렉, עֲמָלֵק זֵכֶר)을 제거하라는 것은 세상에서 아말렉에 대한 기억을 제거하라는 것이며, 이것은 아말렉의 후손을 제거하라는 의미이다.

아말렉의 일은 출애굽기 17:8~16에 기록되어 있다.

후기 유대인들의 전통에서는 아말렉이 유대인들의 적에 대한 상징으로 이해되었다. 따라서 이 구절을 부림절 안식일에 읽는다.

제48조항 : 아말렉의 행위를 기억하라

¹⁷ 너희는 애굽에서 나오는 길에 아말렉이 네게 행한 일을 기억하라(신 25:17)

신명기 25:17~19 중 특히 17절에서는 아말렉의 행위들을 기억하라고 가르친다.

특히 17절에서는 아말렉이 출애굽 당시에 이스라엘에게 행한 일을 잊지 말라고 말한다. 출애굽 당시 아말렉과 이스라엘의 관계에 대하여 자세히 기록하고 있는 부분은 출애굽기 17:8~16에 기록되어 있다.

과거에 대하여 기억 시키는 것은 성경 뿐만 아니라 유대인의 현대사에서도 알 수 있다. 아우슈비츠 수용소에 대해 '용서하라 그

러나 잊는 말라!'고 기록하고 있다. 이는 역사적 사건을 통하여 후대가
교훈을 얻으라는 것이다.

04

이방풍습 금지

이스라엘이 이방 풍습을 금하지 않으면 멸망의 원인이 된다. 이사야 2:6에 하나님이 야곱 족속을 버린 이유는 동방 풍속이 가득했기 때문이다. 왜냐하면 이방의 풍습은 이방의 신을 섬기는 방식의 일부인 경우가 많기 때문이다. 따라서 이방의 풍습을 금하는 가르침이 많이 등장한다.

제49조항 : 이방의 풍습과 습관을 취하지 말라

²³ 너희는 내가 너희 앞에서 쫓아내는 족속의 풍속을 좇지 말라 그들이 이 모든 일을 행하므로 내가 그들을 가증히 여기노라(레 20:23)

레위기 20:23은 이방인들의 습관과 풍습을 취하지 말라고 가르친다.

 레위기 20:23에서 여호와가 쫓아낸 족속의 풍습이란 우상숭배자들의 방식을 의미하는 것이다. 왜냐하면 풍속(후코트 하고이, חֻקֹּת הַגּוֹי)을 직역하면 '이방인의 법들'로서 신명기 28:9의 여호와의 명령이나 여호와의 길과 반대되는 개념이기 때문이다. 따라서 이것을 모방하지도 말고 그들의 풍습을 행하지도 말라는 것이다. 23절의 족속(하고

이, הגוֹי)은 '민족'으로 번역하는 것이 바람직하다. 좇지 말라(로 텔쿠, לֹכ
ﬨ לֹא)는 문자적으로 '따르지 말라' 혹은 '가지 말라'이다. 원래 이스라엘은
여호와의 길을 따르도록 가르침 받았다(신 28:9). 여호와의 길을 따르면
여호와의 성민이 되지만 우상 숭배자의 풍습(가르침)을 따르면 우상숭배
가 되는 것이다.

구약의 이해 신명기 14:1~2에 기록된 금지된 애도법은 이것이 이방인들의
관습이기 때문에 따르지 말라는 것이다. 따라서 이스라엘 백성
들은 죽은 자를 위하여 자기 몸을 베지 말며, 눈썹 사이 이마 위의 털을
밀지 말라고 기록하고 있다. 뿐만 아니라 신명기 18:9~14에서는 이방
민족들의 가증한 행위도 따르지 말것을 가르치고 있다. 예레미야 10:3에
이방의 풍습은 헛된 것이라고 기록하고 있다.

이방의 풍습은 여호와의 분노를 살 수 있기 때문에 이를 따라서는 안
된다.

신약의 이해 고린도전서 8:1~13의 우상의 제물을 먹는 문제에 있어서 사도
바울은 어떤이들이 우상에 대한 습관이 있어서 우상의 제물로
알고 먹으면 그가 더러워진다고 말한다(7절).

사도바울이 디도에게 거짓 선생에 대하여 경고하였는데, 이 거짓 선
생은 유대교적 전통을 복음에 결합시키거나 이방적인 사상을 복음에 접
목시킨 자들이었다(딛 1~3장).

의미 이방인들의 습관과 풍습을 취하지 말아야 한다.

제50조항 : 점을 행하지 말라

²⁶ 너희는 무엇이든지 피 채 먹지 말며 복술을 하지 말며 술수를 행치 말며 (레 19:26)

레위기 19:26~28 중 특히 26절은 이방관습 가운데서 점을 치지 말라고 가르치고 있다.

본문의 이해 26~28절은 구체적으로 이방인의 풍습을 제시하고 있다. 특히 피 채 고기를 먹는 것, 복술을 행하는 것, 머리 가를 둥글게 깎는 것, 문신을 그리지 말라는 것이다. 이 가운데서 점을 행하지 말라고 가르친다. 26절의 복술은 히브리어로 오넨(עוֹנֵן)이며, 신명기 18:10에서는 길흉을 말하는 자로 번역하고 있다.

구약의 이해 창세기 35장에서 야곱은 삼촌 라반의 집에서 고향으로 돌아 올 때 벧엘에서 제단을 쌓기 전 그들에게 있는 이방신상, 자기 귀에 있는 귀고리 등을 세겜 근처 상수리나무 아래 묻었다(창 35:1~5). 뿐만 아니라 의복까지 바꿔 입었다(창 35:2). 이것은 이방의 습관을 벗어버리려는 행동이다.

이사야 66:17에 의하면 유다 백성들이 이방인을 따라 돼지고기와 쥐를 먹는 자가 되어 여호와의 책망을 받는다. 또한 이사야 2:6에서 여호와가 야곱 족속을 버린 이유 가운데 하나가 블레셋과 같이 점을 친 것을 꼽고 있다.

신약의 이해 사도바울은 선교지에서 그들이 받아들이기 힘든 풍속을 전한다는 이유로 옥에 갇히게 되었다(행 16:16~34, 엡 4:20~24).

사도행전 15:20에 의하면 이방인들에게도 우상에게 받쳐 더러워진 음식, 불륜 그리고 목졸라 죽인 짐승의 고기와 피를 멀리하라고 권면한다.

의미 하나님의 거룩한 백성들은 이방인들의 풍습을 따라 행하는 자가 되어서는 안 됨을 가르친다. 그러나 사도바울은 경우에 따라서 전도를 위하여 이방인의 풍습을 용납하기도 한다.

제51조항 : 복술자를 용납하지 말라

¹⁰ 그의 아들이나 딸을 불 가운데로 지나게 하는 자나 점쟁이나 길흉을 말하는 자나 요술하는 자나 무당이나 ¹¹ 진언자나 신접자나 박수나 초혼자를 너희 가운데에 용납하지 말라(신 18:10~11)

신명기 18:10~11은 이방의 풍습을 따르지 말아야 할 것들을 구체적으로 나열하고 있는데, 그 가운데서 점쟁이를 용납하지 말라고 가르치고 있다.

본문의 이해 이방의 풍습 가운데 첫 번째로 점쟁이(코쎔, קֹסֵם)를 용납하지 말라는 것이다. 복술자(코쎔, קֹסֵם)는 동사 카쌈(קָסַם)에서 유래되었으며 명사형은 케셈(קֶסֶם)이다. 복술자(코쎔, קֹסֵם)는 이스라엘 주변 국가에서는 신탁을 전하거나 미래를 말하는 사람이라는 뜻으로 사용되었지만(삼상 6:2) 이스라엘 안에서는 일반적인 예언을 전하는 사람으로 기록되어 있다(신 18:10, 왕하 17:17 등). 이들은 하나님의 심판의 대상으로 기록되어 있다(사 3:2).

구약의 이해 에스겔 21:21에 의하면 복술자(코쎔, םֹסְק)는 화살을 흔들어서 어떤 일의 해결을 제시하는 것으로 기록되어 있다.

이사야 3:2에 의하면 예루살렘 멸망 때 복술자를 버리신다고 예언하였다.

Rashi의 이해 라쉬는 복술자(점쟁이)란 '내가 갈까요' 혹은 '내가 가지 말까요'라는 질문에 대하여 대답해 주는 자라고 정의한다. 마치 호세아 4:12처럼 어떤 문제에 대하여 상담할 때 이에 대하여 대답해 주는 것을 의미한다고 설명한다.

신약의 이해 사도행전 16:16~22에 의하면 귀신들려 점을 치는 자를 만난 바울이 귀신을 쫓아내자 더 이상 점을 치지 못하였고, 이 일로 고소당한 바울은 옥살이를 하게 된다.

의미 점쟁이를 용납하는 것은 결국 여호와의 절대주권을 인정하지 않는 것과 마찬가지이다.

제52조항 : 길흉예언을 용납하지 말라

¹⁰ 그의 아들이나 딸을 불 가운데로 지나게 하는 자나 점쟁이나 길흉을 말하는 자나 요술하는 자나 무당이나 ¹¹ 진언자나 신접자나 박수나 초혼자를 너희 가운데에 용납하지 말라(신 18:10~11)

신명기 18:10~11에서는 이방의 풍습인 길흉을 예언하는 것을 금한다.

길흉을 말하는 자(메오넨, מְעוֹנֵן)의 정확한 어근은 밝혀지지 않았지만 아마도 아난(עָנַן) 동사의 분사형으로 본다. 구약성서에서 길흉을 말하는 자인 술사는 주로 징조를 해석하는 역할을 하였다(왕하 21:6, 레 19:26).

열왕기하 21:6에서 유다 왕 므낫세가 여호와 보기에 악한 행위를 한 것을 기록하고 있다.

미가 5:12(11)에 의하면 점쟁이(메오네님, מְעוֹנְנִים)는 하나님에 의하여 파괴될 것으로 묘사하고 있다.

고대근동에서는 길흉을 예언하는 것이 보편적이었다. 어떤 중요한 일을 결정할 때 그 일의 길흉을 알아보는 일을 하였고, 왕은 제사장에게 이를 물어보았다. 전쟁, 외교관계의 수립, 혹은 중요한 정책을 결정할 때에는 반드시 제사장에게 신의 의중을 물었다. 이것을 신탁이라고 부른다.

고대 근동에서 길흉을 점치는 방식은 매우 다양하다. 가장 널리 알려진 방법은 희생제사 제물의 간이나 내장을 살펴보고 길흉을 점치는 방법, 천체를 관측하여 길흉을 아는 방법, 사람이나 짐승의 출생을 통하여 길흉을 아는 방법 등이 있다.

라쉬는 길흉을 예언하는 자란 '어느 때 시작하면 좋다'고 말하는 자라 정의한다.

길흉을 예언하는 것을 용납하는 것은 결국 여호와의 절대주권을 인정하지 않는 것과 마찬가지이다.

제53조항 : 요술을 용납하지 말라

¹⁰ 그의 아들이나 딸을 불 가운데로 지나게 하는 자나 점쟁이나 길흉을 말하는 자나 요술하는 자나 무당이나 ¹¹ 진언자나 신접자나 박수나 초혼자를 너희 가운데에 용납하지 말라(신 18:10~11)

신명기 18:10~11에서는 이방의 풍습 가운데 요술하는 자를 금하라고 가르친다.

본문의 이해 10절에서 금하는 것은 요술하는 자(메나헤쉬, מְנַחֵשׁ)이다. 요술을 행하는 자는 무당과 유사한 행위를 하는 자이다. 문자적으로 뱀(나하쉬, נָחָשׁ)을 통하여 요술을 부리는 자를 의미한다.

Rashi의 이해 라쉬는 요술하는 자에 대해 어떤 일어난 일에 의하여 일의 되어짐을 말하는 자를 가리킨다고 설명한다. 즉, 그의 입에서 빵이 떨어졌다 혹은 그가 가는 길에 사슴이 길을 건너갔다는 어떤 일의 발생을 통하여 어떤 일이 일어날 것을 말하는 것을 가리킨다. 입에서 빵이 떨어진 사건을 통하여 그의 신하가 그로부터 떨어져 나갈 것이라고 말하는 것이다.

의미 요술을 행하는 것을 용납하는 것은 결국 여호와의 절대주권을 인정하지 않는 것과 마찬가지이다.

제54조항 : 무당을 용납하지 말라

¹⁰ 그의 아들이나 딸을 불 가운데로 지나게 하는 자나 점쟁이나 길흉을 말하는 자나 요술하는 자나 무당이나 ¹¹ 진언자나 신접자나 박수나 초혼자를 너희 가운데에 용납하지 말라(신 18:10~11)

신명기 18:10~11에서 금하는 이방의 풍습은 무당에게 가서 묻는 것이다.

본문의 이해 무당(메카쉐프, מְכַשֵּׁף)을 의미하는 히브리어는 아카드어 키쉬푸(kišpu)에서 유래되었지만 이들의 구체적인 역할은 알 수 없다. 히브리어 메샤케프(מְכַשֵּׁף)는 '요술을 부리다'는 의미의 כָּשֵׁף(키쉐프)의 분사형이다. 따라서 문자적으로 무당은 요술을 부리는 자이다. 미가 5:12(11)에서는 복술(כְּשָׁפִים)이 하나님에 의하여 끊어지게 됨을 선포한다.

신약의 이해 사도행전 8:9~13에서 사마리아의 마술사 시몬이 빌립의 전도를 받고 예수를 영접하였다.

의미 무당을 용납하는 것은 결국 여호와의 절대주권을 인정하지 않는 것과 마찬가지이다.

제55조항 : 진언자에게 의견을 묻지 말라

¹⁰ 그의 아들이나 딸을 불 가운데로 지나게 하는 자나 점쟁이나 길흉을 말하는 자나 요술하는 자나 무당이나 ¹¹ 진언자나 신접자나 박수나 초혼자를 너희 가운데에 용납하지 말라(신 18:10~11)

신명기 18:10~11에서는 진언자에게 의견 묻는 일을 금하고 있다.

본문의 이해 진언자(호베르, הֹבֵר)는 '주술을 말하는 자'를 의미한다. 따라서 진언자와 무당 사이의 분명한 구분이 없다.

근동의 이해 마법이나 주술을 행하는 것은 고대 근동세계에서도 법으로 금하였다. 함무라비 법전 제2조에 의하면 마법을 행한 것 때문에 고소 당한 자는 시죄법을 통하여 그 진위 여부를 가려야 한다고 기록하고 있다.[70]

신약의 이해 사도행전 13:4~12에 의하면 바울과 바나바가 구브로의 바보에서 바예수라는 유대인의 거짓 선지자인 마술사를 만났으며, 또한 마술사 엘루마를 만났다. 바울은 성령에 의하여 이들은 거짓과 악행이 가득한 자이며, 마귀의 자식이라고 말한다.

의미 주술을 행하는 주술자를 용납하는 것은 결국 여호와의 절대주권을 인정하지 않는 것과 마찬가지이다.

제56조항 : 신접자나 박수에게 의견을 묻지 말라

[10] 그의 아들이나 딸을 불 가운데로 지나게 하는 자나 점쟁이나 길흉을 말하는 자나 요술하는 자나 무당이나 [11] 진언자나 신접자나 박수나 초혼자를 너희 가운데에 용납하지 말라(신 18:10~11)

신명기 18:10~11에서는 신접자에게 의견을 묻는 일을 금하고 있다.

본문의 이해 본문은 신접자(쇼엘, שׁאֵל)나 박수(이드오니, יִדְּעֹנִי)를 용납하지 않도록 하라고 말한다. 히브리어 쇼엘(שׁאֵל)은 사전적으로 '묻는 자'란 의미를 지니며, 이드오니(יִדְּעֹנִי)는 '아는 자'란 의미를 갖는다. 즉 이드오니(יִדְּעֹנִי)는 '점쟁이'를 뜻하며, 어근의 의미는 '알다'이다(레 19:31, 20:6, 신 18:11, 삼상 28:3~9, 왕하 21:6, 23:24, 사 8:19, 19:3, 대하 33:6 등).

구약의 이해 사무엘상 28:3~25에서 사울은 사무엘이 죽은 후 신접한 여인과 박수를 그 땅에서 모두 쫓아냈다. 그러나 사울이 블레셋의 군대를 두려워하여 전쟁의 결과를 알기 위해 다시 신접한 여인에게 묻는다.

Rashi의 이해 라쉬는 신접한 자란 무덤에서 죽은 자를 불러 올려 이들과 이야기 하는 자를 의미하고 박수는 이도아(יִדּוֹעַ)라고 불리는 짐승의 뼈를 입에 물고 그 뼈가 말한다고 하는 자를 가리킨다고 설명하였다.

의미 신접자나 박수에게 의견을 묻는 것은 결국 여호와의 절대주권을 인정하지 않는 것과 마찬가지이다.

제57조항 : 초혼자에게 의견을 묻지 말라

¹⁰ 그의 아들이나 딸을 불 가운데로 지나게 하는 자나 점쟁이나 길흉을 말하는 자나 요술하는 자나 무당이나 ¹¹ 진언자나 신접자나 박수나 초혼자를 너희 가운데에 용납하지 말라(신 18:10~11)

신명기 18:10~11에서 금하는 이방의 풍습으로 죽은 사람의 혼을 부르는 초혼자(招魂者)에게 의견을 묻는 일을 금하고 있다.

본문의 이해 초혼자(도레쉬 엘-하메팀, דֹרֵשׁ אֶל־הַמֵּתִים)를 용납하지 말라고 규정하고 있다. 초혼자는 문자적으로 '죽은 자에게 구하는 자(묻는 자)'를 의미한다.

구약의 이해 신명기 18:10~11의 금해야 할 일곱가지는 모두 무엇인가를 묻기 위하여 택하는 다양한 방법이다. 히브리서 11:1~2의 믿음은 바라는 것들의 실상이고, 보이지 않는 것들의 증거라는 것과 보지 않고 믿는 것이 큰 믿음이라는 것을 기억하면서 하나님이 우리에게 좋은 것을 주시는 분이라는 믿음으로 사는 것이 바람직한 믿음의 태도이다.

신약의 이해 요한복음 20:29에 의하면 예수는 도마에게 '너는 나를 본고로 믿느냐 보지 못하고 믿는 자들은 복되도다'라고 말함으로써 알지 못하고 보지 못한 것을 믿는 믿음을 강조한다.

의미 죽은 자에게 묻는 초혼자를 용납하는 것은 결국 여호와의 절대 주권을 인정하지 않는 것과 마찬가지이다.

제58조항 : 여자는 남자의 옷을 입지 말라

5 여자는 남자의 의복을 입지 말 것이요 남자는 여자의 의복을 입지 말 것
이라 이같이 하는 자는 네 하나님 여호와께 가증한 자이니라(신 22:5)

신명기 22:5은 여자에게 남자의 의복을 입지 말라고 함으로써 성의
구별을 가르친다.

본문의 이해 여자는 남자의 의복을 입지 말 것이요(로 예히예 클리−게베르
알−이샤, לֹא־יִהְיֶה כְלִי־גֶבֶר עַל־אִשָּׁה)는 문자적으로 '여자 위에 남자
의 도구(의복)를 올려놓지 말라'이다. 히브리어 클리(כְּלִי)는 옷 보다는 좀
더 포괄적으로 도구, 장식 심지어는 무기까지를 포함하는 의미이다.

따라서 신명기 22:5에서 여자가 남자의 의복을 입지 말라고 번역하였
지만 그러나 남자의 옷이란 표현보다는 남자를 상징하는 모든 것이란 의
미에서 클리(כְּלִי)를 사용하였다.

이처럼 서로 옷을 바꿔입는 것을 금하는 것의 정확한 이유는 찾을 수
없지만 두 가지 이유를 설명할 수 있다.[58] 첫째, 서로 옷을 바꿔입는 것을
동성애와 관련 있는 것으로 이해하였을 뿐만 아니라, 서로 옷을 바꿔 입
는 풍습이 고대 근동의 어떤 제의와 관련이 있는 것으로 추정한다.[59]

의미 창조의 질서를 지키며 살 것을 가르치는 동시에 이방 문화를 따
르지 말 것을 가르친다.

제59조항 : 남자는 여자의 옷을 입지 말라

5 여자는 남자의 의복을 입지 말 것이요 남자는 여자의 의복을 입지 말 것이라 이같이 하는 자는 네 하나님 여호와께 가증한 자이니라(신 22:5)

신명기 22:5은 남자에게 여자의 의복을 입지 말라고도 가르친다.

본문의 이해 5절의 남자는 여자의 의복을 입지 말 것이라(로 일바쉬 게베르 씸라트 이샤, לֹא־יִלְבַּשׁ גֶּבֶר שִׂמְלַת אִשָּׁה)를 직역하면 '남자는 여자의 윗옷을 입지 말라'이다. 히브리어 씸라(שִׂמְלָה)는 '여자의 겉옷' 혹은 '외투'를 의미한다.

의미 창조의 질서를 지키며 살 것을 가르치는 동시에 이방 문화를 따르지 말 것을 가르친다.

제60조항 : 문신을 새기지 말라

28 죽은 자 때문에 너희의 살에 문신을 하지 말며 몸에 무늬를 놓지 말라 나는 여호와니라(레 19:28)

레위기 19:28은 우상숭배자들과 같이 문신을 새기지 말라고 가르치고 있다.

본문의 이해 문신으로 번역된 히브리어 단어의 문자적인 의미는 '새김'(쇼레트, שֶׂרֶט)이다. 또한 무늬(크토베트 카아카아, כְּתֹבֶת קַעֲקַע)는 문신을 의미한다. 따라서 몸에 무늬든지 아니면 어떤 새김을 하는 것을 금하는 가르침이다. 따라서 레위기 19:28은 '너희는 죽은 이를 위하여 너희 몸에 새겨서도(혹은 상처를 내서는) 안 된다. 너희 몸에 문신을 새겨서도 안된다'로 번역할 수 있다. 이런 규정이 있는 것은 고대 이스라엘 시대에 문신의 관습이 있었음을 알 수 있다.

의미 이 구절은 이방의 관습을 따르지 말라는 가르침이다.

제61조항 : 양털과 베실로 섞어 짠 옷을 입지 말라

11 양 털과 베 실로 섞어 짠 것을 입지 말지니라(신 22:11)

신명기 22:11은 양털과 베실로 섞어 짠 옷을 입지 말라고 가르친다.

본문의 이해 양털과 베실(쩨메르 우피쉬팀, צֶמֶר וּפִשְׁתִּים)을 섞어 짠 옷을 입지 말라고 규정하고 있다. 이처럼 섞지 말라는 정확한 의미는 알 수 없지만 일부 학자들은 이것이 이집트의 관습이기 때문에 금한 것으로 이해한다. 왜냐하면 동사 샤아트나즈(שַׁעַטְנֵז)가 히브리어가 아니라 이집트어이기 때문이다. 이스라엘 사람들이 이집트로부터 시리아-팔레스틴 지역의 다양한 의복의 영향을 받았던 것으로 보인다.

재질적인 측면에서 양털과 베실은 같이 짜더라도 서로 강도가 다르기 때문에 튼튼한 옷감이 될 수 없다.

구약의 이해 뿐만 아니라 고대 이스라엘에서는 두 종류를 섞는 것에 대한 부정적인 시각이 있었다. 두 종자를 섞어 뿌리지 말며(레 19:19), 포도원에 곡식을 심지 말며(신 22:9), 서로 다른 종류의 동물을 교배시키지 말고(레 19:19), 두 종류의 짐승에 한 멍에를 메지 못하게 하라(신 22:10) 등이 서로 다른 종류가 섞이는 것에 대한 부정적인 시각을 보여준다.

신약의 이해 마태복음 9:16~17에서 예수는 생베 조각과 낡은 옷을 서로 함께 사용하지 말라고 하면서 신구를 대조시키고 있다.

의미 이 가르침은 두 가지 의미가 있다. 첫 째는 두 종류의 것을 섞지 말라는 것이며 뿐만 아니라 이방인의 풍습도 따르지 말라는 이중 메시지를 전달하고 있다.

제62조항 : 머리 가를 둥글게 깎지 말라

²⁷ 머리 가를 둥글게 깎지 말며 수염 끝을 손상치 말며(레 19:27)

레위기 19:27은 머리 가를 둥글게 깎지 말라고 가르치고 있다.

본문의 이해 27절의 '머리 가를 둥글게 깎지 말고 수염의 끝을 손상하지 말라'는 것은 외관을 손상하지 말라는 의미이다. 이것은 인간이 하나님의 형상으로 만들어졌기 때문에 하나님과 같은 모습을 손상하지 말라는 규정이다.⁶⁰ 왜냐하면 사람의 외관을 통하여 선민이거나 혹은 거룩한 하나님의 백성임을 나타내기 때문이다. 신명기 14:1~2에 의하면 "너희는 너희 하나님 여호와의 자녀니 죽은 자를 위하여 자기 몸을 베지 말며 눈썹 사이 이마 위의 털을 밀지 말라 너는 너의 하나님 여호와의 성민이라 여호와께서 지상 만민 중에서 너를 택하여 자기의 기업의 백성을 삼으셨느니라"고 기록하고 있다.

의미 하나님 백성들은 하나님 백성다운 모습을 취해야 함을 가르친다.

제63조항 : 수염을 깎지 말라

²⁷ 머리 가를 둥글게 깎지 말며 수염 끝을 손상치 말며(레 19:27)

레위기 19:27은 수염 끝을 손상하지 말라고 가르치고 있다.

본문의 이해 일부 학자들은 머리 가를 둥글게 깎는 것과 수염의 끝을 상하게 하는 것이 종교의식이나 마술적 성격을 지닌 이방민족들의 풍습으로 여겨 금지시켰다고 설명한다.

의미 하나님의 백성은 이방인의 풍습을 모방해서는 안된다.

제64조항 : 죽은 자를 위하여 살을 베지 말라

²⁸ 죽은 자 때문에 너희의 살에 문신을 하지 말며 몸에 무늬를 놓지 말라 나는 여호와니라(레 19:28)

¹ 너희는 너희 하나님 여호와의 자녀이니 죽은 자를 위하여 자기 몸을 베지 말며 눈썹 사이 이마 위의 털을 밀지 말라(신 14:1)

레위기 19:28과 신명기 14:1은 죽은 자를 위하여 몸을 베지 말라고 가르치고 있다.

본문의 이해 레위기 19:27~28, 21:1~6 그리고 신명기 14:1에서는 죽은 자를 위하여 살을 베지 말라고 기록하고 있다. 죽은 자를 위하여 몸을 베고, 털을 깎는 것은 죽은 자를 위한 의식의 일종이다.

죽은 자를 위하여 살을 베거나 혹은 털을 깎는 일을 금하는 것은 사람의 외관을 통하여 선민이거나 혹은 거룩한 하나님의 백성임을 나타내기 때문이다. 뿐만 아니라 죽은 자를 위하여 살을 베는 것은 이방인들의 관습이기 때문이기도 하다. 고대 사회에서 이러한 풍습은 주로 사자숭배(死者崇拜)와 관련이 있기 때문에 이러한 풍습을 금하고 있다.

이러한 애도금지의 관습은 이방인들 사이에서 행하여졌음을 짐작할 수 있다. 이는 '너희는 너희 하나님 여호와의 자녀이니'(바님 아템 라아도나이 엘로헤이켐, בָּנִים אַתֶּם לַיהוָה אֱלֹהֵיכֶם)라는 표현을 통하여 알 수 있다.

구약의 이해 예레미야 16:6~7에 의하면 몸을 베고 털을 미는 것은 죽은 자를 위한 애도의 한 방법으로 기록하고 있을 뿐만 아니라 예레미야 41:4~5에서는 그다랴의 죽음을 애도하기 위하여 수염을 깎고 몸에 상처를 냈다고 기록하고 있다. 또한 예레미야 47:5에서 가사(Gaza)가 대머리가 된다는 것은 가사가 애곡하게 된다는 것을 은유적으로 묘사한 것이다.

죽은 자를 위한 애도의식은 장례식에서 비교적 잘 나타난다. 구약성서 가운데 장례식 절차가 비교적 소상히 기록되어 있는 것은 아브넬의 장례식이다. 아브넬의 장례식을 언급하는 사무엘하 3:31~35에 의하면 장례식은 다음과 같은 절차를 밟는다.

• 첫째, 옷을 찢는다(삼하 3:31).

- 둘째, 허리에 굵은 베 옷을 두른다(삼하 3:31).
- 셋째, 상여를 매고 가는 행진이 있다(삼하 3:31).
- 넷째, 무덤 앞에서 애곡을 하였다(삼하 3:32).
- 다섯 째, 조가를 지어 불렀다(삼하 3:33~34).
- 여섯째, 금식을 하였다(삼하 3:35).

의미 이 가르침은 하나님의 거룩한 성민은 몸을 함부로 해쳐서는 안 될 뿐만 아니라 이방인의 관습을 따르는 자가 되어서도 안 된다는 사실을 말해준다.

1) 김영진, 『조약과 언약』(서울: 한들출판사, 2005), pp. 147−151.

2) S. Parpola, *Assyrian Prophecies*, SAA IX,(Helsinki: Helsinki University Press, 1997), p. 4. 아시리아의 예언 문학에서 아시리아 신들은 예언을 선포하기 전에 "나는 DN"(I am Bel)의 형식을 띤 경우가 많다.

3) *SAA* XII 25 = NARGD 9; 김영진, 『조약과 언약』, pp. 130−132.

4) *KAI # 2* ; 김영진, 『고대근동의 역사문헌』, pp. 164−165.

5) W.L. Reed − F.V. Winnet, "A Fragment of an Early Moabite Inscription from Kerak," *BASOR* 172(1963), pp. 1−9; D.N. Freedman, "A Second Mesha Inscription," *BASOR* 174(1964), pp. 50−51; 김영진, 『고대근동의 역사문헌』, p. 169.

6) Rashi, *Exodus*, p. 213.

7) *SAA* XII 25: 92−100. 이 구절은 앞으로 여호와를 섬기는 자들의 자세에 관한 가르침을 이해하는데 도움이 된다.

8) *SAA II* 6= *ND* 4336 *ll.* 68−72; 김영진, 『조약과 언약』, p. 106.

9) Rashi, *Deuteronomy*, p. 64.

10) 김영진, 『조약과 언약』 p. 112, § 261.

11) F. Reynolds, *The Babylonian Correspondence of Esarhaddon,* SAA XVIII (Helsinki: Helsinki University Press, 2003), p. 4, No 1.

12) *SAA XVIII* 182 = *ABL* 717.

13) Rashi, *Deuteronomy,* pp. 64-65.

14) H.F. Fuhs, "יָרֵעַ," *TDOT VI*, pp. 290-315

15) H.F. Fuhs, "יָרֵא," *TDOT VI*, p. 307.

16) *HALOT*, pp. 773-775, esp. 774.

17) *HALOT*, p. 774.

18) *TDOT* 3, p. 80.

19) *TDOT* 3, p. 80.

20) *TDOT* 3, pp. 80−81. 군사적인 의미에서 다바크(דָּבַק)는 추적하다의 의미를 갖는다(수 23:12, 삿 18:22, 20:42, 45, 삼상 14:22, 31:2, 삼하 1:6, 20:2, 23:10, 대상 10:2).

21) P.C. Craigie, *The Book of Deuteronomy*, p. 207; *TDOT* 3, pp. 80-81. 군사적인 의미에서 다바크(דָּבַק)는 '추적하다'의 의미를 갖는다(수 23:12, 삿 18:22, 20:42, 45, 삼상 14:22, 31:2, 삼하 1:6, 20:2, 23:10, 대상 10:2).

22) *TDOT* 14, p. 315.

23) Rashi, *Deuteronomy*, p. 95 .

24) 김영진, 『율법과 법전』, pp. 104-105.

25) 김영진, 『조약과 언약』, pp. 104-105.

26) P.C. Craigie, *The Book of Deuteronomy*, p. 155.

27) Rashi, *Deuteronomy*, p. 245.

28) 김영진, 『조약과 언약』, p. 192.

29) N.M. Sarna, *Exodus,* The JPS Torah Commentary, p. 111.

30) Rashi, *Leviticus,* p. 228.

31) *HALOT*, p. 719.

32) Rashi, *Leviticus*, p. 247.

33) ND 4336 = *SAA II* 6, § 57.

34) Rashi, *Leviticus,* p. 186.

35) 종교개혁자 마틴 루터는 제3계명을 번역할 때 "Du Sollst den Namen des Herrn, deinse Gottes, nicht mißbrauchen"으로 하여 이 계명이 포괄적인 의미를 가지고 있음을 보여주었다.

36) Rashi, *Exodus*, p. 216.

37) Rashi, *Deuteronomy*, p. 112.

38) 김영진, 『율법과 법전』, pp. 184-185.

39) 트무나(תמונה)는 벽에 새기거나 잉크로 오스트라카나 파피루스 등에 그리는 것을 의미한다. 현대 히브리어에서 트무나(תמונה)는 그림을 뜻한다.

40) J. Milgrom, *Leviticus 17-22*, p. 1613.

41) Rashi, *Leviticus*, p. 182.

42) M. Weinfeld, "The Worship of Molech and the Queen of Heaven and Its Background," *UF* 4 (1972), pp. 133-154, esp. 140-141, 154.

43) *HALOT*, p. 780.

44) R. De Vaux, *Sacrifice*, pp. 56-90.

45) Rashi, *Leviticus*, p. 178.

46) G.J. Wenham, *The Book of Leviticus*, p. 273.

47) 이희학, "사자 숭배와 주술적 제의 관습들," p. 51. 이희학은 아들이나 딸을 불 가운데 지나게 하는 행위, 복술, 길흉을 말하는 행위, 요술, 무당, 진언 등

은 그 성격상 신적인 존재들에게 드리는 주술적 제의 관습들이라고 말하는 반면, 신접자, 박수, 초혼자는 죽은 자들과 직접적으로 혹은 간접적으로 교제하는 자들을 일컫는다고 하였다. 후자의 사람들은 죽은 자와 죽은 자의 혼백들을 초월적인 능력과 신비한 지식을 지닌 신적인 존재로 간주하고 그들에게 제의를 드리는 사자(조상) 숭배와 긴밀히 관련된다고 주장하였다.

48) J. Milgrom, *Leviticus* 17−22, p. 1700.

49) Rashi, *Leviticus*, p. 273.

50) Rashi, *Leviticus*, p. 196.

51) J. Milgrom, *Leviticus 17~22*, p. 1613.

52) Rashi, *Leviticus*, p. 182.

53) Rashi, *Leviticus*, p. 273.

54) ND 4336 = SAA II 6

55) ND 4336 = SAA II 6 § 10

56) P.C. Craigie, *The Book of Deuteronomy*, p. 288.

57) 김영진, 『율법과 법전』, p. 198.

58) P.C. Craigie, *The Book of Deuteronomy*, p. 288.

59) C. Allen, *A Textbook of Psychosexual Disorders*, 1962, pp. 243-246.

60) G. J. Wenham, *The Book of Leviticus*, p. 272.

제4부

하나님의 말씀

말씀은 고대 이스라엘 신앙의 핵심이다. 고대 근동의 여러 종교와 비교해 볼 때 고대 이스라엘처럼 종교적 내용을 기록으로 남긴 종교는 없다. 하나님이 누구인가? 그리고 그를 어떻게 섬겨야 하는가? 이에 관한 신론적인 내용과 제의 시기와 절차 그리고 방법에 관한 제의적 가르침뿐만 아니라 사회적인 교훈과 가르침을 구체적으로 제시하고 있는 것이 구약성서이며, 쉽게 말씀이라고 부른다.

그렇다면 이 말씀에 대한 이스라엘 사람들의 자세 내지 태도는 어떤 것이어야 하는가? 말씀에 대한 이스라엘(혹은 성도)의 태도는 마치 신하가 왕의 말(어명)에 대하여 어떤 입장을 갖는가와 매우 유사하다. 시편 119편을 비롯해서 여러 곳에 하나님의 말씀에 대한 언급이 있지만 그 근본적인 입장 즉, 말씀의 교육, 말씀의 생활화, 말씀을 기억하는 법 그리고 재교육 등에 대한 기본적인 골격은 제4부 하나님의 말씀에서 제시하고 있다.

특히 오경 가운데서도 신명기에서 주로 하나님의 말씀에 대한 언급이 많다. 왜냐하면 신명기의 근본적인 신학이 인과응보적 입장을 취하고 있기 때문이다. 따라서 신명기에는 '이스라엘아 삼가 그것을 행하라 그리하면 네가 복을 받고,.......(신 6:3, 7:12, 8:1, 28:1 등)라고 기록되어 있다. 반대로 '네가 만일 네 하나님 여호와의 말씀을 순종하지 아니하여 내가 오늘 네게 명령하는 그의 모든 명령과 규례를 지켜 행하지 아니하면 이 모든 저주가 네게 임하며......'(신 28:15)가 기록되어 있다.

왕의 명령을 어기는 것이 반란이듯이 여호와의 명령(말씀)을 어기는 것이 배교이다.

01

말씀의 교육

말씀의 교육은 이스라엘 사람들이 하나님의 가르침을 어떻게 항상 기억나게 할 수 있는가를 가르쳐 준다. 가장 중요한 교육방법은 반복학습이다. 언제, 어디서나 말씀을 기억하게 하는 것이 중요한 말씀 학습방법이다.

제65조항 : 말씀을 거듭 들려줘라

7 네 자녀에게 부지런히 가르치며 집에 앉았을 때에든지 길을 갈 때에든지 누워 있을 때에든지 일어날 때에든지 이 말씀을 강론할 것이며(신 6:7)

신명기 6:4~9을 쉐마(Shema, 원래는 슈마라고 발음해야 함)라고 부른다. 쉐마는 유대교의 슬로건과 같은 것이다. 신명기 6:7은 쉐마의 일부분으로 하나님의 말씀을 자녀(다른 사람)들에게 암송, 반복하여 교육해야 함을 가르치고 있다.

 신명기 6:7을 문자적으로 해석하면 다음과 같다. "네 자손들에게 반복적으로 가르쳐 심어주며, 그들에게 말해라. 네가 집에 앉

아 있을 때나 네가 길을 걸어갈 때나 네가 누워있을 때나 네가 일어날 때든지"이다.

'가르치다'로 번역된 히브리어 동사 쉬넨(שׁנן)의 문자적인 의미는 '반복적으로 가르쳐 심어주다' 혹은 '거듭 들려주다'이다. 이 동사는 구약성서에서 이 구절에서만 사용된다. 일회적인 가르침이 아니라 반복적으로 가르쳐 심겨질 때까지 가르치라는 뜻일 뿐만 아니라 부지런히 가르친다는 의미를 지닌다. 이것은 곧 하나님의 말씀을 암송하여 반복적으로 가르치라는 뜻이다. 특히 신명기 6:7에서는 쉐마를 의미한다. 목적은 신명기 6:6처럼 마음에 새기기 위해서이다(렘 31:33).

유대인들의 교육에 있어서 가장 중요한 방법은 반복학습인 것도 여기서 유래된 것이다.

구약의 이해 신명기 6:7은 이스라엘 백성들이 여호와를 자신의 하나님으로 섬기기로 결정하였으면 여호와의 말씀을 듣고 지키며, 그 길로 행해야 할 뿐만 아니라 그것을 반복적으로 되풀이하여 후손들도 이를 알게끔 해야 한다고 말한다. 이처럼 말씀을 반복적으로 되풀이하여 후손들에게 알게하려면 자신이 말씀을 늘 읊조리며 사는 자가 되어야 한다.

또한 시편 1:2의 '율법을 주야로 묵상하는 자'(베토르토 예히게 요맘 베라일라, בְּתוֹרָתוֹ יֶהְגֶּה יוֹמָם וָלָיְלָה)가 되어야 한다. 율법을 주야로 묵상하는 자란 말씀을 밤낮으로 즉, 항상 읊조리는 자를 의미한다. 항상 말씀을 읊조리고 반복해서 암송함을 통해 후손들에게 여호와가 누구이며, 그의 말씀을 깨닫도록 하라는 것이다.

신명기 32:46에서 모세는 이스라엘 백성들에게 모든 말을 너희의 마음에 두고 너희의 자녀에게 명령하여 이 율법의 모든 말씀을 지켜 행하고 가르치라고 말한다. 신명기 6:7과 같은 맥락의 말씀이다.

라쉬는 히브리어 동사 쉬넨(שׁנן)이 '영리하게 하다'는 의미를 갖는다고 설명한다. 자녀를 부지런히 가르치라는 것은 자녀의 입을 현명하게 하라는 뜻을 가지고 있다. 따라서 누가 무엇을 물으면 머뭇거리지 않고 그것에 대하여 말하게 하라는 의미를 지니고 있다고 설명하였다. 뿐만 아니라 7절의 자녀는 문자적인 아들이란 의미보다는 제자를 의미한다고 설명한다. 왜냐하면 신명기 14:1, 열왕기하 2:3에서 자녀는 제자를 의미하기 때문이다.

이스라엘 백성들이 자손들에게 여호와의 말씀을 가르쳐야 하는 것은 고대근동의 국제조약 체결과정을 통하여 더욱 더 분명하게 알 수 있다. 국제조약의 내용 가운데 군주에 대한 영원한 충성을 위하여 봉신은 조약의 내용을 아들과 손자들에게 말해야 한다는 조항이 있다. 에살하돈의 왕위 계승 조약에 의하면 다음과 같이 기록하고 있다.

> 아수르의 왕 에살하돈이 위대한 영광의 왕자 아수르바니팔과 그와 똑같은 어머니를 둔 그의 형제와 아들들을 대신하여 확립하고 너와 결정한 이 조약을 너는 너의 아들과 손자, 너의 자손과 미래에 태어날 너의 자손의 자손들에게 말해야 한다.

이처럼 고대근동의 국제조약에서 계약의 당사자가 변함없이 충성하게 하기 위하여 그 후손들에게 이 조약을 말해야 하는 것과 같이 이스라엘은 여호와에 대한 충성을 지키기 위하여 자손들에게 신명기 6:4~5의 말을 반복적으로 가르쳐야 함을 강조하고 있다.

뿐만 아니라 봉신들에게는 조약의 내용을 정기적으로 낭독해야 하는 의무가 부과된다. 왜냐하면 이 조약은 당대에만 국한되는 것이 아니라 미래의 자손들에게까지 효력이 지속되기 때문이다. 그러므로 봉신들은 이 조약의 내용을 후손에게 가르쳐 알게 해야 하는 의무가 주어졌다.

의미 하나님에 대한 믿음을 대를 이어 지속하기 위하여 부지런히 하나님의 말씀을 가르쳐야 한다. 그런데 이 가르침은 일회적 사건이 아니라 지속적이어야 한다.

제66조항 : 토라를 배우고 가르치라

7 네 자녀에게 부지런히 가르치며 집에 앉았을 때에든지 길을 갈 때에든지 누워 있을 때에든지 일어날 때에든지 이 말씀을 강론할 것이며(신 6:7)

신명기 6:7은 쉐마의 일부분으로 하나님의 말씀을 열심히 배우며, 가르쳐야 함을 말하고 있다.

본문의 이해 본문의 주요한 동사는 '강론하다'이다. 강론하다로 번역된 히브리어 디베르(דִּבֵּר)는 문자적으로 '말하다' 혹은 '일러주다'이다. 따라서 자녀들에게 6절의 여호와가 명령하는 '이 말씀'(הַדְּבָרִים הָאֵלֶּה)을 항상 말하라는 의미이다. 본문에서 '항상'이라는 뜻을 강조하기 위하여 "집에 앉았을 때에든지 길을 갈 때에든지 누워 있을 때에든지 일어날 때에든지"와 같이 세 가지 서로 반대되는 내용을 반복하면서 강조하고 있다. 이러한 표현법을 제유법이라고 부른다. 이 표현은 시간적으로 '아침이나 저녁이나' 처럼 "항상"이라는 의미를 강조하며, 뿐만 아니라 장소적으로 '집에 앉아 있을 때나 길을 걸어갈 때'와 같이 "어디서나"라는 의미가 강조되며, '누워 있을 때나 일어날 때'는 "일을 할 때나 쉴 때나"라는 의미를 강조하고 있다. 따라서 시공간적으로 '언제 어디서나'라는 의미가 강조되었다.

구약의 이해 잠언 6:21~22에도 이와 유사한 말씀을 읽을 수 있다. '그것을 항상 네 마음에 새기며 네 목에 매라. 그것이 네가 다닐 때에 너를 인도하며 네가 잘 때에 너를 보호하며 네가 깰 때에 너와 더불어 말하리라'고 기록함으로써 항상이란 말을 신명기 6:7처럼 구체적으로 묘사하고 있다.

Rashi의 이해 라쉬는 말씀을 강론한다는 것은 말씀을 주된 것으로 만들어야지 부수적인 것으로 만들어서는 안 된다는 것을 의미한다고 설명한다.

근동의 이해 에살하돈의 왕위 계승 조약에 의하면 다음과 같이 기록하고 있다.

> 아수르의 왕 에살하돈이 위대한 영광의 왕자 아수르바니팔과 그와 똑같은 어머니를 둔 그의 형제와 아들들을 대신하여 확립하고 너와 결정한 이 조약을 너는 너의 아들과 손자, 너의 자손과 미래에 태어날 너의 자손의 자손들에게 말해야 한다.

이처럼 고대근동의 국제조약에서 계약의 당사자가 그 후손들이 변함없이 충성하게 하기 위하여 그들에게 이 조약을 말해야 한다는 것과 같이 이스라엘은 여호와에 대한 충성을 지키기 위하여 자손들에게 여호와의 말씀을 항상 가르쳐야 한다.

신약의 이해 사도바울은 선교지에서 성경을 강론하였다. 사도행전 17:2에 의하면 데살로니가에서도 안식일에 성경을 강론하며 그 뜻을 풀어주었다.

디모데후서 4:2에서는 '너는 말씀을 전파하라 때를 얻든지 못 얻든지 항상 힘쓰라 범사에 오래 참음과 가르침으로 경책하며 경계하며 권하라'의 '때를 얻든지 못 얻든지 항상'이라는 표현을 통해 항상이란 의미를 강조하고 있다.

골로새서 4:3에 의하면 말씀의 문을 열어 달라고 기도해 주라는 것은 말씀을 전하고 가르치는 일을 위하여 기도해 달라는 것이다.

의미 신명기 6:7은 이스라엘 백성들에게 여호와의 말씀을 언제나 어디서나 말함으로써 후손들에게 말씀을 가르칠 것을 강조한다. 특히 부모는 자녀들에게 여호와에게 충성하는 법을 항상 가르쳐 하나님에게 반기를 들지 못하도록 해야 한다. 이것은 마치 고대 근동의 국제조약에서 봉신국가의 왕은 자신의 후손들에게 조약의 내용을 가르쳐 반란을 일으키지 말고 충성을 다하도록 해야 한다는 규정이 있는 것과 매우 유사하다.

제67조항 : 모든 사람은 율법을 기록하라

¹² 곧 백성의 남녀와 어린이와 네 성읍 안에 거류하는 타국인을 모으고 그들에게 듣고 배우고 네 하나님 여호와를 경외하며 이 율법의 모든 말씀을 지켜 행하게 하고(신 31:12)

신명기 31:12은 이스라엘 백성들이 매 칠년마다 낭송되는 하나님의 말씀을 듣기 위하여 모여야 함을 가르치고 있다.

본문의 이해 이 구절에 등장하는 동사는 모두 네 개이다. 듣고(샤마아, שָׁמַע), 배우고(라마드, לָמַד), 지키고(샤마르, שָׁמַר) 그리고 행하다(아싸, עָשָׂה)이다. 이 네 동사는 하나님의 말씀에 대하여 이스라엘 백성들이 취해야 하는 자세이기도 하다.

신명기 31:10에 의하면 매 7년마다 면제년의 초막절에 낭송되는 토라를 듣기 위해 모여야 한다는 것은 고대 사회의 인쇄술이 발달하기 전 사람의 기억력에 의존하던 시대에 정기적으로 토라를 듣고 잊지 않도록 해야 함을 가르치는 것이다.

본문에서는 백성들을 가르쳐야 하는 이유와 교육의 대상자를 기록하고 있다. 교육 대상자는 남녀 백성, 어린이, 심지어는 외국인(גֵּר)까지 대상이다. 즉, 이스라엘 땅에 사는 모든 사람들이 하나님의 말씀을 배워야 한다. 그 이유는 만약 외국인들이 하나님의 말씀을 배우지 않고 죄를 범하게 되면 그들이 살고 있는 땅이 더러워지고, 또한 같은 땅에 사는 이스라엘 백성들도 더러워지기 때문이다. 따라서 이스라엘 땅에 사는 자는 누구나 말씀 교육을 받아야 한다.

교육의 목적은 하나님의 말씀을 듣고, 배우고, 여호와를 경외하며, 말씀을 지키게 하기 위해서이다. 이 말의 의미는 이스라엘 백성은 하나님의 말씀을 듣고, 배우고, 여호와를 경외하며, 말씀을 지키는 삶을 사는 것이 매우 중요하다는 것을 보여준다.

구약의 이해 역대하 17:7~9에 의하면 여호사밧 왕 때 레위 사람들이 유다 여러 성읍에 가서 여호와의 율법책을 가르쳤다. 백성들이 낭독되는 하나님의 말씀을 듣는 것은 느헤미야 8:1~12에 의해서도 알 수 있는데, 바벨론 포로에서 귀환한 이스라엘 백성들에게 에스라가 새벽부터 정오까지 율법책을 낭독하였고 이를 들은 백성들은 눈물을 흘렸다(9절).

에스라는 율법책을 읽을 때 그 뜻을 해석해 줌으로 백성들이 말씀을 깨닫도록 하였다(8절). 이처럼 율법을 낭독하고 들음으로 인하여 백성들은 하나님의 말씀을 다시 기억하게 된다. 이는 낭독되는 율법을 들음으로 백성들이 말씀을 깨닫게 되는 좋은 예이다.

Rashi의 이해 라쉬는 백성들을 모으는 이유가 백성들을 이곳 가나안으로 인도한 하나님께 보답하기 위해서인데 하나님께 보답하는 것은 여호와를 경외하고 그 말씀을 지켜 행하는 것이라고 설명한다.

신약의 이해 신명기 31:12은 하나님의 말씀을 교육하여 그 말씀대로 지키며 살아가게 해야 한다는 뜻이다. 이는 말씀이 갖는 기능에 대하여 설명하는 디모데후서 3:16에 잘 나타나 있으며 하나님의 말씀은 교육해야 하는 것임을 강조하고 있다. 즉, 신명기 31:12에서처럼 말씀을 모든 백성들에게 가르쳐 하나님을 알아가게 해야 함을 강조하고 있다.

로마서 10:17의 믿음은 들음에서 난다는 말의 의미는 선포되어지는 복음(말씀)을 들음으로 인하여 믿음이 자라난다는 것이다.

야고보서 1:19~25, 마태복음 7:26은 말씀을 듣고 행하는 것을 강조하고 있다.

의미 신명기 31:12은 정기적으로 하나님의 말씀을 듣고 배우는 것이 하나님에 대한 믿음을 지켜가는 데 매우 중요한 것임을 가르쳐 준다.

제68조항 : 왕은 토라를 복사하라

18 그가 왕위에 오르거든 이 율법서의 등사본을 레위 사람 제사장 앞에서 책에 기록하여(신 17:18)

신명기 17:18은 왕으로 즉위하면 율법서를 복사하여 가질 것을 가르친다. 그 이유는 국가의 왕은 하나님의 말씀에 의하여 나라를 통치해야 하기 때문이다.

본문의 이해 신명기 17:18은 왕으로 즉위하면 율법서의 복사본을 기록할 것을 말하고 있다. 등사라고 번역된 히브리어 원어는 미쉬나(מִשְׁנֶה) 이다. 미쉬나의 원문의 의미는 '복사'(copy) 혹은 '전사'(transcription)의 의미를 갖는다. 따라서 율법을 책 위에 복사하라는 의미이다. 즉, 두 개의 사본을 만들어 하나를 왕이 곁에 두어야 한다는 것이다.

그런데 여기서 문제는 이 율법서(하토라 하조트, הַתּוֹרָה הַזֹּאת)에서 이것이(하조트, הַזֹּאת) 어떤 율법서를 의미하는가 하는 점이다. 이것이 가리키는 것은 다음과 같은 가능성이 있다. 첫째, 신명기 17:14~17에 기록된 왕에 관한 규정을 의미하는 것으로 이해할 수 있다. 둘째, 이것이 지칭하는 것이 신명기 전체나 혹은 신명기 12~26장을 가리킨다고 볼 수 있다. 셋째, 이것이 가리키는 것은 시내 산 조약을 의미하는 언약서(출 24:7)를 가리킨다고 볼 수도 있다. 왜냐하면 신명기는 시내 산 조약을 새롭게 한 것이기 때문이다.

구약의 이해 신명기 17:18에서 왕은 여호와의 율법서를 복사하여 항상 그것을 지키는 자가 되어야 한다는 것을 강조하고 있다. 이것은 이스라엘의 왕은 정치적 성군(聖君)이 되는 것이 아니라 여호와의 계명을 온전히 지키는 자가 되어야 함을 강조하고 있다.

이러한 기준에 의할 때 이스라엘 왕 가운데서 여호와의 율법서를 온전히 지킨 왕은 그 유례를 찾아볼 수 없다. 예를 들어 르호보암에 관한 기록에서 "유다가 여호와 보시기에 악을 행하되......"(왕상 14:22)라는 구절은 르호보암이 신명기 17:14~17의 규정을 지키지 않았음을 암시한다. 유다의 왕 가운데 히스기야와 요시야를 제외한 모든 왕들에게 이러한 종교적인 부정적 평가를 내리는 것은 유다의 왕들이 여호와의 율법서를 복사하여 항상 기억하지 않았음을 의미한다.

솔로몬의 경우에도 열왕기상 9:1~8에 의하면 여호와의 계명과 법도를 지키지 않았음을 지적하고 있다(왕상 11:1~13).

Rashi의 이해 라쉬는 율법서를 복사한다는 것은 하나는 개인의 금고에 두고, 다른 하나는 항상 가지고 다녀야 한다는 것으로 이해하였다. 옹켈로스(Onkelos)는 미쉬나(מִשְׁנֶה)를 피트샤간(פתשגן)으로 해석하여 복사라는 말에는 반복이라는 의미를 내포하고 있다고 설명한다.

근동의 이해 율법서를 복사하는 것은 어떤 의미가 있는가? 이것을 이해하기 위해서는 고대근동의 국제조약의 절차를 이해할 필요가 있다. 즉, 국제조약을 체결한 후 봉신국가는 그 사본을 만들어 그 조약을 기억해야 하는 것과 같이 이스라엘의 왕도 백성을 대표해 하나님과 계약을 체결한 자(왕하 11:17~20)로서 계약의 내용을 사본으로 만들어 기억해야 함을 의미한다.

신약의 이해 베드로전서 1:23에서 하나님의 말씀은 살아 있으며 항상 있는 것으로 정의하고 있다.

이스라엘의 왕이 항상 여호와의 말씀을 옆에 두고 나라를 통치하듯이 모든 성도들은 여호와의 말씀을 마음에 새기고 살아가야 함을 가르쳐 준다.

제69조항 : 모든 이스라엘 사람은 토라 두루마리를 가져라

¹⁹ 그러므로 이제 너희는 이 노래를 써서 이스라엘 자손들에게 가르쳐 그들의 입으로 부르게 하여 이 노래로 나를 위하여 이스라엘 자손들에게 증거가 되게 하라(신 31:19)

신명기 31:19은 이스라엘 자손들에게 하나님에 대하여 노래로 가르치라고 말씀한다. 즉, 말씀을 가르치는 수단에 대하여 언급하고 있다.

19절에 의하면 이스라엘 백성들은 이 토라를 썼다(카타브, כָּתַב)는 표현을 통하여 하나님의 말씀을 복사하였음을 기록하고 있다. 이렇게 기록된 말씀이 노래를 통하여 가르쳐졌다. 노래란 고대시대에 종교적 가르침을 교육하는 진지한 수단으로 이용되었다. 왜냐하면 노래는 쉽게 기억할 수 있을 뿐더러 쉽게 잊어버리지 않기 때문이다. 사람들은 노래를 배움으로써 노래 가사를 입술로 말하고 그것을 통하여 신앙고백을 드러내게 된다. 즉 시를 통하여 노래하는 자의 하나님에 대한 신앙심이 표현된다.

뿐만 아니라 노래들 항상 입 속에서 흥얼거리라는 뜻을 통해 항상 하나님을 노래로 증거하는 삶을 살 것을 말하고 있다. 따라서 시편 1:2에서는 "오직 여호와의 율법을 즐거워하여 그의 율법을 주야로 묵상하는 도다(읊조리는 도다)"라고 말한다.

시편 150편이 구약성서에 있는 것도 노래로 하나님의 위대하심을 찬양하기 위함이다.

근동의 이해 고대근동의 다양한 노래를 통하여 신이나 왕의 성품을 찬양하거나 화난 신을 달래는 많은 노래들이 불려졌다. 메소포타미아나 이집트에서 많은 찬양시와 탄원시가 발견되었다.

신약의 이해 요한복음 1:7, 15에서 세례요한이 예수 그리스도를 증거하듯이 말씀을 증거하는 자가 되어야 한다.

에베소서 5:19~20에서도 이와 유사한 말씀을 발견할 수 있다. 사도행전 2:45~47에 의하면 초대교회 성도들은 음식을 먹고 하나님을 찬미했다.

의미 신명기 31:19의 의미는 항상 입으로 하나님에 대한 고백을 반복함으로써 하나님을 기억할 뿐만 아니라 신앙을 고백해야 한다는 것을 강조한다.

02

말씀의 생활화

말씀의 생활화는 말씀이 우리의 삶을 지배하기 위해서, 항상 말씀을 기억나게 하기 위하여 어떤 조치를 취해야 하는가를 설명하고 있다.

제70조항 : 트필린을 미간에 붙어라

⁸ 너는 또 그것을 네 손목에 매어 기호를 삼으며 네 미간에 붙여 표로 삼고 (신 6:8)

신명기 6:8 역시 쉐마의 일부분으로 어떻게 하면 이스라엘 백성들이 항상 하나님의 말씀과 가까이할 수 있을까 하는 질문에 대한 대답으로서 트필린(Tefillin)을 미간에 붙이고 다니라고 말한다.

본문의 이해 신명기 6:8b(베하유 레토파포트 베인 에이네카, וְהָיוּ לְטֹטָפֹת בֵּין עֵינֶיךָ)를 사역하면 '밴드를 네 눈 사이에 두어라'이다. '표'로 번역된 히브리어 토타포트(טֹטָפֹת)는 '밴드'라는 의미를 가지고 있다. 이 밴드를 유대인들은 트필린(Tefillin, frontlet, phylactery)이라고 부른다. 트필린은 작은 가죽 상자로서 쉐마가 들어 있다. 이 구절을 근거로 유대인들은 가죽으로 만든 작은 상자를 팔과 이마에 띠는 관습을 갖게 되었다.

이 구절의 해석에 있어서 가장 어려운 점은 실제로 손목과 이마에 트 필린을 차라는 것인가 아니면 이 구절을 단순히 말씀을 마음에 새기라는 것과 같이 상징적으로 해석할 것인가 하는 점이다. 특히 사마리아 공동 체와 70인역의 일부 번역에서는 이 구절을 상징적으로 이해하였다. 그러 나 고고학적 유물의 발굴 뿐만 아니라 실제로 문설주 설치 등을 통해 서 볼 때 이 구절은 상징적으로 이해하기보다는 실제로 팔과 이마에 묶 으라는 것으로 이해해야 한다.

왜 미간 혹은 이마에 붙여야 하는가? 에스겔 3:7에서 이마는 하나님 의 말씀을 받아 들이는 곳으로 묘사되어 있다. 따라서 이사야 48:4에서 는 완고한 자를 이마가 놋인 자라고 표현하고 있다.

구약의 이해 이러한 가르침은 출애굽기 13:16, 신명기 11:18에도 반복적으 로 강조하고 있다.

고고학의 이해 유대인들이 하나님의 말씀을 그대로 따라 살았다는 것은 많은 트필린이 고고학 발굴 가운데서 발견됨을 통해 알 수 있으며, 특 히 사해 쿰란(Qumran)에서 발견된 유물 가운데 많은 트필린이 포함되어 있다.

신약의 이해 말씀을 이마에 붙이는 것은 요한계시록 13:16에서는 이마와 오 른손에 표를 받는다는 것과 연관되어 있다. 또한 부정적으로 요 한계시록 14:9에서는 짐승과 우상숭배의 표를 받는 자는 모두 멸망한다 고 기록하고 있다(계 20:4).

의미 　신명기 6:8은 하나님의 말씀이 이스라엘 백성에게 매우 중요하므로 사람의 전 삶을 지배하도록 해야 한다는 것이다. 특히 눈 사이에 말씀을 두는 것은 여호와의 말씀을 통하여 세상을 보라는 의미이다. 뿐만 아니라 두 눈 사이에 하나님의 말씀을 둔다는 것은 항상 하나님의 말씀만을 보고 사는 자가 되어야 함을 가르친다.

제71조항 : 트필린을 팔에 매라

⁸ 너는 또 그것을 네 손목에 매어 기호를 삼으며 네 미간에 붙여 표로 삼고 (신 6:8)

신명기 6:8 역시 트필린에 관한 규정이다. 즉, 여호와의 말씀을 팔에 매어 표로 삼으라는 것이다.

본문의 이해 　신명기 6:8의 히브리어 야드(יָד)는 일반적으로 손(hand)을 뜻 하지만 때에 따라서는 팔(arm)을 의미하는 경우도 있다. 여기서는 팔의 의미로 해석하는 것이 적당하다. 즉, 가죽 상자인 트필린을 팔에 매라는 것이다. '매다'는 뜻의 히브리어 동사는 카샤르(קָשַׁר)이다. 히브리어 카샤르(קָשַׁר) 동사는 두 개 이상을 묶어 하나로 만드는 것인데, 팔에 묶는다는 것은 말씀과 생활을 하나로 묶는다는 의미이다.

고고학 발굴을 근거로 표(오트, אוֹת)는 금속에 기록된 말씀을 의미한다. 후기시대에는 이것이 트필린 상자 속에 보관되었다. 여기에 기록되는 말씀은 출애굽기 13:3~10, 11~16, 신명기 6:4~9, 11:13~21이다. 고고학적으로는 주전 7~6세기에 해당하는 아론의 축복이 새겨진 금박이 힌놈 골짜기(Ketef Hinnom)에서 발견되었다.

마태복음 23:5의 경문(phylactery, Fulakth,rion)이란 유대인들이
기도할 때 이마와 왼쪽 팔에 매는 긴 가죽끈으로, 성경 말씀을
기록한 양피지가 들어 있는 가죽 상자
를 말한다. 따라서 신명기 6:8의 말씀
을 그대로 실천하였음을 보여준다. 야
고보서 1:19~25의 말씀을 듣고 행하
는 자가 되어야 함을 강조하는 것도
말씀을 미간과 팔에 매는 것과 같은
의미이다. 뿐만 아니라 골로새서 3:16
에서는 그리스도의 말씀이 우리 안에

[트필린을 미간 사이와 팔에 붙인
아이의 모습]

풍성히 거하도록 해야 한다고 말한다. 트필린을 팔에 차고 심장에 말씀
을 대고 기도하는 것은 골로새서 3:16의 말씀과 같은 의미이다.

오늘날 유대인들은 13세 이상 된 성년의 경우 트필린의 줄을 왼
쪽 손목에서부터 묶어 가죽 상자가 팔뚝에 오도록 차고 기도한
다. 즉 하나님의 말씀을 사람의 심장에 닿게 하고 기도한다.

신명기 6:8에서 트필린 상자를 팔뚝에 차는 것은 오늘날 유대인들의
전통에서는 하나님의 말씀을 심장에 오도록 하고 기도한다는 의미가 있
지만 구약성서에서 손이란 사람이 행하는 모든 일을 수행하는 신체기관
이다. 따라서 사람이 모든 일을 행할 때 항상 하나님의 말씀을 기억하라
는 것으로 말씀의 행함을 강조한다.

제72조항 : 옷에 술을 달아라

³⁸ 이스라엘 자손에게 명령하여 대대로 그들의 옷단 귀에 술을 만들고 청색 끈을 그 귀의 술에 더하라(민15:38)

민수기 15:38~40은 이스라엘 남자 상의 옷단 네 귀퉁이에 술을 달라는 규정으로 신명기 22:12에도 기록되어 있다.

본문의 이해 민수기 15:38~40에 의하면 이스라엘 백성이 하나님의 말씀을 기억하기 위한 또 하나의 방법은 옷깃에 술을 다는 것이다. 항상 옷단의 술을 보며 하나님의 말씀을 생각하라는 것이다. 이 옷깃에 다는 술을 히브리어로 찌찌트(ציצת)라고 부른다. 술(ציצת)은 말씀을 의미하고 술을 옷에 단 것은 여호와의 계명을 지키기 위하여 그 말씀 속에서 산다는 것이다. 일반적으로 옷 술을 다는 옷을 탈리트(tallit)라고 부른다.

술(찌찌트)을 어떻게 만드는가? 찌찌트는 탈리트의 양쪽 네 귀퉁이에 부착한다. 대체로 양쪽 끝에서 가로 세로 5cm 안쪽에서 수직선을 그어 만나는 점에 구멍을 뚫고 술을 단다. 술을 달기 위해서는 12개의 짧은 실과 4개의 긴 실(샤마쉬)을 짧은 것 3개 긴 것 1개씩 네 조로 나눈다. 먼저 네 개의 실로 겹매듭을 만든 후, 긴 실로 짧은 실 세 개를 일곱 번 감고 겹 매듭을 만든다. 두 번째 것은

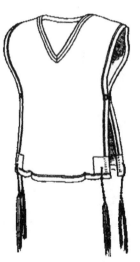

[찌찌트의 그림]

같은 방법으로 만드는데, 긴 줄로 감고 겹매듭을 만든다. 세 번째 술은 같은 방법으로 만들며, 열한 번 감아주고 겹매듭을 만든다. 마지막 술은

같은 방법으로 만들되 긴 줄을 열세 번 감아주고 겹매듭을 만든다. 마지막 겹매듭을 만든 후에는 매듭 밑으로 여덟 가락의 줄을 늘어뜨린다. 늘어진 가락의 길이를 정렬할 수 있으며, 이때 반드시 이를 사용한다.

구약의 이해　민수기 15:38에 의하면 이스라엘 사람의 옷단 귀에 술을 만들고 청색 끈을 그 귀의 술에 더하도록 규정하고 있다. 또한 옷 술을 만들어 달라는 규정은 신명기 22:12에서는 옷의 네 귀에 술을 만들라고 규정하고 있다.

Rashi의 이해　라쉬는 옷 술로 번역되는 히브리어 찌찌트(צִיצִת)가 여호와의 계명 613을 상징한다고 설명한다. 먼저 히브리어 찌찌트는 숫자로 600에 해당하며, 옷 술의 여덟 가닥과 다섯 매듭을 합하여 13이므로 따라서 전체 613이 된다는 설명이다.

신약의 이해　옷술(찌찌트)(크라스페돈, κράσπεδον)은 마태복음 23:5에서 '옷술을 길게 하고'라는 표현에서 등장하는데, 형식적인 믿음을 가진 유대인의 옷차림 가운데 하나로 묘사하고 있다.

　마태복음 9:20(눅 8:44)에서 열두 해 동안 혈루증을 앓던 여인이 예수의 겉옷 가를 만졌다고 기록하고 있는데 이 겉옷 가가 바로 찌찌트이다. 마태복음 14:36에서는 게네사렛에서 병자들이 예수의 옷자락을 만졌는데 이 옷자락이 바로 찌찌트이다.

의미　민수기 15:39~40에서는 왜 옷 술을 만들어 다는지 그 이유를 설명하고 있다. 즉, 다음의 목적을 가지고 있다.

　민수기 15:38~40은 이스라엘 백성들이 하나님의 말씀을 기억하고 지킴으로 인간의 마음을 통제하여 거룩한 백성의 거룩함을 지켜가기 위하여 옷술을 만들어 달라 말한다.

옷술이라는 장식을 통하여 옷을 입고 벗을 때마다 여호와의 말씀을 기억하고 지킴으로 거룩한 백성의 본분을 지키기 위한 것이다.

이처럼 옷술을 달아서까지 여호와의 말씀을 기억하려는 것은 이스라엘 백성들이 거룩한 하나님의 백성(聖民)이 되기 위해서는 항상 말씀을 기억해야 함을 의미한다.

제73조항 : 문설주(메주자)를 달아라

⁹ 또 네 집 문설주와 바깥 문에 기록할지니라(신 6:9)

신명기 6:9은 집의 문설주(Mezuzah)와 바깥문에 하나님의 말씀을 기록하라는 것이다.

본문의 이해 신명기 6:9(우크타브탐 알–메주조트 베이테카 우비슈아레이카, וּכְתַבְתָּם עַל־מְזוּזֹת בֵּיתֶךָ וּבִשְׁעָרֶיךָ)을 직역하면 '너희들은 네 집의 문설주와 성문에 기록하라'(You shall write on the doorposts of your house and on your gates)이다. 문설주(door–post)는 히브리어로 메주자(מְזוּזָה)라고 부르는데 대문 뿐만 아니라 집에 있는 여러 곳의 방문의 기둥을 의미한다. 신명기 6:9은 사람이 집을 출입할 때마다 하나님의 말씀을 기억하라는 의미를 가지고 있다. 이것은 신명기 6:7의 "길을 갈 때에든지"라는 표현과도 같은 의미이다. 따라서 9절에서 메주자는 복수형(מְזוּזֹת)으로 사용되었다.

구약의 이해 문설주는 사무엘상 1:9에 기록되어 있다. 제사장 엘리가 여호와의 전 곁에 앉아 있었다고 기록하고 있다.

잠언 8:34에서는 문설주 옆에서 기다리는 자가 복이 있다고 기록하고 있다.

에스겔에도 문설주에 대하여 언급하고 있다(겔 41:21, 45:19, 46:2).

Rashi의 이해 라쉬는 문설주가 복수형인 메주조트(מזוזות)로 사용된 것은 각 문 기둥마다 문설주를 달아야 하기 때문이라고 설명한다. 또한 바깥 문이란 집문, 나라의 대문, 그리고 성문 등으로 여기에 문설주를 달았다고 설명한다.

의미 그러나 오늘날 유대교에서 메주자란 문의 오른쪽 기둥에 붙어 있는 말씀 상자를 지칭하는 것으로 사용된다. 고고학적으로는 쿰란 동굴에서 신명기 10:12~11:21의 말씀이 들어 있는 메주자를 발견하였다. 오늘날 유대교에서는 화장실과 창고를 제외한 모든 방문 기둥에 말씀이 들어 있는 소위 메주자라는 상자를 오른쪽에 붙여 놓았으며, 누구든지 이 문을 통과하는 자들은 손으로 말씀상자를 만지고 다시 자신의 입에다 대는 관습을 지니고 있다.

제74조항 : 식후 하나님께 감사하라

¹⁰ 네가 먹어서 배불리고 네 하나님 여호와께서 옥토로 네게 주셨음을 인하여 그를 찬송하리라(신 8:10)

신명기 8:10은 8:7~10에서 하나님이 이스라엘을 가나안으로 인도

한 후 토지의 소산을 풍요롭게 할 뿐만 아니라 광물질도 풍부하게 주어 이스라엘 사람들이 모자람 없는 삶을 살게 되었기에 식사 후 하나님을 잊지 말라는 가르침이다.

본문의 이해 신명기 8:10의 세 동사는 먹다(아칼, אָכַל), 만족하다(싸바아, שָׂבַע) 그리고 축복(찬양)하다(베레크, בֵּרֵךְ)이다. 여기서 하나님을 축복한다는 말의 뜻은 하나님을 찬양한다는 의미이다(창 24:48, 신 8:10, 수 22:33, 삿 5:2, 시 66:8, 68:19, 103:11, 104:1, 35, 135:19~20, 145:2 등). 따라서 신명기 8:10의 문자적인 번역은 '네가 먹고, 네가 만족하면(배부르면), 네게 주신 좋은 땅 때문에 너의 하나님 여호와를 찬양하라'이다. 본문의 의미는 매일 일용할 양식을 먹으면서 그것을 하나님께서 주신 것임을 기억하고 하나님의 위대한 능력을 찬양하라는 것이며, 가나안에서의 평안한 삶을 살 때도 여호와를 잊지 말라는 의미이다. 옥토(הָאָרֶץ הַטֹּבָה)는 '좋은 땅'을 의미한다. 즉, 생산성이 뛰어난 땅을 의미한다.

구약의 이해 본문을 통하여 이 말씀을 하실 당시 고대 이스라엘은 먹는 것이 힘들었던 시대였다. 배불리 먹는 것을 통하여 하나님의 위대하신 능력을 생각할 수 있었기 때문이다. 따라서 이스라엘 사람은 매 끼니를 배불리 먹으면서 하나님을 생각하고 하나님을 찬양하였다. 전도서 3:13의 "사람마다 먹고 마시는 것과 수고함으로 낙을 누리는 그것이 하나님의 선물인 줄도 또한 알았도다"라는 구절처럼 자신들이 먹고 마시는 것이 하나님의 선물인 줄 깨닫고 이를 감사하였고, 더 나아가 하나님의 능력을 기억하였다는 것이다. 고대 이스라엘 사람들은 말씀을 몸에 지니고, 옷에 상징할 수 있는 것을 달고, 또 노래로 기억하고 마지막에는 양식을 먹으면서도 하나님을 기억하고 찬양하도록 가르침 받았다.

예수의 주기도문 가운데 "오늘 우리에게 일용할 양식을 주시옵
고"(마 6:11, 눅 11:3)라는 기도문은 우리의 양식을 주시는 분이
하나님이심을 고백하고 간구하는 것이다.

요한복음 4:34에서 예수께서 '나의 양식'이라는 말을 하시는 것도 양
식은 예수께서 주시는 것이며 우리는 이 양식을 먹어야 함을 말한다.

신명기 8:10은 하나님의 축복을 잊지 말라는 것이다. 즉, 하나님
이 허락하지 않으셨다면 우리에게는 일용할 양식도 부족한 것이
다. 따라서 일용할 일용의 양식을 허락하신 하나님의 위대하심을 기억하
고 찬양하는 자가 되어야 함을 가르쳐 준다.

더 나아가 식량 그 자체의 공급에 대한 감사에 머무는 것이 아니라 매
일 먹는 양식을 공급하시는 것으로 채워주시는 하나님에 대한 찬양과 감
사의 마음을 가져야 함을 말한다. 따라서 오늘을 살아가는 사람들에게
있어서 배불리 먹고 여호와를 찬양하라는 것은 먹을 것을 주신 것을 찬
양하라기보다는 우리의 삶을 간섭하시고 온전하게 이끌어 가시는 하나
님을 기억하고 감사하라는 것이다. 신명기 8:10은 여호와가 이스라엘에
게 좋은 토지를 주었으므로 이곳에서 많은 농산물을 풍부하게 먹고 만족
하여 하나님을 찬양하라는 것이다.

03

말씀에 대한 자세

제75조항 : 구전 혹은 기록된 율법에 첨가하지 말라

³² 내가 너희에게 명령하는 이 모든 말을 너희는 지켜 행하고 그것에 가감하지 말지니라(신 12:32)

신명기 12:32(13:1)은 하나님 말씀에 다른 것을 첨가하지 말라고 가르친다.

본문의 이해 신명기 12:32(13:1)은 여호와가 명령하는 모든 것을 그대로 지키되 여기에 다른 것을 첨가해서는 안 된다는 것이다. 이것은 신명기 4:2, 11:32에도 언급되어 있는 것으로 말씀의 엄숙함을 강조할 뿐만 아니라, 말씀을 변화나 혹은 첨가해서는 안 된다는 의미이다. 이것은 말씀은 오직 여호와만이 주는 것임을 강조하는 것이다. 히브리어 동사 아싸프(אסף)는 '첨가하다' 혹은 '모으다'는 의미도 갖고 있다.

구약의 이해 잠언 30:6에 의하면 말씀에 더하는 자는 거짓말하는 자라고 정의한다. 말씀에 더하지 말라는 것은 여호와가 하지 않은 것을 여호와의 말씀이라고 해서는 안 된다는 것이다.

따라서 신명기 18:9~22의 예언자에 관한 가르침 가운데 20절에 '만일 어떤 선지자가 내가 전하라고 명령하지 아니한 말을 제 마음대로 내 이름으로 전하든지 다른 신의 이름으로 말하면 그 선지자는 죽임을 당하리라'는 것은 여호와의 말씀에 가감하지 말라는 것이다.

예레미야 14:14에서는 선지자들이 여호와의 이름으로 거짓 예언을 하고 있음을 질책하고 있다.

근동의 이해 아수르바니팔의 조약에 의하면 '너는 아수르의 왕 에살하돈의 말을 바꾸지도 변경해서도 안 된다'라고 기록하고 있다.

신약의 이해 마태복음 5:18에서는 예수님께서 천지가 없어지기 전에 율법의 일점 일획도 결코 없어지지 아니한다고 말씀하신다.

사도바울은 갈라디아 1:6~10에서 신명기 4:2을 근거로 '다른 복음'(εἰς ἕτερον εὐαγγέλιον)이 없다는 것을 가르쳤다. 다른 복음이란 다른 종류의 복음이란 뜻으로 사실은 바울이 갈라디아 교회에 가르쳐준 것과 다른 것으로써 엄밀한 의미에서 복음이라 부를 수 없는 것이다. 또한 고린도후서 11:4에서도 다른 복음에 대하여 언급하고 있다. 바울의 복음은 그가 다메섹 도상에서 죽었다가 부활하신 예수께서 계시로 그에게 전해 준 것이다. 따라서 여기에 다른 어떤 것, 특별히 할례를 해야 한다는 주장을 덧붙인 것은 다른 복음으로 이들 전하는 자는 저주를 받는다고 말하고 있다.

베드로후서 2:3에 의하면 거짓 선생, 거짓 선지자들은 탐욕에 빠져서 지어낸 말로 여러 사람들을 속여 착취한다고 가르치고 있다.

디모데전서 4:1~5에 의하면 거짓말 하는 자들은 믿음에서 떠나 미혹하는 영과 귀신의 가르침을 따르는 자 즉, 하나님이 말씀하지 않은 것을 가르치는 자라고 정의하고 있다.

　요한계시록 22:18~19에서는 하나님의 말씀에 어떠한 가감도 허락하지 않으며 가감하는 자가 벌받을 것임을 기록하고 있다.

의미 하나님의 말씀은 우리에게 주어진 말씀이기 때문에 이것을 사람이 어떻게 할 권한이 없다.

제76조항 : 말씀을 손상하지 말라

³² 내가 너희에게 명령하는 이 모든 말을 너희는 지켜 행하고 그것에 가감하지 말지니라(신 12:32)

　신명기12:32(13:1)은 말씀을 뺌으로 인해 손상시키지 말라고 가르친다.

본문의 이해 신명기 12:32(13:1)에서 그것을 그대로 지키라는 것은 곧 손상시키지 말라는 뜻이다. 지켜 행하고(티슈므루 라아소트, תִּשְׁמְרוּ לַעֲשׂוֹת)의 문자적 의미는 '행하기 위하여 지키라'(keep to do)이다. 이 말에는 율법을 보존하고, 행하라는 의미가 강하다. 따라서 말씀을 손상시키지 말고 지키라는 것이다.

신약의 이해 요한일서 2:22에 의하면 적그리스도는 예수께서 그리스도임을 부인하는 것이라고 말한다. 그런데 예수가 그리스도라는 사실을 부인하는 것은 마태복음 1:21과 16:16의 증언을 거부하는 것이다. 즉, 말씀을 빼 버리는 것과 마찬가지이다.

의미 하나님의 주신 말씀에 대한 믿음을 가져야지 환경에 의하여 말씀을 빼는 것은 바람직하지 않음을 가르친다.

제77조항 : 부정한 생각이나 눈의 욕심에 빠지지 말라

[39] 이 술은 너희가 보고 여호와의 모든 계명을 기억하여 준행하고 너희를 방종하게 하는 자신의 마음과 눈의 욕심을 따라 음행하지 않게 하기 위함이라(민 15:39)

민수기 15:39은 사람은 마음과 눈의 욕심에 빠져서는 안 된다고 가르치고 있다. 이것이 하나님의 말씀이 주어진 목적이기도 하다.

본문의 이해 민수기 15:37~41에서는 옷에 술을 다는 이유가 마음과 눈의 욕심을 절제하기 위함이라고 설명한다. 특히 이스라엘의 광야생활을 통하여 하나님의 계명을 지키지 않았을 때 그들이 겪었던 실패를 거울삼아 말씀을 항상 기억함으로 음행하는 자가 되어서는 안 된다고 가르친다.

39절을 문자적으로 해석하면 '너희는 음행하게 하는 너희 마음을 따라, 너희 눈을 따라 살지 말라'이다. 즉, 마음대로, 눈에 보이는 대로 사는 것은 하나님의 계명을 어기는 것이라고 가르친다.

사람의 마음에 대한 부정적인 생각은 신명기 10:16의 '마음의 할례'라는 표현을 통하여 잘 알 수 있다. 사람의 마음이란 어떻게 생각하느냐에 따라서 다르기 때문에 악을 품는 자가 되어서는 안 되며, 악을 품지 말라고 가르친다(신 15:7, 9).

다윗의 경우 사무엘하 11:1~2에서 음욕을 품고 여인을 보았기 때문에 밧세바를 취하기 위하여 간음과 살인죄를 짓게 되었다.

십계명의 열 번째 계명(출 20:17) 가운데 네 이웃의 아내나 그의 남종이나 그의 여종이나 등을 탐내지 말라는 것은 마음에 음욕이나 욕심을 품지 말라는 것을 의미한다.

전도서 2:10에서 솔로몬이 마음이 원하는 것을 막지 않았다는 것은 말씀 없는 삶을 보여준다.

이것은 예수가 마태복음 5:28~29에서 마음에 음욕을 품고 여자를 보는 자마다 마음에 이미 간음하였다는 가르침을 남긴 것과 같은 의미이다. 더 나아가 마태복음 15:19~20에서 마음에서 나오는 것들이 사람을 더럽게 한다는 것과도 같은 의미이다.

요한복음 1:4~5에 의하면 말씀은 빛이며, 생명이라고 정의한다. 이것은 구약시대 사람들의 하나님 말씀에 대한 생각과 같은 것이며 이 말씀은 사람의 길을 인도하는 빛이다. 요한복음 1:9에서는 참 빛이 예수 그리스도이시다라고 말하고 있다.

디모데후서 3:16~17에서 하나님 말씀의 목적은 하나님의 사람이 선한 일을 행할 능력을 갖추게 하려 함이라고 가르친다.

하나님의 말씀

하나님 말씀에서는 하나님의 말씀을 배우고 실천하는 방법에 대하여 가르치고 있다. 특히 신명기 6:4~9의 쉐마 가운데 6~9절은 4~5절의 말씀을 어떻게 모든 사람들에게 기억시켜야 할 것인가를 다루고 있다.

따라서 두 번째 열 가지의 가르침은 모두 어떻게 가르칠 것인가의 방법적인 것을 다루고 있다.

여기서는 하나님의 말씀을 기억하도록 하기 위하여 취해야 할 방법을 구체적으로 제시한다. 한 마디로 언제, 어디서나 하나님의 말씀을 기억하도록 해야 하므로 사람의 일상생활 모든 곳에서 하나님을 기억하라고 가르치고 있다.

말씀에 관한 부분에서는 하나님의 말씀을 기억하며 하나님을 기억하기 위한 모든 방법을 다 해야 함을 가르친다.

여호와의 명령과 말씀에 대한 자세를 이해하기 위해서는 무엇보다도 신하나 봉신이 왕이나 종주의 명령에 충성을 다하기 위하여 어떤 자세를 가져야 하는가를 근거로 이해한다. 이를 통해 주제를 보면 쉽게 이해 될 수 있다.

제5부

성전과 제사장

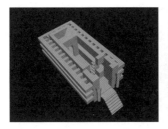 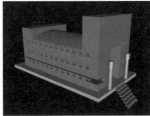

[솔로몬 성전 모형도]

01

성전에 관하여

　성전에 관한 기록은 성전을 건축하는 것과 만들어진 성소에 공경하는 것 그리고 제단을 어떻게 쌓아야 하는가를 기록하고 있다.

　신약성서와 관계하여 성전과 교회의 관계는 무엇인가? 이에 대하여 사도바울은 하나님의 성령이 거하시는 교회가 곧 하나님의 성전이라고 설명한다(고전 3:16). 따라서 성령이 계신 교회는 곧 성전이다. 그리고 성령이 거하시는 성도의 몸이 곧 하나님의 성전이라고 설명한다. 고린도전서 3:16의 너희가 하나님의 성전인 것이란 말의 의미는 너희(고린도 교회)가 하나님의 성전이라는 의미이다. 이는 고린도전서 6:19의 너희 몸이 성령의 전이라고 말씀할 때 몸을 뜻하는 헬라어 쏘마(σωμά)가 고린도전서 3:16에는 생략되어 있다는 점에서 알 수 있다. 따라서 바울은 성전과 교회를 동일시하였다.

어디서 예배를 드리는가?

　예배(제사) 장소의 결정에 대하여 구약성서와 신약성서의 생각이 다르다. 구약성서에서 제사 장소는 하나님이 결정하신다. 창세기 22장의 아브라함 이야기에서 아브라함은 하나님께서 말씀해 주시는 곳에서 제사를 드렸다. 창세기 22:3, 9에서 아브라함은 하나님이 자기에게 일러주시는 곳에서 번제를 드렸다. 또한 신명기 12:5에 의하면 하나님이 자기 이름을 두시려고 너희 모든 지파 중에서 택하신 곳에서 하나님께 제사를 드리도록 기록되어 있으며 이곳이 바로 예루살렘이다.

민수기 9:23에서도 여호와의 명령에 의하여 진을 치거나 혹은 행진하였다고 기록하고 있다. 즉, 진을 친다는 것은 그곳에 성막을 세운다는 뜻이다. 따라서 구약성서에서 제사 드리는 장소나 혹은 성소를 세우는 곳을 하나님께서 직접 결정하셨다.

특히 창세기 22장의 '하나님이 자기에게 일러 주신 곳'이란 표현은 유다 백성의 바벨론 포로기의 상황을 나타낸다. 성전이 무너지고 예루살렘에서 쫓겨난 사람들에게 제사 드릴 수 있는 가능성을 열어준 것이다.

그러나 신약시대의 예배 장소는 예배드리는 자가 선택하도록 되어 있다. 마태복음 18:20에서 하나님께서는 두 세사람이 예수 그리스도의 이름으로 모인 곳에 함께 하신다고 기록하고 있다. 또한 고린도전서 6:19에서 바울은 우리의 몸이 성령이 거하시는 성전이라고 기록하고 있다. 따라서 신약시대의 예배 장소는 그리스도의 이름으로 모인 모든 곳에서 가능하다.

제78조항 : 성소를 건축하라

8 내가 그들 중에 거할 성소를 그들이 나를 위하여 짓되(출 25:8)

출애굽기 25:8은 하나님이 이스라엘 백성들 가운데 거주하기 위한 처소인 성전을 건축해야 함을 가르치고 있다.

본문의 이해 출애굽기 25:8에서 여호와는 이스라엘 백성들에게 자신을 위하여 성소(미크다쉬, מִקְדָּשׁ)를 건축하라고 가르친다. 그 이유는 여호와가 백성들 가운데 거하기 위해서이다. 출애굽기 25:8을 직역하면 '나를 위하여 성전을 건축하라 그러면 내가 너희들 가운데 거할 것이다' 이다. 따라서 성소는 하나님 임재의 상징인 것이다. 성소는 문자적으로 '거룩한 장소'(holy place)(사 16:12)란 의미를 갖고 있다. 미크다쉬(מִקְדָּשׁ) 는 후기 성서문학에서는 주로 성전이란 의미로 사용된다(겔 45:3, 18, 47:12, 단 11:31, 대하 20:8, 26:18, 29:21). 성소가 만남의 장막이란 의미를 갖는 것은 성소가 여호와의 처소이기 때문이다(샤칸, שָׁכַן). 히브리어 동사 샤칸(שָׁכַן)은 '거주하다'는 의미를 지니고 있으며, 이 단어는 성소의 개념과 기능을 함축하고 있다. 여호와가 성소 안에 거주하는 것이 아니라 백성들 가운데 있다는 것을 강조하기 위하여 일반적으로 '거주하다'는 뜻을 가진 야샤브(יָשַׁב)를 사용하지 않고, 샤칸(שָׁכַן)을 사용한 것이다. 이것은 유목민적 특성을 보여주는 것으로 샤칸에서 유래된 미쉬칸(מִשְׁכָּן)은 유목민과 관련이 있는 천막(오헬, אֹהֶל)과 함께 사용한다.

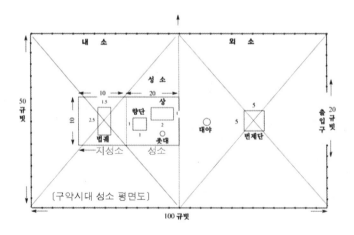

[구약시대 성소 평면도]

구약성서에 여호와의 성전을 나타내는 몇 가지 주요 용어들은
그 강조점에서 차이가 있다. 미크다쉬(מִקְדָּשׁ)(Sanctuary)는 그 장
소가 갖는 거룩한 차원을 강조하는 것이고, 미쉬칸(מִשְׁכָּן)(Tabernacle)은
하나님의 거주지라는 측면을 강조한다. 뿐만 아니라 하나님의 집이란 의
미에서 '집'을 의미하는 베이트(בַּיִת)가 성전의 의미로 사용되기도 하였다.
또한 여호와를 우주를 통치하는 왕으로 이해하기 때문에 왕궁을 뜻하는
헤이칼(הֵיכָל)이 성전이란 의미로 사용되었다. 이러한 의미에서 헤이칼이
란 단어의 사용은 여호와의 우주적 통치를 인정하는 사고 속에서 등장한
것이다. 그리고 오헬 모에드(אֹהֶל מוֹעֵד)(Tent of Meeting)(출 25:8, 민 3:38,
18:1)는 하나님의 임재하심과 소통하는 장소라는 측면을 강조하는 것으
로서 성전의 신탁적 기능을 강조하는 용어이다. 이처럼 구약성서에서 하
나님의 성전 혹은 성소를 나타내는 단어는 다양하다. 그러나 그 단어들
의 의미를 살펴보면 성소의 기능적 측면을 설명하면서 생겨난 단어들이
많다.

따라서 출애굽기 25:8의 성소를 건축하라는 것은 이스라엘이 여호와
의 거처인 성소를 건축함으로써 하나님이 이스라엘 가운데 거주하게 되
기 때문에 하나님과 함께 하는 삶을 살라는 뜻이다. 좀 더 세밀하게는 여
호와가 이스라엘 백성들과 함께 있기 위해서 성소가 필요한 것이지 여호
와가 거주하기 위하여 필요한 것은 아니다.

성소를 표현하는 다양한 용어들은 성소가 갖는 다양한 측면을 강조하
고 있다. 성소의 거룩한 차원, 성소가 하나님의 거주지로 사용될 것 그리
고 성소가 하나님과 소통하는 장소라는 측면이 강조되었다. 그러나 분명
한 것은 성소는 하나님이 이 땅에 임재하기 위하여 필요한 곳이다. 따라
서 하나님의 임재를 갈망하는 자들은 거룩한 하나님의 거처인 성소를 건
축할 책임이 있다. 학개 1:2~6에서 성전 건축을 독려하는 것은 이 가르

침에 근거한 것이다. 이사야 56:7에 의하면 성전을 기도하는 집(베이트 트필라, בֵּית תְּפִלָּה)으로 묘사하고 있다. 이것은 전통적인 성전의 개념인 하나님의 거처라는 이미지에서 기능적으로 기도하는 집으로 바뀌었음을 보여준다.

Rashi의 이해 라쉬는 출애굽기 25:8에서 성소를 짓는 것은 여호와의 이름을 위하여 짓는 것이라고 설명한다. 즉, 나를 위하여라는 구절의 의미를 '내 이름을 위하여'라는 뜻으로 이해한 것이다.

고고학의 이해 이스라엘 지역에 대한 고고학 발굴의 결과 여러 지역에서 구약시대의 제단이 발견되었다. 특히 단(Dan)과 브엘세바(Beersheba)와 아라드(Arad)와 후르바트 키트미트(Hurvat Qitmit), 므깃도(Building 338, Shrine 2081)와 라기스(Cultic Room 49)와 다아낙(Taanach)과 벧산(Beth-Shean)과 텔 카실레(Tel Qasile)와 텔 아말(Tel Amal) 등지에서 신전이 발견되었다.

신약의 이해 이스라엘 역사에 있어서 헤롯 역시 스룹바벨이 지은 성전을 다시 지었다. 헤롯은 그의 성전을 솔로몬 시대의 모든 영화보다 더 빛나게 하리라고 결심했다. 따라서 인공적인 성전축대(오늘날 통곡의 벽)를 쌓고, 1,000명의 제사장들에게 석공 훈련을 시킨 후 성전 자체는 일년 반만에 완공시켰다. 헤롯 성전은 율법대로 지어졌다.

마태복음 21:13에서 예수도 성전에 대하여 기도하는 집으로 이해하며, 이 기도하는 집이 강도의 소굴로 변한 것을 질책하였다. 따라서 예수는 성전을 정화하였다(마 21:12~17, 막 11:15~19, 눅 19:45~48, 요 2:13~16). 마태복음 26:60~61의 두 증인으로 인해 예수께서 성전을 허물고 사흘 동안 다시 짓겠다고 하신 말씀이 고발된 것은 성전을 허무는 것이 하나님의 가르침에 위반되는 것이기 때문이었다. 요한복음 10:22~27의 수전절은 주전 164년 예루살렘을 정화한 유다 마카비가 성전을 재봉헌한 이후 지켜지는 절기이다. 유대력으로 아홉번째 달인 키슬레브 달 25일부터 8일간 지켜진다. 하누카(Hanukkah)라고도 부른다. 사도바울은 회심 전에 교회를 없애버리려고 남녀를 감옥에 가두었다(행 8:3).

바울이 마음의 성전을 강조하는 것은 성령의 임재하심을 강조하기 위해서다. 유대인의 사고 속에 하나님은 하나님의 집에 거하신다. 따라서 성령이 우리 안에 오시기 위해서는 우리가 하나님의 성전이어야 하는 것이다. 신약의 새로운 성전 개념은 비가시적 성전인 마음의 성전이다(고전 6:19). 따라서 에베소서 2:22에 의하면 성도들이 성령을 통하여 하나님의 거처로 지어져 가야함을 가르친다. 사도행전 17:24에서 바울은 아테네에서 선교할 때 하나님은 손으로 지은 성전에 계시는 분이 아니라고 설명한다. 히브리서 8:2, 9:11, 24에서는 예수님은 사람의 손으로 세우지 않은 성소와 참 장막에서 일하시는 분이라고 설명한다. 그리고 여기서는 동물의 피로 속죄제를 드리는 것이 아니라 예수님의 피로 속죄제를 드림을 말하고 있다(히 9:12~13). 따라서 예수께서 세우신 두 번째 성소는 예수님의 피로 세운 것이며, 이 보혈이 우리를 깨끗하게 할 수 있음을 강조한다(히 9:11~27).

의미 하나님이 임재하시며, 하나님을 만나는 소통의 장소인 성전을 세우는 자가 되라는 것이다. 신약-사도들의 시대, 성전이 없던 시대에는 비가시적 성전인 성령이 거주하시는 마음의 성전을 강조한다. 즉 성령의 도움으로 우리 마음이 하나님의 거처가 되어가는 것을 의미한다. 그리스도의 보혈로 세운 새로운 성소의 개념이 히브리서에 등장한다.

제79조항 : 성소를 공경하라

³⁰ 내 성소를 귀히 여기라 나는 여호와이니라(레 19:30)

레위기 19:30에서는 이스라엘에게 성소를 공경하라고 가르친다.

본문의 이해 내 성소를 귀히 여기라(미크다쉬 티라우, מִקְדָּשִׁי תִּירָאוּ)를 직역하면 '내 성소를 두려워하라' 혹은 '내 성소를 경외하라'이다. 성소를 두려워하라는 말의 의미는 무엇인가? 여기서 귀히 여기라고 번역한 히브리어 동사 야레(יָרֵא)는 문자적으로 '두려워하다'(to fear)로 번역할 수 있다. 그러나 잠언 9:10에서 두려워하다는 히브리어 동사 야레(יָרֵא)가 알다(to know)의 의미로 이해되는 것을 근거로 레위기 19:30의 '내 성소를 귀히 여기라' 혹은 '내 성소를 두려워하라'를 '내 성소를 알라' 혹은 '내 성소를 인정하라'는 의미로 이해할 수 있다. 잠언 9:10에 '여호와를 경외하는 것(이르아트, יִרְאַת)이 지혜의 근본이요 거룩하신 자를 아는 것(다아트, דַּעַת)이 명철이니라'고 기록하고 있다. 동의적 평행법으로 본문을 이해하면 경외하다는 야레(יָרֵא) 동사는 알다는 뜻을 가지고 있는 야다(יָדַע)(to know)의 의미로 이해할 수 있다.

거룩한 장소(聖所)란 의미를 가진 미크다쉬(מִקְדָּשׁ)는 어느 한 곳에 고정된 장소의 개념이기보다는 이동성이 강조된 표현이다. 따라서 에스겔 11:16에 의하면 여호와의 성소가 이방인 가운데에도 존재함을 이야기하고 있다.

구약의 이해 레위기 26:2에서는 내 성소를 경외하라(미크다쉬 티라우, מִקְדָּשִׁי תִּירָאוּ)고 가르치는데 히브리어 원문은 레위기 19:30과 같다. 단지 우리말 번역에서 있어서 19:30에서는 '귀히 여기라'고 번역하였고,

26:2에서는 '경외하라'고 번역한 것 뿐이다. 이스라엘이 여호와의 성소를 인정하지 않은 예는 무수히 많다. 열왕기상 18:16~35의 바알 숭배가 전형적인 예이다. 또한 호세아 8:1~6에서 이스라엘이 은과 금으로

[아라드에서 발견된 제단의 모습]

자기를 위하여 우상을 만들어 섬긴 것도 여호와의 성소를 인정하지 않은 예이다. 아모스 4:4~5의 이스라엘의 범죄 가운데 우상숭배가 들어 있다.

Rashi의 이해 라쉬는 성소를 공경하는 것은 성소에 들어가지 않으며, 신을 신거나 혹은 지갑을 가지고 들어가지 않고 또한 발에 재를 묻히고 성소에 들어가지 않는 것을 의미한다고 설명한다. 라쉬는 성전을 귀하게 여기는 생활방식에 대하여 언급하고 있다. 라쉬는 성소에 관한 가르침을 다 지킨다해도 그가 성전을 건축하지 않았다면 율법을 어긴 것이라고 말함으로 성전 건축의 중요성을 다시 한 번 말한다.

신약의 이해 마태복음 21:13에서 성전을 강도의 소굴로 만든 것을 예수가 질책한 것은 여호와의 성소(성전)을 귀히 여기지 않았기 때문이다. 고린도전서 3:17에서는 하나님의 성전을 더럽히지 말라고 가르친다. 이것은 레위기 19:30을 근거로 한 말씀이다. 뿐만 아니라 마태복음 18:20의 '두 세사람이 내 이름으로 모인 곳에는 나도 그들 중에 있느니라'는 예수님의 말씀은 두 세 사람이 예수님의 이름으로 모인 곳이 성소임을 인정하라는 것으로, 성소의 이동성을 강조한다.

레위기 19:30의 의미는 여러 가지로 이해할 수 있다. 첫째, 이스라엘 백성들이 여호와의 성소를 인정해야 함을 강조한다. 이것은 주변의 다신교적 특성에서 하나님의 성소보다는 바알이나 기타 가나안 신전의 존재를 인정하면서도 여호와의 성소를 인정하지 않으면 안 된다는 것을 말하고 있다(참고 왕상 18:16~35). 즉, 이스라엘이 여호와를 자신들의 하나님의 인정하였으면 여호와의 성소도 인정해야 함을 말한다. 따라서 30절의 끝에 나는 여호와이니라(아니 아도나이, אֲנִי יְהוָה)가 첨가된 것도 여호와의 성소를 강조하기 위함이다.

또 다른 관점에서, 특히 출애굽기 25:8의 성소 건축에 관한 명령과 함께 생각할 때 이스라엘이 성소를 짓기만 하는 것이 아니라 지은 성소를 귀하게 여기거나 혹은 이 성소를 여호와가 계신 곳으로 두려운 마음을 갖고 대할 것을 강조하는 것으로 이해할 수 있다. 즉, 성소의 거룩성을 지켜나갈 것을 강조하는 것으로 이해할 수 있다.

마지막으로 이 구절은 어디든지 주님이 계신 곳이면 거룩한 하나님의 성소가 됨을 인정하라는 것이다.

02

제사장과 레위인의 임무

성전과 성소에서 일하는 제사장과 레위인의 임무에 대하여 기록하고 있다. 그러나 제사장과 레위인의 임무는 분명히 구별되었다. 레위인들은 주로 지키는 일을 하거나 제사장이 임무를 다하도록 돕는 일을 하였다. 이와 관련하여 레위인들은 제사에 사용하는 모든 거룩한 집기를 만져서는 안 된다고 가르침으로써 둘 사이의 임무의 차이점을 분명하게 보여준다.

제80조항 : 성소를 지켜라

⁴ 레위인은 너와 행동하여 장막의 모든 일과 회막의 직무를 다할 것이요(민 18:4)

민수기 18:4은 레위인과 제사장의 일에 관한 내용을 담고 있는 민수기 18:1~7의 한 부분으로써 레위인과 제사장들이 힘을 합하여 성소에 관한 모든 일을 감당할 것을 가르친다. 성소를 짓는 것만이 아니라 성소에서 부과되는 모든 책무를 감당하라는 것이다.

민수기 18:4의 의미는 "레위인들은 너(아론)와 함께하여 만남의 천막에서 이루어지는 온갖 일과 관련하여 그곳에서 맡은 임무를 수행하라"이다. 따라서 제사장직과 레위인의 임무는 여호와가 직접 주신 것이다. 직무로 번역된 히브리어 미쉬메레트(מִשְׁמֶרֶת)의 문자적인 의미는 '책무' 혹은 '의무'의 뜻을 가지고 있다. 그런데 미쉬메레트(מִשְׁמֶרֶת)가 샤마르(שָׁמַר) 동사와 함께 사용될 때는 숙어로서 그 의미가 '지키는 의무' 혹은 '보초'이다. 장막의 모든 일(콜 아보다트 하-오헬, כֹל עֲבֹדַת הָאֹהֶל)은 구체적으로 어떤 일을 의미하는가? 이에 대하여 일반적으로 장막을 지키는데 필요한 육체노동을 의미한다고 이해한다. 회막의 직무(미쉬메레트, מִשְׁמֶרֶת)는 만남의 장막을 지키는 일을 의미한다. 그러나 제사장의 직무와는 확연히 구분된 일만 하였다(민 18:3~4, 2). 민수기 1:53에 의하면 여호와의 분노로부터 이스라엘을 지키는 일이 회막의 직무에 속한다. 즉, 레위인들은 부정한 백성으로부터 회막이 더럽혀지는 것을 막아야 함을 의미한다.

민수기 18:4는 제사장과 레위인들에게 성소 혹은 만남의 천막에서 주어진 책무를 다할 것을 명령하고 있다. 즉, 레위기 19:30에서 성소를 귀하게 여기라는 명령과 함께 생각할 때 성소 혹은 만남의 장막에서 일어나는 모든 일들을 책임지라는 것이다. 그러나 레위인들은 주로 성소를 지키는 일을 한다.

신약의 이해 요한복음 8:42에서 예수님은 하나님으로부터 보내심을 받은 자라고 자신을 소개한다.

사도직은 부르심을 받은 것이고, 택함을 받은 것이다. 로마서 1:1에 예수 그리스도의 종 바울은 사도로 부르심을 받아 하나님의 복음을 위하여 택정함을 입었으느니라고 기록하고 있다.

성직은 하나님으로부터 부르심을 받고, 택함을 받은 것임을 가르쳐 준다.

제81조항 : 레위인의 회막 직무

²³ 레위인은 회막에서 봉사하며(민 18:23)

민수기 18:23은 레위인들이 만남의 장막(회막)을 지키는 일을 해야 함을 가르치고 있다.

민수기 18:23은 레위인들이 회막(후기 시대의 성전)에서 일해야 함을 가르치고 있다. 레위인은 회막에서 봉사하며(아바드 하레비 후 에트–아보다트 오헬 모에드, עָבַד הַלֵּוִי הוּא אֶת־עֲבֹדַת אֹהֶל מוֹעֵד)의 문자적인 의미는 '레위의 일은 회막(만남의 장막)의 일들이다'이다. 이 회막의 일(아보다트 오헬 모에드, עֲבֹדַת אֹהֶל מוֹעֵד)이란 민수기 18:4에 의하면 회막을 지키는 육체적인 일을 의미한다. 그러나 레위인들이 회막에서 봉사할 때 성소의 기구나 제단에는 가까이해서는 안 된다(민 18:3). 회막(오헬 모에드, אֹהֶל מוֹעֵד)은 법궤와 제의에 필요한 물건이 들어 있는 천막이다. 이 회막은 하나님과 백성이 만나는 곳인 동시에 여호와에게 제사를 드리는 장소이다. 회막 안에는 향단이 놓여 있다. 따라서 이 거룩한 회막을 지키는 일을 해야 한다.

민수기 18:23은 레위인들의 임무가 회막에서 봉사하는 것임을 가르쳐주는데, 레위인들이 해야하는 일은 제사장의 일과 구분되며 회막을 지키는 일을 한다.

제82조항 : 성소의 직무를 경히 여기지 말라

⁵ 이와 같이 너희는 성소의 직무와 단의 직무를 지키라 그리하면 여호와의
진노가 다시는 이스라엘 자손에게 미치지 아니하리라(민 18:5)

민수기 18:5에서는 성소의 직무 수행을 등한히 하지 말라고 가르치고
있다.

본문의 이해 민수기 18:1~7은 제사장과 레위인의 직무에 대하여 기록하고
있는데 그 가운데서 5절은 레위인들에게 성소에서의 직무를 경
히 여기지 말고 그 임무를 성실히 감당해야 함을 가르치고 있다.

성소의 직무(미슈메레트 하코데쉬, מִשְׁמֶרֶת הַקֹּדֶשׁ)란 성소를 지키고, 성
소에서의 기능을 담당하는 것을 의미한다. 히브리어 미슈메레트(מִשְׁמֶרֶת)
는 '지키다'는 뜻을 가진 동사의 어근 √שמר에서 파생된 명사로서 그 의미
는 '지킴' 혹은 '기능'이란 의미를 갖고 있다. 레위인들의 역할은 어원에서
도 보듯이 제사와는 관계 없이 성소를 지키고 보존하는 역할을 한다.

특히 민수기 1:53에서는 레위인들이 증거의 성막의 일을 지킬 것이
라고 기록하고 있다(샤므루 하레비임 에트-미슈메레트 미슈칸 하에두트,
וְשָׁמְרוּ הַלְוִיִּם אֶת-מִשְׁמֶרֶת מִשְׁכַּן הָעֵדוּת). 여기에 사용된 미슈칸(מִשְׁכַּן)은 성소와
같은 개념으로 사용되었다. 증거의 성막(מִשְׁכַּן הָעֵדוּת)은 회막을 의미한다.
왜냐하면 회막 안에 법궤가 들어 있기 때문이다(출 40:20~21). 회막은
여호와의 성막이라고도 부른다(민 16:9, 31:30).

레위인의 역할은 민수기 3장에 종족 별로 나누어 제시하고 있다.

의미 레위인들은 성소가 부정해지지 않도록 잘 지키는 것이 그들의
일이며, 하나님의 진노를 막는 길임을 가르쳐 준다.

제83조항 : 제사장은 교대로 제사를 집전할 수 있다

⁶ 이스라엘 온 땅 어떤 성읍에든지 거주하는 레위인이 간절한 소원이 있어 그가 사는 곳을 떠날지라도 여호와께서 택하신 곳에 이르면 ⁷ 여호와 앞에 선 그의 모든 형제 레위인과 같이 그의 하나님 여호와의 이름으로 섬길 수 있나니 ⁸ 그 사람의 몫은 그들과 같을 것이요 그가 조상의 것을 판 것은 별도의 소유이니라(신 18:6~8)

신명기 18:6~8은 제사장 가문이 교대로 제사를 담당할 수 있음을 가르치고 있다.

본문의 이해 신명기 18:6~8의 규정은 신명기 사가의 제의 중앙화와 밀접한 관련이 있다. 즉, 지방 성소에서 봉사하던 제사장들이 지방 성소가 폐기되어져 중앙 성소로 옮겨져도 중앙 성소에서 봉사하던 다른 제사장과 동일하게 여호와를 섬길 수 있음을 가르치고 있다. 이 경우 지방 성소에서 옮겨 온 제사장도 원래 중앙 성소를 섬기던 제사장과 같은 몫을 받을 수 있음을 규정하고 있다.

간절한 소원(콜 아바트 나프쇼, כָּל־אַוַּת נַפְשׁוֹ)의 문자적인 의미는 '모든 마음의 갈망함'이란 뜻이다. 히브리어 아바(אַוָּה)는 '갈망함'이란 뜻을 지니며 비슷한 표현이 신명기 12:15에서 '네 마음에 원하는 대로'(베-콜-아바트 나프슈카, בְּכָל־אַוַּת נַפְשְׁךָ)로 사용되었다.

여호와께서 택하신 곳(하-마콤 아쉐르 이브하르 아도나이, אֲשֶׁר־יִבְחַר יְהוָה הַמָּקוֹם)은 곧 예루살렘의 중앙 성소를 의미한다.

구약의 이해 사사기 17:7~13에 의하면 유다 베들레헴에 거주하던 레위인 제사장이 베들레헴을 떠나 에브라임 산지로 가서 미가의 제사장이 되었다. 즉, 제사장이 지역을 떠나 다른 지역으로 옮겨감을 보여준다. 열왕기하 23:8~9에 의하면 산당의 제사장들이 예루살렘으로 가서 제사를 드리는 일을 하지 못했음을 보여준다.

의미 본문은 제사장 직은 성소를 옮겨도 변함없이 수행될 수 있음을 기록하고 있다.

제84조항 : 레위인과 제사장은 직무를 바꾸지 말라

³ 레위인은 네 직무와 장막의 모든 직무를 지키려니와 성소의 기구와 단에는 가까이 못하리니 두렵건대 그들과 너희가 죽을까 하노라(민 18:3)

민수기 18:3에서는 레위인과 제사장이 그들의 직무를 서로 바꿀 수 없음을 가르치고 있다.

본문의 이해 민수기 18:3(베샤므루 미슈마르트카 우미슈메레트 콜-하오헬, וְשָׁמְרוּ מִשְׁמַרְתְּךָ וּמִשְׁמֶרֶת כָּל-הָאֹהֶל)을 직역하면 '그들은 너의 임무를 지키고, 모든 장막의 일을 지킨다'이다. 즉, 레위인들은 제사장의 모든 일을 돕는다는 의미로 이해할 수 있다. 그러나 레위인이 제사장만 할 수 있는 일인 성소의 기구나 단에 가까이 갈 수 없음을 가르치고 있다. 따라서 레위인이 제사장을 돕는 역할을 하지만 그렇다고 레위인과 제사장이 그 직무를 바꿀 수 없음을 말하고 있다.

레위인들의 직무에 대해서는 민수기 3:14~39에 자세히 기록되어 있다.

구약의 이해 열왕기상 12:31에 의하면 북왕국은 레위인이 아닌 사람을 제사 장으로 임명하였다. 이는 일반 레위인도 제사장 직을 행할 수 없 는데 레위인도 아닌 일반인을 제사장으로 세운 것으로써 큰 죄이다.

신약의 이해 사도행전 6:1~4은 집사와 사도들의 역할이 각기 다름을 말한 다. 사도가 하나님의 말씀을 제쳐놓고 접대를 일삼는 것은 마땅 하지 않으며 대신 기도와 말씀 사역에 힘써야 한다.

의미 하나님의 성전을 섬길 때 제사는 오직 레위인 가운데 제사장으 로 선택된 자들만 드릴 수 있으며, 레위인들은 성전의 일을 하지 만 그러나 거룩한 성물에 손을 대서는 안된다.

제85조항 : 제사장이 과 레위인이 아닌 자는 성소에서 일하 지 말라

⁴ 레위인은 너와 합동하여 장막의 모든 일과 회막의 직무를 다할 것이요 다른 사람은 너희에게 가까이 하지 못할 것이니라(민 18:4)

민수기 18:4은 제사장이 아닌 자가 성소에서 봉사하는 것을 금하고 있다.

본문의 이해 제사장들의 장막(오헬 모에드, אֹהֶל מוֹעֵד)의 일과 회막(아보다트 하오헬, עֲבֹדַת הָאֹהֶל)의 일을 도울 수 있는 사람은 레위인뿐이며, 그 외의 사람들은 이에 가까이 해서도 안 된다. 여기서 말하는 다른 사람 은 문자적으로는 이방 사람(자르, זָר)을 의미하지만 본문에서는 제사장과 레위인을 제외한 다른 사람(outsider) 혹은 제사장이 아닌 사람(non-priest)을 뜻한다. 왜냐하면 이방 사람은 원천적으로 장막에 접근하는 것을 허락하지 않기 때문이다.

장막 혹은 회막은 법궤와 제의 물건이 들어 있는 천막으로 만든 건축물을 의미한다. 또 다른 기록에서는 회막을 히브리어로 미쉬칸(מִשְׁכָּן)이라고도 부른다(출 25:9; 레 8:10). 회막은 두 가지 기능을 한다. 하나님이 그의 백성과 대화하는 곳이며, 하나님께 제사 드리는 곳이다. 히브리어 모에드(מוֹעֵד)는 만남을 위해 정해진 시간 혹은 장소라는 의미를 갖고 있으며,[1] 이러한 기능을 가진 구조물을 장막 혹은 회막(오헬 모에드, אֹהֶל מוֹעֵד)라고 부른다. 따라서 이곳은 거룩한 곳으로 이방인들의 접근을 허락하지 않는다.

구약의 이해 열왕기상 12:31에 의하면 북 이스라엘 여로보암의 죄는 레위 사람이 아닌 자들을 제사장으로 삼은 것이다. 역사적으로 중앙집권이 강화되고 왕이 제사장을 임명할 당시 경우에 따라서 제사장 계열이 아닌 자들도 제사장의 역할을 하였다(사무엘).

Rashi의 이해 라쉬는 다른 사람으로 번역된 히브리어 자르(זָר)를 '일반사람'(common man)으로 번역하였다.

신약의 이해 그러나 갈라디아서 3:28, 베드로전서 2:9(출 18:5~6,) 요한 계시록 1:4~6, 5:6~10 등을 근거로 종교개혁자들은 만인제사장설을 제시했다.

거룩한 하나님의 장소인 성소에서 일하는 것은 구별된 사람만이 할 수 있음을 가르친다.

제86조항 : 술 취한 자는 회막에 들어가거나 율법을 가르치지 말라

⁹ 너와 네 자손들이 회막에 들어갈 때에는 포도주나 독주를 마시지 말라 그리하여 너희 죽음을 면하라 이는 너희 대대로 지킬 영영한 규례라(레 10:9)

레위기 10:9~11에서는 술 취한 자는 회막에 들어가거나 율법을 가르쳐서는 안 된다고 기록하고 있다.

9절에서는 포도주(야인, יַיִן)와 독주(쉐카르, שֵׁכָר)를 금하고 있다. 쉐카르는 맥주나 포도주를 의미하지는 않는다.[2] 왜냐하면 민수기 6:3에서 나실인은 어떤 종류의 포도주도 마시는 것을 금하였기 때문이다. 이 구절에서 쉐카르는 맥주가 아니라 독주 즉, '취하게 하는 술'로 해석하는 것이 적합하다. 구약성서에서 독주는 포도주와 함께 쓰일 때가 많다(레 10:9, 민 6:3, 신 14:26, 삿 13:4, 7, 14, 삼상 1:15, 사 5:11, 22, 24:9, 미 2:11, 잠 20:1, 31:4~5 등).

10절의 거룩한 것(holy, 하코데쉬 הַקֹּדֶשׁ)과 속된 것(common, 하홀 הַחֹל) 그리고 정한 것(purity, 하타메 הַטָּמֵא)과 부정한 것(impurity, 하타호르 הַטָּהוֹר)은 이중 대조 구조로 되어 있다. 거룩한 것과 속된 것, 정한 것과 부정한 것이 서로 대조를 이루며, 레위기 11~15장에서는 이 대조적인 개념들이 구체적인 예와 함께 기록되어 있다. 따라서 고대 이스라엘에서는 거룩한 것과 속된 것, 정한 것과 부정한 것이 이분법적인 구조로 되어 있음을 알 수 있다.[3] 벤함(G.J. Wenham)은 네 가지 개념을 다음과 같이 설명한다. 즉, 모든 것은 거룩한 것과 속된 것으로 나뉘며, 속된 것은 다시 정한 것과 부정한 것으로 나뉘며, 정한 것이 성화되면 거룩한 것이 되고, 부정한 것이 성화될 수 없다고 설명한다. 그러나 정한 것도 오염되면 부정해 질 수 있다. 또한 거룩한 것도 더럽혀지면 속된 것이 된다.

10절은 9절에서 제사장들이 왜 독주를 마셔서는 안 되는지 그 이유를 설명하고 있다. 독주를 마시면 거룩한 것과 속된 것을 구별하지 못하기 때문이다. 제사장들의 이러한 의무는 에스겔 44:23에서도 강조하고 있다.

Rashi의 이해 라쉬는 레위기 10:9의 "회막에 들어갈 때"를 성전에 들어갈 때로 이해하였다.

신약의 이해 누가복음 1:15의 세례 요한의 탄생에 관한 이야기에서 그가 포도주나 독한 술을 마시지 않는 자라고 말한다.

또한 누가복음 21:34에서 깨어 있는 자가 되기 위해서는 술 취하지 않아야 함을 기록하고 있다. 이러한 생각은 로마서 13:13에서도 기록되어 있다(엡 5:18). 고린도전서 6:10에서는 하나님 나라의 유업을 받지 못하는 자들 가운데 술 취하는 자가 포함되어 있다. 갈라디아서 5:21에서 술

취함은 육에 속한 자들의 행실임을 기록하고 있다. 디모데전서 3:8에서는 집사의 자격 가운데 술에 인박하지 않는 항목이 등장한다.

의미 술 취함으로 더럽혀진 자가 성소에 들어가거나 혹은 말씀을 가르치는 일을 해서는 안 되는 것은 분별력이 없을 뿐만 아니라 성소의 일이나 말씀을 가르치는 일이 매우 거룩한 일이기 때문임을 강조한다.

제87조항 : 대제사장은 정한 때 외에는 지성소에 들어가지 말라

² 여호와께서 모세에게 이르시되 네 형 아론에게 이르라 성소의 휘장 안 법궤 위 속죄소 앞에 아무 때나 들어오지 말라 그리하여 죽지 않도록 하라 이는 내가 구름 가운데에서 속죄소 위에 나타남이니라(레 16:2)

레위기 16:2에서 대제사장은 분별없이 아무 때나 성소에 들어가지 말아야 한다고 가르친다.

본문의 이해 레위기 16:1~2은 아론의 두 아들 나답과 아비후가 불법적으로 성소에 들어갔다가 죽은 이후 대속죄일 제의의 서론에 해당한다. 이 서론은 성소의 거룩함을 유지하기 위하여 대제사장에게 훈계하는 내용이다.

2절의 아무 때나 들어오지 말라(알-야보 베콜-에트, אַל־יָבֹא בְכָל־עֵת)를 직역하면 '모든 때에'의 말의 뜻은 특별한 때만 성소에 들어오라는 것이다. 특별한 때란 일년에 단 한 차례 속죄일을 지칭하며 이 때만 지성소에 들어오도록 허락되어 있다(34절, 출 30:10).

휘장(파로케트, פָּרֹכֶת)은 성소 안의 넓은 방과 지성소를 구별하는 커튼을 의미한다. 속죄소로 번역되는 히브리어 카포레트(כַּפֹּרֶת)는 법궤 위에 놓여 있는 것으로 정확하게 번역하기 어렵다. 문자적으로 본다면 '자비의 자리'로 번역할 수 있다.[4] 카포레트는 하나님의 보좌를 상징하고, 법궤는 하나님의 발판 역할을 한다(삼상 4:4; 삼하 6:2).[5] 따라서 하나님은 속죄소의 그룹 사이에 걸터앉아 계시는 것으로 묘사된다. 사무엘상 4:4에 "그룹 사이에 계신 만군의 여호와의 언약궤"란 표현이 등장한다(삼하 6:2).

레위기 6:2에서 구름(아난, עָנָן)은 하나님 임재의 상징으로 사용되었다.

구약의 이해 제사장 가문이 아닌 에브라임 지파 사람 사무엘이 지성소에서 잠을 잔다는 것은 아무 때나 지성소에 들어오지 말라는 규정을 어긴 것이다.

Rashi의 이해 라쉬는 유대인 전통(Midrashic)에 의하면 레위기 16:2의 의미는 속죄일 때 향의 구름과 함께 지성소에 들어가라는 의미라고 해석하였다.[6]

제88조항 : 흠 있는 제사장은 성소에 들어가지 말라

[23] 휘장 안에 들어가지 못할 것이요 제단에 가까이 하지 못할지니 이는 그가 흠이 있음이라(레 21:23)

레위기 21:23은 육체적 흠이 있는 제사장은 부정하기 때문에 절대 성소에 들어가지 못한다고 가르치고 있다.

본문의 이해 육체적인 흠이 있는 자들을 휘장 안에 들어가지 못하게 한 것은 휘장(파로케트, פָּרֹכֶת) 안이 곧 지성소를 의미하기 때문이다. 뿐만 아니라 이런 자들은 제단(미즈베아흐, מִזְבֵּחַ)에도 가까이 갈 수 없다. 이처럼 육체에 흠이 있는 사람을 성소나 제단에 가까이 하지 못하게 한 것은 고대 이스라엘 사람들은 육체의 흠(뭄, מוּם)을 모두 하나님의 심판에 의한 것으로 이해했기 때문이다. 육체적 흠으로 분류되는 것은 레위기 21:18에 기록되어 있는 소경, 절뚝발이, 코가 불완전한 자, 지체가 더한 자, 손과 발이 부러진 자, 곱사등, 난장이, 눈에 백막이 있는 자, 괴혈병, 버짐, 불알이 상한 자 등이며 이에 더하여 레위기 21:19에 기록된 괴혈병이나 버짐과 같은 일시적인 육체적인 흠이 있는 자 역시 성소에 들어가서는 안 된다.

Rashi의 이해 라쉬는 제사장이 휘장 안에 들어가는 것은 휘장에 일곱 번 피를 뿌리는 경우라 말한다. 또한 제단은 성전 밖의 번제단을 의미한다. 따라서 흠이 있는 제사장은 성전 휘장 안이나 밖에 있는 번제단에 가까이 할 수 없다는 의미로 해석한다.[7]

신약의 이해 흠을 뜻하는 히브리어 뭄(מוּם)은 헬라어 모모스(μῶμος)로 번역되었다(벧후 2:13). 헬라어 모모스는 '흠'를 의미하며, 거짓 선생들에게 있는 것이다.

의미 성소의 거룩함과 하나님께 드리는 식물의 거룩함을 지키기 위하여 이 일을 담당하는 제사장들은 자신의 육체적 거룩함을 구별하여 지켜야 한다는 것을 강조하고 있다.

제89조항 : 흠이 있는 제사장은 제사를 드리지 말라

17 아론에게 고하여 이르라 무릇 너의 대대 자손 중 육체에 흠이 있는 자는 그 하나님의 식물을 드리려고 가까이 오지 못할 것이라(레 21:17)

레위기 21:17에서는 육체적 흠을 가진 제사장이 성소에서 제사를 지낼 수 없음을 가르친다.

본문의 이해 흠(뭄, מום)은 육체적인 불완전함을 의미하며, 신체가 불완전한 자는 화제를 드리지 못할 뿐만 아니라 성물을 먹지도 못하고, 장막에 들어가 단으로 가까이 갈 수 없다. 이것은 곧 흠이 있는 제사장은 성소에서 제사를 지낼 수 없음을 가르치고 있다. 이것은 하나님께 드리는 제물이 아무 흠이 없어야 하는 것과 마찬가지로 제물을 드리는 자도 아무런 흠이 없는 자라야 한다. 하나님의 식물을 드리는 자가 불결하면 드리는 식물도 불결해지기 때문이다.

구체적인 육체적 흠은 레위기 21:18에 기록되어 있는데 소경, 절뚝발이, 코가 불완전한 자, 지체가 더한 자, 손과 발이 부러진 자, 곱사등, 난장이, 눈에 백막이 있는 자, 괴혈병, 버짐, 불알이 상한 자 등이 성소에 들어갈 수 없다. 레위기 21:19에 의하면 괴혈병이나 버짐과 같은 일시적인 질병이 있는 자들도 성소에 들어갈 수 없음을 규정하고 있다.

Rashi의 이해 라쉬는 레위기 21:17의 그의 하나님의 빵을 그의 하나님의 음식이라 번역해야 한다고 주장한다. 왜냐하면 매 식사를 레헴(לֶחֶם)으로 기록하고 있기 때문이다(단 5:1).[8]

의미 일시적인 흠이 있는 제사장은 흠이 정결해질 때까지 제사장의 직무를 할 수 없음을 가르친다. 이것은 성소의 거룩함을 지키기 위하여 성소를 출입하는 제사장의 거룩함을 강조하는 것이다.

제90조항 : 육체의 흠이 없어질 때까지 성소에 들어가지 말라

18 무릇 흠이 있는 자는 가까이 못할지니 곧 소경이나 절뚝발이나 코가 불완전한 자나 지체가 더한 자나(레 21:18)

레위기 21:18에서는 육체적 흠이 없어지기까지는 성소에서 예배하는 일에 참여하지 못한다고 가르치고 있다.

본문의 이해 육체의 흠이 있는 자는 흠이 없어지기까지 성소의 직무를 수행할 수 없음을 가르친다. 특히 20절과 같이 습진, 버짐과 같은 일시적인 질병이 나을 때까지 성소에 들어가서는 안 된다는 것이다. 그러나 소경, 절뚝발이 등 선천적 질병이 있는 자는 애초 제사장 될 자격이 없다.

Rashi의 이해 라쉬는 코가 불완전한 자란 두 눈 사이의 코가 주저 앉아 마치 눈이 하나처럼 보이는 사람이라고 설명한다. 또한 지체가 더한 자는 신체의 어느 한 부분이 더 길거나 짧은 것을 의미하며, 두 눈 가운데 어느 한 쪽이 더 크거나 작은 것도 이에 포함된다고 설명한다.[9]

의미 이 구절은 부정해진 제사장들은 정결해질 때까지 기다렸다가 성소의 직무를 수행하여 성소를 더럽히지 않아야 한고 가르친다.

제91조항 : 부정한 제사장은 성소에서 일하지 말라

³ 그들에게 이르라 누구든지 네 자손 중에 대대로 그의 몸이 부정하면서도 이스라엘 자손이 구별하여 여호와께 드리는 성물에 가까이 하는 자는 내 앞에서 끊어지리라 나는 여호와이니라(레 22:3)

레위기 22:3은 제사장일지라도 부정해진 자는 성물에 접촉할 수 없음을 가르치고 있다.

본문의 이해 3절은 몸이 부정해진 자가 여호와께 드리는 성물에 가까이 하면 여호와 앞에서 끊어지며, 여호와께 드리는 성물의 거룩함을 지킬 것을 가르치고 있다. 이것은 성물을 구별하여 드리는 자나 다루는 자가 부정해져서 접촉하면 그 정함을 잃기 때문이다. 4~9절은 몸을 더럽히는 것이 어떤 것인지 구체적으로 제시한다. 이 기록에 의하면 나병환자, 유출병자, 시체에 접촉한 자, 설정한 자, 사람을 부정하게 하는 벌레에 접촉한 자, 사람을 더럽힐만한 것에 접촉된 자 등이다. 이러한 부정함은 일정한 시간이 지나면 다시 정결해 질 수 있다. 따라서 부정해진 자는 부정한 것이 정결해질 때까지 성물에 가까이해서는 안 된다.

Rashi의 이해 라쉬는 성물에 가까이 한다는 표현이 '먹는다'는 뜻이라고 설명한다. 이와 같은 가르침은 레위기 12:4에서 찾아 볼 수 있다. 여기서 성물을 만지지 말며 먹지 말라는 의미로 해석하였다. 랍비들은 '가까이하다'와 '만지다'를 같은 의미로 사용한다.[10]

의미 이 구절의 의미는 하나님의 성물에 가까이 하는 것이 거룩한 자에게만 허락되어 있다는 점을 강조한다. 따라서 제사장들은 부정한

것으로부터 자신을 구별하여 정결함을 유지할 책임이 있음을 보여준다

제92조항 : 부정한 제사장은 성물에 가까이 하지 말라

⁶ 곧 이런 것에 접촉된 자는 저녁까지 부정하니 그의 몸을 물로 씻지 아니 하면 그 성물을 먹지 못할지며(레 22:6)

레위기 22:6은 레위기 22:3의 기록대로 몸이 부정해진 자들이 다시 성물에 가까이 하는 방법을 제시하고 있다. 즉, 정결에 필요한 기간을 보 내고 물로 몸을 씻지 않으면 성물에 가까이 할 수 없음을 가르치고 있다.

본문의 이해 레위기 22:6의 규정은 아무리 제사장이라 할지라도 그의 몸을 부정한 곳에 접촉하여 더럽혀진 경우 정결 기간인 저녁까지 기 다린 후 그 더럽혀진 몸을 씻지 않으면 성물을 먹을 수 없음을 기록하고 있다. 즉, 정결해져야만 성물을 먹을 수 있다는 의미이다.

여기서 언급하는 부정한 것은 짜라아트 환자(나병환자), 유출병자, 시 체에 접촉한 자, 사람을 부정하게 하는 벌레에 접촉한 자, 사람을 부정하 게 하는 일체의 것에 접촉 된 경우를 의미한다(레 22:4~5).

Rashi의 이해 라쉬는 '이런 것에 접촉된 자'란 곧 '부정한 자'라고 설명한다.[11]

의미 이 가르침의 의미는 하나님의 거룩한 물건에 접촉하는 자들은 자신을 구별하여 거룩하게 지켜야 한다는 점을 강조한다. 따라 서 어떤 이유에서든지 부정한 것에 접촉함으로 인하여 부정해진 자들은 이를 정결하게 하는 정결례를 반드시 지켜야 한다.

제93조항 : 부정한 자를 진 밖으로 보내라

² 이스라엘 자손에게 명령하여 모든 나병 환자와 유출증이 있는 자와 주검으로 부정하게 된 자를 다 진영 밖으로 내보내되(민 5:2)

민수기 5:2은 여러 가지 이유로 인하여 부정하게 된 자를 진 밖으로 내 보내도록 가르치고 있다.

본문의 이해 민수기 5:2은 다음 세 경우로 부정해진 자를 진영 밖으로 내보 내라고 가르친다. 첫째, 악성 피부병으로 부정해진 자이다. 히 브리어 짜루아(צָרוּעַ)나 짜라아트를 나병으로 번역한 것은 헬라어 성경번역에서 레프라(λέπρα)로 번역한 것을 라틴어 *lepra*로 번역하였고, 이것을 다시 영어 leprosy로 번역한 데서 기인한 것이다. 뿐만 아니라 히브리어에서 나병으로 번역하는 네가(נֶגַע) 역시 '악성 피부병'을 의미한다. 악성 피부병(나병)의 증상에 대하여 레위기 13:1~46에 기록되어 있다. 둘째, 유출증으로 부정해진 자이다. 히브리어 조브(זוֹב)는 유출병과 유출 그 자체 모두를 지칭하는 포괄적인 단어이다.[12] 유출증은 일반적으로 남녀 성기 감염으로 인하여 생기는 것으로 여성의 월경이나 남자의 사정과는 구별되는 것이다.[13] 그러나 레위기 15장에서는 월경과 사정까지 포함하는 유출을 다루고 있다.[14] 그리고 셋째, 주검으로 부정하게 된 자이다. 민수기 5:2에 주검으로 부정하게 된 자(콜 타메 라나페쉬, כֹל טָמֵא לָנָפֶשׁ)의 문자적인 의미는 '죽은 사람에 의하여 부정해진 자'이다. 히브리어 네페쉬 혹은 나페쉬는 일반적으로 생명, 영혼 등으로 번역되지만 경우에 따라서 '죽은 자' 등으로 번역되기도 한다(레 19:28, 민 5:2, 6:6, 11, 겔 13:18~20). 레위기 11:8, 24에 주검을 만지면 부정해진다고 기록하고 있다.

그러나 구약성서에서 유출증 환자를 성밖으로 내보내야 한다는 규정이 지켜진 구체적인 사건은 찾아보기 어렵다.

Rashi의 이해 라쉬는 이스라엘의 진이 세 종류가 있다고 설명한다. 즉, 여호와의 현현이 나타나는 진, 레위인들의 진 그리고 이 두 진의 사방에 이스라엘 사람들의 진이다. 그런데 부정한 자들 가운데 나병환자는 이 세 진 밖으로 내보냈다. 그러나 유출로 더러워진 자는 이스라엘의 진까지는 허락되었고, 주검으로 부정해진 자는 레위인의 진까지는 허락되었다고 설명함으로써 부정한 것도 등급을 정하였음을 알 수 있다.

신약의 이해 마태복음 9:9~13에서 바리새인들의 태도는 민수기 5:2의 입장을 나타내는 것이다. 그러나 예수는 부정한 자와 함께 한다. 왜냐하면 예수 자신이 부정한 자를 정하게 하는 능력이 있기 때문이다. 뿐만 아니라 유출증 있는 여인이 예수님의 옷자락을 만졌고 그 사실이 발각되었을 때 그녀가 매우 놀란 것은 유출증이 있는 사람이 일반 사람의 옷을 만질 수가 없기 때문이다(막 5:22~34). 즉, 그녀는 성 밖으로 나가 있어야 하는 규정을 어겼기 때문이다.

의미 이스라엘 공동체는 거룩한 하나님의 백성이기 때문에 그들의 거룩성을 지켜야 할 의무가 있다. 이러한 거룩함을 지키는 방법은 더러워진 것을 분리하여 접촉하지 않음으로 지킬 수 있다. 따라서 모든 더러운 것뿐만 아니라 더러워진 것을 분리함으로써 이스라엘 백성들의 거룩함을 지킬 수 있다.

제94조항 : 부정한 자는 성소의 어떤 부분에도 들어가지 말라

³ 남녀를 막론하고 다 진영 밖으로 내보내어 그들이 진영을 더럽히게 하지 말라 내가 그 진영 가운데에 거하느니라 하시매(민 5:3)

민수기 5:3은 부정한 자는 아무도 성전에 들어갈 수 없음을 기록하고 있다.

본문의 이해 민수기 5:3에서는 남녀를 막론하고 부정한 자들을 진영 밖으로 보내라고 가르친다. 본문은 원래 부정한 자를 진(막하네, מַחֲנֶה) 밖으로 보내라는 것이지만 진이 하나님 계시는 곳이라는 표현으로 인하여 진을 성전으로 이해하기도 한다. 따라서 나병환자, 유출병, 그리고 주검으로 인해 부정해 진 자가 성전에 들어가는 것을 금한다. 이처럼 부정한 자를 진 밖으로 쫓아내야 하는 이유는 여호와께서 진중(陣中)에 있기 때문이다. 여호와가 진중에 있게 되면 백성들의 거룩성이 더욱 요구된다.

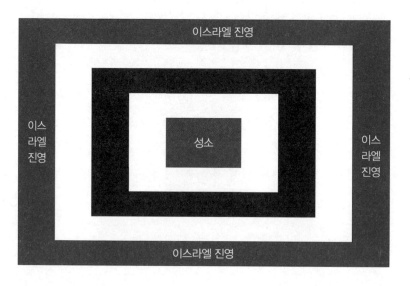

레위기 5:2~3에 의하면 부정한 것에 닿거나 만졌을 때 그 사람은 부정해 진다고 기록하고 있다. "만일 누구든지 부정한 것들 곧 부정한 들짐승의 사체나 부정한 가축의 사체나 부정한 곤충의 사체를 만졌으면 부지중이라고 할지라도 그 몸이 더러워져서 허물이 있을 것이요 만일 부지중에 어떤 사람의 부정에 닿았는데 그 사람의 부정이 어떠한 부정이든지 그것을 깨달았을 때에는 허물이 있을 것이요"(레 5:2~3). 따라서 부정한 것들을 진 밖으로 옮겨서 이스라엘 백성들이 부정해지지 않도록 하는 것이다.

그런데 민수기 5:3에서 여호와가 계시는 진 밖으로 내보내라는 것은 성전이 건축된 이후에는 부정한 자들이 성전에 들어가게 해서는 안 된다는 것으로 이해할 수 있다.

의미 부정한 자는 하나님의 처소인 성전에 올라갈 수 없음을 가르친다.

제95조항 : 부정한 자는 레위인의 진에 들어가지 말라

[10] 너희 중에 누가 밤에 몽설함으로 부정하거든 진영 밖으로 나가고 진영 안에 들어오지 아니하다가(신 23:10)

신명기 23:10(11)에서는 몽설함으로 부정해진 자가 진 안으로 들어와서는 안 된다고 가르친다.

 본문의 이해 10(11)절은 민수기 5:3과 유사한 것으로 부정해 진 자가 진 밖에 있다가 세정식을 거친 후 진으로 들어 올 수 있음을 가르친다(11

절). 이 구절을 근거로 부정한 사람은 성산(聖山)에 올라 갈 수 없다고 가르친다.

11(12)절은 부정해진 자들이 거룩해지는 방법, 즉 부정함을 씻어내는 방법을 기록하고 있다. 부정한 자는 정한 기간인 해질 때까지 진 밖으로 분리되어 있다가 목욕을 하고 진으로 들어올 수 있다고 가르치고 있다.

Rashi의 이해 라쉬는 몽설함의 경우에 레위인의 진이나 여호와가 현현하는 진에 들어가지 못하고 이스라엘의 진에는 허락되었다고 설명한다.

의미 부정한 자는 하나님의 처소인 성소에 올라갈 수 없음을 가르친다.

제96조항 : 제사장의 세족

¹⁹ 아론과 그의 아들들이 그 두멍에서 수족을 씻되(출 30:19)

출애굽기 30:19은 아론과 그의 아들들 즉, 제사장들이 회막에 들어가거나 혹은 제사에 참석하기 전에는 두멍에서 수족을 씻고 들어가야 함을 가르쳐 준다.

본문의 이해 하나님의 거룩한 성소에 들어가거나 혹은 제사를 드리기 위해서는 손과 발을 깨끗이 씻어야 함을 가르쳐 준다. 그렇다면 어디서 수족을 씻는가? 출애굽기 30:18에 의하면 회막과 제단 사이에 청동으로 만든 물두멍을 두고 거기서 씻어야 한다. 물두멍(키오르, כִּיּוֹר)으로 번역된 히브리어의 문자적인 의미는 '세숫대야'(출 30:18, 28, 31:9, 38:8,

39:39, 40:7, 11, 30, 레 8:11)이다. 19절에서는 물두멍을 전치사로 받고 있다(מִמֶּנּוּ).

열왕기상 7:27~39에는 솔로몬 성전의 물두멍에 대하여 기록하고 있는데, 물두멍의 용량은 약 40바트 정도이며 직경은 4규빗(약 2미터) 정도 된다. 솔로몬 성전에는 10개의 물두멍이 있었으나(왕상 7:27~39) 솔로몬 성전보다 작은 규모의 회막에는 한 개의 물두멍으로 충분했던 것으로 보인다.[15]

구약의 이해 이 가르침에 의하여 솔로몬 성전의 물두멍은 이동에 용이하게 수레 위에 두었으며 다섯 개는 성전의 오른쪽에 나머지 다섯 개는 성전의 왼쪽에 두었다. 물두멍의 규격에 대하여 구약성서는 아무런 정보도 제공하지 않지만 솔로몬 성전에 있던 물두멍은 지름이 4 규빗(약 2m), 용량이 40바트로 약 920리터의 물을 담는 큰 규모였다(왕상 7:38).[16]

Rashi의 이해 라쉬는 아론과 그의 아들들이 손과 발을 동시에 정결하게 해야 한다고 설명한다. 그는 특히 오른손을 오른쪽 발에, 왼손을 왼쪽 발에 올려 놓고 정화하였다고 설명한다.

고고학의 이해 물두멍의 존재는 이스라엘에 대한 고고학 발굴의 결과 청동기시대부터 물두멍이 발견되는 것을 통해서도 알 수 있다.

신약의 이해 마가복음 7:1~13(마 15:1~20)에서 장로들의 전통 가운데 손을 씻지 않고서 음식을 먹지 않는 전통은 출애굽기 30:19, 40:12~13의 제사장이 성전(성소)에 들어갈 때 손과 발을 씻도록 규정한 것이 확대된 것이다.[17]

손과 발을 씻는 것은 회막(성전)의 거룩함을 지키기 위함이다. 회막은 가장 거룩한 곳이며 여호와가 계신 곳이므로 이곳을 더럽힐 수 없기 때문에 제사장들은 회막 안에 들어가려면 물두멍에서 손과 발을 씻어야만 했다.

이러한 전통은 오늘날 이슬람교에서 찾아 볼 수 있다. 이슬람교에서는 신도들이 모스크에 들어가기 전에 손과 발을 씻어야 한다.

03

제단

제사장이 제단의 불을 관리하는 것은 제사와 직접적인 관련이 있기 때문에 매우 중요한 일이다. 특히 제단의 불은 제물을 여호와에게 드리는 것과 밀접한 관련이 있기 때문에 매우 중요하다. 뿐만 아니라 여호와가 성전에 이스라엘과 함께 계시기 때문에 불을 꺼뜨리는 일이 용납되지 않았다.

제97조항 : 철이 닿은 돌로 제단을 만들 수 없다

²⁵ 네가 내게 돌로 단을 쌓거든 다듬은 돌로 쌓지 말라 네가 정으로 그것을 쪼면 부정하게 함이니라(출 20:25)

출애굽기 20:25은 제단을 만드는 방법 가운데 돌을 다듬어서 제단을 만들 수 없음을 가르치고 있다.

 다듬은 돌(가지트, גָּזִית)(ashlar)은 고대 이스라엘에서 성전(왕상 7:9, 11~12, 왕하 12:12, 22:6), 왕궁, 제단(겔 40:42) 그리고 귀족들의 집(암 5:11)을 건축하는데 사용된 건축자재이다. 본문에서는 이 돌로 제단을 쌓지 말라고 가르친다. 이와 같은 내용은 신명기 27:5~6에도 기록되어 있다.

> **5** 또 거기서 네 하나님 여호와를 위하여 제단 곧 돌단을 쌓되 그것에 쇠 연
> 장을 대지 말지니라 6 너는 다듬지 않은 돌로 네 하나님 여호와의 제단을
> 쌓고 그 위에 네 하나님 여호와께 번제를 드릴 것이며(신 27:5~6)

25절에서 강조하는 것은 돌을 쪼기 위하여 쇠로 만든 칼(헤레브, חֶרֶב) (신 27:5 참고)을 사용하는 것이 돌을 부정하게 만들기 때문이다. 이처럼 철 연장의 사용을 금하는 것에 대하여 Mishnah Middot 3:4에 의하면 철은 파괴를 위한 무기를 만드는 시간을 단축시켜 준다. 그러나 제단은 오랜 기간 동안 만들어져야 하며, 제단은 하나님과 화해를 통하여 세워지는 것이라는 의미를 지니고 있다고 설명한다. 더 나아가 폭력의 수단인 철을 영적인 목적을 위하여 사용하지 못하도록 하는 것이라고 설명할 수도 있다.

그러나 문화적인 관점에서 이스라엘이 출애굽 하던 과정에서는 장소를 옮겨 감에 따라 새로운 제단을 쌓을 때 돌을 다듬을 시간적 여유가 없었기 때문에 다듬은 돌을 쓰지 않은 것이 이스라엘의 무성의함이 아니라는 사실을 보여주기 위한 것으로 이해할 수 있다. 이러한 사실은 솔로몬이 성전을 지을 때 다듬은 돌을 사용한데서 짐작할 수 있다(왕상 6:7).

구약의 이해 열왕기상 6:7에 의하면 솔로몬은 다듬은 돌로 성전을 지었음을 기록하고 있다.

에스겔 40:42에서는 다듬은 돌로 번제에 쓰는 상 네 개를 만들었다고 기록하고 있다.

고고학 발굴을 통하여 구약시대 이스라엘에서 발견된 제단(브엘세바, 하솔, 단 등)은 모두 다듬은 돌(ashlar masonry)로 제단을 만들었을 뿐만 아니라 왕궁이나 성전도 모두 다듬은 돌로 건축되었음을 알 수 있다. 또한 이런 건축물의 기둥머리의 경우 원시 아이올리스 기둥머리(proto-Aeolic capital) 형식을 취하며 건물 벽의 상부는 들쑥날쑥한 형식을 취한다.

하나님의 성전 제단을 다듬은 돌로 쌓지 말라는 것은 성전 건축의 거룩성을 지켜가라는 것이다.

제98조항 : 제단에 오를 때 계단으로 오르지 말라

26 너는 층계로 내 제단에 오르지 말라 네 하체가 그 위에서 드러날까 함이니라(출 20:26)

출애굽기 20:26에서는 제단에서 하체가 드러나는 것을 금하기 위하여 제단을 오를 때 계단으로 오르지 말라고 가르친다.

이러한 규정은 고대근동의 종교적 상황에서 이해할 수 있다. 고대 근동의 종교에서는 제사장들이 나체로 제사를 드리는 예를 쉽게 발견할 수 있다. 이처럼 나체로 제사를 드리는 것은 죽음과 부활을 상징적으로 나타내며, 특히 다양한 주술적 제의에서도 발견된다.[18] 그러나 출애굽기 28:42~43에서는 속바지를 만들어 허리부터 두 넓적다리까지 가리도록 하고 있다. " 또 그들을 위하여 베로 속바지를 만들어 허리에서부터 두 넓적다리까지 이르게 하여 하체를 가리게 하라. 아론과 그

의미 의 아들들이 회막에 들어갈 때에나 제단에 가까이 하여 거룩한 곳에서 섬길 때에 그것들을 입어야 죄를 짊어진 채 죽지 아니하리니 그와 그의 후손이 영원히 지킬 규례니라." 이러한 바지는 아침에 제단의 제를 제거할 때 입고 들어갔다.

이러한 가르침은 고대 가나안 종교와 성(性)이 밀접히 관련되어 있는 것과 달리 고대 이스라엘의 종교는 성과 거리가 있다는 사실을 보여주는 것이다. 특히 바알종교의 성전창기제도와 관련하여 이스라엘 종교의 차이점이 부각되는 가르침이다.

Rashi의 이해 라쉬는 제단에 오르는 길을 만들 때 계단을 만들지 말라는 것으로 이해하였다. 제단을 위해서는 평지 혹은 내리막 길로 만들라는 것으로 이해하였다. 왜냐하면 계단은 보폭을 넓게 벌려야 하므로 하체가 드러날 수 있기 때문이다. 따라서 제단에서 불경스러운 행동을 하지 말라는 것으로 이해하였다.

고고학의 이해 고고학적 발굴의 결과 주전 8세기 초의 것으로 여겨지는 단(Tell Dan)에서 발견된 제단도 계단을 통하여 올라가도록 만들어졌다.

신약의 이해 예수의 가르침 가운데 죄의 근원을 발본색원하라는 가르침들이 있다.

마태복음 18:8~9에서 네 손이나 네 발이 너를 범죄하게 하거든 찍어 내버리라는 가르침과 같은 맥락의 말씀이다.

의미 선한 목적으로 행동하더라도 부정한 것이 드러나서는 안 된다는 것을 가르쳐 준다. 따라서 부정한 것이 드러나지 못하도록 계단을 통하여 제단에 올라가지 말라는 것이다.

제99조항 : 제사장은 등불을 관리하라

[20] 너는 또 이스라엘 자손에게 명령하여 감람으로 짠 순수한 기름을 등불을 위하여 네게로 가져오게 하고 끊이지 않게 등불을 켜되 [21] 아론과 그의 아들들로 회막 안 증거궤 앞 휘장 밖에서 저녁부터 아침까지 항상 여호와 앞에 그 등불을 보살피게 하라 이는 이스라엘 자손이 대대로 지킬 규례이 니라(출 27:20~21)

출애굽기 27:20~21의 등불에 관한 가르침은 레위기 24:1~4에서도 찾아볼 수 있는 것으로 제사장들에게 매일 등불을 관리하도록 가르치고 있다.

본문의 이해 이스라엘 자손들은 감람(올리브)으로 짠 순수한 기름(쉐멘 자이 트 자크 카티트, שֶׁמֶן זַיִת זָךְ כָּתִית)을 제사장들에게 가져와야 한다. 감람으로 짠 순수한 기름의 문자적인 의미는 '이긴(부순) 순수한 올리브 기름'이다. 왜냐하면 좋은 기름을 성전의 등불을 켜는데 사용하기 위해 서이다. 제사장들은 이 기름으로 성전의 등불을 꺼지지 않도록 관리하는 책임이 있다.

이 구절에서 가장 어려운 점은 '끊이지 않게 등불을 켜되'(레하알로트 네르 타미드, לְהַעֲלֹת נֵר תָּמִיד)의 의미이다. 이 구절을 직역하면 '항상 등불을 켜놓아라'이다. 그러나 21절과 연계하여 볼 때 저녁부터 아침까지 등불을 켰음을 알 수 있다. 특히 출애굽기 30:7~8을 근거로 볼 때 저녁에 해가 지면 켜고, 아침에 끄도록 되어 있다. 따라서 저녁부터 밤 내내 등불이 꺼지지 않도록 관리하도록 가르치는 것이다. 아침 상번제와 저녁 상번제가 등불을 켜고 끄는데 기준이 된 것으로 보인다.

그렇다면 어디에 등불을 켜는가? 회막 안 증거궤 앞 휘장 밖은 아론의 자손 제사장들이 성전의 등불을 지켜야 하는 장소이다.

출애굽기 27:20~21에서 아론과 그의 아들들인 제사장에게 성전의 등불을 관리시킨 것은 성소에 들어갈 수 있는 자가 제한되어 있기 때문이다. 성소 안은 거룩한 자, 구별된 자만이 들어갈 수 있기 때문이다.

하나님의 등불을 켜야 하는 이유는 무엇인가? 등불은 하나님의 임재의 상징을 나타내기 때문이다. 따라서 밤새도록 등불을 켠다는 것은 하나님이 항상 이스라엘과 함께 한다는 상징이다.

구약의 이해 사무엘상 3:3의 "하나님의 등불은 아직 꺼지지 아니하였으며 사무엘은 하나님의 궤 있는 여호와의 전 안에 누웠더니"라는 구절은 아직 날이 밝지 않았다는 의미이다. 왜냐하면 하나님의 등불은 아침 동녘이 밝으면 끄기 때문이다.

Rashi의 이해 라쉬는 출애굽기 27:20의 등불이 끊어지지 않게 타게하라는 것은 불꽃이 스스로 타도록 항상 켜두라는 것으로 이해하였다. 특히 밤새도록 켜두어야 했다.

고고학의 이해 고고학적 발굴 결과 이스라엘 지역에서 많은 올리브기름 생산 공장을 발견하였다. 올리브기름을 생산하는 시설은 북쪽 지역과 남쪽 지역 사이에 차이가 있다. 북쪽 지역에서는 원형 돌 판과 이 위를 움직이는 맷돌로 구성된다. 올리브를 이곳에서 부서뜨린 후 움푹한 그릇에 담아 이것을 둥근 돌 위에 올려놓고, 그릇 안의 짓이겨진 올리브를 무거운 돌로 누르면 기름이 흘러 한 곳에 모이는 방식을 사용한다.[19] 그러나 남쪽 지역(유다, 쉐펠라, 그리고 에브라임 일부 지역)의 올리브기름 생산 방식은 약간 다르다. 올리브를 돌 그릇 안에서 으깬 후 무거운 돌이 달린 나무로 으깬 올리브가 담긴 그릇을 누르면 기름이 통으로 흘러들어 간다. 주전 7세기 에크론의 올리브 생산 산업은 매우 발달하였다. 에크론에서는 115개의 올리브기름 생산 틀을 포함한 다양한 용기를 발견 하였다. 뿐만 아니라 에크론 주변의 텔 베이트 미르심(Tell Beit Mirsim)에서 6개, 벧세메스에서 12개 그리고 게셀에서 7개의 올리브 기름 생산 시설을 세웠다.[20] 이곳에서 생산된 기름의 양이 소비량을 초과했기 때문에 수출하였음을 알 수 있다.

감람나무에서 생산된 올리브기름은 다양한 용도로 사용된다. (1) 성전에 필요한 기름으로 생산된다(특히 소제 때 기름이 필요하다; 레 2장). (2) 왕이나 제사장을 기름 부을 때도 이 기름을 사용한다(사 9:8~9, 왕하 9:3). (3) 상처를 치료하는 의약품으로도 사용되었다(눅 10:34). (4) 이스라엘은 고온 건조하기 때문에 피부를 보호하기 위한 화장품으로도 사용하였다(신 28:40). (5) 식용으로도 사용되었다(레 2장). (6) 불을 밝히는 기름으로도 사용되었다(삼상 3:3 참고). 구약성서에 기록된 기름은 모두 올리브기름을 뜻한다. 최근 고고학 연구 결과 에크론을 중심으로 한 블레셋의 해안 지역은 올리브기름을 생산, 수출하는 중요한 지역으로 알려졌다. 에크론에서 발견된 올리브기름 생산 공장이 이를 단적으로 말해준다. 뿐만 아니라 고고학 발굴 결과 많은 등잔이 발견되어 당시의 물질문명을 짐작하게 한다.

신약의 이해 사도 바울은 고린도전서 6:19 등에서 우리 몸이 성전이라고 말하였다. 이 성전에는 등불이 켜지는 것이 아니라 빛이신 주님이 내주해 계신다. 따라서 구약의 등불을 켜는 것은 바울에게 있어서는 주님을 영접하는 것으로 이해할 수 있다.

의미 출애굽기 27:20~21은 하나님의 성전을 관리하는 데 정성을 다해야 함을 보여준다. 항상 등불과 제단의 불이 꺼지지 않도록 지켜서 관리하듯이 하나님의 성전을 관리하는 책임이 백성과 제사장들에게 있음을 말한다.

본문에서 강조하는 것은 좋은 감람유로 등불을 밝히되 저녁부터 아침까지 항상 등불을 보살피고 꺼지지 않도록 불을 관리해야 함을 가르치고 있다. 본문에 의하면 좋은 감람유를 만들어 성전으로 가져오는 것은 백성들의 의무이고, 이것으로 성소의 등불이 꺼지지 않도록 관리하는 것은 제사장의 몫이다.

저녁부터 아침은 사람이 활동하지 않는 시간인데 이때가 바로 여호와께서 활동하시는 시간이다. 따라서 여호와의 성전에 불을 꺼뜨려서는 안 된다. 그러나 밤에 불이 꺼지지 않도록 관리하는 것은 매우 어려운 일이며, 또한 제단의 불이 꺼지지 않도록 관리하는 것도 매우 어려운 일이다. 따라서 제사장들이 불을 지켜서고 있어야만 등불을 꺼뜨리지 않을 수 있었다.

제100조항 : 제단의 불을 꺼뜨리지 말라

⁹ 아론과 그의 자손에게 명령하여 이르라 번제의 규례는 이러하니라 번제물은 아침까지 제단 위에 있는 석쇠 위에 두고 제단의 불이 그 위에서 꺼지지 않게 할 것이요(레 6:9)

레위기 6:9(히 6:2)은 제단의 불을 꺼뜨려서는 안 된다는 것을 가르치고 있다.

본문의 이해 등불과 함께 번제단과 향단의 불 역시 꺼뜨려서는 안 됨을 가르쳐 준다. 9절의 명령하여(짜브, צַו)라는 뜻의 히브리어 동사 짜브가 명령형으로 기록된 것은 제사에 필요한 것을 준비하고 운영하는 것이 제사장의 직무임을 강조하기 위함이다. 석쇠(모케드, מוֹקֵד)는 원래 히브리어로 '태운 곳'이란 뜻이다.²¹ 따라서 제단의 나무 위에 놓여 있는 석쇠 위를 말한다. 제단은 번제단(미즈베아흐, מִזְבֵּחַ)을 의미한다. 9절의 '아침까지 불이 꺼지지 않도록 하라'는 규정은 이스라엘의 상번제를 염두에 둔 것이다. 아침과 저녁에 양을 한 마리씩 드리도록 되어 있다(민 28:3~4, 출 29:38~39). 고대 이스라엘에서는 번제로 시작해서 번제로 끝나기 때문에 이러한 규정이 매우 논리적인 것이다. 불은 항상 피워 꺼지지 않게 해야 한다는 것은 무엇보다도 하나님이 성전에 항상 계시기 때문에 이스라엘은 항시 하나님을 섬길 준비를 해야 함을 의미한다. 저녁 상번제를 드린 후 다음날 아침 상번제까지 제단 불을 꺼뜨리지 말라는 것이다.

신약의 이해 이는 의미적인 면에서 신약성서에 주님이 언제 오실지 모르기 때문에 항상 깨어 있어 오시는 주님을 영접하라는 것과 같은 맥락의 가르침이다(마 24:42, 25:13).

뿐만 아니라 마태복음 26:40에서 제자들이 자는 것을 보고 예수가 베드로에게 너희가 나와 함께 한 시간도 이렇게 깨어 있을 수 없더냐고 꾸짖는 것도 같은 의미를 내포하고 있다. 즉, 언제든지 주님과 함께 하려는 준비 자세를 요구한다.

의미 이 구절은 여호와가 항상 이스라엘과 함께 하고 있기 때문에 이스라엘이 여호와께 드리는 향기로운 제사가 끊어지지 말아야 함을 가르친다.

제101조항 : 제사장은 제단 불을 꺼뜨리지 말라

¹³ 불은 끊임이 없이 제단 위에 피워 꺼지지 않게 할지니라(레 6:13)

레위기 6:13은 제단의 불을 꺼뜨리지 말고 항상 켜져 있도록 해야 함을 가르치고 있다.

본문의 이해 레위기 6:13의 제단의 불을 항상 꺼지지 않게 보존해야 한다는 가르침은 앞의 레위기 6:9의 '아침까지 불이 꺼지지 않도록 하라'는 가르침에서 이미 언급된 것이며, 이것은 이스라엘의 상번제를 염두에 둔 것이다. 아침과 저녁에 양을 한 마리씩 드리도록 되어 있다(민 28:3~4, 출 29:38~39). 고대 이스라엘에서 하루의 일과는 번제로 시작해서 번제로 끝나기 때문에 이러한 가르침은 매우 논리적인 것이다.

제단의 불이 꺼지지 않도록 보존하기 위해서는 제단에서 태울 나무의 공급이 원활해야 한다. 느헤미야 10:34에 의하면 제사장, 레위사람들 그리고 백성들이 제비를 뽑아 제단에 필요한 나무를 공급하였다.

제사장의 임무 가운데 제단의 불을 꺼뜨리지 않는 것은 매우 중요하다. 13절의 불을 꺼뜨리지 말아야 하는 것은 이미 9절에서 언급되었다. '불을 꺼뜨리지 않는다'는 것은 이스라엘 백성들이 하나님에 대하여 항상 주의하고 있음을 상징적으로 나타내는 것이다.[22]

의미 이 구절은 여호와가 항상 이스라엘과 함께 하고 있기 때문에 제사장은 항상 여호와께 향기로운 제사를 드리는 자의 역할이 있음을 말해준다.

제102조항 : 제사장은 재를 매일 치워라

[10] 제사장은 세마포 긴 옷을 입고 세마포 속바지로 하체를 가리고 제단 위에서 불태운 번제의 재를 가져다가 제단 곁에 두고 [11] 그 옷을 벗고 다른 옷을 입고 그 재를 진영 바깥 정결한 곳으로 가져갈 것이요(레 6:10~11)

레위기 6:10(3)~11(4)은 제단에 생긴 재를 제사장들이 매일 치우도록 가르치고 있다.

본문의 이해 제사장이 제단의 불을 꺼뜨리지 않고 잘 보존해야 하기 때문에 하루종일 많은 양의 재가 생기기 마련이다. 따라서 이 재를 거르지 말고 매일 청결하게 치우라고 가르친다. 특히 두 번의 상번제에서 많은 재가 나오게 된다.

10절의 세마포(바드, בַּד)는 제사장의 옷이 세마포로 만들어졌음을 뜻한다. 이 구절에는 세마포 긴 옷, 세마포 바지 등이 등장한다. 에스겔

44:17에 제사장들은 양모로 된 옷을 입지 못하고 세마포로 된 옷을 입도록 규정되어 있다. 그런데 에스겔서에서 세마포는 히브리어 바드 대신 페쉐트(פשת)를 사용하였다. 이 두 단어는 같은 의미인데 단어를 사용하는 시대가 각기 달라 모두 사용된 것으로 보인다. 따라서 밀그롬은 바드가 바벨론 포로기 이전에 사용되었던 단어로 이해한다.[23] 고대 이스라엘에서 세마포는 이집트에서 수입하였다.

10절의 재를 가져다가(헤림, הֵרִים)의 기본적인 의미는 '높이 들다'이지만 여기에서는 '제거하다'는 뜻으로 쓰였다.[24] 즉, '재를 제거하다'의 의미이다.

11절에서 그 옷을 벗고라는 표현은 제사장의 의복은 반드시 경내에서만 입어야 하기 때문에 제사장의 옷을 바꾸어 입으라고 가르친다(출28:43). 이것은 옷을 경내 밖에서 오염시킬 수 없다는 생각을 나타내는 것이다. 이는 옷을 통해서 부정이 전달된다고 생각하였음을 보여준다. 특히 재를 버려야하기 때문에 재를 쌓아두는 곳으로 가야 한다. 그 때는 반드시 옷을 갈아입는 것이다. '진영 바깥 정결한 곳'은 레위기 4:12에서 세페크 하-데쉔(שֶׁפֶךְ הַדֶּשֶׁן) 즉, '재를 쌓아 놓는 곳' 혹은 '재를 쏟아 붓는 곳'이라고 부르며, 이곳이 정결한 곳(마콤 타호르, מָקוֹם טָהוֹר)이라고 불린다. 그러나 레위기 4:12에서 '정결하다'는 뜻의 단어 '타호르'는 종교적인 의미로 '거룩한'을 의미하지 위생적인 의미의 '깨끗함'을 의미하지는 않는다. 레위기 1:16에서는 제단의 동쪽 편에 재를 쌓아 두는 곳을 므콤 하-다쉔(מְקוֹם הַדֶּשֶׁן)이라고 부르며 진 밖의, 번제단 근처에 있다. 히브리어 데쉔(דֶּשֶׁן)은 문자적으로 올리브(삿 9:9)나 음식(사 55:2) 혹은 제물(집회서 38:11)의 기름 재(fatty ashes)를 뜻한다.[25]

구약성서에서 재(데쉔, דֶּשֶׁן)에 대한 이해는 어떤가? 제단의 재는 주로 제단에서 생기는 것으로 레위기 4:12에서는 재를 쌓아두는 곳을 거룩한

곳이라고 부른다. 그럼에도 재에는 생명력이 없는 것이기 때문에 성소
안에 오래 머물러 두지 못하도록 하였다.

Rashi의 이해 라쉬는 레위기 6:10(3)의 제단 곁이 '제단 동쪽'을 의미한다고 해
석하였다.[26]

의미 재를 매일같이 치우라는 것은 재가 경내에 있어서 안 될 이유가
있기 때문이다. 생명력이 없는 것을 경내에 오래 방치하지 못하
도록 진 밖의 한 곳에 모아 두었다. 그러나 재 자체는 거룩한 제사에서
나온 것이기 때문에 거룩하다고 생각하였다.

04

제사장과 축복

제103조항 : 제사장은 이스라엘을 축복하라

²³ 아론과 그의 아들들에게 말하여 이르기를 너희는 이스라엘 자손을 위하여 이렇게 축복하여 이르되 ²⁴ 여호와는 네게 복을 주시고 너를 지키시기를 원하며 ²⁵ 여호와는 그의 얼굴을 네게 비추사 은혜 베푸시기를 원하며 ²⁶ 여호와는 그 얼굴을 네게로 향하여 드사 평강 주시기를 원하노라 할지니라 하라(민 6:23~26)

민수기 6:23~26은 제사장들이 백성들을 축복하는 권리와 의무를 가지고 있음을 가르쳐 준다.

본문의 이해 민수기 6:23~26은 아론과 그의 아들 제사장들이 이스라엘 백성을 위하여 축복하라고 가르치고 있다. 축복의 내용은 24~26절에 기록되어 있으며, 다음 네 가지이다. (1) 여호와가 이스라엘에게 복을 주고(בְּרַךְ) (2) 이스라엘을 지키며(שָׁמַר) (3) 은혜를 베풀고(חָנַן) (4) 평강을 줄 것을(שִׂים שָׁלוֹם)을 선포하는 것이다.

하나님이 이스라엘을 축복하신다는 것은 모든 일이 총체적으로 잘 진행되도록 축복하는 것이다. 히브리어 동사 베레크(בְּרַךְ)는 개인이나 공동체의 민족적, 윤리적, 종교적 연대를 강화시키는 역할을 한다.[27] 구약성서에서 축복은 하나님이 내리는 것이거나 하나님과 밀접한 관련이 있다. 따라서 축복은 신비적인 사고와 밀접한 관련이 있다. 축복이란 하나님만이 이스라엘에게 줄 수 있는 것으로 이해하였다. 따라서 축복을 요청하는 것은 하나님이 이스라엘의 삶의 모든 영역이 잘 진행되도록 돕는 것을 의미한다.

구약에서 축복이란 단순히 정신적이거나 추상적인 것이 아니라 임신, 풍요, 안녕, 그리고 땅의 평화와 같은 물질적이면서도 구체적인 개념이다.[28] 창세기 24:1에 의하면 하나님이 아브라함에게 모든 일에 복을 주었다고 기록하고 있다. 이 경우 아브라함에게 후손을 제외한 모든 일에 복을 주었다는 의미이다. 따라서 구약성서의 복의 개념은 인간 삶의 모든 영역에 해당한다. 창세기 17:16에서는 복을 주어 아들을 낳았다고 기록함으로써 아들을 낳는 것을 복으로 이해하였다. 출애굽기 23:25에서는 축복이 양식과 물을 풍부하게 하는 것으로 이해하고 있다. 신명기 7:13에서 복은 토지의 소산과 곡식, 포도주와 기름이 풍성한 것으로 이해하였다. 또한 신명기 16:15와 욥기 1:10에서는 소출과 손으로 행하는 모든 일이 잘되는 것을 복으로 이해하였다. 따라서 구약성서에 사용된 축복의 개념은 매우 구체적이고 물질적인 면이 강함을 알 수 있다.

민수기 6장의 배경은 이스라엘이 출애굽할 당시이다. 히브리어 동사 샤마르(שָׁמַר)는 무사안전과 보호가 요구될 때 많이 사용되는 동사이다. 따라서 샤마르(שָׁמַר)는 길을 뜻하는 히브리어 데렉(דֶּרֶךְ)과 함께 사용되어 길을 잃지 않도록 지켜주기를 바라는 의미를 가지고 있다.[29] 또한 사무엘상 30:23에 의하면 주변의 여러 적들의 공격으로부터 이스라엘을 지킨다는 의미를 가지고 있다. 따라서 제사장을 통하여 선포하는 이스라엘의 축복의 내용은 여호와가 이스라엘의 가는 길을 잃지 않고 가도록 지킬 뿐만 아니라, 외적으로부터 이스라엘을 지킨다는 의미를 내포하고 있다.

시편 41:2에서는 여호와가 그를 지키사 살게하시리니 그가 이 세상에서 복을 받을 것이라고 노래하고있다.

여호와가 이스라엘 백성들을 호의로 지키는 것과 평안을 허락하는 것을 의미한다. 은혜로 번역된 히브리어 동사 하난(חַנַן)은 '호의를 베풀다'는 뜻이다. 즉, 여호와가 이스라엘의 상황이나 상태에 관계없이 호의를 베푼다는 뜻이다. 그런데 하난(חַנַן)은 주로 축복과 연관되어 많이 사용되는데 이 경우에는 물질적인 풍요로움과 관련되어 있다.

여호와가 이스라엘의 모든 것을 다 이루고 온전하게 한다는 것이다. 평강으로 번역된 히브리어 단어는 씸 샬롬(שִׂים שָׁלוֹם)이다. 이 말은 '완전하게 하다' 혹은 '온전하게 하다'는 의미를 가지고 있다. 따라서 하나님이 이스라엘에게 평강을 준다는 것은 하나님과의 관계 뿐만 아니라 모든 사람들과의 관계를 온전하게 하고, 더 나아가 이스라엘의 모든 일(모든 행복)을 완전하게 하는 것을 의미한다.[30]

구약의 이해 시편 29:11에서는 여호와가 백성들에게 평강의 복을 준다고 기록하고 있다.

레위기 9:22에 의하면 제사장의 축복으로 속죄, 번제, 화목제가 마침을 기록하고 있다. 따라서 성전은 백성을 향한 하나님의 축복이 선포되는 곳이다.

의미 민수기 6:23~26은 이스라엘의 제사장들이 여호와를 찾아 제사를 드리는 자들에게 하나님의 축복을 선포하라는 것이다. 이 축복은 하나님이 어떤 분인가를 설명하는 것이다. 즉, 여호와는 자신에게 제사하는 자들을 축복하는 분임을 알리라는 것이다. 따라서 시편 73:28

에서는 '하나님께 가까이 함이 내게 복이라'고 노래하고 있을 뿐만 아니라 115:13에서는 여호와가 '여호와를 경외하는 자들에게 복을 주시는 분'임을 노래하고 있다(시 128:4). 또한 시편 118:26에 의하면 '여호와의 집에서 너희를 축복하였도다'라고 노래함으로 구약성서에서는 여호와가 자신에게 나오는 자를 축복하는 분임을 강조하고 있다.

05

진설병

제104조항 : 제사장은 진설병을 두라

³⁰ 상 위에 진설병을 두어 항상 내 앞에 있게 할지니라(출 25:30)

출애굽기 25:30은 제사장들에게 진설병을 항상 여호와 앞에 두어야
함을 가르치고 있다.

본문의 이해 출애굽기 25:30에 의하면 제사장들이 여호와의 법궤 앞에 항
상 진설병을 놓아두어야 한다. 출애굽기 25:30(וְנָתַתָּ עַל־הַשֻּׁלְחָן
לֶחֶם פָּנִים לְפָנַי תָּמִיד)을 직역하면 '너는 항상 내 앞의 상 위에 진설병을 두어
라'이다. 그렇다면 이 진설병은 매일 놓은 것인가? 본문 30절에서는 히
브리어 타미드(תָּמִיד)의 사용을 통하여 진설병을 매일 교체하는 것을 의
미한다. 이 경우 진설병은 여호와의 식사 개념으로 이해된다. 그러나 진
설병에 관한 레위기 24:5~9의 기록에 의하면 매 안식일마다 진설병을
놓도록 규정하고 있다. 레위기 24:8에 의하면 "안식일마다 이 떡을 여호
와 앞에 항상 진설할지니 이는 이스라엘 자손을 위한 것이요 영원한 언
약이니라"고 규정하고 있다. 즉, 일주일에 한 번씩 교체하도록 규정하고
있다. 따라서 학자들은 진설병에 관한 성서의 규정 변화가 있었음을 추

정한다. 원래 이스라엘에서 진설병은 매일 교체되었으나(출 25:30, 삼상 21:6) 후에 일주일 마다 교체되는 것으로 바뀌었다. 이렇게 바뀜에 따라서 여호와의 식사로 이해되던 제사 및 제물(진설병)이 후에는 상징화 되었음을 보여준다.

진설병은 어떻게 만드는가? 비록 출애굽기 25:30에는 이에 관한 구체적인 기록이 없지만 레위기 24:5~6에 의하면 ─ "너는 고운 가루를 가져다가 떡 열두 개를 굽되 각 덩이를 십 분의 이 에바로 하여 여호와 앞 순결한 상 위에 두 줄로 한 줄에 여섯씩 진설하고" ─ 떡덩이 12개를 만들어 두 줄로 진설하도록 규정하고 있다. 각 떡덩이는 밀가루 2/10에바(= 약 2kg정도)로 만든다.

진설병은 제사장만이 다룰 수 있다. 그러나 구약성서에는 피치 못할 상황에서 제사장 아닌 사람이 진설병을 먹은 예가 있다. 사무엘상 21장에 의하면 다윗이 사울을 피하여 도망할 때 예루살렘 근처 놉(Nob)의 제사장 아히멜렉에게서 진설병을 받아 먹었다(삼상 21:6). 레위기 2:10에 의하면 소제인 진설병은 제사장만 먹을 수 있게 되어 있다.

제사장들은 여호와 앞에 진설병을 정한 기한마다 진설하는 임무가 주어졌다. 초기에는 매일 진설병을 진설하였지만 그러나 후기 시대에는 안식일마다 진설하였음을 알 수 있다. 열두 덩이를 진설하는 것은 아마도 이스라엘 열두 지파를 상징하는 숫자로 이해할 수 있다. 뿐만 아니라 레위기 24장에 의하면 매 안식일마다 진설병을 교체하고 제사장들이 교체된 진설병을 먹도록 규정되어 있다. 만약 진설병이 매 안식일마다 교체된다면 진설병은 더 이상 음식을 상징하지는 않는다. 왜냐하면 진설병이 음식을 상징한다면 출애굽기 25:30처럼 매일 교체하고, 이것을 제사장들이 매일 먹어야만 했기 때문이다. 그러나 레위기 24장에서 진설병은 더 이상 음식을 상징하지 않고 떡은 언약의 상징으로 바뀌었다. 이러한

변화는 이스라엘 제의에서 신인동형론적 특징을 제거하는 것으로 보인다.[31]

구약의 이해 말라기 1:7에 의하면 당시 제사장들이 여호와 앞에 드릴 수 없는 더러운 떡(לֶחֶם מְגֹאָל)을 드림으로 여호와의 식탁을 경멸하였다. 사무엘상 21:6에 의하면 놉의 제사장 아히멜렉이 진설병을 다윗에게 주어 먹게 하였다.

신약의 이해 마태복음 12:3~4, 마가복음 2:25~26, 누가복음 6:3에서 예수님은 사무엘상 21:6에서 다윗이 놉의 제사장 아히멜렉으로부터 진설병을 얻어 먹은 사건을 인용하여 제자들이 안식일에 밀밭에서 이삭을 잘라 먹은 것을 비난하는 바리새인들의 공격을 피하는 데 중요하게 사용하였다(마 12:1~8, 막 2:23~28, 눅 6:1~5). 히브리서 9:2에서는 손으로 지은 첫 번째 성소를 소개하면서 진설병에 대하여 언급하고 있다.

의미 하나님께 드리는 진설병은 거룩한 제사장에 의해서만 다루어져야 함을 가르쳐 준다.

06

제단의 향

구약시대의 향수와 향유는 성전에서 분향하거나 시신 처리 및 제사를 위한 장례용과 약용과 화장품 등으로 다양하게 사용되었다.[32] 향품은 그 가치가 대단히 높아서 가격도 비쌌다. 역대상 9:29~30에 의하면 레위 자손 가운데 향품과 향기름을 제조하는 관리가 별도로 있었다. 구약성서 시대 향료의 원산지는 주로 길르앗 지방과 아라비아 지역이었다. 고대 시대의 향품은 가루나 연고, 액체나 기름의 형태로 만들어졌다. 향품은 주로 식물의 꽃과 수액과 송진과 식물기름 그리고 짐승의 기름에서 추출했다. 초기의 향품 제조

[잘 다듬은 돌로 만든 분향단의 모습]

방법은 식물의 꽃이나 줄기를 천에 넣어 짜서 사용하였으나 주전 10세기부터는 올리브와 같은 식물성기름을 추출하는 기술이 발달하기 시작하였다. 새로이 개발된 향유 제조법은 동물성기름을 두른 두 개의 나무판

사이로 재스민이나 장미 꽃잎들을 집어넣고 하루가 지난 다음 다시 꽃잎을 갈아주는 식으로 일주일 정도 반복한다. 그렇게 되면 꽃향이 베어든 포마드 형태의 향유가 만들어진다. 또 다른 향유 제조법은 포도주나 물을 섞은 올리브기름에 방향재료를 잘게 썰어 넣고 65℃ 정도로 중탕을 하여 고운 체로 쳐서 용기에 담으면 향기로운 향유가 되었다.

이렇게 제조된 향유는 그 값이 매우 비싸 소량으로 거래되었으며 이 향유를 담는 아름다운 토기들이 만들어졌다. 향수나 연고 등을 위한 병들은 차가운 온도를 유지하기 위하여 주로 단단한 돌이나 알라바스터나 파이앙스(faience) 등으로 만들었다. 가나안 지역에서는 서양 배 모양의 향수병이 개발되었다. 또 사이프러스에서는 양귀비 모양의 향수병이 만들어 졌다. 초기 유리 향수병은 코어 성형기법(core-formed)의 유리병이 주를 이루었다. 고고학적으로 엔게디 지역에서 향수 제조시설로 추정되는 것이 발견되었다. 향수를 만드는 과정에 관한 그림이 현재 남아 있다.[33]

제105조항 : 제사장은 향을 피워라

[7] 아론이 아침마다 그 위에 향기로운 향을 사르되 등불을 손질할 때에 사를지며 [8] 또 저녁 때 등불을 켤 때에 사를지니 이 향은 너희가 대대로 여호와 앞에 끊지 못할지며(출 30:7~8)

출애굽기 30:7~8에는 제사장들이 매일 아침과 저녁 제단에 향을 피우도록 가르치고 있다.

출애굽기 30:7~8에서는 아침과 저녁에 반드시 향단에 향을 피
우도록 가르치고 있다. 향을 피우는 것을 아론에게 말한 것은 향
단 회막 안에 있기 때문이다. 아침 시간은 등을 손질할 때 피우고, 저녁
등을 켤 때도 피우도록 가르치고 있다. 고고학 발굴의 결과 이스라엘 지
역에서 향단이 발견된 경우가 있다. 발견된 향단은 이스라엘의 것보다는
주변 국가의 향단이었는데 아마도 이스라엘의 향단도 같은 규모일 것으
로 추정한다.

여기서 이스라엘은 어떤 향을 태웠는가? 고대 이스라엘에서 향(쌈,
קמ)은 주로 외국에서 수입되었으며 특히 주로 아라비아 지역에서 수입
되었다. 향에 대한 가장 자세한 언급은 아가서에서 찾아볼 수 있다.[34] 아
가서에 기록된 향품들의 원산지를 살펴보면 주로 아라비아 반도와 아프
리카 동부지역에서 생산되는 것들이다. 아가서 4:14의 나도(נרד, Nard),
번홍화(כרכם, saffron), 계수(קנמון, cinnamon), 침향(אהלות, eaglewood) 등
은 모두 고대 근동에서 생산되는 것이 아니라 아라비아 반도 남쪽 지역
에서 생산되는 것이다. 이들 네 단어는 히브리어가 아니라 산스크리트어
(Sanskrit)이다. 뿐만 아니라 아가서 6:11의 호도(אגוז, walnut), 4:14의 창
포(קנה, calamus) 등은 페르시아로부터 알려진 것들이다.[35]

향은 고대 사회에서 매우 비싼 물품 가운데 하나이며, 특히 이스
라엘에게 있어서 향품은 대부분 수입에 의존하였다. 이러한 향
을 아침과 저녁으로 매일 불살라야 한다는 것은 귀한 것을 여호와께 드
리라는 것이다. 뿐만 아니라 아침과 저녁, 즉 등불을 끌 때와 켤 때 향을
사르도록 가르치는 것은 제사장들의 정성을 요구한다.

제106조항 : 다른 향을 사르지 말라

⁹ 너희는 그 위에 다른 향을 사르지 말며 번제나 소제를 드리지 말며 전제
의 술을 붓지 말며(출 30:9)

출애굽기 30:9에서는 구별된 향이 아니면 금향단에서 사를 수 없음을
기록하고 있다.

본문의 이해 다른 향(크토레트 자라, קְטֹרֶת זָרָה)이란 출애굽기 30:34~36(출
30:23~25)의 규정에 의하여 만들지 않은 향을 의미한다. 제단에
서 불사를 수 있는 향은 향을 만드는 규정에 의하여 만드는 것만 태우도록
되어 있다. 레위기 10:1~7에서는 아론의 두 아들이 다른 불을 담아 여호
와에게 분향을 드렸다. 따라서 레위기 10:1의 다른 불(에쉬 자라, אֵשׁ זָרָה)
은 다른 향(크토레트 자라, קְטֹרֶת זָרָה)으로 이해할 수 있다.

Rashi의 이해 라쉬는 다른 향이란 사람들이 자발적으로 기증한 향으로 이를
태우지 말라는 의미로 설명한다.[36]

의미 하나님에게 태우는 향도 구별된 것만 사용하라는 것이다.

제107조항 : 향단에 태울 향과 같은 향을 만들지 말라

³⁷ 네가 여호와를 위하여 만들 향은 거룩한 것이니 너희를 위하여는 그 방
법대로 만들지 말라(출 30:37)

출애굽기 30:37에서는 향단에서 피우는 향과 같은 향을 사람을 위하

여 만들지 말라고 가르치고 있다.

본문의 이해 출애굽기 30:37은 여호와를 위하여 피우도록 만든 향(크토레트, קְטֹרֶת)의 제조법처럼 사람을 위한 향을 만들어서는 안 된다는 것이다. 이 가르침은 출애굽기 30:32와 마찬가지로 여호와를 위한 것은 여호와에게만 사용해야지 다른 목적으로 사용하는 것을 금하는 것이다. 여기서 특히 금하는 것은 배합법(마트코네트, מַתְכֹּנֶת)을 가리킨다. 향은 배합법에 따라 각기 다른 향이 만들어지기 때문이다. 사람들이 이처럼 향단에 피울 향과 같은 향을 만드는 이유는 38절에 의하면 그 향을 맡기 위해서이다. 이것은 향단의 향냄새가 매우 향기로웠음을 말한다.

구약의 이해 에스겔 16:18에 의하면 예루살렘이 우상을 숭배하면서 여호와를 위한 기름과 향으로 우상을 위하여 태웠다. 이것은 여호와를 위하여 태우는 향과 같은 것을 만들지 말라는 규정을 어긴 것이다. 예루살렘은 여호와를 위한 것을 자신들을 위하여 사용하였다.

Rashi의 이해 라쉬는 '그 방법대로'가 향을 배합할 때 몇 가지 향을 배합하는지, 즉 그 향의 숫자를 의미한다고 설명한다.[37]

신약의 이해 이처럼 목적에 맞게 사용해야 한다는 것은 마태복음 22:21의 '가이사의 것은 가이사에게, 하나님의 것은 하나님께 바치라'는 것과 같은 의미이다.

의미 이 가르침은 여호와를 위한 것을 그 목적에 어긋나게 사용하는 것을 금하는 것이다. 여호와를 위한 것은 오직 여호와에게만 사용해야 함을 의미한다.

[이집트 제18 왕조 제후티의 무덤에서 발견된 그림으로
여종이 향유를 나누어 주는 광경을 그리고 있다]

07

제사장의 복장

제108조항 : 제사장에게 예복을 입혀라

² 네 형 아론을 위하여 거룩한 옷을 지어 영화롭고 아름답게 할지니(출 28:2)

출애굽기 28:2은 제사장들에게 특별한 복장을 입히도록 가르치고 있다.

본문의 이해 출애굽기 28:2은 제사장 아론에게 거룩한 옷을 입게 하고 이 복장을 함으로써 존경받고, 영광을 얻게 하라는 것이다.

이는 거룩한 옷(비그데이 코데쉬, בִּגְדֵי־קֹדֶשׁ)을 제사장에게 만들어 입히라는 것이다. 이와는 다르지만 제사장의 옷을 거룩하게 하는 제의적 방법이 레위기 8:30에 제시되어 있다. 제사장의 옷을 거룩하게 하기 위하여 관유와 제단의 피를 뿌림으로 거룩하게 하는 방법을 제시하고 있다. 출애굽기 28:2에서는 완전히 구별되는

[제사장 복장]

거룩한 제사장 제복을 만들 것을 명하고 있다.

아름답게 할지니(티프에레트, תִּפְאֶרֶת)의 사전적인 의미는 '장식,' '아름다움', '영광', '자부심'의 의미를 갖지만 본문 앞에 카보드(כָּבוֹד)와 연관하여 생각할 때 '자부심'으로 번역하는 것이 바람직하다. 즉 2절의 의미는 '너의 형 아론에게 존경(권위)과 자부심을 위하여 거룩한 옷을 만들어라'이다. 즉, 거룩한 옷을 입음으로 그의 직무의 구별함을 통하여 권위와 자부심을 갖게 하라는 것이다.

구약의 이해 제사장의 의복에 관한 자세한 언급은 레위기 8:6~9에서도 찾아볼 수 있다.[38]

> 6 모세가 아론과 그의 아들들을 데려다가 물로 그들을 씻기고 7 아론에게 속옷을 입히며 띠를 띠우고 겉옷을 입히며 에봇을 걸쳐 입히고 에봇의 장식 띠를 띠워서 에봇을 몸에 매고 8 흉패를 붙이고 흉패에 우림과 둠밈을 넣고 9 그의 머리에 관을 씌우고 그 관 위 전면에 금패를 붙이니 곧 거룩한 관이라 여호와께서 모세에게 명령하신 것과 같았더라(레 8:6~9)

레위기 8:6~9에서는 아론과 그 아들들 즉, 임관하는 사람에게 의복을 입히는 절차를 기록하고 있다. 그 절차는 목욕 → 속옷 입힘 → 띠를 띠움 → 겉옷을 입힘 → 에봇을 입힘 → 에봇의 장식 띠 → 흉패를 붙임 → 우림과 둠밈을 넣음 → 관을 씌움 → 금패를 붙임의 순서이다. 이 절차와 출애굽기 29:4~6의 절차상의 가장 큰 차이점은 레위기 8장에는 우림과 둠밈을 흉패에 넣는데 출애굽기 29:4~6에서는 우림과 둠밈에 대하여 언급하고 있지 않다. 우림과 둠밈에 대해서는 출애굽기 28:30에 기록하고 있다. 아론과 그 아들들이 입은 의관(衣冠)에 대해서는 출애굽기 28~29장에 자세히 언급되어 있다.

레위기 8:6의 '아론과 그 아들들을 데려다가 물로 그들을 씻기고'는 내적인 정화를 상징하는 행위로 이해할 수 있다. 목욕하는 의식은 모든 종교에서 보편적으로 발견된다. 시편 24:4에서도 손이 깨끗한 것이 곧 마음의 정화를 나타내는 것으로 이해하고 있다. 구약성서에서 사람이 물로 씻는 경우는, 제사장들이 성소에서 임무를 수행할 때 언제나 손을 씻어야 했고(레 16:4), 문둥병을 앓고 난 후에도 씻는 의식을 행했다(레 14:8~9). 따라서 예루살렘 성전에는 큰 대야가 있었고 이동용 대야도 있었다(왕상 7:23~26, 38~39).

레위기 8:7의 속옷(쿠토노트, כתנות)의 의미는 '튜닉'(tunic)이다. 따라서 속옷으로 번역된 것은 오역(誤譯)이며, 튜닉을 우리말로 번역하면 저고리에 가깝다. 속옷은 일반 제사장들이 만드는 것으로 기록되어 있다(출 39:29). 속옷을 만드는 재료는 좋은 베실이다(출 28:39).[39] 띠는 허리를 메는 것으로 길고 수가 놓여 있다(출 28:39). 겉옷은 출애굽기 28:31~34에 기록되어 있다.

레위기 8:7의 에봇(에포드, אפוד)에 관해서는 출애굽기 28:5 이하에 자세히 기록되어 있다. 에봇은 겉옷 위에 입는 조끼 같은 옷으로 추정된다. 에봇은 대제사장의 상징이었던 흉패를 지지해주는 기능을 한다. 재료는 금색, 청색, 자색, 홍색 가는 실이며 이를 통해 짜여 있다. 성서에서 에봇이 항상 옷을 의미하는 것은 아니다. 경우에 따라서는 '세워진 상'을 의미하기도 한다(삿 8:27, 18:18).

8절의 흉패(호쉔, חשן)는 '가슴받이'로 모와 아마로 만들며, 금색실을 넣어서 만든다. 뿐만 아니라 열두 가지 보석이 달린다. 흉패는 우림과 둠밈을 보관하도록 네모난 주머니 형태를 띤다.

8절에는 우림과 둠밈에 대하여 기록하고 있다. 우림과 둠밈은 구약성서에 일곱번 등장한다(출 28:30, 레 8:8, 민 27:21, 신 33:8, 삼상 28:6, 스

2:63, 느 7:65). 우림의 말뜻은 '빛들'이고, 둠밈은 '완전함'이라고 설명하는 학자들이 있지만 우림의 의미에 대해서는 학자들의 논란이 많고, 둠밈(툼밈, חומים)은 '완전한' 혹은 '깨끗한'의 의미를 가지고 있는 것으로 이해한다. 또한 우림과 둠밈을 고대의 신탁을 묻던 도구로 여긴다. 우림과 둠밈은 포로기 이후 시대에는 사용이 자제되었다.

9절의 관은 일반 제사장들이 썼던 미그바오트(מגבעות)라고 불리는 터번과 대제사장이 썼던 미츠네페트(מצנפת)라고 불리는 관을 의미한다. 관에 찌쯔(ציץ)라고 불리는 대제사장을 나타내는 장식을 붙였다. 고고학적으로 성전에서 사용하던 항아리나 금속들이 발견되었고, 항아리에는 코데쉬(קדש)라고 기록되어 있다.

신약의 이해 마태복음 26:65에서 제사장들이 옷을 찢었는데 이 옷은 아마도 겉옷인 것으로 보인다.

의미 이처럼 임관하는 제사장에게 거룩한 옷을 입히는 것은 이들이 구별된 사람으로서 거룩한 여호와의 일을 잘 수행할 수 있도록 하는 거룩함과 권위 그리고 자부심을 갖게 하기 위한 것임을 알 수 있다.

제109조항 : 흉패를 에봇에서 떼지 말라

²⁸ 청색 끈으로 흉패 고리와 에봇 고리에 꿰어 흉패로 정교하게 짠 에봇 띠 위에 붙여 떨어지지 않게 하라(출 28:28)

출애굽기 28:28은 흉패를 에봇의 띠에서 떼지 말라고 가르친다.

본문의 이해 28절은 에봇에 판결의 흉패(호쉔, חֹשֶׁן)를 붙이고 이를 떨어지지 않도록 하라는 가르침이다. 즉, 에봇을 짜는 방법으로 짠 흉패의 고리와 에봇의 고리를 서로 떨어지지 않도록 꿰어 에봇의 띠 위에 붙여 떨어지지 않도록 하라는 것이다. 이 흉패 안에는 우림과 둠밈을 넣는다 (출 28:30).

흉패(호쉔, חֹשֶׁן)는 가슴받이로 번역할 수도 있다. 흉패의 기능은 우림 과 둠밈을 담는 주머니이다. 흉패를 항상 붙여야 하는 것은 하나님의 뜻 을 아는데 사용하는 우림과 둠밈을 통하여 이스라엘 백성들을 판결해야 하기 때문으로 추정된다.

제110조항 : 대제사장의 옷 윗부분이 찢어지지 않게 하라

³² 두 어깨 사이에 머리 들어갈 구멍을 내고 그 주위에 갑옷 깃 같이 깃을 짜서 찢어지지 않게 하고(출 28:32)

출애굽기 28:32은 대제사장의 옷 윗부분이 찢어지지 않게 만들라고 가르치고 있다.

본문의 이해 에봇 받침 겉옷을 만들 때 제사장의 머리가 들어갈 구멍을 내고 그 구멍 주변을 홀쳐서 찢어지지 않게 만들라는 것이다. 여호와 앞에 입고 들어갈 옷이 찢어져 흠이 있어서는 안 되기 때문이다.

의미 이는 단순히 제사장 몸 뿐만 아니라 옷에도 찢어지는 것과 같은 흠 이 있어서는 안 된다는 것을 가르쳐 준다. 따라서 제사장들은 여호 와 앞에 입고 들어갈 옷의 온전함을 위하여 노력할 것을 가르치고 있다.

08

법궤

제111조항 : 고핫 자손은 법궤를 메라

⁹ 고핫 자손에게는 주지 아니하였으니 그들의 성소의 직임은 그 어깨로 메는 일을 하는 까닭이었더라(민 7:9)

민수기 7:9에서는 레위인들 가운데 고핫 자손들에게 법궤를 옮기는 특별한 일이 부과되었음을 가르쳐주고 있다.

[법궤 상자]

 민수기 7장에 의하면 모세는 이스라엘 지파

별로 그 지파의 지휘관으로부터 수레 반과 소 한 마리씩을 헌물로 받아 그것을 레위인들에게 나누어 주었다. 따라서 모세가 받은 헌물의 총계는 수레 여섯과 소 열두 마리였다. 게르손 자손에게는 수레 둘과 소 네 마리, 므라리 자손에게는 수레 넷과 소 여덟 마리를 주었다. 그러나 고핫 자손들에게는 헌물을 주지 않았는데 그 이유는 이들이 어깨로 법궤를 메는 일을 하여 수레와 소를 관리할 수 없었기 때문이다.

고핫 자손에게 부과된 법궤를 메는 일은 성소의 직임(아보다트 하코데쉬, עֲבֹדַת הַקֹּדֶשׁ)이다. 성소의 직임에 대하여 '어깨로 메는 일'(바카테프 이싸우, בַּכָּתֵף יִשָּׂאוּ)이라고만 기록하고 있는데 이런 일은 법궤를 메는 일이었다. 이 구절을 통하여 고핫 자손들이 레위인 가운데서도 법궤를 옮기는 특별한 임무를 맡았음을 기록하고 있다.

법궤를 메는 일은 아카시아 나무로 만들고 금으로 싼 채를 법궤의 네고리에 끼워진 채를 통하여 메도록 기록하고 있다(출 25:13~15). 또한 법궤에 손을 대서는 안 된다.

의미 민수기 7:9의 고핫 자손에게 법궤를 메는 일이 부과된 것을 통하여 법궤를 메는 성소의 일, 즉 거룩한 일을 감당하는 사람에게 다른 세속적인 일을 부과하지 않았음을 보여준다.

제112조항 : 채를 법궤의 고리에서 빼지 말라

¹⁵ 채를 궤의 고리에 꿴 대로 두고 빼내지 말지며(출 25:15)

출애굽기 25:15은 법궤에서 채를 빼내지 말라고 가르친다.

본문의 이해 채(바드, בַּד)는 법궤를 이동하는 데 사용하는 금으로 싼 나무를 의미한다. 이 채는 법궤가 솔로몬의 성전에 안치된 후에도 그대로 보존되었다(왕상 8:8). 이처럼 채를 사용하여 법궤를 이동한 것은 법궤가 세속적인 손에 의하여 오염되는 것을 방지하기 위한 것으로 추정할 수 있다. 만약 채를 법궤의 고리에서 제거한다면 다음 번 이 법궤를 옮길 때 법궤에 손을 대는 불경을 저지르기 때문이다.

구약의 이해 여호와의 법궤가 에벤에셀 전투에서 블레셋에게 빼앗긴 후 다시 예루살렘으로 돌아올 때 나곤의 타작마당에 이르러 소들이 뛰므로 웃사가 법궤를 붙들었는데, 이것이 그의 잘못이 되어 법궤 옆에서 죽었다(삼하 6:6~7). 뿐만 아니라 법궤가 벧세메스에 도착하였을 때 벧세메스 사람들이 법궤를 들여다 보았다가 70명이 죽임을 당하였다(삼상 6:19).

의미 이 구절은 거룩한 여호와의 법궤를 세속적인 손으로 만져서 오염시켜서는 안 된다는 것을 가르치고 있다. 그러기 위해서는 법궤를 옮기는 데 사용하는 채를 뽑아서는 안 된다.

[주후 1세기 가버나움 회당에서 발견된 유물에 새겨진 법궤를 수레로 옮기는 광경]

09

관유

구약성서 시대의 향수와 향유는 성전에서 분향하거나 시신 처리 및 제사를 위한 장례용과 약용과 화장품 등으로 다양하게 사용된다. 향품은 그 가치가 대단히 비쌌다. 역대상 9:29~30에 의하면 레위 자손 가운데 향품과 향기름을 제조하는 관리가 별도로 있었다. 구약성서 시대 향료의 원산지는 주로 길르앗 지방과 아라비아 지역이었다. 고대 시대의 향품은 가루나 연고, 액체나 기름의 형태로 만들어 졌다. 향품은 주로 식물의 꽃과 수액과 송진과 식물기름 그리고 짐승의 기름에서 추출한 것이었다. 그러나 대부분의 향품 재료는 이스라엘에서 생산되지 않고 수입하여 사용하였다.

제113조항 : 관유를 만드는 방법

23 너는 상등 향품을 가지되 액체 몰약 오백 세겔과 그 반수의 향기로운 육계 이백오십 세겔과 향기로운 창포 이백오십 세겔과 24 계피 오백 세겔을 성소의 세겔로 하고 감람 기름 한 힌을 가지고 25 그것으로 거룩한 관유를 만들되 향을 제조하는 법대로 향기름을 만들지니 그것이 거룩한 관유가 될지라(출 30:23~25)

출애굽기 30:23~25은 관유를 만드는 방법을 가르쳐주고 있다.

본문의
이해 23~25절은 관유(쉐멘 미스하트 코데쉬, שֶׁמֶן מִשְׁחַת־קֹדֶשׁ)를 만드는
데 필요한 향품의 목록이 등장한다. 관유는 몰약(모르, מוֹר), 육
계(키나몬, קִנְּמָן), 창포(카네, קָנֶה)(calamus), 계피(키다, קִדָּה)(cassia-buds)
등을 감람기름에 섞어서 만든다. 몰약(모르, מוֹר)은 일반적으로 목욕 후
몸에 바르기도 한다. 몰약은 제사장들에게 기름을 붓는 거룩한 기름(출
30:23)인 동시에 성욕을 자극하는 향을 낸다.[40] 창포(카네, קָנֶה)는 방향제
로 사용된다.[41] 창포의 원산지에 대하여서는 다양한 견해가 제시된다.
예레미야 6:20에서 창포는 '먼 곳에서' 온 것으로 기록하고 있다. 닐슨(K.
Nielsen)은 아카드어의 창포를 뜻하는 카누(qanû)라는 단어의 사용을 통
하여 메소포타미아가 원산지일 것으로 추정한다.[42] 쾰러(Koehler)와 바
움가르트너(Baumgartner)는 창포를 페르시아 갈대라고 주장한다. 그러
나 포페(M.H. Pope)는 창포의 원산지를 레바논과 아라비아 지역으로 추
정한다.[43] 육계(계수)는 모두 산스크리트어(Sanskrit)에서 유래되었다. 계
피는 출애굽기 30:24, 에스겔 27:19에만 등장한다. 계피로 번역된 히브
리어 키다가 정확히 무엇을 뜻하는지는 알기 어렵다. 그러나 70인역에
서는 창포로 번역하였다.

이렇게 만들어진 관유는 율법에 규정된 이외의 용도로 사용할 수 없
음을 말하고 있다. 왜냐하면 관유는 26~30절에 의하면 회막, 법궤, 상,
모든 기구, 등잔대와 그 기구, 분향단, 번제단과 그 모든 기구, 물두멍과
그 받침 등에 바르도록 규정되어 있기 때문이다. 뿐만 아니라 제사장(아
론과 아론의 아들들)에게 바르도록 규정하고 있다. 따라서 32절에 의하면
사람의 몸(브싸르 아담, בְּשַׂר אָדָם)에 붓지 못하도록 규정하고 있다. 여기서
사람의 몸이란 제사장이 아닌 개인의 몸이란 의미이다.

구약의 이해 구약성서 시대의 향수와 향유는 성전에서 분향하거나 시신 처리 및 제사를 위한 장례용과 약용과 화장품 등으로 다양하게 사용된다. 향품은 그 가치가 대단히 비쌌다.[44] 역대상 9:29~30에 의하면 레위 자손 가운데 향품과 향기름을 제조하는 관리가 별도로 있었다.

고고학의 이해 고고학적으로 엔게디(En-gedi) 지역에서 향수제조 시설로 추정되는 것이 발견되었다.

의미 본문의 가르침은 오직 성전에서 사용하는 관유를 만들기 위하여 최고의 재료(대부분 수입재료)로만 그 방법을 사용하도록 가르친다. 따라서 성전에 사용하는 것은 재료 뿐만 아니라 만드는 방법도 구별됨을 보여주고 있다.

제114조항 : 관유 만드는 법으로 다른 기름을 만들지 말라

[32] 사람의 몸에 붓지 말며 이 방법대로 이와 같은 것을 만들지 말라 이는 거룩하니 너희는 거룩히 여기라(출 30:32)

출애굽기 30:32은 보통 기름을 거룩한 관유를 제조하는 것과 같은 성분으로 제조해서는 안된다고 기록하고 있다.

본문의 이해 이 규정은 출애굽기 30:22~25에 기록된 관유(쉐멘 미스하트, שֶׁמֶן מִשְׁחַת)를 만드는 방법으로 몸에 바를 기름을 만들어서는 안된다는 것이다. 즉, 관유를 몸에 바르면 안 된다는 것이다. 왜냐하면 향기름은 거룩하여 구별된 것으로 사사로운 용도로 사용할 수 없기 때문이다.

아모스 6:6에 의하면 이스라엘 상류층들의 방탕한 삶을 묘사하면서
귀한 기름을 몸에 바른다고 고발하고 있다. 귀한 기름(레쉬트 슈마님,
רֵאשִׁית שְׁמָנִים)이란 최상품이란 의미이다. 이것은 하나님께 드려야함에도
자신을 위하여 낭비하고 있음을 고발하는 것이다.

의미 하나님에게 드리는 것은 하나님에게만 드려야지 다른 목적으로
사용해서는 안 된다는 것을 가르쳐 준다.

제115조항 : 향기름을 잘못 사용해서는 안 된다

³² 사람의 몸에 붓지 말며 이 방법대로 이와 같은 것을 만들지 말라 이는
거룩하니 너희는 거룩히 여기라(출 30:32)

출애굽기 30:32에서는 거룩한 향기름(향유)을 잘못 사용하는 자에 대한
처벌을 기록하고 있다. 관유를 사람의 몸에 부어서는 안 된다는 것이다.

본문의 이해 출애굽기 30:32~33에서는 사람의 몸에 바를 기름을 향기름 만
드는 방법에 의하여 만들거나 혹은 향기름을 타인의 몸에 뭇는
자들은 그 백성 중에서 끊어질 것이라고 기록하고 있다. 왜냐하면 거룩
하게 구별된 향기름을 사사로이 사용하였기 때문이다. 이처럼 몸에 바를
향기름을 만들고 이것을 사용하는 자에게 죄를 묻는 것이다. 이들은 여
호와에게만 사용해야 할 것을 사사로운 목적을 위하여 만들고 또 사용하
였기 때문이다.

구약의 이해 기름을 몸에 바르는 이야기는 아가서에서 자주 발견할 수 있다 (아가 1:3, 12). 아가 1:3의 쏟은 향기름(쉐멘 투락, שֶׁמֶן תּוּרַק)은 '부어진 향기름'이란 의미이다.

근동의 이해 향기름을 몸에 바르는 것은 기록문헌이나 그림을 통해서 잘 알 수 있다. 이집트 제18왕조 제후티(Djehuti)의 무덤에서 발견된 그림에 의하면 여종이 여인들에게 향유를 나눠주는 광경을 묘사하고 있다. 또한 이집트의 사랑 노래 가운데 '그의 발톱은 향기름에 젖었네'라는 표현이 등장한다.

의미 제사장이 될 사람들에게 발라 그들을 거룩하게 하는 특별한 향기름을 사사로이 사용할 수 없음을 가르치고 있다.

10
제사장의 거룩함

제116조항 : 제사장을 거룩히 여겨라

8 너는 그를 거룩하게 하라 그는 네 하나님의 식물을 드림이니라 너는 그를 거룩히 여기라 나 여호와 너희를 거룩하게 하는 자는 거룩함이니라(레 21:8)

레위기 21:8에 의하면 제사장을 거룩히 여기라고 가르친다.

본문의 이해 레위기 21:4~5을 근거로 8절의 3인칭 남성 단수 목적격 인칭대명사는 제사장을 가리킴을 알 수 있다. 레위기 21:8에서는 제사장을 거룩하게 여겨야 하는 이유가 있다. 여호와께 식물을 드리는 자이기 때문이다.

그를 거룩하게 하라(키다쉬토, קִדַּשְׁתּוֹ)는 문자적으로 해석하면 '너는 그를 거룩하게 다루어야 한다'는 의미이다. 왜냐하면 피엘형인 키다쉬(קִדֵּשׁ)의 의미가 '~을 거룩하다고 선언하다' 혹은 '거룩하게 다루다'이기 때문이다. 제사장을 거룩하게 해야 할 이유는 하나님의 식물을 드림이니라(키-에트-레헴 엘로헤이카 후 마크리브, כִּי־אֶת־לֶחֶם אֱלֹהֶיךָ הוּא מַקְרִיב)고 설명한다. 네 하나님의 식물을 드림이니라의 문자적인 의미는 '그가 음식을 네 하나님에게 드리는 자이기 때문이다'이다. 만약 제사장이 거룩하지 않는다면 그가 여호와께 드리는 음식도 부정한 것이 된다는 논리적 문제가 생기기 때문에 여호와께 음식을 드리는 제사장을 거룩하게 다루어야 한다.

너는 그를 거룩히 여기라(카도쉬 이히예 라크, קָדֹשׁ יִהְיֶה־לָּךְ)의 문자적인 의미는 '그는 너(= 이스라엘)에게 거룩할 것이다'이다. 즉, 제사장들은 이스라엘 앞에 거룩하다는 의미이다. 그 이유는 나 여호와 너희를 거룩하게 하는 자는 거룩함이니라(키 카도쉬 아니 아도나이 메카디쉬켐, מְקַדִּשְׁכֶם כִּי קָדֹושׁ אֲנִי יְהוָה)고 설명한다. 나 여호와 너희를 거룩하게 하는 자는 거룩함이니라의 문자적인 의미는 '너희를 거룩하게 하는 자인 여호와 내가 거룩하기 때문이다'이다. 이 구절의 또 다른 역할은 사람을 거룩하게 하는 것이 여호와라는 것을 말해준다.

본문은 제사장을 거룩히 여겨야 하는 이유를 두 가지 측면에서 설명한다. 즉, 기능적인 측면에서 그들이 여호와에게 음식을 제공하는 자들이기 때문에 거룩하다는 것이고, 다른 측면은 그들과 접촉하는 여호와가 거룩하기 때문이라고 설명한다.

신약의 이해 신약성서에서는 예수님을 대제사장으로 이해하면서 제사장의 거룩함이 완전함이란 의미로 이해되었다. 히브리서 7:28에 의하면 예수 그리스도는 하나님의 맹세로 인하여 영원하고 온전한(아이오나 테텔레이오메논, αἰῶνα τετελειωμένον) 제사장이 되었음을 말하고 있다. 즉, 예수 그리스도 대제사장 직의 영원성과 완전성을 강조한다.

의미 레위기 21:8을 통하여 하나님의 일을 하는 자들이 거룩해야함은 그들이 거룩하지 않을 경우 그들이 하는 일 그리고 심지어 하나님까지도 오염시킬 수 있기 때문이다. 다른 측면에서 그들이 거룩한 여호와의 일을 할 수 있다는 것은 그들이 거룩하다는 것을 반증하는 것임을 보여준다.

제117조항 : 살붙이 죽음으로 제사장이 부정해질 수 있다

2 그의 살붙이인 그의 어머니나 그의 아버지나 그의 아들이나 그의 딸이나 그의 형제나 3 출가하지 아니한 처녀인 그의 자매로 말미암아서는 몸을 더럽힐 수 있느니라(레 21:2~3)

레위기 21:2~3은 골육지친의 상을 당했을 때 제사장이 이를 애도하면서 죽은 시체로 인하여 몸을 더럽힐 수 있음을 가르치고 있다.

본문의 이해 제사장은 자신의 거룩함을 지켜야 하지만 레위기 21:2~3에서는 부모나 자녀, 형제, 자매 때문에 몸을 더럽힐 수 있다고 가르다. 시체로 인하여 부정해지는 것은 민수기 19:11~22에 자세히 기록되어 있다.

출가하지 아니한 처녀인 친자매(베라아호토 하베툴라 하크로바 엘라브 아쉐르 로-하예타 레이쉬 라, וּלְאַחֹתוֹ הַבְּתוּלָה הַקְּרוֹבָה אֵלָיו אֲשֶׁר לֹא-הָיְתָה לְאִישׁ לָהּ)를 직역하면 '또한 아직 남편이 없어 자기 곁에 있는 처녀인 누이'로 번역해야 한다. 3절의 히브리어 아호토(אֲחֹתוֹ)는 '그의 자매'가 아니라 '그의 누이'로 번역해야 한다. 왜냐하면 그 자매로 번역할 경우 여성 제사장의 존재에 관한 질문이 야기되기 때문이다. 고대 근동과는 달리 구약성서 시대의 여성 제사장의 실체에 대하여 구체적으로 알려진 바는 아직 없다.

의미 레위기 21:2~3은 제사장의 거룩함을 지켜야 함을 강조하고 있다. 즉, 이스라엘 백성들 가운데서 죽은 자들로 말미암아 더럽혀서도 안 되지만, 제사장의 골육지친의 죽음으로 인해서도 몸을 더럽힐 수 있다는 예외 규정을 둔 것이다.

제118조항 : 제사장은 기생과 결혼할 수 없다

7 그들은 기생이나 부정한 여인을 취하지 말 것이며 이혼 당한 여인을 취하지 말지니 이는 그가 여호와께 거룩함이니라(레 21:7)

레위기 21:7은 제사장은 기생과 결혼할 수 없음을 가르치고 있다.

본문의 이해 레위기 21:7은 제사장이 기생과 결혼할 수 없음을 기르치고 있다. 본 가르침은 기생(이샤 조나, אִשָּׁה זֹנָה), 부정한 여인(이샤 할랄라, אִשָּׁה חֲלָלָה) 혹은 이혼 당한 여인(이샤 그루샤, אִשָּׁה גְּרוּשָׁה)을 취하지 말 것을 가르치고 있다. 부정한 여인이란 문자적으로 '오염된 여인' 혹은 '더러워진 여인'이란 의미이다. 이 규정은 제사장 자신이 구별된 자여야 할 뿐만 아니라 제사장의 아내 역시도 구별되며, 좋은 성품의 여성이어야 함을 강조하고 있다. 또한 성적 생활이 비뚤어진 여인과 결혼을 금하고 있다.

이는 레위기 21:14과 달리 과부와의 결혼 가능성을 열어 놓은 것 같지만 레위기 21:3에서 제사장은 처녀와 결혼하도록 가르치고 있기 때문에 제사장은 과부와도 결혼할 수 없다.

근동의 이해 고대 사회에서도 일반인은 창녀와 결혼이 금지됐다. 리피트 이쉬타르 법전 제 30조에 의하면 창녀와 관계하는 자에 대하여 재판관들이 더 이상 창녀에게 가지 말 것을 명령하도록 규정하고 있을 뿐만 아니라 창녀와 결혼할 수 없음을 기록하고 있다. 따라서 제사장이 창녀와 결혼하지 못함은 두말 할 나위 없다.

의미 제사장은 부정한 여인인 창녀와 결혼해서는 안 된다고 가르친다.

제119조항 : 제사장은 부정한 여인과 결혼할 수 없다

⁷ 그들은 기생이나 부정한 여인을 취하지 말 것이며 이혼 당한 여인을 취하지 말지니 이는 그가 여호와께 거룩함이니라(레 21:7)

레위기 21:7은 제사장이 부정한 여인과 결혼할 수 없음을 가르치고 있다.

본문의 이해 7절에서 제사장이 결혼할 수 없는 두 번째 여자의 부류는 부정한 여인(이샤 할랄라, אִשָּׁה חֲלָלָה)이다. 부정한 여인이란 문자적으로 '오염된 여인' 혹은 '더러워진 여인'이란 의미이다.

여기서 부정한 여인이란 성적으로 타락한 여인이나 이방 여인을 의미한다. 따라서 부정한 여인의 더러움은 이혼 당한 여인과 유사한 더러움을 의미한다.

Rashi의 이해 라쉬는 부정한 여인(이샤 할랄라, אִשָּׁה חֲלָלָה)에 대하여 과부의 딸, 이혼한 여인의 딸, 혹은 제사직에 적합하지 않은 사람과의 성관계로 제사직이 더럽혀진 여인 등을 의미한다고 설명한다.[45]

요한복음 4장의 사마리아 여인은 남편이 다섯 명이었기 때문에 전형적으로 부정한 여인이었다. 또한 요한복음 8장의 간음하다 잡힌 여자 역시 전형적으로 부정한 여인이다(요 8:1~6).

제사장은 부정한 여인과 결혼해서는 안 된다고 가르친다.

제120조항 : 제사장은 이혼당한 여자와 결혼할 수 없다

7 그들은 기생이나 부정한 여인을 취하지 말 것이며 이혼 당한 여인을 취하지 말지니 이는 그가 여호와께 거룩함이니라(레 21:7)

레위기 21:7은 제사장은 이혼한 여인과 결혼할 수 없음을 기록하고 있다.

제사장이 결혼할 수 없는 세 번째 부류의 여자는 이혼 당한 여인(이샤 그루샤, אִשָּׁה גְּרוּשָׁה)이다. 신명기 24:1~4에 의하면 여인이 이혼 당하는 경우에는 수치스러운 일을 행했을 경우 이혼 당하게 된다. 따라서 이혼 당한 여인은 그 자체가 불결하고 도덕적인 문제가 있는 여인이기 때문에 이 여인과의 결혼은 제사장을 더럽힐 수 있어 결혼을 금하는 것이다.

고대 이스라엘에서 여인이 이혼 당하는 이유가 있다. 가장 중요한 것은 부정한 일을 행한 경우와 이방 여인인 경우이다. 에스라 10:19에서는 결혼한 이방 여인을 내보내기로 결정하였다. 뿐만 아니라 신명기 24:1~4에 의하면 수치스러운 일을 발견하였을 경우 이혼할 수 있다. 그런데 수치스러운의 의미의 히브리어 단어는 에르바(עֶרְוָה)이다. 레위기 18장에 의하면 에르바는 성적인 관계를 의미한다. 따라서 이혼 당한 여인은 성적으로 타락한 여인을 의미한다. 따라서 이들과 결혼하지 말라는 것이다.

신약의 이해 예수의 경우에는 원칙적으로 이혼을 금지하며(막 10:10~12), 바울은 고린도전서 7:10~16, 39에서 이혼에 대한 입장을 표명하고 있다.

의미 제사장은 부정한 여인인 이혼당한 여자와 결혼해서는 안 된다고 가르친다. 왜냐하면 이혼녀는 대체로 부정한 원인으로 이혼당하기 때문이다.

제121조항 : 제사장은 긴 머리로 성소에 들어가지 못한다

⁶ 모세가 아론과 그의 아들 엘르아살과 이다말에게 이르되 너희는 머리를 풀거나 옷을 찢지 말라 그리하여 너희가 죽음을 면하고 여호와의 진노가 온 회중에게 미침을 면하게 하라 오직 너희 형제 이스라엘 온 족속은 여호와께서 치신 불로 말미암아 슬퍼할 것이니라(레 10:6)

레위기 10:6은 제사장의 용모에 대하여 기록하는데, 긴 머리로 성소에 들어가지 못한다고 기록하고 있다.

본문의 이해 본문의 문자적인 의미는 '그들의 머리를 풀어헤치지 말라'(라쉐이켐 알-티프라우, רָאשֵׁיכֶם אַל-תִּפְרָעוּ)이다. 머리를 풀어헤지는 것은 애도기간 중의 행동이다. 따라서 레위기 10:6은 애도기간 중에는 성소에 들어가지 말라는 것이다. 레위기 19:2~3에서는 제사장들이 죽은 자를 애도하는 것을 금한다. 왜냐하면 시체로 인하여 더럽혀지기 때문이다.

구약의 이해 에스겔 44:20에 의하면 제사장들은 머리털을 길게 자라게 해서는 안 된다고 기록하고 있다.

의미 제사장은 애도기간 중에 성소에 들어갈 수 없음을 의미한다. 왜냐하면 그가 거룩하지 않기 때문이다.

제122조항 : 제사장은 찢어진 옷으로 성소에 들어가지 못한다

⁶ 모세가 아론과 그의 아들 엘르아살과 이다말에게 이르되 너희는 머리를 풀거나 옷을 찢지 말라 그리하여 너희가 죽음을 면하고 여호와의 진노가 온 회중에게 미침을 면하게 하라 오직 너희 형제 이스라엘 온 족속은 여호와께서 치신 불로 말미암아 슬퍼할 것이니라(레 10:6)

레위기 10:6은 제사장의 용모에 대하여 기록하는데, 찢어진 옷을 입고는 성소에 들어가지 못한다고 가르친다.

본문의 이해 옷을 찢는 것은 또 다른 애도의 행위이다. 따라서 레위기 10:6은 일체의 애도 행위를 금지시킨다. 왜냐하면 이 죽음은 여호와께서 죽인 것이기 때문이다. 일반적으로 이스라엘의 애도 기간은 일주일이다(창 50:10; 삼상 31:13). 이러한 관습은 오늘날까지도 지켜지고 있다.

레위기 19:2~3에서는 제사장들이 죽은 자를 애도하는 것을 금한다. 왜냐하면 시체로 인하여 더럽혀지기 때문이다. 또한 사람이 옷을 찢는 경우는 죄를 회개할 때이다. 따라서 애도기간이든 아니면 회개의 기간이든 옷을 찢는 것은 부정한 것이다. 따라서 출애굽기 28:32에 의하면 에봇 받침 겉옷의 목둘레가 찢어지지 않게 깃을 짰다.

의미 제사장은 애도기간 중이거나 혹은 죄를 회개할 때 성소에 들어갈 수 없음을 의미한다. 왜냐하면 그가 거룩하지 않기 때문이다.

제123조항 : 제사장은 직무중 성소를 떠나지 말라

7 여호와의 관유가 너희에게 있은즉 너희는 회막 문에 나가지 말라 그리하면 죽음을 면하리라 그들이 모세의 말대로 하니라(레 10:7)

레위기 10:7은 제사장에게 직무를 수행하던 중에 회막문 밖으로 나가지 말라고 가르치고 있다.

본문의 이해 7절의 의미는 제사장들에게 직무를 수행하는 중에 애도 기간을 지키기 위하여 성소 밖으로 나가지 말 것을 명한 것이다. 그 이유로 여호와의 관유가 있기 때문이라는 것은 정확한 의미를 전달하지 못한다. 7절을 직역하면 '회막 문으로부터 나가지 말라 죽지 않기 위하여 왜냐하면 여호와의 기름을 붓는 기름이 너희들에게 있기 때문이다.

의미 이스라엘 제사장은 직무를 수행하는 중에 성소를 떠날 수 없음을 말하고 있다.

제124조항 : 제사장은 몸을 더럽히지 말라

¹ 여호와께서 모세에게 이르시되 아론의 자손 제사장들에게 고하여 이르라 백성 중의 죽은 자로 인하여 스스로 더럽히지 말려니와 ² 골육지친인 부모나 자녀나 형제나 ³ 출가하지 아니한 처녀인 친자매로 인하여는 몸을 더럽힐 수 있느니라(레 21:1~3)

레위기 21:1~3은 일반 제사장이 특정한 그의 친척들을 제외하고는 그 자신의 몸을 스스로 의식상 부정하게 해서는 안 된다고 가르친다.

본문의 이해 제사장들이 죽은 자를 애도하는 것을 금하는 것은 시체로 인하여 더럽혀질 것을 금지하기 위한 것이다. 특히 부모나 자녀, 형제, 자매 때문에 몸을 더럽힐 수 있기 때문이다. 이 규정은 민수기 19장에 자세히 기록되어 있다.

3절의 출가하지 아니한 처녀인 친자매는 '또한 아직 남편이 없어 자기 곁에 있다가 처녀로 죽은 누이'로 번역해야 한다. 또한 3절의 히브리어 아호토(אֲחֹתוֹ)는 '그의 자매'가 아니라 '그의 누이'로 번역해야 한다. 왜냐하면 그 자매로 번역할 경우 여성 제사장의 존재에 관한 질문이 야기되기 때문이다. 고대 근동과는 달리 구약성서 시대의 여성 제사장의 실체에 대하여 구체적으로 알려진 바는 아직 없다.

의미 제사장은 자신의 거룩함을 지켜나가야 함을 가르친다.

11

대제사장의 거룩함

　대제사장은 성소에서도 가장 거룩한 지성소에 출입하는 자이기 때문에 이스라엘 사람들 가운데서 가장 거룩함을 지켜야 한다. 따라서 그는 일반 제사장보다도 더 엄격한 거룩함이 요구된다.

제125조항 : 대제사장은 과부와 결혼할 수 없다

¹⁴ 과부나 이혼 당한 여자나 창녀 짓을 하는 더러운 여인을 취하지 말고 자기 백성 중 처녀를 취하여 아내를 삼아(레 21:14)

　레위기 21:14은 대제사장이 과부와 결혼하지 못한다고 가르치고 있다.

본문의 이해　레위기 21:7과 신명기 24:1~4과 달리 레위기 21:14에서는 대제사장의 경우 과부(알마나, אַלְמָנָה)와 결혼을 금하도록 규정하고 있다. 이와 달리 레위기 21:7의 일반 제사장의 경우에는 과부와의 결혼 금지가 생략되어 있다. 이는 제도를 통하여 제사장의 거룩함을 지켜가기 위한 것이었다.

그러나 에스겔 44:22에서는 제사장이 제사장의 과부(미망인)와는 결혼할 수 있도록 기록하여 이전의 주장과 전혀 새로운 조항을 말하고 있다. 이처럼 제사장의 과부와 결혼하도록 허용한 것은 제사장은 아무런 기업이 없기 때문이다. 제사장이 죽으면 그 가족들의 생계는 치명적으로 영향을 받게 된다. 따라서 이를 해결하기 위해 제사장의 과부가 제사장과 결혼하는 것을 허용한 것으로 보인다.

본문을 통하여 대제사장은 일반 제사장보다 더 엄격한 규칙이 적용됨을 알 수 있다.

제126조항 : 대제사장은 첩을 취할 수 없다

¹⁴ 과부나 이혼 당한 여자나 창녀 짓을 하는 더러운 여인을 취하지 말고 자기 백성 중 처녀를 취하여 아내를 삼아(레 21:14)

레위기 21:14은 대제사장이 첩을 취하지 못하도록 가르치고 있다.

대제사장에게 창녀 짓을 하는 더러운 여인을 취하지 말라는 것은 곧 첩을 취하지 말라는 것이다. 이는 대제사장이 아니라 일반인에게도 금기였기에 대제사장에게는 더욱 더 용납되지 않는 것이다.

대제사장은 음행으로 자신의 몸을 더럽혀서는 안 된다는 것을 가르치고 있다.

제127조항 : 대제사장은 처녀 장가를 가야한다

¹³ 그는 처녀를 취하여 아내를 삼을지니(레 21:13)

레위기 21:13에서는 대제사장이 처녀를 아내로 삼아야 함을 가르치고 있다. 레위기 21:10~15에는 대제사장에 관한 매우 엄격한 규정이 기록되어 있다. 이 가운데 13절은 대제사장의 결혼에 관하여 기록하고 있다.

본문의 이해 13절에서 대제사장의 처녀결혼을 규정하면서 14~15절에 구체적으로 결혼할 수 없는 여자를 나열하고 있다. 과부, 이혼녀, 더러운 여자, 기생 등과 결혼할 수 없다. "과부나 이혼 된 여인이나 더러운 여인이나 기생을 취하지 말고 자기 백성 중 처녀를 취하여 아내를 삼아 그 자손으로 백성 중에서 더럽히지 말지니 나는 그를 거룩하게 하는 여호와임이니라"고 기록하고 있다.

근동의 이해 창녀와 결혼을 금하는 것은 고대 근동에서도 찾아 볼 수 있다. 리피트 이쉬타르 법전 제 30조에 의하면 어떤 젊은이가 창녀와 관계를 하면 재판관들은 더 이상 창녀에게 가지 말 것을 명령할 뿐만 아니라 그의 아내와 이혼하고 창녀와 결혼할 수 없다고 기록하고 있다. 이처럼 일반사람의 경우도 창녀와의 결혼을 금하기에 거룩성이 요구되는 제사장에게 창녀와의 결혼을 금하는 것은 타당하다.

의미 제사장은 자신의 거룩함을 지키기 위하여 부정한 여인과는 결혼할 수 없다. 왜냐하면 대제사장이 부정한 여인과 결혼하면 그도 부정해지고 이스라엘 전체가 부정해지기 때문이다.

제128조항 : 대제사장은 몸을 더럽히지 말라

11 어떤 시체에든지 가까이 말지니 부모로 인하여도 더러워지게 말며(레 21:11)

레위기 21:11에서는 대제사장이 시체로 인하여 몸을 더럽혀서는 안 됨을 가르치고 있다.

본문의 이해 제사장과 마찬가지로 대제사장도 자신의 몸을 더럽혀서는 안 된다. 사람이 부정해지는 통로 가운데 하나는 시체를 만짐으로 더러워지는 것이다. 따라서 대제사장은 어떤 종류의 시체도 만져서는 안 됨을 규정하고 있다. 시체를 만져서 부정해지면 여러 제의에 참여할 수 없기 때문이다.

제129조항 : 대제사장은 어떤 이유에서도 자신을 더럽히지 말라

11 어떤 시체에든지 가까이 말지니 부모로 인하여도 더러워지게 말며(레 21:11)

레위기 21:11에서는 대제사장이 어떤 이유에서도 몸을 더럽혀서는 안 됨을 말하고 있다.

본문의 이해 대제사장은 시체를 만져서 자신을 더럽게 해서는 안 되며 특히 부모의 시체일지라도 가까이 해서 스스로를 더럽혀서는 안 된다. 이것은 일반 제사장과 차이가 없다. 부모가 죽었다고 해도 제사장은 부모의 시체에 가까이 갈 수 없음을 기록하고 있다. 이러한 가르침은 레위기 11:8, 24에도 기록되어 있다. "너희는 이 고기를 먹지 말고 그 주검도 만지지 말라 이것들은 너희에게 부정하니라 이런 유는 너희를 부정케하나니 누구든지 이것들의 주검을 만지면 저녁까지 부정할 것이며"(레 11:8, 24). 이러한 가르침은 부모의 시체까지 가까이 할 수 없을 정도로어떤 이유에서든 부정해져서는 안 된다는 의미이다.

신약의 이해 이처럼 여호와를 위하여 헌신한 자는 어떤 경우에도 자신을 더럽혀서는 안 된다. 부모의 장례까지도 참석할 수 없다는 의미이다. 마찬가지로 예수님도 마태복음 8:18~22에서 예수의 제자가 되기로 결정한 사람은 자신을 더럽히지 말라고 가르친다.

의미 대제사장처럼 여호와께 드려진 자들은 자신을 어떤 경우에도 더럽혀서는 안 되며, 뿐만 아니라 예수의 제자가 되려는 자들도 자신을 더럽혀서는 안 됨을 가르쳐 준다.

12

레위인의 몫

제130조항 : 레위 지파는 기업이 없다

¹ 레위 사람 제사장과 레위의 온 지파는 이스라엘 중에 분깃도 없고 기업도 없을지니 그들은 여호와의 화제물과 그 기업을 먹을 것이라(신 18:1)

신명기 18:1에 의하면 레위 지파는 이스라엘의 땅 분배에 참여할 수 없다.

본문의 이해 레위 사람들은 제사장을 포함하여 이스라엘 중에서 땅을 분배 받지 못하였다. 즉 레위 사람들은 기업이 없다. 이들의 먹거리는 화제물과 그 기업을 먹을 것이다. 즉, 이들은 제사의 제물로 먹고 살았다. 이 뿐만 아니라 이스라엘 각 지파에서 네 도시씩 총 48 도시는 레위인들에게 주도록 규정하고 있다(수 21장). 기업(나할라, נַחֲלָה)은 상속된 땅으로써 양도할 수 없는 것이다. 따라서 이스라엘 백성이 땅을 정복하면 아후자(אֲחֻזָּה)가 되고, 후에 이 땅이 상속되면 나할라(נַחֲלָה)가 된다.

따라서 민수기 34:16~29에 의하면 각 지파의 분할 책임자 가운데 레위인의 책임자는 생략되어 있다.

구약의 이해 민수기 18:8~20에 제사장의 몫에 대하여 기록하고 있다. 민수기 18:8에서 거제물은 제사장의 몫으로 주었다. 즉, 이스라엘 백성이 드리는 모든 헌물은 제사장의 몫이 되었다(8절). 처음 익은 만물(13절), 특별히 드리는 것 등이 포함된다.

신약의 이해 고린도전서 9:13에서 사도바울은 성전의 일을 하는 자는 성전에서 나는 것을 먹으며 제단을 섬기는 자는 제단과 함께 나누듯이 사도는 선교지 교회로부터 부양받을 권리가 있음을 말한다.

제131조항 : 레위 사람은 전리품의 몫에 참여할 수 없다

¹ 레위 사람 제사장과 레위의 온 지파는 이스라엘 중에 분깃도 없고 기업도 없을지니 그들은 여호와의 화제물과 그 기업을 먹을 것이라(신 18:1)

신명기 18:1에 의하면 레위 지파는 이스라엘의 땅 분할에 참여할 수 없다.

본문의 이해 레위 사람은 이스라엘 사람들이 나누는 것에 분깃(헬렉, חֵלֶק)이 없다. 즉, 전쟁에서 승리한 후 전리품을 나눌 때 레위 사람들은 이 전리품을 가질 권한이 없다.

구약의 이해 민수기 31:25~52에서 전리품을 나눌 때 레위 지파를 제외한 각 지파는 받은 몫에서 1/50을 레위인들에게 주도록 규정하고 있다(민 31:30, 47). 히브리어 헬렉(חֵלֶק)은 창세기 14:24, 민수기 31:36, 사무엘상 30:24, 이사야 17:14 등에서 전리품의 몫을 의미하는 용어로 사용되었다.

성전과 제사장에 관하여

성전에 대해서는 성소(성전)를 세우고 이 성소를 귀하게 여길 것을 가르친다. 즉, 성소를 귀하게 여기라는 것은 여기에 다른 신상을 세울 수 없고, 또한 성소의 존재를 잊지 말고 살라는 것이다.

성전의 일은 제사장과 레위인들이 감당하지만 그들의 역할은 나누어져 있었으며, 서로 일을 바꾸어 할 수 없었다. 레위인들은 주로 성전을 지키는 일을 감당하였으며, 이들은 어떤 경우에도 성물에 손을 대서는 안 됐다. 제사장들은 성소에서 여호와의 식사를 담당하는 역할을 하기 때문에 항상 거룩함을 지켜야 했다. 또한 제사장은 성전의 등불과 번제단의 불을 항상 꺼뜨리면 안 됐다. 이들이 성소에서 일을 할 때는 항상 제사장 복장을 입었으며, 성전을 정결하게 유지하기 위하여 제단의 재를 매일 치워야 했다. 제사장이 거룩한 직분을 감당하기 위해서는 일상생활도 거룩하게 유지해야 하며, 자신을 더럽히는 일체의 행위를 해서는 안 됐다.

제단은 원래 다듬은 돌로 만들지 못하게 되어 있지만 그러나 고고학적인 발굴을 통해서 다듬은 돌로 만든 분향단과 번제단이 발견되었다.

법궤는 항상 고핫 자손만 멜 수 있도록 되어 있으며, 법궤에 손을 대서는 안 되기 때문에 법궤의 고리에서 항상 채를 분리하면 안 된다.

분향단에서 태우는 관유는 오직 여호와 만을 위해서 사용해야 하고 관유를 만드는 방법으로 사사로이 쓸 기름을 만들어서는 안 된다.

레위인들은 기업을 받지 못하며 전리품을 나누는데도 참여할 수 없다.

1) *HALOT*, pp. 557-558.

2) *HALOT*, pp. 557-558.

3) J. Milgrom, *Leviticus 1-16*, p. 611.

4) J. Milgrom, *Leviticus 1-16*, p. 1014.

5) B. A. Levine, *Leviticus*, p. 103.

6) Rashi, *Leviticus*, p. 155.

7) Rashi, *Leviticus*, p. 216.

8) Rashi, *Leviticus*, pp. 213-214.

9) Rashi, *Leviticus*, p. 214.

10) Rashi, *Leviticus*, pp. 217-219.

11) Rashi, *Leviticus*, p. 219.

12) *HALOT*, p. 266.

13) 그러나 조브(זוב)는 임질을 의미하지는 않는다. 히브리어 조브(זוב)가 여성 질의 비정상적인 유출을 의미하기도 한다(레 15:25-30). 이 여성의 유출은 피이며, 생리 기간 동안이 아닌데도 여러 날 지속되는 것을 말한다. 대부분의 이러한 유출은 자궁의 기능장애와 밀접한 관련이 있다. B.A. Levine, *Leviticus*, p. 92.

14) 김영진,『너희는 거룩하라: 레위기 주석』(서울: 이레서원, 2008), pp. 251-252.

15) J.P. Hyatt, *Exodus*, The New Century Bible Commentary, (Grand Rapids: Eerdmans, 1971), p. 294.

16) *Rashi, Exodus*, p. 385.

17) W. L. Lane, *The Gospel of Mark*, p. 245.

18) A. Sharma, *The Encyclopedia of Religion* (1987), p. 11; *ANEP*, nos. 597, 600, 603, 605, 619.

19) A. Mazar, *Archaeology of the Land of the Bible*, p. 489.

20) S. Gitin, "The Neo-Assyrian Empire and Its Western Periphery: The Levant, with a Focus on Philistine Ekron," S. Parpola and R.M. Whiting eds., *Assyria 1995*,(Helsinki: Helsinki University Press, 1997), pp. 77-103; idem, "Tel Miqne-Ekron: A Type-Site for the Inner Coastal Plain in the Iron Age II Period," S. Gitin and W.G. Dever eds., *Recent Excavations in Israel: Studies in Iron Age Archaeology*,(Winona Lake, IN: Eisenbrauns, 1989), pp. 23-58.

21) *HALOT*, p. 559. 모케드(מוקד)는 히브리어 동사 '불태우다'는 뜻의 야카드(יקד)의 분사형이다(6:12-13 히 6:5-6).

22) B.A. Levine, *Leviticus*, p. 36

23) J. Milgrom, *Leviticus 1-16*, p. 384.

24) *HALOT*, pp. 1202-1205, esp. 1205.

25) J. Milgrom, *Leviticus 1-16*, p. 386.

26) *Rashi, Leviticus*, pp. 46~47.

27) J. Scharbert, "בָּרַךְ," *TDOT 2*, pp. 279-307, esp. 303-304.

28) B.A. Levine, *Numbers 1-20*, p. 227.

29) B.A. Levine, *Numbers 1-20*, p. 227.

30) T.B. Bozeman, "The Book of Numbers," *NIB II*, pp. 68-69.

31) J. Milgrom, *Leviticus 23-27*, pp. 2091-2094, 2098-2099; 김영진, 『너희는 거룩하라: 레위기 주석』, p. 389-390.

32) 김영진, 『이스라엘 역사 서설』(광주, 올람하타낙, 2002), pp. 177~178.

33) 김영진, 『이스라엘 역사』, pp. 84-85.

34) S. Malena, "Spice Roots in the Song of Songs," pp. 165-184; 김영진, 『가장 아름다운 노래 아가서』(서울: 하늘유통, 2009), pp. 38-40.

35) S. Malena, "Spice Roots in the Song of Songs," p. 167.

36) Rashi, *Exodus*, p. 379.

37) Rashi, *Exodus*, p. 393.

38) 김영진, 『너희는 거룩하라』, pp. 164-166.

39) J. Milgrom, *Leviticus 1-16*, p. 502.

40) O. Keel, *The Song of Songs*, p. 65.

41) M.H. Pope, *Song of Songs*, p. 493.

42) K. Nielsen, *Insense in Ancient Israel*, J.A. Emerton et al. eds., VTSup. 38 (Leiden: Brill, 1986), p. 63.

43) M.H. Pope, *Song of Songs*, pp. 493-494

44) 김영진, 『이스라엘 역사 서설』, pp. 177-178.

45) Rashi, *Leviticus*, p. 211.

Commandments

and

Gospel

제6부

절기

제 6부는 이스라엘의 절기에 관한 것이다. 이스라엘은 매일, 주, 월, 년 단위의 절기가 있다. 한 단위가 끝날 때마다 절기가 지켜졌다. 이스라엘에는 절기(하김, חַגִּים)와 성별된 날(모에드, מוֹעֵד)이 구별된다. 절기는 유월절, 칠칠절 그리고 초막절로 나뉘며 이 세 절기를 특히 여호와의 절기라고 부른다. 이 세 절기는 무엇보다도 가나안의 농업 추수와 밀접한 관련이 있다. 성별된 날인 모에드에는 안식일, 월삭, 정초, 속죄일 등이 속한다.

구분	절기이름
모에드 (מוֹעֵד)	안식일
	월삭
	정초
	속죄일
하김 (חַגִּים)	유월절
	칠칠절
	초막절
	안식년
	희년

그러나 사도바울은 갈라디아 교회 성도들이 율법주의에 빠져서 유대인의 절기를 지키는 것을 비판하고 염려하였다. 갈라디아 4:10에서 사도바울은 갈라디아 교회 성도들이 날과 달과 절기와 해를 삼가 지킨다고 비판하였다. 여기서 날은 안식일을 의미하고, 달은 초하루를, 절기는 유월절과 같은 절기를 의미하고 해는 안식년이나 희년과 같은 것을 가리키는 것으로 볼 수 있다.

01

이스라엘 절기

제132조항 : 모든 남자는 매년 세 번 절기를 지켜라

¹⁴ 너는 매년 세 번 내게 절기를 지킬지니라(출 23:14)

출애굽기 23:14은 매년 세 차례 여호와의 절기를 지킬 것을 가르치고 있다. 그 구체적인 절기는 출애굽기 23:15~19에 자세히 기록되어 있다.

본문의 이해 이스라엘 백성들이 매년 세 차례 지켜야 하는 여호와의 절기는 출애굽기 23:15~19에 의하면 무교절(하그-하마쪼트, חַג הַמַּצּוֹת), 맥추절(칠칠절)(하그-하카찌르, חַג הַקָּצִיר), 그리고 수장절(초막절)(하그-하아시프, חַג הָאָסִף) 등이다. 여기에 기록된 모든 절기의 이름은 가나안의 농사력에 따른 절기의 이름이다. 즉, 무교병을 먹는 무교절, 밀을 추수하는 추수의 절기, 그리고 추수한 곡식을 모으는 절기 등으로 기록되어 있다. 그러나 이런 여호와의 절기 이름도 다음과 같이 각기 다르게 나타난다.

옛 명칭	새로운 명칭
חַג הַמַּצּוֹת (무교절)	חַג פֶּסַח (유월절)
חַג הַקָּצִיר (추수절)	חַג שָׁבֻעוֹת (칠칠절)
חַג הָאָסִף (수장절)	חַג סֻכּוֹת (초막절)

세 번(샬로쉬 레갈림, רְגָלִים שָׁלֹשׁ)으로 번역된 히브리어 원문의 의미는 '세 발걸음'(three feet)이다. 따라서 이것을 세 번으로 번역하였다. 그러나 히브리어에서 보편적으로 '번'(times) 혹은 '차례'를 나타내는 단어는 파암 (פַּעַם)이다.[1] 출애굽기 34:23에서는 파암(פַּעַם)의 복수형인 프아밈(פְּעָמִים) 이 사용되었다. 따라서 출애굽기 23:14의 문자적인 의미는 '나를 위한 축제를 지키기 위하여 일년에 세 차례 발걸음을 해야 한다'이다. 따라서 히브리어 표현 속에 순례라는 의미를 내포하고 있다. 민수기 22:28에도 같은 내용이 기록되어 있다.

의미 이스라엘 백성들이 매년 세 차례 절기를 지키는 것은 추수감사의 의미가 강하다. 따라서 수확을 얻은 후 여호와에게 감사하는 것이다.

제133조항 : 절기 동안 여호와 앞에 나와야 한다

²³ 너희 모든 남자는 매년 세 번씩 주 여호와 이스라엘의 하나님 앞에 보일찌라(출 34:23)

¹⁶ 너의 가운데 모든 남자는 일 년에 세 번 곧 무교절과 칠칠절과 초막절에 네 하나님 여호와께서 택하신 곳에서 여호와를 뵈옵되 빈손으로 여호와를 뵈옵지 말고(신 16:16)

출애굽기 34:23과 신명기 16:16은 삼대 절기 동안 하나님 앞에 보이는 명절 순례를 가르치고 있다.

본문의 이해 신명기 16:16이나 출애굽기 34:23(23:17)은 모든 남자(콜-즈쿠르, כָּל־זְכוּר)들이 여호와에게 보여야 함을 가르친다. 그렇다면 왜 대상이 남자만 기록되었는가? 출애굽기 23:14~17은 세 절기에 하나님 앞에 나올 때 각기 그 절기에 걸맞는 추수물을 가져오라고 가르친다. 즉, 이스라엘 남자들이 지켜야 할 삼대 절기는 추수한 것을 여호와 앞으로 옮겨야 하는 것이다. 심지어 신명기 16:16에서는 빈손으로 하나님 앞에 오지 말라고 기록하고 있다. 이는 자연스럽게 힘을 쓸 수 있는 남자들에게 이 가르침을 주고자 한 것이다. 즉, 매년 세 차례 추수한 것을 여호와 앞으로 옮길 때 남성이 빠짐으로 인해 여성이나 어린 아이들이 옮기지 않도록 하라는 것이다.

출애굽기 23:14과 비교할 때 출애굽기 34:22, 신명기 16:16은 일 년 중 세 번 여호와에게 순례해야 함을 강조한다. 이 절기 중 특히 유월절과 무교절에는 일주일 간 화제를 드렸다(레 23:8). 따라서 일주일 간 이스라엘 사람들은 자신의 거룩함을 유지해야 했다.

구약의 이해 그러나 신명기 16:11, 14의 정황과 사무엘상 1:7 등을 근거로 여자들이 이 절기에 함께 참석하는 것이 보편적이었음을 짐작할 수 있다. 출애굽기 34:23의 문자적인 해석은 '너의 모든 남성들은 일년에 세 번 이스라엘의 하나님 주 여호와 앞에 보여야 한다(나타나야 한다)'이다. 이처럼 일년에 세 차례 여호와 앞에서 소출을 가지고 나와야 한다는 것은 감사를 하나님 앞에 드려야 함을 보여준다.

Rashi의 이해 라쉬는 절기 때 번제와 화목제를 드려야 한다고 설명한다.

신약의 이해 누가복음 2:41에서 예수의 부모가 해마다 유월절이 되면 예루살렘으로 간 것은 절기 때 순례해야 했기 때문이다. 요한복음 4:45, 5:1에도 명절에 예루살렘 순례를 했음을 보여준다. 명절로 번역된 헤오르테(ἑορτή)는 히브리어의 하그(חג)를 번역한 것이다. 요한복음 5:1~9에서 왜 38년된 병자를 물이 동할 때 못에 넣어주는 사람이 없었는가(5:7)? 이 때가 유대인의 명절이었기 때문에 유대인들은 환자에 손을 댈 수 없었기 때문이다. 즉, 자신의 거룩함을 지키기 위해서이다. 요한복음 7:10에서 예수는 초막절 때 예루살렘에 가셨다. 요한복음 11:55에서는 유대인들이 유월절에 시골에서 예루살렘으로 순례하였음을 보여준다.

제134조항 : 절기 중에 즐거워하라

¹⁴ 절기를 지킬 때에는 너와 네 자녀와 노비와 네 성중에 거하는 레위인과 객과 고아와 과부가 함께 연락하되(신 16:14)

신명기 16:14은 절기를 어떻게 지내야 하는가를 가르쳐 주는 것으로 절기 때에는 공동체 일원 모두가 즐거워해야 함을 가르친다.

본문의 이해 신명기 16:14은 절기 때에는 공동체의 모든 사람들이 즐겁게 지낼 것을 가르치고 있다. 따라서 이 구절의 중요한 단어는 연락하되로 번역된 히브리어 싸마흐(שָׂמַח)(to rejoice)이다. 여기에는 객과 고아와 과부 그리고 노비까지를 포함한 공동체 일원 모두가 즐거워하라는 것이다. 이와 유사한 표현은 신명기 12:7, 12, 18에서도 발견된다. 이렇게 즐거워 해야 할 이유는 그렇게 해야만 여호와가 이스라엘을 축복하기 때문이라고 가르치고 있다(신14:29).

자녀, 노비, 레위인, 객, 고아 그리고 과부들은 자신들의 분깃이 없어 수확이 없는 자들이지만 수확하여 기쁨을 누리는 자와 같이 기쁨을 나눌 수 있어야 한다.

구약의 이해 이사야 30:29에는 절기를 지키는 밤에 노래하고, 피리 불며, 마음으로 즐거워했음을 기록하고 있다.

신약의 이해 요한복음 13:29에서 예수가 유다에게 귓속말 하는 것에 대하여 어떤 이들이 예수가 가난한 자들에게 무엇을 주라고 말하는 줄 이해한 것은 신명기 16:14에 근거한 생각이다.

의미 절기는 추수감사의 성격을 띠고 있는데, 추수하지 못한 이들과도 함께 즐거워하도록 그들에게 베풀어야 함을 가르친다(신 14:28~29 참조).

제135조항 : 순례 절기 때 빈손으로 나오지 말라

¹⁵ 너는 무교병의 절기를 지키라 내가 네게 명령한 대로 아빕월의 정한 때에 이레 동안 무교병을 먹을지니 이는 그 달에 네가 애굽에서 나왔음이라 빈 손으로 내 앞에 나오지 말지니라(출 23:15)

출애굽기 23:15은 순례 절기 때 성전에 빈손으로 나오지 말라고 가르친다.

빈 손으로 여호와 앞에 나오지 말라고 기록하고 있다. 이스라엘
백성은 일년 중 세 차례 순례 절기를 지키는데 이 절기들은 추수
감사와 밀접한 관련이 있다. 그렇기 때문에 추수하고 여호와 앞에 빈 손으
로 나오지 말라는 것이다. 이는 감사함으로 여호와에게 드리라는 것이다.

순례 절기 때 드리는 제물의 양에 대해서는 신명기 16:17에 기록되어
있다. 신명기 16:17의 '여호와께서 주신 복을 따라 그 힘대로'는 소출의
양에 따라서라는 의미이다.

라쉬는 출애굽기 23:15과 신명기 16:16의 해석에서 세 절기 때
여호와에게 번제와 화목제를 드려야 한다고 설명한다. 따라서
빈손으로 나올 수 없다.

절기 때 이스라엘 백성들이 여호와 앞에 나가는 것은 추수하고
번제와 화목제를 드려야하기 때문이다. 따라서 빈손으로 여호
와 앞에 나갈 수 없다. 뿐만 아니라 매 절기는 추수와 밀접히 관련되어
있는데 추수는 하나님이 주신 선물이기 때문에 이것을 가난한 이웃과 함
께 나누며 즐거워해야 한다고 가르친다.

02

안식일

유대인의 축제 가운데 가장 빈번하면서도 중요한 것은 안식일이다. 안식일의 기원은 여호와께서 창조 후 칠일 째 되는 날 휴식한데서 기인한다. 안식일은 여섯째 날 해가지면서 시작되어 일곱째 날 해가 진후까지 계속된다. 유대인들의 안식일 의식은 다음과 같다.

안식일이 시작되는 금요일 저녁에 두 개의 안식일 촛불을 켠다. 촛불은 안식일이 사람에게 가져다 주는 평화, 자유 그리고 빛을 상징한다. 가정의 어머니가 촛불을 켜는 특권을 갖는다.

안식일이 시작되면 안식일과 포도주에 대한 축복을 암송한다. 이를 키두쉬(kiddush)라고 부른다. 집안의 가장인 아버지가 창조 후 첫 안식과 이집트에서의 구원을 축복하는 노래를 부른다. 안식일이 시작되면 시편과 특별한 시인 카발라트 샤바트(kabbalath shabbath)(welcoming the Sabbath)를 금요일 저녁에 암송한다. 그리고 마아리브(Maariv)라는 저녁 기도를 한다.

안식일 아침에는 샤하리트(shaharith)라는 아침 기도를 하며 무샤프(Musaf)라는 기도를 암송한다. 무사프 전에 토라를 읽는데 일곱 부분으로 나뉘어져 있다. 토라를 읽기 전후로 토라에 대한 축복을 암송한다. 토라의 일곱 부분을 읽는 첫 사람은 제사장, 그 다음은 레위인 그리고 나머지 다섯 부분은 유대인들이 읽는다. 그리고 오후 기도인 민하(Mincha)를 드리고 안식일 의식을 마친다.

제136조항 : 안식일을 거룩히 지켜라

⁸ 안식일을 기억하여 거룩히 지키라(출 20:8)

출애굽기 20:8에서는 안식일을 거룩히 지키라고 가르친다.

본문의 이해 출애굽기 20:8은 두 개의 동사로 구성되어 있다. 즉, 기억하라 (זָכוֹר)와 거룩히하라(לְקַדְּשׁוֹ)이다.² 앞의 가르침과 달리 종교적 성격이 짙은 가르침이다. 그러나 출애굽기 20:8(זָכוֹר אֶת־יוֹם הַשַּׁבָּת לְקַדְּשׁוֹ)을 직역하면 '안식일을 기억하고 그 날을 거룩히하라'이다.

안식일(샤바트, שַׁבָּת)의 기원에 대한 설명은 다양하다. 안식일 기원에 관하여 (1) 바벨론 기원설, (2) 겐족 기원설, (3) 아랍 기원설, (4) 우가릿 기원설 혹은 가나안 기원설 그리고 (5) 사회학적인 기원설 등 다양한 견해가 있다. 1938년 로츠(W. Lotz)는 히브리어 샤바트(שַׁבָּת)가 아카드어의 *šapattu*에서 기원했다는 바벨론 기원설을 주장한다.³ 그러나 이러한 주장의 문제점은 샤파투(*šapattu*)가 일정한 간격으로 모이는 장날을 의미하기 때문에 이것이 성서의 안식일의 기원이 될 수 없다. 왜냐하면 안식일에는 이러한 상업행위가 금지되기 때문이다.⁴

구약의 이해 에스겔 20:12, 16, 20, 24, 이사야 56:1~8, 58:13~14, 예레미야 17:21~24 등에서 안식일에 일하는 것을 금하였다. 또한 느헤미야 13:15~22에서는 안식일에 술 틀을 밟고, 곡식 단을 나귀에 실어

나르고, 포도주, 포도, 무화과와 여러 짐을 지고 안식일에 예루살렘에 들어와서 음식을 파는 것을 금하였다. 따라서 느헤미야는 안식일에 예루살렘으로 어떤 짐도 들어오지 못하도록 성문을 닫아 주었다. 이스라엘 백성들은 일함으로써 안식일을 더럽혔다(겔 20:12~16, 20, 24).

Rashi의 이해 라쉬는 '기억하다'와 '지키다'는 항상 같이 쓰는 표현이기 때문에 출애굽기 20:8에 '기억하라'만 기록되어 있지만 이는 기억하고 지키라는 의미라고 설명한다.

역사적 의미 주전 170년경 그리스의 통치자 안티오커스 4세(Antiochus Epiphanes)는 그리스 문명의 숭배자로서 그가 통치하던 모든 지역을 그리스 문명으로 획일화시키려고 하였다. 따라서 그는 유대인들에게 할례를 금지시켰을 뿐만 아니라 안식일까지도 지키지 못하게 하였다.

의미 이스라엘 백성은 안식일을 기억하여 그 날을 거룩히 지켜야 한다고 가르친다.

제137조항 : 안식일에 일하지 말라

¹⁰ 일곱째 날은 네 하나님 여호와의 안식일인즉 너나 네 아들이나 네 딸이나 네 남종이나 네 여종이나 네 가축이나 네 문안에 머무는 객이라도 아무 일도 하지 말라(출 20:10)

출애굽기 20:10은 안식일에 일하지 말라고 가르친다.

안식일에 일하지 못하도록 규정하고 있다. 여기서 가장 중요한
것은 일의 정의가 무엇인가 하는 것이다. 구약성서의 여러 구
절들(출 16:23~30, 34:21, 35:3, 민 15:32~36, 암 8:5, 렘 17:21~22, 느
10:31, 13:15~22)을 통하여 안식일에 금지하는 일을 대략 네 가지로 나
눌 수 있다. 첫째는 식량이나 연료를 모으는 일, 둘째는 불을 켜는 일, 셋
째는 농사하는 일 그리고 넷째는 사업하는 일 등을 금한다.

미쉬나에서는 안식일에 해서는 안 될 일 39가지를 제시한다. 즉,
씨 뿌리는 일, 밭가는 일, 수확하는 일, 곡식단 묶는 일, 타작하
는 일, 켜질 하는 일, 곡식을 고르는 일, 맷돌질, 체질하는 일, 반죽하는
일, 빵 만드는 일, 끈으로 고쳐 매는 일, 바늘귀 꿰는 일, 모직물 직조하
는 일, 분류하는 일, 끈 매는 일, 끈 푸는 일, 바느질하는 일, 찢는 일, 사
냥, 짐승을 잡는 일, 가죽 벗기는 일, 고기를 소금에 절이는 일, 가죽 처
리하는 일, 닦는 일, 자르는 일, 글을 쓰는 것, 안식일 전에 시작했던 일
을 끝마치는 것 등이다.

미쉬나에 의하면 병을 고치는 것이 안식일에 금해야 할 일의 목록에
는 없다. 생명이 위협에 처하는 경우에는 안식일에도 병을 고칠 수 있
다.[5] 안식일에 허용되었던 것 가운데 생명의 위협에 처한 경우 외에도 출
산을 돕는 것도 용납되었다(m.Šab. 18:3).

라쉬는 안식일이 될 때 모든 일을 다 끝내서 일에 관한 생각조차 해서
는 안 된다고 설명한다.

유대인의 랍비였던 마티티야 벤 헤레스(R. Mattithiah b. Heresh)는 만
약 어떤 사람의 목이 아프면 그 사람에게 약을 넣어주는 것은 허락된다
고 말한다. 왜냐하면 생명이 위급한지를 알 수 없고, 또 언제 생명이 위
급할지도 알 수 없을 때는 안식일 규정을 어길 수 있다고 말한다.

마태복음 12:1~8에서 예수의 제자들이 유대인들에게 고발 당한 것은 밀 이삭을 잘랐기 때문이다. 출애굽기 34:21에 의하면 안식일에 해서는 안 되는 수확하는 행위를 했다는 것이다. 그러나 마태복음 12:12에서 예수는 안식일에 생명을 구원하는 선한 일을 행하라고 가르친다. 예수님은 안식일에 회당에서 사람들에게 천국복음을 가르치셨다(마 4:23, 막 1:21).

구약성서의 안식일 규정에는 단순히 안식일에 일을 하지 못하도록 규정하고 있지 구체적인 사안에 대하여 특정하지는 않았다. 따라서 예수님도 유대인들의 전통적인 안식일에 관한 실천규례를 따랐음을 볼 수 있다. 마가복음 3:4의 '안식일에 선을 행하는 것과 악을 행하는 것, 생명을 구하는 것과 죽이는 것, 어느 것이 옳으냐'는 질문은 당시 유대인들이 허용하던 안식일에 관한 전통에 대하여 질문하신 것이다.

역사적으로 안식일에 일하지 말라는 규정을 지킴으로 곤경에 빠진 예들이 있다.

마카비1서 2장에 의하면 적군이 안식일에 공격해 왔을 때 유대인들은 싸우지 않고 그대로 죽음을 맞이하였다고 기록하고 있다. 뿐만 아니라 주전 63년 로마의 폼페이(Pompey) 장군이 예루살렘을 함락할 때도 안식일을 골라 공격하였다.

1973년 10월 6일부터 10월 25일까지 있었던 제4차 중동전쟁인 욤키푸르 전쟁은 10월 6일 안식일에 전쟁이 시작되었다. 초기에는 이스라엘이 안식일에 전투다운 전투를 할 수 없어서 대패 하였으나 곧 전세를 역전시켰다.

안식일에 일하는 것을 금함은 안식일을 거룩하게 지키기 위한 것이며, 그러나 안식일이라 할지라도 생명을 구원하는 일은 할 수 있다.

제138조항 : 안식일은 쉬어라

¹² 너는 엿새 동안에 네 일을 하고 일곱째 날에는 쉬라 네 소와 나귀가 쉴 것이며 네 여종의 자식과 나그네가 숨을 돌리리(출 23:12)

출애굽기 23:12은 안식일에 일하지 말고 쉬라고 가르치고 있다.

본문의 이해 출애굽기 23:12의 가르침은 십계명의 제4계명인 안식일을 거룩히 지키라(출20:8)와 관련이 있는 가르침이다.

12절에 대한 구문론의 관점에서 일곱째 날에는 쉬라는 것은 일을 쉬는 것을 의미한다. 히브리어 동사 가운데 '쉬다'는 뜻을 가진 동사는 크게 두 가지가 많이 사용된다. 하나는 일반적으로 널리 사용되는 샤바트(שָׁבַת)로 '그치다'의 의미이다. 두 번째 동사는 누아흐(נוּחַ)로 그 의미는 '쉬다'(to rest)이다. 따라서 두 번째 동사는 첫 번째 행위를 통하여 얻을 수 있는 것이다. 히브리어 본문 상에도 '쉬기 위하여 그치라'(티슈보트 레마안 야누아흐, תִּשְׁבֹּת לְמַעַן יָנוּחַ)로 기록되어 있다.

안식일에 일을 하지 않고 쉬는 것은 무엇보다도 창세기 1:3~2:4의 창조이야기와 밀접한 관련이 있다. 창세기 2:2에 의하면 일곱째 날 창조를 마치시고 안식하셨다고 기록하고 있다. 따라서 안식일은 여호와의 창조를 기념하는 의미도 갖는다. 출애굽기 20:11에 이런 설명을 제시하고 있다. 그러나 신명기 5:12~15에서는 여호와께서 이스라엘 백성을 이집트의 종살이에서 해방시키시고 쉬라고 명령하였기 때문이라고 설명한다.

엿새 동안 일하고 일곱째 날에는 쉬라고 가르치고 있는데 여기서 말하는 일이란 과연 무엇인가? 일로 번역된 히브리어는 멜라카(מְלָאכָה)이다. 멜라카는 '일' 혹은 '상업적 여행' 등으로 번역되며 경제적인 행위를 내포하는 일을 의미한다.

본문에서는 안식일에 일을 하지 않는 이유는 일에 사용되는 도구인 소나 나귀와 또 일을 하는 종들의 휴식을 위해서라고 설명한다. 즉, 이스라엘의 모든 사람과 가축 등 생물은 쉬어야 한다고 기록하고 있다.

Rashi의 이해 라쉬는 심지어 안식년 동안에도 창조를 기념하는 안식일을 지켜야 한다고 말한다. 안식년은 일년 전체가 쉬기 때문에 창조를 기념하는 안식일을 지킬 필요가 없다고 말해서는 안 된다고 말한다.[6]

신약의 이해 요한복음 7:23에 의하면 안식일에 할례를 행하였다. 왜냐하면 할례는 낳은 지 팔일 만에 행해야 하기 때문에 그 팔일 째 되는 날이 안식일이면 그날 할례를 행하였다.

마가복음 3:1~6에서 예수님은 안식일 일지라도 생명의 위험에 처해 있는 경우에는 환자를 고칠 수 있음을 말씀하신다. 미쉬나에 의하면 병을 고치는 것이 안식일에 금해야 할 일의 목록에는 없다. 생명이 위협에 처하는 경우에는 안식일에도 병을 고칠 수 있다.[7]

의미 안식일에 일하지 말라는 것은 쉼의 의미보다는 이 날을 여호와 앞에 거룩히 지키라는 것이다.

제139조항 : 안식년에 땅을 쉬게 하라

²¹ 너는 엿새 동안 일하고 일곱째 날에는 쉴지니 밭 갈 때에나 거둘 때에도 쉴지며(출 34:21)

출애굽기 34:21은 안식일에 일하지 말라고 가르친다. 특히 농업과 관련해서 파종과 추수 모두를 금하라고 가르친다.

본문의 이해 안식일에 노동을 하지 않는 것에 대해서는 이미 십계명의 네 번째 계명에 나타나 있다(출 20:8, 신5:15). 본문에서는 밭을 가는 일과 추수하는 일을 쉬라고 규정하고 있다. 밭 갈 때에나 거둘 때에(베하리쉬 우바카찌르, בֶּחָרִישׁ וּבַקָּצִיר)라는 표현은 농사 가운데 가장 바쁠 때에도 쉬라고 가르친다.

안식일에 관한 구체적인 규정은 레위기 23:1~3에 기록되어 있다. 출애굽기 34:21은 단순히 안식일에 쉬라는 것보다는 추수나 파종과 같이 농사에서 가장 바쁜 때에도 쉴 것을 가르친다.

신약의 이해 마태복음 12:1~8(막 2:23~28, 눅 6:1~5)에서 예수님의 제자들이 밀이삭을 잘라먹은 것을 당시 유대인들은 추수로 이해하였다. 따라서 2절에 '안식일에 하지 못할 일'이라고 기록하고 있다.

제140조항 : 안식일에 허용된 거리보다 멀리 걷지 말라

²⁹ 볼지어다 여호와가 너희에게 안식일을 줌으로 여섯째 날에는 이틀 양식을 너희에게 주는 것이니 너희는 각기 처소에 있고 일곱째 날에는 아무도

그의 처소에서 나오지 말지니라(출 16:29)

출애굽기 16:29에서는 처소에서 나오지 말라는 것이며, 이는 허용된 거리보다 멀리 걷지 말라는 가르침으로 이해하였다.

본문의 이해 본문에 의하면 일곱째 날에는 그의 처소에서 나오지 말라고 말함으로써 안식일에는 아무도 집 밖으로 나오지 말라는 것이다. 이를 위하여 출애굽 때는 여섯째 날에 안식일을 위한 양식까지 주신 것이다(출 16:22). 이 구절은 안식일에 사업을 하기 위하여 길을 떠나지 말라는 의미도 내포하고 있다.

구약의 이해 구약시대 안식일에 사업을 위해 길을 떠났던 모습은 느헤미야 13:15~22에서 찾아 볼 수 있다. 특히 곡식단을 운반하거나 여러가지 짐을 지고 안식일에 예루살렘에 들어와 장사를 하였다. 따라서 느헤미야는 안식일에 예루살렘 성문을 닫았다.

Rashi의 이해 라쉬는 안식일에 허용된 거리는 2,000규빗(약 1 km)이라고 설명한다.

신약의 이해 사도행전 1:12의 '안식일에 가기 알맞은 길'이라는 것은 바로 출애굽기 16:29의 규정에 의한 것이며, 일반적으로 1 km이내의 거리를 걷는 것이 허용되었다. 따라서 일반적으로 유대인의 회당은 마을에서 왕복 1 km이내 지역에 위치하고 있다.

의미 안식일에는 회당에 갔다 오는 것 이외의 다른 일을 하지 말라는 것이다.

제141조항 : 안식일에 불을 피우지 말라

³ 안식일에는 너희의 모든 처소에서 불도 피우지 말지니라(출 35:3)

출애굽기 35:3에서는 안식일에는 불도 피우지 말라고 가르치고 있다.

본문의 이해 안식일에 불을 피우지 말라는 가르침에서 제단의 불은 예외이다. 본문에 따르면 하나님께 제사드리기 위한 목적(레 24:5~9, 민 28:9~10) 이외의 어떤 목적으로도 불을 피워서는 안 된다. 특히 고대 사회에서 불은 음식을 만드는데 사용하였기 때문이다. 출애굽기 16:23에 의하면 안식일 전날 구울 것은 굽고, 삶을 것은 삶으라고 가르친다. 그 이유는 안식일에 불을 사용하지 못하기 때문이다.

의미 오늘날 유대인들은 안식일에 불을 사용하는 음식을 해먹지도 않을 뿐만 아니라 TV나 전등을 켜고 끄지 않는다. 호텔에는 안식일 엘리베이터(sabbatical Elevator)가 있어 자동적으로 각 층을 다 서게끔 해 층 버튼을 눌러 전기를 쓰는 일이 없도록 한다.

03

유월절/무교절

　유월절(페사흐, פֶּסַח)은 이스라엘 백성의 출애굽과 관련이 있는 해방의 절기이다. 유월절에 관한 근거는 출애굽기 12:23과 레위기 23:5~8이다. 출애굽기 12:23에 "여호와께서 애굽 사람을 치러 두루 다니실 때에 문인 방과 좌우 설주의 피를 보시면 그 문을 넘으시고(פֶּסַח), 멸하는 자로 너희 집에 들어가서 너희를 치지 못하게 하실 것임이니라"고 기록되어 있다. 어린 양을 잡아 피를 문설주에 뿌리고, 불에 구운 고기를 무교병과 쓴 나물과 함께 먹되, 허리에 띠를 띠고 발에 신을 신고, 손에 지팡이를 잡고 급히 먹음으로써 애굽 탈출의 긴박감을 재현시키고 있다. 유월절은 모두 칠일 동안 지키되 첫 날과 마지막 날은 거룩한 성회로 노동을 금하고, 나머지 중간의 오일 동안은 일을 할 수 있게끔 허용하였다. 유월절이 성서의 절기 중에서 가장 비중이 큰 만큼 여러 가지 상반된 다양한 설명을 성서에서 찾아볼 수 있다. 따라서 유월절의 뚜렷한 기원과 배경을 추적하기는 매우 복잡한 문제이며, 오직 성서의 본문 비평을 통해 유월절이 형성되고 발전되어가는 과정을 파악해야만 비로소 전반적인 절기의 성격을 이해할 수 있다.

　유월절은 양을 잡는 페싹의 절기와 무교병을 먹는 마쫏의 절기로 크게 양분된다. 원래 페싹과 마쫏 두 절기가 존재했으며, 역사적으로 이 둘이 합쳐짐으로써 현대의 성서적 유월절이 형성되었다고 볼 수 있다. 페싹은 유목민들의 절기로서 첫 태생을 제사로 드려서 신의 축복을 기원했고, 마쯧은 농경민들의 절기로서 봄철에 곡식 추수 후 누룩을 넣지 않은 순수한 곡식만을 제사로 드림으로써 신에게 감사를 드리는 것이었다. 팔레스틴의 계절에 따르면 가을 추수보다 만물이 소생하고 성장하는 우기를 거친 봄 추수가 양적인 면에서나 질적인 면에서 더 풍요로운 감사의 절기가 된다. 따라서 니산 월 보름을 전후해서 농부는 곡식으로 음식을 만들고 목동은 첫 태생 짐승을 잡아 함께 성대한 추수의 축제를 즐기는 것이 곧 유월절의 자연스러운 배경이 된다고 볼 수 있다.

이러한 추수 감사제의 유월절이 출애굽 사건과 관계된 것은 신명기 사가의 독특한 신학관에 의거한 인위적 연결로 볼 수 있다. 원래 유목민 출신의 이스라엘 민족에게는 양을 잡는 봄 축제가 더 적합하며, 가나안 농부들에게는 곡식을 드리는 봄 축제가 당연한 것이었다. 분열 왕국 시대에 와서 목축을 주로 하는 유다에서는 페싹을 중시했을 것이고, 좀 더 비가 많이 와서 농사를 지을 수 있었던 이스라엘에서는 마쯧을 지켰으리라 추정된다. 요시야 왕 때에 유월절이 범국가적인 절기로 지켜졌으며 포수기 이후에 와서야 비로소 기존의 유월절이 출애굽 해방사건과 연결되었다. 또한 바벨론의 영향으로 니산 월을 새해로 선포하여 정치적, 종교적 새해의 유월절과 농사적 새해의 티슈리 초막절 두 개의 신년과 관계된 축제가 진행되었다. 이 사실은 유목민들이 해마다 춘분, 추분을 전후하여 계절적 이동(건기에는 높은 산악 지대로, 우기에는 낮은 평야 지대로)을 하기 직전에 가축을 잡고 제사와 축제를 지낸 데서도 그 유래를 찾아 볼 수 있다. 따라서 유월절의 배경은 봄과 가을의 두 가지 계절적인 추수축제와 연관시킬 때에만 진정한 의미를 찾아볼 수 있게 된다.

유월절의 중심 의식은 다른 어느 절기보다도 더욱 잘 짜인 형식에 따라 정중하게 치러진다. 페싹의 모든 구체적인 법률들은 탈무드의 "페싸킴" 편에 자세하게 나와 있다. 절기가 시작되기 전에 모든 유대인 가정에서는 '누룩 찾아내기'를 실시한다. "칠 일 동안은 누룩을 너희 집에 있지 않게 하라"(출 12:19)는 말씀대로 니산 월 13일에 온 집을 청소하여 누룩이 들어 있는 모든 음식물(과자 종류, 비스킷, 빵, 케이크)을 찾아내고 한 곳에 모아 다음 날 오전 중으로 불에 태운다. 또한 누룩이 들어 있는 음식물을 요리했던 모든 주방 기구들은 끓는 물에 넣어 소독하며, 불 위에 직접 올려놓는 기구들은 붉게 달아오를 정도로 오랫 동안 불로 소독한다. 유월절 동안에는 모든 유대인 사회에서 빵 및 누룩이 들어 있는 음식물을 만들거나 매매할 수 없기 때문에 당장 처치하기 곤란한 과자류는 상점마다 해당 진열장을 천이나 종이로 가려서 판매를 금하기도 한다. 또한 "유교물을 먹는 자는 타국인이든지 본국에서 난 자든지 무론하고 이스라엘 회중에서 끊쳐지리니"(출 12:19)의 말씀대로 외국인들도 똑같이 이 법률을 따라야 한다.

유월절 첫 만찬의 의식을 '쎄데르'(סֵדֶר)라고 하며, 이 쎄데르의 식탁에는 보통의 식사 외에 유월절 의식을 위한 별도의 음식물이 갖추어진다. 이 음식은 세 개의 마쫏과 포도주, 유월절 양을 상징하는 정강이 뼈, 쓴 나물(마로르)을 상징하는 상추, 삶은 계란, 그리고 고센 땅에서 벽돌을 만드는 작업을 상기시켜주는 하로셋(진흙) 소스 등으로 구성된다. 하로셋은 꿀, 아몬드, 사과, 포도주 등을 섞어서 만든 달콤한 소스로서 상추를 찍어 먹기 위한 것이다. 쎄데르는 모두 열다섯 개의 순서가 있으며 이 중에서 중요한 것만 간추려보면, 먼저 축복구절을 낭독하는 키두쉬로부터 시작해서 마짜를 양분해서 한쪽을 숨겨놓고, 유월절 '하가다'를 돌아가며 낭독하며, 마짜를 나누어 먹고 쓴 나물(상추)을 하로셋에 적셔 먹은 다음 정식으로 준비한 식사를 한다. 식후 숨겨놓은 마짜 조각(아피코만)

을 아이들이 찾게 되면 그 대가로 선물을 주기도 하며, 마지막으로 시편 115~118편의 할렐시를 낭독함으로써 모든 순서를 끝낸다. 유월절 하가 다는 구약성서, 미쉬나, 미드라쉬 등에서 간추린 구절들을 엮은 책으로 이야기, 시편, 노래 등으로 구성되어 있으며 쎄데르의 각 순서마다 필요한 낭독 구절들이 잘 정리되어 있다.

예수의 "최후의 만찬"은 유월절의 쎄데르로서 이해할 수 있다. 우선 제자들은 이 특별 만찬을 위해 별도로 장소를 준비하길 원했으며, 예수께서도 자신이 "고난 받기 전에 제자들과 함께 이 유월절 먹기를 원하고 원하였다"(누가 22:15)라고 고백하고 있다. 또한 예수는 쎄데르에 따라서 먼저 빵(마짜)을 나누어서 축복 구절을 낭독한 다음, 포도주도 같은 순서로 제자들로 하여금 나누어 마시게 하였다. 모든 유대인들의 쎄데르에서는 각 집의 가장이 마쯧과 포도주를 나누어 주며 유월절의 역사를 설명해주고, 특별히 쎄데르 식탁에 차려진 음식물 하나하나의 상징적 의미를 해설해주는 것이 관례이다. 따라서 예수께서도 특별히 빵과 포도주의 희생적 의미를 강조했다. 빵이 자기의 몸이고 포도주가 자신의 피라는 설교는 제자들에게 있어서 새롭고 충격적인, 소위 자신의 죽음을 앞둔 종말론적인 해설이라기보다는 요한복음 6:53~58에 이미 나타난 대로 예수께서 항상 종교적 제의의 식사 때마다 강조했던 독특한 빵과 포도주에 대한 개인적 철학이라고 볼 수 있다. 특별히 이러한 사상은 매주 안식일마다 키두쉬를 하면서 빵과 포도주에 대한 축복과 이에 대한 상징적 의미를 나름대로 강조해온 결과라고 볼 수 있다. 물론 당시의 페싹 쎄데르는 유월절의 성전 제사와 병행되었기 때문에 성전 시대 이후에 역사적으로 축적되어온 현대 유대인들의 쎄데르와는 여러 모로 다를 수 있다. 하지만 모든 복음서에 나타나 있는 예수의 최후의 만찬은 당시 유월절을 맞이하여 예루살렘 성전에 순례왔던 예수와 그 제자들의 페싹 쎄데르였음에 매우 가능성이 높다.

오늘날 유대인들은 첫째 달 15일부터 23일까지 8일간 유월절을 지킨다. 처음 이틀과 마지막 이틀을 제외한 가운데 사일을 '콜-하모에드'라고 부르며 반 축제이며, 이 때는 허락된 일만 행한다.

제142조항 : 유월절에 누룩을 제거하라

¹⁵ 너희는 칠일 동안 무교병을 먹을찌니 그 첫 날에 누룩을 너희 집에서 제하라 무릇 첫 날부터 칠일까지 유교병을 먹는 자는 이스라엘에서 끊쳐지리라(출 12:15)

출애굽기 12:15은 무교절 첫 날에 집에 있는 누룩을 제거할 것을 가르치고 있다.

본문의 이해 무교절 첫 날은 신명기 16:1에 의하면 아빕월 14일이 되며, 후기 이스라엘 시대의 달력에 의하면 니산(Nissan) 월 14일이 된다.

누룩을 제거하는 이유는 칠일 동안 무교병을 먹기 때문이다. 오늘날은 무교절과 유월절이 겹치기 때문에 유월절 시작 전에 세제로 집안의 누룩을 씻어내는 행사를 진행한다.

구약의 이해 여호수아 5:10~12에 의하면 이스라엘 백성들은 가나안에 들어간 후 길갈에서 유월절을 지키면서 무교병과 볶은 곡식을 먹었다.

Rashi의 이해 라쉬는 첫째날이 절기 전날을 의미한다고 설명한다. 따라서 첫날은 니산 월 14일이 된다.

제143조항 : 유월절을 설명하라

⁸ 너는 그 날에 네 아들에게 보여 이르기를 이 예식은 내가 애굽에서 나올
때에 여호와께서 나를 위하여 행하신 일로 말미암음이라 하고(출 13:8)

출애굽기 13:1~10은 무교절에 관한 설명인데 그 중 8절에서는 무교
절과 출애굽과의 연관성을 설명할 것을 가르친다.

본문의 이해 무교절을 칠일 동안 지키면서 자녀들(후손들)에게 무교절을 지
키는 것은 출애굽 때 여호와가 행한 일, 즉 이스라엘을 구원한
것 때문이라고 설명한다.

원래 무교절과 유월절은 서로 다른 절기였지만 가나안 입성 후 가나
안의 봄 추수절인 무교절에 출애굽 사건을 연결시켜 유월절로 지킨 것이
다. 따라서 무교절 때 출애굽 사건을 언급하는 것은 당연한 것이다.

Rashi의 이해 라쉬는 '나를 위하여 행하신 일'이라는 대답이 여호와는 나를 위
하여 일하지만 너를 위하여 일하지 않았다고 말하는 악한 자들
을 위한 것이라고 설명한다. 악한 자들이 너는 구원받을 자격이 없기 때
문에 네가 그곳에 있었어도 하나님은 너를 위하여 일하지 않으셨다고 말
하는 것에 대한 대답이라고 설명한다.

의미 무교절을 지킬 때마다 자녀들에게 유월절 사건을 언급함으로 하
나님의 구원사를 알리라는 것이다.

제144조항 : 유월절 첫 날 밤에 무교병을 먹으라

18 첫째 달 그 달 열나흘날 저녁부터 이십일일 저녁까지 너희는 무교병을 먹을 것이요(출 12:18)

출애굽기 12:15~20은 무교절에 먹는 음식 가운데 무교병에 대하여 가르치고 있다.

본문의 이해 출애굽기12:18에 의하면 첫째 달인 니산 월 14일 저녁부터 21일 저녁까지 7일 동안 무교병을 먹도록 규정하고 있다(민 9:3). 무교병(無酵餅)은 히브리어로 마짜(מַצָּה)라고 부르며, 누룩을 넣지 않고 밀로 만든 빵을 통칭하는 명칭이다. 무교병은 빵의 모양으로 만들기도 하고 경우에 따라서는 크래커처럼 만들기도 한다. 오늘날에는 크래커 형식으로 많이 만든다.

신약의 이해 사도행전 20:6에 의하면 사도바울도 빌립보에서 무교절을 지켰음을 보여준다.
고린도전서 5:8에서 바울이 고린도교회에 악으로 상징되는 묵은 누룩을 버리고 누룩 없는 빵으로 절기를 지키라고 권면하는 것은 유월절에 누룩을 버리는 것을 염두에 둔 것이다.

유대인의 이해 이 규정을 지키기 위하여 유월절 기간 중에 이스라엘에서는 햄버거도 누룩을 넣지 않은 빵으로 만들어 판매한다.

제145조항 : 유월절 첫 날은 쉬어라

16 너희에게 첫 날에도 성회요 일곱째 날에도 성회가 되리니 너희는 이 두 날에는 아무 일도 하지 말고 각자의 먹을 것만 갖출 것이니라(출 12:16)

출애굽기 12:15~20에는 무교절에 관하여 기록하고 있는데 특히 16절에서는 무교절 첫 날에 일하지 말고 쉴 것을 가리키고 있다.

본문의 이해 16절의 기록에 의하면 무교절이 시작하는 첫 날과 끝나는 마지막 날에 아무 일도 하지 말고 각자 자기의 먹을 것을 갖추라고 명령한다. 즉, 무교절을 시작하는 날과 끝나는 날에 안식일처럼 일(멜라카, מְלָאכָה)을 하지 말도록 규정하고 있다. 왜냐하면 그 날들에 성회(미크라 코데쉬, מִקְרָא־קֹדֶשׁ) 즉, 거룩한 모임이 있기 때문이라고 설명한다. 성회는 아무 일도 하지 말고 여호와만 생각하는 날을 의미한다. 따라서 성회에 일을 하지 말고 쉬라는 것은 단순한 휴식의 의미가 아니라 여호와만 생각하라는 의미를 내포하고 있다.

제146조항 : 유월절 일곱째 날은 쉬어라

16 너희에게 첫 날에도 성회요 일곱째 날에도 성회가 되리니 너희는 이 두 날에는 아무 일도 하지 말고 각자의 먹을 것만 갖출 것이니라(출 12:16)

출애굽기 12:15~20에는 무교절에 관하여 기록하고 있는데 특히 16절에서는 무교절 일곱째 날에도 일하지 말고 쉴 것을 가르치고 있다.

본문의 이해 일곱째 날은 무교절의 마지막 날이다. 일반적으로 유대인들의 절기에 있어서 첫 날 혹은 첫 날과 마지막 날을 성회로 모이도록 규정하고 있다. 유월절(민 28:18, 25)과 초막절(레 23:36)도 첫 날과 마지막 날은 성회로 모이고, 칠칠절은 첫 날만 성회로 모인다(레 23:21).

이 날도 성회(미크라 코데쉬, מִקְרָא־קֹדֶשׁ) 즉, 거룩한 모임이기 때문에 아무 일도 하지 말고 쉬어야 한다.

Rashi의 이해 라쉬는 16절의 각자(콜 네페쉬, כָּל נֶפֶשׁ)(every man)라고 번역된 것을 동물을 포함한 모든 영혼(every soul)으로 해석하였다.

의미 거룩한 성회에는 여호와를 위하여, 일하지 말고 쉬라고 가르친다.

제147조항 : 유월절 첫 날에 일하지 말라

¹⁶ 너희에게 첫 날에도 성회요 일곱째 날에도 성회가 되리니 너희는 이 두 날에는 아무 일도 하지 말고 각자의 먹을 것만 갖출 것이니라(출 12:16)

출애굽기 12:16은 유월절의 첫 날에 일하지 말라고 가르친다.

본문의 이해 이 가르침은 유월절 첫 날이 성회이기 때문에 일을 하지 말라는 것이다. 이스라엘 절기 가운데 성회에는 일을 해서는 안 된다. 따라서 유월절 뿐만 아니라 다른 절기에도 성회에는 일하지 못하도록 규정하고 있다.

라쉬는 16절의 일하지 말라는 것은 다른 사람이 일하는 것도 금
하라는 의미를 지니고 있다고 설명한다.

제148조항 : 유월절 일곱째 날에 일하지 말라

16 너희에게 첫 날에도 성회요 일곱째 날에도 성회가 되리니 너희는 이 두
날에는 아무 일도 하지 말고 각자의 먹을 것만 갖출 것이니라(출 12:16)

출애굽기 12:16은 유월절의 일곱째 날에 일하지 말라고 가르친다.

유월절 첫 날과 함께 일곱째 날도 성회이기 때문에 일하지 말라
는 것이다.

04

칠칠절

    칠칠절(샤브오트, שָׁבֻעוֹת)은 일 년 중 봄 추수의 절정기로서 유월절을 전후한 보리 추수가 끝나고 밀 추수를 하여 감사제를 드리는 절기이다. 칠칠절에 관한 규정은 민수기 28:26~31에 기록되어 있다. 칠칠절은 출애굽기 23:16의 맥추절과 밀접한 관련이 있으며 유대인의 삼대 절기 가운데 하나이다. 그러나 구약성서에는 어느 달 며칠이 칠칠절이라고 기록되어 있지 않다. 그렇지만 계산하면 시반 월 6~7일에 칠칠절을 지낸다.

    칠칠절 제사는 수송아지 두 마리와 숫양 한 마리와 일 년 된 숫양 일곱 마리로 번제를 드리며 소제로는 고운 가루에 기름을 섞어서 쓰되 수송아지 한 마리마다 십 분의 삼이요 숫양 한 마리마다 십 분의 이를 드린다. 또 어린 숫양 일곱 마리에는 어린 양 한 마리마다 십 분의 이를 드린다. 또한 속죄제로 숫염소 한 마리를 드린다.

    유월절과 초막절이 출애굽이라는 역사적 사건을 기념하는 절기임을 착안하여 칠칠절이 전통적인 가나안의 봄 추수와 관련된 축제에 그 기원이 있다고 해석 할 수도 있으나, 랍비들의 해석에 의해 출애굽 오십 일 후 시내 산에서 모세가 여호와를 만나서 십계명을 전해 받은 '토라 전수의 절기'로 여겨지기도 한다. 따라서 이날에 유대인들은 회당에서 봄 추수와 관련된 룻기를 낭독하며 십계명과 관련된 출애굽기 19, 20장을 읽기도 한다.

오늘날 이스라엘에서 칠칠절은 '키부츠의 축제'로서 대대적인 행사를 벌이며 온갖 농산물과 과일, 꽃 등으로 집을 치장한다.

칠칠절은 유월절 첫 날부터 오십 번째 되는 날이어서 희랍어의 '오십 번째'라는 뜻의 Pentecost로 불렸으며, 사도행전을 근거로 기독교에서는 오순절로 지켜지는 절기이다. 즉, 기독교 전통에서의 칠칠절은 절기상 으로는 오순절 성령강림주일로 지켜지게 되었다.

제149조항 : 칠칠절을 계산하라

15 안식일 이튿날 곧 너희가 요제로 단을 가져온 날부터 세어서 칠 안식일 의 수효를 채우고 16 제 칠 안식일 이튿날까지 합 오십 일을 계수하여 새 소제를 여호와께 드리되(레 23:15~16)

레위기 23:15~22은 칠칠절 절기에 관하여 가르치고 있다.

본문의 이해 15~16절은 칠칠절이 언제부터 시작 되는가를 설명하고 있다. 안식일 이튿날이란 표현의 모호함이 있으나(레 23:11) 첫째 달 15일부터 오십 번째 되는 날이 칠칠절로 지켜졌다. 따라서 유월절부터 계산하면 칠칠절은 시반 월 6~7일이 된다. 일반적으로 칠칠절은 밀 수확을 마친 후 드려진 축제로 이해하였다. 칠 안식일(쉐바 샤바토트, שֶׁבַע שַׁבָּתוֹת)이란 표현에서 '안식일'로 번역된 샤바트(שַׁבָּת)는 본문에서 '주간' (week)이라는 의미로 사용되었다.[8] 16절의 새 소제(민하 하다샤, מִנְחָה חֲדָשָׁה)는 밀을 추수하고 드리는 소제를 의미한다. 민수기 28:26에도 이에 대한 언급이 있다(칠칠절 처음 익은 열매를 드리는 날에 너희가 여호와께 새 소제를 드릴 때에도 성회로 모일 것이요), 칠칠절에 대한 출애굽기 23:16, 신명기 16:9~12에서도 언급되어 있다. 그러나 칠칠절 절기에 대해서 가장 큰 문제는 몇 일간 절기를 지키라는 언급이 없다는 점이다.

Rashi의 이해 라쉬는 안식일 이튿날을 '절기 다음날'로 이해하였으며, 새 소제는 첫 소제로 이해하였다.

신약의 이해 사도행전 2:1에 의하면 오순절로 지켜졌고, 이 때 성령 강림의 역사가 일어나 그후부터 오순절은 성령강림과 연결되었다. 사도행전 20:16에 의하면 바울이 오순절을 예루살렘에서 지키기를 원하였음을 알 수 있다.

제150조항 : 오십일째 되는 날에 쉬어라

²¹ 이 날에 너희는 너희 중에 성회를 공포하고 아무 노동도 하지 말지니 이는 너희가 그 거하는 각처에서 대대로 지킬 영원한 규례니라(레 23:21)

레위기 23:21에서는 오십 일째 되는 날은 거룩한 날로 쉬라고 가르치고 있다. 즉, 칠칠절을 거룩히 지키라고 가르친다.

본문의 이해 본문은 유월절 첫 날부터 오십 번째 되는 날인 칠칠절을 성회로 공포하고, 아무런 노동도 하지 못하도록 규정하고 있다. 구약시대의 절기 가운데 성회(미크라 코데쉬, מִקְרָא־קֹדֶשׁ)가 선포되면 일체의 일을 할 수 없다. 칠칠절은 밀 추수를 감사하는 감사절기이다.

칠칠절은 오십 번째라는 헬라어에서 유래되어 펜테코스트 (Pentecost)라고 불렸으며, 기독교는 사도행전을 근거로 오순절로 부른다. 즉, 기독교 전통에서 유대교의 칠칠절은 절기상으로는 오순절 성령강림절로 지켜지게 되었다.

칠칠절은 하나님이 이스라엘에게 밀 추수를 허락한 날이기 때문에 여호와에게 감사하며 이 절기를 지내라는 가르침이다.

제151조항 : 칠칠절에 일하지 말라

²¹ 이 날에 너희는 너희 중에 성회를 공포하고 아무 노동도 하지 말지니 이는 너희가 그 거하는 각처에서 대대로 지킬 영원한 규례니라(레 23:21)

레위기 23:21은 칠칠절에도 일하지 말 것을 가르친다.

레위기 23:15~21은 일곱 안식일 이튿날까지 오십 일째 되는 소위 오순절(칠칠절)에 관한 규정이다. 이 오순절은 칠칠절을 의미한다. 이 날도 성회이니 아무 노동도 하지 말라고 가르친다. 칠칠절은 밀 수확을 한 후 지키는 추수감사절이다.

사도행전 2장에서 오순절에 사람들이 한 곳에 모인 이유는 칠칠절 절기를 지키기 위해서였다(행 2:1, 5). 왜냐하면 유대인들은 일년에 세 차례 절기를 지키기 위해 예루살렘으로 가야 하기 때문이다 (신 16:16).

05

정초

정초(로쉬 하샤나, רֹאשׁ הַשָּׁנָה)는 일곱번 째 달 초하루에 지키는 절기이다. 정초 때에는 식사 때마다 빵, 사과 조각을 꿀에 찍어 먹음으로써 달콤하고 행복한 새해를 기원하기도 한다. 이 기간 중 호두 종류를 먹지 않는데 그 이유는 잘못 먹다가 목이 막혀서 축복의 말씀을 낭독할 수 없게 될까 염려하기 때문이다. 히브리어로 호두인 에고즈의 낱말 숫자의 합 (17)은 '죄'를 의미하는 "해트 = 17"와 같다. 이 날은 인간이 심판을 받는 날이기 때문에 찬양(할렐)의 시는 절대로 낭독하지 않으며, '당신이 생명책에 좋은 한 해를 위해 기록되길 바란다'는 의미의 '하티마 토바'의 인사를 주고받는다. 회당에서 주로 읽는 성경 구절은 첫째 날에는 본문으로 창세기 21장, 하프타라로서 사무엘상 1:1~2과 10장 그리고 마프티르로서 민수기 29:1~6 등이며, 둘째 날에는 본문 창세기 22장, 하프타라는 예레미야 31:2~20이며, 마프티르는 전날과 같다.[9]

현대 이스라엘의 종교력 상으로 로쉬 하샤나는 첫 달에 해당되지만 원래 고대 이스라엘에는 다음 네 종류의 신년(新年)이 존재했었다. 첫째, 니산 제1일─왕 즉위와 고대 이스라엘 종교력의 기준이 된다. 둘째, 엘룰 제1일─가축의 십일조 계산의 기준(엘룰 1일부터 아브 30일까지)이 된다. 셋째, 티슈리 제1일─일반 농사력의 기준, 외국 왕들의 즉위 그리고 넷째, 슈밧 제1일-식목 기간으로서의 새해(현재는 슈밧 제15일 '투 비슈밧'이 이스라엘의 식목일인데 그 이유는 15일 경 이스라엘 전역에 골고루 비가 오기 때문이다)이다.

제152조항 : 정초에 쉬어라

²³ 여호와께서 모세에게 일러 가라사대 ²⁴ 이스라엘 자손에게 고하여 이르라 칠월 곧 그 달 일일로 안식일을 삼을지니 이는 나팔을 불어 기념할 날이요 성회라 ²⁵ 아무 노동도 하지 말고 여호와께 화제를 드릴지니라(레 23:23~25)

레위기 23:23~25은 신년 초하루에 안식하라고 가르친다.

본문의 이해 일곱째 날 초하루에 관한 규정은 민수기 29:1~6에 좀 더 자세하게 기록되어 있으며, 레위기 23:24에서는 일곱 번째 달 초하루를 안식하는 날로 삼아 성회로 모이라고 기록하고 있다.

본문의 칠월(호데쉬 하쉬비이, בַּחֹדֶשׁ הַשְּׁבִיעִי)은 '일곱 번째 달'(티슈리 달)이란 뜻이며, 이스라엘 종교력에 있어서 가장 거룩한 달이다. 일곱 번째 달에는 정초와 속죄일 그리고 초막절이 있기 때문이다. 안식일로 삼을지니(샤바톤, שַׁבָּתוֹן)에서 안식일은 '거룩한 휴식'(solemn rest)이란 뜻으로 사용되었다. 거룩한 휴식을 위하여 노동을 하지 말고 여호와께 화제를 드렸다.

일곱째 달 초일, 즉 정초는 히브리어로 로쉬 하샤나(ראשׁ הַשָּׁנָה, Rosh Hashana)라고 부르며 신년 초하루에 해당한다. 이 날은 일곱째 달 즉, 티슈리 달 초하루를 성회로 지키라는 가르침에 의해 지켜진다

(레 23:23~25; 민 29:1~6). 신년 초하루 절기는 나팔을 부는 날이며 이 날 드리는 제사의 내용은 칠칠절에 지키는 제사의 내용과 일치한다(민 28:26~31).

이 절기가 신명기 16:1~17에 나타난 이스라엘의 종교 요약에 나타나지 않고 민수기 29:1~6이나 레위기 23:23~25에 나타나기 때문에 로쉬 하샤나는 아마도 바벨론 포수기 이후에 생겨난 절기로 추정한다.

'쇼파르'는 '뿔 나팔'이며 금송아지로 섬겼던 소를 제외한 모든 정결한 짐승들(양, 염소, 산양 등)의 뿔로 만들 수 있다. 그러나 아브라함의 이삭 제사 사건 때에 나타난 숫양 때문에 이후에는 숫양의 뿔을 선호하게 되었다. 현대 이스라엘에서는 좀 더 길고 구부러진 것이 좋은 것이기 때문에 산양(Gazell)의 뿔을 많이 사용하고 있다. 성서 상으로 뿔 나팔을 부는 시기는 언급되어 있지만(매달 초하루, 보름, 절기 등 시편 81:3) 그 이유는 설명되어 있지 않기 때문에 여러 가지로 해석될 수 있다. 왕의 대관식 때에 주로 쇼파르를 불기 때문에 로쉬 하샤나에 하나님께서 왕으로 등극하신다는 메소포타미아의 신년축제에 의거한 해석이 있는가 하면, 로쉬 하샤나로부터 대속죄일(욤 키푸르)까지 열흘 동안의 '참회의 시기'를 선포하는 의미로 쇼파르를 분다고 해석하기도 한다.

제153조항 : 정초에 나팔을 불라

¹ 일곱째 달에 이르러는 그 달 초하루에 성회로 모이고 아무 노동도 하지 말라 이는 너희가 나팔을 불 날이니라(민 29:1)

민수기 29:1은 일곱째 달 초하루에 나팔을 불라고 가르치고 있다.

이 정초에 관한 가르침은 레위기 23:23~25에도 기록되어 있으며 그 가운데 나팔을 불라고 가르치고 있다.

나팔을 불어(트루아, תְּרוּעָה)라는 히브리어 표현에는 나팔을 뜻하는 쇼파르(שׁוֹפָר)라는 명사가 사용되지 않고 단지 '경고' 혹은 '신호'(alarm)라는 명사가 사용되었다. 그러나 고대 이스라엘에서는 신호를 할 때에 항상 쇼파르라 불리는 동물의 뿔로 만든 나팔을 사용하기 때문에 '나팔을 불어'라고 번역하였다.

제154조항 : 정초에 일하지 말라

²⁵ 어떤 노동도 하지 말고 여호와께 화제를 드릴지니라(레 23:25)

레위기 23:25은 신년 초하루(일곱째 달 초하루)에도 일하지 말라고 가르친다.

레위기 23:23~25은 일곱째 달 첫 날에 관한 규정이며, 이 날에는 아무 노동도 하지 말라고 기록하고 있다. 이는 민수기 29:1~6에도 기록되어 있다. 신년에도 성회로 모여 여호와께 제사를 드린다. 이날은 나팔을 불어 기념했다. 신년 번제에 대해서는 민수기 29:1~2을 참고하시오.

06

속죄일

    속죄일(욤 하키푸림, יוֹם הַכִּפֻּר)은 이스라엘의 절기 중 성전이 무너진 날을 기념하는 '티샤 베아브'와 함께 애통하며 금식하는 날이다. 이날에는 대제사장이 특별한 제사를 드린 다음 일 년에 한 번 성전의 지성소에 들어가서 백성의 죄를 대신하여 속죄하였다. '욤 하—키푸르'(יוֹם הַכִּפֻּר)의 제사 방식 중 특이한 것 하나는 산 염소를 가져와서 대제사장이 백성의 모든 죄를 염소의 머리 위에 얹음으로써 고백하고, 죄를 대신 짊어진 이 염소를 광야 지대로 끌고 가 풀어서 달아나게 하는 것이었다.

    이스라엘의 일 년 종교력 중에서 가장 의미 있는 이 속죄의 기간은 실제로 티슈리 전달인 엘룰 삼십 일 동안 매일같이 '슬리콧'(용서) 기도를 드림으로써 시작된다. 그리하여 엘룰 마지막 날(섣달 그믐날)에 타슐리크 의식으로 죄를 떨쳐버린 다음, 로쉬 하샤나에 하나님의 심판을 기꺼이 받으며, 다시 9일 동안의 참회기간을 거쳐서 티슈리 10일에 금식함으로써 속죄 행사가 절정에 이르게 된다. 욤 키푸르에는 영혼을 절제하기 위하여 먹지 않고 마시지 않으며, 물로 씻거나 기름을 바르지 않고 심지어는 신발을 신지 않고 맨 발로 지내기도 한다. 욤 키푸르 아침에 회당에서 레위기 16장을 읽고, 하프타라로서 이사야 57:14~58:14, 마프티르로서 민수기 29:7~11을 낭독한다. 욤 키푸르와 관계된 현재의 관습들은 대부분 제2성전 시대(주전 515년 이후)부터 형성된 것이며, 아가다(Agada)에 의하면 이날에 모세가 두 번째로 십계명 돌판을 받았고, 아브라함이 할례를 받았으며, 이삭을 희생제사로 바치려 했던 날이라고 한다.

욤 키푸르 전날에 현대 이스라엘에서는 실제로 짐승을 잡는 속죄의 일종인 카파롯트 의식을 행한다. 짐승 중에서 성전 시대 때에 제사에 사용되지 않았던 닭을 산 채로 다리를 잡고 남자는 수탉, 여자는 암탉을 머리 위로 세 번 휘두르면서 "이것이 나의 대속물이며, 속죄물이니 이 닭은 죽임을 당하고, 나는 안식을 누리며 즐겁게 오래 살 것이다"라는 구절을 낭독하게 된다. 또한 시편 107과 욥기 33:23~24을 낭독하기도 한다. 주로 흰 닭이 선호되는데, 그 이유는 이사야 1:18에 "죄가 주홍 같을지라도 눈과 같이 희어진다"는 말씀에 의거해서이다. 이 카파롯트 의식 후에는 바로 닭을 잡아서 가난한 자들에게 구제해주며, 내장은 새들이 먹도록 던져진다. 닭이 없을 경우에는 오리나 생선을 대신 사용할 수 있으며, 닭 값으로 돈을 지불하면서(구제) "이 돈이 나의 대속물이니 이 돈은 없어지지만 나는 영생하리라"는 구절을 낭독하기도 한다.

욤 키푸르에는 주로 흰 옷을 입으며, 죽은 자들의 영혼을 위한 촛불을 켜고, 금식하며, 가난한 자를 구제하고, 서로에게 용서를 구한다. 알렉산드리아의 유대인 종교학자였던 필로(Philo: 주전 20~기원 50년)에 의하면 진정한 기쁨이란 인간의 저급한 욕구를 채워주기만 하는 먹고 마시며 춤추고 즐기는 데서 우러나오는 것이 아니라, 오히려 아침부터 저녁까지 금식하며 자신을 반성하고 하루를 성별하는 데에서 기인한다고 했다. 여기서 욤 키푸르의 현대적 의미를 되새겨볼 수 있다.

성경에서 죄를 속할 때 사람이 죽었을 때와 마찬가지로 머리에 재를 쓰고, 옷을 찢고, 금식하는 것은 속죄가 마치 죄를 장사지낸다는 것을 의미한다. 구약시대에는 속죄일 뿐만 아니라 특별한 경우에 여러 차례 금식하였다. 스가랴 7:5에 의하면 다섯째 달과 일곱째 달에 금식하였고, 스가랴 8:19에 의하면 넷째 달과 열째 달에 금식하였다. 그런데 이 금식은 모두 예루살렘 성과 성전의 운명과 밀접한 관련이 있다.

월	성경의 사건	유대인의 전통
넷째 달(타무즈)	성 벽에 구멍남(왕하 25:3~4)	
다섯째 달(아브)		성전 파괴(아브달 9일)
일곱째 달(티슈리)	속죄일(일곱째 달 십일)	
열째 달(테벳)	성이 파괴되기 시작(왕하25:1)	

제155조항 : 속죄일에 금식하라

²⁹ 너희는 영원히 이 규례를 지킬지니라 일곱째 달 곧 그 달 십일에 너희는 스스로 괴롭게 하고 아무 일도 하지 말되 본토인이든지 너희 중에 거류하는 거류민이든지 그리하라(레 16:29)

레위기 16:29~34은 속죄일에 관하여 가르치고 있다. 그 가운데서 29절은 속죄일이 언제이며, 또 어떻게 지켜야 할지를 가르치고 있다.

본문의 이해 29절에 의하면 속죄일은 일곱째 달, 곧 그 달 십일, 즉 티슈리(Tishrei) 월 10일에 지키도록 가르치고 있으며, 레위기 23:26~32이나 민수기 29:7~11에도 속죄일에 대한 가르침이 있다.

속죄일에는 금식을 하도록 가르치고 있다. 본문의 스스로 괴롭게 하고(이나 네페쉬, עִנָּה נֶפֶשׁ)는 '금식한다'는 의미를 함축하고 있다. 이 구절을 레빈(B.A. Levine)은 "스스로를 부인해야 한다"라고 번역하였다. 히브리어 번역에 있어서 네페쉬(נֶפֶשׁ)를 '스스로'로 번역하였다.

이것은 본토인이나 거류민 모두가 지켜야 할 것임을 가르친다. 본토인(에즈라흐, אֶזְרָח)은 이스라엘 땅에서 출생한 자이며, 거류민(게르, גֵּר)은 일시적으로 이스라엘에 거주하기는 하지만 그 조상이 이스라엘 사람이 아닌 사람을 의미한다. 여기서 본토인과 거류민이란 의미는 모든 백성이란 의미로 이스라엘 땅에 거주하는 모든 사람이 속죄해야 함을 가르쳐준다.

속죄일이 안식일과 겹치면 '황금 속죄일'이라고 부른다.

구약의 이해 느헤미야 9장의 '그달 스무나흘날'은 일곱번째 달 24일에 백성들이 하나님 앞에 죄를 자복한 것이다. 이 해에만 특별히 속죄일 날짜를 옮긴 것인지 아니면 속죄일 날자를 아예 일곱째 달 24일로 변경한 것인지 그것도 아니면 일곱째 달 10일에 속죄일을 지내고, 일곱째 달 15일부터 일주일 간 초막절을 지내고, 팔일 째 되는 날(23일) 거룩한 대회로 모인 후 다시 24일부터 다시 속죄 의식을 치렀는지 불명확하다.

신약의 이해 사도행전 27:9에 의하면 금식하는 절기 즉, 속죄일을 지키고 있음을 보여준다. 마태복음 6:16~18에서 예수님은 금식할 때 남에게 보이기 위한 행동을 하는 자들을 비판하신다.

의미 하나님 앞에 죄를 고하고 사죄의 은총을 구할 때는 금식같이 자신을 절제하며 간절하게 속죄해야 함을 가르친다.

제156조항 : 속죄일에 쉬어라

²⁹ 너희는 영원히 이 규례를 지킬지니라 일곱째 달 곧 그 달 십일에 너희는 스스로 괴롭게 하고 아무 일도 하지 말되 본토인이든지 너희 중에 거류하는 거류민이든지 그리하라(레 16:29)

레위기 16:29~34은 속죄일에 관하여 기록하고 있는데, 속죄일에 쉬라고 가르친다.

본문의 이해 29절에서 속죄일에는 아무 일도 하지 말라고 가르친다(31절 참조). 왜냐하면 속죄일은 죄를 속하는 날이기 때문이다. 아무일도 하지 말라는 것은 곧 쉬라는 것이며, 이 쉼은 단순한 휴식의 개념이 아니다.

일로 번역된 히브리어 멜라카(מְלָאכָה)는 모든 종류의 일을 의미하며, 안식일에 금지된 모든 일을 의미한다.

속죄일의 쉼은 단순한 안식이 아니며 속죄만 해야 하기 때문에 일하지 말라는 의미다.

의미 속죄일에 힘써 하나님께 부르짖고 죄를 회개하라고 가르친다.

제157조항 : 속죄일에 일하지 말라

²⁸ 이 날에는 어떤 일도 하지 말 것은 너희를 위하여 너희 하나님 여호와 앞에 속죄할 속죄일이 됨이니라(레 23:28)

레위기 23:28에는 속죄일에 일하지 말라고 가르친다.

속죄일(욤 하키푸림, יוֹם הַכִּפֻּרִים)은 일곱째 달 십 일이며, 이 날에
는 속죄해야 하기 때문에 일을 해서는 안 된다고 기록하고 있다.
이 날에는 어떤 일도 하지 말 것(콜–멜라카 로 타수아 베에쩸 하욤 하제,
כָּל-מְלָאכָה לֹא תַעֲשׂוּ בְּעֶצֶם הַיּוֹם הַזֶּה)이란 안식일에 아무 일도 하지 말라는
구절과 같은 표현이다. 이것은 속죄일이 안식일 만큼이나 중요한 날임을
암시한다.

속죄일은 이스라엘 절기 중 성전이 무너진 날을 기념하는 티샤베 아
브(아브 달 제9일)와 함께 애통하며 금식하는 날이다.

민수기 29:7~11에도 속죄일에 관한 규정을 기록하고 있다. 7절
에 의하면 속죄일에 금식하면서 아무 일도하지 말라고 기록하고
있다.

1973년 10월 6일 시작된 욤 키푸르 전쟁은 이스라엘이 아무 일
도 할 수 없는 날, 이집트와 시리아가 주측이 되어 시내반도와
골란고원을 기습함으로 시작된 전쟁이다.

오늘날 유대인들은 속죄예식을 위하여 염소 대신 닭을 잡고 속죄 기
도문을 외운다.

아무 일도 하지 말고 속죄하라는 것은 사람에게 있어서 죄의 문
제가 매우 심각한 것이었음을 보여준다.

제158조항 : 속죄일에 뿔 나팔을 불라

⁹ 일곱째 달 열흘날은 속죄일이니 너는 뿔 나팔 소리를 내되 전국에서 뿔 나팔을 크게 불지며(레 25:9)

레위기 25:9에는 속죄일에 나팔을 불어 모든 이스라엘 사람들이 예외 없이 속죄해야함을 가르쳐 준다.

본문의 이해 일곱째 달 열흘의 속죄일에 관한 가르침이다. 속죄일에는 뿔 나 팔을 불도록 명하고 있다. 모든 백성들에게 속죄일임을 알려서 한 사람도 빠지지 않고 금식하도록 신호를 보내는 것이다.

이처럼 모든 사람이 속죄해야 하는 것은 죄 있는 자들이 여호와께서 임재해 계시는 그 땅을 더럽게 할 수 있기 때문이다. 속죄는 마치 죄를 장사지내는 것과 마찬가지이기 때문에 속죄 할 때 금식하고, 재 위에 앉고, 베 옷을 입는다(욘 3:5~6).

의미 속죄일에 뿔 나팔을 부는 것은 모든 사람이 속죄함으로 이스라 엘의 모든 죄를 속하여 거룩해지기 위한 것이다.

07

초막절

초막절(수콧, סוכות)은 가나안의 전통적인 가을의 포도 수확축제로부
터 그 기원을 찾아볼 수 있다(삿 21:9). '여호와의 절기'라 일컬었던 실로
의 포도축제는 여자들이 포도원에서 춤을 춤으로써 절정에 달했다(삿
21:21). 모빙켈(S. Mowinckel)은 이 축제를 신년 '왕위 즉위식'과 연관을
지었으며, 폰 라드(G. von Rad)는 고대 이스라엘 지파들의 '계약 갱신축
제'와 관계가 있다고 해석하고 있다. 하지만 팔레스타인 지역의 자연적
인 절기를 고려해볼 때 봄철의 곡식 추수와 함께 쌍벽을 이루는 가을철
의 포도, 올리브, 대추야자, 무화과 등의 풍성한 수확과 관련된 추수제가
초막절의 기원이 되었다.

초막절은 유월절과 마찬가지로 칠일 동안(티슈리 15일부터 21일까지)
절기가 지속된다. 이에 대하여 여덟째 날도 성회로 모인다. 이 기간 동안
유대인들은 광야생활을 기념하기 위해 초막에서 기거해야만 했다. 수카
(초막)의 벽은 아무 재료나 가능하되, 지붕은 곡식의 짚이나 모든 식물을
이용하여 덮을 수 있으며, 밤하늘의 별이 보이도록 엉성하게 지붕을 꾸
며야 하고, 벽은 최소한 세 면 이상이 되어야 한다(자기 집의 벽을 이용하
여 세 면만 벽을 만들든지 아니면 별도의 초막을 야외에 설치). 초막은 절대
로 나무 밑이나 실내에 세우면 안 된다.

초막절 기간 동안 모든 성인 남자는 레위기 23:40에 나타나는 대로 아름다운 나무 실과, 종려 가지, 무성한 가지, 시내 버들 등의 네 가지 식물을 준비하여야 한다. 이 중에서 왼손에는 나무 실과를, 오른손에는 종려 가지 하나와 세 개의 무성한 가지와 두 개의 시내 버들가지를 함께 쥐고서 시편의 '할렐' 찬양 부분(시 113~118편)을 낭독하다가 마지막 시편 118편을 시작하면서부터 동서남북 상하 방향으로 흔들어주어야 한다. 후대의 랍비들의 해석에 의하면 이 네 가지 식물은 각각 유대인들의 심성을 나타내는 것으로서 나무 실과는 향기도 있고 맛도 있어서 토라의 지식도 있고 그에 따라 행동하는 자들이고, 종려가지의 열매인 대추야자는 향기는 없지만 맛이 좋아서 토라의 지식이 없어도 선한 행동을 할 줄 아는 사람들이며, 무성한 가지는 맛은 없고 향기만 있어서 토라의 지식만 있지 행동으로 나타내지 못하는 부류를 지칭하며, 마지막으로 시내 버들은 향기도 없고 맛도 없어서 토라를 알지 못하고 인간답게 행동하지 못하는 유대인들을 나타낸다. 따라서 이 네 가지의 식물을 함께 흔들면서 과연 자신이 어느 부류에 속할 것인지를 심사숙고해 보는 것도 초막절의 의미 있는 한 관습이라고 볼 수 있다.

초막절의 일곱째 날은 '호산나 라바'(위대한 구원)의 날이다. 호산나 기도문을 낭독하며 나무 실과와 종려 가지를 손에 쥐고서 회당을 일곱 바퀴 도는 행진을 시작한다. 이 행진이 끝나면 시내 버들을 갖고서 회당의 벤치 등에 내리쳐 잎을 모두 떨어버림으로써 '인간의 모든 죄'를 제거해 주길 기원한다. 아가다에 의하면 호산나 라바 자정에 하늘이 열리기 때문에 정확하게 그 시각에 자기의 소원을 말하면 열린 하늘을 통하여 하나님께 상달될 것이라고 한다. 마태복음 21:9, 마가복음 11:9 등에 나타나는 "호산나"는 호산나 기도문을 낭독하고 난 다음에 회중이 외치는 응답으로서 비교적 후대에 가서 생겨난 관습이라 볼 수 있다. 또한 '호산나'

의 외침은 죽은 자의 부활과도 밀접한 관계가 있으며, 신약적 배경에서는 아람어의 문자 그대로 위대한 자(메시야)가 나타나 현실적으로 구원해달라는 의미가 강하다고 볼 수 있다.

실제적인 초막절은 칠일 동안이지만 레위기 23장의 언급대로 제8일째에 거룩한 대회(Atzereth)로 모이게 되었다. '슈미니 아쩨레트'[제8일의 대회(大會)]라 불리는 이날에 비로소 비를 위한 기우제를 드리며 우기가 빨리 시작되기를 기원한다. 무엇보다 이날의 핵심은 '심카트 토라' 행사이다. 회당마다 토라 두루마리를 꺼내 그 주위를 돌면서 춤을 추게 된다. 또한 이 날은 1년 동안 토라를 낭독하는 사이클의 종점이자 시발점이어서, 토라의 마지막 부분을 낭독하고 곧 이어서 첫 부분을 낭독한다. 회당의 강단 위에 두 개의 의자를 갖다 놓고 하탄 토라(토라의 신랑)와 하탄 브리쉿트(창세기의 신랑) 두 명의 성인 남자를 선정하여 첫 번째 사람은 신명기 33:27~34:12를 낭독하고 두 번째 사람은 창세기 1장을 낭독한다.

제159조항 : 초막절 첫 날에 쉬어라

³⁵ 첫 날에는 성회가 있을지니 너희는 아무 노동도 하지 말지며(레 23:35)

레위기 23:33~44은 초막절에 관한 규정을 기록하고 있는데 그 중 35절은 초막절 첫 날에 쉴 것을 가르치고 있다.

본문의 이해 35절에서는 초막절 첫 날인 일곱째 달 십오일(레 23:34)에 초막절 성회로 모이며 아무 노동을 하지 말라고 규정하고 있다. 유월절처럼 초막절에도 첫 날과 마지막 날을 성회로 모이고 아무 노동도 하지 말라고 가르치고 있다. 이 절기는 거룩한 여호와의 절기이다.

이스라엘 절기 가운데 성회(미크라 코데쉬, מִקְרָא קֹדֶשׁ)에는 아무 노동도 하지 말 것을 가르친다.

의미 초막절을 성회로 지키며 첫 날과 여덟째 날 쉬라는 것은 여름 과일의 추수와 출애굽 가운데 이스라엘을 지켜주심을 감사하며 여호와만을 위한 날로 지내라는 가르침이다.

제160조항 : 초막절 여덟째 날 쉬어라

³⁶ 칠일 동안에 너희는 화제를 여호와께 드릴 것이요 제 팔일에도 너희에게 성회가 될 것이며 화제를 여호와께 드릴지니 이는 거룩한 대회라 너희는 아무 노동도 하지 말지니라(레 23:36)

레위기 23:36은 초막절 여덟째 날도 성회로 쉬라고 가르치고 있다.

본문의 이해 여덟째 날에 해야 할 일이 있다. 이날은 절기(하그, חַג)는 아니지만 성회로 모여 화제(이쉐, אִשֶּׁה), 즉 번제를 여호와에게 드려야 한다. 뿐만 아니라 이 날이 거룩한 대회(아짜라, עֲצָרָה), 즉 '거룩한 날'이기 때문에 일을 해서는 안 된다.

신약의 이해 요한복음 7:37의 축제 마지막 날은 초막절 팔일째를 의미한다. 특히 요한복음 7:37~39에서 예수님이 생수에 관한 메시지를 증거한 것은 이러한 축제 관습과 관계가 있다. 이 날은 유대인들에게는 심카트 토라로 율법의 끝과 시작을 읽는 날이다. 따라서 예수께서 내게로 와서 마시라고 말씀하는 것은 율법의 말씀을 다 읽고도 갈급한 자가 예수께로 와 마시면 그의 배에서 생수의 강이 흐른다는 말씀이다.

오늘날 이 여덟 번째 날을 슈미니 아쩨레트[제8일의 대회(大會)]라고 부르며, 이 날에 기우제를 드리면서 우기가 빨리 시작되기를 기원한다.

제161조항 : 초막절에는 초막에 거하라

⁴² 너희는 칠일 동안 초막에 거하되 이스라엘에서 난 자는 다 초막에 거할지니 ⁴³ 이는 내가 이스라엘 자손을 애굽 땅에서 인도하여 내던 때에 초막에 거하게 한 줄을 너희 대대로 알게 함이니라 나는 너희 하나님 여호와니라(레 23:42~43)

레위기 23:42~43은 초막절 동안 어디에 거주해야 하는가를 가르치고 있다.

본문의
이해 42~43절에서는 초막절과 출애굽 사건을 연결시킨다. 즉, 이스라엘 백성들이 초막절에 초막에 거하는 관습을 지키는 것은 출애굽 역사를 기억하기 위한 것이라고 밝히고 있다.

42절의 초막에 거하되라는 구절의 기원에 대하여 여러 설명이 제시되지만 밀그롬은 초막절이 순례의 절기로서 이 절기를 지키기 위하여 예루살렘에 모여든 사람의 수가 예루살렘의 숙박시설보다 훨씬 많기 때문에 순례자들에 의하여 예루살렘에 지어진 임시 주거지에서 기원하였다고 설명한다.¹⁰ 이러한 설명에 대하여 스코트(M. L. Scott)는 느헤미야 8장에서 초막을 이스라엘 사람 전체가 짓도록 규정되어 있기 때문에 예루살렘에 지어진 초막에 대한 설명을 거부한다. 그러나 밀그롬은 느헤미야 8장의 규정은 에스라에 의하여 수정된 규정으로 포로기 이전에는 예루살렘 중심으로 초막이 지어졌으나 포로 이후에 전체 이스라엘이 초막을 지었다고 설명한다.

또 다른 설명은 여름 과실 즉, 포도, 올리브, 대추야자 등을 수확하기 위하여 초막을 지은 것에서 유래되었을 것이라는 설명이다.

초막(수카, סֻכָּה)의 벽은 아무 재료나 가능하되 지붕은 곡식의 짚이나 모든 식물을 이용하여 덮을 수 있으며, 밤하늘의 별이 보이도록 엉성하게 지붕을 꾸며야 하고, 벽은 최소한 세 면 이상이 되어야 한다. 자기 집의 벽을 이용하여 세 면만 벽을 만들든지 아니면 별도의 수카를 야외에 설치해야 한다. 초막은 절대로 나무 밑이나 실내에 세우면 안 된다.

의미 초막절에 초막에 거하라는 것은 가나안에 정착한 후 이스라엘을 구원하신 여호와의 구원과 그 은혜를 잊지 말고 기억하라는 것을 의미한다. 이것은 마치 유월절 때 출애굽 사건을 말하라는 것과 같은 목적이다(출 13:8).

제162조항 : 초막절에 네 가지를 취하여 기도하라

⁴⁰ 첫 날에는 너희가 아름다운 나무 실과와 종려 가지와 무성한 가지와 시내 버들을 취하여 너희 하나님 여호와 앞에서 칠일 동안 즐거워할 것이라 (레 23:40)

레위기 23:40에서는 초막절에 취해야 할 네 종류의 식물에 대하여 가르치고 있다.

본문의 이해 그러나 40절의 아름다운 나무 실과와 종려 가지와 무성한 가지와 시내 버들 등 네 가지 식물이 무엇을 의미하는지 학자들의 논쟁이 끊이지 않았다. 특히 아름다운 나무실과(프리 에츠 하다르, פְּרִי עֵץ הָדָר)가 무엇을 의미하는지 많은 논쟁이 있었다. 그러나 대체적으로 이 아름다운 나무의 실과가 오렌지의 일종인 시트론(citron)이라는 데 동의한다(에트로그라고도 부름).[11] 시트론은 나무와 열매의 향기가 매우 우아하였다. 따라서 중세 람반(Ramban)은 히브리어 프리 에츠 하다르(פְּרִי עֵץ הָדָר)를 '탐나는 열매'라고 번역하였다.[12] 종려가지(카포트 트마림, כַּפֹּת תְּמָרִים)는 히브리어를 문자적으로 번역한 것이며 대추야자의 어린 가지를 의미한다(룰라브라고도 부름). 무성한 가지(아나프 에츠-아보트, עֲנַף עֵץ-עָבֹת) 역시 정확하게 어떤 나무를 의미하는지 않지만 유대인 랍비들은 이 나무를 하다스(hadas, myrtle 도금양(桃金孃))로 생각하였다(하다심이라고도 부름).[13] 네 번째 식물인 시내버들(아르베이-나할, עַרְבֵי-נָחַל)은 포플러(poplar)를 의미한다(아라보트라고도 부름).

구분	네 가지의 특성		토라와 삶의 관계	
	향기	맛	토라지식	행동(삶)
나무실과	X	O	X	O
종려나무	O	X	O	X
무성한 가지	O	X	O	X
시내버들	X	X	X	X

오늘날 유대인들은 이 가르침에 근거하여 초막절에 왼손에는 에트로그 한 개, 오른 손에는 종려가지 하나 그리고 세 개의 하다스와 두 개의 포플러 가지를 들고 시편을 낭독한다(시 113~118편).

하나님 여호와 앞에서 칠일 동안 즐거워할 것이라는 구절은 성소에서

노래하라는 것이며, 전통적으로 유대인들은 성소에서 노래하며 춤추는 것으로 즐거움을 나누었다.[14]

제163조항 : 초막절 첫 날에 일하지 말라

[35] 첫 날에는 성회로 모일지니 너희는 아무 노동도 하지 말지며(레 23:35)

레위기 23:35은 초막절의 첫 날에 일하지 말라고 가르친다.

본문의 이해 레위기 23:33~41은 초막절에 관한 규정으로 그 가운데 35절에서는 첫 날을 성회로 모이니 아무 노동도 하지 말라고 말한다. 초막절은 여호와의 절기이며 성회를 열고 번제, 소제, 전제를 드리는 날이다. 초막절 화제에 대해서는 민수기 29:13을 참고하시오.

제164조항 : 초막절 팔일에도 일하지 말라

[36] 이레 동안에 너희는 여호와께 화제를 드릴 것이요 여덟째 날에도 너희는 성회로 모여서 여호와께 화제를 드릴지니 이는 거룩한 대회라 너희는 어떤 노동도 하지 말지니라(레 23:36)

레위기 23:36은 초막절 제8일에도 성회로 모이니 일하지 말라고 가르친다.

본문의 이해 초막절 여덟째 날도 성회(미크라 코데쉬, קֹדֶשׁ מִקְרָא)로 모이기 때문에 아무 노동도 하지 말라는 것이다. 이 날을 거룩한 대회(아쩨레트, עֲצֶרֶת)라고 부른다. 이날 드리는 화제에 대해서는 민수기 29:36을 참고하시오.

오늘날에는 이 날을 슈미니 아쩨레트(שְׁמִינִי עֲצֶרֶת)라고 부른다. 이 때 회당 마당에 토라 두루마리를 꺼내서 그 주위를 돌면서 춤을 추게 된다. 이 날은 1년 동안 토라를 낭독하는 일의 시작이자 마지막이다. 따라서 토라의 끝 부분과 처음 부분을 읽게 된다. 회당의 강단 위에 하탄 토라(토라의 신랑)와 하탄 브리쉬트(창세기의 신랑) 두 명을 선정하여 하탄 토라에게 신명기 33:27~34:12을 낭독하게 하고, 하탄 브리쉬트에게는 창세기 1장을 낭독하게 한다.

08

안식년

안식년과 희년을 어떻게 지내야 하는가를 가르친다. 안식년의 초점은 일곱째 해로 이스라엘 사람들에게는 빚을 탕감하지만 이방인들에게는 빚을 독촉할 수 있다.

제165조항 : 안식년에 자란 것은 모든 사람이 주인이다

¹¹ 일곱째 해에는 갈지 말고 묵혀두어서 네 백성의 가난한 자들이 먹게 하라 그 남은 것은 들짐승이 먹으리라 네 포도원과 감람원도 그리할지니라 (출 23:11)

출애굽기 23:11에서는 일곱째 해에는 갈지 말고 가난한 자들이 먹게 하라고 가르치고 있다.

본문의 이해 안식년인 일곱째 해에는 땅에 곡식을 파종하지 말고 가난한 사람들과 날 짐승들이 먹을 수 있도록 한다. 또한 이 가르침은 포도원이나 감람원에도 마찬가지로 적용된다. 즉, 일곱째 해에 자라난 것은 가난한 사람들이 먹고 그 남은 것은 들짐승들이 먹게 하라는 것이다.

갈지말고(샤마트, שָׁמַט)로 번역된 히브리어의 원래 의미는 '경작을 쉬다'이다. 따라서 일곱째 해에는 경작을 쉬라는 의미이다.

구약의 이해 안식년에 관한 또 다른 가르침인 레위기 25:1~7에서는 땅을 경작하지 않았지만 그래도 자라나는 소출을 종이나 객과 같이 토지가 없는 가난한 사람들과 나누며 심지어는 가축과 들짐승과도 함께 나누어 먹으라고 가르친다.

안식년에 관한 다른 성서 구절에서는 안식년에 종의 자유함(출 21:2~6, 신 15:12~18)과 채무를 면제해주는 가르침(신 15:1~11)이 기록되어 있다.

의미 땅의 경작을 육년에 일년씩 쉬도록 하는 것은 경작지의 효율성에 있어서 매우 필요한 조치이다. 땅을 지속적으로 경작하면 지력이 약해져 생산량이 감소하기 때문이다. 따라서 이 가르침은 토양의 비옥함을 유지하여 생산량을 늘리기 위한 조치이기도 하다. 11절에서는 안식년을 지켜야 하는 이유가 사회적이며 공리주의적인 측면에서 설명되고 있다.

제166조항 : 안식년에 부채를 면제하라

³ 이방인에게는 네가 독촉하려니와 네 형제에게 꾸어준 것은 네 손에서 면제하라(신 15:3)

본문의 이해 신명기 15:3은 안식년에 이스라엘 백성들 사이의 모든 부채는 면제되지만 이방인에게는 빚을 독촉할 수 있다고 가르치고 있다.

신명기 15:1~3은 면제년에 관한 것인데 그 가운데 3절은 이스라엘 백성들 사이의 부채를 면제하라고 가르친다. 그 이유는 이 면제의 선포가 여호와를 위해서이기 때문이다(신 15:2).

제167조항 : 안식년에도 이방인의 부채를 받을 수 있다

³ 이방인에게는 네가 독촉하려니와 네 형제에게 꾸어준 것은 네 손에서 면제하라(신 15:3)

신명기 15:3은 안식년에 이스라엘 사람들의 부채는 면제해 주어도 이방인에게 꾸어준 부채는 받을 수 있음을 가르치고 있다.

본문의 이해 신명기 15:3에서는 이방인과 네 형제가 서로 대조를 이루며, 부채에 대한 가르침이 서로 상반된다. 안식년에 이스라엘 백성들 사이의 부채에 대해서는 면제하도록 가르치고 있지만, 이방인으로부터는 안식년에도 부채를 받을 수 있도록 가르치고 있다.

이방인(노크리 נָכְרִי)은 이스라엘 공동체에 동화되지 않고 아마도 사업적인 이유로 이스라엘을 지나가는 사람들을 의미한다.[15]

구트만(M. Guttman)은 이방인(노크리 נָכְרִי)이 자신이 태어난 나라와 지속적인 관계를 갖고 있는 사람을 지칭하는 것으로 유다 백성과 전혀 관계없는 사람들을 뜻한다고 말하였다. 따라서 구약성서에서 이방인은 객(게르, גֵּר)와 같은 의미이며, 때에 따라서는 이 두 단어가 같이 사용될 때가 많다(잠 5:20, 27:2).

이방인 가운데 사회적 신분을 보장받을 수 있는 부류가 있는데, 그들을 게르(גֵּר)라고 부른다. 게르는 '체류민'이란 뜻이다. 구약성서에서 게르는 유다 백성과 함께 서술되는 경우가 많았다. 이방인 게르는 유다에 거주한 지 3세대가 지나면 유다의 총회에 속하는 사람으로서 유다의 땅을 소유해도 어떠한 종교적, 전통적인 문제도 제기되지 않았다(신 23장). 왜냐하면 게르는 유다 사회에서 이스라엘 백성들과 함께 거주하면서 그들과 같은 사회적 지위를 갖기 때문이다. 그들은 유다 백성들과 마찬가지로 종교 제의에 참여하여 그 의무를 행하여야 하며(레 17:8, 10, 13, 22:18, 수 8:33, 신 29:11), 특히 유월절 행사에 참여할 수 있었다(민 9:14, 15:14). 사무엘하 1:13에서 보는 것처럼 그들은 유다 시민으로 유다 왕국의 군대에서 봉사하기도 하였다. 그러나 게르(גֵּר)에게만 땅이 속한 것은 문제가 된다.

이 이방인에 대하여서는 이방 상인으로 추정하기도 한다.[16]

제168조항 : 일곱째 해에 땅을 경작하지 말라

⁴ 일곱째 해에는 그 땅이 쉬어 안식하게 할지니 여호와께 대한 안식이라 너는 그 밭에 파종하거나 포도원을 가꾸지 말며(레 25:4)

레위기 25:4은 제7년에 땅을 갈지 말 것을 가르친다.

본문의 이해 레위기 25:2, 4~5은 매 7년마다 땅의 안식을 실시하라고 가르친다. 땅의 안식년(슈바트 샤바톤 이히예 라아레츠, שַׁבַּת שַׁבָּתוֹן יִהְיֶה לָאָרֶץ)의 정확한 원어의 의미는 '안식년은 땅을 위한 것이다'이다. 이와 같은 내용은 출애굽기 23:11에도 기록되어 있다.

안식년에 땅의 경작을 쉬는 것은 지력(地力)의 측면에서 매우 타당한 제도이다.

제169조항 : 일곱째 해에 전지하지 말라

⁴ 일곱째 해에는 그 땅이 쉬어 안식하게 할지니 여호와께 대한 안식이라 너는 그 밭에 파종하거나 포도원을 가꾸지 말며(레 25:4)

레위기 25:4에 의하면 제7년 곧 안식년에 나무를 전지하지 말 것을 가르친다.

본문의 이해 포도원을 가꾸지 말며(카르메카 로 티즈모르, כַּרְמְךָ לֹא תִזְמֹר)의 의미는 '너의 포도원의 전지를 하지 말라'의 뜻이다. 즉, 포도원의 나무가지를 자르지 말라는 의미이다. 히브리어 동사 자마르(זמַר)는 '전지하다'의 의미를 갖고 있다.

제170조항 : 일곱째 해에 소산을 거두지 말라

⁵ 네가 거둔 후에 자라난 것을 거두지 말고 가꾸지 아니한 포도나무가 맺은 열매를 거두지 말라 이는 땅의 안식년임이니라(레 25:5)

레위기 25:5은 제7년에 소산을 거두지 말 것을 가르친다.

본문의 이해 안식년 전 해에 추수한 후 자라난 것을 거두지 말라는 것이다. 즉, 안식년에는 전 해에 자연스럽게 자라난 것도 거둘 수 없음을 가르친다.

출애굽기 23:10~11은 일곱째 해에 자연스럽게 나는 소산을 수확하여 처리하는 방법에 대하여 기록하고 있다. 이때 자라난 것은 하나님의 것으로 가난한 사람들이 수확하도록 하였을 뿐만 아니라 그렇게 하고서도 남는 것은 짐승이 먹게 하라고 가르친다.

제171조항 : 일곱째 해에 열매를 거두지 말라

⁵ 네가 거둔 후에 자라난 것을 거두지 말고 가꾸지 아니한 포도나무가 맺은 열매를 거두지 말라 이는 땅의 안식년임이니라(레 25:5)

레위기 25:5은 제7년에 열매를 거두지 말 것을 가르친다.

본문의 이해 안식년에는 가꾸지 않은 포도나무, 즉 전지하지 않은 포도나무의 열매를 거두지 말라고 가르치고 있다. 가꾸지 아니한 포도나무(인베이 네지레카, עִנְּבֵי נְזִירֶךָ)의 문자적인 의미는 '저절로 자란 포도들'(free growing vine)이란 뜻을 갖는다. 이처럼 안식년에 저절로 자란 포도는 하나님의 것이기 때문에 거두지 말라는 것이다. 즉, 하나님의 것을 마음대로 처리할 수 없다는 것이다.

신약의 이해 데살로니가후서 3:10의 일하기 싫어하는 자는 먹지도 말게 하라는 가르침은 자신이 수고하지 않은 것을 거둘 수 없다는 생각을 근거로 한 말씀이다.

마태복음 6:28의 예수님의 말씀 가운데 들의 백합화가 어떻게 자라나는가를 보라 수고도 아니하고 길쌈도 아니하였지만 자라는 것은 하나님이 키우신다는 의미를 내포하고 있다.

의미 자신이 파종하고 가꾼 것이 아니기 때문에 자신의 것으로 추수할 수 없다는 것과 파종하지 않았지만 자라나는 것은 하나님이 기르신 것이라는 가르침이 함께 복합적으로 나타난다. 이러한 가르침은 불로소득(不勞所得)을 금하는 구약성서 전체의 가르침과도 일치한다.

소득의 종류	소유권	사용처
불로소득	하나님	이웃, 가난한 자
파종 않음	하나님	이웃, 가난한 자
주운 것	원 주인	
도둑질	원 주인	

09

희년

레위기 25:8~12에 의하면 다음과 같은 희년의 원칙을 설명한다. 첫째, 오십 번째 해에 희년을 지키며 희년은 거룩하다. 둘째, 희년은 속죄일로 나팔을 불며 시작된다. 셋째, 희년에는 부채를 면제하고 땅을 돌려줘야 한다. 넷째, 희년에는 일을 해서는 안 된다.

이스라엘 제도 가운데 일곱 번째 안식년에 양도되었던 토지를 회복하고 히브리 종들이 자유로워지는 것을 희년제도라고 부른다. 희년에 관해서는 레위기 25:8~55, 27:17~27, 민수기 36:4 등에 기록되어 있다.

희년은 쉐나트 하요벨(שְׁנַת הַיּוֹבֵל)이나(레 25:13, 28, 40, 50) 혹은 하요벨(הַיּוֹבֵל)(레 25:15, 28, 30) 또는 요벨(יוֹבֵל)이라고 부른다(레 25:10~12).[17] 요벨은 양의 뿔을 의미하고 뿔나팔로 만들어져 불렸다. 이는 여호수아 6:5~13에 잘 나타나 있다. 일반적인 설명에 의하면 희년은 양의 뿔나팔을 불면서 시작되었기 때문에 쉐나트 하요벨(שְׁנַת הַיּוֹבֵל)이라는 명칭이 생겨난 것이라고 설명한다. 그러나 레위기 25:9에 의하면 뿔은 요벨(יוֹבֵל)로 기록되어 있지 않고 쇼파르(שׁוֹפָר)로 기록되어 있다. 따라서 일부 학자들은 희년과 양뿔 나팔이 아무런 관련이 없다고 주장하는 이들도 있다.대신 레위기 25:10, 에스겔 46:17의 '해방의 해'라는 의미의 드로르(דְּרוֹר)와 관련이 있다고 주장한다.

레위기 25:8에 의하면 희년은 안식년 일곱 번째를 기념하는 것으로 49년 주기이다. 레위기 25:10에서는 50번째 해로 이해하고 있다. 그러나 이것은 단순히 대략적인 숫자이다. 왜냐하면 두 해를 연속으로 쉬는 것은 불가능하기 때문이다. 희년은 레위기 25:9에 의하면 속죄일에 시작된다.

제172조항 : 희년을 거룩하게 지켜라

¹⁰ 너희는 오십 년째 해를 거룩하게 하여 그 땅에 있는 모든 주민을 위하여 자유를 공포하라 이 해는 너희에게 희년이니 너희는 각각 자기의 소유지로 돌아가며 각각 자기의 가족에게로 돌아갈지며(레 25:10)

레위기 25:10은 희년(50년)을 거룩하게 지킬 것을 가르치고 있다.

본문의 이해 레위기 25:8~12은 희년에 대하여 가르치고 있으며, 그 가운데서 10b~12절은 희년을 거룩히 지키는 방법을 구체적으로 설명하고 있다.

희년의 특징을 한 마디로 표현하는 단어는 자유로 번역된 드로르(דְּרוֹר)이다. 이 단어는 희년에 종을 석방하는 것을 의미한다(레 25:10, 사 61:1, 렘 34:8, 15, 17). 따라서 드로르는 희년을 뜻하는 히브리어로 사용된다.

희년에는 토지가 원래 주인에게 돌아가며, 백성들이 자기 가족에게 돌아가도록 규정하고 있다. 11절에는 희년에 마치 안식년처럼 파종하지 말며, 가꾸지 않은 것을 거두지 말고, 스스로 난 것도 거두지 말 것을 규정하고 있다.

의미 희년은 명칭이 의미하는 대로 풀어주는 해라는 의미이다. 어떤 영역에서 어떻게 묶여 있던지 모든 의무를 풀어주는 것을 의미한다.

제173조항 : 희년에 토지를 원 주인에게 돌려주라

²⁴ 너희 기업의 온 땅에서 그 토지 무르기를 허락할지니(레 25:24)

레위기 25:24은 희년에 모든 토지를 그 원 소유주에게 돌려 주어야 한다고 가르친다.

본문의 이해 24~28절에서는 소유권을 갖지 못한 이스라엘 백성들에게 토지를 산 자가 다시 토지를 무를 수 있도록 해야 하며, 능력이 없는 자에게는 희년에 토지를 물러주어야 함을 강조하고 있다.

제174조항 : 성 안의 집을 산 자는 일 년 안에 무를 수 있다

²⁹ 성벽 있는 성 내의 가옥을 팔았으면 판 지 만 일 년 안에는 무를 수 있나니 곧 그 기한 안에 무르려니와 ³⁰ 일 년 안에 무르지 못하면 그 성 안의 가옥은 산 자의 소유로 확정되어 대대로 영구히 그에게 속하고 희년에라도 돌려보내지 아니할 것이니라(레 25:29~30)

레위기 25:29~30은 성벽 있는 성내의 가옥을 판 자가 그것을 판지 만일 년 안에는 다시 살 권리를 가진다는 것을 가르치고 있다.

29~33절의 경우는 성 내의 가옥을 팔았을 경우 일 년 내에 무르면 물러주지만 기한 내에 무르지 못하면 영구히 물러주지 않아도 되며, 희년일지라도 물러주지 않아도 된다고 가르치고 있다.

제175조항 : 희년을 계수하라

⁸ 너는 일곱 안식년을 계수할지니 이는 칠 년이 일곱 번인즉 안식년 일곱 번 동안 곧 사십구 년이라(레 25:8)

레위기 25:8은 이스라엘이 가나안 땅에 들어간 후부터 희년을 계산하는데, 일곱 번째 안식년 다음 해를 희년으로 지키라고 가르친다.

8절은 희년을 계산하는 방법을 가르쳐 준다. 즉, 일곱 안식년 곧 49년을 계수하여 희년을 지키라는 것이다. 히브리인들의 계산법에 의하면 희년은 일곱 안식년이 지나 50년 째 되는 해이다.

제176조항 : 희년에 밭을 갈거나 나무를 전지하지 말라

¹¹ 그 오십 년째 해는 너희의 희년이니 너희는 파종하지 말며 스스로 난 것을 거두지 말며 가꾸지 아니한 포도를 거두지 말라(레 25:11)

레위기 25:11에서는 희년에 밭을 갈거나 나무를 전지하지 말 것을 가르치고 있다.

11절에는 희년에도 마치 안식년처럼 파종하지 말며, 가꾸지 않
은 것을 거두지 말고, 스스로 난 것도 거두지 말 것을 가르치고
있다. 즉 안식년이나 희년 모두 일하지 않은 것으로부터 거두지 말라는
것을 가르쳐 준다.

제177조항 : 희년에 스스로 난 것을 거두지 말라

¹¹ 그 오십 년째 해는 너희의 희년이니 너희는 파종하지 말며 스스로 난 것
을 거두지 말며 가꾸지 아니한 포도를 거두지 말라(레 25:11)

레위기 25:11에서는 희년에 소산을 수확하지 말 것을 가르치고 있다.

안식년과 마찬가지로 희년에도 스스로 난 것은 거두지 못하게
금하고 있다. 안식일과 마찬가지로 희년에는 일치의 추수를 금
하고 있다. 자연적으로 자란 것까지도 추수할 수 없도록 금하고 있다.

제178조항 : 희년에 포도 과실을 거두지 말라

¹¹ 그 오십 년째 해는 너희의 희년이니 너희는 파종하지 말며 스스로 난 것
을 거두지 말며 가꾸지 아니한 포도를 거두지 말라(레 25:11)

레위기 25:11에서는 희년에 포도 과실을 수확하지 말 것을 가르치고
있다.

안식년과 마찬가지로 희년에도 전지하지 않은 포도나무에서 나는 포도송이를 거두지 못하게 금하고 있다.

 수고하여 뿌리거나 심지 않은 것의 열매를 수확하는 것을 금하는 것이다.

1) Rashi, *Exodus*, p. 274.

2) 두 동사 모두 부정사형태를 띠고 있는데, 기억하라(זָכוֹר)는 부정사 절대형으로 그리고 거룩히 하라(לְקַדְּשׁוֹ)는 부정사 연계형으로 기록되어 있다.

3) G.F. Hasel, "Sabbath," *ABD V*, pp. 849-856; N-E. A. Andreasen, *The Old Testament Sabbath*(Missoula, Montana: Society of Biblical Literature, 1972), p. 235; W. Lotz, *Questinones de Historia Sabbati* (Lipzig: Hinrichs, 1938).

4) J. Milgrom, *Leviticus 23-27*, p. 1960.

5) R.T. France, *The Gospel of Mark*, p. 149.

6) Rashi, *Exodus*, p. 273.

7) R.T. France, *The Gospel of Mark*, p. 149.

8) J. Milgrom, *Leviticus 23-27*, p. 1998.

9) 하프타라(Haftara)는 안식일과 절기의 아침예배 때(금식일에는 오후예배 때) 유대인 회당에서 낭송되는 구약성서로 예언서들 가운데 일부를 발췌하여 읽는 것을 말하고, 마프티르(Maftir)는 정해진 토라 일과 가운데 마지막 부분을 의미한다.

10) 벨하우젠은 초막이 추수 때 임시로 거주하는 거주지에서 기원했다고 주장한다. 룻기 3장에서 보여주듯이 추수 기간 동안 초막을 짓고 추수할 뿐만 아니라 밤에 추수한 곡식을 지키는 기능도 한다고 설명한다. 또 다른 설명은 레위기 23:43처럼 이스라엘이 출애굽 때 광야에서 거주했던 임시 거처에서 기원했다는 설명이 있다. J. Milgrom, *Leviticus 23-27*, p. 2049

11) J. Milgrom, *Leviticus 23-27*, pp. 2040-2041.

12) J. Milgrom, *Leviticus 23-27*, p. 2041.

13) J. Milgrom, *Leviticus 23-27*, p. 2042.

14) J. Milgrom, *Leviticus*, p. 284.

15) A.D.H. Mayes, *Deuteronomy*, The New Century Bible Commentary(Grad Rapids: Eerdmans, 1979), p. 248.

16) P.C. Craigie, *The Book of Deuteronomy*, p. 236.

17) R. North, "Jubilee Year," *NCE* 2nd Vol. 7, pp. 1062-1063.

제7부

성전제사

구약성서에 언급된 다양한 제사는 다음과 같이 정리 할 수 있다.

분류	제사	설명
제물의 종류	번제	동물을 드리는 제사
	소제	곡식을 드리는 제사
	전제	포도주를 드리는 제사
기능성 제사	속건제	성물에 대한 죄를 속하기 위하여 드리는 제사
	속죄제	죄를 속하기 위하여 드리는 제사
	화목제	화목하기 위하여 드리는 제사
	위임식	제사장 위임식 때 드리는 제사
	봉헌식	성전을 봉헌할 때 드리는 제사
절기 제사	상번제	매일 드리는 아침과 저녁 두 차례 드리는 제사
	안식일	안식일에 드리는 제사
	월삭	매월 초에 드리는 제사
	정초	매년 초에 드리는 제사
	속죄일	티슈리 달 제10일에 드리는 제사
	초막절	초막절에 드리는 제사
	유월절	유월절/무교절에 드리는 제사
	무교절	
	칠칠절	칠칠절에 드리는 제사
제물 다루는 방식	화제	제물을 불에 태우는 제사
	요제	제물을 흔드는 제사, 특히 떡을 요제로 드린다
	거제	제물을 높이 드는 제사, 특히 곡식단을 거제로 드린다

기능성 제사와 절기 제사 그리고 매일 드리는 상번제에는 번제-소제-전제가 한꺼번에 드려진다. 예를 들어 상번제 때에는 번제만 드리는 것이 아니라 소제와 전제를 같이 드린다. 따라서 모든 제사에는 번제(동물)-소제(곡식)-전제(포도주)가 세트로 드려진다고 보면 된다.

예를 들어, 초하루에는 상번제, 초하루 번제, 그리고 속죄제가 함께 드려진다. 이처럼 한 날 여러 명목의 제사가 같이 드려진다.

뿐만 아니라 구약 성서에서는 각 절기에 어떤 제사를 어떻게 드려야 하는 가를 밝히고 있다.

그러나 구약성서에는 오경에 등장하지 않는 내용이 기록되어 있다. 대표적인 예가 사무엘상 1:21의 매년제와 서원제이다. 매년제(제바흐 하야밈, זֶבַח הַיָּמִים)는 매년 한 해를 마무리하면서 하나님께 희생제사를 드리는 것으로 가족 전체가 참여한다(삼상 2:19, 20:6). 서원제(제바흐 네데르, זֶבַח נֶדֶר)는 하나님께 올린 서원을 효력이 있도록 확증하기 위하여 드리는 제사이다.

구약의 제사는 신약의 예배와 비교할 수 있다. 구약제사를 위해서는 제사장과 드리는 자가 있어야 하고 제물은 상황에 맞추어 번제 제물로서 동물을 드린다. 따라서 동물의 피와 살을 태우도록 되어 있다. 그러나 신약의 예배는 대제사장으로서 예수 그리스도와 예배자와 그리고 십자가의 그리스도 보혈이 제물이 된다. 구약제사 때 살을 태우고 피를 쏟듯이 신약 예배에서는 그리스도의 살과 피를 기념해야 한다.

구약	주제	신약
아론 계열	제사장	예수 그리스도
거룩한 자	예배자	회개하여 거룩해진 자
동물의 살과 피	제물	그리스도의 보혈

제물

성전제사에서 가장 중요한 것 가운데 하나는 제물이다. 구약성서에 의하면 번제물은 소, 양, 염소, 비둘기 그리고 곡물 등이 사용되었다. 따라서 제물을 어떻게 드리는가에 따라 제사가 받아들여 지거나 혹은 받아들여지지 않는가가 결정된다. 레위기 22:21에 의하면 여호와께 드리는 자는 열납되도록 아무 흠이 없는 온전한 것을 드리라고 기록되어 있다.

따라서 22:20에서는 흠이 있는 것을 드리면 열납되지 못할 것이라고 기록하고 있다.

그런데 이 제물을 하나님께서 준비하신다는 기록이 있다. 창세기 22:8에 의하면 아브라함은 '하나님이 자기를 위하여 친히 준비하시리라'고 말씀한다. 이 배경은 바벨론 포로로 잡혀간 유다 백성들이 하나님 앞에 제물을 드리지 못할 때 하나님께서 그들의 제물을 준비하시며 제물없는 제사를 기뻐 받으신다는 것을 보여준다.

신약시대에도 하나님께서는 인류를 위해 예수님을 희생의 번제물로 준비하셨다. 바울이 로마서 8:32에서 '자기 아들을 아끼지 않으신 분'이란 표현을 한 것을 통해 잘 알 수 있다.

01

기본제사

기본제사란 이스라엘 제사를 구성하는 세 가지 제사를 의미한다. 즉, 번제, 소제 그리고 전제를 의미한다.

분류	제사	설명
기본제사	번제	동물을 드리는 제사이다.
	소제	곡식을 드리는 제사이다.
	전제	포도주를 드리는 제사이다.

제사는 여호와의 식사이기 때문에(레 3:11) 매번 여호와의 음식을 드릴 때 번제-소제-전제를 함께 드려야 한다.

제179조항 : 상번제(번제)에 관하여

³ 너희가 여호와께 드릴 화제는 이러하니 일 년 되고 흠 없는 숫양을 매일 두 마리씩 상번제로 드리되(민 28:3)

민수기 28:3에서는 하루에 두 번 드리는 화제인 상번제에 관하여 가르치고 있다.

본문의 이해 화제(이쉐, אִשֶּׁה)는 불로 태우는 제사를 의미하며, 동물을 태울 때는 레위기 1:3의 번제와 같은 절차에 의하여 태운다. 번제(올라, עוֹלָה)는 히브리어로 올라(עוֹלָה)라고 부르는데 이 단어는 '올라가다'라는 뜻을 가진 동사 알라(עָלָה)에서 유래하였다. 올라(עוֹלָה)는 구약성서에 287회 사용되며, 제단에서 불로 제물을 모두 태우는 것을 의미한다.[1] 명칭이 올라(עוֹלָה)인 것은 번제물을 때울 때 '불꽃과 연기가 하늘로 올라간다'는 뜻을 담고 있기 때문이다. 또한 제물을 제단 위로 올려놓는 행위에서 올라(עוֹלָה)라는 이름이 생겨났다고 설명하기도 한다.

하루에 두 차례 제사를 드리며 이 제사를 상번제(올라 타미드, עֹלָה תָּמִיד)라고 부른다. 상번제를 매일 어린 양 두 마리씩 드리는데 아침과 저녁에 드리도록 가르치고 있다(출 29:39) — "한 어린 양은 아침에 드리고 한 어린 양은 저녁때에 드릴지며." 출애굽기 29:38~42이나 민수기 28:1~8에 상번제에 관하여 자세히 기록되어 있다. 민수기 28:3에서는 일년 된 숫양을 드리도록 규정하고 있으나 출애굽기 29:39에서는 어린 양(케베스, כֶּבֶשׂ)을 드리도록 규정하고 있지 양의 나이나 성에 대한 언급이 없다.

상번제를 드리는 시기는 아침과 저녁으로 해뜨기 전과 해 진 후에 드린다. 상번제 화제로 동물을 드리는 방식은 레위기 1:10~13의 양이나 염소의 번제 드리는 방식과 동일하다.

번제를 드리는 것은 향기로운 냄새를 여호와께 드리기 위함이다(레이아흐 니호하 이쉐 라아도나이, לְרֵיחַ נִיחֹחַ אִשֶּׁה לַיהוָה)(레 1:13, 출 29:41).

이처럼 매일 두 마리의 숫양을 상번제로 드리려면 일년에 730여마리가 필요하다.

그러나 에스겔 46:13~15에 일년되고 흠이 없는 어린 양(כֶּבֶשׂ)을
아침에만 드리도록 기록되어 있다. 저녁에 드리는 상번제에 대
한 언급이 없다. 지금까지의 연구 결과 이처럼 제사의 제도가 변경된 원
인에 대하여 자세히 알려진 바가 없다. 이에 대하여 짐멀리(W. Zimmerli)
는 포로 이전시대에 아침 저녁으로 드리던 상번제(번제–소제–전제)가 포
로 이후 시대에 횟수가 아침으로만 줄어들었다고 설명한다.[2]

그러나 이러한 주장은 에스라 3:3의 아침 저녁으로 여호와께 번제드
렸다는 구절에 의하여 지지되기 어렵다.

라쉬는 민수기 28:3의 상번제에 대하여 다음과 같이 설명한다.
라쉬의 해석의 핵심은 '매일 두 마리'로 번역된 슈나임 라욤(לְיוֹם
שְׁנַיִם)으로 이 표현을 태양과 반대라는 개념으로 이해한다. 따라서 아침에
는 서쪽에서 그리고 저녁에는 동쪽에서 제물을 잡아야 한다고 해석한다.

민수기 28:3처럼 아침과 저녁에 상번제를 드린다는 것은 하루의
시작과 끝을 제사로 한다는 것을 의미한다.

제180조항 : 상소제에 관하여

[20] 아론과 그의 자손이 기름부음을 받는 날에 여호와께 드릴 예물은 이러
하니라 고운 가루 십 분의 일 에바를 항상 드리는 소제물로 삼아 그 절반
은 아침에, 절반은 저녁에 드리되(레 6:20)

레위기 6:20(히 13)에는 상번제와 함께 소제도 하루에 두 번 드리도록
가르치고 있다.

본문의 이해 고대 이스라엘의 제사는 기본적으로 번제, 소제 그리고 전제 등 세 가지 종류의 제사가 동시에 드려졌다(민 28:3~8, 출 29:40). 따라서 레위기 6:20(히 13절)은 민수기 28:3과 연계해서 이해해야 한다. 상번제를 드리듯이 매일 아침과 저녁 소제를 드려야 한다는 것이다(민 28:5). 따라서 레위기 6:20(히 13)은 아침과 저녁 두 차례 매일 소제(민하 타미드, מִנְחָה תָּמִיד)를 드리도록 가르치고 있다. 우리 말로 항상 드리는 소 제물(민하 타미드, מִנְחָה תָּמִיד)로 번역된 것은 상소제로 번역하는 것이 바 람직하다. 민수기 28:3에서 올라 타미드(עֹלָה תָּמִיד)를 상번제(常燔祭)라고 부르는 것과 같이 민하 타미드(מִנְחָה תָּמִיד)를 상소제(常素祭)로 번역하는 것이 그 의미를 정확히 이해할 수 있다.

상소제(항상 드리는 소제물, 민하 타미드, מִנְחָה תָּמִיד)는 1/10 에바(약 2.28 리터)의 고운 밀가루를 두 몫으로 나누어 아침에 1.14리터, 저녁에 1.14리터씩 소제물을 만들어 드리도록 가르치고 있다.[3] 이 때 기름은 ¼ 힌(약 0.875 리터)이 사용된다(민 28:5).[4]

20절의 '아론과 그의 자손이 기름부음을 받는 날'에서 히브리어 베욤 (בְּיוֹם)은 문자적으로는 '날에'이지만 이 제사가 일회적으로 드려지는 것이 아니라 지속적으로 드려지는 것이기 때문에 베욤(בְּיוֹם)(on the day)을 메 욤(מִיּוֹם)(from the day)의 의미로 해석해야 한다.[5] 따라서 20절의 의미는 '아론과 그의 자손이 기름부음을 받는 날부터'이다. 이처럼 상소제로 드 리는 고운가루는 일년에 36.5에바(약 832.2 리터)가 필요하다.

구약의 이해 그러나 에스겔 46:13~15에 기록된 매일 드리는 제사 가운데 소 제는 밀가루 육분의 일 에바와 기름 삼분의 일 힌을 섞어서 드리 도록 규정하고 있다(레위기 6:20(13), 민 28:5). 레위기 6:20이나 민수기 28:4보다 에스겔 46:14의 소제의 양이 많이 늘어났다. 뿐만 아니라 에스겔에서는 아침에만 드리도록 규정하고 있다.

제물의 종류	상번제	에스겔 46:13~14
번제	일년 된 숫양(כֶּבֶשׁ) 2마리	일년 된 어린 양(כֶּבֶשׁ) 1 마리
소제	고운가루 1/10 에바 + 기름 ¼ 힌	고운가루가루 1/6에바 + 기름 ⅓ 힌
전제	전제	언급 없음

Rashi의 이해 따라서 라쉬는 대제사장의 경우는 이 소제를 매일 아침과 저녁에 드렸다고 주장한다.[6]

의미 번제와 마찬가지로 매일 두 차례 소제를 하나님께 드려야 한다는 것을 가르친다.

제181조항 : 안식일 제사에 관하여

[9] 안식일에는 일 년 되고 흠 없는 숫양 두 마리와 고운 가루 십 분의 이에 기름 섞은 소제와 그 전제를 드릴 것이니(민 28:9)

민수기 28:9에 의하면 안식일에는 많은 양의 제물로 제사를 드리도록 가르치고 있다.

본문의 이해 민수기 28:9에 안식일에 드리는 제사의 내용은 번제로서 일 년 된 숫양 두 마리와 소제로 고운 가루 1/5에바(11.4 리터) 그리고 전제를 드리도록 규정하고 있다. 그런데 이 안식일 제사는 상번제에 추가하여 더 드리는 것이다(민 28:10). 즉, 안식일에는 상번제의 두 배를 드리도록 가르치고 있다.

안식일에 관한 가르침은 십계명의 제4계명에 기록되어 있다(출 20:8~11, 신 5:12~15). 그러나 십계명의 안식일에 관한 가르침과 비교할 때 레위기 23:3에서는 안식일을 지켜야 하는(신학적)이유에 대하여 언급하고 있지 않다.

안식일에는 상번제와 안식일 제사를 함께 드려야 한다.

제물의 종류	상번제	안식일 제사	합계
번제	일년된 숫양 2마리	일년 된 숫양 2 마리	숫양 4마리
소제	고운가루 1/10 에바	고운가루 2/10 에바	3/10 에바(6.84 리터)
전제	전제	전제	전제

구약의 이해 에스겔 46:3~5에서도 안식일 제사에 대하여 언급하고 있다. 그러나 민수기 28:9과는 제물의 내용이 다르다. "안식일에 군주가 여호와께 드릴 번제는 흠 없는 어린 양 여섯 마리와 흠 없는 숫양 한 마리라 그 소제는 숫양 하나에는 밀가루 한 에바요 모든 어린 양에는 그 힘대로 할 것이며 밀가루 한 에바에는 기름 한 힌 씩이니라"(겔 46:4~5).

제물의 종류	민수기 28:9	에스겔 46:4~5
번제	일년된 숫양 2마리	일년된 숫양 1 마리 흠 없는 어린 양 6 마리
소제	고운가루 1/10 에바	고운가루 2/10 에바

안식일에 소제도 드리기 때문에 레위기 24:8에 제사장이 안식일에 여호와 앞에 떡을 진설해야 한다고 기록하고 있다.

이처럼 안식일에 아무 일도 해서는 안 된다는 것과 에스겔이나 민수기처럼 안식일에 제사를 드리도록 규정하는 내용 사이에 차이가 발견되는 것은 아마도 성서문헌의 종류나 문헌이 기록된 시기의 차이에서 생기는 문제로 이해할 수 있다.

신약의 이해 예수님 당시 유대인들은 안식일에 회당에서 예배드렸음을 알 수 있다. 마태복음 4:23~24, 누가복음 13:10에 의하면 예수님이 회당에서 천국복음을 가르쳤다고 기록하고 있다.

사도행전 17:2, 18:4에 의하면 바울이 회당에서 안식일마다 강론하고 유대인과 헬라인을 권면하였다고 기록하고 있다.

의미 따라서 안식일에 제사장이 제사를 드리는 것은 안식일에 금지된 일로 분류되지는 않는다. 안식일에 제사드리는 것은 안식일 규정을 범하는 게 아니라는 것이 마태복음 12:5에서 예수에 의하여 인용되었다.

제182조항 : 초하루 제사에 관하여

¹¹ 초하루에는 수송아지 두 마리와 숫양 한 마리와 일 년 되고 흠 없는 숫양 일곱 마리로 여호와께 번제를 드리되(민 28:11)

민수기 28:11~15에는 초하루(월삭) 제사에 관하여 가르치고 있다.

본문의 이해 매 초하루에 하나님께 제사를 드려야 한다. 초하루 제사는 번제로 수송아지, 숫양(아일, אַיִל), 그리고 어린 양(케베스, כֶּבֶשׂ)을 번제로 드렸다. 초하루(월삭) 제사에 대한 구체적인 내용은 민수기 28:11~15에 제시되며 초하루 제사 가운데 번제(11), 소제(12~13), 전제(14) 그리고 속죄제(15)에 대하여 자세히 설명하고 있다.

초하루에는 초하루 번제, 상번제, 그리고 속죄제를 함께 드렸다(민 28:14~15). 따라서 초하루 제사에 소제를 위해서는 고운 가루 1.5 힌, 포도주 37/12 힌(약 3.08 리터)이 필요하다.

종류		제물
초하루제사	번제	• 수송아지 두 마리 • 숫양 한 마리 • 일년된 숫양 일곱마리
	소제	• 매 송아지마다 고운 가루 3/10에 기름섞은 소제 • 숫양 한 마리에 고운 가루 2/10에 기름섞은 소제 • 매 어린 양에 고운 가루 1/10에 기름섞은 소제
	전제	• 수송아지에 포도주 반 힌 • 숫양 한 마리에 ⅓ 힌 • 어린양 한 마리에 ¼ 힌
상번제	번제	• 어린 양 두 마리(아침, 저녁 각 한 마리씩)
	소제	• 고운 밀가루 1/10 에바에 기름 ¼ 힌
	전제	• ½ 힌 포도주(양 한 마리에 ¼ 힌)
속죄제		• 숫염소

구약의 이해 그러나 에스겔 46:6~7에서는 초하루에 드리는 번제에는 수송아지 한 마리, 어린 양 여섯 마리 그리고 숫양 한 마리를 드리도록 기록하고 있어 민수기의 기록과 제물의 양에 있어서 차이를 나타낸다. 뿐만 아니라 소제에 있어서도 각 동물 한 마리마다 밀가루 한 에바씩 드리며, 한 에바에는 기름을 한 힌씩 드리도록 기록하고 있다. 에스겔의 기록에는 전제와 속죄제에 대한 언급이 없다.

골로새서 2:16에 의하면 초하루를 이유로 누구든지 비판하지 못하게 하라고 한다. 이것을 통하여 초하루를 지키고 있음을 알 수 있다.

제183조항 : 초막절 화제에 관하여

³⁶ 칠일 동안에 너희는 화제를 여호와께 드릴 것이요 제 팔일에도 너희에게 성회가 될 것이며 화제를 여호와께 드릴지니 이는 거룩한 대회라 너희는 아무 노동도 하지 말지니라(레23:36)

레위기 23:33~44은 초막절 규례에 대하여 가르치며 그 가운데서 36절은 초막절 칠일 동안 화제를 드리도록 가르치고 있다.

레위기 23:36에 의하면 초막절 칠일 동안 매일 화제를 드린다. 37절에 의하면 번제와 소제와 희생제물과 전제를 각각 그 날에 드린다. 칠일 동안 드릴 상번제의 내용에 대하여 민수기 29:13~34에 자세히 기록되어 있다.

민수기 29:13~14에 의하면 번제물 가운데 수송아지의 양이 첫 날 13마리에서 일곱째 날에는 7마리로 매일 한 마리씩 줄어들고, 숫양 2마리와 일 년 된 숫양 14마리는 변함이 없이 드린다. 소제는 수송아지에는 기름을 3/10 힌 섞은 빵을, 숫양 두 마리에는 2/10 힌 섞은 빵을 그리고 일년 된 숫양에는 1/10 힌 섞은 빵을 만들어 드렸다. 그리고 매일 속죄를 위한 염소를 한 마리씩 칠일 동안 드렸다. 따라서 초막절을 위하여 수송아지 70마리 숫양 14마리 일 년된 숫양 98마리 그리고 숫염소 7마리가 필요하였다.

에스라 3:4에 의하면 초막절 번제를 규례대로 지켰다.

제184조항 : 첫 이삭 한 단을 드리는 소제에 관하여

[10] 이스라엘 자손에게 말하여 이르라 너희는 내가 너희에게 주는 땅에 들어가서 너희의 곡물을 거둘 때에 너희의 곡물의 첫 이삭 한 단을 제사장에게로 가져갈 것이요(레 23:10)

레위기 23:10~13에서는 곡물의 첫 이삭을 드리는 것에 대하여 가르치고 있다. 이 첫 이삭이 보리이기 때문에 보리 소제를 드리는 방법으로 이해할 수도 있다. 레위기 23:10은 이스라엘 자손에게 곡식을 거둘 때 첫 이삭 한 단을 제사장에게 가져 올 것을 가르치고 있다.

본문의 이해 레위기 23:10의 가르침은 첫 이삭의 한 단(오메르 레쉬트, עֹמֶר רֵאשִׁית)을 제사장에게 가져가라는 것이다. 첫 이삭 한 단은 처음 수확한 수확물 가운데 골라서 드린 것이 아니라 말 그대로 처음 수확한 것을 의미한다.[7] 그런데 여기서 문제는 이 절기가 언제이며, 또 어떤 곡물 즉, 밀인가 보리인가 하는 것이다. 따라서 곡식단을 드리는 절기는 보리를 드리는 것과 밀을 드리는 것 둘로 나누어 생각할 수 있다. 보리 수확 후에 드리는 소위 첫 열매 드리는 것과 칠칠절 때 새 곡식으로 만든 빵을 드리는 절기이다(레 23:15~21). 따라서 레위기 23:10의 첫 이삭 한 단은 보리단이다. 레위기 23:10~13에 의하면 이렇게 가져온 곡식단에 대하여 제사장은 곡식의 단을 흔들고 하나님께 제사를 드렸다. 제사의 제물로 번제물은 일 년 되고 흠 없는 숫양을, 소제는 고운 가루 십 분의 이 에바를 화제로 드리며, 전제로는 포도주 사 분의 일 힌을 드렸다.

레위기 23:14에 의하면 이렇게 하나님께 곡식을 드리기 전에 어떤 곡식의 수확물을 먹어서는 안 된다고 기록하고 있으며, 이 가르침은 영원히 지켜져야 할 것이다. 그런데 이 절기를 지키는 때에 대하여 레위기 23:10에 의하면 내가 너희에게 주는 땅에 들어가서라고 기록하고 있다. 이 말의 다른 표현은 곧 '가나안에 들어가서'란 이며, 이러한 표현이 레위기에 다양하게 기록되어 있다. 레위기 14:34에서는 "내가 네게 기업으로 주는 가나안 땅에 너희가 이를 때"라고 표현되어 있고, 레위기 19:23에서는 "너희가 그 땅에 들어가서"라고 기록되어 있다. 이들 표현은 '가나안 땅에 들어가서'란 뜻으로 사용된 것이다.

단(오메르, עֹמֶר)은 추수한 후 곡식 줄기를 모아 묶은 것을 의미하며, 사람이 팔로 안을 만큼의 양을 의미한다.[8] 이와 동의어로는 창세기 37:7의 알루마(אֲלוּמָּה)이다.

레위기 23:11의 안식일 이튿날(미마하라트 샤밧, מִמָּחֳרַת הַשַּׁבָּת)(after sabbath)이라는 표현에서 안식일이 어느 때를 의미하는지 불분명하다. 따라서 랍비 가운데는 '안식일 이튿날'에서 안식일은 안식일을 의미하는 것이 아니라 23:39에 기록된 "첫날에도 안식하고 제 팔 일에도 안식할 것이요"란 표현의 '휴식'을 뜻하는 샤바톤(שַׁבָּתוֹן)을 의미한다고 설명한다.[9] 안식일에 대하여 반 고우도에버(Van Goudoever)는 안식일 이튿날에서 안식일은 칠칠절을 계산하는 첫 날이란 의미를 가지고 있으며, 이럴 경우 첫 번째 안식일은 무교절의 첫 날인 첫째 달(Nissan 월) 15일을 뜻한다고 설명한다. 따라서 안식일이란 표현이 만월(滿月)을 나타내는 용어로 사용되었다(수 5:10~12)고 주장한다.[10] 다른 입장에서는 안식일을 무교절 가운데 있는 안식일로 이해하였다. 어떤 이들은 안식일을 무교절이 끝난 그 다음 날, 즉 첫째 달 이십 이일째 날을 의미한다고 이해하였다. 또는 마지막으로 안식일을 무교절 끝난 직후의 안식일로 이해하였다.

첫 곡식의 단을 드리는 절기를 보리를 수확한 후 첫 곡식단을 드리는 것으로 이해한다면 이 절기는 대략 4월 중순경이다. 왜냐하면 일반적으로 보리는 4월 중순경에 익기 때문이다.

보리를 수확하는 때에 대한 언급은 여호수아 3:15에서는 곡식 거두는 시기라고만 기록되어 있지만 여호수아 4:19에 따르면 이스라엘이 요단에서 올라와 길갈에 진 칠 때가 첫째 달 10일, 즉 니산 월 10일로 대략 3월 말~4월 중순에 해당한다. 따라서 3:15의 곡식은 보리이다. 룻기 1:22에서는 나오미가 룻과 함께 베들레헴으로 돌아 온 때가 보리 추수 때라고 기록하고 있다.

구약의 이해 출애굽기 23:19에 의하면 네 토지에서 처음 거둔 열매의 가장 좋은 것을 여호와의 전에 드리도록 규정하고 있다. 신명기 26:1~2에서 이 첫 이삭은 여호와께서 자기 이름을 두려고 택한 곳인 예루살렘에서 드리도록 기록되어 있다. 레위기 2:14에 의하면 첫 이삭의 소제를 여호와께 드릴 때 볶아 찧은 것으로 드리도록 되어 있다.

그런데 잠언 3:9~10은 이렇게 첫 열매를 여호와께 드림으로 창고가 가득히 차고 포도주 즙 틀에 새 포도즙이 넘치게 될 것이라고 말한다.

의미 곡식을 수확하여 첫 이삭을 여호와에게 드리는 것은 한 해의 첫 수확을 여호와에게 드리며 이를 감사하는 것이다. 따라서 첫 이삭을 드리는 것은 감사제와 같은 의미를 지니고 있다. 뿐만 아니라 처음 익은 열매를 여호와께 드림으로 농업의 축복을 확신하는 데 도움이 되었다(잠 3:9~10).

제185조항 : 칠칠절 소제에 관하여

²⁶ 칠칠절 처음 익은 열매를 드리는 날에 너희가 여호와께 새 소제를 드릴 때에도 성회로 모일 것이요 아무 일도 하지 말 것이며 ²⁷ 수송아지 두 마리와 숫양 한 마리와 일 년 된 숫양 일곱 마리로 여호와께 향기로운 번제를 드릴 것이며(민 28:26~27)

민수기 28:26~27은 칠칠절에 드리는 소제에 관하여 가르친다.

본문의 이해 칠칠절(샤브오트, שָׁבֻעוֹת) 에 드리는 새 소제(민하 하다샤, מִנְחָה חֲדָשָׁה)는 밀의 소제이다. 새 소제란 '새로 추수한 곡식으로 드리는 소제'라는 의미이다. 따라서 칠칠절은 이스라엘 종교절기 상으로 매년 5~6월에 지킨다. 칠칠절에 대하여 '처음 익은 열매를 드리는 날'이라고 정의하고 있다. 칠칠절은 일 년 중 봄 추수의 절정기로서 유월절을 전후한 보리 추수가 끝나고, 유월절 이후 50일째 되는 때가 칠칠절이다. 칠칠절은 밀 추수를 하여 감사제를 드리는 절기이다. 칠칠절에 관한 가르침은 민수기 28:26~31에 자세히 기록되어 있다. 칠칠절은 출애굽기 23:16의 맥추절과 밀접한 관련이 있으며 유대인의 삼대 절기 가운데 하나이다. 구약성서에는 칠칠절의 기간에 대해서도 불분명하지만, 일반적으로 칠칠절은 이틀간 지킨다.

칠칠절 제사는 수송아지 두 마리와 숫양 한 마리와 일 년 된 숫양 일곱 마리로 번제를 드리며, 소제로는 고운 가루에 기름을 섞어서 만들며, 수송아지 한 마리마다 십 분의 삼이요 숫양 한 마리마다 십 분의 이를 드린다. 또 어린 양 일곱 마리에는 한 마리마다 십 분의 이를 드린다. 또한 속죄제로 숫염소 한 마리를 드린다. 레위기 23:15~21에 의하면 칠칠절 소제로 떡덩어리 두 개를 요제로 드리도록 되어 있다.

출애굽기 34:22에서는 칠칠절 곧 맥추의 초실절을 지키고 세말 에는 수장절을 지키도록 되어 있다.

유월절과 초막절이 출애굽이라는 역사적 사건을 기념하는 절기 에 착안하여, 칠칠절은 전통적인 가나안의 봄 추수와 관련된 축 제에 그 기원이 있다고 해석할 수도 있다. 그러나 랍비들의 해석에 의해 출애굽 오십일 후 시내산에서 모세가 여호와를 만나 십계명을 전해 받은 '토라 전수의 절기'로 여겨지기도 한다(Babylonian Talmud Pesach 68b). 따라서 이날에 유대인들은 회당에서 봄 추수와 관련된 룻기를 낭독하며 십계명과 관련된 출애굽기 19~20장을 읽기도 한다.

칠칠절은 유월절 첫 날부터 오십 번째 되는 날이어서 헬라어의 '오십 번째'라는 뜻의 Pentecost로 불렸으며, 사도행전(2:1~4)을 근거로 기독교에서는 오순절로 지켜지는 절기이다. 즉, 기독교 전통에 서 칠칠절은 절기상으로는 오순절 성령강림주일로 지켜지게 되었다.

제186조항 : 칠칠절 요제에 관하여

¹⁷ 너희의 처소에서 십분의 이 에바로 만든 떡 두 개를 가져다가 흔들지니 이는 고운 가루에 누룩을 넣어서 구운 것이요 이는 첫 요제로 여호와께 드 리는 것이며(레 23:17)

레위기 23:17에서는 칠칠절에 떡 두 개를 요제로 드리도록 가르치고 있다.

본문의 이해 칠칠절 요제는 고운 가루에 누룩을 넣어 구워만든 떡 두 덩이를 요제로 드리도록 가르친다. 요제는 제사를 드리는 방식에 따라 부르는 것으로 제물을 흔든다고 해서 요제라고 부른다. 요제가 흔드는 제사이기 때문에 대부분 제물 가운데 흔들어도 되는 것을 요제로 드린다. 이처럼 제물을 흔드는 것은 하나님의 것이라는 상징적 의미를 가지고 있다. 이 요제는 곡물을 수확하여 드릴 때 주로 많이 사용한다. 레위기 23:11에서도 첫 번째 곡물을 수확하여 여호와에게 드릴 때 제사장은 이것을 흔들도록 가르치고 있다.

17절의 에바 십 분 이로 만든 떡 두 개라는 표현은 두 가지 해석이 가능하다. 즉, 각각의 떡이 십 분의 이 에바이거나 혹은 각각 십분의 일씩 두 개의 합이 십 분의 이일 가능성이다.[11] 70인역은 후자로 번역하였다.

첫 요제(비쿠림, בִּכּוּרִים)의 문자적인 의미는 '첫 열매'란 뜻이며, 칠칠절에 첫 요제를 드린다는 것은 민수기 28:26에서 칠칠절을 '처음 익은 열매를 드리는 날'(בְּיוֹם הַבִּכּוּרִים)이라고 묘사하는 것과 관련이 있다. 레위기 23:9~14에서는 첫 곡식의 이삭 단을 바치면서 그 단을 흔드는 요제도 있다. 따라서 레위기 23:11의 요제는 보리를 드리는 요제이고, 23:17의 요제는 밀을 드리는 요제로 이해한다.

구약의 이해 구약성서에서 요제로 드리는 것은 화목제물 가운데 제사장의 몫을 하나님 앞에서 흔들면, 곡식단을 요제로 바치며(레 23:15) 칠칠절에 떡 두덩이를 만들어 요제로 흔든다(레 23:17, 20). 뿐만 아니라 레위인들도 제물을 흔들어 바친다(민 8:11, 13, 15, 21).

의미 곡식을 수확한 후 이것들이 여호와가 주신 것임을 감사하며 요제로 드리도록 가르치고 있다.

제187조항 : 일곱째 달 초일의 번제에 관하여

¹ 일곱째 달에 이르르는 그 달 초하루에 성회로 모이고 아무 노동도 하지 말라 이는 너희가 나팔을 불 날이니라 ² 너희는 수송아지 한 마리와 숫양 한 마리와 일 년 되고 흠 없는 숫양 일곱 마리를 여호와께 향기로운 번제로 드릴 것이며(민 29:1~2)

민수기 29:1~2은 일곱째 달 초일 즉, 신년 초하루 번제에 대하여 가르치고 있다.

본문의 이해 일곱째 달은 히브리어로 티슈리(תִּשְׁרֵי), 아카드어로 타슈리투 (tašūritu)라고 부른다. 고대 이스라엘의 신년이 언제부터인가 는 매우 어려운 문제이다. 구약성서의 많은 부분에서는 니산(Nissanu) 월 (3~4월)이 신년의 시작임을 보여준다. 그럼에도 많은 학자들은 일곱째 달인 티슈리 월(9~10월)부터 신년이 시작된다고 주장한다. 오늘날 현대 이스라엘의 신년은 일곱째 달 초하루(바호데쉬 하슈비이 베에하드 라호데 쉬, בַּחֹדֶשׁ הַשְּׁבִיעִי בְּאֶחָד לַחֹדֶשׁ)이다.

구약의 이해 정초에 관한 기록은 레위기 23:23~25에도 기록되어 있다. 민수 기 29:1~6의 기록과 민수기 29:3~6의 기록을 비교하면 차이점 을 발견할 수 있다. 일곱째 달 초하루에 관한 기록은 민수기 29:1~6이 좀 더 자세히 기록되어 있다. 특히 민수기 29:3~6에서는 이 날 드리는 소제에 관하여 자세히 기록하고 있다.

민수기 29:1~2(6)	레위기 23:23~25
¹ 일곱째 달에 이르는 그 달 초하루에 성회로 모이고 아무 노동도 하지 말라 이는 너희가 나팔을 불 날이니라 ² 너희는 수송아지 한 마리와 숫양 한 마리와 일 년 되고 흠 없는 숫양 일곱 마리를 여호와께 향기로운 번제로 드릴 것이며	²³ 여호와께서 모세에게 일러 가라사대 ²⁴ 이스라엘 자손에게 고하여 이르라 칠월 곧 그 달 일일로 안식일을 삼을지니 이는 나팔을 불어 기념할 날이요 성회라 ²⁵ 아무 노동도 하지 말고 여호와께 화제를 드릴지니라
³ 그 소제로는 고운 가루에 기름을 섞어서 쓰되 수송아지에는 십분의 삼이요 숫양에는 십분의 이요 ⁴ 어린 양 일곱 마리에는 어린 양 한 마리마다 십분의 일을 드릴 것이며 ⁵ 또 너희를 속죄하기 위하여 숫염소 한 마리로 속죄제를 드리되 ⁶ 그 달의 번제와 그 소제와 상번제와 그 소제와 그 전제 외에 그 규례를 따라 향기로운 냄새로 화제를 여호와께 드릴 것이니라	

일곱째 달(호데쉬 하쉬비이, חֹדֶשׁ הַשְּׁבִיעִי)은 이스라엘 종교력에 있어서 가장 거룩한 달 가운데 하나이다. 일곱 번째 달(티슈리)에는 정초와 속죄일 그리고 초막절이 있다. 따라서 레위기 23:24에서 일곱째 달 초하루를 안식일로 삼을지니(샤바톤, שַׁבָּתוֹן)라고 기록하고 있는데 그 의미는 '거룩한 휴식'이란 뜻으로 사용되었다.[12]

나팔을 불 날(욤 트루아, יוֹם תְּרוּעָה)이라는 표현에서는 히브리어로 나팔을 뜻하는 쇼파르(שׁוֹפָר)라는 명사가 사용되지 않고, 단지 '경고' 혹은 '신호'라는 명사가 사용되었다. 그러나 고대 이스라엘에서 신호를 할 때에는 항상 '쇼파르'라 불리는 동물의 뿔로 만든 나팔을 사용하기 때문에 '나팔을 불어'라고 번역하였다. 따라서 이 날을 나팔절이라고 부르는데 정확한 표현은 아니다. 왜냐하면 고대 이스라엘에서 나팔을 부는 날이 여러 날 있기 때문이다(큰 하루, 보름, 절기 등).

쇼파르는 뿔 나팔이며, 금송아지로 섬겼던 소를 제외한 모든 정결한

짐승들(양, 염소, 산양 등)의 뿔
로 만들 수 있다. 그러나 아브
라함의 이삭 제사 사건 때에
나타난 숫양 때문에 숫양의 뿔
을 선호하게 되었다. 현대 이
스라엘에서는 좀 더 길고 구부
러진 것이 좋은 것이기 때문에
산양의 뿔을 많이 사용하고 있
다. 성서 상으로 뿔 나팔을 부
는 시기는 언급되어 있지만(매

[거룩(קדשׁ)이라고 쓰인 항아리. 제사에 사용되었던 것으로 보인다]

달 초하루, 보름, 절기 등 시편 81:3), 그 이유는 설명되어 있지 않기 때문
에 여러 가지로 해석될 수 있다. 왕의 대관식 때에 주로 쇼파르를 불기
때문에 로쉬 하샤나에 하나님께서 왕으로 등극하신다는 메소포타미아
의 신년축제에 의거한 해석이 있는가 하면, 로쉬 하샤나로부터 대속죄일
(욤 키푸르)까지 열흘 동안의 '참회의 시기'를 선포하는 의미로 쇼파르를
분다고 해석하기도 한다.

이날 드리는 제사의 내용은 칠칠절에 지키는 제사의 내용과 일치한다
(민 28:26~31).

구약의 이해 이 절기가 신명기 16:1~17에 기록된 이스라엘의 종교 요약에
나타나지 않고 민수기 29:1~6이나 레위기 23:23~25에 나타나
기 때문에 '로쉬 하샤나'는 아마도 바벨론 포로기 이후에 생겨난 절기로
추정된다. 에스라 3:6에 의하면 일곱째 달 초하루에 여호와께 번제를 드
렸다고 기록하고 있다.

의미 현대 이스라엘의 종교력 상으로 로쉬 하샤나는 첫 달에 해당되지만 원래 고대 이스라엘에는 다음의 네 종류의 신년(新年)이 존재했었다.

첫째, 니산 제1일~왕 즉위와 고대 이스라엘 종교력의 기준.

둘째, 엘룰 제1일~가축의 십일조 계산의 기준(엘룰 1일부터 아브 30일까지).

셋째, 티슈리 제1일~일반 농사력의 기준, 외국 왕들의 즉위.

넷째, 슈밧 제1일~식목 기간으로서의 새해(현재는 슈밧 제15일 '투 비 슈밧'이 이스라엘의 식목일)인데 그 이유는 15일 경 이스라엘 전역에 골고루 비가 오기 때문이다)이다.

제188조항 : 속죄일 번제를 드려라

7 일곱째 달 열흘 날에는 너희가 성회로 모일 것이요 너희의 심령을 괴롭게 하며 아무 일도 하지 말 것이니라 8 너희는 수송아지 한 마리와 숫양 한 마리와 일 년 된 숫양 일곱 마리를 다 흠 없는 것으로 여호와께 향기로운 번제를 드릴 것이며(민 29:7~8)

민수기 29:7~8은 속죄일 제사 가운데 번제에 대하여 가르치고 있다.

본문의 이해 속죄일(욤 하키푸림, יוֹם הַכִּפֻּרִים)은 이스라엘의 절기 중 성전이 무너진 날을 기념하는 '티샤 베아브'와 함께 애통하며 금식하는 날이다. 바로 이날에 대제사장이 특별한 제사를 드린 다음 일 년에 한번 성전의 지성소에 들어가서 백성의 죄를 대신하여 속죄하였다. 욤 하-키 푸르(יוֹם הַכִּפֻּר)의 제사방식 중 특이한 것 중 하나는 산 염소를 가져와서 대제사장이 백성의 모든 죄를 염소의 머리 위에 얹음으로써 고백하고, 죄를 대신 짊어진 이 염소를 광야 지대로 끌고 가 풀어서 달아나게 하는 것이었다(레 16:20~28).

민수기 29:7~11의 속죄일 번제물에 관한 가르침은 레위기 23:26~32에도 기록되어 있다. 레위기의 기록은 민수기 29:7~11에서 속죄일의 여러 제사에 관하여 기록하고 있는 것과 달리 번제에 대하여 기록할 뿐만 아니라 속죄일을 어떻게 지내야 하는가에 더 큰 관심을 기록하고 있다.

레위기 23:26~32은 속죄일에 대하여 기록하고 있다.

민수기 29:7은 일곱째 달 열째 날 즉, 티슈리 달 십일을 속죄일로 지키라고 가르치고 있다. 이러한 내용은 레위기 16:29, 23:26~32에도 기록되어 있다.

레위기 23:28의 이 날에는 아무 일도 하지 말 것(콜-멜라카 로 타아수 베에젬 하욤 하제, כָל-מְלָאכָה לֹא תַעֲשׂוּ בְּעֶצֶם הַיּוֹם הַזֶּה)이라는 구절은 마치 안식일에 아무 일도 하지 말라는 구절과 같은 표현이다. 따라서 이 구절을 통하여 속죄일은 이스라엘 백성들에게 있어서 안식일만큼 중요한 날임을 암시한다.[13]

본문 7절의 심령을 괴롭게 하고라는 표현이 레위기 23:28에서는 스스로 괴롭게라고 기록하고 있으며, 이것은 곧 금식을 의미한다.

신약의 이해 히브리서 13:11에 의하면 속죄제의 수송아지와 염소의 피를 대제사장이 성소로 가져가고, 가죽과 고기 그리고 똥은 진 밖에서 불사른다는 레위기 16:27의 내용을 인용하고 있다.

또한 속죄제 가운데 피를 뿌리는 것과 무고한 짐승(염소)이 죄를 대신 짊어지고 가게 하는 것은 예수 그리스도의 사랑의 행위를 암시한다(롬 3:24~25, 요 1:29). 히브리서 9~10장은 레위기 16장을 배경으로 예수 그리스도의 대속의 피로 인한 속죄에 대하여 기록하고 있다.

이스라엘의 일 년 종교력 중에서 가장 의미 있는 이 속죄의 기간은 실제로 티슈리 전 달인 엘룰 삼십 일 동안 매일같이 슬리콧(용서) 기도를 드림으로써 시작된다. 그리하여 엘룰 월 마지막 날(섣달 그믐날)에 타슐리크 의식으로 죄를 떨쳐버린 다음, 로쉬 하샤나에 하나님의 심판을 기꺼이 받으며, 다시 9일 동안의 참회기간을 거쳐서 티슈리 10일에 금식함으로써 속죄 행사가 절정에 이르게 된다. 욤 키푸르에는 영혼을 절제하기 위하여 먹지 않고 마시지 않으며 물로 씻거나 기름을 바르지 않고 심지어는 신발을 신지 않고 맨 발로 지내기도 한다. 욤 키푸르 아침에 회당에서 레위기 16장을 읽고, 하프타라로서 이사야 57:14~58:14, 마프티르로서 민수기 29:7~11을 낭독한다. 욤 키푸르와 관계된 현재의 관습들은 대부분 제2성전 시대(주전 538년 이후)부터 형성된 것이며, 아가다(Agada)에 의하면 이날에 모세가 두 번째로 십계명 돌판을 받았고, 아브라함이 할례를 받았으며, 이삭을 희생제사로 바치려 했던 날이라고 한다.

욤 키푸르 전날에 현대 이스라엘에서는 실제로 짐승을 잡는 속죄의 일종인 카파롯트 의식을 행한다. 짐승 중에서 성전 시대 때에 제사에 사용되지 않았던 닭을 산 채로 다리를 잡고 남자는 수탉, 여자는 암탉을 머리 위로 세 번 휘두르면서 "이것이 나의 대속물이며, 속죄물이니 이 닭은 죽임을 당하고, 나는 안식을 누리며 즐겁게 오래 살 것이다"라는 구절을 낭독하게 된다. 또한 시편 107과 욥기 33:23~24을 낭독하기도 한다. 주로 흰 닭이 선호되는데, 그 이유는 이사야 1:18에 "죄가 주홍 같을지라도 눈과 같이 희어진다"는 말씀에 의거해서이다. 이 카파롯트 의식 후에 바로 닭을 잡아서 가난한 자들에게 구제해주며, 내장은 새들이 먹도록 던져진다. 닭이 없을 경우에는 오리나 생선을 대신 사용할 수 있으며, 닭 값으로 돈을 지불하면서(구제) "이 돈이 나의 대속물이니 이 돈은 없어지지만 나는 영생하리라"는 구절을 낭독하기도 한다.

욤 키푸르에는 주로 흰 옷을 입으며, 죽은 자들의 영혼을 위한 촛불을 켜고, 금식하며, 가난한 자를 구제하고, 서로에게 용서를 구한다. 알렉산드리아의 유대인 종교학자였던 필로(Philo: 주전 20~기원 50년)에 의하면 진정한 기쁨이란 인간의 저급한 욕구를 채워주기만 하는 먹고 마시며 춤추고 즐기는 데서 우러나오는 것이 아니라, 오히려 아침부터 저녁까지 금식하며 자신을 반성하고 하루를 성별하는 데에서 기인했다. 여기서 욤 키푸르의 현대적 의미를 되새겨볼 수 있다.

제189조항 : 속죄일 아보다에 관하여

¹ 아론의 두 아들이 여호와 앞에 나아가다가 죽은 후에 여호와께서 모세에게 말씀하시니라 ² 여호와께서 모세에게 이르시되 네 형 아론에게 이르라 성소의 휘장 안 법궤 위 속죄소 앞에 아무 때나 들어오지 말라 그리하여 죽지 않도록 하라 이는 내가 구름 가운데에서 속죄소 위에 나타남이니라 (레 16:1 이하)

레위기16장은 속죄일(욤 키푸르, יום כפור)에 관하여 가르친다. 속죄일의 가장 중요한 일은 부정함을 제거하는 것이다. 이스라엘 백성이나 제사장들이 죄를 범하였으면 죄를 염소에게 전가하고 광야로 쫓아 버리고 다시 돌아오지 못하게 하는 것이다. 제물의 피는 다른 제사와 달리 속죄소 동쪽에 뿌린다. 대속죄일의 제사는 크게 두 절차가 있다. 첫째로 제물의 피로 정화하는 의식과 둘째로 죄를 제거함으로써 정화하는 것이다.

레위기 16장의 가르침을 통해 제사장과 백성과 하나님의 무소
부재하심 사이의 역동적인 상호작용을 살펴볼 수 있다. 하나님
은 그의 백성들에게 하나님의 임재하심을 나타낼 뿐만 아니라 이스라엘
의 성소가 거룩하게 지켜져야 함을 보여준다. 하나님의 자비하심은 성소
의 거룩함이 회복된 후 나타난다. 여기에 묘사된 제의의 복잡성은 어떤
구절은 앞으로 일어날 제의에 대하여 그리고 어떤 구절은 이미 일어난
제의에 대하여 요약하고 있기 때문이다.

속죄일 제의에 대한 서론(16:1~2)

1 아론의 두 아들이 여호와 앞에 나아가다가 죽은 후에 여호와께서 모세에
게 말씀하시니라 2 여호와께서 모세에게 이르시되 네 형 아론에게 이르라
성소의 휘장 안 법궤 위 속죄소 앞에 아무 때나 들어오지 말라 그리하여 죽
지 않도록 하라 이는 내가 구름 가운데에서 속죄소 위에 나타남이니라

16:1~2은 아론의 두 아들 나답과 아비후가 불법적으로 성소에 들어
갔다가 죽은 이후 대속죄일 제의의 서론에 해당한다. 이 서론은 대제사
장이 성소의 거룩함을 유지하기 위하여 대제사장에게 훈계하는 내용이
다.

2절의 아무 때나 들어오지 말라는 말의 뜻은 특별한 때만 성소에 들어
오라는 것이다. 휘장(파로케트, פָּרֹכֶת)은 성소 안의 넓은 방과 지성소를 구
별하는 커튼을 의미한다. 속죄소로 번역되는 히브리어 카포레트(כַּפֹּרֶת)
는 법궤 위에 놓여 있는 것으로 정확하게 번역하기 어렵다. 문자적으로
본다면 '자비의 자리'로 번역할 수 있다.[14] 카포레트는 하나님의 보좌를
상징하고, 법궤는 하나님의 발판 역할을 한다(삼상 4:4, 삼하 6:2).[15] 따라
서 하나님은 속죄소의 그룹 사이에 걸터앉아 계시는 것으로 묘사된다.

사무엘상 4:4에서는 "그룹 사이에 계신 만군의 여호와의 언약궤"이란 표현이 등장한다(삼하 6:2). 2절에서 구름은 하나님 임재의 상징으로 사용되었다.

정화를 위한 준비(16:3~10)

3 아론이 성소에 들어오려면 수송아지를 속죄제물로 삼고 숫양을 번제물로 삼고 4 거룩한 세마포 속옷을 입으며 세마포 속바지를 몸에 입고 세마포 띠를 띠며 세마포 관을 쓸지니 이것들은 거룩한 옷이라 물로 그의 몸을 씻고 입을 것이며 5 이스라엘 자손의 회중에게서 속죄제물로 삼기 위하여 숫염소 두 마리와 번제물로 삼기 위하여 숫양 한 마리를 가져갈지니라 6 아론은 자기를 위한 속죄제의 수송아지를 드리되 자기와 집안을 위하여 속죄하고 7 또 그 두 염소를 가지고 회막 문 여호와 앞에 두고 8 두 염소를 위하여 제비 뽑되 한 제비는 여호와를 위하고 한 제비는 아사셀을 위하여 할지며 9 아론은 여호와를 위하여 제비 뽑은 염소를 속죄제로 드리고 10 아사셀을 위하여 제비 뽑은 염소는 산 채로 여호와 앞에 두었다가 그것으로 속죄하고 아사셀을 위하여 광야로 보낼지니라

3~10절에 기록된 성소 정화는 대제사장에 의하여 행해졌다. 대제사장이 속죄제의 절차를 돕기는 하지만 모든 것은 대제사장에게 달렸다. 대제사장은 몸을 씻고, 특별한 옷을 입었다. 정화를 위하여 대제사장은 수송아지를 속죄제를 위하여 준비하였다. 이스라엘 공동체는 두 마리의 숫염소를 준비하고 한 마리의 양을 번제로 드렸다. 송아지는 제사장의 속죄제를 위하여 사용되고 제비로 뽑힌 한 마리의 염소는 백성들의 속죄제로 사용되었다. 다른 염소는 죽이지 않고 광야로 쫓아 버렸다.

3절 이하에 기록된 규정은 아론이 성소에 들어가기 위하여 몸을 씻고

거룩한 옷을 입으며, 번제와 속죄제를 위한 제물을 가지고 가야 한다고 기록하고 있다. 레위기 16장에 의하면 아론은 속죄일 제사 때 세 차례 성소에 들어가도록 규정하고 있다. 12~13절에 의하면 향 연기로 속죄소를 덮기 위하여, 14절에서는 송아지 피를 뿌리기 위하여, 그리고 15절에 염소의 피를 뿌리기 위해서이다.

4절의 거룩한 옷은 레위기 8:7~8에 기록된 대제사장들의 옷으로 금과 보석으로 장식되었으며, 비싼 염색실로 짜여졌다. 4절의 기록에 의하면 대제사장은 장식되지 않은 하얀 속옷을 입었는데 이는 특별히 중요할 때 입는 것이다. 이처럼 대제사장이 비참한 모습의 복장을 하는 것은 이스라엘 백성의 죄를 사죄하고 고백하는 것을 나타내는 상징적인 의미이다.

5절의 이스라엘 회중을 위하여 숫염소 두 마리와 번제물로 숫양 한 마리를 가져가는 것은 매우 특이하다. 레위기 4:1~21에 의하면 전체 백성의 속죄를 위해서는 큰 가축들이 사용되었기 때문이다. 그러나 대속죄일에는 제물에 차이가 있다. 전체 백성을 위하여 숫염소를 사용하였다.

5절에서 이스라엘 회중에게서 속죄제물로 삼기 위하여 숫염소 두 마리를 준비하였는데 8절의 한 제비는 여호와를 위하고 한 제비는 아사셀을 위한다는 것을 어떻게 이해해야 하는가? 일반적으로는 두 마리의 염소 모두를 속죄제물로 이해해야 한다. 16:9~10에 의하면 아사셀을 위한다는 염소도 속죄하고 아사셀을 위해 광야로 보낸다고 기록하고 있기 때문이다.

6절의 ~위한(키페르 베아드, כִּפֶּר בַּעַד)을 뜻하는 히브리어는 '~를 위하여 사죄하다'라는 의미를 가지고 있다.

8절의 아사셀을 위하여(עֲזָאזֵל)의 아사셀(עֲזָאזֵל)에 대해서는 정확한 의미는 알 수 없지만 세 가지 해석이 가능하다. 첫째, '속죄양'이라는 의미이다. 둘째, '거친' 혹은 '어려운 곳'이라는 뜻인데 염소가 도달하는 목적지가 이처럼 거칠고 험한 곳이라는 뜻이다. 셋째, 아사셀이 '악마의 이름'이라는 견해이다. 이 견해가 지배적이며, 이러한 설명은 미드라쉬 문학에서 많이 발견된다.[16] 세 번째 견해가 지지 받는 것은 문장의 구조상 한 제비는 여호와를 위하고, 한 제비는 아사셀을 위하여에서 앞 문장에서처럼 아사셀도 신적인 존재의 이름일 가능성이 많다는 것이다. 또한 염소가 쫓겨나는 광야는 성서에서 악마의 거주지로 알려졌기 때문이다(사 13:21, 34:14; 마 12:34; 눅 11:24 등).

성소 정화(16:11~19)

레위기 16:11~14에서는 아론 자신을 위한 속죄제를 드리는 절차가 기록되어 있으며, 15~19절에서는 백성을 위한 속죄의 염소를 잡는 것에 관하여 기록하고 있다.

> 11 아론은 자기를 위한 속죄제의 수송아지를 드리되 자기와 집안을 위하여 속죄하고 자기를 위한 그 속죄제 수송아지를 잡고 12 향로를 가져다가 여호와 앞 제단 위에서 피운 불을 그것에 채우고 또 곱게 간 향기로운 향을 두 손에 채워 가지고 휘장 안에 들어가서 13 여호와 앞에서 분향하여 향연으로 증거궤 위 속죄소를 가리게 할지니 그리하면 그가 죽지 아니할 것이며 14 그는 또 수송아지의 피를 가져다가 손가락으로 속죄소 동쪽에 뿌리고 또 손가락으로 그 피를 속죄소 앞에 일곱 번 뿌릴 것이며

성소를 정화하는 제의는 두 단계로 진행된다. 즉, 제사장을 위한 속죄제와 백성을 위한 속죄제를 드리는데, 전자를 위해서는 수송아지를 그리고 후자를 위해서는 숫염소를 드린다.

12절의 여호와 앞 제단(하미즈베아흐 미리프네이 아도나이, הַמִּזְבֵּחַ

מִלִפְנֵי יְהוָה)은 '회막 앞에 있는 번제단'을 가리키는 것이다. 왜냐하면 대제사장이 숯불을 성소 안으로 가지고 들어가기 때문이다.

12절의 곱게 간(다카, דקה) 향기로운 향(크토레트 싸밈, קְטֹרֶת סַמִּים)을 만드는 과정은 출애굽기 30:34~35에 "여호와께서 모세에게 이르시되 너는 소합향과 나감향과 풍자향의 향품을 가져다가 그 향품을 유향에 섞되 각기 같은 분량으로 하고 그것으로 향을 만들되 향 만드는 법대로 만들고 그것에 소금을 쳐서 성결하게 하고"라고 기록되어 있다. 유대인들의 전통에 의하면 속죄일에 태우는 향은 보통 때 태우는 것보다 더 잘게 간다고 한다.

13절의 향연으로 증거궤 위 속죄소를 가리게 할지니라는 구절에서 향만 피워서는 결코 속죄소를 덮을 수 없다. 아마도 다른 요소를 첨하가여 연기가 나게 해 속죄소를 덮었을 것이다. 향연(아난 하크토레트, עֲנַן הַקְּטֹרֶת)은 문자적으로 '연기구름'이란 뜻이다. 이 연기구름은 연기를 나게하는 어떤 첨가물에 의하여 생겨나는 것이다.[17]

14절의 속죄소 동쪽(카포레트 케드마, הַכַּפֹּרֶת קֵדְמָה)의 의미는 '속죄소 앞'이란 뜻이다. 히브리어 단어 케뎀은 동쪽을 뜻하기는 하지만 앞을 뜻하기도 한다. 14절의 피를 뿌리는 행동은 처음 위쪽으로 뿌리고 그 후에 아래쪽으로 일곱 번 뿌리게 되어 있다.

15 또 백성을 위한 속죄제 염소를 잡아 그 피를 가지고 휘장 안에 들어가서 그 수송아지 피로 행함같이 그 피로 행하여 속죄소 위와 속죄소 앞에 뿌릴지니 16 곧 이스라엘 자손의 부정과 그들이 범한 모든 죄로 말미암아 지성소를 위하여 속죄하고 또 그들의 부정한 중에 있는 회막을 위하여 그같이 할 것이요 17 그가 지성소에 속죄하러 들어가서 자기와 그의 집안과 이스라엘 온 회중을 위하여 속죄하고 나오기까지는 누구든지 회막에 있지 못할

것이며 18 그는 여호와 앞 제단으로 나와서 그것을 위하여 속죄할지니 곧 그 수송아지의 피와 염소의 피를 가져다가 제단 귀퉁이 뿔들에 바르고 19 또 손가락으로 그 피를 그 위에 일곱 번 뿌려 이스라엘 자손의 부정에서 제단을 성결하게 할 것이요

15절에 의하면 부정은 곧 죄가 있음을 의미하며, 16절에서 부정함이 죄로 인식되었음을 알 수 있다.

17절은 속죄일에는 회막에 대제사장 이외에 그 누구도 들어갈 수 없음을 규정하고 있다. 그러나 다른 때에는 촛불과 진설 그리고 향단을 위하여 다른 제사장들이 회막에 들어갈 수 있다.[18]

18절의 여호와 앞에 있는 제단(하미즈베아흐 아쉐르 리프네이~아도나이, הַמִּזְבֵּחַ אֲשֶׁר לִפְנֵי־יְהוָה)은 문자적으로 '여호와 앞에 있는 제단'이며 내용상 12절과는 달리 향단이다.

11~19절의 정결의식은 속죄제물의 피로 정결하게 하는 것이다.

희생 염소 보내기(16:20~22)

20 그 지성소와 회막과 제단을 위하여 속죄하기를 마친 후에 살아 있는 염소를 드리되 21 아론은 그의 두 손으로 살아 있는 염소의 머리에 안수하여 이스라엘 자손의 모든 불의와 그 범한 모든 죄를 아뢰고 그 죄를 염소의 머리에 두어 미리 정한 사람에게 맡겨 광야로 보낼지니 22 염소가 그들의 모든 불의를 지고 접근하기 어려운 땅에 이르거든 그는 그 염소를 광야에 놓을지니라

성소 정화를 마친 대제사장은 이제 죄를 없애버리는 정화를 시작한다. 대제사장은 두 손을 희생염소에 얹고 백성의 죄를 고백한다. 따라서 이 희생염소는 백성을 위한 것이지 제사장을 위한 것은 아니다. 대제사

장이 두 손을 염소에 얹은 것은 백성의 죄를 염소에게 전이시키는 상징적인 행동이다. 이 죄를 가진 염소는 돌아오지 못하는 광야로 보내진다.

21절에서 죄를 아뢰고(히트야다; הִתְוַדָּה)는 '드러내다'의 의미를 가진 히브리어 '야다'(יָדַה) 동사의 재귀형을 사용하였으며, 그 의미는 '고백하다'이다. 고대 이스라엘 사람들은 죄가 외부적인 힘에 의하여 달라붙은 것이라고 믿었기 때문에 죄를 쫓아내야 한다고 생각했다. 따라서 시편 65:3의 "죄악이 나를 이겼사오니 우리의 허물을 주께서 사하시리이다"('쫓아내시리이다'의 의미)는 이러한 생각을 가장 잘 보여준다.

미리 정한 사람(이쉬 이티, אִישׁ עִתִּי)이란 무슨 의미인지 불명확하다. 문자적으로 해석하면 '어떤 때에 적당한 사람'이란 의미이다.

희생 염소 보낸 이후의 제의(16:23~28)

23 아론은 회막에 들어가서 지성소에 들어갈 때에 입었던 세마포 옷을 벗어 거기 두고 24 거룩한 곳에서 물로 그의 몸을 씻고 자기 옷을 입고 나와서 자기의 번제와 백성의 번제를 드려 자기와 백성을 위하여 속죄하고 25 속죄제물의 기름을 제단에서 불사를 것이요 26 염소를 아사셀에게 보낸 자는 그의 옷을 빨고 물로 그의 몸을 씻은 후에 진영에 들어갈 것이며 27 속죄제이며송아지와 속죄제이염소의 피를 성소로 들여다가 속죄하였은즉 그 가죽과 고기와 똥을 밖으로 내다가 불사를 것이요 28 불사른 자는 그의 옷을 빨고 물로 그의 몸을 씻은 후에 진영에 들어갈지니라

23~28절은 희생염소를 보낸 이후 행해지는 제의에 대하여 기록하고 있다. 대제사장은 앞에서 언급한 두 의식 성소를 정화하고, 희생염소를 보낸 이후 자신의 흰색 옷을 벗고, 목욕한 후 금색 옷으로 갈아입는다. 그 이후 대제사장은 양으로 자신과 백성을 위한 번제를 드린다. 번제의

기름 부분은 제단에서 태운다. 그러나 염소의 가죽과 고기, 똥은 진 밖에서 불태운다.

25절의 속죄제의 기름을 태우는 규정은 레위기 4:8~10, 19, 20에 기록되어 있다.

26절의 염소를 아사셀에게 보낸 자(하메샬레아흐 에트-하샤이르 라아자젤, הַמְשַׁלֵּחַ אֶת־הַשָּׂעִיר לַעֲזָאזֵל)의 의미는 '아사셀 염소를 쫓아낸 자'란 뜻이며, 그는 목욕해서 자신을 정결케 해야 한다.

속죄제의 날짜(16:29~34)

29 너희는 영원히 이 규례를 지킬지니라 일곱째 달 곧 그 달 십일에 너희는 스스로 괴롭게 하고 아무 일도 하지 말되 본토인이든지 너희 중에 거류하는 거류민이든지 그리하라 30 이날에 너희를 위하여 속죄하여 너희를 정결하게 하리니 너희의 모든 죄에서 너희가 여호와 앞에 정결하리라 31 이는 너희에게 안식일 중의 안식일인즉 너희는 스스로 괴롭게 할지니 영원히 지킬 규례라 32 기름부음을 받고 위임되어 자기의 아버지를 대신하여 제사장의 직분을 행하는 제사장은 속죄하되 세마포 옷 곧 거룩한 옷을 입고 33 지성소를 속죄하며 회막과 제단을 속죄하고 또 제사장들과 백성의 회중을 위하여 속죄할지니 34 이는 너희가 영원히 지킬 규례라 이스라엘 자손의 모든 죄를 위하여 일 년에 한 번 속죄할 것이니라 아론이 여호와께서 모세에게 명령하신 대로 행하니라

레위기 16장에는 언제 그리고 얼마나 자주 성소를 정화해야 하는가 하는 규정이 없다. 그러나 16:29~34은 이에 대하여 속죄일, 즉 일곱째 달 십일에 성소를 정화해야 함을 강조하고 있다.

29절의 일곱째 달, 곧 그 달 십일은 티슈리(Tishrei) 월 10일에 속죄일

을 지키도록 규정한 것이다. 레위기 23:26~32이나 민수기 29:7~11에도 같은 속죄일에 관한 규정이 있다.

스스로 괴롭게 하고(이나 네페쉬, עָנָה נֶפֶשׁ)는 '금식한다'는 의미를 함축하고 있다. 이 구절을 레빈(B.A. Levine)은 "스스로를 부인해야 한다"라고 번역하였다.[19] 또한 아무 일도 하지 말라는 속죄일에 금지된 일을 해서는 안 된다는 의미이다(31절 참조). 일로 번역된 히브리어 멜라카(מְלָאכָה)는 모든 종류의 일을 의미한다.

구약의 이해 속죄일에 대한 언급은 레위기 23:27~28에 일곱째 달 열흘에 속죄일을 지키며 성회를 열고, 스스로 괴롭게 하며(금식하며) 여호와께 화제를 드리게 되어 있다. 레위기 25:9에는 속죄일에 뿔나팔을 불도록 기록되어 있다.

신약의 이해 히브리서 9:7~14에도 속죄일에 대하여 언급하고 있다. 여기서는 송아지와 염소의 피로 결코 사람의 죄를 씻고 온전하게 할 수 없으며, 예수 그리스도의 보혈로 육체를 정결하게 하고 거룩하게 함을 가르쳐 준다. 그리스도 보혈의 대속적 의미를 강조하고 있다.

역사적 의미 욤키푸르 전쟁은 1973년 10월 6일부터 10월 25일까지 발생했던 제4차 중동전쟁을 일컫는 용어이다. 욤키푸르 전쟁이란 이름이 붙은 것은 이집트와 시리아 연합군이 1973년 속죄일(욤 키푸르)인 1973년 10월 6일 전쟁을 일으켜 1967년 6일 전쟁 때 빼앗겼던 지역에 대한 기습을 감행했기 때문이다. 전쟁은 미국의 도움을 입은 이스라엘의 승리로 끝났고 전쟁의 결과 제1차 오일 쇼크가 발생하였다.

의미 　속죄일에 죄를 사하는 가장 큰 목적은 이스라엘 성소의 거룩함을 지키기 위함이다. 대속죄일의 전통은 레위기 16장과 후기 유대교의 대속죄일 전통 사이에 차이점이 있다. 백성들의 죄를 사죄하는 것에서 성소를 정화하는 것으로 바뀌었다.

02

번제

번제(올라, עוֹלָה) 는 자신을 하나님께 완전히 드린다는 상징적인 의미를 가지고 있으며 따라서 속죄제와 밀접한 관계를 맺고 있다. 번제는 제물의 종류에 따라 소의 번제(레 1:3~5)와 양이나 염소의 번제(레 1:10) 그리고 새의 번제(레 1:14)로 나눌 수 있다.

제물을 바치는 자가 제물을 가지고 와서 제물의 머리에 손을 얹고 제단 북쪽의 여호와 앞에서 잡도록 되어 있다(레 1:3~5, 11). 그러나 제물이 새이면 제사장이 그것을 잡도록 되어있다(레 1:15). 번제에서는 가죽을 벗기고 각을 뜨고 깨끗하지 않은 부분을 씻고 잘 놓는 것이 중요하다(레 1:6~9, 12~13). 이렇게 준비한 모든 것을 불사르는 번제는 화제로 여호와에게 향기로운 냄새(레이아흐 니호아흐, רֵיחַ-נִיחוֹחַ)가 된다(레 1:9). 그러나 남은 부분은 제사장에게 준다(레 7:8). 번제의 가장 중요한 것은 불을 꺼뜨리지 않고 지속적으로 유지하는 것과 제사장들이 적당한 옷차림을 유지하는 것이다(레 6:8~13, 히 6:1~6).

번제 가운데 상번제(올라 타미드, עֹלָה תָּמִיד 출 29:38~42, 민 28:1~8)는 하루에 두 번 드리는 번제를 말한다. 오늘날 상번제를 드리는 자세한 규정은 미쉬나 '타미드'(תָּמִיד)편에 자세히 기록되어 있다. 안식일에는 숫양 두 마리를 추가로 드린다(민 28:9~10).

초하루에는 수송아지 두 마리와 숫양 한 마리와 일년 되고 흠 없는 숫양 일곱 마리를 여호와께 드렸다(민 28:11~15). 유월절(민 28:16~25)과 칠칠절(민 28:26~31) 때에도 같은 양의 동물을 제물로 드렸다. 신년(민 29:1~6)이나 속죄일(민 29:7~11)에는 수송아지 한 마리와 숫양 한 마리와 일 년 되고 흠이 없는 숫양 일곱 마리를 번제로 드렸다. 초막절에는 수송아지 13마리와 숫양 두 마리 그리고 일 년 된 숫양 열네 마리를 드렸다(민 29:12~16). 그러나 날마다 드리는 숫양의 수가 줄어 일곱째 날에는 일곱 마리만 드렸다(민 29:17~34). 여덟째 날에는 속죄일이나 신년에 드리는 수와 같은 수로 번제물을 드렸다. 즉 수송아지 한 마리와 숫양 한 마리와 일년 되고 흠이 없는 숫양 일곱 마리를 드렸다(민 29:35~38).

이 외에도 각종 정결례를 위하여 번제를 드리는 경우가 있다. 레위기 12:6에 의하면 출산을 마친 여인이 번제를 드렸고, 유출병을 위하여서도 번제와 속죄제를 드렸다(레 15:14~15). 또한 나실인이 더럽혀지면 그 역시 번제와 속죄제를 드렸다(민 6:10~11).

번제(화제)				
제물의 종류	피의 처리	불태우는 것	버리는 것	남기는 것
소	제사장이 피를 번제단 사방에 뿌림	뜬 각, 머리, 기름, 내장(씻음), 정강이(씻음) [전체]		가죽
양 / 염소				
새 산비둘기 집비둘기	제사장이 피를 번제단 곁에 흘림	전체를 태움	모이주머니와 그 더러운 것을 재버리는 곳에 버림	

제190조항 : 번제에 관하여

² 이스라엘 자손에게 말하여 이르라 너희 중에 누구든지 여호와께 예물을 드리려거든 가축 중에서 소나 양으로 예물을 드릴지니라(레 1:2)

레위기 1:2은 여호와에게 번제를 드리라고 가르치고 있다.

본문의 이해 2절에 의하면 번제는 여호와께 가축으로 예물을 드리라는 것이며, 여기서 강조점은 살아있는 가축으로 드리는 것이다. 번제로 드려지는 가축은 소, 양 그리고 염소이다. 번제의 구체적인 가르침은 레위기 1:3~17과 레위기 6:9~13에 자세히 기록되어 있다.

'예물을 드리다'는 뜻을 나타내는 히브리어 동사는 히크리브(הִקְרִיב)이다. '제사를 드리다'는 뜻의 전문 용어로 주로 에스겔서나 제사장 문서에서 사용되었다.²⁰ 히크리브 동사는 '신에게 음식을 제공하다'는 뜻을 가진 아카드어 쿠루부(qurrubu)에서 유래되었다.²¹

예물(코르반, קָרְבָּן)이란 하나님의 성소에 가까이 가서 하나님께 무언가를 드리는 것을 뜻한다. 문자적으로 코르반은 '선물', 혹은 '예물, 제물'의 뜻을 지니고 있다.²² 따라서 2절의 내용은 하나님께 바쳐진 물건과 하나님의 제물로 나뉜다. 레위기에 기록된 예물은 구체적으로 동물(1:2), 곡식(2:1, 5) 그리고 값비싸게 만든 물건 즉, 발목 고리, 손목 ,고리, 인장 반지, 귀고리, 목걸이(민 7:13, 31:50) 등이다. 코르반의 의미를 세분하면, 동물의 경우는 제물의 의미를 나타내며, 곡식, 과일 그리고 빵과 같은 것은 선물에 해당한다. 고고학적인 발굴결과 제2성전 시대 후기에 만들어진 돌로 만든 그릇 조각에 코르반이란 단어가 기록된 것이 예루살렘이나 그 주변 지역에서 발견되었다. 이러한 사실은 예물이 준비되었음을 보여주는 것이다.

가축(베헤마, בְּהֵמָה)으로 번역된 히브리어 베헤마는 소(바카르, בָּקָר)와 양(쪼온, צֹאן)으로 나뉜다. 소로 번역된 히브리어 '바카르'는 '큰 축우'(소)란 뜻이며, 양으로 번역된 쪼온은 '양과 염소'를 포함하는 단어이다. 이러한 사실은 레위기 1:10의 히브리어 쪼온을 양이나 염소로 번역한 것에서 잘 알 수 있다.

레위기 1:4의 번제를 드리면서 취하는 행동과 그 목적에 대하여 학자들의 견해가 분분하다. 4절의 머리에 안수할지니(싸마크 야도 알 로쉬 하 올라, סָמַךְ יָדוֹ עַל רֹאשׁ הָעֹלָה)란 제물을 바치는 자가 제물의 머리에 손을 얹는 행위를 뜻한다. 그런데 제물의 머리에 손을 얹는 목적은 인간의 죄를 짐승에게 넘기기 위한 것이 아니다. 만약에 그렇다면 죄를 짊어진 짐승의 고기를 먹는다거나(참조 6:18~19), 더욱이 이러한 짐승을 여호와께 제물로 바친다는 것은 생각할 수도 없을 것이다.

이 행동의 정확한 의미는 알려지지 않았다. 따라서 이에 대한 학자들의 설명은 다양하다. 첫째, 죄를 번제물에 옮기는 행위이거나 혹은 소유권을 하나님께 넘기는 행위로 이해하였다.[23] 둘째, 제물을 바치는 자의 영혼이 번제물에게 스며들거나 혹은 번제물이 연기로 바뀔 때 제물을 받치는 자를 하나님께 가까이 데려간다는 것으로 이해하였다. 셋째, 제물을 바치는 자가 자신의 무죄함이나 제사의 목적을 선포하는 의식으로 이해하였다. 넷째, 1940년 페더슨(J. Pederson)의 주장 이후 제기된 것으로 손을 얹음으로써 번제물을 바치는 자가 손을 얹은 제물이 자신의 것임을 나타내는 소유권의 표시로 이해하였다.[24] 이러한 주장은 드보(R. de Vaux)나 링그렌(H. Ringgren) 등이 지지한다. 특히 소유권을 나타내는 의식이라는 설명은 히타이트 종교의식과의 비교를 통하여 설득력을 얻고 있다.[25] 즉, 왕이나 제물을 받치는 자는 자신이 드리는 제물, 빵, 포도주, 간, 혹은 음식 쟁반 등에 손을 얹는다. 그러나 왕이 직접 제사를 집례

할 때에는 이러한 의식을 행하지 않는다.

이러한 여러 주장 가운데 죄의 전가라는 주장은 죄를 전가하는 것에 대하여 기록하고 있는 레위기 16:21을 근거로 폐기되어야 한다. 레위기 16:21에 속죄제물에게 안수할 때는 두 손으로 안수한다.

그러나 1:4에서는 한 손만 얹게 되어 있다. 따라서 의식적인 측면에서 두 본문은 차이가 있기 때문에 1:4을 죄의 전가로 이해하는 주장은 폐기되어야 한다.

1:4의 안수행위에 대하여 밀그롬(J. Milgrom)은 이 제물을 드림으로써 주어지는 혜택이 제물을 드리는 자에게 되돌아옴을 상징적으로 나타내는 행동이라고 주장하였다.[26]

4절의 그를 위하여 속죄가 될 것이라(레-카페르 알라브, לְכַפֵּר עָלָיו)는 문자적으로 '그의 속죄를 위해 제사를 드리다'는 뜻이지만 본문의 의미는 '하나님의 진노를 막는다'는 뜻이다.[27] 출애굽기 30:12에서 속전을 냄으로 온역을 방지할 수 있었듯이 '번제를 하나님이 기쁘시게 받으심으로 하나님의 진노를 막을 수 있다'는 의미이다.

의미 번제(올라, עֹלָה)는 제단에서 불로 제물을 모두 태우는 것을 의미한다. 명칭이 올라인 것은 번제물을 태울 때 '불꽃과 연기가 하늘로 올라간다'는 뜻을 담고 있기 때문이다. 또한 제물을 제단 위에 올려놓는 행위에서 올라라는 이름이 생겨났다.[28] 따라서 번제는 향기, 연기, 열의 형태로 하나님께 올려드리는 것이다.[29]

제191조항 : 가축을 드리는 최소 나이

27 수소나 양이나 염소가 나거든 칠일 동안 그 어미와 같이 있게 하라 제 팔일이후로는 여호와께 화제로 예물을 드리면 열납되리라(레 22:27)

레위기 22:27은 화제로 드리는 가축은 난지 칠일이 지난 후부터 드릴 수 있음을 가르치고 있다.

본문의 이해 레위기 22:27의 가르침에 의하면 새끼 동물을 화제의 제물로 드리려면 난지 팔일부터 드리도록 가르치고 있다. 왜 새끼 동물을 칠일 동안 어미와 같이 두어야 하는가? 여호와에게 화제로 드리기 위해서는 출생 후 팔일 이후부터 가능한 것으로 추정할 수 있다.[30]

27절에서 새끼를 여호와께 화제로 드릴 때 난 지 팔일 이후에 드려야 한다는 것은 드리기에 적당한 것을 여호와께 드려야 함을 가르치는 것이고, 화제로 드리기 때문에 향기로운 냄새를 하나님께 드리는 것이다.

Rashi의 이해 라쉬는 레위기 22:27에서 '나거든'이란 표현이 자연 출산을 의미하지 제왕절개를 통하여 태아를 끄집어 낸 것은 제외된다고 설명하였다.[31]

의미 하나님께 드리기에 적당한 것을 드려야 함을 가르치고 있다.

제192조항 : 제물에 소금을 치라

¹³ 네 모든 소제물에 소금을 치라 네 하나님의 언약의 소금을 네 소제에 빼지 못할지니 네 모든 예물에 소금을 드릴지니라(레 2:13)

레위기 2:13은 모든 제물에 소금을 칠 것을 가르치고 있다.

본문의 이해 레위기 2:13은 전반부는 소제물에 소금을 치라는 것이고, 후반부는 모든 제물 즉 번제물에 소금을 치라고 가르친다. 소금은 이중적인 의미를 갖는다. 첫째, 소금이란 누룩이나 꿀과는 달리 보존하거나 정화하는 특성을 가지고 있다.³² 둘째, 소금은 양념으로 하나님께 드리는 음식에 양념을 해야 한다는 뜻이다. 너의 하나님의 언약의 소금(멜라흐 브리트 엘로헤이카, מֶלַח בְּרִית אֱלֹהֶיךָ)(민 18:19)이란 소금이 음식을 보존하듯이 하나님과 맺은 언약도 이 소금처럼 영원성을 갖는다는 의미이다.

구약의 이해 에스겔 43:24에 의하면 소금은 화제에만 드리도록 언급하기 때문에 피, 포도주 등에는 소금을 치지 않는다.

Rashi의 이해 라쉬는 모든 예물이란 번제에도 해당한다고 해석하였으며, 특히 제단에서 태우는 부분에 소금을 치도록 규정한 것으로 이해하였다.³³

의미 제물에 소금을 침으로써 모든 제사 행위가 영원한 하나님의 언약 아래에서 행해짐을 기억하라는 의미를 갖게 한다.

제193조항 : 흠 없는 가축을 드려라

²¹ 무릇 서원한 것을 갚으려든지 자의로 예물을 드리려든지 하여 소나 양으로 화목제 희생을 여호와께 드리는 자는 열납되도록 아무 흠이 없는 온전한 것으로 할지니(레 22:21)

레위기 22:21은 하나님께 드리는 예물도 흠이 없는 가축을 드릴 것을 가르치고 있다.

본문의 이해 흠으로 번역된 히브리어 뭄(מוּם)은 주로 신체적인 흠을 의미한다(레 21:17, 21, 23, 22:20~21, 25, 민 19:2, 신 15:21, 17:1, 삼하 14:25, 아 4:7, 단 1:4). 흠과 반대의 의미로 사용한 히브리어는 타밈(תָּמִים)이다. 타밈(תָּמִים)은 '흠이 없는' 혹은 '완전한'의 의미를 갖는다. 구체적으로 흠이 어떤 것인가는 레위기 22:22~24에 구체적으로 기록되어 있다. 눈 먼 것, 상한 것, 베임 당한 것, 불구 상태의 것, 가죽에 종기나 습진, 상처 있는 것, 지체가 더하거나 덜한 것, 고환이 상한 것 등이 흠으로 기록되어 있다.

신약의 이해 죄 없으신 예수가 우리를 대신하여 십자가의 희생제물이 되었다는 것은 하나님께 드리는 것은 흠이 없는 완전한 것을 드려야 한다는 생각과 같은 맥락의 말이다. 이러한 생각은 베드로전서 1:19에 '흠 없고 점없는 어린 양같은 그리스도' 혹은 히브리서 9:14의 '흠없는 자기를 하나님께 드린 그리스도의 피'라는 표현에서 잘 나타난다.

의미 여호와에게 온전한 것을 드려야 한다는 것을 가르쳐 준다. 제물은 제물을 드리는 사람의 마음을 나타내는 것이다. 따라서 제물

의 외관상 흠이 있다는 것은 영적인 측면의 흠을 나타내는 것이다.[34]

제194조항 : 성소 밖에서 제물을 드리지 말라

[13] 너는 삼가서 네게 보이는 아무 곳에서든지 번제를 드리지 말고(신 12:13)

신명기 12:13은 정해진 장소인 성소 이외의 장소에서 제물을 드리지 말라고 가르친다.

본문의 이해 즉, 번제를 드리기 위하여 아무 곳에서나 제사를 드리지 말고, 택한 곳에서만 제물을 드리라는 것이고 신명기 12장의 본문에 의하면 '오직 너희의 하나님 여호와께서 자기의 이름을 두시려고 너희 모든 지파 중에서 택하신 곳인 그 계실 곳'인 예루살렘에서만 각종 제사를 드리라는 것이다. 번제를 드리기 위해서는 여호와가 계신 곳(왕상 14:21)에서 드려야 함을 가르친다. 네게 보이는 곳이란 마음에 드는 장소란 뜻을 내포하고 있다.

만약 번제를 성소 밖에서 드린다면 또 다른 곳을 성소로 인정하는 결과가 되기 때문에 항상 성소에서만 드리도록 가르치고 있다.

이와 관련하여 레위기 17:8~9에 의하면 이스라엘 집 사람이거나 혹은 거류민이 번제나 제물을 드리고자 할 때는 회막 문으로 가져다가 드리지 않으면 백성 중에서 끊어질 것이라고 말한다.

구약의 이해 여호수아 22:16에 의하면 요단에 제단을 쌓고자 할 때 이스라엘 회중이 말하기를 여호와를 따르는데서 돌아서서 너희를 위하여 제단을 쌓아 너희가 오늘 여호와께 거역하고자 하느냐라고 말한다. 따라서 다른 곳에 제단을 쌓는 것을 허락하지 않았다.

그러나 열왕기상 8:30~40에 의하면 엘리야의 명령에 의하여 갈멜산에서 여호와께 제사를 드린 예가 있다.

에스겔 11:14~16에 의하면 여호와께서 이스라엘 백성들이 바벨론 포로로 잡혀 간 그곳에서 성소가 된다고 말씀한다. 즉, 예루살렘 성소의 개념이 다른 곳에 성소가 된다는 새로운 개념이다.

Rashi의 이해 라쉬에 의하면 '네게 보이는 아무 곳'이란 갈멜산의 엘리야처럼 예언자의 명령에 의해서가 아니라 자신이 보는 곳을 뜻한다고 설명한다. [35]

신약의 이해 요한복음 4:19~24의 예수님과 사마리아 여인의 대화에서 이 여인이 20절에서 '당신들의 말은 예배할 곳이 예루살렘에 있다하더이다'라고 말하는 것은 신명기 12:5~6의 말씀을 반영하고 있다. 이에 대하여 예수는 23절에서 장소보다 영과 진리로 예배할 때가 온다고 대답한다.

사도 바울은 회심 전에 교회를 없애버리려고 남녀를 감옥에 가두었다 (행 8:3). 이 때만해도 바울은 교회를 장소의 개념으로 이해하였다.

신약의 새로운 성전 개념은 성령이 임하시는 곳이 성전이라는 것이다. 따라서 고린도전서 3:16에서 바울은 고린도교회가 성전인 이유는 성령이 거하시기 때문이라고 설명하고, 고린도전서 6:19에서는 성령이 거하시는 마음도 하나님의 성전임을 말씀하고 있다. 따라서 바울은 에베소서 2:22에서 성도들이 성령을 통하여 하나님의 거처로 지어져 가야함을 가르친다.

사도행전 17:24에서 바울은 아테네에서 선교할 때 하나님은 손으로 지은 성전에 계시는 분이 아니라고 설명한다.

히브리서 8:2, 9:11, 24에서는 예수님은 사람의 손으로 세우지 않은 성소와 참 장막에서 일하시는 분이라고 설명한다. 그리고 여기서는 동물의 피로 속죄제를 드리는 것이 아니라 예수님의 피로 속죄제를 드림을 말하고 있다(히 9:12~13). 따라서 예수님께서 세우신 두 번째 성소는 예수님의 피로 세운 것이며, 이 보혈이 우리를 깨끗하게 할 수 있음을 강조한다(히 9:11~27).

따라서 구약의 종교가 장소 중심이었다면 예수는 시간 중심의 종교로 전환하였음을 보여준다. 심지어 마태복음 18:20에서는 두세 사람이 내 이름(예수님의 이름)으로 모인 곳에 예수님이 함께 하신다고 말씀함으로써 구약의 정해진 장소의 개념이 신약에서는 예수님(성령)이 계시는 곳이란 개념으로 바뀌었다.

이처럼 신약성경에서 성소(성전)에 관한 개념이 바뀜에 따라서 제물을 드리는 장소에 대한 생각도 변화하였다.

의미 이 가르침은 여호와에게 제사를 드리려면 하나님이 택하신 거룩한 곳에서 제사를 드려야 함을 가르쳐 주고 있다.

제195조항 : 제물을 회막 밖에서 도살하지 말라

³ 이스라엘 집의 모든 사람이 소나 어린 양이나 염소를 진영 안에서 잡든지 진영 밖에서 잡든지 ⁴ 먼저 회막 문으로 끌고 가서 여호와의 성막 앞에서 여호와께 예물로 드리지 아니하는 자는 피 흘린 자로 여길 것이라 그가

피를 흘렸은즉 자기 백성 중에서 끊어지리라 5 그런즉 이스라엘 자손이 들에서 잡던 그들의 제물을 회막 문 여호와께로 끌고 가서 제사장에게 주어 화목제로 여호와께 드려야 할 것이요(레 17:3~5)

레위기 17:3~5은 봉헌된 제물을 회막 문으로 끌고가 여호와에게 드릴 것을 강조하여 가르친다.

본문의 이해 레위기 17:3~4에서 강조하는 것은 동물의 모든 피는 회막 문으로 끌고가 하나님께 바쳐야 함을 가르치고 있다. 즉, 성소에서만 제물을 도살할 수 있음을 기록하고 있다. 기본적으로 레위기 1:3에 의하면 번제의 동물을 잡으려면 회막 문 여호와 앞에서 잡도록 가르치고 있다. 레위기 17:3에서 이스라엘 백성들이 하나님께 드리는 동물의 종류가 소, 양, 염소임을 알 수 있다. 그리고 제물은 회막에서만 잡을 수 있음을 가르치고 있다. 만약 그렇지 않다면 그는 살인죄를 지은 것과 마찬가지이다.

회막 문(페타흐 오헬 모에드, פֶּתַח אֹהֶל מוֹעֵד)은 회막의 입구 혹은 회막 어귀로 번역할 수 있다. 여호와의 성막은 히브리어로 미쉬칸 아도나이(מִשְׁכַּן יהוה)이며, 이 말의 문자적인 의미는 '야웨의 처소'이다.

의미 하나님께 드리는 제물은 거룩한 곳, 즉 하나님 앞에서 잡아야 하며, 그 장소는 예루살렘 성전의 회막이다.

제196조항 : 흠 있는 동물을 제단 위에 드리지 말라

²⁰ 무릇 흠 있는 것을 너희는 드리지 말 것은 그것이 열납되지 못할 것임이
니라(레 22:20)

레위기 22:20에서는 흠이 있는 제물을 드려서는 안 된다는 것을 강조
하고 있다.

본문의 이해 이 규정은 제물이 여호와에게 열납되기 위한 외형적인 기준을
제시한다. 제물이 여호와에게 열납 되는 기준은 레위기 1:3~4,
7:18에 제시되어 있지만 본문에서는 외형적으로 흠이 없어야 함을 제시
한다. 흠(뭄, מום)은 신체적-외형적인 결함을 의미한다.

따라서 본문의 의미는 하나님께 흠이 있는 것을 제물로 드리지 말라
는 것이며 드리기 위하여 제물을 도살하지 말라고 가르친다. 그 이유는
여화와께서 받지 않으시기 때문이다.

구약의 이해 말라기 1:8에 의하면 이스라엘 백성들이 흠 있는 것, 병든 것 등
부정한 것을 여호와에게 드렸음을 보여준다(레 22:21, 신 15:21).

신약의 이해 유월절 어린양이신 예수님도 죄 없으신 몸으로 죽으셨다.

의미 하나님께 드리는 것은 온전한 것, 그리고 좋은 것으로 드려야 함
을 가르쳐준다.

제197조항 : 흠 있는 동물을 제단 위에 드리지 말라

²² 눈먼 것이나 상한 것이나 지체에 베임을 당한 것이나 종기 있는 것이나 괴혈병 있는 것이나 비루먹은 것을 너희는 여호와께 드리지 말며 단 위에 화제로 여호와께 드리지 말라(레 22:22)

레위기 22:22에서는 흠 있는 짐승을 구체적으로 나열하면서 이런 것들을 제물로 드리지 말라고 가르친다.

본문의 이해 22절은 20절에서 언급 된 것을 좀 더 구체화해서 흠의 내용을 열거하고 있다. 즉, 눈 먼 것, 상한 것, 베임을 당한 것, 종기 있는 것, 괴혈병 있는 것, 비루먹은 것을 여호와에게 드릴 수 없음을 규정하고 있다.

구약의 이해 말라기 1:8에서 유다 백성들이 저는 것을 하나님께 드림을 질책하는 것은 인간의 욕심으로 인하여 온전하지 않은 것을 드린 예다.

의미 하나님이 기쁘게 받으시는 제물을 드려야하며, 이런 제물은 어떤 흠도 없는 것이다.

제198조항 : 흠 있는 동물의 피를 뿌리지 말라

²² 눈먼 것이나 상한 것이나 지체에 베임을 당한 것이나 종기 있는 것이나 괴혈병 있는 것이나 비루먹은 것을 너희는 여호와께 드리지 말며 단 위에 화제로 여호와께 드리지 말라(레 22:22)

레위기 22:22에서는 흠 있는 짐승의 피를 뿌리지 말라고 가르치며, 이는 제물로 드리지 말라는 의미이다.

본문의 이해 레위기 22:22에는 피를 뿌리지 말라는 구체적인 언급은 없지만 그러나 화제를 드리기 위해서는 항상 피를 번제단에 뿌리는 절차를 거쳐야만 한다(레1:5). 따라서 흠이 있는 짐승의 피를 뿌리지 말라는 것은 이것들을 화제로 여호와께 드리지 말라는 것이다.

이 구절을 이해하기 위해서는 화제(번제)라는 의식의 순서를 이해할 필요가 있다. 레위기 1:3~9에 의하면 제물을 잡고, 피를 제사장에게 주면 제사장이 이를 번제단 주변에 쏟아 붓고, 그리고 각을 뜬 것을 나무 위에 펼쳐 놓아야 한다. 따라서 화제로 하나님께 드리지 말라는 것은 제물의 피를 뿌리는 것도 행해서는 안 된다는 것을 의미한다.

따라서 이 구절은 흠이 있어 거룩하지 못한 제물의 어떤 것도 제단에 있게 해서는 안 된다는 것을 보여준다.

의미 여호와께 드리는 것은 흠이 없는 것이어야 하기 때문에 흠이 있는 것을 잡아 그 피를 뿌려서는 안 된다.

제199조항 : 흠 있는 동물의 내장을 태우지 말라

²² 눈먼 것이나 상한 것이나 지체에 베임을 당한 것이나 종기 있는 것이나 괴혈병 있는 것이나 비루먹은 것을 너희는 여호와께 드리지 말며 단 위에 화제로 여호와께 드리지 말라(레 22:22)

레위기 22:22에서는 흠 있는 짐승의 내장을 태우지 말라고 가르친다.

레위기 22:22은 흠이 있는 것을 여호와께 화제로 드리지 못하도록 가르친다. 화제는 레위기 1장의 번제의 규정에 의하면 번제물의 내장을 태우도록 되어 있다(레 1:9). 따라서 흠이 있는 제물을 화제로 드리지 말라는 것은 그 동물의 내장 역시 태우지 말라는 것을 포함하고 있다.

여호와 제단의 거룩성을 지켜가기 위하여 부정한 것의 그 어떤 것도 제단에 드려져서는 안 된다는 것을 강조하고 있다.

제200조항 : 일시적으로 흠이 있는 것을 드리지 말라

¹ 무릇 흠이나 악질이 있는 우양은 네 하나님 여호와께 드리지 말찌니 이는 네 하나님 여호와께 가증한 것이 됨이니라(신 17:1)

신명기 17:1에서는 심각한 흠이나 질병이 있는 양을 여호와께 드려서는 안 된다는 것을 가르치고 있다.

무릇 흠이나 악질(뭄 콜 다바르 라아, מוּם כֹּל דָּבָר רָע)을 직역하면 '심각한 흠'으로 번역하는 것이 타당하게 보인다.

신명기 15:21에서 이미 처음 난 것을 여호와에게 드릴 때도 흠이 있는 것(콜 뭄 라아, כֹּל מוּם רָע)은 드리지 못하도록 기록하고 있다. 왜냐하면 흠이 있는 것을 여호와에게 드리는 것은 여호와에게 가증한 것, 즉 여호와께서 가장 싫어하는 것이기 때문이다.

| 의미 | 여호와께 드리는 것은 일시적일지라도 부정한 것을 드리지 못한다. 왜냐하면 여호와께서 거룩하시기 때문이다. |

제201조항 : 이방인의 흠 있는 제물을 드리지 말라

²⁵ 너희는 외국인에게서도 이런 것을 받아 너희의 하나님의 음식으로 드리지 말라 이는 결점이 있고 흠이 있는 것인즉 너희를 위하여 기쁘게 받으심이 되지 못할 것임이니라(레 22:25)

레위기 22:25에서는 이방인도 흠이 있는 제물을 드릴 수 없음을 가르치고 있다.

| 본문의 이해 | 여호와에게 흠이 있는 것을 드려서는 안 되는 주체가 외국인의 경우에도 마찬가지임을 가르치고 있다. 그렇다면 이 외국인은 |

어떻게 제단에 들어 올 수 있는가? 이들은 이방인의 후손이다. 이방인(벤-네카르, בֶּן־נֵכָר)으로 번역된 원문을 직역하면 '이방인의 후손'이란 의미이다. 따라서 이 구절에서 의미하는 외국은 이스라엘에 살면서 삼 대가 지나 이스라엘의 회중에 들어오게 된 자들을 의미하는 것으로 이해할 수 있다.

| 의미 | 이 가르침은 이스라엘 사람들 뿐만 아니라 이방인들도 하나님께 드릴 때는 결점(마쉬하트, מִשְׁחָת)과 흠이 있는 것을 드릴 수 없 |

도록 가르치고 있다. 즉, 누구든지 여호와에게 흠 있거나 결점 있는 것을 드릴 수 없음을 가르친다.

제202조항 : 흠이 되는 것을 드리게 하지 말라

²¹ 무릇 서원한 것을 갚으려든지 자의로 예물을 드리려든지 하여 소나 양으로 화목제 희생을 여호와께 드리는 자는 열납되도록 아무 흠이 없는 온전한 것으로 할지니(레 22:21)

레위기 22:21은 서원을 갚기 위하여 드려지는 제물이든지 아니면 자원하여 드려지는 제물의 동물은 온전한 것으로 드려야 함을 가르치고 있다.

본문의 이해 21절은 서원제사(네데르, נֶדֶר)나 자유로이 드리는 제사(네다바, נְדָבָה)를 드릴 경우 제물이 열납되도록 흠이 없는 것으로 드려야 함을 가르쳐 주고 있다. 21~23절의 기록을 통해서 보면 서원제사는 매우 높은 정결성을 요구한다는 것을 알 수 있다. 왜냐하면 제사에서 열납되지 않는 경우가 모두 기록되었기 때문이다. 반면에 자유로이 드리는 제사는 서원제사보다 덜 높은 정결성을 요구한다. 왜냐하면 23절에서 낙헌예물(네다바, נְדָבָה)로 사용할 수 있는 것일지라도 서원예물(네데르, נֶדֶר)로 사용할 수 없는 것이 있기 때문이다.

본문의 가르침에서 강조하는 것은 아무 흠이 없는 온전한 것(타밈, תָּמִים) 으로 하나님께 드려야 한다는 것이다. 구약성서에서 온전한 것이란 외형적인 온전함 뿐만 아니라 기능적으로 온전한 것이어야 한다. 이러한 사실은 말라기 1:7~10을 통해 흠 없는 온전한 것의 의미가 무엇인가를 보여준다.

기능적인 측면에서는 눈멀지 않고, 병들지 않고, 절지 않는 것을 하나님 앞에 드려야 한다. 또한 레위기 22:22에 의하면 지체에 베임을 당하지 않은 것, 종기가 없는 것, 괴혈병이 없고, 비루먹지 않은 것을 드려야 한다.

레위기 22:20에 의하면 흠 있는 제물을 드리면 여호와께서 열납 하지 않으신다고 기록하고 있다. 따라서 레위기 22:24에서는 흠 있는 짐승의 피를 뿌리지 말며, 흠 있는 동물의 내장도 태우지 말라고 가르치고 있다. 레위기 22:20의 의미는 살아있는 동물 제물의 온전한 것을 하나님께 드려야 함을 강조하고 있다.

신약의 이해 이러한 생각은 로마서 12:1의 "그러므로 형제들아 내가 하나님의 모든 자비하심으로 너희를 권하노니 너희 몸을 하나님이 기뻐하시는 거룩한 산 제물로 드리라 이는 너희가 드릴 영적 예배니라"는 구절과 같은 맥락의 말씀이다.

더 나아가서 하나님께 온전한 제물을 드리는 예배는 요한복음 4:23과 같이 "아버지께 참되게 예배하는 자들은 영과 진리로 예배할 때가 오나니 곧 이 때라 아버지께서는 자기에게 이렇게 예배하는 자들을 찾으시느니라"와 같은 의미이다.

의미 하나님이 요구하는 것은 흠 없고 온전한 것이므로 우리 자신을 하나님이 원하시는 거룩한 성도로 구별해 드려야 한다.

03

소제

소제(Meal Offerings, 민하 מִנְחָה - 레 2, 6:14~23(히 7~16))는 동물을 제물로 드리는 번제와 함께 드리는 제사이다. 제사 이외에 히브리어 단어 민하(מִנְחָה)는 '선물'이라는 뜻을 가지고 있다. 소제는 고운 가루와 기름과 유향을 섞어서 만든다. 만들어진 형태는 화덕에 구운 것과 무교전병(살짝 구운 빵, wafer)과 조각 빵과 이삭을 볶아 찧은 것 등이다. 그러나 누룩이나 꿀을 소제에 사용할 수 없다(레 2:11).

소제는 항상 번제와 함께 드려진다. 소제로 드리는 분량은 동물에 따라 정해져 있다.

ⓐ 숫양이면 고운가루 2/10에 기름 1/3 힌을 섞어서 준비(민 15:6)

ⓑ 수송아지이면 고운가루 3/10에 기름 1/2 힌을 섞어서 준비(민 15:9)

ⓒ 양이면 고운가루 1/10에 기름 1/4 힌을 썩어 준비(민 15:4)

소제는 환자가 정결케 되거나(레 14:10, 20, 21, 31) 혹은 나실인들이 그 약속을 잘 지켰을 때(민 6:15, 19) 드려진다. 그러나 출산 후(레 12:6~8)나 유출병이 끝난 후(레 15:14~15) 그리고 출혈이 그친 후(레 15:29~30)에는 소제가 드려지지 않는다. 그러나 화목제에는 반드시 소제가 따른다(레 7:12~14, 민 15:4). 이 경우 무교병과 무교전병은 하나씩 제사장에게 돌린다. 그리고 나머지는 번제의 고기와 함께 먹는다.

소제에는 밀가루가 사용된다. 그러나 아내를 의심하였지만 아내에게 어떤 죄가 발견되지 않은 경우에는 보리 가루를 헌물로 드리고 이 경우에는 기름과 유향을 섞지 않는다(민 5:15, 18, 25~26). 가난한 사람이 속죄제를 드리지 못할 경우에는 고운 가루 1/10 에바를 드리는데 여기에는 기름이나 유향을 섞지 않는다(레 5:11~13).

소제(화제)			
제물의 종류	만드는 법	태우는 것	금지사항
요리 되지 않은 소제	고운가루 기름 유향	고운가루의 한 움큼, 기름과 유향	
화덕에 구운 것	고운가루와 기름을 섞은 것[무교병]	기념물	
	고운가루를 구어서 기름을 바른 것[무교전병]		
철판에 부친 것	고운가루와 기름을 섞어 만듦		누룩을 섞지 말 것
냄비의 것	고운가루와 기름을 섞어 만듦	기념물	

제203조항 : 소제

¹ 누구든지 소제의 예물을 여호와께 드리려거든 고운 가루로 예물을 삼아 그 위에 기름을 붓고 또 그 위에 유향을 놓아(레 2:1)

¹⁴ 소제의 규례는 이러하니라 아론의 자손은 그것을 제단 앞 여호와 앞에

드리되(레 6:14)

레위기 2:1과 6:14(히6:7)은 소제에 관하여 가르치고 있다.

본문의 이해 소제(민하, מִנְחָה)는 곡식을 드리는 것, 특히 고운 가루를 드리는 것이다. 레위기 2:1은 이러한 소제의 기본 윤곽을 가르쳐준다.

'누구든지'(네페쉬, נֶפֶשׁ)는 어떤 집단을 이루는 개인을 의미하는 말로 사용되었다. 따라서 영어 성경번역(RSV)에서는 네페쉬를 '누구든지'로 번역하였다. 그러나 어떤 사람으로 번역할 수도 있다. 1절의 소제(민하, מִנְחָה)는 곡식을 의미한다. 원래 히브리어 민하는 "선물" 혹은 "조공"을 뜻하는 단어로 제사와는 관련이 없는 단어였다. 그런데 제사장들이 행정적으로 사용하던 민하를 제사에 사용하였다. 왜냐하면 제사자의 하나님에 대한 복종을 효과적으로 나타낸다고 생각했기 때문이다. 민하라는 용어를 사용함으로써 제사자의 하나님에 대한 의무를 강하게 전달한다.

1절의 '고운 가루'는 히브리어 솔레트(סֹלֶת)를 번역한 것이다. 그러나 본문에서 강조하는 것은 소제에 적당한 고운 밀가루를 의미하지 않는다. 그 대신 제물의 내용이 선택된 것을 의미한다. 따라서 솔레트는 영어로 "선택된 가루"로 번역하는 것이 더 바람직하다. 에스겔 16:13에서는 고운가루를 비싼 물건 가운데 하나로 기록하고 있다.

고운 가루에 섞는 기름(שֶׁמֶן)이란 올리브기름을 의미한다. 기름은 다양한 소제를 위하여 필요한 것이다. 기름을 고운가루에 붓고(1절), 섞고(4절), 바르고(4절), 튀기고(7절), 그리고 더하게 된다(15절). 소제를 드리기 위해서 필요한 기구는 과자 굽는 번철, 납작한 냄비, 오븐 등이다.

소제에 사용되는 유향(레보나 לְבֹנָה)은 아라비아의 세 종류의 보스웰 나무에 칼집을 내고 받은 방향성 고무송진을 의미한다.

이상을 통하여 소제를 위한 재료가 고운 밀가루, (올리브)기름 그리고 유향임을 말하고 있다. 이 기본재료로 어떻게 만드냐에 따라서 다양한 소제물이 나타난다. 레위기 2장에는 세 가지의 각기 다른 소제에 대하여 언급하고 있다. (1) 1~3절은 요리하지 않은 소제, (2) 4~10절은 요리한 소제, (3) 11~16절은 기타 소제에 관한 규정 등을 다루고 있다. 모든 소제는 고운 밀가루, 올리브기름, 유향 등이 필요하다.

일반적으로 이스라엘 역사에서 소제는 대체로 번제와 함께 드려졌다. 열왕기상 8:64에서는 솔로몬이 성전을 봉헌하고 하나님께 번제와 소제를 함께 드렸다고 기록하고 있으며, 열왕기하 16:13, 15에서는 아하스가 번제와 소제를 함께 드렸다고 기록하고 있다.

소제는 어떻게 기원하였을까? 이에 대한 학자들의 여러 가지 설명이 가능하지만 게스텐베르그(E.S. Gestenberger)는 고대 시대 농부들이 자신들의 후견인 역할을 하는 신들에게 곡식을 드리는데서 기인하였다고 주장한다.[36] 음식을 거룩한 곳에 놓아두면 신이 인간들의 식사에 동참한다는 것이다. 감사하는 마음으로 하나님을 위한 음식을 준비해야 한다는 생각이 소제의 원래 의도였다는 것이다. 이것이 후대에 기도와 찬송으로 변하였다고 주장한다(시 50:7~15). 제사를 담당하는 자는 많은 분량의 음식을 하루 분량으로 드린다. 소제는 성전봉사자와 그에 딸린 가족의 매일 먹는 빵을 드린 것이다. 유향과 적은 양의 고운가루와 기름을 섞는 것은 기념물(아즈카라 אַזְכָּרָה)이라고 불렀다. 이 기념물을 제단에 놓으면 신의 이름이 불려진다. 시편 38편과 70편의 표제어에 기념하는 시로 기록된 것은 이처럼 기념물을 드리는 것이 변화된 모습이다.

그렇다면 소제는 언제 드리는가?

소제는 번제와 항상 같이 드린다(민 28:5). 그 외에도 다음과 같은 경우에 소제를 드린다. 첫째, 소제는 환자가 정결케 되거나(레 14:10, 20,

21, 31) 혹은 나실인들이 그 약속을 잘 지켰을 때(민 6:15, 19) 드려진다. 그러나 출산 후(레 12:6~8)나 유출병이 끝난 후(레 15:14~15) 그리고 출혈이 그친 후(레 15:29~30)에는 소제가 드려지지 않는다. 화목제에는 반드시 소제가 따른다(레 7:12~14, 민 15:4). 이 경우 무교병과 무교전병은 하나씩 제사장에게 돌린다. 그리고 나머지는 번제의 고기와 함께 먹는다.

동물의 종류에 따른 소제의 기름이 섞이는 비율이 각기 다를 뿐만 아니라 민수기 15장의 규정과 에스겔 45장의 기록이 각기 다르다.

소제에는 밀가루가 사용된다. 그러나 아내를 의심하였지만 아내에게 어떤 죄가 발견되지 않은 경우에는 보리가루를 헌물로 드리고 이 경우에는 기름과 유향을 섞지 않는다(민 5:15, 18, 25~26). 가난한 사람이 속죄제를 드리지 못할 경우에는 고운 가루 1/10 에바를 드리는데 여기에도 기름이나 유향을 섞지 않는다(레 5:11~13).

아래 표는 동물의 종류에 따라 소제로 드리는 고운가루의 양이다.

동물의 종류	에스겔 45장	민수기 15장
양	선택	1/10 에바
양(상번제)	1/6 에바	1/10 에바
숫양	1 에바	2/10 에바
소	1 에바	3/10 에바

뿐만 아니라 동물의 종류에 따라서 소제의 양과 이에 섞는 기름의 양이 결정될 뿐만 아니라 전제의 양도 결정된다. 즉, 숫양이면 고운가루 2/10에 기름 ⅓ 힌(הין)을 섞어 준비하고(민 15:6), 수송아지이면 고운가루 3/10에 기름 ½ 힌을 섞어서 준비하고(민 15:9), 그리고 양이면 고운가루 1/10에 기름 ¼ 힌을 섞어 준비한다(민 15:4). 또한 번제의 종류에

따라 전제(Libation Offerings(네쎄크, נֶסֶךְ)(민 15:1~10))의 양도 결정된다. 즉, 번제물이 어린 양이면 ¼ 힌의 포도주를 준비(민 15:5), 숫양이면 ⅓ 힌의 포도주를 준비하고(민 15:7), 그리고 수송아지이면 ½ 힌의 포도주를 준비한다(민 15:10).

번제물	소제물의 양			전제의 양
	겔45장	민15장	기름의 양	
양	선택	1/10 에바	1/4 힌	1/4 힌
상번제 양	1/6 에바	1/10 에바		
숫양	1 에바	2/10 에바	1/3 힌	1/3 힌
소	1 에바	3/10 에바	1/2 힌	1/2 힌

레위기 6:14~23의 소제의 기능은 제사장들을 중심으로 기록되었으며, 따라서 제사장들이 먹는 몫에 대한 기록이 발견된다. 16절의 아론과 그의 자손이 먹는다는 가르침은 레위기 2장의 소제에 관한 기록에는 없는 것이다. 이것은 18절과 26절에서 지속적으로 반복되어 나타난다. 또한 레위기 10:17~18에서는 모세가 제물을 먹지 않은 아론의 아들들을 꾸짖는다.

근동의 이해 우르 남무의 법전에 의하면 메소포타미아에서도 곡식제물을 드리는 제사가 있었음을 보여준다.

의미 농업 수확물인 소제를 드릴 때 가장 좋은 밀가루에 기름과 유향을 넣어 하나님께 드리라는 것은 최고의 것을 드리라고 가르치는 것이다.

제204조항 : 제사장만 소제물을 먹는다

¹⁶ 그 나머지는 아론과 그의 자손이 먹되 누룩을 넣지 말고 거룩한 곳 회막 뜰에서 먹을지니라(레 6:16)

레위기 6:16(9)은 소제물 가운데 아론의 자손인 제사장들이 먹을 수 있는 것에 대하여 가르치고 있다.

본문의 이해 레위기 6:14(7)~18(11)은 소제에 대하여 기록하고 있다. 그 가운데서 소제를 주관하는 제사장이 먹을 수 있는 것에 대하여 기록하고 있다. 즉, 15절에서처럼 소제물의 고운 가루 한 움쿰과 기름과 유향을 불살라 여호와 앞에 향기로운 냄새가 되게 하고, 나머지 가루와 기름 그리고 유향을 제사장들이 소비하도록 규정하고 있다. 특히 16절과 17절에서는 고운 가루로 빵을 만들어 먹되 누룩을 넣어서 굽지 말라고 규정하고 있다. 뿐만 아니라 이것을 먹는 장소는 회막 뜰로 정해져 있다.

16절의 아론과 그의 자손이 먹되 누룩을 넣지 말고(하노테레트 미메나 요클루 아하론 우바나브 마쪼트, הַנּוֹתֶרֶת מִמֶּנָּה יֹאכְלוּ אַהֲרֹן וּבָנָיו וּבְנֵי מַצּוֹת)는 '그것으로부터 남겨진 것은 아론과 그의 자손들이 무교병을 먹을 것이요'이다. 이처럼 무교병을 먹어야 하는 이유는 소제물 가운데 제사장들에게 준 것이 지극히 거룩한 것이기 때문이다(17).

제205조항 : 누룩이나 꿀을 제단에 드리지 못한다

13 너희가 여호와께 드리는 모든 소제물에는 누룩을 넣지 말지니 너희가 누룩이나 꿀을 여호와께 화제로 드려 사르지 못할지니라(레 2:13(11))

레위기 2:13(11)은 소제 가운데 누룩 넣은 것이나 꿀은 제단에 드리지 못함을 가르치고 있다.

본문의 이해 레위기 2:13(11)에서 하나님께 드리는 소제물에 누룩과 꿀을 넣지 말라고 가르치는 것은, 하나님께 드리는 것에 다른 것을 섞지 못하도록 하는 것이다.

13(11)절의 소제에 누룩을 넣지 않는 것은 매우 중요하다. 누룩(스오르, שְׂאֹר)의 문자적인 의미는 '반죽을 발효시키는 것'이다. 따라서 하메츠(חָמֵץ)와 차이점이 있다. 하메츠는 발효된 반죽을 가리킨다.[37] 고대 이스라엘에서 꿀(드바쉬, דְּבַשׁ)은 과일이나 벌에서 채취했다.[38] 특히 벌에서 채취한 꿀은 쉽게 발효된다. 따라서 누룩과 꿀을 금지시킨 것은 발효가 부패라는 이스라엘 사람들의 인식의 결과이다.[39] 관습적인 측면에서 소제물에 누룩이나 꿀을 넣게 되면 연기가 많이 난다. 따라서 소제물에 누룩과 꿀을 넣지 않도록 가르치고 있다.

뿐만 아니라 누룩은 밀가루를 발효시켜 부풀게 하는 역할을 하며, 꿀은 빵에 맛을 내는 것이다. 따라서 본문의 의미는 하나님께 드리는 제물의 맛과 모양을 변형시켜서는 안 된다는 것이다.

제물의 모양의 변형에 대해서는 레위기 22:24에서 번제물의 불알이 상하거나 치었거나 터졌거나 베임을 당한 것을 드리지 못하도록 규정한 것과 같은 것이다.

또한 제물에 다른 것을 섞은 것을 드릴 수 없다. 신명기 22:9에 의하면 두 종자를 섞어 뿌리지 말라는 규정이나 레위기 19:19에 기록된 대로 육축을 다른 종류와 교합시키지 말라는 규정, 신명기 22:10의 소와 나귀를 겨리하여 갈지 말라, 그리고 신명기 22:5에서 여자는 남자의 의복을 입지 말고, 남자는 여자의 의복을 입지 말라 등과 같이 다른 종류를 섞지 말라는 것은 구약시대의 여러 규정에서 발견할 수 있다.

또한 누룩이나 꿀을 넣지 말라는 것은 사람의 입맛에 맞는 맛을 내어 하나님께 드려서는 안 된다는 것이다. 제물은 하나님께 드리는 것이기 때문에 하나님의 입맛에 맞는 것이어야 한다.

의미 레위기 2:11의 의미는 하나님께 드리는 제물을 변형하거나 다른 것을 섞어서는 안 된다는 것이다. 뿐만 아니라 하나님의 맛에 맞추어야 하지 사람의 입맛에 맞추어 드려서는 안 된다는 것이다. 하나님께 드리는 것은 하나님께서 이 땅에 주신 그대로 드려야 함을 말하고 있다.

제206조항 : 소금없이 제물을 드리지 말라

¹³ 네 모든 소제물에 소금을 치라 네 하나님의 언약의 소금을 네 소제에 빼지 못할지니 네 모든 예물에 소금을 드릴지니라(레 2:13)

레위기 2:13은 소제물에 반드시 소금을 치며, 소금을 소제에서 빼지 못하도록 가르치고 있다.

본문의 이해 소제물에는 기본적으로 고운가루, 기름 그리고 소금이 첨가되어야 한다. 따라서 소제물에 소금을 치는 것은 당연한 것이다. 13절에서 소금을 치라는 것은 소금이 갖는 이중적인 의미 때문이다. 첫째, 소금이란 누룩이나 꿀과는 달리 보존하거나 정화하는 특성을 가지고 있다.[40] 둘째, 소금은 양념으로 하나님께 드리는 음식에 양념을 해야 한다는 뜻이다. '언약의 소금'(민 18:19)이란 소금이 음식을 보존하듯이 하나님과 맺은 언약도 이 소금처럼 영원성을 갖는다는 의미이다.

제207조항 : 소제에 누룩을 넣어 굽지 말라

[17] 그것에 누룩을 넣어 굽지 말라 이는 나의 화제물 중에서 내가 그들에게 주어 그들의 소득이 되게 하는 것이라 속죄제와 속건제같이 지극히 거룩한즉(레 6:17)

레위기 6:17(10)은 소제의 남은 것에 누룩을 넣지 말라고 가르친다.

본문의 이해 소제의 남은 것에 누룩을 넣어 굽지 못하도록 하도록 가르치고 있는데 원래 누룩을 뜻하는 히브리어는 스오르(שְׂאֹר)이며, 스오르(שְׂאֹר)의 문자적인 의미는 '반죽을 발효시키는 것'이다. 그러나 레위기 6:17의 누룩은 히브리어 하메츠(חָמֵץ)를 번역한 것으로 그 의미는 발효된 반죽을 가리킨다. 따라서 17절에서 누룩을 넣어 굽지 말라고 한 것은 무엇보다 발효를 부패라고 생각하는 이스라엘 사람들의 인식의 결과로 여겨진다.

현상적인 측면에서 소제에 누룩을 넣게 되면 태울 때 연기가 나기 때문에 이것을 방지하기 위한 것이다. 무엇을 태울 때 가장 어려운 점은 연기였기 때문이다.

04

유월절/무교절

제208조항 : 유월절에 잡아라

⁶ 이 달 십사일까지 간직하였다가 해 질 때에 이스라엘 회중이 그 양을 잡고(출 12:6)

출애굽기 12:6은 니산(3~4월) 월 14일에 유월절 양을 잡아야 함을 가르치고 있다.

본문의 이해 유월절 행사는 출애굽 사건과 밀접한 관련이 있다. 따라서 이 달 곧 니산 월 14일에 양을 잡으라고 기록하고 있다. 이 잡은 양의 피를 문설주에 바름으로써 이스라엘 사람의 자녀들이 죽임을 당하는 것을 면하게 된다. 그런데 출애굽기12:18에 의하면 첫째 달 열나흗날 저녁부터 일주일간 무교절이 시작된다고 기록하고 있다.

양을 잡는 시기에 대하여 '해 질 때'(베인 하아르바임, בֵּין הָעַרְבַּיִם)라고 번역하였지만 나아가 정확한 의미를 제시하기 매우 어렵다. 문자적으로 번역하면 '두 석양 사이'(between two settings)이다. 랍비들은 이 구절을 '달이 뜬 후'(from moon on)로 이해하였다. 따라서 미쉬나에서는 양을 잡은 시간을 오후 2시 30분으로 추정하고 있다.

Rashi의 이해 라쉬는 '해 질 때'란 낮의 저녁과 밤의 저녁 사이를 의미한다고 설명한다. 이 때는 제 7시가 시작되는 때이며, 저녁의 그림자가 드리워지고 밤이 시작되는 때라고 설명한다.

신약의 이해 유월절 어린양이신 예수께서(고전 5:7) 유월절 전날 돌아가셨다. 이것은 유월절 어린양 잡는 날에 예수께서 돌아가신 것이다. 그런데 마가복음 14:12에서는 무교절 첫 날인 첫째 달 14일에 양을 잡았고, 이때 최후의 만찬을 하신 것으로 기록하고 있다.

제209조항 : 유월절 제물을 먹으라

⁸ 그 밤에 그 고기를 불에 구워 무교병과 쓴 나물과 아울러 먹되(출 12:8)

출애굽기 12:8은 니산월 14일 밤에 그 어린 양을 구워 먹을 것을 가르친다.

본문의 이해 출애굽기 12:6에서 니산 월 14일에 잡은 어린 양의 고기를 구워 무교병, 쓴 나물과 함께 먹으라고 기록하고 있다.

왜 고기를 불에 구워 먹으라고 가르치는가? 여기에는 두 가지 이유가 있다. 첫째는 신속하게 먹을 수 있기 때문이고, 둘째는 피를 쉽게 제거할 수 있기 때문에 구워 먹으라고 가르친다. 구약성서 여러 곳에서 피째 먹지 말라고 가르치기 때문이다(창 9:4, 레 17:11, 14, 신 12:23).

Rashi의 이해 라쉬는 고기란 힘줄이나 뼈를 제외한 순 살고기만을 의미한다고 설명한다.⁴¹ 니산 월 14일 저녁은 무교절의 시작이면서 동시에 유월절의 시작이다. 쓴 나물(메로림, מְרֹרִים)은 아마도 유목민들이 고기를 구워서 먹을 때 첨가해서 먹는 톡쏘는 조미료와 같은 역할을 하는 풀로 보인다. 라반 가말리엘(Rabban Gamaliel)은 메로르(מְרֹר)가 이스라엘 백성들이 이집트에서 노예로 고생했던 것에 대한 구체적인 상징이라고 주장한다.

니산 월 14일은 가나안 절기로는 무교절의 시작이고, 이스라엘 사람에게는 유월절의 시작이었다.

제210조항 : 두 번째 유월절 제물을 잡으라

¹¹ 둘째 달 열넷째 날 해 질 때에 그것을 지켜서 어린 양에 무교병과 쓴 나물을 아울러 먹을 것이요(민 9:11)

민수기 9:11은 니산 월에 의식적으로 부정한 자들은 이야르 월 14일에 유월절 양을 잡으라고 가르치고 있다. 이야르 월 14일의 유월절을 두 번째 유월절이라 부른다.

본문의 이해 히브리어 월력에 있어서 두 번째 달은 이야르(אִיָּר)이다. 두 번째 유월절이 있는 것은 첫 번째 유월절 때 부정함으로 인하여 유월절을 지키지 못한 자들을 위한 것이다. 민수기 9:10에 의하면 두 번째 유월절을 지키는 대상은 시체로 말미암아 부정해진 자나 여행 중에 있는 자들이다. 시체로 인하여 부정해졌다는 것은 갑자기 골육지천이 죽음으로 인하여 피치 못한 경우이다. 또한 여행 중에 있는 자란 전쟁이나 무역혹은 관리로 외국에 파견을 받은 자들이며 유월절의 절기 내에 귀국할 수 없는 자들을 의미한다.

두 번째 유월절은 한 달 뒤에 지키는 것이기는 하지만 모든 절차는 첫 번째 유월절과 같은 방식으로 치러진다.

구약의 이해 역대하 30:13~22에는 히스기야 시대에 첫째 달 십 사일에 성결한 제사장이 부족하고 백성들도 예루살렘에 모이지 못하여 왕의 명령을 내려 둘째 달 십 사일에 유월절을 지켰다.

민수기 9:11의 목적은 어쩔 수 없는 이유로 인하여 유월절을 지키지 못함으로 죄를 지고 백성들 가운데서 끊어지는 일을 막기 위한 것이다.

신약의 이해 마태복음 8:21~22의 예수와 그 제자의 대화는 이러한 전통을 배경으로 나눈 대화이다. 즉, 제자가 자신의 죽은 아버지의 장사를 지낸 후 예수를 따르겠다고 말하자 예수는 죽은 자들이 죽은 자를 장사하게 하라고 하는데 이는 장사함으로 몸을 더럽히지 말라는 것이다. 따라서 예수는 자신의 일을 거룩한 일로 분류하고, 제자에게는 자신을 따르라고 말한다.

의미 구약의 제사 및 절기에 관한 가르침은 거룩함이 반드시 지켜져야 할 가장 중요한 요소임을 가르치고 있다.

제211조항 : 두 번째 유월절 제물을 먹으라

11 둘째 달 열넷째 날 해 질 때에 그것을 지켜서 어린 양에 무교병과 쓴 나물을 아울러 먹을 것이요(민 9:11)

⁸ 그 밤에 그 고기를 불에 구워 무교병과 쓴 나물과 아울러 먹되(출 12:8)

민수기 9:11과 출애굽기 12:8에 의하면 두 번째 유월절에도 첫 번째 유월절과 마찬가지로 잡은 양을 무교병과 쓴 나물과 함께 먹으라고 가르치고 있다.

본문의 이해 출애굽기 12:8은 원래 첫 번째 유월절 때 잡은 양을 먹는 방법인데 두 번째 유월절 때 잡은 양도 마찬가지 방법으로 먹게끔 되어 있다.

두 번째 유월절처럼 한 달 늦게 드려지는 절기도 첫 번째 절기와 같은 방식으로 지켜야 함을 가르친다.

쓴 나물(메로림, מְרֹרִים)은 앞에서 언급했듯이 아마도 유목민들이 고기를 구워서 먹을 때 첨가해서 먹는 톡쏘는 조미료와 같은 역할을 하는 풀로 보이며, 쓴 나물을 먹음으로 이스라엘 백성들은 이집트에서 노예로 고생했던 것을 회상했던 것으로 보인다.

Rashi의 이해 라쉬는 쓴 나물이란 어떤 특정한 풀이 아니라 모든 쓴 풀을 의미한다고 설명한다.

제212조항 : 누룩이 있는 동안 유월절 제물을 잡지 말라

²⁵ 너는 내 제물의 피를 유교병과 함께 드리지 말며 유월절 제물을 아침까지 두지 말지며(출 34:25)

출애굽기 34:25은 누룩이 주변에 남아 있는 동안은 유월절 양을 잡지

말라고 가르친다.

본문의 이해 제물을 잡을 때는 누룩이 있으면 안 된다는 의미이다. 다른 의미로는 유월절 양은 무교병과 함께 먹어야 한다는 뜻으로 출애굽기 12:7, 8에 기록된 유월절 양은 구워서 무교병과 함께 먹도록 가르친다.

Rashi의 이해 라쉬는 이 구절의 가르침이 양을 잡는 사람이나 양의 피를 뿌리는 자 혹은 양 고기를 먹는 사람들에게 주는 가르침이라고 설명한다.[42]

제213조항 : 유월절 제물을 밤새도록 두지 말라

[25] 너는 내 제물의 피를 유교병과 함께 드리지 말며 유월절 제물을 아침까지 두지 말지며(출 34:25)

[4] 그 이레 동안에는 네 모든 지경 가운데에 누룩이 보이지 않게 할 것이요 또 네가 첫 날 해 질 때에 제사 드린 고기를 밤을 지내 아침까지 두지 말 것이며(신 16:4)

출애굽기 34:25과 신명기 16:4은 유월절 제물을 밤새도록 남겨 두지 말라고 가르치고 있다.

본문의 이해 제단에 드려졌던 고기를 아침까지 두지 말라는 규정의 의도는 무엇인가? 유월절 제물을 아침까지 남겨두지 말라는 것이다. 출애굽기 12:10에서는 아침까지 남은 것은 모두 불태우라고 가르친다.

Rashi의 이해 중세 랍비였던 라쉬는 유월절 제물은 샛별이 뜰때까지만 남겨두어야 한다고 말한다.[43]

제214조항 : 유월절 제물을 아침까지 두지 말라

[10] 아침까지 남겨두지 말며 아침까지 남은 것은 곧 불사르라(출 12:10)

출애굽기 12:10은 먹어야 할 부분들을 모두 먹으라고 가르친다. 그러나 아침까지 남은 것은 불사르도록 가르친다.

본문의 이해 출애굽기 12:10은 유월절 제물을 아침까지 남겨두지 말며, 혹 남겨 둔 것이 있으면 불사르라고 기록하고 있다.

출애굽기 12:9에 의하면 제물로 드려진 양의 머리, 다리, 내장까지 다 불에 구워서 먹으라고 가르친다.

신명기 16:4에서도 이 내용을 가르치고 있다.

출애굽기 12:10의 의미는 거룩하게 구별된 것은 그 목적에만 사용되며 나중을 위하여 남길 수 없음을 가르치고 있다.

Rashi의 이해 중세 랍비였던 라쉬는 아침이란 해가 뜰 때를 의미한다고 설명한다. 따라서 둘째날 아침까지 남겨둔 것은 불태우도록 규정하고 있다.[44]

제215조항 : 니산 월 14일에 드린 고기는 아침까지 두지 말라

⁶ 그 제물은 드리는 날과 이튿날에 먹고 제 삼 일까지 남았거든 불사르라 ⁷ 제 삼 일에 조금이라도 먹으면 가증한 것이 되어 열납되지 못하고 ⁸ 그것을 먹는 자는 여호와의 성물 더럽힘을 인하여 죄를 당하리니 그가 그 백성 중에서 끊쳐지리라(레 19:6~8)

레위기 19:6~8은 화목제물은 어떤 부분이든지 제 삼일까지 남겨 두지 말라고 가르치고 있다.

본문의 이해 레위기 19:6~8 중 특히 6절은 화목제물을 이튿날까지는 먹을 수 있지만 제 삼일까지 남겨진 것을 먹지 말라고 기록하고 있다. 그 이유는 삼일이 된 제물을 먹는 것이 가증한 것이 되기 때문이다. 이것은 레위기 7:17에도 기록되어 있다.

이처럼 제물을 먹을 수 있는 기간이 제각각인 것은 제물이 더럽혀지는 것을 막기 위한 것이다. 문화적인 면에서는 제물의 부패와도 관련이 있다. 이처럼 이튿날까지 먹을 수 있는 것은 서원이나 자원하여 드리는 제물의 경우이다(레 7:16~17).

제216조항 : 두 번째 유월절 제물을 아침까지 두지 말라

¹² 아침까지 그것을 조금도 남겨두지 말며 그 뼈를 하나도 꺾지 말아서 유월절 모든 율례대로 지킬 것이니라(민 9:12)

민수기 9:12은 첫 번째 유월절 고기처럼(레 19:6~8) 두 번째 유월절 어린 양의 어떤 부분도 남기지 말라고 가르치고 있다.

두 번째 유월절은 두 번째 달 십사일 저녁부터 시작되는데, 이때
드려지는 제물을 다음 날 아침까지 조금도 남겨두지 말라는 것
이다. 출애굽기 29:34, 레위기 7:15, 22:30에 의하면 제물은 제사 드리
는 자들이 제사 드린 날에 모두 소모하도록 가르치고 있다. 이것은 첫 번
째 유월절 제물의 경우와 마찬가지이다.

제217조항 : 감사제사의 고기는 아침까지 두지 말라

³⁰ 그 제물은 당일에 먹고 이튿날까지 두지 말라 나는 여호와니라(레
22:30)

레위기 22:30은 감사제물을 이튿날 아침까지 남겨 놓지 말라고 가르
치고 있다.

유월절 제물 뿐만 아니라 감사제물도 이튿날까지 두지 말라고
기록하고 있다. 즉, 감사제물은 제사 드린 자가 당일 모두 먹도
록 가르치고 있다(출 29:34, 레 7:15, 22:30). 감사의 제사로 제물을 드린
것은 당일 감사를 목적으로 드려진 것이기 때문에 그날 먹어야 하며, 다
음 날은 또 다른 목적으로 드리는 제물이 있기 때문이다.

하나님께 드리는 제물의 목적이 있으면 그날 그 제물을 먹어야
지 제물을 남겨둠으로 다른 목적과 섞이게 해서는 안 된다는 의
미이다.

제218조항 : 유월절 제물의 어떤 뼈도 꺾지 말라

⁴⁶ 한 집에서 먹되 그 고기를 조금도 집 밖으로 내지 말고 뼈도 꺾지 말지며(출 12:46)

출애굽기 12:46은 유월절 양의 뼈는 꺾지 말라고 가르치고 있다.

본문의 이해 이 가르침은 아마도 양의 뼈를 꺾어 골수를 빨아먹지 말라는 의미로 이해된다. 왜냐하면 뼈를 꺾는다는 것은 골수를 먹는 것을 의미하기 때문이다. 이에 대하여 바알 하-투림(Baal Ha-Turim)은 유월절 음식으로 배불리 먹었음에도 배고픔을 느끼는 백성들처럼 뼈를 꺾어 그 속의 골수까지 빨아먹지 말라는 것으로 이해한다. 이것은 민수기 9:12에도 기록되어 있다.

구약의 이해 미가 3:3에서 유다의 고관들의 비리를 고발할 때 뼈를 꺾는다는 표현을 사용한 것은 고관들의 잔인함을 고발하고자 하는 것이다.

신약의 이해 요한복음 19:33에서 예수의 다리를 꺾지 않은 것은 유월절 희생양을 처리하는 규정대로 한 것으로 이해할 수 있다.

제219조항 : 두 번째 유월절 제물의 어떤 뼈도 꺾지 말라

¹² 아침까지 그것을 조금도 남겨두지 말며 그 뼈를 하나도 꺾지 말아서 유월절 모든 율례대로 지킬 것이니라(민 9:12)

민수기 9:2은 두 번째 유월절 양의 뼈도 첫 번째 어린 양의 뼈처럼 꺾지 말라고 가르치고 있다.

본문의 이해 민수기 9:12은 출애굽기 12:46의 기록과 같은 내용을 담고 있다. 두 번째 유월절도 첫 번째 유월절처럼 양의 뼈를 꺾지 말라는 것이다. 뼈를 꺾지 말라는 규정은 오래된 유월절 규정이다. 많은 주석가들은 뼈를 꺾지 말라는 관습은 유목민들과 다른 고대 민족들의 관습을 통해 이들은 사후에 모든 뼈가 부활 한다고 믿고 있었기 때문에 뼈를 꺾지 말라는 규정이 생겨난 것으로 설명한다.

제220조항 : 유월절 제물을 먹은 곳에서 옮기지 말라

⁴⁶ 한 집에서 먹되 그 고기를 조금도 집 밖으로 내지 말고 뼈도 꺾지 말지며(출 12:46)

출애굽기 12:46은 유월절 그 고기를 먹고 있는 집 밖으로 가져가지 말라고 가르치고 있다.

본문의 이해 이 가르침은 유월절 양고기를 함께 모여서 집 안에서 먹으라는 것이다. 이것은 출애굽기 12:22~23의 양의 피를 문설주에 바르고 아침까지 한 사람도 집문 밖으로 나가지 말라는 것과 관련이 있다.

Rashi의 이해 중세 랍비인 라쉬는 이 구절에서 집을 뜻하는 히브리어 베이트 (בַּיִת)를 '집단'(group)으로 해석하여 이 구절의 의도가 이스라엘 백성들이 그룹에서 이탈하지 말라는 것을 의미한다고 설명한다. ⁴⁵

제221조항 : 유월절 양을 생으로나 삶아먹지 말라

⁹ 날것으로나 물에 삶아서 먹지 말고 그 머리와 다리와 내장을 다 불에 구워 먹고(출 12:9)

출애굽기 12:9에서는 유월절 양을 날 것으로나 물에 삶아서 먹지 말라고 가르치고 있다.

본문의 이해 날것으로나 삶아 먹지 말고 구워 먹으라고 규정하고 있다. 날것으로 먹지 말고 반드시 구워먹으라고 말한 것은 위생적인 측면과 이동의 과정에서 고기를 삶아 먹기가 용이하지 않았기 때문이다. 뿐만 아니라 일반적으로 짐승을 잡아 먹을 때도 생으로 먹을 수 없게 되어 있다. 그 이유는 피와 함께 먹는 것을 금지하기 위한 것이다(레 7:23, 26).

그러므로 출애굽기 12:9에서 유월절 양은 반드시 불에 구워서 먹어야 한다고 가르치는 것은 피를 제거하기 위한 방법으로도 이해할 수 있다.

제222조항 : 이방인과 품꾼은 유월절 제물을 먹지 말라

⁴⁵ 거류인과 타국 품꾼은 먹지 못하리라(출 12:45)

출애굽기 12:45은 이방인과 거류인이 그것을 먹지 못하게 하라는 것이다.

본문의 이해 거류인과 타국 품꾼(토샤브 베사키르, תּוֹשָׁב וְשָׂכִיר)은 경제적 목적을 위하여 이스라엘에 거주하는 외국인을 의미하며, 이들은 이스라엘 사회에서 제사에 참여할 권한이나 제물을 먹을 권한이 없었다.

특히 제물을 먹는 일은 불가능하다. 레위기 22:10에 의하면 일반인, 제사장의 객, 품꾼도 성물을 먹을 수 없음을 가르치고 있다. 원래 타국인은 유월절 제사를 드릴 의무는 없지만 자원하여 드릴 수 있다(출 12:48).

Rashi의 이해 라쉬는 거류인과 타국 품꾼이 할례를 받지 않은 사람이라 설명한다. 특히 거류인은 외국인 거주자를 의미하고, 타국 품꾼 역시 이방인으로 이해하였다.[46]

의미 하나님의 거룩한 백성들이 유월절에 참석하여야 함을 강조하고 있다.

제223조항 : 할례 받지 못한 자는 유월절 제물을 먹지 말라

[48] 너희와 함께 거하는 타국인이 여호와의 유월절을 지키고자 하거든 그 모든 남자는 할례를 받은 후에야 가까이하여 지킬찌니 곧 그는 본토인과 같이 될 것이나 할례 받지 못한 자는 먹지 못할 것이니라(출 12:48)

출애굽기 12:48은 할례 받지 못한 자는 제물을 먹지 못하도록 가르치고 있다. 왜냐하면 할례를 받지 못한 자는 곧 부정한 자로 여겼기 때문이다.

본문의 이해 타국인으로서 자발적으로 유월절 제물을 드리기를 원할 때에는 반드시 할례를 받아야만 가능하다. 만약 할례를 받지 않으면 타국인은 성물을 먹을 수 없다. 창세기 17:1~14에 의하면 할례는 하나님의 언약의 징표이다(10절). 따라서 할례하지 않은 사람은 하나님의 언약의 백성이 아님을 뜻한다.

이스라엘 역사 가운데 이스라엘 백성과 이방인이 함께 연합하는 것은 포로기 혹은 포로기 이후에나 가능하다(사 14:1, 56:3~8, 겔 47:22~23). 따라서 출애굽기 12:48은 포로기 혹은 포로기 이후 시대를 반영한다고 생각할 수 있다.

유월절 제물은 언약의 백성만 먹을 수 있다.

제224조항 : 이방 사람은 유월절 제물을 먹지 말라

43 여호와께서 모세와 아론에게 이르시되 유월절 규례는 이러하니라 이방 사람은 먹지 못할 것이나(출 12:43)

출애굽기 12:43은 이방인이 유월절 제물을 먹지 못하도록 기록하고 있다.

이방인(벤-네카르, בֶּן־נֵכָר)은 이스라엘 사회에 어떤 근거를 가지고 있지 않는 자를 의미한다. 이방인으로 번역된 벤-네카르(בֶּן־נֵכָר)는 이방인의 후손으로서 아직 삼대가 지나지 않아 이스라엘 사람의 총회에 들어올 수 없는 자들을 의미하는 것으로 이해할 수 있다. 따라서 이들은 유월절 제물을 먹을 수 없다.

라쉬는 이방인이란 이방인이거나 혹은 개종한 이스라엘 사람들로서 하나님에 대하여 행동이 익숙하지 못한 사람들을 의미한다고 설명한다. 뿐만 아니라 이 구절은 이스라엘 사람들 가운데 우상을 숭배하는 자들도 제물을 먹지 말라는 뜻을 지니고 있다고 설명한다.[47]

신약의
이해 요한복음 18:28에서 가야바의 집에서 예수를 빌라도의 관정으
로 옮긴 병사들이 빌라도의 관정에 들어가지 않은 것은 이방인
인 빌라도의 관정에 들어가면 자신들이 부정해져 유월절 잔치를 먹을 수
없었기 때문이다.

의미 무할례자, 이방인, 그리고 부정한 자는 유월절 제물을 먹지 말라
고 가르친다.

제225조항 : 부정한 자는 거룩한 음식을 먹지 못한다.

⁴ 그 여인은 아직도 삼십삼 일을 지내야 산혈이 깨끗하리니 정결하게 되는
기한이 차기 전에는 성물을 만지지도 말며 성소에 들어가지도 말 것이며
(레12:4)

레위기 12:4은 제의적으로 부정한 자는 성물을 먹어서는 안 된다고
가르친다.

본문의
이해 4절의 '삼십삼 일이 지나야 깨끗하리라'는 레위기 12:2과 함께
생각하면 전체 출산의 경우 사십 일간 부정한 기간이 있다는 뜻
이다. 이처럼 출산 후 사십 일간의 정화 기간을 갖는 것은 그리스에서도
쉽게 발견된다. [48]
남자아이를 출산하였을 경우, 출산 후 칠일 동안 부정한 기간을 지내
다가 여덟째 날에는 할례를 치르고 다시 그 후로 삼십 삼일 동안 정화 기
간을 보낸다. 이 삼십 삼일은 부정하지는 않지만 성물을 만지거나 성소
에 들어가서는 안 되는 기간이다. 따라서 사십 일간이 지나 속죄제와 번

제를 드린 후 깨끗해진다.

　이처럼 부정한 자는 성물을 만지지 못하며, 성소에도 들어갈 수 없다고 가르치고 있다.

Rashi의 이해　라쉬는 성물에는 아이를 낳은 여인들을 위하여 제사장들이 나눠 주는 곡물까지도 포함된다고 설명한다. [49]

신약의 이해　누가복음 2:22의 정결 예식의 날은 출산 후 40일이 경과된 날을 뜻한다.

의미　거룩한 하나님의 제물을 먹을 수 있는 자는 거룩한 자만임을 가르치고 있다.

05

초막절

제226조항 : 초막절 칠일 동안 화제를 드려라

¹³ 너희 번제로 여호와께 향기로운 화제를 드리되 수송아지 열세 마리와 숫양 두 마리와 일 년 된 숫양 열네 마리를 다 흠 없는 것으로 드릴 것이며 (민 29:13)

민수기 29:13은 초막절 동안 매일 화제를 드려야 함을 가르치고 있다.

본문의 이해 민수기 29:12~40의 초막절에 관한 규정은 레위기 23:33~44에도 기록되어 있다. 레위기 23:36에 의하면 초막절 칠일 동안 화제를 여호와께 드리도록 규정하고 있다. 따라서 민수기 29:13 이하에는 칠일 동안 매일 드리는 화제 제물에 대하여 구체적으로 기록하고 있다.

날	번제	소제	전제
첫째날	• 수송아지(בָּקָר) 13마리 • 숫양(אַיִל) 2마리 • 어린양(כֶּבֶשׂ) 14마리 • 숫염소 1마리	• 고운가루에 기름 3/10힌 • 고운가루에 기름 2/10힌 • 고운가루에 기름 1/10힌	• ½ 힌 • ⅓ 힌 • ¼ 힌

둘째날	• 수송아지(בָּקָר) 12마리 • 숫양(אַיִל) 2마리 • 어린양(כֶּבֶשׂ) 14마리 • 숫염소 1마리	• 고운가루에 기름 3/10힌 • 고운가루에 기름 2/10힌 • 고운가루에 기름 1/10힌	
셋째날	• 수송아지(בָּקָר) 11마리 • 숫양(אַיִל) 2마리 • 어린양(כֶּבֶשׂ) 14마리 • 숫염소 1마리	• 고운가루에 기름 3/10힌 • 고운가루에 기름 2/10힌 • 고운가루에 기름 1/10힌	
넷째날	• 수송아지(בָּקָר) 10마리 • 숫양(אַיִל) 2마리 • 어린양(כֶּבֶשׂ) 14마리 • 숫염소1마리	• 고운가루에 기름 3/10힌 • 고운가루에 기름 2/10힌 • 고운가루에 기름 1/10힌	
다섯째날	• 수송아지(בָּקָר) 9마리 • 숫양(אַיִל) 2마리 • 어린양(כֶּבֶשׂ) 14마리 • 숫염소 1마리	• 고운가루에 기름 3/10힌 • 고운가루에 기름 2/10힌 • 고운가루에 기름 1/10힌	
여섯째날	• 수송아지(בָּקָר) 8마리 • 숫양(אַיִל) 2마리 • 어린양(כֶּבֶשׂ) 14마리 • 숫염소 1마리	• 고운가루에 기름 3/10힌 • 고운가루에 기름 2/10힌 • 고운가루에 기름 1/10힌	
일곱째날	• 수송아지(בָּקָר) 7마리 • 숫양(אַיִל) 2마리 • 어린양(כֶּבֶשׂ) 14마리 • 숫염소 1마리	• 고운가루에 기름 3/10힌 • 고운가루에 기름 2/10힌 • 고운가루에 기름 1/10힌	

초막절 제의에서 전제의 양에 대하여 정확하게 언급하고 있지 않다. 따라서 초하루 때 드리는 번제와 전제에 관한 언급(민 28:11~15)을 통하여 전제를 환산하면 수송아지 한 마리에 포도주 ½ 힌, 숫양 한 마리에 포도주 ⅓ 힌 그리고 어린 양 한 마리에 포도주 ¼ 힌이 되어 초막절 칠

일 동안 전제에 필요한 포도주의 양은 약 122.5 리터 정도 된다(1 힌 = 3.5 리터). 또한 수송아지 70마리, 숫양 14마리, 어린 양 98마리 그리고 숫염소 7마리 등이 필요하다.

제227조항 : 초막절 팔일에 화제를 드려라

³⁶ 번제로 여호와께 향기로운 화제를 드리되 수송아지 한 마리와 숫양 한 마리와 일 년 되고 흠 없는 숫양 일곱 마리를 드릴 것이며(민 29:36)

민수기 29:36은 초막절 제 팔일에도 화제를 드리도록 가르치고 있다.

본문의 이해 민수기 29:35에 의하면 초막절 여덟째 날에는 장엄한 대회(아짜라, עֲצָרָה)로 모이라고 규정하고 있다. 장엄한 대회(아짜라, עֲצָרָה)란 문자적으로 '축제적인 모임'이란 의미이다. 따라서 이 날에는 모든 일을 금하였다. 이 날 드리는 번제 제사에 대한 규정이 민수기 29:36이다. 그런데 초막절이 원래 칠일 절기인데 여덟째 날이 추가된 이유에 대해서는 분명하지 않다. 열왕기상 8:66에 의하면 솔로몬은 초막절 제 팔일에 성전봉헌식에 참석했던 사람들을 돌려보냈다. 역대하 7:9에는 솔로몬이 성전 봉헌식을 거행한 후 여덟째 날에 무리들이 어떤 성회를 거행하였다고 기록하고 있다. 역대기의 기록에서 솔로몬은 초막절 여덟째 날을 절기로 지켰음을 보여준다.

초막절 여덟째 날에 드리는 번제는 이전의 번제 때 드리던 제물과는 그 수가 매우 다르다. 민수기 29:36에 의하면 수송아지 한 마리, 숫양 한 마리 그리고 일 년 되고 흠 없는 숫양 일곱 마리를 드리도록 규정하고 있다. 그러나 이 번제물의 수는 일곱째 달 초하루 제사의 제물의 수(민29:2)

와 속죄일 제사의 제물의 수(민29:8)와 일치한다. 숫양 한 마리와 일 년 되고 흠 없는 숫양 일곱에서 첫 번째 숫양은 원어로 아일(אַיִל)이고, 두 번째 숫양은 케베스(כֶּבֶשׂ)이다. 아일(אַיִל)은 거세하지 않은 숫양을 의미하며, 케베스(כֶּבֶשׂ)는 어린양이다. 따라서 케베스(כֶּבֶשׂ)를 숫양으로 번역한 것은 문법적으로(남성형 명사, 여성형 명사는 킵사 כִּבְשָׂה가 된다) 옳은 번역이기는 하지만 일반적으로는 어린양으로 번역하는 것이 바람직하다.

여덟째 날에 드리는 번제의 성격은 향기로운 화제(이쉐 레이아흐 니호아흐, אִשֵּׁה רֵיחַ נִיחֹחַ)이다.

신약의 이해 요한복음 7:37의 명절의 끝날 곧 큰 날은 초막절 제 팔일 장엄한 대회(민 29:35)를 뜻한다.

06

속죄제

    속죄제(Sin Offerings)(레 4:3 - 하타아트, חַטָּאת)는 개인적인 제사이다. 제사자의 직책에 따라 제물의 종류가 달라진다. 레위기 4:3에 의하면 제사장이 죄를 범하면 이스라엘 회중과 마찬가지로 송아지를 드린다(레 4:13~14). 그러나 족장이 죄를 범하면 숫염소를 예물로 바친다(레 4:22~23). 또 평민이 죄를 범하면 암염소를 제물로 드린다(레 4:27~28). 그러나 가난한 사람이면 산비둘기 두 마리나 집비둘기 두 마리를 제물로 드린다(레 5:7). 그러나 이것도 힘들면 1/10 에바의 고운 가루를 예물로 바친다(레 5:11~13, 히 9:22).

    속죄제의 상징적인 행위는 손을 제물 위에 얹는 것이다(레 4:4). 이러한 상징적인 행동을 통하여 제물과 제물을 바치는 사람을 동일시하는 것이다. 제사장은 이 제물을 제단의 북쪽 부분에서 잡는다(레 4:24, 29, 1:11). 레위기 4:24에서는 단지 "여호와의 앞 번제물을 잡는 곳"이라고 기록되어 있지만 레위기 1:11에 의하면 – "제단 북쪽 여호와 앞에서 그것을 잡아" – 제단 북쪽에서 잡았음을 알 수 있다.

    제사장은 피를 모아 회막 안으로 들어가 휘장 앞에 일곱 번 뿌리고, 향단 뿔에 바르고 남은 피 전부를 회막 문 앞 번제단 밑에 쏟아 붓는다(레 4:5~7, 16~18). 그러나 번제 단 벽에 뿌리고 남는 것은 제단 밑에 쏟는다(레 5:9). 대 속죄일에는 제사장들이 지성소로 가지고 가서 뿌린다(레 16:13~15).

레위기 4:8~10에는 속죄제 제물의 내장 처리에 관한 규정이 있다. 내장에 붙은 모든 기름과 두 콩팥과 그 위의 기름 곧 허리 쪽에 있는 것과 간에 덮인 꺼풀을 콩팥과 함께 떼내어 제사장이 번제 단에서 불사른다.

레위기 4:11~12, 21에 의하면 송아지 가죽과 모든 고기와 머리와 정강이와 내장과 똥 등 송아지 전체는 불로 사른다.

이러한 제사 의식은 아론 때부터 지켜져 왔다(출 29:10~14, 레 8:14~17). 그러나 레위기 6:25~30에 의하면 속죄제 가운데 먹을 수 있는 고기를 제사장들이 먹으라고 규정하는 부분도 있다.

숫양 한 마리가 요구되는 속죄제는 다음과 같다. ⓐ 초하루(민 28:15) ⓑ 유월절(민 28:22~24) ⓒ 칠칠절(민 28:30) ⓓ 신년(민 29:5) ⓔ 대속죄일(민 29:11) ⓕ 장막절=초막절(민 29:16, 19).

제사의 정결을 위하여 속죄제를 드릴 때 최대의 정결함을 요구한다.

속죄제				
대상	제물의 종류	피처리	태우는 것	버리는 것
제사장	수송아지	회막에 들어가 휘장에 일곱 번 뿌리고, 향단에 바름 번 제단 앞에 쏟아 부음 [회막에 들어감]	[기름] 내장에 덮힌 기름 내장에 붙은 기름 두 콩팥과 그 위의 기름 간에 덮인 꺼풀 콩팥	가죽, 고기, 머리, 정강이, 내장, 똥을 재 버리는 곳에서 불사름
이스라엘 회중				
족장	숫염소	피를 찍어 번제단 뿔에 바르고, 번제단 밑에 피를 쏟음 [회막에 들어가지 않음]		
평민	암염소			

제228조항 : 속죄제에 관하여

²⁵ 아론과 그의 아들들에게 말하여 이르라 속죄제의 규례는 이러하니라 속죄제 제물은 지극히 거룩하니 여호와 앞 번제물을 잡는 곳에서 그 속죄제 제물을 잡을 것이요(레 6:25)

레위기 6:25(히 18절)은 속죄제를 드리도록 가르치고 있다. 속죄제에 관한 성경의 기록은 레위기 4:1~5:13와 6:24~30에 기록되어 있다.

본문의 이해 레위기 6:25(히 18절)은 속죄제를 드리도록 가르친다. 속죄제(하타아트, חַטָּאת)는 레위기 4~5장에서 두 종류의 속죄제로 등장한다. 즉, 속죄제(하타아트, חַטָּאת)와 속건제(아샴, אָשָׁם)이다. 이 가운데서 속죄제는 범죄자의 죄를 씻기 위한 것이다(4:1~5:13). 속건제로 번역되는 아샴은 하나님께 제물을 드리는 형태로 보상하는 죄이다. 속건죄는 성전에 속한 재산을 의도 없이 잘못 사용하거나 혹은 다른 사람의 재산에 관한 자신의 책임에 대하여 거짓 증언했을 때 드린다. 속건제는 범죄자가 하나님의 이름을 헛되게 사용하는 죄를 씻어준다(5:14~26).

하타아트라는 히브리어 명칭이 붙은 제사는 두 가지 종류이다. 둘 다 종교적인 죄에 대한 사죄를 위한 것이라는 공통점이 있다. 그러나 레위기 4:3~21에 기록된 하타아트(속죄제)는 제사장이나 공동체의 지도자가 죄를 지었을 경우 수송아지를 드리고 희생제물의 피를 회막 안으로 가져가는 것이고 이것은 하나님과 성소에 관한 죄가 매우 중함을 보여준다. 뿐만 아니라 제물의 일부분을 제사장이 소비하지 못하며 대신 제단 위에 올려지지 못하는 부분들은 진 밖으로 가져가 태우게 되어 있다. 이것을 인류학자들은 쫓아버리는 행위라고 한다. 레위기 4:22~5:13에 기록된 하타아트(속죄제)는 양이나 염소를 드리는 것이지만 경우에 따라서는 새나 곡식을 드리기도 한다. 이러한 제물은 이스라엘의 백성이나 족장들이 금지된 행동을 하였거나(4:22~35) 혹은 의무를 다하지 못하였을 때(5:1~13) 드리는 것이다. 이러한 제사는 두 가지 효과가 있는데 첫째는 제사를 통하여 하나님을 달래는 것이고 둘째는 제사장이 그의 백성들을 위하여 봉사하는 것에 대한 보상의 효과가 있다. 따라서 제물의 일부를 경내에서 소비하도록 규정되어 있다.

레위기 4장은 죄를 지은 자들이 어떻게 속죄함을 얻을 수 있는가 하는 그 방법을 제시하고 있다. 따라서 어떤 이들은 속죄제를 정결제사라고 번역하기도 한다. 속죄제는 고의 없이 실수로 죄를 지은 경우에 해당한다. 민수기 15:30~31, 35:16~21 등에는 실수로 저지른 죄에 대한 사면과 고의로 지은 죄에 대한 처벌을 강조하고 있다.

속죄제의 명칭에 대하여 정중호 교수는 밀그롬(J. Milgrom)의 주장을 수용하여 정화제사라고 부른다. 그 이유는 속죄제라는 히브리어 명칭 하타아트(חַטָּאת)가 유래된 동사 하타(חָטָא)는 '정결하게 하다'라는 뜻을 가지고 있기 때문이다. 그러나 하타(חָטָא)라는 동사에 죄를 씻다라는 뜻이 있기 때문에 속죄제를 정결제사로 번역할 필요는 없다.

레위기 4~5장은 이스라엘 성소의 거룩성을 보존하고 모든 이스라엘 사람들이 하나님의 눈에 받아들일 만하도록 신성한 의무에 대하여 깊은 관심을 보이고 있다. 이러한 속죄제에 대하여서는 레위기 6:17~7:10에서 다시 한 번 언급하고 있다. 따라서 속죄제는 정화의 형식과 죄를 제거하는 것을 포함하고 있다.

레위기 4장의 속죄제는 죄를 지은 사람의 신분에 따라 각기 다른 절차의 속죄제를 드리게 규정하고 있다. 제사장의 속죄제(3~12), 이스라엘 회중의 속죄제(13~21), 족장의 속죄제(22~26), 개인의 속죄제(27~35)에 관하여 기록하고 있다.

제229조항 : 이스라엘 회중을 위한 속죄제

¹³ 만일 이스라엘 온 회중이 여호와의 계명 중 하나라도 부지중에 범하 여 허물이 있으나 스스로 깨닫지 못하다가 ¹⁴ 그 범한 죄를 깨달으면 회중은 수송아지를 속죄제로 드릴지니 그것을 회막 앞으로 끌어다가 ¹⁵ 회중의 장 로들이 여호와 앞에서 그 수송아지 머리에 안수하고 그것을 여호와 앞에 서 잡을 것이요 ¹⁶ 기름부음을 받은 제사장은 그 수송아지의 피를 가지고 회막에 들어가서 ¹⁷ 그 제사장이 손가락으로 그 피를 찍어 여호와 앞, 휘장 앞에 일곱 번 뿌릴 것이며 ¹⁸ 또 그 피로 회막 안 여호와 앞에 있는 제단 뿔 들에 바르고 그 피 전부는 회막 문 앞 번제단 밑에 쏟을 것이며 ¹⁹ 그것의 기름은 다 떼어 제단 위에서 불사르되 ²⁰ 그 송아지를 속죄제의 수송아지 에게 한 것같이 할지며 제사장이 그것으로 회중을 위하여 속죄한즉 그들 이 사함을 받으리라 ²¹ 그는 그 수송아지를 진영 밖으로 가져다가 첫 번 수 송아지를 사름같이 불사를지니 이는 회중의 속죄제니라(레 4:13~21)

레위기 4:13~21에서는 이스라엘 회중이 죄를 지었을 경우 죄 사함 받는 속죄제에 대하여 가르치고 있다. 이스라엘 회중이 죄를 지었을 때 는 장로들이 회중을 대표한다. 그러나 왕국 시대에는 왕과 회중이 대표 로 나서 속죄제를 드렸다(대하 29:23~24). 제사를 드리는 방법은 앞에서 설명한 것과 일치한다. 이스라엘 회중을 위한 속죄제에 대해서는 레위기 4:13~21에 자세히 설명되어 있다.

본문의 이해 13절의 회중(에다, עֵדָה)은 '이스라엘 전체'를 나타내는 표현이 며, 제사장들이 자주 사용하는 용어이다. 히브리어 '에다'는 '어 떤 특정한 장소와 시간에 만나다'는 뜻을 가진 히브리어 동사 에다(עֵדָה) 에서 유래하였다. 회중이란 어떤 원칙에 의하여 모인 단체를 의미한다.

왜냐하면 히브리어 동사 에다는 무작위로 모인 사람들을 의미하지 않기 때문이다. 이스라엘 회중은 같은 역사와 종교를 나누는 공동체이다. 성경 밖에서 에다가 사용된 경우는 주전 5세기 나일강 상류의 엘레판틴 (Elephantine)에 거주하던 유대인 공동체를 부르던 명칭에서이다.

허물이 있으나(아쉠, אָשֵׁם)란 '그것 때문에 죄에 부딪히면'의 뜻이며, 히브리어 동사 '아쉠'의 정확한 의미에 대하여 많은 학자들의 논의가 활발하다(4:22, 27, 5:2, 4, 17, 23).[50] 히브리어 동사 아쉠(אָשֵׁם)은 심리적, 정신적 변화에 의하여 감추어져 있던 것이 드러나는 것이 아니라 단순하게 전에 알려지지 않았던 것이 알려지는 것을 의미한다. 종교적인 의미에서 죄를 범한 자가 죄를 알든지 모르든지 간에 죄는 존재한다. 하나님의 진노하심은 하나님에 대하여 죄를 짓는 순간 생기게 된다. 따라서 죄는 죄를 범한 자가 깨닫기 전에 이미 시작되었다. 그런데 범죄자가 자신의 죄를 깨닫는 순간 사죄가 시작된다. 그러나 본문 13절에서 허물이 있으나를 나타내는 히브리어 아샴 동사는 하나님에 의하여 죄로 인정된 그 시점을 의미한다. 따라서 깨닫다(야다; יָדַע)는 의미를 갖는 히브리어 동사 '야다'는 죄를 깨닫는 것을 의미하지만 '아샴'은 죄 있는 상태에 있는 것을 의미한다.

15절에 의하면 장로들이 이스라엘 회중을 대표한다. 이스라엘에 있어서 장로의 역할은 베두인이나 아랍 사람들의 쉐이크(sheikh)와 유사하다. 장로들은 이스라엘 공동체의 하나님께 지은 죄를 사함 받기 위하여 일하였고, 이것이 이들의 책임이었다.

16~19절은 3~12절에 기록된 제사장의 죄를 사하기 위하여 드리는 제사 절차와 같다.

20절의 회중이 죄를 짓게 되면 제사장은 죄를 사해준다. 즉 죄 사함 받았음을 선포한다. 속죄제에서 하나님의 죄 사함은 필수적인 요소이다. 여기서 오늘날 고해성사가 유래되었다.

20절의 속죄(키페르, כִּפֶּר)는 '죄를 씻는 것'을 의미한다. 히브리어 피엘 동사인 '키페르'는 아카드어 '쿠푸르'(kuppuru)에서 유래되었는데 이 동사의 의미가 '씻어 버리다'이다. 성서의 많은 부분에서 키페르를 '숨기다' 즉 '죄나 부정한 것을 하나님의 눈앞에서 숨기다'로 이해하는데 이것은 다른 종교적 전승에 의한 것이고, 레위기에서는 '죄를 씻는 것'을 의미한다.

20절의 사함을 받으리라(살라흐, סָלַח)는 '죄를 씻는 것'을 의미한다. 히브리어 동사 '살라흐'는 '물을 뿌리거나 씻다'는 뜻을 가지고 있다. 따라서 '살라흐'는 사람의 죄를 용서하다는 의미로 사용되지 않는다. '살라흐'를 정확하게 번역하기는 어렵지만 하나님과의 관계 회복을 의미한다.

21절의 회중(카할, קָהָל)이란 '이스라엘 전체'를 의미한다. 히브리어 '카할'은 '모이다'는 뜻을 가진 동사 카할(קָהַל)에서 유래되었으며, 함께 사는 공동체를 의미한다.

의미 죄를 깨달을 때 반드시 속죄제를 드림으로 죄사함을 받아야 한다.

제230조항 : 죄에 대한 자복과 회개

⁶ 이스라엘 자손에게 이르라 남자나 여자나 사람들이 범하는 죄를 범하여 여호와께 거역함으로 죄를 지으면 ⁷ 그 지은 죄를 자복하고 그 죄 값을 온전히 갚되 오분의 일을 더하여 그가 죄를 지었던 그 사람에게 돌려줄 것이요(민 5:6~7)

민수기 5:6~7은 범죄자가 하나님 앞에 죄를 자복하고 회개하는 것에 대하여 가르치고 있다.

본문의 이해 하나님 앞에 죄를 지은 자는 그 죄를 자복하고 죄 값을 갚을 때 여기에 오분의 일(20%)을 더하여 돌려주라고 가르치고 있다. '남자나 여자나'(이쉬 오 이샤, אִישׁ אוֹ אִשָּׁה)라는 표현은 오경의 가르침에서는 잘 사용되지 않는 것이다(신 17:2).

민수기 5:6~7의 죄는 하나님을 거역하는 죄를 의미한다. 하나님을 거역한다는 말의 의미는 하나님의 계명을 어긴 것을 가리킨다.

의미 하나님께 죄를 지은 것과 마찬가지로 사람에게 죄를 지었을 때도 20%를 더하여 돌려줘야 한다.

제231조항 : 죄 지은 평민을 위한 속죄제

²⁷ 만일 평민의 한 사람이 여호와의 계명 중 하나라도 부지중에 범하여 허물이 있었는데(레 4:27)

레위기 4:27은 평민을 위한 속죄제에 대하여 가르치고 있다. 레위기 4:27~35에서는 개인의 죄사함에 대하여 기록하고 있다.

본문의 이해 개인의 죄에 대하여 28절에서는 암염소를, 그리고 32절에서는 암양을 제물로 드리도록 규정하고 있다. 즉, 개인과 지도자의 속죄 제물이 다르다.

27절의 평민(암 하—아레츠, עַם הָאָרֶץ)이란 제사장이나 관리와 다른 대중이란 뜻이며, 그렇다고 사회적으로 낮은 계층을 의미하지는 않는다.

구약성서에서 암 하-아레츠(עַם הָאָרֶץ)는 땅을 소유한 상류계층으로 왕을 선출하기도 한다. 이들은 예루살렘 성전이 파괴될 때까지 평의회로 통치하였다(왕하 23:30).

32절의 암양은 매우 드물게 등장하며, 대부분의 희생제사는 수컷을 드린다. 암컷이 동물의 떼를 보존하기 위해 필요하기 때문이다.

32~35절에 기록된 암양을 속죄 제물로 드리는 절차는 암염소를 드릴 때와 같은 절차를 밟는다.

속죄제의 가장 큰 특징은 기름 부분은 모두 태우며 개인적인 죄와 공동체의 죄에 따라 피를 가지고 들어가는 구역이 각기 다르다.

제232조항 : 제사장만 속죄물 고기를 먹는다

³³ 그들은 속죄물 곧 그들을 위임하며 그들을 거룩하게 하는 데 쓰는 것을 먹되 타인은 먹지 못할지니 그것이 거룩하기 때문이라(출 29:33)

출애굽기 29:31~34은 위임식 속죄물에 관하여 가르치고 있다.

본문의 이해 위임식 때 드려지는 속죄제 고기는 제사장만 먹을 수 있으며, 타인(자르, זָר)은 먹지 못하도록 가르치고 있다. 여기서 타인은 누구를 의미하는가? 레위기 22:10에는 객(토샤브, תּוֹשָׁב)과과 품꾼들(사키르, שָׂכִיר)이 성물을 먹을 수 없도록 규정하고 있다. 본문의 타인에 대하여 영어성경(TNK)에서는 일반사람(layman)으로 이해하기도 한다.

이처럼 속죄물을 먹지 못하도록 규정하는 것은 이것이 거룩하기 때문이라고 설명한다.

제233조항 : 속죄제에 기름을 붓지 말라

11 만일 그의 손이 산비둘기 두 마리나 집비둘기 두 마리에도 미치지 못하면 그의 범죄로 말미암아 고운 가루 십 분의 일 에바를 예물로 가져다가 속죄제물로 드리되 이는 속죄제인 즉 그 위에 기름을 붓지 말며 유향을 놓지 말고(레 5:11)

레위기 5:11에서는 속죄제에 기름을 붓는 것을 금지했다.

본문의 이해 11절에서는 가난한 사람들이 번제물 대신 소제물을 드릴 때 이 소제물은 속죄제물이기 때문에 그 위에 기름을 붓지 말라고 기록하고 있다. 고운 가루(솔레트, סלֶת)는 영어성경에서 '소맥분'으로 번역하기도 한다. 소제의 규정(2:15~16)과 달리 금지사항으로 기름이나 유향을 넣지 못한다. 11절의 규정과 같은 제사는 의심의 소제이다(민 5:15).

기름이나 유향을 넣지 못하는 것은 이 두가지가 긍정적인 상황에서 여호와의 출현과 밀접한 관련이 있기 때문에 속죄제나 의심의 소제와 같이 부정적인 제사에는 사용하지 않는다.

제234조항 : 속죄제에 유향을 놓지 말라

11 만일 그의 손이 산비둘기 두 마리나 집비둘기 두 마리에도 미치지 못하면 그의 범죄로 말미암아 고운 가루 십 분의 일 에바를 예물로 가져다가 속죄제물로 드리되 이는 속죄제인 즉 그 위에 기름을 붓지 말며 유향을 놓지 말고(레 5:11)

레위기 5:11에는 속죄제물에 유향을 놓는 것도 금지되어 있음을 가르치고 있다.

본문의
이해 유향(레보나, לְבֹנָה)은 소제의 맛을 내는 중요한 것이다. 그러나
앞에서 언급했듯이 속죄제의 경우에도 유향을 넣을 수 없다.

제235조항 : 피를 제단으로 가져간 속죄제 제물의 고기를 먹지 말라

30 그러나 피를 가지고 회막에 들어가 성소에서 속죄하게 한 속죄제 제물
의 고기는 먹지 못할지니 불사를지니라(레 6:30)

레위기 6:30(23)은 속죄제 가운데 특별한 경우에 대하여 언급한다.
즉, 일반적인 속죄제의 제물은 제사장들이 먹지만 성소 안에서 희생된
속죄제의 고기는 먹지 못한다고 기록하고 있다.

본문의
이해 일반적으로 속죄제의 제물은 제사장만 먹을 수 있게 되어 있다.
그러나 30절의 가르침은 레위기 4:1~21에 기록된 제사장의 죄
를 속하기 위하여 드려진 속죄제물을 먹지 못하는 것을 의미한다. 이러
한 가르침은 레위기 8:17에도 기록되어 있다. 또한 10:17~18의 모세의
말도 이에 대하여 언급하고 있다.

제236조항 : 비둘기를 속죄물로 드릴 때 머리를 쪼개지 말라

⁸ 제사장에게로 가져갈 것이요 제사장은 그 속죄제물을 먼저 드리되 그 머리를 목에서 비틀어 끊고 몸은 아주 쪼개지 말며(레 5:8)

레위기 5:8은 속죄 제물로 드리는 비둘기를 죽일 때 머리를 쪼개지 말라고 가르친다.

본문의 이해 레위기 5:8은 속죄물로 비둘기를 드릴 때 머리를 쪼개지 말고 머리를 끊어내라고 기록하고 있다. 속죄제로 비둘기를 드릴 때와 번제로 드릴 때의 차이점은 목을 몸에서 완전히 분리하지 않는 것이다. 레위기 1:15에 의하면 번제로 비둘기를 드릴 때는 제사장의 손톱으로 새의 목덜미를 끊어 머리와 몸통을 분리하였다.

07

속건제

    속건제(아샴, אָשָׁם)(레 5:14, 7:1~7)는 특별한 속죄제로서 어떤 사람이 자신이 바쳐야 할 의무를 다하지 못하였을 때 20%를 더하여 바치는 것이다.

    성물(카드쉐이 아도나이, קָדְשֵׁי יְהוָה)에 대하여 죄를 범하면 대체로 숫양을 바치며(레 5:15, 18, 19:21), 나병 환자가 깨끗해진 후나 혹은 더러워진 나실인은 숫양을 바친다(레 14:12, 21, 민 6:12). 속죄제와 마찬가지로 속건제에서도 바쳐진 동물의 일부가 자신의 일부로 동일시 되었다. 속건죄도 속죄제와 마찬가지로 같은 장소에서 동물을 잡으나, 속건죄에서 제사장은 피를 제단의 주변에 뿌린다(레 7:2). 속건제 제물의 내장 가운데 기름진 꼬리와 내장에 덮인 기름과 두 콩팥과 그 위의 기름 곧 허리 쪽에 있는 것과 간에 덮인 꺼풀을 콩팥과 함께 떼어내고 제사장이 이것들을 제단에서 불사른다. 정결함을 받은 자의 경우 제사장이 피를 정결함을 받은 자의 오른쪽 귓 부리와 오른쪽 엄지손가락과 오른쪽 엄지발가락에 바른다(레 14:14). 속건죄도 속죄제와 마찬가지로 고기 가운데 일부는 제사장들이 먹었다(레 7:1~7, 14:13).

    성물에 대한 잘못을 보상하기 위하여 드리는 20%의 추가분은 모두 제사장에게 드려졌다(레 5:16). 이러한 규정은 요아스 때에도 지켜졌다(왕하 12:16).

레위기 6:1~6(히 5:20~25)에서는 사회생활에서 생길 수 있는 여러 경우를 예로 들면서 남에게 손해를 입힌 자는 20%을 더하여 보상해야 함을 가르치고 있다. 또한 레 19:20~22에 의하면 다른 사람의 여종과 동침하면 다른 사람의 재산을 침해한 것이기 때문에 속건제를 드려야 함을 말하고 있다. 민수기 5:5~10에서는 고대 이스라엘 사회의 죄값을 규정하고 있다. 즉 죄를 지은 자는 죄를 자복하고 20%를 더하여 갚되 그것을 받을 만한 친척이 없는 경우에는 제사장에게 드리도록 규정되어 있다.

제237조항 : 속건제에 관하여

¹ 속건제의 규례는 이러하니라 이는 지극히 거룩하니(레 7:1)

레위기 7:1은 속건제에 대하여 가르치고 있다.

본문의 이해 속건제(아샴, אשׁם)는 죄에 대한 보상제사이다. 속건제에 관한 기록은 레위기 5:14~6:7과 7:1~6에 기록되어 있다. 레위기 5:14~6:7은 속건제를 죄의 종류에 따라 다양하게 분류하고 있다. 14~16절은 종교적인 죄를 짓고 드리는 속건제에 대하여 기록하고 있다. 17~19절은 계명을 어긴 후 드리는 속건제에 대하여 기록하고 있다. 6:1~7은 도적질을 하고 난 후 드리는 속건제에 대하여 기록하고 있다. 따라서 속건제는 특별한 때에 드리는 것이 아니라 죄를 짓고 난 후 드리는 것이다.

죄를 짓고 난 후 속건제를 드리도록 가르치는 것은 이스라엘 사람들의 범죄는 단순한 범죄가 아니라 하나님 앞에 짓는 죄임을 가르친다. 따라서 범죄 예방의 효과를 갖는다.

제238조항 : 도적질과 거짓 맹세 때 드리는 속건제

15 누구든지 여호와의 성물에 대하여 부지중에 범죄하였으면 여호와께 속건제를 드리되 네가 지정한 가치를 따라 성소의 세겔로 몇 세겔 은에 상당한 흠 없는 숫양을 양 떼 중에서 끌어다가 속건제로 드려서(레 5:15)

20 무릇 아직 속량도 되지 못하고 해방도 되지 못하고 정혼한 씨종과 사람이 행음하면 두 사람이 형벌은 받으려니와 그들이 죽임을 당치 아니할 것은 그 여인은 아직 해방되지 못하였음이라 21 그 남자는 그 속건제물 곧 속건제 숫양을 회막 문 여호와께로 끌어올 것이요(레 19:20~21)

레위기 5:15와 19:20~21에 의하면 도적질이나 거짓 맹세와 같은 죄를 범하면 속건제를 가져올 것을 가르치고 있다.

레위기 5:15의 범죄하였으면(마알, מָעַל)의 의미는 부정확하다. 그러나 히브리어 동사 마알(מָעַל)은 '착복하다'의 의미를 가지고 있으며, 구약성서에서는 대체로 성전의 재산을 잘못 사용하는 경우 혹은 속이거나 부부 사이의 불신, 배신 등을 의미할 때 쓰였다. 법률적인 의미에서 마알(מָעַל)은 다른 사람의 재산을 축내는 것을 포함한다. 15절의 지정한 가치(에렉, עֵרֶךְ) 즉 에렉은 고대 이스라엘 성전 행정의 기초가 되는 단위였다. 에렉제도는 레위기 27장의 서원제와 레위기 5장의 속건제를 드릴 때 등장한다. 따라서 '정한 값'이란 의미로 이해할 수 있다.

성소의 세겔(쉐켈 하−코데쉬, שֶׁקֶל הַקֹּדֶשׁ)은 어떤 특정 시대에 유행하던 단위이며, 에스겔 45:12에 등장한다. '쉐켈 하−코데쉬'는 20게라에 해당한다(출 30:13, 레 27:25).

속건제로 번역된 것은 '배상'으로 번역해야 한다. 히브리어 아샴(אָשָׁם)이 속건제 혹은 배상 제사가 아니라 단순한 배상으로 사용된 예는 레위기 5:15, 19:21 등이다.

> **구약의 이해** 여호수아 시대의 아간의 경우 여리고의 전리품을 강탈하여 사형에 처해졌다. 부지중에(비슈가가, בִּשְׁגָגָה)는 '의도하지 않은 죄'란 뜻이다. 이 표현과 레위기 5:17의 '부지중'은 로 야다(לֹא יָדַע)로 그 뉘앙스에서 차이가 있다. 로 야다의 의미는 '알지 못하는'의 의미이다. 성물(코데쉬 아도나이, קֹדֶשׁ יהוה)은 성전 재산을 의미하지 제사장의 몫을 의미하지는 않는다. 레위기 22:14에 의하면 제사장의 몫을 잘못 사용하였을 때는 이것을 배상하고 벌금을 내야 하기 때문이다.

제239조항 : 특별한 환경에서 드리는 속건제

¹ 만일 누구든지 저주하는 소리를 듣고서도 증인이 되어 그가 본 것이나 알고 있는 것을 알리지 아니하면 그는 자기의 죄를 져야 할 것이요 그 허물이 그에게로 돌아갈 것이며(레 5:1)

레위기 5:1∼13은 특별한 환경에서 드리는 속건제에 대하여 가르치고 있다. 레위기 5:1∼13의 규정은 "만일"(אִם)으로 시작하는 결의론적 형식을 주로 취하고 있다. 5:1∼13에 대하여 밀그롬(J. Milgrom)은 레위기 4

장에 대한 보충설명 부분으로 단계별 정화제의에 대하여 설명하고 있다
고 주장한다.[51] 특히 5:1~13은 불명확한 경우에 대한 보충적 역할을 담
당하고 있다.

그러나 이 구절의 의미는 매우 복잡하다. 따라서 학자들은 각기
다양하게 이 구절을 해석한다. 노트(M. Noth)는 이 구절을 어떤
사람이 누가 저주하는 것을 들었는데 그가 법을 어겼음을 알리고 죄를
입증하는 일을 하지 못한 경우를 의미한다고 해석한다.[52] 그러나 이 구
절에서 맹세나 저주가 죄라는 정의가 없기 때문에 이러한 해석에는 문제
가 있다. 어떤 학자들은 이 구절은 어떤 사람이 공적인 저주에 대하여 대
답하지 못하여 죄를 져서 정죄 받은 쪽이 정당하게 재판받게 하기 위하
여 증인을 부르고 검증하는 것을 의미한다고 보았다.[53]

1절은 저주하는 소리를 들은 자가 법정에서 증인이 되지 않았을 때 벌
을 받게 된다는 것이다. '저주하는 소리'(콜 알라, קוֹל אָלָה)는 하나님의 법
을 지키지 못하는 자에게 저주를 말하는 것을 의미한다. 히브리어 알라
(אָלָה)는 하나님께 선서, 약속하는 것을 의미한다. 문자적으로는 "저주하
는 소리"이지만 그 의미는 '공적인 저주'를 의미한다. "죄를 지다"(나사 아
본; נָשָׂא עָוֹן)는 것은 "죄 때문에 벌을 받을 것이다"라는 뜻이다. 히브리어
아본(עָוֹן)은 죄 혹은 죄의 값을 의미한다.[54] 1절의 문제점은 앞에서 언급
했듯이 증인에 관한 법이 왜 제사 규정에 등장하는가 하는 의문이 생긴
다는 점이다. 이러한 의문에 대하여 고대 근동의 문화를 통하여 설명할
수 있다. 고대 근동에서 법정은 신전 복합체에 속해 있었다. 이러한 현상
은 이스라엘의 경우도 마찬가지이다. 따라서 재판이 넓은 의미에서 성전
에서 행해지기 때문에 제의에 관한 규정에 속하게 된 것으로 이해할 수
있다.

2 만일 누구든지 부정한 것들 곧 부정한 들짐승의 사체나 부정한 가축의 사체나 부정한 곤충의 사체를 만졌으면 부지중이라고 할지라도 그 몸이 더러워져서 허물이 있을 것이요(레 5:2)

2절에서는 부정한 들짐승이나 부정한 가축 그리고 부정한 곤충의 사체를 만져서 더러워져 죄가 있을 때 이를 정결하게 하는 규정을 기록하고 있다. 이러한 규정은 레위기 11:24~31에서 유래되었을 것으로 보인다. 곤충으로 번역된 히브리어 쉐레츠(שֶׁרֶץ)의 의미는 '떼지어 다니는 생물'이란 뜻을 가지고 있다.

3 만일 부지중에 어떤 사람의 부정에 닿았는데 그 사람의 부정이 어떠한 부정이든지 그것을 깨달았을 때에는 허물이 있을 것이요(레 5:3)

3절에서는 "사람의 부정"(타마아트 아담, טֻמְאַת אָדָם)에 닿으면 그는 부정하다고 기록하고 있다. 사람의 부정에 속하는 것은 레위기 12:2의 출산한 여인, 15:2의 유출병 환자, 월경하는 여인(18:19) 등이다. 또한 스스로 죽은 짐승이나 들짐승에게 찢겨 죽은 고기를 먹은 자(17:15~16)도 부정하다. 이 경우는 시체에 닿아 부정한 것보다 더욱 심각하다(민 19:13). "그것을 깨달았을 때에는 허물이 있을 것이요"(후 야다아 베아셈, הוּא יָדַע וְאָשֵׁם)의 정확한 의미는 "그가 알았으면 그는 죄인이다"이다.

4 만일 누구든지 입술로 맹세하여 악한 일이든지 선한 일이든지 하리라고 함부로 말하면 그 사람이 함부로 말하여 맹세한 것이 무엇이든지 그가 깨닫지 못하다가 그것을 깨닫게 되었을 때에는 그 중 하나에 그에게 허물이 있을 것이니(레 5:4)

4절의 "악한 일이든지 선한 일이든지"의 의미는 "어떤 목적으로든지"이다. 따라서 함부로 하는 맹세는 그 내용이 무엇이든지 죄 있는 행위이다. 모든 사람은 맹세를 반드시 지켜야 한다(신 23:23).

> 5 이 중 하나에 허물이 있을 때에는 아무 일에 잘못하였노라 자복하고 6 그
> 잘못으로 말미암아 여호와께 속죄제를 드리되 양 떼의 암컷 어린 양이나
> 염소를 끌어다가 속죄제를 드릴 것이요 제사장은 그의 허물을 위하여 속죄
> 할지니라(레 5:5~6)

5절에서는 1~4절의 네 가지 가운데 어느 하나라도 잘못을 범했으면
죄를 자복하고 속죄제를 드려야 한다고 가르친다. 이 경우에는 레위기
4:32 이하의 규정과 같이 평민이 속죄제를 드릴 때의 형식으로 드리게
되어 있다. 이 구절에서 죄를 자복하는 것에 강조점이 있는 것이 아니다.
"죄를 자복하다"는 뜻의 히브리어 동사 히트바다(הִתְוַדָּה)는 가정법이 아
니라 직설법이기 때문에 단순한 요구 이상의 의미를 가지고 있다.

> 7 만일 그의 힘이 어린 양을 바치는 데에 미치지 못하면 그가 지은 죄를 속
> 죄하기 위하여 산비둘기 두 마리나 집비둘기 새끼 두 마리를 여호와께로
> 가져가되 하나는 속죄제물을 삼고 하나는 번제물을 삼아 8 제사장에게로
> 가져갈 것이요 제사장은 그 속죄제물을 먼저 드리되 그 머리를 목에서 비
> 틀어 끊고 몸은 아주 쪼개지 말며 9 그 속죄제물의 피를 제단 곁에 뿌리고
> 그 남은 피는 제단 밑에 흘릴지니 이는 속죄제요 10 그 다음 것은 규례대
> 로 번제를 드릴지니 제사장이 그의 잘못을 위하여 속죄한즉 그가 사함을
> 받으리라(레 5:7~10)

7~10절에서는 속죄제 때 가난으로 인하여 양을 바치지 못하는 사람
에 대한 유예 규정을 담고 있다. 이 경우에는 산비둘기와 집비둘기 2마
리를 속죄 제물로 받치게 되어 있다. 이 새를 드리는 규정은 번제에서 새
를 드릴 때의 규정(레 1:14~17)을 따르고 있다. 그러나 피를 처리하는데

있어서 제단 뿔에 바르지 않고 제단 옆에 바르고 나머지는 제단 밑에 쏟아 버리도록 규정하고 있다.

7절에서 어린 양으로 번역한 히브리어 세(שֶׂה)는 '작은 가축'을 의미한다. "바치는 데에 미치지 못하면"(임-로 타싸그 야도 레, אִם-לֹא תַשִּׂיג יָדוֹ לְ)의 문자적인 의미는 '그의 손이 ~에 충분하지 않으면'이다. '충분하다'는 뜻의 히브리어 동사는 나사그(נָשַׂג)이다. 이러한 표현은 레위기 5장에 반복적으로 등장한다(레 5: 7,11).

하타아트(속죄제)와 올라(번제)의 논리적 순서를 따지자면 하타아트를 드린 후 올라를 드리도록 되어 있다. 왜냐하면 누구든지 하나님께 제사 드리기 전에 자신을 온전하게 해야 하기 때문이다. 죄 사함의 성격이 있는 하타아트를 드린 후 올라를 하나님께 드렸다.

10절의 '규례대로'(카-미쉬파트, כְּמִשְׁפָּט)라는 말은 제사에 관한 자세한 설명을 하지 않아도 되도록 한다.

> 11 만일 그의 손이 산비둘기 두 마리나 집비둘기 두 마리에도 미치지 못하면 그의 범죄로 말미암아 고운 가루 십분의 일 에바를 예물로 가져다가 속죄제물로 드리되 이는 속죄제인즉 그 위에 기름을 붓지 말며 유향을 놓지말고 12 그것을 제사장에게로 가져갈 것이요 제사장은 그것을 기념물로 한 움큼을 가져다가 제단 위 여호와의 화제물 위에서 불사를지니 이는 속죄제라 13 제사장이 그가 이 중에서 하나를 범하여 얻은 허물을 위하여 속죄한즉 그가 사함을 받으리라 그 나머지는 소제물 같이 제사장에게 돌릴지니라 (레 5:11~13)

11~13절에서는 새를 제물로 하는 속죄제를 드리지 못하는 사람들에 대한 규정을 기록하고 있다. 이들은 고운 밀가루 1/10 에바를 드리도록 규정하고 있다. 1 에바(אֵיפָה)는 약 10 kg정도 되는 무게이다.[55] 이 양은 레

위기 14:21이나 민수기 28:5의 곡식의 양과 같다. 이 경우도 속죄제를 드리는 규정은 레위기 2장의 소제의 규정을 따르고 있다.

"고운 밀가루"(솔레트, סֹלֶת)는 소맥분 가루를 의미한다.[56] 금지 사항으로는 기름이나 유향을 넣지 못하도록 규정하고 있다. 11절의 규정과 같은 제사는 의심의 소제이다(민 5:15).

따라서 7~13절은 가난한 자의 속죄제에 대하여 기록하고 있다.

의미 본 가르침은 속건제를 드릴 때 드리는 자의 경제적 능력에 따라서 제물을 드릴 수 있음을 가르쳐 준다. 이것은 죄를 속하는 것이 그만큼 중요하기 때문으로 보인다.

08

화목제

화목제(제바흐 슐라밈, זֶבַח הַשְּׁלָמִים)는 상호 드리는 제사이다. 제물은 소나 양이나 염소나 암컷이나 수컷에 관계없이 흠이 없는 것으로 드린다. 화목제를 감사제로 드리기도 하며(레 7:12~13), 경우에 따라서 나실인은 자기의 머리털을 밀고 그것을 화목제물의 밑에 두게 되어있다(민 6:18).

화목제를 드리는 규정은 레위기 3장과 7:11~36에 자세히 기록되어 있다. 다른 제사와 달리 화목제물은 "회막문 앞에서" 잡도록 되어 있다. 제사장들은 그 피를 제단 사방에 뿌리게 되어 있다. 내장을 선택하는 기준도 동물에 따라 다르게 기록되어 있다.

제물이 소인 경우(레 3:1~5) 내장에 덮인 기름과 내장에 붙은 모든 기름과 두 콩팥과 그 위의 기름 곧 허리 쪽에 있는 것과 간에 덮힌 꺼풀을 드렸고, 제물이 양인 경우(레 3:6~11) 미골에서 뺀 기름진 꼬리와 내장에 덮인 기름과 내장에 붙은 모든 기름과 두 콩팥과 그 위의 기름 곧 허리 쪽에 있는 것과 간에 덮인 꺼풀을 드렸다. 또 제물이 염소인 경우(레 3:12~17)에는 내장에 덮인 기름과 내장에 붙은 모든 기름과 두 콩팥과 그 위의 기름 곧 허리 쪽에 있는 것과 간에 덮인 꺼풀을 드렸다.

화목제물 가운데 일부는 제사장에게 드려진다(레 7:11~21, 특히 14).

화목제물은 제사장에게 드려 진 것과 태운 것을 제외하고는 모두 제사 드리는 사람이 자신이나 자신의 가족 그리고 레위인들을 위한 식사로 사용한다(신 12:12, 18~19). 그러나 아무 곳에서나 먹을 수 없고 정해진 장소에서만 먹어야 한다(신 12:6~7, 11~12, 15~19, 26, 삼상 1:3~4). 그러나 그 고기를 정결하게 유지해야만 먹을 수 있다. 만약 부정한 곳에 닿으면 먹을 수 없다. 뿐만 아니라 정결치 못한 자 역시 그 고기를 먹을 수 없다(레 7:19~21). 또한 감사제로 드리는 화목제의 고기는 그날 다 먹어야 하며 그 다음날까지 남겨둘 수 없다(레 7:15). 그러나 화목제가 서원이나 자원하는 것이면 다음 날까지 먹을 수 있으나 셋째 날에는 태워야 한다(레 7:16~17).

화목제는 다음의 세 절기에만 지켜진다. 즉, 장(초)막절(레 23:19~20)과 나실인이 약속을 완전히 지켰을 때(민 6:17~20) 그리고 제사장을 세울 때 지켜진다. 그러나 회막을 지었거나(레 9:8~21) 성전을 완공했을 때도 화목제를 드린다(왕상 8:63, 대하 7:7).

고대 이스라엘의 국가적인 행사 가운데 화목제를 지낸 것은 다음과 같다. 전쟁을 무사히 마치고(삼상 11:15), 가뭄이나 전염병이 멈추고(삼하 24:25), 왕의 후보자를 정하고(왕상 1:9, 19), 정신적으로 새로워진 후(대하 29:31~36) 등이다.

감사제는 화목제의 한 종류로 많이 언급된다(레 7:12~13, 15, 22:29). 많은 성서 구절 가운데 감사제는 화목제와 동의어로 이해할 수 있다(대하 29:31, 렘 17:26 등).

화목제			
제물의 종류	피처리	태우는 것	남는 것
소(암수)	피를 제단 사방에 뿌림	[기름] 내장에 덮힌 기름 내장에 붙은 기름 두 콩팥과 그 위의 기름 간에 덮인 꺼풀 콩팥	고기
양(암수)		[기름] 미골에서 벤 기름진 꼬리 내장에 덮힌 기름 내장에 붙은 기름 두 콩팥과 그 위의 기름 간에 덮인 꺼풀 콩팥	
염소		[기름] 내장에 덮힌 기름 내장에 붙은 기름 두 콩팥과 그 위의 기름 간에 덮인 꺼풀 콩팥	

제240조항 : 화목제에 관하여

¹ 사람이 만일 화목제의 제물을 예물로 드리되 소로 드리려면 수컷이나 암 컷이나 흠 없는 것으로 여호와 앞에 드릴지니(레 3:1)

레위기 3:1은 화목제를 드리도록 가르치고 있다.

 화목제에 대해서는 레위기 3:1~17과 레위기 7:11~21에 기록 되어 있다. 레위기 3장에서 화목제(제바흐 슐라밈, זֶבַח שְׁלָמִים)는 소를 제물로 드리도록 가르치고 있다. 반면 레위기 7:11이하에서는 화목제의 정신이나 화목제를 드린 후 제물의 처리에 관해서 자세하게 기록되어 있다.

화목제는 감사제사로 드리거나(레 7:12) 서원을 갚기 위해서 드리거나 혹은 자원하여 드리는 제사이다. 화목제의 목적은 하나님과 제사를 드리는 자 사이의 조화로운(완전한) 관계 회복을 위함이다. 따라서 화목제는 '친교제사'라고 번역할 수도 있다.

레위기 3장의 화목제사에 관한 규정은 세 부분으로 나눌 수 있다. 첫째는 소를 제물로 드릴 경우에 관하여 기록하고 있다(3:1~5). 둘째 부분은 양을 제물로 드릴 때의 규정을 기록하고 있다(6~11). 마지막으로 염소를 제물로 드리는 규정에 대하여 기록하고 있다(12~17).

화목제는 레위기 1장의 번제와 유사한 방식으로 드리지만 그러나 번제와 가장 큰 차이점은 화목제는 거룩한 식사로써 제물의 일부를 드린 자와 제사장이 먹는다는 점이다. 번제는 모든 것을 태우고, 소제는 일부만 태우고 일부는 제사장에게 돌리지만(레 7:31~34, 가슴과 오른쪽 뒷다리) 화목제의 경우, 제물의 가장 기름진 부분을 태우고 일부는 제사장이 먹고, 나머지는 화목제를 드린 자에게 돌린다.

구약성서에서 화목제의 초기형태를 발견할 수 있다. 출애굽기 12~13장에 기록된 유월절의 화목제는 제단에서 드려지는 것이 아니라 야외에서, 아마도 개인의 집에서 드려진 것으로 기록되어 있고 그 절차도 매우 오래된 것으로 보인다.

화목제(זֶבַח שְׁלָמִים)의 기원에 대하여 렌트로프(R. Rendtorff)는 개인적 성격의 제바흐(희생제사, זֶבַח)와 공적인 성격을 띤 슐라밈(감사제사, שְׁלָמִים)이 결합된 것이라고 주장한다. 그러나 슐라밈이 모두 공적인 것만은 아니다. 슐라밈 가운데 나실인의 제사(민 6:13~21), 서원(민 15:8, 겔

46:2, 12) 등은 개인적인 성격이 강하다. 화목제가 번제와 함께 드려지기는 하지만 서로 다른 동사를 사용하는 것(출 32:6, 신 27:7, 수 8:31, 왕상 3:15)은 화목제와 번제가 서로 다른 제의적 상황에서 생겨난 것으로 이해한다.

제바흐(희생제사)는 피의 제의이며, 예배드리는 자들이 고기를 나눠 먹는다.

히브리어 슐라밈의 정확한 의미를 알기가 매우 어렵다. 왜냐하면 히브리어 어근 √שלם이 다양한 뜻을 가지고 있기 때문이다. 어떤 이들은 '안녕을 위한 제사'로 이해하지만 좀 더 가까운 의미로는 '인사를 나누기 위한 거룩한 제사'로 번역하는 것이 이 제사가 가진 본래의 역할을 잘 나타낸다.

구약성서에 259회 사용되는 샬롬(שלום)이란 단어는 쓰이는 곳에 따라서 매우 다양한 의미를 가지고 있다. 샬롬의 동사형인 샬렘은 '평안하다', '안녕하다', '지불하다', '평화를 갖다' 등 다양한 의미로 사용되며, 아카드어(Akkadian)에서는 '완전함' 혹은 '전체'의 의미를 지니고 있다. 특히 샬롬과 관계 있는 아카드어 동사 샬라무(šalamu)는 '완전하다', '질서가 있다'의 의미를 가지고 있다. 히브리어 명사인 샬롬은 히브리어 동사 샬렘(שלם, šalem)에서 유래되었다. 샬렘이라는 히브리어 동사는 '완전하게 하다', '끝내다'의 의미를 지닌다. 또한 샬렘 동사는 '보상하다', '수여하다', '갚다' 혹은 '맹세를 이루다'는 의미를 갖는다. 이러한 의미는 히브리어 동사의 강조형인 피엘형에서 많이 나타난다. 뿐만 아니라 샬렘은 '회복하다'는 의미도 가지고 있다.

이러한 용례를 통해서 볼 때 히브리 동사 샬렘은 '완결하다' 혹은 '잘 마무리하다' 혹은 '보상하다'는 의미를 지니고 있다. 따라서 동사에서 파생된 형용사 샬롬(שלם)은 '완전한', '온전한'의 의미를 가지고 있다.

이러한 히브리어 샬렘의 동사와 형용사(샬롬)의 의미를 통해서 샬렘의 의미는 단순한 혹은 일시적인 "평화"라는 의미보다는 영구적인 평화를 위한 "완성하다", "끝내다" 혹은 "완전한"이나 "온전한"의 의미를 가지고 있다.

특히 형용사 샬롬은 크게 세 가지 의미로 사용된다.

첫째는 "손상되지 않은", "완전한"의 의미를 가지고 있다. 창세기 33:18에서 "야곱이 밧단아람에서부터 평안히 가나안 땅 세겜 성읍에 이르러 그 성읍 앞에 장막을 치고"라는 구절에서 "평안히"로 번역된 히브리어가 샬롬이다. 따라서 이 경우 샬롬은 "안전하게", 혹은 "손상되지 않고"의 의미를 가지고 있다.

두 번째 샬롬의 의미는 '꽉 찬'의 의미를 가지고 있다. 창세기 15:16의 "네 자손은 사대 만에 이 땅으로 돌아오리니 이는 아모리 족속의 죄악이 아직 가득 차지 아니함이니라 하시더니"라는 표현에서 "가득"으로 번역된 히브리어 단어는 샬롬이다.

마지막으로 형용사 샬롬은 "완전한" 혹은 "평화로운"이란 뜻을 가지고 있다. 사무엘하 20:19의 "나는 이스라엘의 화평하고 충성된 자 중 하나이거늘 당신이 이스라엘 가운데 어머니 같은 성을 멸하고자 하시는도다 어찌하여 당신이 여호와의 기업을 삼키고자 하시나이까 하니"에서 "화평하고"란 단어는 히브리어 샬롬을 번역한 것이다.

이처럼 샬롬이 형용사로 사용될 때는 손상되지 않은 완전한 것 혹은 평화로움을 뜻할 때 주로 사용된다. 따라서 샬롬은 손상되지 않은 완전함을 통하여 얻는 평화를 의미한다. 이러한 샬롬의 의미와 결합된 화목제는 어떤 사람이 누구와 분쟁할 때 혹은 어떤 사람이 하나님과 관계가 온전하지 않을 때 주로 드리는 제사이다. 따라서 분쟁관계에 있는 자가 서로 음식을 나누면서 관계를 개선하는 것이다. 샬롬에서 파생한 화목제란 다른 사람과의 관계를 회복하는 것을 목적으로 드려지는 제사이다.

라쉬는 화목이 제물을 드리는 자와 제물을 받는 제사장 사이의 평화 혹은 조화를 의미한다고 설명한다. 왜냐하면 제사장들이 제물의 부분을 자신의 몫으로 받기 때문이다. [57]

09

정결예식

제241조항 : 유출병이 난 자가 드리는 제물

¹³ 유출병이 있는 자는 그의 유출이 깨끗해지거든 그가 정결하게 되기 위하여 이레를 센 후에 옷을 빨고 흐르는 물에 그의 몸을 씻을 것이라 그러면 그가 정하리니 ¹⁴ 여덟째 날에 산비둘기 두 마리나 집비둘기 새끼 두 마리를 자기를 위하여 가져다가 회막 문 여호와 앞으로 가서 제사장에게 줄 것이요 ¹⁵ 제사장은 그 한 마리는 속죄제로, 다른 한 마리는 번제로 드려 그의 유출병으로 말미암아 여호와 앞에서 속죄할지니라(레 15:13~15)

레위기 15:13~15의 유출병이 난 자가 제물을 가져와야 한다는 가르침은 15:28~30과 비교할 때 남성 가운데 유출병을 앓았다가 난 사람에 대하여 가르치고 있다.

본문의 이해 고대 이스라엘 사회에서 누구든지 유출이 있으면 자신이 부정해진 것으로 여겼다(레 15:2). 따라서 유출이 있는 부정한 자와 접촉했던 모든 것도 부정해진다. 그가 사용했던 침대(레 15:3~4), 자리(15:6), 안장(15:9), 질그릇(15:12) 뿐만 아니라 이것들에 접촉한 자들도 부정해진다.

레위기 15:13~15에서는 유출이 깨끗해졌을 때 어떻게 해야 하는가를 가르친다. 13절의 전제 조건으로 유출이 깨끗해지면(키-이트하르 하제브 미조보, כִּי־יִטְהַר הַזָּב מִזּוֹבוֹ) 그는 옷을 빨고 몸을 씻고 칠일을 기다려야 정결해진다. 즉, 유출이 깨끗해진 징조가 보이면 그는 옷을 빨고 몸을 씻은 후 칠일 동안 아무런 증상이 없으면 그는 정결해진다. 이렇게 정결해진 후 그는 정결예식을 거행한다. 13절에서 몸을 생수(흐르는 물)로 씻는 것은 마치 새로운 생명을 주는 것을 뜻한다.[58]

14절에 의하면 정결예식은 회막 문 앞에서 개최된다. 정결 예식은 두 가지로 진행된다. 즉, 번제와 속죄제이다. 이때 드리는 제물은 산비둘기나 집비둘기 두 마리이다. 그 가운데 한 마리는 속죄제를 위하여, 그리고 다른 한 마리는 번제를 위하여 드리게 되어 있다. 14절의 정결례 규정은 레위기 12:8의 산모의 정결례와 유사하다.

15절에서 유출병과 하나님과의 관계는 속죄제로서 바로잡게 되며, 번제를 드림으로써 이스라엘 종교공동체의 일원으로 회복된 것을 나타낸다. 번제를 통하여 그는 제의에서의 역할을 회복한 것이다.

이처럼 유출병이 나은 후 속죄제를 드리는 것은 고대 이스라엘 사람들에게 있어서 병이란 죄에 대한 결과로 이해하였음을 보여주고 있다.

제242조항 : 유출병이 난 여자가 드리는 제물

[28] 그의 유출이 그치면 이레를 센 후에야 정하리니 [29] 그는 여덟째 날에 산비둘기 두 마리나 집비둘기 새끼 두 마리를 자기를 위하여 가져다가 회막 문 앞 제사장에게로 가져갈 것이요 [30] 제사장은 그 한 마리는 속죄제로, 다른 한 마리는 번제로 드려 유출로 부정한 여인을 위하여 여호와 앞에서 속

죄할지니라(레 15:28~30)

유출병이 난 여자 역시 병이 나은 후 하나님께 제물을 가져와야 한
다. 레위기 15:28~30에 이에 관한 내용이 기록되어 있는데 레위기
15:13~15의 내용과 매우 유사하다.

**본문의
이해** 여인에게 유출이 생기면 그녀를 불결하다고 여겼으며(레 15:19),
그녀를 만지거나(레 15:19) 혹은 그녀가 사용한 모든 물건도 부
정하다(레 15:20~24)고 여겼다.

레위기 15:28~30은 여자의 유출병이 나았으면 어떻게 처신해야 하
는가를 가르쳐 준다. 레위기 15:28~30을 앞에서 언급한 남자의 유출
이 낳았을 때의 행동요령을 가르쳐주는 15:13~15과 비교할 때, 28~30
절에서는 옷을 빨거나 몸을 씻는 내용이 생략되어 있다. 뿐만 아니라
28~30절의 규정은 여성 유출에 관한 규정이다.

30절의 유출로 부정한 여인(미조브 톰아타, מִזּוֹב טֻמְאָתָהּ)이라는 표현을
통하여 이 규정이 유출병을 앓은 여인이 정결해지는 과정을 기록하고 있
음을 알 수 있다. 마찬가지로 산비둘기나 집비둘기 두 마리를 취하여 제
사장에게 가면 제사장이 한 마리는 속죄제를 위하여 그리고 다른 한 마
리는 번제로 드린다.

29~30절을 통하여 유출 가운데 정상적인 유출은 목욕을 하거나 옷을
빨면 정결해지지만 비정상적인 유출은 속죄제를 드려야만 한다고 규정
하고 있다.

의미 유출병으로 더러워졌던 여인이 다시 정결해졌으면, 유출병으로
인한 죄를 속죄하기 위해 속죄제와 번제를 드리도록 가르치고

있다.

제243조항 : 출산한 여자는 제물을 드려라

⁶ 아들이나 딸이나 정결하게 되는 기한이 차면 그 여인은 번제를 위하여 일 년 된 어린 양을 가져가고 속죄제를 위하여 집비둘기 새끼나 산비둘기를 회막 문 제사장에게로 가져갈 것이요(레 12:6)

출산을 한 후 남아를 낳은 경우 33일 후 정결해 지고, 여자 아이를 낳은 경우는 육십 육일이 지나야 정결해진다. 그 기간이 지난 후 출산 한 산모는 여호와에게 제물을 드려야 한다.

본문의 이해 레위기 12:2~5에 의하면 여자가 출산을 하면 아이가 남자와 여자냐에 따라서 부정한 기간이 달라진다. 즉, 남아를 낳으면 7일간 부정해지고 33일간을 지나면 산혈이 깨끗해 진다. 총 40일간 부정해진다. 반면에 여아를 낳으면 14일간 부정해지고 66일이 지나야 산혈이 깨끗해 진다. 따라서 총 80일간 지나야 정결해진다. 이 기간이 지난 후 여인은 번제와 속죄제를 드리도록 가르치고 있다.

레위기 12:6의 규정에 의하면 출산 후 정결해지는 기간이 지나면 산모는 번제를 위하여 일 년 된 어린 양을 가져가고, 속죄제를 위하여 집비둘기나 산비둘기 한 마리를 회막 문 제사장에게 가져가도록 규정하고 있다.

출산의 경우 속죄제를 드리는 것은 매우 이해하기 어렵다. 6절에서는 번제와 속죄제를 드리는 것으로 기록되어 있다. 속죄제를 드리는 것은 7일 혹은 14일 간의 부정의 기간 때문이다(12:2, 5). 번제는 하나님께 드리

는 감사의 제사이다. 6절 이하의 제사 드리는 규정은 레위기 15:28~30
의 규정과 일치한다.

레위기 12장의 문제점으로 첫째, 왜 출산한 여성에 대하여 부정하
다고 했을까? 이에 대한 답을 쉽게 찾을 수 없으나 다음과 같이 설명할
수 있다. 구약성서에서 "하나님은 생육하고 번성하라"고 말씀하셨다(창
1:28). 그럼에도 불구하고 인간의 재창조 즉, 자손의 생산에 대하여 부정
하다는 생각을 가지고 있었다. 레위기 15:18에서는 남녀의 부부관계에
서 설정을 부정하다고 기록하고 있다. 그러면서도 자녀가 없는 것을 여
인의 불행으로 기록하고 있고(창 15장, 삼상 1장), 심지어는 하나님의 심
판으로까지 생각하였다(레 20:20). 자녀가 많은 경우에는 하나님의 축복
으로 여겼다(레 26:9, 신 28:11, 시 127:3~5).

어떤 학자는 레위기 15장과 연결하여 설명한다. 처음 아이를 출산한
다음 여인의 피가 붉은색을 띄다가 조금 갈색으로 그리고 2~6주 후에는
맑은 색이 된다. 그런데 처음 피의 색이 마치 여인의 생리시의 피와 비슷
하기 때문에 부정하다고 생각했을 것으로 추정한다.

신약의 이해 누가복음 2:24에서 예수의 부모가 예루살렘에 올라간 또 다른
이유는 출산 후 제물을 드리기 위해서였다. 24절은 레위기 12:6
의 가르침을 인용하였다. 이 가르침에 의하면 마리아는 남아를 출산하였
기 때문에 출산 후 40일이 지난 후에 제물을 드리기 위하여 예루살렘으
로 간 것으로 추정할 수 있다.

의미 부정했다 다시 정결해진 자는 여호와에게 속죄제와 번제를 드리
도록 가르치고 있다.

제244조항 : 문둥병이 난 후 예물을 드려라

¹⁰ 여덟째 날에 그는 흠 없는 어린 숫양 두 마리와 일 년 된 흠 없는 어린 암양 한 마리와 또 고운 가루 십분의 삼 에바에 기름 섞은 소제물과 기름 한 록을 취할 것이요(레 14:10)

레위기 14:1~32은 제사법전에 상세히 기록된 짜라아트(피부병, 나병 환자로 번역됨)로 고생하는 개인을 정화하는 의식을 가르치고 있다. 짜라아트 환자는 제사장으로부터 정결해졌음을 인증받은 후 진영 밖에 칠일을 머문 후 진 안으로 들어올 수 있다는 것을 가르친다.

본문의 이해 레위기14:2~9은 짜라아트 환자가 제사장에게 정결함을 받는 과정을 기술하고 있다. 이 과정은 일주일이 소요된다. 이러한 과정을 거쳐 정결하게 된 짜라아트 환자는 여덟째 된 날에 진영 안으로 들어와서 제사장에게 제물을 가져가야 한다. 즉, 어린 숫양 두 마리, 흠 없는 어린 양 한 마리, 고운 가루 3/10 에바 그리고 기름 섞은 소제물, 그리고 기름 한 록을 드리게 되어 있다. 이들은 속건제, 속죄제, 번제 그리고 소제의 제물이다.

12절에 의하면 이렇게 드려진 제물은 제사장에 의하여 속건제로 드려졌다. 그러나 왜 속건제를 드리는지 불분명하다. 왜냐하면 속건제는 재산의 손실을 끼쳤을 때 주로 드리는 제사이기 때문이다. 짜라아트를 앓고 있는 사람은 무엇을 잃었는가? 이에 대한 전통적인 대답은 짜라아트는 다른 사람에게 해를 끼친다는 점이다. 그러나 속건제가 정화제사의 역할을 하기 때문에 속건제를 드린 것으로 이해할 수 있다.

에바는 대략 15 리터 정도의 양이며, 1 록은 약 0.31 리터에 해당한다. 그러나 히브리어 본문에서는 3/10 고운 가루(슐로샤 에스로님 솔레트,

שְׁלֹשָׁה עֶשְׂרֹנִים סֹלֶת)라고만 기록되어 있다.

속건제(아샴, אָשָׁם)를 위하여 어린 숫양 한 마리와 기름을 섞어 속건제를 드리고(12절), 그리고 또 다른 기름은 여호와 앞에 일곱 번 뿌리며(15절) 그리고 나머지 기름은 정결함을 받은 자의 오른쪽 귓부리, 오른쪽 엄지손가락, 오른쪽 엄지발가락, 그리고 정결함을 받은 자의 머리에 바르도록 규정하고 있다.

속죄제(하타아트, חַטָּאת)는 제사 드리는 자를 하나님과 좋은 상태로 만드는 것이며 번제는 하나님께서 제사자를 새롭게 받아들였다는 상징적인 표시이다.

10

나팔 부는 날

제245조항 : 성소에서 나팔을 불어라

¹⁰ 또 너희 희락의 날과 너희 정한 절기와 초하루에는 번제물을 드리고 화목제물을 드리며 나팔을 불라 그로 말미암아 너희 하나님이 너희를 기억하리시라 나는 너희 하나님 여호와니라(민 10:10)

민수기 10:10은 희락의 날 제사 때나 절기의 희생제물을 가져왔을 때 나팔을 불어야 함을 가르쳐 준다.

본문의 이해 민수기 10:10은 나팔을 불 때를 정하고 있다. 즉 기쁜 날인 절기와 초하루에 나팔을 불라고 가르친다.

통상적으로 이스라엘 사람들이 나팔을 불 때는 전쟁의 경우나 혹은 민수기 10:10과 같은 절기나 초하루(신년)(민 29:1)이다.

나팔은 소리의 장단이 있다. 길게 부는 것을 테키아, 세 번 짧게 부는 것을 세바림(따·따·따) 그리고 아홉 번 아주 짧게 부는 것을 테루아 (따·따·따·따·따·따·따·따·따)라고 부른다.

오늘날 유대인들은 신년이 시작되기 전에 양의 뿔로 만든 나팔을 분다. 그러나 만약 신년이 안식일이면 나팔을 불지 않는다. 왜냐하면 나팔을 부는 것도 일이기 때문이다.

11

감사제사

제246조항 : 감사제물의 고기는 이튿날까지 두지 말라

³⁰ 그 제물은 당일에 먹고 이튿날까지 두지 말라 나는 여호와니라(레 22:30)

레위기 22:30은 감사제물을 이튿날 아침까지 남겨 놓지 말라고 가르치고 있다.

본문의 이해 유월절 제물 뿐만 아니라 감사제물도 이튿날까지 두지 말라고 기록하고 있다. 즉, 감사제물은 제사 드린 자가 당일 모두 먹도록 가르치고 있다(출 29:34, 레 7:15, 22:30).

12

의심의 소제

제247조항 : 죄가 의심될 때 드리는 속건제

¹⁷ 만일 누구든지 여호와의 계명 중 하나를 부지중에 범하여도 허물이라 벌을 당할 것이니 ¹⁸ 그는 네가 지정한 가치대로 양 떼 중 흠 없는 숫양을 속건제물로 제사장에게로 가져갈 것이요 제사장은 그가 부지중에 범죄한 허물을 위하여 속죄한즉 그가 사함을 받으리라 ¹⁹ 이는 속건제니 그가 여호와 앞에 참으로 잘못을 저질렀음이니라(레 5:17~19)

레위기 5:17~19에서는 계명을 알지 못하는 사이에 어겼을 때 숫양을 속건제로 드리도록 가르치고 있다.

본문의 이해 17~19절은 과실치사 즉, 실수로 잘못을 저질렀을 때 속건제를 드리도록 가르치고 있다. 17절의 여호와의 계명(미쯔오트 아도나이, מִצְוֹת יהוה)은 문자적으로 '여호와의 명령들'이란 의미로 하나님의 계명을 뜻한다. 또한 17절의 부지중(로 야다, לֹא־יָדַע)이라는 표현이 3~4절에서는 야다(יָדַע)라고 긍정적으로 기록하는데 17절에서는 부정형으로 기록하고 있다. 따라서 랍비 전통에서는 부지중이란 계명을 어긴 것으로 의심되는 경우를 의미한다고 해석하기도 한다.

의미 이 가르침을 통해서 알지 못하고 지은 것도 하나님 앞에 죄가 됨을 가르치고 있다.

제248조항 : 의심의 소제에 감람유를 섞지 말라

¹⁵ 그 아내를 데리고 제사장에게로 가서 그를 위하여 보리 가루 에바 십분지 일을 예물로 드리되 그것에 기름도 붓지 말고 유향도 두지 말라 이는 의심의 소제요 생각하게 하는 소제니 곧 죄악을 생각하게 하는 것이니라 (민 5:15)

민수기 5:15에서는 의심의 소제에 감람유를 사용하지 말라고 가르치고 있다.

본문의 이해 민수기 5:15에 보리로 만든 의심의 소제에는 기름을 붓지 말라고 기록하고 있다. 의심의 소제는 다른 이의 죄를 의심하는 것이기 때문에 기쁨을 의미하는 기름이나 유향을 사용하지 못하도록 가르친다. 이것은 속죄제의 경우도 마찬가지이다(레 5:11).

의미 타인을 의심한 죄 때문에 드리는 소제는 맛을 내는 기름을 넣어서는 안 된다. 죄악을 회개하게 하기 위한 것이다.

제249조항 : 의심의 소제에 유향을 섞지 말라

¹⁵ 그 아내를 데리고 제사장에게로 가서 그를 위하여 보리 가루 에바 십분
지 일을 예물로 드리되 그것에 기름도 붓지 말고 유향도 두지 말라 이는
의심의 소제요 생각하게 하는 소제니 곧 죄악을 생각하게 하는 것이니라
(민 5:15)

민수기 5:15에서는 의심의 소제에 감람유와 함께 유향을 사용하지 말
라고 가르친다.

본문의 이해 민수기 5:15에 보리로 만든 의심의 소제에는 유향을 붓지 말라
고 기록하고 있다. 의심의 소제가 죄를 생각하는 소제이기 때문
에 속죄제처럼 드려야 한다(레 5:11).

의미 의심한 죄 때문에 드리는 제사의 제물에 향을 내는 유향을 넣을
수 없다. 죄에 대한 속죄가 향에 묻혀서는 안되기 때문이다.

13

제물에 관한 규정

제250조항 : 제물은 예루살렘에서 드려라

⁵ 오직 너희의 하나님 여호와께서 자기의 이름을 두시려고 너희 모든 지파 중에서 택하신 곳인 그 계실 곳으로 찾아 나아가서 ⁶ 너희의 번제와 너희의 제물과 너희의 십일조와 너희 손의 거제와 너희의 서원제와 낙헌 예물과 너희 소와 양의 처음 난 것들을 너희는 그리로 가져다가 드리고(신 12:5~6)

신명기 12:5~6은 이스라엘 백성들은 하나님께 드릴 제물로 구별한 동물들을 지체하지 말고 하나님이 자기 이름을 두려고 택한 곳인 예루살렘으로 가져가도록 가르치고 있다.

본문의 이해 하나님이 자기 이름을 두려고 모든 지파 중에서 택한 곳으로서 여호와가 있는 곳은 곧 예루살렘의 솔로몬 성전이 있던 곳이다 (왕상 11:36). 예루살렘은 다윗이 점령하고, 법궤를 이곳으로 옮겨오기 전까지(삼하 5:6~6:19)는 별로 중요한 역할을 하지 못하였다. 그러나 성전이 지어진 이후 여호와께 드리는 제사는 예루살렘 성전에서 드려졌다.

이곳으로 가져와야 할 제물은 다음과 같다. 즉, 번제물과 십일조와 거제와 서원제와 낙헌 예물과 소와 양의 처음 난 것들을 예루살렘으로 가져가도록 가르치고 있다.

신약의 이해 요한복음 4:19~24의 예수님과 사마리아 여인의 대화에서 이 여인이 20절에서 '당신들의 말은 예배할 곳이 예루살렘에 있다하더이다'라고 말하는 것은 신명기 12:5~6의 말씀을 반영하고 있다. 이에 대하여 예수는 23절에서 장소보다 영과 진리로 예배할 때가 온다고 대답한다.

따라서 구약의 종교가 장소 중심이었다면 신약은 시간 중심의 종교로 전환하였음을 보여준다.

의미 이것은 제사가 예루살렘 하나님의 성전에서 드려짐을 의미한다.

제251조항 : 모든 제물을 성소로 가져오라

¹⁴ 오직 너희의 한 지파 중에 여호와께서 택하실 그 곳에서 번제를 드리고 또 내가 네게 명령하는 모든 것을 거기서 행할지니라(신 12:14)

신명기 12:14에서는 성전으로 가져와야 하는 제물에 대하여 가르치고 있다.

본문의 이해 신명기 12:14은 예루살렘에서 번제를 드리도록 규정하고 있다. 특별히 이 규정은 이스라엘 전역에서 행해지던 제의를 한 곳에서만 드리도록 규정하는 것이다. 과거 이스라엘은 여러 곳에서 제사를 드렸다.

구약의 이해 창세기 12:7, 35:1~7, 사무엘상 7:17, 열왕기상 18:20~46 등은 이스라엘 백성들이 다양한 지역에서 제사를 드렸음을 기록하고 있다. 특히 출애굽기 20:24의 "내게 토단을 쌓고 그 위에 네 양과 소로 네 번제와 화목제를 드리라 내가 내 이름을 기념하게 하는 모든 곳에서 네게 임하여"라는 구절은 여러 곳에서 제사를 드렸음을 알 수 있다.

따라서 이 규정은 이스라엘 번제가 예루살렘에서만 드려져야 함을 기록하고 있다.

의미 번제를 여호와가 택하는 그곳에서 드리라는 것은 제의의 중앙화를 강조하는 말씀이다.

제252조항 : 이스라엘 밖에서 가져온 제물을 성소로 가져오라

²⁶ 오직 네 성물과 서원물을 여호와께서 택하신 곳으로 가지고 가라(신 12:26)

예루살렘과 멀리 떨어진 곳, 즉 이스라엘 밖에서 가져온 성물과 서원물은 반드시 예루살렘으로 가져가야 함을 말하고 있다.

본문의 이해 신명기 12:20~28은 여호와께서 택하신 예루살렘으로부터 멀리 떨어진 곳에서 고기를 먹고자 할 때는 여호와가 주신 소와 양을 잡아 마음대로 먹을 수 있지만 피는 먹어서는 안 된다고 가르친다. 신명기 12:20~28은 세속적인 목적으로 소와 양을 잡을 수 있으며, 그 때에는 성소에서 잡을 필요가 없음을 기록하고 있다. 그러나 고기와 피를 함께 먹어서는 안 된다. 그러나 번제를 위하여 고기를 잡았을 때는 고기와 피 모두를 여호와에게 드려야한다(27절). 그러나 멀리 떨어진 곳일지라도 성물과 서원물은 예루살렘 성전으로 가져가야 한다.

성물이란 여호와의 것으로 구별되어지는 것이며, 서원물이란 자원하여 드리는 것을 의미한다. 처음 난 것들은 여호와의 것이 되는데 이런 것은 성물이 된다(신 15:19~23). 따라서 이 규정은 하나님의 것은 하나님께로 반드시 가져와야 함을 강조하고 있다.

제253조항 : 흠 없는 가축을 드려라

²¹ 무릇 서원한 것을 갚으려든지 자의로 예물을 드리려든지 하여 소나 양으로 화목제 희생을 여호와께 드리는 자는 열납되도록 아무 흠이 없는 온전한 것으로 할지니(레 22:21)

레위기 22:21은 하나님께 드리는 예물은 흠이 없는 가축을 드릴 것을 가르치고 있다.

본문의 이해 흠으로 번역된 히브리어 뭄(מוּם)은 주로 신체적인 흠을 의미한다(레 21:17, 21, 23, 22:20~21, 25, 민 19:2, 신 15:21, 17:1, 삼하 14:25, 아 4:7, 단 1:4). 흠과 반대의 의미로 사용한 히브리어는 타밈(תָּמִים)이다. 타밈(תָּמִים)은 '흠이 없는' 혹은 '완전한'의 의미를 갖는다. 구체적으로 흠이 어떤 것인가는 레위기 22:22~24에 구체적으로 기록되어 있다. 눈 먼 것, 상한 것, 베임 당한 것, 불구 상태의 것, 가죽에 종기나 습진, 상처 있는 것, 지체가 더하거나 덜한 것, 고환이 상한 것 등이 흠으로 기록되어 있다.

여호와에게 드리는 것은 온전한 것을 드려야 한다는 것을 가르쳐 준다. 제물은 제물을 드리는 사람의 마음을 나타내는 것이다. 따라서 제물의 외관상 흠이 있다는 것은 영적인 측면의 흠을 나타내는 것이다.

신약의 이해 죄 없으신 예수가 우리를 대신하여 십자가의 희생제물이 되었다는 것은 하나님께 드리는 것은 흠이 없는 완전한 것을 드려야 한다는 생각과 같은 맥락의 말이다.

제254조항 : 흠 있는 제물을 드리지 말라

²¹ 그러나 그 짐승이 흠이 있어서 절거나 눈이 멀었거나 무슨 흠이 있으면 네 하나님 여호와께 잡아 드리지 못할지니(신 15:21)

신명기 15:21은 처음 난 것은 여호와의 것이지만 그러나 흠이 있는 것은 여호와에게 드리지 못한다고 가르친다.

본문의 이해 신명기 15:21은 흠이 있어서 여호와에게 드리지 못하는 것의 예를 구체적으로 나열하고 있다. 즉, 저는 것, 눈이 먼 것, 그리고 어떤 흠이 있는 것 등을 여호와에게 드리지 못하며 성중에서 사람들이 함께 잡아먹게 되어 있다(신 15:22).

이러한 이유는 레위기 22:20의 "흠 있는 것은 무엇이나 너희가 드리지 말 것은 그것이 기쁘게 받으심이 되지 못할 것임이니라"는 규정 때문이다. 흠이 있는 것은 하나님이 기쁘게 받지 않기 때문이다. 따라서 21절에서 흠이 없고 온전한 것을 여호와에게 드리도록 가르치고 있다.

제255조항 : 자의적으로 드릴 제물을 지체하지 말라

²¹ 네 하나님 여호와께 서원하거든 갚기를 더디하지 말라 네 하나님 여호와께서 반드시 그것을 네게 요구하시리니 더디면 그것이 네게 죄가 될 것이라 ²² 네가 서원하지 아니하였으면 무죄하리라 그러나(신 23:21~22)

신명기 23:21~22은 서원처럼 자의로 드릴 제물의 지불을 지체하지 말라고 가르치고 있다.

본문의 이해 특히 21절에서 강조하는 것은 서원한 것을 더디 내면 죄가 된다는 것이다. 서원을 뜻하는 히브리어 네데르(נֶדֶר)는 서원이라는 뜻 외에도 '완성하는 행동'을 의미한다.

제256조항 : 제물로 구별된 짐승을 바꾸지 말라

¹⁰ 그것을 변경하여 우열간 바꾸지 못할 것이요 혹 가축으로 가축을 바꾸면 둘 다 거룩할 것이며(레 27:10)

레위기 27:10은 제물을 바꾸지 말라고 가르치고 있다.

본문의 이해 10절에서 '우열간'이란 말의 원어의 의미는 '좋은 것으로 나쁜 것을 혹은 나쁜 것으로 좋은 것'(토브 베라아 오-라아 베토브, טוֹב בְּרָע אוֹ־רַע בְּטוֹב)을 바꿀 수 없다는 것이다. 그런데 만약 기는 것(가축)으로 기는 것(가축)을 '바꾸면'(하마르 야미르, הָמֵר יָמִיר) 두 기는 것 모두 거룩해진다. '바꾸다'는 뜻을 가진 히브리어 동사는 √מור의 히프일 형태인 야미르, יָמִיר이다. 특히 √מור동사는 상호교환의 의미를 갖는다. 이처럼 바꾼 동물도 거룩한 것은 성소의 재산이 되었기 때문이다.

이 구절은 하나님께 속한 것은 되찾을 수 없고, 더 값진 것이라 하더라도 정해진 것을 바꿀 수 없음을 가르쳐 준다.

제257조항 : 여호와의 것으로 여호와께 드리지 말라

²⁶ 오직 가축 중의 처음 난 것은 여호와께 드릴 첫 것이라 소나 양은 여호와의 것이니 누구든지 그것으로는 성별하여 드리지 못할 것이며(레 27:26)

레위기 27:26은 여호와의 것으로 성별하여 여호와에게 드리지 못하도록 가르치고 있다.

본문의 이해 가축의 처음 난 것은 원래 여호와의 것이다. 그렇기 때문에 이것 가운데서 성별하여 여호와에게 드려서는 안 된다.

출애굽기 13:2, 11~13에 의하면 모든 생물의 처음 난 것은 하나님의 것이라고 가르친다. 따라서 이러한 하나님의 것 가운데서 구별하여 하나님께 드려서는 안 된다는 것을 가르친다. 그러나 드려야 하는 것이 나귀의 경우 나귀가 부정한 동물이기 때문에 그 대신 대속하여 드려야 한다 (민 18:15).

신약의 이해 이러한 생각 때문에 신약시대에는 몇 가지의 예를 제외하고 서원하여 드리는 경우가 거의 없다. 그 이유는 그리스도의 보혈로 구원함을 받은 성도는 자신의 것이 아니고 하나님의 것이기 때문이다.

의미 하나님의 것을 임의로 사용할 수 없음을 말한다.

제258조항 : 구별된 짐승을 부리지 말라

¹⁹ 너의 우양의 처음 난 수컷은 구별하여 네 하나님 여호와께 드릴 것이니 네 소의 첫 새끼는 부리지 말고 네 양의 첫 새끼의 털은 깎지 말고(신 15:19)

신명기 15:19은 여호와에게 드리기 위하여 구별된 짐승은 부리지 말라고 가르친다.

본문의 이해 신명기 15:19에서는 소의 첫 새끼(브코르, בְּכוֹר)는 여호와에게 드릴 것이기 때문에 이것을 부리지 말라고 가르치고 있다. 부리다(아바드, עָבַד)의 의미는 '일을 시키다'이다. 즉, 소의 첫 새끼는 여호와의 것이기 때문에 그 짐승에게 자신을 위한 일을 시켜서는 안 된다는 의미이다.

의미 여호와의 것을 통하여 자신의 이득을 얻으려고 해서는 안 된다는 것을 가르쳐 준다.

제259조항 : 창기의 소득이나 개의 소득으로 드리지 말라

¹⁸ 창기의 번 돈과 개 같은 자의 소득은 아무 서원하는 일로든지 네 하나님 여호와의 전에 가져오지 말라 이 둘은 다 네 하나님 여호와께 가증한 것임이니라(신 23:18)

신명기 23:18은 제물의 거룩성을 누가 벌었느냐로 판단하면서 창기나 개 같은 자가 번 돈의 소득으로 받은 짐승은 제물로 드리지 못한다고 가르치고 있다.

본문의 이해 신명기 23:18은 거룩하지 못한 제물은 하나님 앞에 드릴 수 없음을 기록하고 있다. 창기는 음행을 통하여 번 것이기 때문에 이 소득은 하나님 앞에 드릴 수 없다. 또한 개 같은 자의 소득의 문자적 의미는 '개 값'이란 뜻으로 더러운 소득이란 의미이다. 따라서 이것 역시 하나님 앞에 제물로 드릴 수 없다.

문학적인 관점에서 해석하면 창기의 번 돈은 여자가 번 돈 가운데 부정한 것을 의미하고, 개 값이란 남자가 번 돈 가운데 부정한 것을 의미한다. 즉, 남여의 부정한 소득을 하나님께 드릴 수 없음을 기록하고 있다.

특히 이 규정은 신명기 23:17의 "이스라엘 여자 중에 창기가 있지 못할 것이요 이스라엘 남자 중에 남창이 있지 못할지니"라는 구절과 함께 생각하면 훨씬 쉽게 이해할 수 있다. 즉, 이스라엘 가운데 부정한 자들을 두지 못할 뿐만 아니라 이렇게 부정한 자들의 소득을 하나님께 드릴 수 없음을 기록하고 있다.

의미 신명기 23:18~19의 의미는 하나님께 드리는 제물을 어떤 방법으로 벌었는가 역시 중요함을 말하고 있다. 물질을 버는 수단의 거룩함까지도 포함하고 있다.

제260조항 : 어미와 새끼를 같은 날에 잡지 말라

²⁸ 암소나 암양을 무론하고 어미와 새끼를 동일에 잡지 말지니라(레 22:28)

레위기 22:28은 암소나 암양을 잡을 때 어미와 새끼를 같은 날에 잡지 말라고 가르치고 있다.

본문의 이해 양이나 소의 어미와 새끼를 한 날 잡지 말라는 것은 어미새와 새끼 새를 동시에 취하지 말라는 신명기 22:6~7과 같은 이유 때문이다. 즉, 어미와 새끼를 한 날 잡으면 식량의 원천을 파괴하는 행위이기 때문이다.

Rashi의 이해 라쉬는 이 가르침이 암컷에만 적용되는 것이지 수컷과는 관련이 없다고 설명한다. 수컷은 어미와 새끼를 동시에 잡을 수 있다고 설명한다.

14

성물에 관한 규정

제261조항 : 부정한 고기는 먹지 말고 태워라

¹⁹ 그 고기가 부정한 물건에 접촉되었으면 먹지 말고 불사를 것이라 그 고기는 깨끗한 자만 먹을 것이니(레 7:19)

레위기 7:11~21은 화목제물을 드릴 때 제사장이 지켜야 할 규정들을 기록하고 있으며, 그 가운데 고기에 대하여 가르치고 있다.

본문의 이해 화목제물 고기가 부정한 물건에 접촉되면 그 고기는 부정해졌기 때문에 먹지말고 불사르라고 규정하고 있다. 왜냐하면 부정한 물건에 접촉된 것은 자연히 부정하기 때문이다.

부정한 물건(콜 타메, כָּל־טָמֵא)이란 부정한 것이란 의미로 구체적으로 어떤 것이 부정한 것인가에 대하여는 레위기 11~15장에 자세히 기록되어 있다. 특히 레위기 11:24~40은 부정함에 대하여 기록하고 있으며, 특히 그 중에서도 사체(死體)나 금지된 동물과 접촉함으로써 생기는 부정함에 대하여 기록하고 있다. 24~28절에서는 주검을 만지면 저녁까지 부정해진다고 기록하고 있다. 29~39절에서는 땅에 기어 다니는 것 가운데 부정한 것 여덟 종류와 접촉했을 때 부정해진다고 가르친다. 그런데 물에 접촉하면 그릇 뿐만 아니라 내용물까지도 부정해진다. 특히 물은 부정한 사람이나 그릇을 정하게 하며, 우물이나 샘의 물은 기어 다니는 것에 의하여 부정해지지 않는다. 동시에 물은 씨가 싹으로 자라게 하기 때문에 오염되게 할 수 있다. 따라서 씨가 젖어 있는 가운데 동물의 사체에 접촉하게 된다면 씨는 부정하다. 그러나 씨가 젖어 있지 않으면 부정하지 않다. 레위기 11:39~40은 정결한 동물의 사체와의 접촉도 금하고 있다. 정당하게 도살한 동물을 먹게 될 때도 도살한 자는 부정하다. 동물의 어떤 부분을 먹더라도 부정하기 때문에 옷을 빨아야 한다.

의미 거룩한 제물의 고기가 부정한 물건에 접촉되어서는 안되기 때문에 성물을 주의 깊게 다루어야 함을 말하고 있다.

제262조항 : 정한 기한 내 먹지 않은 고기는 태워라

¹⁷ 그 희생의 고기가 제 삼일까지 남았으면 불사를찌니(레 7:17)

레위기 7:17은 희생제물을 기한 내 먹지 않으면 부정해지기 때문에 먹을 수 없다고 가르친다.

본문의 이해 레위기 7:11~17은 희생제물을 이튿날까지 먹어야지 삼일째 까지도 남아 있으면 부정한 것이기 때문에 먹지 말고 불사르라고 가르치고 있다.

의미 제물은 아무때나 먹을 수 있는 것이 아니라 정해진 규칙에 의하여 먹어야 함을 가르친다.

제263조항 : 부정한 성물을 먹지 말라

[19] 그 고기가 부정한 물건에 접촉되었으면 먹지 말고 불사를 것이라 그 고기는 깨끗한 자만 먹을 것이니(레 7:19)

레위기 7:19은 부정한 성물을 먹어서는 안 된다고 가르치고 있다.

본문의 이해 화목제물의 고기가 부정한 물건에 접촉되어 부정해지면 그것을 먹지 말고 불사르라고 가르치고 있다. 따라서 성물이 부정한 것에 접촉하지 않도록 조심스럽게 다루어야만 한다.

제264조항 : 정한 기한이 지난 성물을 먹지 말라

[6] 그 제물은 드리는 날과 이튿날에 먹고 제 삼 일까지 남았거든 불사르라 [7] 제 삼 일에 조금이라도 먹으면 가증한 것이 되어 열납되지 못하고 [8] 그것을 먹는 자는 여호와의 성물 더럽힘을 인하여 죄를 당하리니 그가 그 백성 중에서 끊쳐지리라(레 19:6~8)

레위기 19:6~8은 정한 기간 이후까지 남아 있는 제물을 먹지 못하도록 가르치고 있다.

본문의 이해 제물은 드리는 그 날과 이튿날까지만 먹으며, 만약 삼일까지 남으면 불사르라고 기록하고 있다.

레위기 19:5~8에 기록된 화목제의 규정들은 레위기 7장에 기록된 규정보다 더욱 단순화되어 있다. 따라서 레위기 7장은 제사장들을 위한 규정이고, 19장은 일반인을 위한 규정이라고 주장하는 학자도 있다. 그러나 또 다른 학자들은 19:5~8이 7:16~18을 기초로 기록되었다고 주장한다. 19:5~8과 7:16~18을 비교하면 다음과 같다.

레위기 19:5~8	레위기 7:16~18
5 너희는 화목제물을 여호와께 드릴 때에	16 그러나 그의 예물의 제물이 서원이나 자원하는 것이면
기쁘게 받으시도록 드리고	그 제물을 드린 날에 먹을 것이요
6 그 제물은 드리는 날과 이튿날에 먹고 그 남은 것은	그 남은 것은 이튿날에도 먹되
남았거든	17 그 제물의 고기가 …… 남았으면
셋째 날까지 …… 불사르라	셋째 날까지 …… 불사를지니
7 셋째 날에 조금이라도 먹으면	18 만일 그 화목제물의 고기를 조금이라도 먹으면
가증한 것이 되어	셋째 날에
기쁘게 받으심이 되지 못하고	그 제사는 기쁘게 받아들여지지 않을 것이라
8 그것을 먹는 자는 …죄를 담당하리니	드린 자에게도예물답게 되지 못하고
여호와의 성물을 더럽힘으로 말미암아	도리어 가증한 것이 될 것이며
그가 그의 백성 중에서 끊어지리라	그것을 먹는 자는 그 죄를 짊어지리라

7절의 가증한 것(피굴 후, פִּגּוּל הוּא)의 문자적인 의미는 '그것은 썩은 것'이란 뜻이다. 히브리어 피굴(פִּגּוּל)은 가치를 떨어뜨리는 경멸적인 의미를 갖고 있다.

제265조항 : 스스로 죽은 고기는 먹지 말라

²⁴ 스스로 죽은 것의 기름이나 짐승에게 찢긴 것의 기름은 다른 데는 쓰려니와 결단코 먹지는 말지니라(레 7:24(18))

레위기 7:24(18)은 스스로 죽은 고기는 먹지 못한다고 가르치고 있다.

본문의 이해 레위기 7:24(18)~25(19)은 죽은 동물이나 다른 것에 찢겨 죽은 동물의 기름을 먹지 말라는 것인데, 출애굽기 22:31, 레위기 17:15, 22:8에 의하면 이러한 동물은 제물로 드릴 수 없다. 여기서 말하는 동물은 가축을 의미한다. 그 이유는 짐승을 잡는 법에 의하여 잡지 않았을 뿐만 아니라 이렇게 죽은 동물은 피째 먹는 꼴이 되기 때문에 금한다.

의미 이 가르침의 의미는 제사를 위하여 잡지 않은 것의 기름은 다른 목적을 위하여 사용하라는 것이다. 무엇보다도 피를 쏟아내지 않고 잡은 것은 고기나 기름 모두 부정한 것이다(신 14:21).

제266조항 : 제사장 이외의 사람은 성물을 먹지 말라

¹⁰ 외국인은 성물을 먹지 못할 것이며 제사장의 객이나 품꾼은 다 성물을 먹지 못할 것이니라(레 22:10)

레위기 22:10은 이방인은 거제의 성물을 먹지 못함을 가르친다.

본문의 이해 10절의 외국인(자르, זר)은 성물을 먹을 수 없음을 가르치고 있다. 즉, 제사장만 성물을 먹을 수 있다는 것이다. 그러나 제사적인 상황에서 히브리어 자르(זר)는 제사장 이외의 사람을 의미하기도 한다.

구약의 이해 사무엘상 21장에서 다윗이 놉의 제사장으로부터 성물을 받아 먹은 것은 이 가르침을 어긴 것이다.

제267조항 : 객이나 품꾼은 성물을 먹지 말라

¹⁰ 외국인은 성물을 먹지 못할 것이며 제사장의 객이나 품꾼은 다 성물을 먹지 못할 것이니라(레 22:10)

레위기 22:10은 제사장의 객이나 품군은 그것을 먹지 못한다고 가르치고 있다.

본문의 이해 객(토샤브, תושב)과 품꾼(사키르, שכיר)의 정확한 의미에 대한 학자들의 논의가 뜨겁다. 밀그롬은 토샤브를 게르(גר)와 유사한 의미로 이해하였다. 따라서 제사장 이외에는 성물을 먹지 못함을 강조한다.

제268조항 : 할례받지 못한 자는 성물을 먹지 말라

¹⁰ 외국인은 성물을 먹지 못할 것이며 제사장의 객이나 품꾼은 다 성물을 먹지 못할 것이니라(레 22:10)

레위기 22:10은 할례를 받지 못한 자는 성물을 먹지 못한다고 가르치고 있다.

외국인이 성물을 먹지 못한다는 것은 곧, 할례 받지 못한 자는 성물을 먹지 못한다는 것을 의미한다.

성물은 약속의 백성만 먹을 수 있다. 할례는 언약의 상징이다(창 17:9~11).

제269조항 : 부정한 제사장은 성물을 먹지 말라

4 아론의 자손 중 문둥환자나 유출병이 있는 자는 정하기 전에는 성물을 먹지 말 것이요 시체로 부정하게 된 자나 설정한 자나(레 22:4)

레위기 22:4은 부정한 제사장은 성물을 먹을 수 없음을 기록하고 있다.

제사장 가운데 문둥병자나 유출병 환자는 정한 기한이 지나 거룩해지기 전까지 성물을 먹을 수 없음을 기록하고 있다.

유출을 뜻하는 히브리어 조브(זוב)는 비뇨기관이나 내부기관의 감염을 나타내는 말이다. 그러나 이것은 다른 학자들이 주장하는 임질을 의미하지는 않는다. 이 단어가 레위기 15장에서 여성 질의 비정상적인 유출을 의미하기도 한다(레 15:25~30). 이 여성의 유출은 피이며, 생리 기간 동안이 아닌데도 여러 날 지속되는 것을 말한다. 대부분의 이러한 유출은 자궁의 기능장애와 밀접한 관련이 있다. 특히 레위기 15장의 유출병은 대부분 병이나 혹은 감염의 결과 생기는 것으로, 여성의 월경이나 남성의 사정과는 구별된다. 그러나 레위기에서 유출병은 월경이나 사정까지도 포함하는 포괄적인 의미를 말한다.

나병환자(짜루아, צָרוּעַ)로 번역된 히브리어 짜루아를 짜라아트(צָרַעַת)

와 함께 '나병'(leprosy)으로 번역하는 것은 헬라어를 번역하는 과정에서 레프라(λέπρα)로 번역한 것을 라틴어 *lepra*로 번역하였고, 그것을 다시 영어 leprosy로 번역한 데서 기인한 것이다. 그러나 히브리어 짜라아트 는 '심각한 피부 질환'으로 번역하는 것이 바람직하다.

신약의 이해 고린도전서 11:27에서 누구든지 주의 떡(몸)이나 잔(피)를 합당하지 않게 먹고 마시는 자는 주의 몸과 피에 대하여 죄 짓는 것이다.

제270조항 : 일반인에게 출가한 제사장의 딸은 성물을 먹지 말라

¹² 제사장의 딸이 일반인에게 출가하였으면 거제의 성물을 먹지 못하되(레 22:12)

레위기 22:12은 일반 사람과 결혼한 제사장의 딸은 성물을 먹지 못한 다고 가르치고 있다.

본문의 이해 레위기 22:12의 가르침은 제사장의 딸이 일반인(이쉬 자르, אִישׁ זָר)과 결혼하였을 때, 그 제사장의 딸은 거룩함을 잃었기 때문에 성물을 먹을 수 없다고 기록하고 있다. 뿐만 아니라 고대사회에서 여자 가 결혼을 하면 남편의 소유가 되어 그녀는 일반인이 되기 때문에 성물 을 먹지 말라고 가르친다.

신약의 이해 고린도전서 11:27에서 누구든지 주의 떡(몸)이나 잔(피)를 합당하지 않게 먹고 마시는 자는 주의 몸과 피에 대하여 죄짓는 것이다.

하나님께 드려진 성물은 거룩한 사람들만 먹을 수 있음을 가르쳐
준다.

제271조항 : 제사장의 소제물을 먹지 말라

²³ 제사장의 모든 소제물은 온전히 불사르고 먹지 말지니라(레 6:23)

레위기 6:23(16)은 제사장의 소제 제물을 먹지 말라고 가르치고 있다.

레위기 6:23(16)의 원문의 의미는 '모든 제사장의 소제는 먹지
말라'이다. 이 소제는 제사장 임직을 위하여 드리는 것으로 온전
히 태워 여호와에게 드리도록 규정하고 있다(22(15)절). 즉, 제사장의 소
제는 온전히 여호와께 드려지는 것이기 때문에 이것을 먹어서는 안 된다
는 것을 가르쳐 준다.

제272조항 : 속죄제물과 속건제물을 성소 마당 이외의 곳에 서 먹지 말라

¹⁷ 너는 곡식과 포도주와 기름의 십일조와 네 소와 양의 처음 난 것과 너의
서원을 갚는 예물과 너의 낙헌예물과 네 손의 거제물은 너의 각 성에서 먹
지말고(신 12:17)

모든 속제제물과 속건제물은 성소에서만 먹어야 함을 가르친다.

본문의 이해 제사장들은 속죄제나 죄를 고하는 제물을 성전 뜰 밖에서 먹어서는 안 된다고 기록하고 있다. 즉, 속죄제 제물은 예루살렘에서 먹어야 함을 가르친다.

제273조항 : 번제의 고기를 먹지 말라

¹⁷ 너는 곡식과 포도주와 기름의 십일조와 네 소와 양의 처음 난 것과 네 서원을 갚는 예물과 네 낙헌 예물과 네 손의 거제물은 네 각 성에서 먹지 말고(신 12:17)

신명기 12:17은 번제의 고기는 하나님께 드려야 함을 가르친다.

본문의 이해 특히 처음 난 소나 양은 모두 여호와의 것이기 때문에 번제로 여호와께 드려야 한다. 따라서 이처럼 번제로 드려야 하는 제물의 고기를 먹을 수 없다.

의미 하나님의 것은 하나님께 드려야지 그것을 먹어서는 안 된다.

제274조항 : 가증한 제물을 먹지 말라

³ 너는 가증한 물건은 무엇이든지 먹지 말라(신 14:3)

신명기 14:3은 가증한 것을 먹지 말라고 가르치고 있다.

가증한 물건(토에바, תּוֹעֵבָה)은 혐오스러운 것을 의미한다(레 18:22, 20:13). 따라서 이 규정의 의미는 '혐오스러운 것(짐승)을 먹지 말라'는 것이다.

고린도전서 8장에서 우상의 제물을 먹는 것에 대하여 언급하고 있다. 바울은 음식이 사람을 더럽게 하지는 못하지만 다른 사람의 믿음을 배려해야 함을 말하고 있다.

그러나 사도행전 15:29에서는 우상의 제물을 먹을 수 없도록 결의하였다.

혐오스러운 우상의 제물을 먹지 말라는 것이다.

제275조항 : 제단에 피가 뿌려지기 전에 성물을 먹지 말라

²⁷ 네가 번제를 드릴 때에는 그 고기와 피를 네 하나님 여호와의 제단에 드릴 것이요 네 제물의 피는 네 하나님 여호와의 제단 위에 붓고 그 고기는 먹을지니라(신 12:27)

신명기 12:27은 제물의 피가 뿌려지기 전에 고기를 먹지 말라고 규정하고 있다. 즉, 피를 뿌린 후에 고기를 먹을 수 있음을 가르치고 있다.

번제를 드릴 때 제물의 피를 제사장에게 건내주어 제사장이 그 피를 제단 주변에 뿌린다. 그런데 본문에서는 '제단 위'(עַל-מִזְבֵּחַ)에 피를 쏟으라고 기록하고 있다. 그러나 레위기 1:5에 의하면 '회막

문 앞 제단 사방'(알-하미즈베아흐 싸비브 아쉐르-페타흐 오헬 모에드, עַל־הַמִּזְבֵּחַ סָבִיב אֲשֶׁר־פֶּתַח אֹהֶל מוֹעֵד)에 뿌리도록 규정하고 있다. 피를 제단에 뿌리는 이유는 무엇인가? 산 동물을 드릴 때 그 피를 뿌리는 것은 생명을 하나님께 드린다는 상징이다. 레위기 17:11에 의하면 "육체의 생명은 피에 있음이여 내 이 피를 너희에게 주어 제단에 뿌려 너희의 생명을 위하여 속죄하게 하였나니 생명이 피에 있으므로 피가 죄를 속하느니라"고 기록되어 있다. 따라서 백성들은 피째 고기를 먹을 수 없다. 피는 하나님께 속한 것이기 때문이다(신 12:16, 23, 15:23; 레 3:17, 7:26; 창 9:4).

| Rashi의 이해 | 라쉬는 제사장들이 피를 제단 주위에 네 차례 뿌린다고 설명한다.[59] |

| 신약의 이해 | 사도행전 15:29에 목매어 죽인 것을 먹지 말라는 것은 피를 처리하지 않았기 때문이다. |

| 의미 | 하나님께 속한 것은 그 어떤 것도 사람이 취해서는 안 된다는 것을 가르쳐준다. |

1) *HALOT*, p. 831.

2) W. Zimmerli, *Ezekiel 2*, p. 493.

3) 1 에바는 대략 22.8리터 정도 된다.

4) 1 힌은 대략 3.5리터 정도 된다.

5) J. Milgrom, *Leviticus 1-16*, p. 397.

6) Rashi, *Leviticus*, p. 51.

7) J. Milgrom, *Leviticus 23-27*, p. 1984.

8) J. Milgrom, *Leviticus 23-27*, p. 1983.

9) B.A. Levine, *Leviticus*, p. 158.

10) J. van Goudoever, *Biblical Calendars*, (Leiden: Brill, 1961), pp. 18~29.

11) J. Milgrom, *Leviticus 23-27*, p. 2004.

12) J. E. Hartley, *Leviticus*, p. 387.

13) J. Milgrom, *Leviticus 23-27*, p. 2023.

14) J. Milgrom, *Leviticus 1-16*, p. 1014.

15) B. A. Levine, *Leviticus*, p. 103.

16) J. Milgrom, *Leviticus 1-16*, p. 1020.

17) J. Milgrom, *Leviticus*, p. 169.

18) B. A. Levine, *Leviticus*, p. 105.

19) B.A. Levine, *Leviticus*, p. 109.

20) *HALOT*, p. 1134.

21) *CAD Q*, p. 236.

22) *HALOT*, pp. 1136-1137.

23) 1901년 볼즈(P. Volz)는 제물을 드리는 자가 손을 얹는 것은 죄의 전가를 의미한다고 보았으며, 샌솜(M.C. Sansom)은 안수의 용례에 대한 분석을 통하여 구약성서에서 안수가 죄나 소유권의 전가 혹은 전이를 나타내거나 혹은 제사에서 사용되는 안수는 제물을 받치는 자와 제물을 동일시하기 위한 의식으로 이해하였다. P. Volz, "Die Handauflegen beim Opfer," *ZAW* 21(1901), pp. 93-100; M. C. Sansom, "Laying on of Hands in the Old Testament," *The Expository Times* 94(1982/3), pp. 323-326.

24) J. Pederson, *Israel Its Life and Culture III-IV*, (Copenhagen: Branner OG Korch, 1964), p. 366.

25) O.R. Gruney, *Some Aspects of Hittite Religion*, Schweich Lectures (Oxford: Oxford

University Press, 1977), p. 49. 재인용 from J. Milgrom, *Leviticus*, p. 152.

26) J. Milgrom, *Leviticus*, p. 24.

27) B.A. Levine, *Leviticus*, pp. 6−7.

28) 김영진, 『너희는 거룩하라』, p. 59.

29) L.R. Bailey, *Leviticus~Numbers*, Smyth & Helwys Bible Commentary(Marcon, Georgia: Smyth & Helwys, 2005), p. 45.

30) N. Kiuchi, *Leviticus*, Apollos Old Testament Commentary(Nottingham: Apollos, 2007), p.410.

31) Rashi, *Leviticus*, p. 227.

32) J.E. Latham, *The Religious Symbolism of Salt*,(Paris: Edition Beauchesne, 1982), pp. 64-65.

33) Rashi, *Leviticus*, p. 19.

34) N. Kiuchi, *Leviticus*, pp. 408-409.

35) N. Kiuchi, *Leviticus*, pp. 408-409.

36) E.S. Gerstenberger, *Leviticus*, OTL, (Louisville: Westminster John Knox Press, 1996), pp. 41-42.

37) J. Milgrom, *Leviticus 1-16*, p. 188.

38) Rashi, *Leviticus*, p. 18.

39) J. Milgrom, *Leviticus 1-16*, pp. 189−190. 그러나 소제에 꿀이나 누룩을 넣을 경우 연기가 나서 제사의 어려움이 있기 때문에 금한 것으로 생각할 수도 있다. 이러한 이해는 레위기 2:12을 통하여 잘 이해된다.

40) J.E. Latham, *The Religious Symbolism of Salt*, (Paris: Edition Beauchesne, 1982), pp. 64−65.

41) Rashi, *Exodus*, p. 103

42) Rashi, *Exodus*, p. 434.

43) Rashi, *Exodus*, p. 435.

44) Rashi, *Exodus*, pp. 104-105.

45) Rashi, *Exodus*, p. 123.

46) Rashi, *Exodus*, p. 123.

47) Rashi, *Exodus*, pp. 122-123.

48) J. Milgrom, *Leviticus 1-16*, p. 750.

49) Rashi, *Leviticus*, p. 109.

50) J. Milgrom, *Leviticus 1-16*, pp. 339-345.

51) J. Milgrom, *Leviticus 1-16*, pp. 307-318.

52) M. Noth, "The Laws in the Pentateuch: Their Assumptions and Meaning," in *Laws in the Pentateuch and Other Studies*, (Edinburgh: Oliver & Boyd, 1966), pp. 1-107, esp. 44.

53) J.E. Hartley, *Leviticus*, p. 68.

54) *HALOT*, p. 800.

55) 영어 성경 가운데 Today's English Versions에서는 십 분의 일 에바를 이 파운드 즉, 1 Kg으로 번역하였다.

56) Today's English Versions에서는 히브리어 '솔레트'를 '밀가루'로 번역 하였다. 그러나 Revised Standard Version에서는 '고운 가루'로 번역 하였다.

M. Noth, "The Laws in the Pentateuch: Their Assumptions and Meaning," in *Laws in the Pentateuch and Other Studies*, 1966, pp. 1-107, esp. 44.

57) Rashi, *Leviticus*, p. 20.

58) N. Kiuchi, *Leviticus*, p. 279.

59) Rashi, *Leviticus*, p. 7.

Commandments

and

Gospel

제8부

헌물

헌물은 이스라엘 백성이 여호와께 드리는 것을 의미한다. 제8부에서는 헌물로 드릴 수 있는 대상과 헌물을 드리는 방법, 십일조, 맏물, 그리고 초태생을 드리는 방법 등에 대하여 언급한다. 헌물의 기본적인 정신은 여호와의 것을 여호와에게 드리는 것이며, 감사가 가장 중요한 자세로 제시된다. 여호와에게 드리는 방법 가운데 특이한 것은 여호와에게 드릴 것을 가난한 자를 위하여 드리도록 가르치고 있다는 점이다. 이것은 지극히 작은 자에게 한 것이 나에게 한 것이라는 예수님의 가르침과 일치한다(마 25:34~46, 40, 45).

뿐만 아니라 여호와에게 한 맹세와 서원을 지키는 법과 나실인에 대한 가르침을 다룬다.

01

헌물

제276조항 : 자기의 값을 성전에 드려라

² 이스라엘 자손에게 말하여 이르라 만일 어떤 사람이 사람의 값을 여호와께 드리기로 분명히 서원하였으면 너는 그 값을 정할지니 ³ 네가 정한 값은 스무 살로부터 예순 살까지는 남자면 성소의 세겔로 은 오십 세겔로 하고 ⁴ 여자면 그 값을 삼십 세겔로 하며 ⁵ 다섯 살로부터 스무 살까지는 남자면 그 값을 이십 세겔로 하고 여자면 열 세겔로 하며 ⁶ 일 개월로부터 다섯 살까지는 남자면 그 값을 은 다섯 세겔로 하고 여자면 그 값을 은 삼 세겔로 하며 ⁷ 예순 살 이상은 남자면 그 값을 십오 세겔로 하고 여자는 열 세겔로 하라 ⁸ 그러나 서원 자가 가난하여 네가 정한 값을 감당하지 못하겠으면 그를 제사장 앞으로 데리고 갈 것이요 제사장은 그 값을 정하되 그 서원자의 형편대로 값을 정할지니라(레 27:2~8)

레위기 27:2~8은 하나님께 드리기로 한, 서원한 사람의 값에 관하여 가르친다.

본문의 이해 레위기 27:2~8은 서원 예물 값에 대하여 기록하고 있다. 사람을 드리기로 서원한 경우 맏물을 드릴 때 대속물을 드리듯이(민

18:15, 출 22:29) 사람을 드리기로 서원한 경우도 값으로 치르도록 하는 것이다. 남녀의 값을 비교해 볼 때 고대 이스라엘 사회에서 여성들이 없어서는 안 될 중요한 계층으로 이해된다. 이 가르침을 통하여 사람은 제물로 드리지 못하며, 그 가치를 환산하여 대속해야 함을 보여준다.

2절의 '이스라엘 자손에게 말하여 이르라 만일 어떤 사람이 사람의 값을 여호와께 드리기로 분명히 서원하였으면 너는 그 값을 정할지니'(다베르 엘-브네이 이스라엘 베아마르타 알레헴 이쉬 키 야플리 네데르 베에르크카 라네파쇼트 아도나이, דַּבֵּר אֶל־בְּנֵי יִשְׂרָאֵל וְאָמַרְתָּ אֲלֵהֶם אִישׁ כִּי יַפְלִא נֶדֶר בְּעֶרְכְּךָ נְפָשֹׁת לַיהוָה)를 직역하면 '이스라엘 백성들에게 말하라. 각 사람에게 말하기를 사람이 그 사람에 해당하는 가치에 따라 서원을 채우려면'이다. 이처럼 자기 값을 드릴 때는 성소의 세겔로 지불한다(3절).

연령별 남녀의 값은 다음과 같다(3~7절).

연령대	남자의 가치	여자의 가치	남자에 대한 여자의 가치 비율
0~5세	5	3	66.6%
5~20세	20	10	50.0%
20~60세	50	30	66.6%
60세 이상	15	10	60.0%

0~5세 어린이들의 가치는 노동력이 상대적으로 적을 뿐만 아니라 높은 사망률 때문에 그리 높지 않다. 전 연령에 있어서 여자의 가치는 남자의 60~66% 정도 되지만 5~20대 여자의 가치는 남자의 50%밖에 되지 않는다. 이것은 이 연령대가 여성의 가임 연령대이기 때문으로 생각된다. '성소의 세겔'(쉐켈 하코데쉬, שֶׁקֶל הַקֹּדֶשׁ)은 구약성서에 여러 차례 등장하는 표현으로(출 30:13, 24, 38:24~26, 레 5:15, 27:3, 25, 민 3:47, 50, 7:13, 19~86(13회), 18:16) 성전에서 사용되는 거룩한 단위이다.

이처럼 값이 정해져 있기는 하지만 그러나 가난한 사람들에 대한 배려가 있었다. 8절의 '그러나 서원 자가 가난하여 네가 정한 값을 감당하지 못하겠으면 그를 제사장 앞으로 데리고 갈 것이요 제사장은 그 값을 정하되 그 서원자의 형편대로 값을 정할지니라'는 규정은 가난한 사람들에 대한 배려로 값이 정해진 것이 아니라 형편에 따라 드리도록 한 것이다. '서원 자가 가난하여 네가 정한 값을 감당하지 못하겠으면'(임—마크 후 메에르케카, אִם־מָךְ הוּא מֵעֶרְכֶּךָ)의 뜻은 '만약 그가 네가 정한 값보다 낮으면'(혹은 가난하면)이다. 즉, 서원자가 정한 서원값을 납부할 수 없을 정도로 가난하면의 의미이다. '서원자의 형편대로 값을 정할지니라'(타시그 야드 하노데르, תַּשִּׂיג יַד הַנֹּדֵר)의 문자적인 뜻은 '서원자의 손을 충족시켜줄지어다'이다. 이럴 경우 제사장이 그 값을 정하도록 규정하고 있다.

구약의 이해 창세기 37:28에서 요셉을 은 20세겔에 판매하는 것은 37:2에 의하면 요셉의 나이가 17세이기 때문에 정해진 것이다.

구약성서에서 사람을 드리기로 서원한 것은 사사기 11:29~40에 나타나며 입다가 자신의 딸을 드리기로 서원하였다. 또한 사무엘상 1:21~28에서 한나는 자신이 낳을 아들을 하나님께 드린다고 서원하였다.

Rashi의 이해 중세 랍비인 라쉬의 해석에 의하면 제사장은 가난한 사람이 충분히 생활할 수 있도록 침대, 매트리스, 쿠션, 그의 생업에 필요한 것을 남겨두고 값을 정하도록 규정하고 있다.

고고학의 이해 서원값 지불에 관한 비문이 발견되었다. 주전 7세기 요시야 시대로 추정되는 오스트라콘에 3세겔의 은을 성전에 납부하도록 기록되어 있다('왕 아시야후가 다시스의 은 3세겔을 스가랴 편으로 성전에 주라고 명령한 것처럼').[1] 이 오스트라콘의 발견은 이스라엘의 종교 규정이 구체적으로 지켜지고 있음을 보여준다.

신약의 이해 마태복음 26:14~15(27:3)에서 예수님을 은 30세겔에 판 것은 예수의 몸값인 50세겔보다 싸게 받은 것이다. 은 30세겔은 황소가 이웃집 종을 죽게하였을 때 배상하는 금액에 불과하다(출 21:32). 따라서 예수님의 값에서도 예수님을 비하한다.

[서원값 지불에 관한 내용이 기록된 비문]

의미 자기 자신을 하나님께 드리기로 서원한 자는 반드시 하나님께 드려야 하며 심지어 그 값을 치루어서라도 하나님과의 약속을 지킬 것을 가르치고 있다.

제277조항 : 여호와께 드린 밭을 팔지 말라

²⁸ 어떤 사람이 자기 소유 중에서 오직 여호와께 온전히 바친 모든 것은 사람이든지 가축이든지 기업의 밭이든지 팔지도 못하고 무르지도 못하나니 바친 것은 다 여호와께 지극히 거룩함이며(레 27:28)

레위기 27:28은 어떤 사람이 여호와께 바친 것을 팔아서는 안 된다는 것으로 여기에는 밭도 포함된다.

28절은 여호와께 바쳐진 기업의 밭, 가축, 사람은 팔지도 못하고 무르지도 못하도록 가르치고 있다. 그 이유는 바친 것은 다 여호와의 것이기 때문이다. 뿐만 아니라 전쟁 중 탈취한 전리품 가운데서 이방의 것은 모두 여호와의 것으로 드려진 것이다.

그러나 여호와께 드려진 것 가운데서 탈취하는 자들이 있었는데, 이들은 모두 죽임을 당하였다.

사무엘상 15:3, 9에 의하면 사울이 아말렉의 아각을 진멸한 후 좋은 것은 남기고 하찮은 것은 진멸하였다.

또한 여호수아 6:17~18에서 여호수아는 여리고 성을 정복하고 모든 것을 하나님께 바치고 취하지 말라고 기록한다.

라쉬는 여호와에게 드려진 밭을 팔지 못하는 것은 그것을 제사장에게 주어야 하기 때문이라고 설명한다.[2] 라쉬는 드려진 것은 제사장에게 속한다고 설명한다.

고대 근동의 여러 신전에는 부속 농장(밭)이 있었고 이것을 통하여 많은 경제적 이득을 취하였다. 신에게 드려진 것을 제사장이 관리했기 때문이다.

여호와의 것을 사람이 임의대로 팔 수 없음을 가르쳐준다.

제278조항 : 여호와께 드린 밭을 무르지 말라

²⁸ 어떤 사람이 자기 소유 중에서 오직 여호와께 온전히 바친 모든 것은 사람이든지 가축이든지 기업의 밭이든지 팔지도 못하고 무르지도 못하나니 바친 것은 다 여호와께 지극히 거룩함이며(레 27:28)

레위기 27:28은 어떤 사람이 여호와께 바친 것은 무르지도 못하며 거기에는 밭도 포함된다.

본문의 이해 28절은 어떤 이가 기업의 밭인 자기 소유를 하나님께 드리기로 했으면 그것을 무를 수 없음을 가르쳐 준다.

28절의 무르다(가알, גָּאַל)의 의미는 '도로 찾다' 혹은 '다시 사다' 혹은 '속전(贖錢)을 주고 구조하다'의 의미이다.

하나님께 드리면 그 소유권은 하나님께 귀속된다. 따라서 이 소유권을 되 찾을 수 없다.

Rashi의 이해 라쉬는 여호와에게 드려진 밭을 팔지 못하는 것은 그것을 제사장에게 주어야 하기 때문이라고 설명한다.³ 라쉬는 드려진 것은 제사장에게 속한다고 설명한다.

의미 하나님께 드린다는 것은 소유권의 이전을 의미하기 때문에 하나님의 것이 된 것을 무르지 못함을 가르쳐 준다.

제279조항 : 밭을 성별하여 드리는 절차

16 만일 어떤 사람이 자기 기업된 밭 얼마를 성별하여 여호와께 드리려 하면 마지기 수대로 네가 값을 정하되 보리 한 호멜지기에는 은 오십 세겔로 계산할지며...... 22 만일 사람에게 샀고 자기 기업이 아닌 밭을 여호와께 성별하여 드렸으면 23 너는 값을 정하고 제사장은 그를 위하여 희년까지 계산하고 그는 네가 값을 정한 돈을 그 날에 여호와께 드려 성물로 삼을지며 (레 27:16, 22, 23)

레위기 27:16, 22~23은 밭을 성별하여 드릴 때의 절차를 가르치고 있다.

본문의 이해 레위기 27:16~25에서는 밭을 성별하여 드리는 방법에 대하여 가르쳐주고 있다. 즉, 가치를 환산하여 값을 지불해야 한다.

16절의 '한 호멜지기'(제라 호멜, זֶרַע חֹמֶר)는 약 150 kg 정도이다. 즉, 보리 150 kg을 생산하는 밭마다 은 50세겔을 지불해야 한다. 17절과 함께 생각하면 희년부터 다음 희년까지 50세겔이기 때문에 1년에 1세겔씩 지불하는 격이 되며, 희년 다음에 밭을 드리게 될 경우에는 다음 희년까지 남은 수에 따라 값을 결정하게 된다. 만약 밭주인이 이 밭을 무를 경우에는 정한 값의 20%를 더 지불해야 한다. 그러나 밭주인이 이 밭을 남에게 팔아버린 경우에는 결코 무를 수 없고, 희년이 되어 돌아오면 이 밭은 영원히 제사장의 소유가 된다. 그러나 만약 남에게서 산 밭을 하나님께 드렸으면 희년까지 값을 정하여 지불하고 희년에는 땅은 원래 주인에게 돌아가게 된다.

구약의 이해 사무엘하 24:24에서 다윗이 아리우나의 타작마당을 구입할 때 50세겔을 지불한 것은 이 가르침에 따른 것이다.

Rashi의 이해 라쉬는 밭이 좋고 나쁨에 관계없이 무르기 위해서는 같은 값을 드려야 한다는 의미로 이해하였다.[4]

의미 하나님께 밭을 드리기로 서원 하였으면 마지기 수당 값을 계산 하여 그것을 갚도록 가르치고 있다.

제280조항 : 부정한 동물은 값을 드려라

[11] 부정하여 여호와께 예물로 드리지 못할 가축이면 그 가축을 제사장 앞으로 끌어갈 것이요 [12] 제사장은 우열간에 값을 정할지니 그 값이 제사장의 정한 대로 될 것이며(레 27:11~12)

레위기 27:11~12은 하나님께 드리지 못하는 부정한 동물의 경우 그 값을 정하여 제사장에게 드려야 함을 가르치고 있다.

본문의 이해 11~13절의 가르침은 제물로 여호와께 드릴 수 없는 동물을 가져왔으면, 제사장이 평가해주는 그 부정한 동물의 가치를 값으로 지불해야 한다는 것이다. 사람과 달리 동물의 경우 제사장이 그 값을 결정하고 그 결정된 값을 서원 자는 지불해야만 한다. 레위기 27:11~13의 규정은 말라기 1:8의 "만군의 여호와가 이르노라 너희가 눈 먼 희생제물을 바치는 것이 어찌 악하지 아니하며 저는 것, 병든 것을 드리는 것이 어찌 악하지 아니하냐"를 생각나게 한다.

11절의 '부정하여'(베헤마 트마아, בְּהֵמָה טְמֵאָה)는 문자적으로 '부정한 기는 것'이란 뜻이다. 부정의 기준은 제물로 여호와에게 드릴 수 없는 것을 뜻한다.

12~13절에서 제사장의 평가가 밖에서 파는 것보다 낮게 평가되었다고 생각되면 서원 자는 이 값의 20%를 지불하고 무를 수 있다. 이러한 동물의 대표적인 예가 나귀이다(출 13:13).

의미 부정한 것은 하나님께 드릴 수 없기 때문에 그 값을 환산하여 하나님께 드리도록 가르치고 있다. 따라서 부정한 동물이든 정한 동물이든 자신의 소유 가운데서 하나님께 드려야 함을 가르친다.

제281조항 : 집을 드리려면 값을 드려라

¹⁴ 만일 어떤 사람이 자기 집을 성별하여 여호와께 드리려하면 제사장이 그 우열간에 값을 정할지니 그 값은 제사장이 정한 대로 될 것이며(레 27:14)

레위기 27:14은 사람이 자신의 집을 하나님께 드리려면 제사장이 정한 그 값을 드려야 함을 규정하고 있다.

본문의 이해 14절에서 '성별하여 드리다'는 뜻으로 히브리어 동사 '히크디쉬'(הִקְדִּישׁ)가 사용되었는데 이 단어는 '서원하다'는 뜻의 '네데르'(נֶדֶר)보다 좀 더 광범위하게 사용되었다. '성별하다'는 사람의 소유권을 하나님의 소유권으로 드리는 것을 의미한다.

우열간(토브 베라아 오−라아 베토브, טוֹב בְּרַע אוֹ־רַע בְּטוֹב)이란 문자적으로 '좋은 것으로 나쁜 것을 혹은 나쁜 것으로 좋은 것'을 바꿀 수 없다는 뜻이다.

집을 드리는 경우에도 다른 경우와 마찬가지로(레 27:11) 그 값을 제사장이 정하도록 가르친다.

02

맹세와 서원

맹세와 서원은 사람이 하나님께 스스로 약속하는 것을 의미한다. 스스로 자원하는 마음으로 한 것이기 때문에 이것을 반드시 지켜야 한다는 것이 서원과 맹세에 대한 가르침의 핵심이다.

이스라엘 역사 가운데서 서원을 지키는 예를 찾아 볼 수 있다. 가장 대표적인 예가 한나와 사무엘이다. 사무엘상 1:10~11에서 한나는 서원기도하면서 여호와가 자신에게 아들을 주면 여호와께 드리고, 나실인으로 키우겠다고 두 가지를 약속한다. 한나는 아들 사무엘을 얻은 후 사무엘상 1:28에서 "나도 그를 여호와께 드리나이다"라고 말한다. 따라서 사무엘상 2:11에서 어린 사무엘은 엘리 제사장 앞에서 여호와를 섬겼다.

한나와 사무엘의 이야기는 서원기도와 그 약속을 지키는 서원자의 전형적인 예이다.

서원의 중요성 때문에 구약성서에는 서원을 꼭 지키라는 가르침이 여러 군데 있다. 특히 전도서 5:4에서는 "하나님께 서원하였거든 갚기를 더디게 하지 말라"고 가르치며, 5:5에서는 "서원하고 갚지 아니하는 것보다 서원하지 아니하는 것이 더 낫다'고 가르친다. 뿐만 아니라 시편의 여러 곳에서 서원에 대하여 언급하고 있다(시 15:4, 22:25, 50:14, 56:12 등). 이 가운데서 시편 50:14, 61:8, 65:1, 116:14 등에서는 서원을 이행하는 것을 노래하고 있다.

구약성서에는 서원에 관한 여러 가르침이 등장한다. 그 가르침의 핵심은 서원한 것을 반드시 지켜야 한다는 것과 서원을 신중히 해야함을 가르친다.

제282조항 : 서원과 맹세를 지켜라

²³ 네 입에서 낸 것은 그대로 실행하기를 주의하라 무릇 자원한 예물은 네 하나님 여호와께 네가 서원하여 입으로 언약한대로 행할찌니라(신 23:23(24))

신명기 23:23은 서원과 맹세를 지킬 것을 가르치고 있다.

본문의 이해 신명기 23:23(24)은 입으로 약속한 서원과 자원하여 예물을 드리겠다고 서원한 것은 약속한 그대로 이행해야 함을 가르친다. 23절(모짜 스파테이카 티슈모르 베아씨타 카아쉐르 나다르타 라아도나이 엘로헤이카 네다바 아쉐르 디바르타 베피카, מוֹצָא שְׂפָתֶיךָ תִּשְׁמֹר וְעָשִׂיתָ כַּאֲשֶׁר נָדַרְתָּ לַיהוָה אֱלֹהֶיךָ נְדָבָה אֲשֶׁר דִּבַּרְתָּ בְּפִיךָ)을 직역하면 '네 입에서 나온 것은 지켜라' 그리고 '행하라'이다.

본문의 의도는 하나님과 약속을 반드시 지킬 것을 가르친다.

신약의 이해 마태복음 23:1~22에서는 맹세와 서원 자체를 비판하는 것이 아니라 맹세의 구속력을 위하여 하나님과 가까운 것으로 맹세하는 경향이 있다.

사도행전 18:18에 의하면 바울은 서원으로 인하여 겐그레아에서 머리를 깎았다.

디모데전서 1:10에서는 거짓 맹세자를 하나님 앞에서 불법자로 규정하고 있다.

신약성서에 서원이 많이 등장하지 않은 것은 예수 그리스도를 영접한 자는 이미 그리스도의 것이 되어 하나님의 것인 자기 자신을 드릴 수 없기 때문이다.

의미 하나님께 자원하여 약속한 서원은 반드시 지켜야 함을 가르친다.

제283조항 : 약속을 어기지 말라

² 사람이 여호와께 서원하였거나 결심하고 서약하였으면 깨뜨리지 말고 그가 입으로 말한 대로 다 이행할 것이니라(민 30:2)

민수기 30:2(3)은 여호와에게 한 약속을 어기지 말라고 가르친다.

본문의 이해 민수기 30:2(3)의 구절은 스스로 여호와에게 약속한 서원(네데르, נֶדֶר)이나 어떤 의무(이사르, אִסָּר)를 서약(슈부아, שְׁבֻעָה)하였다면 그 약속을 지키라는 뜻이다.

구약의 이해 사무엘상 1:11, 28은 한나가 여호와에게 서원을 지키는 예를 보여준다. 하나님 앞에서 조약 혹은 계약을 체결하면 이를 반드시 지켜야 한다. 사무엘하 21:1~14에서 기브온 사람을 학살한 사울 가문에 대한 보복은 하나님 앞에서 한 약속을 어겼기 때문이다(수 9:26).

하나님께 자원해서 한 약속은 반드시 지켜야 함을 가르친다.

제284조항 : 서원과 맹세를 취소할 수 있는 경우

³ 또 여자가 만일 어려서 그 아버지 집에 있을 때에 여호와께 서원한 일이나 스스로 결심하려고 한 일이 있다고 하자 ⁴ 그의 아버지가 그의 서원이나 그가 결심한 서약을 듣고도 그에게 아무 말이 없으면 그의 모든 서원을 행할 것이요 그가 결심한 서약을 지킬 것이니라 ⁵ 그러나 그의 아버지가 그것을 듣는 날에 허락하지 아니하면 그의 서원과 결심한 서약을 이루지 못할 것이니 그의 아버지가 허락하지 아니하였은즉 여호와께서 사하시리라 ⁶ 또 혹시 남편을 맞을 때에 서원이나 결심한 서약을 경솔하게 그의 입술로 말하였으면 ⁷ 그의 남편이 그것을 듣고 그 듣는 날에 그에게 아무 말이 없으면 그 서원을 이행할 것이요 그가 결심한 서약을 지킬 것이니라 ⁸ 그러나 그의 남편이 그것을 듣는 날에 허락하지 아니하면 그 서원과 결심하려고 경솔하게 입술로 말한 서약은 무효가 될 것이니 여호와께서 그 여자를 사하시리라(민 30:3~8)

민수기 30:3(4)~8(9)은 서원한 것 가운데 취소할 수 있는 경우를 가르치고 있다.

민수기 30:3~8에서는 서원을 취소할 수 있는 두 경우를 설명하고 있다. 어린 여자아이가 그의 아버지의 집에서 서원하거나 스스로 결심한 것을 그녀의 아버지가 듣고 허락하지 않으면 그녀는 이 서원을 이루지 않아도 된다. 또한 남편을 맞을 때 서원하고 결심한 서약을 그녀의 남편이 듣고 허락하지 않으면 서원과 서약은 무효가 된다는 것이다.

결혼하지 않은 여자의 경우 아버지의 권한 아래 있기 때문에 아버지에 의하여 그녀의 서원이나 맹세가 취소될 수 있고 결혼한 경우 그 여자에 대한 권한은 남편에게 있기 때문에 남편이 여자의 맹세나 서원을 취소할 수 있다.

사회학적인 관점에서 이 가르침은 구약성서 시대의 여성들이 그녀의 아버지나 남편에게 예속되어 있었음을 보여준다. 6(7)절의 남편을 맞을 때의 문자적인 의미는 남자에게 속하게 될 경우'라는 뜻이다.

Rashi의 이해 이에 대하여 랍비들은 여자가 11세 이상이면 그녀의 서원을 검증해야 한다고 말한다. 만약 그녀가 무엇을 서원했는지 알고, 그녀가 무엇을 드리는 것인지 알 때는 그녀의 서원은 유효하다고 말한다. 그리고 여자가 12세 이상이면 서원을 검증할 이유가 없다고 말한다. 왜냐하면 여자 나이 12세이면 성인이기 때문이다.[5]

신약의 이해 서원이 신약성서에서는 많이 언급되지 않는다(행 18:18, 21:23~24). 그것은 그리스도에 의하여 구속받은 사람은 자신과 자신의 소유가 모두 주님의 것이 되기 때문이고(고전 6:19, 고후 5:15), 하나님께 속한 것을 사람이 다시 드릴 수 없기 때문이다(레 27:26). 따라서 신약성서에는 서원이 많지 않다.

야고보서 5:12에서는 맹세하지 말라고 가르친다.

의미 하나님께 서원했을지라도 서원자의 아버지나 새롭게 결혼한 남편이 원치 않으면 그 서원은 취소할 수 있다. 이 경우는 여자가 서원했을 경우에만 해당되며, 이들에 대한 권한이 미혼일 때는 아버지에게, 그리고 결혼하고 난 후에는 남편에게 있기 때문이다.

03

십일조

거룩한 목적을 위하여 십일조를 모으는 관습은 고대근동의 메소포타미에서부터 그 유래를 찾아 볼 수 있다. 이것을 아카드어로 에슈르(*ešrû/eširtu*)라고 부른다. 현재 기록으로 남아 있는 것은 주전 6세기 바벨론 시대의 기록이기는 하지만 이러한 제도가 오랜 전통을 가졌다는 것은 두말할 나위없다.[6] 시리아–팔레스틴 지역에서 십일조(마아쎄르, מַעֲשֵׂר)는 주전 14세기 우가릿 문헌에서부터 발견된다. 그런데 이러한 십일조의 징수는 단순히 신전(성전)을 중심으로 이루어진 제도가 아니라 사무엘상 8:15, 17, 우가릿 문헌[7] 등에서는 왕국에서 관료의 급료를 지급하기 위하여 세금의 성격을 띤 십일조를 징수하였다.

따라서 구약성서에서는 왕실의 사용을 위한 십일조와 종교적 사용을 위한 거룩한 봉헌물로서 십일조가 기록되어 있으며, 종교적 십일조는 왕실 성전에서 징수하였다. 따라서 십일조는 왕이 사용할 수 있었다.

오경 안에는 두 종류의 십일조에 관한 오랜 전승이 포함되어 있다. 창세기 14:20에서 아브라함이 전리품 가운데 십일조를 (예루)살렘의 왕–제사장이었던 멜기세덱에게 주었다. 창세기 28:22에서 야곱은 벧엘에 십일조를 드릴 것을 약속하였다. 그런데 이 벧엘은 왕의 성소였다(암 4:4, 7:13). 이처럼 왕의 성소와 십일조가 관련이 있는 것은 단순한 우연은 아니다. 이 두 가지 전승은 십일조의 기원에 관한 경향을 보여준다. 북왕국의 왕의 성소였던 벧엘에서 십일조를 징수하는 것은 야곱과 관련되어 있고, 예루살렘에서 십일조를 징수하는 것은 아브라함과 관련이 되어 있다. 따라서 왕국시대에는 왕이 왕실과 성전의 재산을 운용하였다 (왕상 15:18, 왕하 12:18, 18:15). 왜냐하면 왕은 성전과 왕궁을 유지할 책임을 가지고 있었기 때문이다(겔 45:17). 이러한 이유 때문에 종교적인 기부금에 해당하는 십일조를 왕실 관리가 감독하게 된 것이다. 따라서 역대하 31:4 이하에 의하면 히스기야 왕은 십일조를 포함한 기부금을 수금하고 관리하는 조직을 만들도록 명령하였다. 다른 기록에 의하면 카르타고 사람들의 십일조를 두로(Tyre)에 있는 말카트(Malqart) 신전으로 보낸 기록이 있다.[8] 두로의 말카트 신전은 두로의 국고에 해당한다. 따라서 카르타고 사람들의 십일조는 종교적 성격 외에 정치적 성격을 띠고 있다.

종교적인 십일조와 왕실(정치적) 십일조 사이의 관계는 민수기 18:21의 이스라엘의 십일조를 레위자손에게 주어서 그들이 회막에서 하는 일에 대한 몫으로 주었다는 것에서 잘 알 수 있다. 마찬가지로 우가릿 왕은 우가릿의 모든 십일조(곡식과 음료)를 그의 관리들에게 주어서 충성을 다하게 하였다.[9] 이것은 사무엘상 8:15에서 왕이 십일조로 곡식과 포도주를 그의 관리들에게 준 것과 유사하다.

십일조로 드리는 품목은 곡식, 새포도주, 새 기름(신 14:23) 그리고 가축과 양 등이다(레 27:32). 그렇지만 여기서 말하는 십일조는 이 품목에만 국한되는 것이 아니라 모든 재산에 해당하는 것이다. 아브라함이 멜기세덱에게 전리품 가운데 모든 것의 십 분의 일을 주었고, 야곱은 하나님이 주시는 것의 십분의 일을 드리겠다고 약속하였다(창 28:22). 메소포타미아 지역에서 십일조로 드리던 것은 모든 농산품, 가축, 양, 노예, 나귀, 섬유, 옷, 나무, 금속품, 은, 금 등이 포함되었다. 따라서 구약성서의 십일조 품목은 이스라엘에서 보편적인 품목만 언급한 것으로 보인다.

십일조는 제2성전 시대에 의무적인 헌금으로 여겨졌다. 창세기 아브라함의 십일조는 자유 의지에 의한 것이고(창 14:19~20), 야곱의 십일조는 약속에 의한 것이었다(창 28장). 아모스 4:4~5에서 십일조는 자원하는 예물로 언급되었으나 레위기 27:32~33에서는 자원하는 선물 가운데 등장한다. 그러나 민수기 18:21 이하의 십일조는 의무적인 선물의 성격이 강하다. 따라서 성전을 유지하고 성전에서 일하는 사람들을 위한 십일조는 의무적인 세금과 자원하는 기부금의 성격을 갖고 있다. 그러나 신명기에서는 십일조의 원래의 목적과 달리 가난하고 극빈자를 위한 의무적인 선물로 바뀌었음을 볼 수 있다.

메소포타미아의 문헌에 의하면 십일조가 신전의 재물창고에 보관되었고 신전의 대표자가 이것을 관리하였음을 보여준다. 가축들에는 신전의 기호를 새겼고, 곡식이나 대추의 십일조는 돈으로 바꾸었다. 바벨론의 기록에 의하면 어떻게 십일조가 사용되었는 가를 보여준다. 곡식은 대체로 신전에 소속된 사람들을 부양하는데 사용되거나 혹은 신전에 부속된 여러 기관을 유지하기 위하여 사용되었다. 가축과 양은 대체로 제의적 목적을 위하여 사용하였다. 십일조는 신전의 관리들에 의하여 모아졌고, 이들은 그 생산품을 신전으로 보내는 책임을 맡고 있었다. 심지어는 신전에서 일하는 자들이나 혹은 십일조를 징수하는 자들도 십일조에서 면제되지 않았다.

말라기 3:10, 느헤미야 10:38~39, 12:44, 13:5, 12~13, 역대하 31:4 이하 등에서 십일조가 성전에 저장됨을 보여준다. 성전에서 일하는 관리 즉 창고지기가 이 십일조를 배분하는 역할을 하였다(느 13:13). 메소포타미아에서 농업 생산품을 돈으로 교환하는 것이 레위기 27:31에서 보이며, 신명기 14:24~25에서는 십일조를 걷는 레위인들도 십일조에서 면제되지 않았음을 보여준다.

제2성전 시대 즉, 스룹바벨에 의하여 성전이 지어진 이후 유대인들에게는 두 종류의 십일조가 있었다. '첫 번째 십일조'는 민수기 18:21 이하에 기록된 십일조로서 십일조를 레위인들을 위하여 사용하도록 되어 있다. '둘 째 십일조'는 신명기 14:22 이하에 기록된 것으로 십일조를 드리는 자들이 모두 소비하는 십일조를 의미한다. 그런데 만약 이 두 가지 십일조를 모두 납부하였다면 수입의 20%를 십일조로 드려야한다. 그러나 이것은 굉장히 많은 양이었기 때문에 많은 문제를 야기하였을 것으로 보인다. 제2성전 시대에는 십일조가 자연스럽게 제사장들에게 돌아갔다.

마태복음 23:23에서 예수님은 십일조도 드리고 정의와 긍휼 그리고 믿음도 지켜야 함을 말씀하셨다.

제285조항 : 첫 번째 십일조를 구별하라

³⁰ 그리고 그 땅의 십 분의 일 곧 그 땅의 곡식이나 나무의 열매는 그 십분의 일은 여호와의 것이니 여호와의 성물이라(레 27:30)

²⁴ 이스라엘 자손이 여호와께로 거제로 드리는 십일조를 레위인에게 기업으로 준 고로 내가 그들에 대하여 말하기를 이스라엘 자손 중에 기업이 없을 것이라 하였노라(민 18:24)

레위기 27:30과 민수기 18:24에서는 땅의 산물의 십분 일은 여호와의 것이며, 이것을 레위인에게 주라고 가르치고 있다.

첫 번째 십일조라고 부르는 것은 레위기 27:30이나 민수기 18:24처럼 드려진 십일조로서 레위인을 위하여 사용하는 것을 일컫는 말이다.

레위기 27:30에서 곡식, 나무의 열매 가운데 십 분의 일은 여호
와의 것이라고 가르치고 있다. 왜냐하면 땅은 여호와의 것이기
때문이다. 여호와의 성물(코데쉬 라아도나이, קֹדֶשׁ לַיהוָה)이란 반드시 하나
님께 드려야 하는 것이다. 성물이란 제사장만이 관리하는 것이기 때문에
이를 드리지 않는 것은 하나님의 성물을 마음대로 처리하는 죄를 짓게
된다(레 5:15, 19:8, 27:30, 32, 슥 14:21). 민수기 18:24에서는 십일조를
레위인의 기업으로 주라고 기록하고 있다(느 10:37). 그 근거는 십일조는
여호와의 것인데 여호와가 십일조를 레위인들에게 주었고, 그 결과 레위
인들이 기업을 받지 않았다. 따라서 레위인은 나머지 지파가 땅에서 얻
은 것의 십분의 일을 받기 때문에 레위인과 일반 백성들과의 몫이 같다.

말라기 3:7~12에서는 하나님의 것을 도적질하지 말고 온전한
십일조를 드리라고 말씀한다. 온전한 십일조란 모든 종류의 십
일조를 하나님께 드리라는 의미이다. 아모스 4:4에서는 이스라엘 백성
들이 삼일마다 십일조를 드렸지만 여호와께로 돌아오지 않았기 때문에
여호와께서 기뻐하지 않는다고 기록하고 있다.

라쉬는 나무열매가 구체적으로 포도주와 올리브 기름을 뜻한다
고 설명한다. 신명기 14:23에 의하면 이 십일조를 예루살렘에서
먹으라고 가르친다.[10]

신약성서 가운데 마태복음 23:23(눅 11:42)에 의하면 예수님도
십일조를 드리고 정의와 긍휼 그리고 믿음을 지키라고 말씀하신
다. 따라서 예수님도 십일조를 반드시 드려야 함을 말씀하신 것이다. 누
가복음 18:12에서 바리새인들이 소득의 십일조를 드릴지라도 자기를 높

이는 자는 의롭다하심을 받을 수 없다고 말한다. 이처럼 십일조를 드리는 것이 자랑거리가 되었음을 보여준다. 히브리서 7:9에서는 레위가 십분의 일을 받는다고 기록하고 있다.

의미 하나님이 주신 모든 땅의 산물 가운데 십분의 일은 하나님의 성물이기 때문에 반드시 하나님께 드려야 한다.

제286조항 : 레위인도 제사장을 위하여 십일조를 드려라

²⁶ 너는 레위인에게 고하여 그에게 이르라 내가 이스라엘 자손에게 취하여 너희에게 기업으로 준 십일조를 너희가 그들에게서 취할 때에 그 십일조의 십일조를 거제로 여호와께 드릴 것이라(민 18:26)

민수기 18:26은 레위인들도 자신들이 받은 십일조에서 십일조를 제사장들에게 드리도록 가르치고 있다.

본문의 이해 레위의 후손인 고핫자손, 게르손 자손, 므라리 자손들이 성소에 관계된 일을 하였다. 이들은 다른 일을 하지 않았다. 제사장 직무는 레위 사람들 가운데 아론의 후손이 담당하였다. 따라서 레위인들이 몫으로 받은 이스라엘 백성의 십일조 가운데서 다시 십일조를 제사장을 위하여 드려야 한다. 레위인들이 십일조의 십일조를 드려야 하는 것은 레위인들이 받는 십일조를 레위인들의 기업으로 이해했기 때문이다. 따라서 기업의 십분의 일을 여호와께 드려야 한다. 이것은 레위기 27:30의 다른 지파 사람들이 토지소산의 십분의 일을 드리는 것과 같다. 따라서 이스라엘 사람 가운데 십일조가 면제 되는 자는 없다.

라쉬는 레위인들도 십일조를 드려야 함을 가르치는 구절을 통하여 기업이 없는 자들의 십일조를 가르치고 있다고 이해한다(민 18:30).

신약시대에는 레위인들의 특별한 역할에 대한 언급이 없다.

성소의 직무를 감당하는 레위인들은 분깃을 받지 못하고, 그 대신 받은 십일조 가운데 십일조를 드려야 함을 가르친다.

즉, 소득으로 얻은 모든 것의 십일조를 여호와께 드리라는 것이다.

제287조항 : 가난한 자를 위한 십일조를 드려라

[28] 매 삼년 끝에 그 해 소산의 십분 일을 다 내어 네 성읍에 저축하여 [29] 너의 중에 분깃이나 기업이 없는 레위인과 네 성중에 우거하는 객과 및 고아와 과부들로 와서 먹어 배부르게 하라 그리하면 네 하나님 여호와께서 너의 손으로 하는 범사에 네게 복을 주시리라(신 14:28~29)

신명기 14:28~29은 제 3년과 제 6년에 매년 드리는 십일조를 가난한 자를 위한 십일조로 드리도록 가르치고 있다.

신명기 14:28~29은 십일조의 사용에 관한 규정으로 이해할 수 있다. 신명기 14:28~29에 의하면 삼년째 십일조는 성전에 드리는 것이 아니라 성읍에 드려 그곳에서 이것을 비축하였다가 레위인, 객, 고아 과부를 위하여 쓰라고 가르친다.

신약의 이해 마태복음 25:34~40에서 예수님이 지극히 작은 자에게 한 것이 나에게 한 것이라는 말씀은 하나님이 기뻐하시는 것이 무엇인지를 보여주고 있다. 예수님의 말씀은 하나님께 드려지는 십일조를 가난한 이웃을 위해 쓰라는 말씀과 같은 의미의 말씀이다. 또한 마태복음 22:34~40에서 가장 큰 두 계명은 하나님을 사랑하는 것과 이웃을 사랑하는 것이라고 가르친다. 따라서 이웃을 사랑하는 것이 하나님을 사랑하는 한 방법이다.

의미 가난한 자를 위한 것이 곧 하나님을 위한 것임을 가르쳐 준다. 좀 더 구체적으로 매년 십일조의 ⅓을 가난한 자를 위하여 쓰라는 것이다.

제288조항 : 레위인, 객, 고아, 과부를 위한 십일조

13 그리할 때에 네 하나님 여호와 앞에 고하기를 내가 성물을 내 집에서 내어 레위인과 객과 고아와 과부에게 주기를 주께서 내게 명하신 명령대로 하였사오니 내가 주의 명령을 범치도 아니하였고 잊지도 아니하였나이다 (신 26:13)

신명기 26:13은 셋째 해에 십일조 내기를 마친 후 그 성물을 레위인, 객, 고아, 과부에게 주라고 명하신다.

본문의 이해 신명기 26:13은 삼 년째 십일조로 레위인, 객, 고아, 과부를 배불리 먹인 후 여호와 앞에 여호와의 명령대로 하였으며, 주의 명령을 범하지 아니하였음을 고하라고 가르친다. 십일조를 레위인, 고아,

과부, 객을 위하여 사용한 것은 결코 여호와의 명령을 어긴 것이 아니라는 것을 가르친다. 이 내용은 신명기 14:28~29에서도 반복된다.

> **의미** 매 삼년 십일조를 레위인, 고아, 과부, 객을 위하여 사용하는 것은 하나님의 명령임을 가르쳐준다.

제289조항 : 가축의 십일조에 관하여

³² 모든 소나 양의 십일조는 목자의 지팡이 아래로 통과하는 것의 열 번째의 것마다 여호와의 성물이 되리라(레 27:32)

레위기 27:32은 가축 가운데서 십일조를 드리는 방법에 대하여 가르치고 있다.

> **본문의 이해** 모든 소와 양 등 가축 가운데서 십일조로 드릴 것을 선택하는 방법을 가르치고 있다. 즉 소와 양의 무리 가운데 어느 것이 하나님의 성물인가를 결정하는 방법으로 소와 양을 목자의 지팡이 아래로 지나게 한 후, 열 번째 것을 십일조 드릴 대상으로 선별하는 것이다. 즉, 무작위로 십일조로 드릴 소와 양을 선별한다. 이러한 방식을 취하는 것은 십일조를 드리는 자가 소나 양의 순서를 바꿀 것을 염려함이다(33절).

이렇게 드려진 십일조는 여호와의 성물(코데쉬 라아도나이, קֹדֶשׁ לַיהוָה)이다. 즉, 여호와의 것이란 의미이다(레 27:30). 구약성서에 십일조(마아쎄르, מַעֲשֵׂר)란 용어가 여러 차례 등장한다. 민수기 18:21~32은 레위인의 십일조에 대하여 언급하고 있다. 이것은 레위인들의 보수로 지급되는 것을 의미한다.

십일조 가운데 여호와의 성물이란 언급이 있는 십일조가 있는 반면(레 27:30, 32), 레위인, 객, 고아 및 과부를 위해 쓰는 십일조도 있다(신 14:28~29). 그러나 불분명한 것은 십일조의 용도가 다름에 따라 각기 달리 납부하는 것인지 아니면 십일조를 사용하는 용도만 다른 것인지는 성경 본문 상 불분명하다.

소와 양의 십일조에 대하여 성경의 다른 곳에 기록된 예가 없다. 단지 사무엘상 8:15~17에 의하면 왕이 세워지면 양의 십일조를 거두어 갈 것이라고 기록하고 있다(삼상 8:17). 그러나 이것은 종교적 십일조가 아니라 세금적인 성격이 강하다.

역대하 31:6에 의하면 히스기야 왕 때 백성들이 소와 양의 십일조를 가져왔다고 기록하고 있다. 따라서 십일조가 엄격하게 지켜졌음을 보여준다.

Rashi의 이해 라쉬는 목자가 십일조를 구별하기 위하여 어떤 문으로 통과시키면서 열번 째 가축을 지팡이로 치고 그 가축에 붉은 색 페인트를 칠하면 그것이 십일조가 된다고 설명한다.

의미 가축의 경우도 다른 농산물과 마찬가지로 하나님께 십일조를 드려야 하며, 그것을 드릴 때 십일조를 선택하는 방법을 기록하고 있다.

제290조항 : 십일조의 우열을 바꾸지 말라

33 그 우열을 가리거나 바꾸거나 하지 말라 바꾸면 둘 다 거룩하리니 무르

지 못하리라(레 27:33)

레위기 27:33은 십일조 제물의 우열을 바꾸면 둘 다 하나님께 드려야 함을 가르치고 있다.

본문의 이해 레위기 27:32~33은 양이나 소로 십일조를 드리는 방법을 설명한다. 양이나 소의 십일조에 대해서는 오경 가운데 이곳이 유일하게 언급하는 부분이다. 모든 가축의 열 번째마다 여호와의 성물로 정하도록 규정하고 있다. 그러나 사람들이 십일조로 드리는 것과 자신의 것을 바꾸고 싶은 유혹을 받아 만약 제물을 바꾸었다면 처음 하나님의 것으로 선별된 것과 자신이 바꾼 것 모두를 하나님께 드려야 한다. 즉, 십의 일을 드리는 가르침을 어기고 우열을 바꾸면 결국 십의 이를 내게 되는 결과가 된다. 이 경우 원래 십일조로 드려야 하는 동물은 원래부터 하나님의 것이었고, 소유자가 바꾸어 드리고자 했던 동물은 소유자가 십일조로 드린 것이 되기 때문에 원래 하나님의 것과 소유자가 십일조로 선별한 것 모두를 드리게 되어 있다.

Rashi의 이해 라쉬는 이 구절은 제물의 좋고 나쁜 것을 조사해서는 안 된다는 의미를 지니고 있다고 설명하였다.[11]

의미 하나님의 것으로 구별된 것을 바꾸는 일이 없어야 함을 가르쳐 준다. 만약 십일조로 드리는 가축이 하나님께 드릴 수 없는 것이라면 레위기 27:11~12의 방법에 의하여 값으로 대속하면 된다. 따라서 하나님께 드리는 것을 어떤 방법으로도 바꾸어서는 안 된다.

제291조항 : 가축의 십일조를 팔지 말라

³³ 그 우열을 가리거나 바꾸거나 하지 말라 바꾸면 둘 다 거룩하리니 무르지 못하리라(레 27:33)

레위기 27:33은 좋은 짐승을 팔기 위하여 짐승의 십일조를 바꾸지 말라고 가르치고 있다.

본문의 이해 짐승의 십일조는 목자의 지팡이 밑으로 통과하는 짐승의 열 번째 것을 드리도록 규정하고 있다. 만약 십일조로 드릴 것을 바꾸면 원래 드려야 하는 것과 바꾼 것 둘 다 십일조로 드려야 함을 기록하고 있다. 원래 십일조로 된 것은 하나님의 것이기 때문에 바꿀 수 없으며, 또 바꾼 것은 드리는 자가 스스로 십일조로 드리기로 작정하여 구별하였기 때문에 둘 다 십일조로 드려야만 한다. 이처럼 십일조를 바꾸는 경우는 언제 생기는가? 가축을 팔 때 건강한 것이 더 좋은 돈을 받을 수 있기 때문에 만약 십일조로 선별된 가축이 건강하고 좋은 짐승이면 이것을 다른 것과 바꾸려는 유혹이 있을 수 있다.

이처럼 짐승의 십일조를 드릴 때 바꾸지 말라는 것은 여호와에게 제물을 드릴 때 적용되는 것이다(레 27:10).

구약의 이해 그러나 말라기 1:8의 눈 먼 희생제물, 저는 것, 병든 것을 드리는 당시 유대인들의 모습은 십일조도 건강한 것은 자신의 것으로 취하고 병들고 저는 것을 하나님께 드렸을 가능성을 짐작할 수 있다.

의미 하나님이 정한 하나님의 것을 변경할 수 없음을 가르쳐 준다.

제292조항 : 두 번째 십일조를 드려라

²² 너는 마땅히 매년에 토지소산의 십일조를 드릴 것이며 ²³ 네 하나님 여호와 앞 곧 여호와께서 그 이름을 두시려고 택하신 곳에서 네 곡식과 포도주와 기름의 십일조를 먹으며 또 네 우양의 처음 난 것을 먹고 네 하나님 여호와 경외하기를 항상 배울 것이니라(신 14:22~23)

신명기 14:22~23은 십일조를 구별하여 여호와의 성전이 있는 예루살렘에서만 먹을 것을 가르치고 있다. '두 번째 십일조'라 부르는 것은 신명기 14장을 근거로 십일조를 드리는 자들이 먹는 십일조를 의미한다.

본문의 이해 신명기 14:22~23은 십일조를 드리며, 곡식, 포도주, 기름의 십일조는 여호와가 그 이름을 두시려고 택하신 곳인 예루살렘(왕상 11:36, 14:21)에서만 먹을 것을 기록하고 있다. 이러한 가르침은 신명기 12:5~6에도 기록되어 있다. 십일조 외에도 번제와 제물, 거제, 서원제, 낙헌예물, 그리고 소양의 맏물 등을 예루살렘에서만 드리도록 가르치고 있다.

십일조를 예루살렘에서만 먹어야 하는 것은 십일조는 하나님의 것이기 때문에 하나님의 성전이 있는 예루살렘에서만 먹어야 한다. 따라서 예루살렘에서만 십일조를 먹는다는 것은 곧 하나님의 성전에서만 먹어야 한다는 의미로 받아들일 수 있다.

그런데 문제는 여호와께 드리는 첫 번째 십일조와 두 번째 십일조를 모두 드렸는가 하는 점이다. 그렇다면 수익의 20%를 드려야 하는데 이는 매우 큰 분량이었다.

십일조는 하나님의 것으로 하나님의 집인 여호와의 성전에서만 드려야 함을 가르친다.

제293조항 : 곡식의 십일조는 예루살렘 밖에서 먹지 말라

¹⁷ 너는 곡식과 포도주와 기름의 십일조와 네 소와 양의 처음 난 것과 너의 서원을 갚는 예물과 너의 낙헌예물과 네 손의 거제물은 너의 각 성에서 먹지말고(신 12:17)

신명기 12:17은 곡식의 십일조를 예루살렘 밖에서 먹지 말라고 가르치고 있다(신 13:23).

십일조를 예루살렘에서 먹으라는 규정 가운데서 곡식의 십일조에 대하여 기록하고 있다. 17절에서 번째, 곡식의 십일조를 각자의 성에서 먹지 말라고 가르치고 있다. 이것은 신명기 14:22~23의 내용을 부정형으로 기록한 것이다. 그렇다면 이것은 어디서 먹을 수 있는가? 신명기 12:5에 의하면 '여호와께서 자기 이름을 두시려고 너희 모든 지파 중에서 택하신 곳'인 예루살렘으로 가져와 드리고 먹으라는 것이다.

이 구절을 통하여 여호와께 드리는 것은 오직 여호와의 성전이 있는 예루살렘에서만 먹을 수 있음을 알 수 있다. 더 나아가 고대 이스라엘 제의의 중앙화를 엿 볼 수 있다.

하나님께 드리는 것은 하나님의 성전이 있는 예루살렘 밖에서 먹어서는 안 된다.

제294조항 : 포도주의 십일조는 예루살렘 밖에서 먹지 말라

17 너는 곡식과 포도주와 기름의 십일조와 네 소와 양의 처음 난 것과 너의 서원을 갚는 예물과 너의 낙헌예물과 네 손의 거제물은 너의 각 성에서 먹지말고(신 12:17)

신명기 12:17은 포도주의 십일조를 예루살렘 밖에서 먹지 말라고 가르치고 있다.

본문의 이해 십일조를 각 성에서 먹지말라는 규정을 십일조를 드리는 목록별로 기술한 것이다. 곡식과 마찬가지로 포도주의 십일조를 각자의 성에서 먹지 말라고 가르친다. 신명기 12:5에 의하면 '여호와께서 자기 이름을 두시려고 너희 모든 지파 중에서 택하신 곳'인 예루살렘(왕상 11:36, 14:25)으로 가져와 드리고 먹어야 한다. 따라서 포도주의 십일조는 예루살렘에서 드리고 그곳에서 먹도록 규정되어 있다. 본문의 포도주[티로쉬(תירוש)]는 '새 포도주'를 의미한다.

의미 하나님의 것은 하나님의 집인 성전에 드려야 함을 가르친다.

제295조항 : 기름의 십일조는 예루살렘 밖에서 먹지 말라

17 너는 곡식과 포도주와 기름의 십일조와 네 소와 양의 처음 난 것과 너의 서원을 갚는 예물과 너의 낙헌예물과 네 손의 거제물은 너의 각 성에서 먹지말고(신 12:17)

신명기 12:17은 기름의 십일조는 예루살렘 밖에서 먹지 말라고 가르치고 있다.

본문의 이해 17절에서 곡식과 포도주와 마찬가지로 올리브 기름의 십일조도 여호와의 성전이 있는 예루살렘에서 먹으라고 가르친다. 따라서 기름의 십일조는 예루살렘에서 드리고 그곳에서 먹도록 규정되어 있다. 기름이란 의미로 사용된 히브리어(이쯔하르, יִצְהָר)의 의미는 '새 기름'이다.

의미 하나님께 드려진 제물은 하나님께 드려진 곳에서 소비해야 함을 가르친다.

제296조항 : 부정한 상태에서 십일조를 먹지 말라

14 내가 애곡하는 날에 이 성물을 먹지 아니하였고 부정한 몸으로 이를 떼어두지 아니하였고 죽은 자를 위하여 이를 쓰지 아니하였고 내 하나님 여호와의 말씀을 청종하여 주께서 내게 명령하신 대로 다 행하였사오니(신 26:14)

신명기 26:14은 부정한 상태에서 십일조를 먹을 수 없음을 가르친다.

본문의 이해 신명기 26:12~14은 십일조를 사용하는 방법에 대하여 기록하면서 14절에서는 애곡하는 날, 부정한 상태에서 십일조를 먹지 못할 뿐만 아니라 죽은 자를 위해서도 이를 쓰지 못함을 기록하고 있다. 부정한 상태에서는 어떤 제물에도 손을 댈 수 없도록 가르치고 있다.

신약의 이해 본문의 부정한 몸이란 나병(악성 피부질환), 유출병 환자, 시체에 접촉한 자, 설정한 자, 사람을 부정하게 하는 벌레에 접촉한 자 그리고 사람을 더럽힐 만한 것에 접촉 된 자(레 22:4~9)를 의미한다.

구약의 이해 학개 2:12~14에서는 거룩하지 못한 자는 거룩한 것에 손을 댈 수 없음을 말하고 있다. 또한 호세아 9:4에서도 부정한 자가 먹는 제물은 부정해진다고 기록하고 있다.

의미 하나님께 드려진 십일조는 정결한 자만이 먹을 수 있음을 가르쳐준다.

제297조항 : 애곡하는 날 십일조를 먹지 말라

¹⁴ 내가 애곡하는 날에 이 성물을 먹지 아니하였고 부정한 몸으로 이를 떼어두지 아니하였고 죽은 자를 위하여 이를 쓰지 아니하였고 내 하나님 여호와의 말씀을 청종하여 주께서 내게 명령하신 대로 다 행하였사오니(신 26:14)

신명기 26:14은 애곡하는 날에는 십일조를 먹지 못함을 말하고 있다.

본문의 이해 신명기 26:12~14의 십일조를 사용하는 방법에 대한 기록 중 14절에서는 애곡하는 날에 십일조를 먹지 말라고 기록하고 있다.
　본문에서 말하는 애곡하는 상태는 사람이 죽었을 때이거나 혹은 죄를 뉘우칠 때이다. 이 때도 부정한 상태로 간주하기 때문에 하나님의 성물인 십일조를 사용할 수 없다.

마태복음 8:18~22에서 예수님께서 아버지 장사 지내기를 요청
하는 제자에게 죽은 자들이 죽은 자들을 장사하게 하고 너는 나
를 따르라고 말씀하신 것은 예수님의 제자가 되는 거룩한 일을 하는 자
는 장례라는 부정한 일을 할 수 없음을 말씀하신다.

거룩한 십일조는 부정한 자가 사용할 수 없음을 말씀하고 있다.

제298조항 : 십일조를 내지 않은 소산은 먹지 말라

²² 너는 마땅히 매 년 토지 소산의 십일조를 드릴 것이며 ²³ 네 하나님 여호
와 앞 곧 여호와께서 그의 이름을 두시려고 택하신 곳에서 네 곡식과 포도
주와 기름의 십일조를 먹으며 또 네 소와 양의 처음 난 것을 먹고 네 하나
님 여호와 경외하기를 항상 배울 것이니라(신 14:22~23)

신명기 14:22~23은 십일조를 내지 않은 소산은 먹지 말라는 것이다.

신명기 14:22의 의미는 토지에서 생산된 소산의 십일조를 드려
야 하며, 만약 십일조를 드리지 않은 소산은 먹어서는 안 된다는
의미를 내포하고 있다. 22절 본문은 강조로 표현되어 있다. 즉, '반드시
십일조를 드려라'(아쎄르 테아쎄르, עַשֵּׂר תְּעַשֵּׂר)이다. 문장 구조상 명령형과
미완료 시제를 함께 사용함으로써 반드시 해야 함을 반복하여 강조하고
있다. 따라서 소산물 가운데 십일조를 드리지 않은 것은 먹을 수 없도록
가르치는 것이다.
　그 이유는 십일조를 내지 않은 것을 먹을 때 하나님의 것을 먹는 죄를

범하게 되기 때문이다.

제299조항 : 십일조를 변경하지 말라

²⁹ 너는 네가 추수한 것과 네가 짜낸 즙을 바치기를 더디하지 말지며 네 처음 난 아들들을 내게 줄지며(출 22:29)

³⁰ 그리고 그 땅의 십 분의 일 곧 그 땅의 곡식이나 나무의 열매는 그 십 분의 일은 여호와의 것이니 여호와의 성물이라 ³¹ 또 만일 어떤 사람이 그의 십일조를 무르려면 그것에 오 분의 일을 더할 것이요 ³² 모든 소나 양의 십일조는 목자의 지팡이 아래로 통과하는 것의 열 번째의 것마다 여호와의 성물이 되리라 ³³ 그 우열을 가리거나 바꾸거나 하지 말라 바꾸면 둘 다 거룩하리니 무르지 못하리라 ³⁴ 이것은 여호와께서 시내 산에서 이스라엘 자손을 위하여 모세에게 명령하신 계명이니라(레 27:30~34)

출애굽기 22:29(28)와 레위기 27:30~34은 각종 십일조를 구별하는 규칙을 변경하지 말라는 것이다.

본문의 이해 출애굽기 22:29에 의하면 추수한 것의 십일조와 올리브 기름이나 포도주처럼 즙을 짜낸 것의 십일조를 드리는 것을 주저하지 말라고 가르친다. 레위기 27:30~33은 땅의 소산의 십일조를 구별하여 드리는 것에 관하여 가르치고 있다. 30절에서는 곡식, 나무의 열매의 십일조가 하나님의 것임을 밝히고 있다. 십일조의 대상에 대하여 자세히 기록하고 있는 것은 신명기 14:22~29이다. 신명기 14:22~29은 십일조에 관한 일반적인 규정을 기록하고 있다. 신명기 14:22~23에서는 십일조를 드릴 대상에 대하여 언급한다. 즉, 곡식, 포도주, 기름, 소 그리고 양의 처음 난 것을 십일조로 드린다. 신명기 14:24~26에서는 하나님께서 자기 이름을 두시려고 택하신 곳(즉, 예루살렘)까지 거리가 너무 멀어서 십일조 헌물을 가져갈 수 없을 경우에는 돈을 가져가 그곳에서 소, 양, 포도주, 독주 등을 사서 함께 먹고 즐거워하라고 가르치고 있다. 또한 신명기 14:27~29에서는 3년마다 십일조를 저축하여 레위인, 객, 고아, 과부들이 배부르게 먹게 하면 하나님께서 범사에 복을 주시겠다고 가르친다.

레위기 27:31에 의하면 십일조를 무르기 위해서는 십일조에 20%를 더해야 한다.

레위기 27:32~33절에서 양이나 소의 십일조는 열 번째마다 여호와의 성물로 정하도록 규정하고 있다. 양이나 소의 십일조에 대해서는 오경 가운데 이곳이 유일하게 언급하는 부분이다. 이 규정을 어겼을 경우에는 34절에 의하면 원래 십일조 성물로 구별된 것 모두 바치도록 규정하고 있다. 사무엘상 8:15~17에서 왕은 세금의 개념으로 십일조를 부과한다.

의미 출애굽기 22:29과 레위기 27:30~33에서 강조하는 것은 십일조를 하나님의 것으로 바치는 것을 지체하지 말뿐만 아니라 그 몫 또한 변경할 수 없음을 가르치고 있다.

04

초태생

제300조항 : 초태생은 거룩히 구별하여 드려라

² 이스라엘 자손 중에서 사람이나 짐승을 막론하고 태에서 처음 난 모든 것은 다 거룩히 구별하여 내게 돌리라 이는 내 것이니라 하시니라(출 13:2)

출애굽기 13:2은 사람이나 가축의 처음 태어난 것은 거룩한 것으로 하나님께 드려야 함을 가르치고 있다.

본문의 이해 출애굽기 13:2에서 강조하는 첫 태생은 아버지로부터가 아니라 어머니로부터이다. 즉, 태에서 처음 난(페테르, פֶּטֶר) 것이란 어머니가 처음 낳은 것을 의미한다. 이처럼 초태생을 하나님께 드려야 하는 이유는 그것이 여호와의 것이기 때문이다(리 후, לִי הוּא). 그렇다면 이 초태생은 언제 여호와에게 드리는가? 출애굽기 22:30에 의하면 짐승의 경우 난지 팔일째 되는 날 여호와에게 드리도록 가르치고 있다. 출애굽기 22:29에 의하면 초태생 사람은 대속하도록 기록하고 있다.

구약의 이해 창세기 22장에서 아브라함이 이삭을 조금도 지체하지 않고 여호와에게 제물로 드릴 수 있었던 것은 이삭은 구별하여 드려야

할 대상이었기 때문이다. 창세기 4장에서 아벨은 양의 첫 새끼를 여호와
께 드렸고, 그래서 그는 하나님으로부터 의인으로 인정받게 되었다(히
11:4).

신약의 이해 누가복음 2:23에 의하면 예수의 부모가 예수를 데리고 예루살렘
에 올라간 것은 첫 태생인 예수를 여호와에게 드리기 위함이었다.

제301조항 : 초태생은 대속하라

²⁹ 네 처음 난 아들들을 내게 줄지며(출 22:29)

¹⁵ 여호와께 드리는 모든 생물의 처음 나는 것은 사람이나 짐승이나 다 네
것이로되 처음 태어난 사람은 반드시 대속할 것이요 처음 태어난 부정한
짐승도 대속할 것이며(민 18:15)

첫 아들은 대속해야 한다는 가르침이 출애굽기 22:29과 민수기 18:15
에 기록되어 있다.

본문의 이해 출애굽기 22:29에서는 맏아들을 여호와께 드려야 한다고 기록
하고 있다. 민수기 18:15에서 맏아들을 여호와께 드리는 방법은
대속해야 한다. 즉, 맏아들과 처음 태어난 부정한 짐승은 이를 대신하여
양을 여호와에게 드려야 함을 가르친다.

출애굽기 22:29에서 장자(브코르, בְּכוֹר)는 여호와의 것으로 여호와에
게 바치라고 가르치고 있다. 그러기 위하여 대속하도록 가르친다. 그렇

지만 민수기 18:15에 의하면 모태를 열고 처음 나와 여호와에게 드려진 짐승이나 온갖 것 가운데 여호와께 받쳐진 것들도 모두 제사장의 것이 된다.

'대속하다'의 의미로 사용된 히브리어 동사는 파다(פָּדָה)이다.

구약의 이해 창세기 22장에서 아브라함이 이삭을 여호와에게 드리려 할 때 여호와가 양을 대신 준비한 것은 바로 사람의 초태생은 대속하게 되어 있기 때문이다(창 22:13). 특히 창세기 22:8에서 아브라함은 이삭에게 여호와께서 제물을 준비하신다고 말한다. 따라서 맏아들은 대속하도록 가르친다.

신약의 이해 누가복음 2:22~23에서는 첫 태생을 여호와에게 드리기 위하여 예루살렘으로 갔다. 출애굽기 22:29와 민수기 18:15의 가르침을 따른 것이다.

제302조항 : 나귀의 초태생은 대속하라

²⁰ 나귀의 첫 새끼는 어린 양으로 대속할 것이요 그렇게 하지 아니하려면 그 목을 꺾을 것이며 네 아들 중 장자는 다 대속할지며 빈손으로 내 얼굴을 보지 말지니라(출 34:20)

출애굽기 34:20은 나귀처럼 부정한 동물의 첫 새끼를 대속할 것을 가르치고 있다.

본문의 이해 출애굽기 34:20의 번역은 '나귀(하모르, חֲמוֹר)의 첫 새끼는 어린 양(쎄, שֶׂה)으로 대속해야 한다'이다. 즉, 나귀의 첫 새끼가 태어나면 어린 양을 드려서 대속해야 한다는 것이다.

그렇다면 왜 나귀는 양을 대속물로 드려야 하는가? 이에 관하여 여러 관점에서 생각할 수 있다. 첫째, 종교적 관점에서 나귀는 부정한 동물로서 제물로 드릴 수 없었다(레 27:26~27, 민 18:15). 나귀를 이처럼 부정한 동물로 분류한 것은 선택교배가 가능하기 때문에 부정한 것으로 여겼던 것으로 보인다. 뿐만 아니라 나귀는 되새김을 하지 않고, 굽이 갈라지지 않아 부정한 동물로 여겼다(레 11:3). 따라서 나귀의 새끼를 제물로 드리지 못하고, 그 대신 양을 제물로 드린 것이다. 둘째, 경제적 관점에서 나귀의 경제성(노동성) 때문에 대속한 것으로 추정된다. 고대 이스라엘에서 나귀가 갖는 노동성 때문이다. 나귀는 주전 3000년경부터 물건을 나르는데 주로 사용되었다(사 30:6, 24). 뿐만 아니라 사사기 10:4, 12:14과 스가랴 9:9에서는 사람이 타고 다니는 데도 사용되었다. 예수께서도 나귀를 타고 예루살렘에 입성하는 것으로 보아 두 번째 해석이 더 합리적으로 보인다. 그러나 민수기 18:17에서 양과 소를 대속하지 말라는 것은 이들이 제물로 드릴 수 있는 것이었다는 점을 근거로 할 때 나귀의 부정함 때문으로 보이기도 한다.

Rashi의 이해 라쉬는 나귀는 일을 해야 하기 때문에 양으로 대속하였다고 설명한다.[12]

신약의 이해 마태복음 21:1~11, 마가복음 11:1~10에서 예수가 나귀를 타고 입성하였다. 따라서 나귀를 부정한 동물로 보기에는 어려움이 있다.

어떤 이유에서든지 드릴 수 없는 동물의 경우는 대속해서라도 반드시 여호와에게 드려야만 한다.

제303조항 : 첫 나귀 새끼를 대속하지 않으면 목을 꺾어라

13 나귀의 첫 새끼는 다 어린 양으로 대속할 것이요 그렇게 하지 아니하려면 그 목을 꺾을 것이며(출 13:13)

출애굽기 13:13은 출애굽기 34:20의 나귀의 첫 새끼를 대속해야 하는 가르침과 관련이 있는 것으로 만약 첫 나귀를 대속하지 않을 경우 목을 꺾어 죽이라고 가르친다.

이 가르침은 출애굽기 34:20에도 반복적으로 기록되어 있으며 나귀의 첫 새끼를 대속해서 양을 드리지 않으면, 첫 나귀 새끼의 목을 꺾어 죽여야 한다고 가르친다.

고대 이스라엘에서 목을 꺾는다는 것은 무엇보다도 제물로 사용하지 못하는 동물을 피를 흘리지 않고 잡을 때 사용하는 방식이다.

라쉬는 초태생을 드리지 않으면 제사장이 돈을 잃는 것이기 때문에 드리는 자도 돈을 잃어야 함을 가르쳐 주는 것으로 이해하였다. 왜냐하면 초태생을 드리면 제사장의 몫이 되기 때문이다(민 18:15). 따라서 대속하지 않으면 목을 꺾었다고 해석하였다.

여호와의 것을 여호와에게 드리지 않을 경우 이것을 사람이 사용할 수 없음을 가르친다. 이는 여호와의 것을 사람을 위하여 사용하지 말라는 관유에 관한 가르침이나 향에 관한 가르침(출 30:32)과 같은 의미이다.

제304조항 : 거룩한 동물의 처음 난 것을 대속하지 말라

¹⁷ 오직 소의 처음 난 것이나 양의 처음 난 것이나 염소의 처음 난 것은 속하지 말찌니 그것들은 거룩한즉 그 피는 단에 뿌리고 그 기름은 불살라 여호와께 향기로운 화제로 드릴 것이며(민 18:17)

민수기 18:17은 제물로 드릴 수 있는 동물들의 처음 난 것은 대속하지 말라고 가르치고 있다.

본문의 이해 소, 양 그리고 염소의 처음 난 것은 다 여호와에게 제물로 드릴 수 있는 동물이기 때문에 이것들은 대속하지 말라고 가르친다. 처음 난 것(브코르, בְּכוֹר)이란 '장자'란 의미이다. 이스라엘에서 희생제물로 드릴 수 있는 동물은 소, 양, 염소 뿐이다.

이처럼 거룩한 동물의 처음 난 것을 여호와께 드려야 하는 것은 출애굽기 13:2를 근거한 것이다.

신약의 이해 예수 그리스도께서 죄가 없으신데 속죄제물이 되셨다는 것은 예수님은 제물로 드릴 수 있는 분이라는 점을 강조한 것이다(행 13:28).

의미 하나님께 드리는 것은 거룩한 것이어야 한다.

제305조항 : 흠 없는 초태생을 예루살렘 밖에서 먹지 말라

¹⁷ 너는 곡식과 포도주와 기름의 십일조와 네 소와 양의 처음 난 것과 너의 서원을 갚는 예물과 너의 낙헌예물과 네 손의 거제물은 너의 각 성에서 먹지말고(신 12:17)

신명기 12:17은 소와 양의 처음 난 것을 예루살렘 밖에서 먹지 말라고 가르친다.

본문의 이해 17절에서는 곡식, 포도주 그리고 기름의 십일조와 함께 소와 양의 처음 난 것도 각자의 성에서 먹지 말라고 가르친다. 왜냐하면 이것들은 모두 여호와의 것이기 때문이다. 그렇다면 이것은 어디서 먹을 수 있는가? 신명기 12:5에 의하면 '여호와께서 자기 이름을 두시려고 너희 모든 지파 중에서 택하신 곳'인 예루살렘으로 가져와 드리고 먹으라는 것이다. 원래 소와 양의 처음 난 것은 여호와의 것으로 여호와에게 드려야만 한다. 따라서 소와 양의 처음 난 것은 예루살렘에서 드리고 그곳에서 먹도록 가르치고 있다.

의미 하나님의 것을 드리기 위해서는 반드시 하나님의 집에서 드려야만 한다.

제306조항 : 제사장은 첫 열매를 예루살렘 밖에서 먹지 말라

³³ 그들은 속죄물 곧 그들을 위임하며 그들을 거룩하게 하는 데 쓰는 것을 먹되 타인은 먹지 못할지니 그것이 거룩하기 때문이라(출 29:33)

아론과 그의 아들 제사장은 제사장 위임식의 제물을 회막에서 먹어야 한다.

본문의 이해 제사장은 제사장 임직식에 사용한 속죄물을 회막(예루살렘)에서 먹어야 하며, 다른 사람들이 이것을 먹을 수 없다. 제사장을 위하여 처음 드리는 제물을 그 제사장이 먹어야 함을 의미한다.

제307조항 : 드려진 양의 털을 깎지 말라

¹⁹ 네 소와 양의 처음 난 수컷은 구별하여 네 하나님 여호와께 드릴 것이니 네 소의 첫 새끼는 부리지 말고 네 양의 첫 새끼의 털은 깎지 말고(신 15:19)

신명기 15:19은 구별하여 하나님께 드려진 짐승의 털을 깎지 말라고 가르쳐 준다.

본문의 이해 양의 첫 새끼의 털을 깎지 말라는 것은 이 양이 여호와의 것이기 때문이다. '털을 깎다'는 의미의 히브리어 동사(가자즈, גָּזַז)는 신명기 15:19에서만 사용되었다. 털을 깎는 것은 양 주인이 경제적인 이득을 위하여 털을 깎는 것이다. 즉, 여호와의 것을 통하여 어떤 경제적 이득을 얻지 말라는 것이다. 본문에서 양의 털을 깎지 말라고 기록하고 있는데, 히브리어 쫀(צֹאן)은 가축, 즉 양과 염소를 포함한 것으로 번역할 수도 있다. 그러나 19절 전체의 구조상 소와 양이 평행적으로 등장하기 때문에 대부분은 양으로 번역한다.

바벨론 후기 시대에 양 한 마리에서 생산되는 털의 양은 대략 1.5 미나(mina) 즉, 0.75 kg이었으며, 염소 한 마리에서 생산되는 털의 양은 대략 5/6 미나(mina)로 약 0.41 kg이었다.[13]

 하나님의 것으로 경제행위를 해서 이득을 취하지 말라는 것을 가르치고 있다.

05
만물

제308조항 : 첫 열매를 성전으로 가져와라

19 너의 토지에서 처음 익은 열매의 첫 것을 가져다가 너의 하나님 여호와의 전에 드릴찌니라 너는 염소새끼를 그 어미의 젖으로 삶지 말찌니라(출23:19)

출애굽기 23:19은 처음 익은 열매를 구별하여 여호와께 드리며, 성전에서 드리도록 가르치고 있다.

본문의 이해 토지에서 처음 익은 것을 하나님의 전에서 여호와께 드려야 하는 것은 무엇보다도 첫 소산물은 동물의 첫태생과 마찬가지로 여호와의 것이기 때문이다. 여기에는 토지에서 수확을 거둔 것이 여호와의 은혜이므로 감사하자는 의미도 포함되어 있다.

처음 익은 열매의 첫 것(레쉬트 비쿠레이 아드마테이카, רֵאשִׁית בִּכּוּרֵי אַדְמָתְךָ)은 '처음 익은 열매의 가장 좋은 것'으로도 번역할 수 있다.

구약의 이해 만물을 드려야 하는 것을 어김으로 하나님이 제사를 기뻐 받지 않은 경우를 창세기 4장의 가인과 아벨의 예에서 찾을 수 있다.

가인은 땅의 소산을 제물로 드렸지만(3절) 그의 동생 아벨은 양의 첫 새 끼를 제물로 드렸다(4절)(출 13:2). 히브리서 11:4에서 믿음으로 아벨은 가인보다 더 나은 제사를 드렸다는 것은 바로 말씀대로 제물을 드린 것을 의미한다.

근동의 이해 우르-남무 법전의 서언에 의하면 메소포타미아 지역에서도 맏 물을 드리는 제사가 있었음을 알 수 있다.

의미 하나님께 맏물을 드린다는 것은 가장 소중한 것을 드린다는 것 과 같은 의미이기 때문에 모든 이스라엘 사람들은 항상 맏물을 여호와께 드려야만 했다.

제309조항 : 첫 열매를 성전에 드려라

4 또 너의 처음 된 곡식과 포도주와 기름과 너의 처음 깎은 양털을 네가 그 에게 줄 것이니(신 18:4)

신명기 18:4은 처음 익은 열매를 여호와께 드리라고 가르치고 있다.

본문의 이해 신명기 18:4에서는 곡식, 포도주, 기름, 양털 등의 처음 수확을 여호와에게 드리라는 것이다. 그 이유는 이 모든 것이 여호와의 것이기 때문이다. 이러한 가르침은 출애굽기 23:19에도 기록되어 있다.

제310조항 : 만물을 가져오는 것을 여호와께 고하라

⁵ 너는 또 네 하나님 여호와 앞에 아뢰기를 내 조상은 방랑하는 아람 사람으로서 애굽에 내려가 거기에서 소수로 거류하였더니 거기에서 크고 강하고 번성한 민족이 되었는데(신 26:5)

신명기 26:1~9은 여호와가 기업으로 준 땅에 들어가 얻은 토지의 소산 가운데 만물을 성전에 가져오고, 그것을 받은 제사장의 처리 방법에 대하여 가르친다. 특히 5절에서는 여호와 앞에서 신앙을 고백하라고 가르친다.

본문의 이해 신명기 26:1~9은 하나님이 준 가나안 땅에 들어가 얻은 토지의 소산 가운데 만물을 광주리에 담아 예루살렘으로 가져와 제사장에게 드리도록 규정하고 있다. 제사장에게 만물을 주면서 드리는 자가 '여호와께서 우리에게 주시겠다고 우리 조상들에게 맹세하신 땅에 이르렀나이다'라고 말하면 제사장은 만물이 담긴 광주리를 받아 제단 앞에 놓고, 이때 드리는 자는 신앙을 고백하도록 규정하고 있다. 따라서 학자들(폰라트, G. von Rad)은 신명기 26:5~9을 이스라엘 백성들의 신앙고백이라고 부른다.[14]

의미 5절에서는 만물을 여호와 앞에 드리며, 여호와에게 과거의 여호와의 은혜를 고하라고 가르친다. 따라서 첫 소산을 주신 하나님의 은혜를 감사하라는 의미를 내포하고 있다.

제311조항 : 제사장을 위하여 첫 곡식의 떡을 구별하라

²⁰ 너희의 처음 익은 곡식 가루 떡을 거제로 타작 마당의 거제같이 들어 드리라(민 15:20)

민수기 15:20은 처음 익은 곡식 가루 떡을 제사장에게 드릴 것을 가르치고 있다.

본문의 이해 떡으로 번역된 히브리어 할라(חַלָּה)는 원 모양의 빵을 의미한다.[15] 또한 히브리어 아리사(עֲרִיסָה)의 정확한 의미는 알 수 없지만 일반적으로 섞인 가루 혹은 빵을 만들 때 첫 단계의 가루라는 의미를 지니고 있다. 따라서 본 구절은 빵을 만드는 데 필요한 가루라는 의미이다. 시리아역 페쉬타(Syriac Peshitta)에서는 아리사를 '반죽한 가루'라고 번역하였다. 산물의 첫 소산을 드리는 규정은 민수기 18:8~32에 기록되어 있다. 여기에 의하면 처음 익은 곡식 가루 떡은 칠칠절 때 처음 익은 열매를 드리는 날에 드리는 새 소제를 의미한다.

거제(트루마, תְּרוּמָה)는 '집어든다'는 의미이다. 따라서 제사드릴 때 제사장이 제물을 드는 행위에 의하여 붙여진 것이다. 주로 곡식단이나 떡을 거제로 드린다.

신약의 이해 로마서 11:16에서 바울은 처음 익은 곡식 가루가 거룩하기 때문에 떡덩이도 거룩하다고 말한다.

제312조항 : 제사년 째의 것을 여호와께 드려라

²⁴ 제 사 년에는 그 모든 과실이 거룩하니 여호와께 드려 찬송할 것이며(레 19:24)

레위기 19:24~25은 가나안에 들어가 과실을 심으면 삼 년 동안은 거룩하지 못한 것이기 때문에 먹지 말고, 제 사 년에 맺는 열매는 여호와에게 드릴 것을 가르치고 있다.

본문의 이해 23~25절의 가르침은 이스라엘이 가나안에 들어간 후 과일나무를 심고 거기서 생산하고 어떻게 처리할 것인가를 설명하고 있다. 그러나 어떤 것을 어떻게 드려야 하는지 자세히 기록되지 않았다. 삼 년 동안 생산되는 과실은 할례 받지 못한 것과 같이 부정한 것으로 여겼으며, 사 년째 생산되는 것은 모두 하나님께 드렸으며, 오 년째부터 생산되는 것을 먹을 수 있도록 가르치고 있다. 제 사 년 째의 것을 하나님께 드릴 때에는 레위기 27:30의 규정에 의하여 드려야한다.

우리말 성경에서 23절을, 히브리어로는 에츠(עֵץ)를 '과목' 혹은 '과일나무'로 번역한 것은 뒤에 언급된 열매라는 단어 때문이다.

이러한 가르침은 새로운 땅에 정착한 후 그 땅이 거룩해지기 위하여 3년 간의 정결기간이 필요함을 가르치며, 이것은 신명기 23:8의 이방인인 에돔과 이집트 사람의 삼대 후 자손은 이스라엘의 총회에 들어올 수 있다는 것과 같은 개념으로 이해된다.

의미 하나님께 드리는 것은 정결한 것이어야 함을 가르쳐 준다.

제313조항 : 가난한 자를 위하여 곡물을 남겨두어라

⁹ 너희 땅의 곡물을 벨 때에 너는 밭모퉁이까지 다 거두지 말고 너의 떨어진 이삭도 줍지 말며(레 19:9)

레위기 19:9은 이스라엘 백성들이 곡물을 수확할 때 가난한 자를 위해 이삭을 남겨 놓을 것을 가르치고 있다.

본문의 이해 레위기 19:9~10은 가난한 사람들을 위한 배려로, 레위기 23:22 이나 신명기 24:19~22에서도 기록되어 있다. 10절의 '가난한 사람들'은 일반적으로 자신의 토지가 없고, 단지 자신의 노동력을 팔아서 생계를 유지하는 자들을 의미한다.

구약의 이해 룻기 2장은 이러한 가난한 자들을 위한 규정들이 어떻게 운용 되었는가를 잘 보여준다. 9~10절을 2~8절과 연결하기보다는 9~18절과 연결하는 것이 더 바람직하다.

의미 농작물을 수확할 때 토지가 없어 수확하지 못하는 사람들을 위한 몫을 남겨두어 수확의 기쁨을 함께 즐기라는 것이다.

제314조항 : 가난한 자를 위하여 떨어진 이삭을 줍지 말라

⁹ 너희 땅의 곡물을 벨 때에 너는 밭모퉁이까지 다 거두지 말고 너의 떨어진 이삭도 줍지 말며(레 19:9)

레위기 19:9은 이스라엘 백성들이 곡물을 수확할 때 떨어진 이삭도 줍지 말 것을 가르치고 있다.

본문의
이해 레위기 19:9~10은 가난한 사람들을 위한 배려로, 레위기 23:22
이나 신명기 24:19~22에서도 기록되어 있다.

떨어진 이삭의 양도 작지는 않았다. 룻기 2:17에 의하면 약 22리터 혹
은 약 10.87 kg 정도의 양을 의미한다.[16]

구약의
이해 룻기 2장은 가난한 자들을 위한 규정들이 어떻게 운용되었는가
를 잘 보여준다. 룻기 2:3, 7은 룻이 보아스의 밭에서 이삭을 주
운 것을 보여 준다. 룻기 2:16에서는 보아스가 일부러 곡식 이삭을 흘리
는 것을 볼 수 있다. 이것은 보아스가 합법적으로 룻을 돕는 방법이었다.

의미 하나님이 주신 추수의 기쁨을 가난한 자들과 함께 나눌 것을 가
르친다.

제315조항 : 가난한 자를 위하여 잊어버린 곡식단을 남겨두
어라

¹⁹ 네가 밭에서 곡식을 벨 때에 그 한 뭇을 밭에 잊어버렸거든 다시 가서
취하지 말고 객과 고아와 과부를 위하여 버려두라 그리하면 네 하나님 여
호와께서 네 손으로 범사에 복을 내리시리라(신 24:19)

신명기 24:19은 추수 때 잊어버리고 밭에 두었던 곡식 단을 다시 줍지
말고 내버려두라고 가르치고 있다.

추수 때 잊어버렸던 곡식 단을 그냥 밭에 버려두어야 하는 이유는 객, 고아 과부와 같은 사회적 약자들을 위해서라고 가르치고 있다.

제316조항 : 포도원 열매를 다 따지 말라

¹⁰ 너의 포도원의 열매를 다 따지 말며 너의 포도원에 떨어진 열매도 줍지 말고 가난한 사람과 타국인을 위하여 버려두라 나는 너희 하나님 여호와니라(레 19:10)

레위기 19:10은 포도원 열매를 다 따지 말라고 가르치고 있다.

레위기 19:10에서 포도원의 열매를 다 따지 말라는 것은 레위기 19:9의 이삭을 남겨두라는 것과 같은 의미의 가르침이다. 이렇게 남겨두는 이유는 가난한 사람과 타국인을 위한 배려로써 두 가지를 가르쳐 준다. 열매를 다 따지 말며, 떨어진 열매를 줍지 말라는 것이다.

10절에서 열매를 다 따지 말라는 말의 의미는 수확하는 시점에서 아직 덜 익은 포도까지 수확하지 말라는 의미로 이해할 수 있다. 잘 익은 것은 수확하지만 그러나 아직 덜 익은 것은 남겨두라는 것이다.

제317조항 : 가난한 자를 위하여 떨어진 포도를 남겨두라

¹⁰ 너의 포도원의 열매를 다 따지 말며 너의 포도원에 떨어진 열매도 줍지 말고 가난한 사람과 타국인을 위하여 버려두라 나는 너희 하나님 여호와

니라(레 19:10)

레위기 19:10은 포도원 열매를 수확할 때 포도원에 떨어진 열매를 줍지 말라고 가르친다.

본문의 이해 레위기 19:10에서는 가난한 사람과 타국인을 위한 배려로 두 가지를 규정한다. 즉, 열매를 다 따지 말며, 떨어진 열매를 줍지 말라는 것이다. 그 가운데 땅에 떨어진 포도원 열매를 줍지 말라고 규정하고 있다. 즉, 가난한 사람이나 타국인들이 주워 먹을 수 있도록 남겨두라는 것이다.

신약의 이해 이것은 마태복음 22:39의 네 이웃을 너 자신처럼 사랑하라는 것과 같은 맥락의 말씀이다. 즉, 수확의 기쁨을 가난한 이웃과도 함께 나누라는 것이다.

의미 하나님이 주신 수확을 거둘 때 땅이 없는 사람들의 기쁨을 배려하라는 가르침이다.

06

나실인

제318조항 : 나실인은 서원하고 구별한 날 동안 머리를 길러야 한다

⁵ 그 서원을 하고 구별하는 모든 날 동안은 삭도를 절대로 그의 머리에 대지 말 것이라 자기 몸을 구별하여 여호와께 드리는 날이 차기까지 그는 거룩한즉 그의 머리털을 길게 자라게 할 것이며(민 6:5)

민수기 6:5에서는 나실인들이 서원하고 구별하는 날 동안에 머리를 자를 수 없도록 가르치고 있다.

본문의 이해 나실인은 구별되는 날 동안 머리를 길러야 하며, 절대 칼로 잘라서는 안 된다고 가르치고 있다. 나실인이 머리를 길러야 하는 것은 사사기 16:19의 삼손과 들릴라의 이야기에서 잘 알 수 있다. 나실인이었던 삼손은 들릴라에 의하여 머리가 잘린 후 여호와가 그를 떠나 더 이상 힘을 쓰지 못하고 블레셋 사람들에게 체포되었다. 따라서 머리털은 힘의 상징으로 인식되었음을 짐작할 수 있다. 히브리어 페라아(פֶּרַע)는 '머리카락을 축 늘어뜨리는'이다.[17]

나실인은 서원하여 구별하는 날 동안 머리를 자르면 안 되는데, 이 머리를 통하여 나실인이 특별 기간을 지키고 있음을 알 수 있다.

<구약의 이해> 구약성서에 기록된 인물 가운데 나실인은 사무엘(삼상 1:11, 18), 삼손(삿 13:2~5) 등이 대표적 인물이다.

<신약의 이해> 신약성서에서 세례 요한이 나실인이었다는 기록은 없지만 그러나 나실인처럼 행동하였다(눅 1:15). 누가복음 1:15에서 세례요한이 포도주나 독주를 마시지 않는다고 기록하고 있다. 실제로 세례요한은 제사장의 아들이었다.

제319조항 : 나실인은 머리를 깎지말라

5 그 서원을 하고 구별하는 모든 날 동안은 삭도를 절대로 그의 머리에 대지 말 것이라 자기 몸을 구별하여 여호와께 드리는 날이 차기까지 그는 거룩한즉 그의 머리털을 길게 자라게 할 것이며(민 6:5)

민수기 6:5에는 나실인은 머리를 깎지 못한다고 가르치고 있다. 이 구절은 앞의 가르침에 대한 금지 형태의 가르침이다.

<본문의 이해> 나실인들이 머리를 깎지 않는 것은 다른 어떤 금지조항보다 중요하다. 머리를 깎지 않는 것은 나실인들이 특별한 기간 동안 지켜야 할 가르침이고, 이는 나실인이 구별하는 기간이라는 사실을 머리를 자르지 않는 외모를 통하여 보여주는 것이다. 따라서 삼손(삿 16:17)과 사무엘(삼상 1:11)은 머리를 자르지 않았다.

민수기 6:5의 삭도를 절대로 그의 머리에 대지 말 것이라(타아르 로–

야아보르 알−로쇼, ‏יַעֲבֹר עַל־רֹאשׁ‎)를 직역하면 '칼이 그의 머리 위로 지나게 하지 말라'이다.

제320조항 : 나실인은 구별 기간이 끝나면 머리를 자르고 제물을 드려야 한다

¹⁸ 자기 몸을 구별한 나실인은 회막 문에서 그 머리털을 밀고 그것을 화목 제물 밑에 있는 불에 둘찌며(민 6:18)

민수기 6:18은 나실인들이 구별의 기간이 끝났을 때에는 머리를 자르고 화목제물 밑의 불에다 태우라고 가르친다.

본문의 이해 나실인들이 항상 머리를 기르는 것이 아니라 구별한 날 동안에 만 머리를 자르지 않고, 구별한 기간이 끝나면 머리를 자르고 그 것을 화목제물 밑의 불에 태우도록 규정하고 있다.

회막 문(페타흐 오헬 모에드, ‏פֶּתַח אֹהֶל מוֹעֵד‎)은 성전 입구와 제단 사이의 지역으로 일반사람들이 제물을 가지고 갈 수 있는 곳이다. 머리털을 불에 태우는 것은 머리털이 나실인의 머리에서 제거된 다음에도 거룩하기 때문에 불로 태워야만 했다. 화목제물 밑에 있는 불에 태우는 것은 화목제물도 남은 것은 불에 태워야 하기 때문이다(레 7:17, 19:6). 왜냐하면이 제물도 거룩하기 때문이다(레 19:8).

신약의 이해 사도행전 21:23~26에서 사도바울은 예루살렘에 도착하여 유대 인들의 비난을 피하기 위하여 나실인 서원 예식에서 머리를 깎는 비용을 지불함으로써 사도바울이 율법을 무시하는 자가 아님을 보여준다.

제321조항 : 나실인은 포도주를 마시지 말라

³ 포도주와 독주를 멀리하며 포도주로 된 초나 독주로 된 초를 마시지 말며 포도즙도 마시지 말며 생포도나 건포도도 먹지 말지니(민 6:3)

민수기 6:3은 나실인이 포도로 만든 술이나 음료를 마셔서는 안 된다는 것을 가르친다.

본문의 이해 3절은 나실인들은 가나안의 대표적인 농산물인 포도주 뿐만 아니라 포도로 된 초, 포도즙, 생포도 그리고 건포도를 먹어서는 안 된다고 기록하고 있다. 독주(쉐카르, שֵׁכָר)는 문자적으로 '오래된 포도주'란 의미이다. 히브리어 쉐카르(שֵׁכָר)는 아카드어의 쉬카루(šikaru)와 같은 단어인데 아카드어 쉬카루(šikaru)의 의미는 맥주이다. 이집트와 메소포타미아에서는 맥주 산업이 주를 이루었지만 가나안에서는 포도주 산업이 발달하였다.

나실인들이 어떤 면에서는 제사장들보다 더 금욕적인 생활을 하였음을 보여준다.

구약의 이해 사무엘상 1:15에 의하면 한나는 포도주를 마지지 않았다. 구약성서에 등장하는 집단 가운데 포도주를 마시지 않는 이들은 레갑 족속이다(렘 35장). 이들이 포도주와 관계된 것을 먹지 않는 것은 정착생활에 대한 거부의 표시이다. 이들은 가나안 농경문화에 많은 신앙적 이질 요소가 포함되어 있다고 생각하였기 때문에 유목생활을 고수하였다(렘 35:7).

본문의 이해 누가복음 1:15에 의하면 세례 요한은 포도주나 독주를 마시지 않았다.

의미 하나님 앞에 자원하여 구별된 자들은 이방문화의 유혹으로부터 자신을 지켜야 함을 가르쳐준다.

제322조항 : 나실인은 생포도를 먹지 말라

³ 포도주와 독주를 멀리하며 포도주로 된 초나 독주로 된 초를 마시지 말며 포도즙도 마시지 말며 생포도나 건포도도 먹지 말지니(민 6:3)

민수기 6:3은 나실인은 생포도를 먹지 말라고 가르치고 있다.

본문의 이해 민수기 6:3에서 생포도를 먹지 말라고 가르치고 있다. 생포도(아나빔 라힘, עֲנָבִים לַחִים)는 문자적으로 '새 포도' 혹은 '즙이 있는 포도'란 의미이다. 나실인은 포도밭에서 생산되는 어떤 종류의 것도 먹어서는 안 된다.

제323조항 : 나실인은 건포도를 먹지 말라

³ 포도주와 독주를 멀리하며 포도주로 된 초나 독주로 된 초를 마시지 말며 포도즙도 마시지 말며 생포도나 건포도도 먹지 말지니(민 6:3)

민수기 6:3은 나실인에게 건포도를 먹지 말라고 가르치고 있다.

본문의 이해 3절에서 건포도를 먹지 말라고 기록하고 있다. 건포도(아나빔 예베쉼, עֲנָבִים יְבֵשִׁים)는 문자적으로 '마른 포도'라는 의미이다.

호세아 3:1에 의하면 건포도는 가나안 바알 종교의식과 밀접한 관련이 있는 듯하다.

제324조항 : 나실인은 포도 씨를 먹지 말라

⁴ 자기 몸을 구별하는 모든 날 동안에는 포도나무 소산은 씨나 껍질이라도 먹지 말지며(민 6:4)

민수기 6:4은 나실인에게 자신을 구별하는 기간 동안 포도 씨도 먹어서는 안 된다고 가르치고 있다.

본문의 이해 포도 씨를 먹지 말라고 가르친다. 씨(하르짠, חַרְצָן)의 문자적인 의미는 '익지 않은 포도'이다. 이 단어는 구약성서에서 단 한 번 이곳에서만 사용된 하팍스 레고메나(hapax legomena)로 그 의미가 불분명하다.

제325조항 : 나실인은 포도 껍질도 먹지 말라

⁴ 자기 몸을 구별하는 모든 날 동안에는 포도나무 소산은 씨나 껍질이라도 먹지 말지며(민 6:4)

민수기 6:4은 나실인의 금지 규정 가운데 포도 껍질을 먹어서는 안 된다고 가르치고 있다.

본문의 이해 껍질(자그, ꜚ)을 먹지 말라고 규정한다. 그러나 이 규정의 정확한 의도를 알 수 없다.

구약의 이해 민수기 6:3~4에서는 나실인들에게 농경문화의 대표적인 농산물인 그 포도 및 그와 관련된 것을 먹지 말라고 가르친다.

제326조항 : 나실인은 시체 때문에 몸을 더럽히지 말라

⁷ 그의 부모 형제 자매가 죽은 때에라도 그로 말미암아 몸을 더럽히지 말 것이니 이는 자기의 몸을 구별하여 하나님께 드리는 표가 그의 머리에 있음이라(민 6:7)

민수기 6:7에서는 나실인이 그의 친척 심지어는 부모의 죽음으로도 그의 몸을 부정케 해서는 안 된다고 가르친다.

본문의 이해 나실인은 하나님께 드린 자들이기 때문에 부모, 형제자매가 죽었을지라도 장례에 참석하여 몸을 더럽히지 말라고 기록한다. 이것은 제사장과 같이 하나님께 드려진 자에게 공통적으로 부여되는 가르침이다.

신약의 이해 마태복음 8:18~22에서 예수가 먼저 부모의 장례를 치르고 돌아오겠다는 제자에게 '나를 따르라'고 말한 것은 예수의 제자가 되기로 헌신한 자는 장례식으로 몸을 더럽혀서는 안 된다는 의미를 내포하고 있다. 따라서 예수님의 이 말 속에는 자신의 신성성을 나타내고 있다. 즉, 예수님을 따르는 것이 하나님의 일이라는 사실을 나타내는 것이다.

제327조항 : 나실인은 시체가 있는 장막에 들어가서는 안 된다

11 어떤 시체에든지 가까이 말지니 부모로 인하여도 더러워지게 말며(레 21:11)

레위기 21:11은 나실인에게 시체가 있는 장막에 들어가면 안 된다고 가르친다.

본문의 이해 시체 자체를 부정한 것으로 여겨 시체가 있는 장막은 이미 부정해졌기 때문에 나실인들은 이곳에 들어가서는 안 된다는 것을 가르친다. 그 시체가 부모의 시체일지라도 몸을 더럽히지 말라는 가르침이다.

의미 나실인은 거룩함을 지켜야 한다.

1) P. Bordreuil, F. Israel and D. Pardee, "Deux ostraca pal -h breux de la Collection Sh. Moussa eff," *Semitica* 46 (1996), pp. 49-76); idem, "King's Command and Widow's Plea. Two New Hebrew Ostraca of the Biblical Period," *Near Eastern Archaeology* 61(1998), pp. 2-13; I. Eph'al and J. Naveh, "Remarks on the Recently Published Moussaieff Ostraca," *IEJ* 48 (1998), pp. 269-273.

2) Rashi *Leviticus*, p. 305.

3) Rashi, *Leviticus*, p. 305.

4) Rashi, *Leviticus*, p. 299.

5) Rashi *Numbers*, p. 313.

6) M. Weinfeld, "Tithe," *Judaica 2nd*, pp. 735−739, esp. 735.

7) *Palais royal d'Ugarit* 3(1955), p. 147, *ll.* 9−11.

8) *Diodorus* 20:14.

9) *Palais royal d'Ugarit* 3(1955), p. 16, *ll.*153, 244, 132

10) Rashi, *Numbers*, p. 306.

11) Rashi, *Leviticus*, p. 307.

12) Rashi, *Exodus*, p. 431.

13) G. van Driel, "Neo-Babylonian Sheep and Goats," *JCS* 7 (1993), pp. 219-258, esp. 222-223.

14) M. Noth, *A History of Pentateuch Traditions*, (California: Prentice Hall, 1970), pp. 46-62.

15) *HALOT*, p. 317.

16) 자코비츠(Y. Zakovitz)는 에바가 15~25kg 정도 된다고 주장한다. Y. Zakovitz, "Ruth," p. 92(Hebrew).

17) *HALOT*, p. 970.

제9부

정결

제9부는 정결과 부정함에 관한 것이다. 정결은 구약성서에서 매우 중요한 개념이며, 이것이 하나님과 관계될 때 더욱 더 그렇다. 따라서 어떤 경우 사람이 부정해지며, 부정해졌을 때 어떻게 부정함을 씻고 정결해질 수 있는가를 가르쳐준다.

01

부정함

구약성서의 부정함이란 두 가지 경우이다. 첫째, 부정하게 하는 요인을 가지고 있을 때이다. 나병을 앓거나 유출이 있거나 혹은 흠이 있거나 할 때 그것을 부정하다고 한다. 둘째, 이러한 부정한 것에 접촉했을 때도 부정하다고 판정한다. 따라서 부정 인자를 소유하거나 접촉했을 때 부정하다고 말한다.

그러나 이것은 예수님의 가르침과는 전혀 다른 것이다. 예수님은 부정하다고 여기는 죄인들, 환자들과 접촉함으로 그들을 치유하셨다. 이러한 예수님에 대하여 당시의 바리새인들과 서기관들은 예수님을 비난했다.

구약성경에서는 부정한 것과 분리를 가르치지만 예수님은 부정한 것을 배척하는 것이 아니라 포용함으로 그들을 정결케 만드셨다.

제328조항 : 시체를 만진 자는 부정하다

[8] 너희는 이러한 고기를 먹지 말고 그 주검도 만지지 말라 이것들은 너희에게 부정하니라 ...... [23] 오직 날개가 있고 기어다니는 곤충은 다 너희가 혐오할 것이니라 [24] 이런 것은 너희를 부정하게 하나니 누구든지 이것들의

주검을 만지면 저녁까지 부정할 것이며(레 11:8, 23~24)

레위기 11:8, 23~24은 가증한 동물의 사체를 만지는 자는 부정하다는 것을 가르치고 있다.

본문의 이해 레위기 11:8에서는 포유동물 가운데 부정한 동물의 주검을 만지면 부정해진다는 것이고, 레위기 11:24에서는 날개가 있고 기어다니는 곤충은 혐오할 것이며 부정한 것이기에 이러한 것의 주검을 만지면 안 된다고 기록하고 있다. 특히 24~28절은 누구나 주검을 만지면 부정해진다는 내용의 부정 규정과 그 부정을 정결하게 하는 방법을 가르치고 있다.

사체를 만짐으로 부정해진 자는 저녁까지 기다렸다 정결례를 행해야 정해진다.

의미 생명이 끊어진 생물체를 모두 부정하게 여기며, 그 부정한 것을 만지면 부정해진다는 것이다. 따라서 레위기 11:11에 가증한 동물의 주검을 가증히 여기라고 가르친다.

제329조항 : 땅에 기는 동물의 사체를 통한 부정

29 땅에 기는 길짐승 중에 네게 부정한 것은 이러하니 곧 두더지와 쥐와 큰 도마뱀 종류와 30 도마뱀붙이와 육지 악어와 도마뱀과 사막 도마뱀과 카멜레온이라 31 모든 기는 것 중 이것들은 네게 부정하니 그 주검을 만지는 모든 자는 저녁까지 부정할 것이며(레 11:29~31)

레위기 11:29~31은 땅에 기는 여덟 가지 종류의 동물과 접촉하면 부정한 것으로 이것을 만지거나 이것의 사체를 만지는 경우 부정해짐을 가르치고 있다.

본문의 이해 레위기 11:33~38은 땅에 기는 것(שֶׁרֶץ) 가운데 부정한 여덟 종류 — 족제비, 쥐, 각종 큰 도마뱀, 도마뱀붙이, 육지 악어, 도마뱀, 모래 도마뱀, 카멜레온 — 와 접촉하였을 때 부정해지는 경우를 구체적으로 설명하고 있다.

이렇게 기는 동물과 직접적으로 접촉할 수도 있고, 이 작은 동물들이 식량, 그릇, 종자, 급수 시설 등에 접촉할 수도 있다. 뿐만 아니라 죽은 시체와의 접촉도 부정하다.

구약의 이해 기는 것 가운데 부정한 것은 뱀이다. 특히 뱀은 저주받은 동물로 기록되어 있다(창 3:14).

의미 하나님의 저주를 받은 기는 동물의 사체는 모두 부정하다.

제330조항 : 부정한 것에 닿은 그릇에 담긴 음식은 부정하다

³⁴ 먹을 만한 축축한 식물이 거기 담겼으면 부정하여질 것이요 그같은 그릇에 담긴 마실 것도 부정할 것이며(레 11:34)

레위기 11:34은 땅에 기는 것 가운데 부정한 것이 질그릇에 떨어졌는데 그 그릇 속에 단단한 음식이 젖은 상태로 담겨 있게 되면 그 음식도 부정하게 된다는 것을 가르치고 있다.

본문의
이해 34절의 의미는 부정한 것이 그릇에 떨어지면 그릇에 담긴 물이
부정해지고, 그 물에 음식이 닿으면 그 음식도 부정해진다는 의
미이다. 왜냐하면 물이 부정하게 하는 매개체 역할을 하기 때문이다.

제331조항 : 월경중인 여인은 부정하다

¹⁹ 어떤 여인이 유출을 하되 그의 몸에 그의 유출이 피이면 이레 동안 불결
하니 그를 만지는 자마다 저녁까지 부정할 것이요(레 15:19)

레위기 15:19은 월경 중인 여인의 부정함에 대하여 가르치고 있다.

본문의
이해 19절에서 여인의 피 유출이 있으면 칠일 동안 부정하였다. 그러
나 그 유출의 원인에 대해서는 언급이 없다. 어떤 이들은 이 유
출을 여성의 월경으로 이해한다. 유출은 히브리어로는 조브(זוב)라고 부
르는데, 조브(זוב)는 비뇨기관이나 내부기관의 감염을 나타내는 말이다. 따
라서 어떤 학자들은 임질로 이해한다. 그러나 이것은 다른 학자들이 주
장하는 임질을 의미하지는 않는다. 이레 동안 불결하니(니다, נדה)라는
번역은 '칠일 동안 피가 흐르니'라고 번역해야 한다. 성서의 가르침에 의
하면 여성은 월경 기간 동안 종교적으로 부정하다고 여겨졌다. 따라서
월경 기간 중인 여인과 접촉한 자는 저녁까지 부정하게 여겼다.

구약의
이해 레위기 18:19에는 월경 기간 중 성관계를 금한다. 에스겔 18:6
에서는 월경 중에 있는 여인을 가까이 하지 말라고 가르친다.

Rashi의 이해 라쉬는 여인의 유출이란 레위기 20:18에 의하여 여인의 피의 근원을 드러내는 것이라고 설명한다.[1]

의미 어떤 종류든지 유출이 있는 자를 부정하다고 여겼기 때문에, 부정한 여인과 접촉 또한 부정하다고 여겼다.

제332조항 : 출산한 여인의 부정

[2] 여인이 임신하여 남자를 낳으면 그는 이레 동안 부정하리니 곧 월경할 때와 같이 부정할 것이며(레 12:2)

레위기 12:2은 출산한 여인이 아들을 낳으면 칠일 동안 부정하다고 가르치고 있다.

본문의 이해 여인이 출산하면 부정해지는 것은 도덕적인 개념이 아니라 아마도 여성의 산혈과 관련이 있다(12:7). 따라서 월경 할 때처럼 부정기간을 지내게 된다고 가르친다.

여인이 임신하여 남자를 낳으면(티즈리아, תַזְרִיעַ)으로 번역된 구절은 문자적으로 '씨를 생산하다'의 의미이지만 많은 사본에서는 이 구절을 티즈라아(תִזְרַע)로 고쳐 읽으면서 '임신하다'로 번역하였다. 그러나 본문을 고쳐 읽을 필요 없이 '씨를 생산하여'로 번역하면 된다.[2] 왜냐하면 씨를 생산한다는 것이 사람에게 적용될 때는 '후손을 생산하다'는 의미를 갖기 때문이다.

레위기 12:2에 출산하면 칠일 동안 부정한 기간이라는 것은 아마도 레위기 15:19의 규정과 함께 생각하면 쉽게 이해할 수 있을 것이다. 남아를 출산하였을 때 칠일 동안 부정하고, 여아를 출생하면 14일간 부정한 것은 남자아이들은 생후 팔일째 되는 날 할례를 해야 하기 때문이라고 설명한다. 그러나 호프만(D.Z. Hoffmann)은 할례란 어머니의 부정함을 잘라내는 것이라고 주장하였으며,[3] 샤달(Shadal=S.D. Luzzatto)은 아이의 포피가 부정한 것으로 여겨졌기 때문에(사 52:1) 할례를 통하여 아이와 어머니의 부정함을 잘라내는 것이라고 주장하였다.[4]

월경할 때와 같이 부정할 것이며(니다트 드오타, נִדַּת דְּוֹתָהּ)는 '월경할 때의 부정'이란 뜻이다. 즉, 월경의 피와 산혈을 같은 것으로 여겼기 때문에 생겨난 것이다.

제333조항 : 피부병(나병)의 부정

[3] 제사장은 그 피부의 병을 진찰할지니 환부의 털이 희어졌고 환부가 피부보다 우묵하여졌으면 이는 나병의 환부라 제사장이 그를 진찰하여 그를 부정하다 할 것이요(레 13:3)

레위기 13:3은 피부병(나병)으로 인한 부정함에 대하여 가르치고 있다.

본문의 이해 본문의 나병의 환부(네가 짜라아트; נֶגַע צָרַעַת)란 악성 피부염을 뜻하는 히브리어 네가(נֶגַע)와 또 다른 '심각한 피부 질환'을 의미하는 짜라아트(צָרַעַת)가 결합된 것으로 그 의미는 '악성 피부병'이란 의미이다. 히브리어 짜라아트(צָרַעַת)의 문자적인 의미는 '딱지'이다.[5] 그런데 히브리어 짜라아트(צָרַעַת)를 나병(leprosy)으로 번역하는 것은 헬라어 성경번역에서 짜라아트를 헬라어 레프라(λέπρα)로 번역한 것을 또 라틴어 *lepra*로 번역하였고, 그것을 다시 영어 leprosy로 번역한 데서 기인한 것이다. 그러나 히브리어 짜라아트는 '심각한 피부 질환'으로 번역하는 것이 바람직하다.[6] 윌킨슨(J. Wilkinson)은 짜라아트가 어떤 학명의 질병 이름이 아니라 제의적인 용어로서 사람의 피부나 옷감이나 가죽 그리고 건물의 벽에 혐오감을 주도록 변하는 것을 포괄적으로 부르는 명칭이라고 설명한다.[7] 뿐만 아니라 짜라아트를 나병으로 번역하는데 생기는 문제점은 고대 이스라엘에 나병이 있었는가 하는 질문을 제기하게 한다. 일반적으로 나병은 주전 600년경 인도나 중국에서 생겨난 질병으로 이해하기 때문이다.[8] 나병이 유럽에 처음 알려진 것은 주전 3세기경이다.

3절에서는 제사장이 환자를 진찰하여 나병으로 진단하는 증상을 설명하고 있다. 처음으로 제사장은 상처 부위의 털이 희게 변색되었는가를 조사하고, 두 번째로 환부가 우묵하게 들어갔는가를 살핀다. 이러한 현상이 나타나면 제사장은 악성 피부병(네가 짜라아트; נֶגַע צָרַעַת)으로 판단하고, 그를 부정하다고 선언한다.

구약의 이해 욥기에서 욥의 병이 무엇인지 기록하고 있지 않지만 그러나 욥기 2:7~8이나 18:13 등을 근거로 아마도 그가 나병을 앓았던 것으로 보인다. 열왕기하 7:3~4에서 사마리아 성문 어귀에 네 명의 나병환자가 있었던 것은 나병으로 인하여 진(성) 밖으로 쫓겨난 상태를 의미한다.

Rashi의 이해 라쉬에 의하면 털이 최소 두 가닥 정도 희어지는 경우를 말한다고 설명한다.[9]

신약의 이해 마태복음 8:1~4에서 예수는 나병환자들에게 손을 대어 그들을 고쳤다. 유대인들의 생각에는 부정한 나병환자를 만진 예수가 부정해진다고 생각했지만 그러나 예수는 그들을 고치는 능력이 있었다.

제334조항 : 곰팡이가 핀 의복의 부정

[51] 이레 만에 그 색점을 살필지니 그 색점이 그 의복의 날에나 씨에나 가죽에나 가죽으로 만든 것에 퍼졌으면 이는 악성 나병이라 그것이 부정하므로(레 13:51)

레위기 13:51은 곰팡이가 퍼져 있는 의복의 부정함에 대하여 가르치고 있다. 즉, 의복에 짜라아트 균이 퍼져 있는 것은 부정하다고 가르친다.

본문의 이해 레위기 13:51은 의복에 짜라아트가 생긴 경우 이것이 부정하다는 것을 의미한다. 의복이나 집에 짜라아트가 핀 경우 이 짜라아트를 곰팡이로 번역할 수 있다. 의복으로 번역된 히브리어 베게드(בֶּגֶד)는 단지 옷 뿐만 아니라 직물 전체를 뜻한다.[10] 따라서 직물에 짜라아트라 불리는 균이 퍼져 있는 경우 그것은 부정하다는 것을 기록하고 있다. 칠일 동안 짜라아트를 살피는 것은 모든 짜라아트에 감염되었을 때 공통적으로 행해진다. 짜라아트가 의복이나 가죽에 퍼졌으면 해로운 곰팡이(네가 짜라아트, נֶגַע צָרַעַת)로 판단한다.

의복의 날에나 씨에나(바베게드 오-바슈티 오-바에레브, בְּבֶגֶד אוֹ בִשְׁתִי אוֹ־בְעֵרֶב)를 직역하면 '의복 – 날실이나 씨실'이다. 히브리어 슈티(שְׁתִי)는 '날실'로, 에레브(עֵרֶב)는 '씨실'로 번역하였다. 날실은 섬유를 짤 때 세로 방향으로 놓은 실이고, 씨실은 가로 방향으로 놓은 실이다. 섬유를 구성하는 어디에도 곰팡이가 나면 부정하였다는 뜻이다.

제335조항 : 곰팡이가 핀 집은 부정

⁴⁴ 제사장은 또 가서 살펴볼 것이요 그 색점이 만일 집에 퍼졌으면 악성 나병인즉 이는 부정하니 펴볼 것이요 그 색점이 만일 집에 퍼졌으면 악성 문둥병인즉 이는 부정하니(레 14:44)

레위기 14:44은 집에 곰팡이가 발견되면 그 집은 부정하다는 것을 가르치고 있다.

본문의 이해 44절의 악성 문둥병(네가아 짜라아트, נֶגַע צָרַעַת)은 '해로운 곰팡이'로 번역할 수도 있다. 제사장은 집을 살펴보아 곰팡이(나가아)가 발견되면 해로운 곰팡이(네가아 짜라아트, נֶגַע צָרַעַת)이기 때문에 그 집이 부정함을 선언해야 한다.

지리적 이해 고대 이스라엘은 우기 때 많은 강수량으로 인해 곰팡이가 슬기 쉬웠다. 집 구석구석에 곰팡이가 생기면 부정하다고 판정한 것이다.

제336조항 : 유출하는 자는 부정하다

² 이스라엘 자손에게 고하여 이르라 누구든지 몸에 유출병이 있으면 그 유출병을 인하여 부정한 자라(레 15:2)

레위기 15:2에 의하면 몸에 유출병이 있는 자는 부정하다고 가르친다.

본문의 이해 2절의 몸이란 성기에 대한 완곡어법이다(15:19, 16:4, 겔 16:26, 23:20).[11] 레위기 15장의 유출이란 병이나 혹은 감염의 결과 생기는 것으로, 여성의 월경이나 남성의 사정(射精)과는 구별된다. 유출을 뜻하는 히브리어 조브(זוב)는 비뇨기관이나 내부기관의 감염을 나타내는 말이다. 그러나 이것은 다른 학자들이 주장하는 임질을 의미하지는 않는다. 이 단어가 여성 질의 비정상적인 유출을 의미하기도 한다(25~30).

따라서 이 유출병은 남자의 성기에서 고름이 흐르는 것을 의미한다.

제337조항 : 설정한 자의 부정

16 설정한 자는 전신을 물로 씻을 것이며 저녁까지 부정하리라(레 15:16)

레위기 15:16은 설정한 자의 부정함에 대하여 가르친다.

본문의 이해 16절의 설정(쉬크바트 제라, שִׁכְבַת־זֶרַע)은 '정액을 유출하는 것'을 뜻한다. 이븐 에즈라(Ibn Ezra)는 16절의 설정에 대하여 강제로 사정하는 것(즉, 자위)을 의미한다고 설명한다. 신명기 23:11에서는 몽설(미크레 라일라, מִקְרֵה לָיְלָה)한 자는 진영 밖으로 나갔다 해 질 때 목욕하고 진에 들어오라고 가르치고 있다.[12] 성경은 어떤 종류일지라도 정액을 유출하는 것을 부정하다고 보았다.[13]

구약의 이해 설정에 관한 가르침으로 사울과 다윗의 이야기를 읽을 때 사무엘상 20:26을 이해할 수 있다. 사울은 다윗이 초하루 식사자리에 참석하지 않자 "그에게 무슨 사고가 있어서 부정한가보다 정녕히 부정한가보다 하였음이더니"(미크레 후 빌티 타호르 후 키-로 타홀, מִקְרֶה הוּא בִּלְתִּי טָהוֹר הוּא כִּי־לֹא)라고 생각하였다. 그런데 무슨 사고로 번역된 히브리어 미크레(מִקְרֶה)를 신명기 23:11의 미크레 라일라(מִקְרֵה לָיְלָה)

로 읽으면, 사울은 다윗이 밤에 설정하여 부정해졌기 때문에 식사 자리에 참석하지 못한 것으로 생각했다고 추정할 수 있다.[14] 그러나 27절에 둘째날도 참석하지 않자 이상하게 생각한 것이다. 그렇지 않다면 26절의 의미를 정확히 이해하기가 매우 어렵다.

의미 하나님 앞에 거룩함을 지키기 위해서는 생리적 현상으로 인한 부정함도 없는 상태가 되어야 함을 가르쳐 준다.

제338조항 : 유출하는 여자의 부정

¹⁹ 어떤 여인이 유출을 하되 그의 몸에 그의 유출이 피이면 이레 동안 불결하니 그를 만지는 자마다 저녁까지 부정할 것이요(레 15:19)

레위기 15:19은 유출하는 여인의 부정함을 가르치고 있다.

본문의 이해 레위기 15:19~30에서는 여성의 두 종류의 유출에 대하여 기록하고 있다. 즉, 정상적인 생리와 비정상적인 피의 유출이다. 따라서 여성의 유출은 모두 피와 관련이 있다. 이점은 남자의 유출과 다르다.

19절에서의 여인의 유출은 곧 여성의 월경을 의미하며, 히브리어로 조브(זוֹב)라고 부른다. 이레 동안 불결하니(니다, נִדָּה)라는 문자적으로 '칠일 동안 피가 흐르니'라고 번역해야 한다. 성서의 규정에 의하면 여성은 월경 기간 동안 종교적으로 부정하다고 여겨졌다. 월경 기간 중인 여인과 접촉한 자는 저녁까지 부정하다.

몸으로부터는 생식기 혹은 성기를 나타내는 완곡한 표현이다.

사무엘하 11장의 다윗과 밧세바 사건에서 4절의 '그 여자가 그 부정함을 깨끗하게 하였으므로 더불어 동침하매'는 다윗이 월경 유출로 인한 밧세바의 부정이 끝났음을 알고 동침한 것이다. 따라서 다윗과 밧세바는 밧세바의 마지막 월경으로부터 칠일이 지난 후 동침하였기 때문에 밧세바의 가임기간 중에 동침한 것이다.

에스겔 22:10에서는 월경하는 부정한 여인과 관계하는 것을 부정하다고 기록하고 있다.

마가복음 5:25~34에는 12년된 혈루증 여인을 고치시는 예수님의 이야기가 기록되어 있다. 이 여인은 일반적으로 자궁으로부터 만성적인 출혈이 있는 여인을 의미한다.[15] 이 경우 혈루증 여인이 예수님의 옷자락을 잡았기 때문에 예수님도 부정해져야 한다. 그러나 병 고치는 능력이 있으시기 때문에 여인의 병을 고쳐주셨다.

제339조항 : 사체의 부정

[14] 장막에서 사람이 죽을 때의 법은 이러하니 무릇 그 장막에 들어가는 자와 무릇 그 장막에 있는 자가 칠일 동안 부정할 것이며(민 19:14)

민수기 19:14은 사람의 시체가 부정하다는 것을 가르치고 있다.

사람이 죽은 장막에 들어가는 자는 칠일 동안 부정해진다. 민수기 19:14은 시체에 손을 대지 않았을지라도 같은 지붕 아래 장막에 있다는 그 자체로 인하여 부정해진다고 가르친다. 이 경우는 거리적으로 가장 가깝게 있었기 때문에 부정해지는 것이다. 부정함이 공기

를 통하여 한 지붕 건축물 전체를 부정하게 만든다고 생각한 것이다.[16]

부정한 것과 같은 지붕 아래 있다는 것이 그를 부정하게 만든다. 따라서 부정함으로부터 거리적으로 멀리 떨어지고, 같은 구조물 아래 있지 않는 것이 필요하다.

신약의 이해 마태복음 18장에서 예수의 제자가 아버지의 장례에 참석하기를 간청하자 예수가 이를 거절한 것은 예수의 제자가 되기로 결정한 이상 몸을 더럽히지 말라는 의미로도 해석할 수 있다.

의미 성경은 생명이 없는 것을 부정한 것으로 여김을 가르쳐준다.

제340조항 : 부정해진 자 정결법

[13] 누구든지 죽은 사람의 시체를 만지고 자신을 정결하게 하지 아니하는 자는 여호와의 성막을 더럽힘이라 그가 이스라엘에서 끊어질 것은 정결하게 하는 물을 그에게 뿌리지 아니하므로 깨끗하게 되지 못하고 그 부정함이 그대로 있음이니라 [21] 이는 그들의 영구한 율례니라 정결하게 하는 물을 뿌린 자는 자기의 옷을 빨 것이며 정결하게 하는 물을 만지는 자는 저녁까지 부정할 것이며(민 19:13, 21)

민수기 19:13, 21은 시체를 만져서 부정해진 자를 정결케 하는 방법을 가르쳐 주고 있다. 물은 부정한 자를 깨끗게 하되 부정한 자를 의식상 정결케 함을 가르쳐 준다.

민수기 19:13~22은 시체를 만져 더러워진 자들의 정결 방법에 대하여 기록하고 있다. 그 가운데 13, 21절은 정결하게 하는 물을 뿌려서 정결해지고, 옷을 빨라고 기록하고 있다.

정결하게 하는 물(메이 니다, מֵי נִדָּה)이란 물과 재를 섞어서 만든 것으로 정화를 위하여 꼭 뿌려야 하는 물이다.

제341조항 : 유출병자의 정결법(미크베에 몸을 담그는 법)

¹³ 유출병 있는 자는 그 유출병이 깨끗하여지거든 그 몸이 정결하기 위하여 칠일을 계산하여 옷을 빨고 흐르는 물에 몸을 씻을 것이요 그리하면 정하리니 ¹⁴ 제 팔일에 산비둘기 둘이나 집비둘기 새끼 둘을 자기를 위하여 취하고 회막문 여호와 앞으로 가서 제사장에게 줄 것이요 ¹⁵ 제사장은 그 하나는 속죄제로, 하나는 번제로 드려 그의 유출병을 인하여 여호와 앞에 속죄할찌니라 ¹⁶ 설정한 자는 전신을 물로 씻을 것이며 저녁까지 부정하리라(레 15:13~16)

레위기 15:13~16은 유출병 환자들의 정결법에 대하여 가르치고 있다.

레위기 15:13~16는 유출로 더럽혀진 자가 정결해지는 절차를 기록하고 있다. 13절에서 몸을 생수(마임 하임, מַיִם חַיִּים)(우리말 성경에서는 '흐르는 물')로 씻는 것은 마치 새로운 생명을 주는 것을 뜻한다.[17]

14절의 정결예식이 회막 문에서 개최되는 것은 정결하지 않으면 결코 성소 내부로 들어갈 수 없기 때문이다. 따라서 회막 문 앞에서 정결예식을 거행한다. 14절의 정결례 규정은 레위기 12:8의 산모의 정결례와 유사하다.

15절에서 유출병과 하나님과의 관계는 속죄제로 바로잡게 되며, 번제를 드림으로써 이스라엘 종교공동체의 일원으로 회복된 것을 나타낸다. 번제를 통하여 그의 제의에서의 역할을 회복한 것이다.

제342조항 : 나병환자의 정결법

² 나병 환자가 정결하게 되는 날의 규례는 이러하니 곧 그 사람을 제사장에게로 데려갈 것이요(레 14:2)

레위기 14:2은 짜라아트 환자(문둥병자)가 정결케 되는데는 특별한 절차를 따라야함을 가르치고 있다.

본문의 이해 레위기 14:1~32은 짜라아트 환자의 정화의식을 기록하고 있다. 2~8절은 첫째날 의식으로 진이나 도시 밖에서 행해진다. 9절은 칠일째 되는 날 의식으로 면도하고, 옷을 빨고 목욕을 해야한다. 그리고 10~32절은 팔일째 되는 날의 의식으로 속건제, 정결의식, 번제 그리고 소제를 차례대로 드린다.

2절의 규례(토라, חֹרָה)는 히브리어를 직역한 것으로 '가르침'이라는 의미를 갖지만 이 경우 '토라'는 제사장의 제사 절차를 담은 '안내서'라는 의미이다.

정결의식은 정한 절차대로 행함으로 모든 사람들로부터 정결함을 인정받아야 한다.

마가복음 1:44에서 나병 환자를 치유하신 예수님이 네 몸을 제사장에게 보이라고 말씀하신 것은 나병의 완쾌는 제사장이 판단하기 때문이었다. 여기서 예수 그리스도를 대제사장으로 인정하라는 것과 같은 의미를 지닌다.

의미 나병환자가 정결해졌다는 것은 곧 그가 모든 제사에 참여할 수 있음을 의미하기 때문에 이에 대한 판단은 제사장이 결정하는 것임을 가르쳐준다.

제343조항 : 나병 환자는 모든 털을 밀어야 한다

⁹ 일곱째 날에 그는 모든 털을 밀되 머리털과 수염과 눈썹을 다 밀고 그의 옷을 빨고 몸을 물에 씻을 것이라 그리하면 정하리라(레 14:9)

레위기 14:9은 나병환자의 정결법 가운데 그의 모든 털을 밀어야 함을 말하고 있다.

본문의 이해 9절은 정결례 가운데 일곱째 날 행하는 의식을 기록하고 있다. 나병환자는 모든 털을 밀되 머리털과 수염과 눈썹을 다 밀고 그의 옷을 빨고 몸을 물에 씻을 것이라는, 일상적으로 금지된 것을 행하는 것이다. 레위기 19:27에는 머리 가나 수염 끝을 상하게 하지 말라고 규정하고 있다.

제344조항 : 머리와 수염의 부스럼 환부를 밀지 말라

³³ 그는 모발을 밀되 환부는 밀지 말 것이요 제사장은 옴 환자를 또 이레 동안 가두어 둘 것이며(레 13:33)

레위기 13:33은 머리와 수염의 부스럼 환처는 밀지 말라고 가르치고 있다.

본문의 이해 29~37절은 머리와 수염에 부스럼이 난 것을 어떻게 처치해야 하는가를 기록하고 있다. 33절 본문의 의미는 '털을 밀어라 그러나 환부는 밀지 말라'이다. 즉, 털에 원인 모를 종기가 생겼을 때에는 환부를 제외한 털을 깎아 버리라는 것이다. 이 질병의 원인에 대하여 학자들은 아마도 머리가 여드름과 같은 것으로 감염된 것으로 이해한다.

제345조항 : 나병환자는 옷을 찢고 머리를 풀라

⁴⁵ 나병 환자는 옷을 찢고 머리를 풀며 윗입술을 가리고 외치기를 부정하다 부정하다 할 것이요(레 13:45)

레위기 13:45에서는 나병환자가 정하게 될 때까지 옷을 찢고 머리를 풀어 쉽게 구별할 수 있도록 해야 함을 가르치고 있다.

본문의 이해 45절의 머리를 푸는 것은 부끄러운 사람의 모습이다. 간음이 의심되는 여인은 머리를 풀었다(민 5:18). 머리를 푼 것은 멀리서 환자라는 것을 알아보게 하는 상징적인 의미였다. 따라서 나병환자는 자신의 병이 완치될 때까지 자신이 나병환자라는 사실을 다른 사람들이 알아 볼 수 있도록 해야만 했다. 윗입술이란 콧수염을 뜻한다.

나병이 다른 사람에게 옮기는 것을 막기 위하여 나병을 알아 볼 수 있도록 머리를 풀라는 것이다.

제346조항 : 붉은 암송아지의 재로 정결수 만들라

² 여호와께서 명령하시는 법의 율례를 이제 이르노니 이스라엘 자손에게 일러서 온전하여 흠이 없고 아직 멍에 메지 아니한 붉은 암송아지를 네게로 끌어오게 하고 ³ 너는 그것을 제사장 엘르아살에게 줄 것이요 그는 그것을 진영 밖으로 끌어내어서 자기 목전에서 잡게 할 것이며 ⁴ 제사장 엘르아살은 손가락에 그 피를 찍고 그 피를 회막 앞을 향하여 일곱 번 뿌리고 ⁵ 그 암소를 자기 목전에서 불사르게 하되 그 가죽과 고기와 피와 똥을 불사르게 하고 ⁶ 동시에 제사장은 백향목과 우슬초와 홍색 실을 가져다가 암송아지를 사르는 불 가운데에 던질 것이며 ⁷ 제사장은 자기의 옷을 빨고 물로 몸을 씻은 후에 진영에 들어갈 것이라 그는 저녁까지 부정하리라 ⁸ 송아지를 불사른 자도 자기의 옷을 물로 빨고 물로 그 몸을 씻을 것이라 그도 저녁까지 부정하리라 ⁹ 이에 정결한 자가 암송아지의 재를 거두어 진영 밖 정한 곳에 둘지니 이것은 이스라엘 자손 회중을 위하여 간직하였다가 부정을 씻는 물을 위해 간직할지니 그것은 속죄제니라(민 19:2~9)

민수기 19:2~9은 붉은 암송아지의 재로 정결수를 만들어 사용하라고 가르친다.

본문의 이해 붉은 암송아지의 재는 속죄제에 사용하는 것으로 암송아지 재를 거둔 자는 저녁까지 부정하게 된다고 말한다.

2절의 붉은 암송아지는 붉은 색이 송아지의 피를 상징하기 때문에 붉은 암송아지를 사용한다. 히브리어 붉음의 아돔(אָדֹם)이 피를 뜻하는 담(דָם)과 연결될 수 있다. 히브리어 아돔의 첫 자음 알레프(א)는 어두음(語頭音)으로 이해하였다.[18]

아직 멍에를 메지 아니했다는 의미는 한번도 부리지 않은 짐승이란 의미와 함께 가공하지 않은 것 혹은 속세적으로 사용된 적이 없다는 의미이다.

민수기 8:7에 의하면 레위인들을 정결하게 할 때도 속죄의 물(메이 하타트, מֵי חַטָּאת)을 그들에게 뿌렸다.

신약의 이해 마가복음 11:2에서 아직 아무도 타보지 않은 나귀를 가져오라는 예수의 말은 정결수를 만드는 멍에를 메지 아니한 붉은 암송아지와 같은 의미로 한번도 세속적으로 사용하지 않은 것을 가져오라는 것으로써 자신의 신성성을 나타내고 있다.

02

정결한 음식

제347조항 : 율법대로 소와 양을 잡아 먹으라

²¹ 만일 네 하나님 여호와께서 자기 이름을 두시려고 택하신 곳이 네게서 멀거든 내가 네게 명령한 대로 너는 여호와께서 주신 소와 양을 잡아 네 각 성에서 네가 마음에 원하는 모든 것을 먹되(신 12:21)

신명기 12:21은 거리가 멀어서 예루살렘으로 가지 못하는 자들은 여호와의 명령대로(율법대로) 소와 양을 잡아 먹도록 가르치고 있다.

본문의 이해 신명기 12:21에서 성소로부터 멀리 떨어진 곳에 사는 자들에 관해서만 가르치는 것은 성소에서 가까이에 있는 자들은 성전에서 제의적으로 잡은 것을 먹을 수 있기 때문에 생략한 것으로 보인다.
양과 소는 아마도 제사를 지내고 이것을 제사장이 아닌 자들이 세속적으로 먹는 것을 허락하는 것으로 보인다.

의미 본문의 의미는 제사를 드리지 않는 경우에도 마치 제사를 드리는 것처럼 소와 양을 잡아 먹으라는 것이다.

제348조항 : 먹을 수 있는 생물

² 이스라엘 자손에게 말하여 이르라 육지의 모든 짐승 중 너희가 먹을 만한 생물은 이러하니(레 11:2)

레위기 11:2은 이스라엘 백성들에게 식용으로 허락된 생물에 대하여 가르치고 있다.

본문의 이해 육지의 짐승(베헤마, בְּהֵמָה)이란 네 발 동물을 의미한다. 따라서 땅에 있는 네 발 동물들 가운데서 이스라엘 백성들이 먹을 수 있도록 허락된 생물(하야, חַיָּה)에 관하여 가르치고 있다. 짐승(베헤마, בְּהֵמָה)은 '네 발 가진 동물'을 의미한다. 즉, 이스라엘 백성들이 먹을 수 있는 네 발달린 동물에 관한 가르침이 제시된다. 이에 대하여 레위기11:3~8에 의하면 굽이 갈라진 족발과 새김질하는 것을 먹을 수 있다. 그러나 4절 이하에서는 먹을 수 없는 동물들을 열거하고 있다. 특히 두 가지 조건 가운데 하나만 충족시키는 동물들에 대하여 먹을 수 없음을 기록하고 있다.

신약의 이해 사도행전 10:9~16의 베드로의 환상 가운데 하나님이 정결하다고 한 것을 사람이 부정하다고 할 수 없다고 말하고 있다. 사도행전 15:29에 의하면 우상의 제물이나 피와 목매어 죽인 것 외에는 모든 것을 먹을 수 있도록 결정하였다. 디모데전서 4:2~5에서는 음식은 하나님의 창조물로서 선함과 감사함으로 받으라고 가르치고 있다. 이러한 신약성서의 가르침은 이방선교를 위한 한 방편으로 이해된다.

의미 거룩한 하나님의 백성이 부정한 동물을 먹음으로 스스로 부정해지는 것을 막기 위한 것이다.

제349조항 : 먹을 수 있는 새

[11] 정한 새는 모두 너희가 먹으려니와(신 14:11)

신명기 14:11에서는 정한 새를 먹을 수 있다고 가르치고 있다.

본문의 이해 신명기 14:11~20은 레위기 11:13~19에도 비슷하게 기록되어 있다. 그러나 정한 새(찌포르 트호라, צִפּוֹר טְהֹרָה)의 기준이나 예가 제시되지 않았다. 부정한 새로 분류되는 종류는 시대에 따라 달리 나타난다. 레위기 11:13~19와 신명기 14:11~20을 근거로 다음과 같이 정리할 수 있다. 첫째로 다양한 종류의 비둘기(columbiformes), 둘째로 닭과 시내반도에서 먹었던 메추라기(출 16:13; 민 11:31~32)(galliformes), 셋째로 거위나 오리(anseriformes), 그리고 넷째로 집 참새(passerines) 등은 정한 새로 먹을 수 있었다.[19]

뿐만 아니라 날기도 하고 기어다니기도 하는 것은 부정한 것으로 분류되었다. 부정한 새로 분류된 것들은 대부분 육식을 하는 새이며, 대승과 박쥐의 경우에는 그 새의 고기가 맛이 없었기 때문에 부정한 것으로 분류된 것으로 이해된다.[20]

의미 거룩한 백성은 정한 동물만 먹을 수 있다.

제350조항 : 어미 새는 놓아 주어라

[7] 어미는 반드시 놓아 줄 것이요 새끼는 취하여도 되나니 그리하면 네가 복을 누리고 장수하리라(신 22:7)

신명기 22:7에서는 길을 가다가 새 집에 어미가 새끼를 품고 있는 것을 보았을 때 어미 새는 놓아주지만 그러나 새끼는 취해도 됨을 규정하고 있다.

본문의 이해 새끼는 잡아도 되지만 어미를 살려주어야 하는 것은 무엇보다도 종의 생명의 지속성을 위한 것이다. 그렇기 때문에 새끼는 취해도 되지만 어미는 놓아주도록 가르치고 있다. 이것은 어미와 새끼를 함께 취하지 말라는 것과도 유사하다.

제351조항 : 메뚜기를 먹을 수 있다

21 다만 날개가 있고 네 발로 기어 다니는 모든 곤충 중에 그 발에 뛰는 다리가 있어서 땅에서 뛰는 것은 너희가 먹을지니(레 11:21)

레위기 11:21은 네 발로 기어 다니는 곤충 가운데서 먹을 수 있는 것을 가르쳐 준다.

본문의 이해 21절에 기록된 것처럼 뛰는 다리(크라임, כְּרָעַיִם)는 관절을 의미한다. 따라서 먹을 수 있는 것은 22절처럼 메뚜기(아르베, אַרְבֶּה), 베짱이(쏠암, סָלְעָם), 귀뚜라미(하르골, חַרְגֹּל) 그리고 팥중이(하가브, חָגָב) 종류 등이다. 이들은 뛰는 다리(크라임, כְּרָעַיִם)인 관절이 있는 것이라고 기록되어 있다. 그러나 아르베를 제외하고 요엘 1:4에 등장하는 황충(옐렉, יֶלֶק) 느치(하씰, חָסִיל) 등은 이 명단에서 제외되었다.

제352조항 : 먹을 수 있는 물고기

⁹ 물에 있는 모든 것 중에서 너희가 먹을 만한 것은 이것이니 강과 바다와 다른 물에 있는 모든 것 중에서 지느러미와 비늘 있는 것은 너희가 먹되 (레 11:9)

레위기 11:9은 물고기 가운데서 먹을 수 있는 것을 가르치고 있다.

본문의 이해 물에 사는 생물 가운데서 먹을 수 있는 것은 지느러미(스나피르, סְנַפִּיר)와 비늘(카스케쉐트, קַשְׂקֶשֶׂת)이 있어야 한다. 지느러미와 비늘이 있다는 것은 물고기가 자유롭게 헤엄치며 다니는 물고기를 의미하며, 반면에 지느러미와 비늘이 없는 동물은 자유롭게 움직이지 못하는 물고기로 주로 진흙 속에 굴을 파고 사는 물고기를 의미한다. 이처럼 진흙 속에 사는 물고기들은 치명적인 기생충을 내포하고 있기 때문에 먹는 것을 금하였다고 설명할 수 있다.[21]

03

부정한 음식

부정한 음식에 관한 가르침은 신약성서 중 특히 사도바울에 의하여 드러나며 복음을 전하기 위하여 부정한 음식을 먹는 것에 대하여 허락한다. 사도행전에 의하면 하나님이 정하다고 한 것을 사람이 부정하다고 말 할 수 없다고 가르친다(행 10:15). 그러나 이방의 음식 가운데 피째 먹는 것은 금하였다.

디모데전서 4:3~4에서 하나님이 지으신 모든 것이 선하기 때문에 감사함으로 받으라고 말함으로써 부정한 음식의 구별을 철폐한다. 이는 마가복음 7:19에서 예수께서 모든 음식이 깨끗하다고 말씀하신 것과 일치한다.

제353조항 : 부정한 동물을 먹지 말라

7 다만 새김질을 하거나 굽이 갈라진 짐승 중에도 너희가 먹지 못할 것은 이것이니 곧 낙타와 토끼와 사반, 그것들은 새김질은 하나 굽이 갈라지지 아니하였으니 너희에게 부정하고(신 14:7)

신명기 14:7은 이스라엘 백성들에게 굽이 갈라지지 않아 부정한 짐승을 먹어서는 안 된다고 가르치고 있다.

본문의 이해 동물 가운데 새김질은 하지만 굽이 갈라지지 않은 것은 부정한 동물로 분류한다. 따라서 이러한 부정한 동물은 먹을 수 없다. 왜냐하면 거룩한 백성이 부정한 음식을 먹으면 부정해지기 때문이다. 이에 속하는 동물은 낙타, 사반, 토끼 등이다.

제354조항 : 부정한 물고기를 먹지 말라

¹⁰ 물에서 움직이는 모든 것과 물에서 사는 모든 것 곧 강과 바다에 있는 것으로서 지느러미와 비늘 없는 모든 것은 너희에게 가증한 것이라 ¹¹ 이들은 너희에게 가증한 것이니 너희는 그 고기를 먹지 말고 그 주검을 가증히 여기라(레 11:10~11)

레위기 11:10~11에서는 부정한 물고기는 먹을 수 없음을 말하고 있다.

본문의 이해 레위기 11:10~11에서는 어떤 물고기가 부정한 것인지를 기록하고 있다. 두 가지 조건이 제시되는데, 지느러미(스나피르, סְנַפִּיר)가 없는 것과 비늘(카스케세트, קַשְׂקֶשֶׂת)이 없는 것을 가증한 것으로 여겼다.

10절에서 가증한 것(쉐케츠, שֶׁקֶץ)을 뜻하는 히브리 명사 쉐케츠(שֶׁקֶץ)는 '나쁘게 나타남'이라는 의미로 '증오'의 의미로도 사용되었다.

의미 부정하다고 분류된 물고기는 먹을 수 없음을 가르친다. 왜냐하면 이것을 먹음으로 부정해지기 때문이다.

제355조항 : 부정한 새를 먹지 말라

¹³ 새 중에 너희가 가증히 여길 것은 이것이라 이것들이 가증한즉 먹지 말 지니 곧 독수리와 솔개와 물수리와(레 11:13)

레위기 11:13은 새 가운데 부정한 것에 해당되는 것은 먹을 수 없음을 말하고 있다.

본문의 이해 부정한 새의 경우 다른 동물들과 달리 부정한 기준이 제시되어 있지 않고, 부정한 새의 종류가 나열되어 있다. 부정한 새에 해 당하는 명단이 13~19절에 기록되어 있다. 13~19절의 부정한 새의 목 록을 통하여 이스라엘에서 허락된 새는 다음과 같은 기준이 적용된다. 첫째로 다양한 종류의 비둘기, 둘째로 닭과 시내반도에서 먹었던 메추라 기(출 16:13; 민 11:31~32), 셋째로 거위나 오리, 그리고 넷째로 집 참새 등을 먹을 수 있다.²² 13~19절의 목록은 신명기 14장과 대체로 일치하 지만 정확히 일치하는 것은 아니다.

독수리를 먹지 말라는 것은 두 가지 이유가 있다. 첫째는 독수리가 죽 은 동물의 시체를 먹기 때문에 부정한 새로 분류하였다. 둘째는 외형적 으로 독수리가 대머리였기 때문으로 추정된다.

제356조항 : 날기도 하고 기어다니는 것을 먹지 말라

¹⁹ 또 날기도 하고 기어다니기도 하는 것은 너희에게 부정하니 너희는 먹 지 말 것이나(신 14:19)

신명기 14:19은 날기도 하고 기어다니기도 하는 것을 먹지 못한다고 가르친다.

본문의 이해 레위기 11:20, 23에서는 '오직 날개가 있고 기어 다니는 곤충은 다 너희가 혐오할 것이니라'(레 11:23)고 기록하면서 이런 것들은 먹을 수 없다고 가르치고 있다. 이러한 것에 속하는 것은 메뚜기, 무당벌레, 땅강아지 등이다.

성경은 기어다는 것은 근본적으로 부정한 것으로 여긴다(레 11:41). 뿐만 아니라 이중적 기능을 하는 것에 대하여 긍정적이지 않은 시각을 갖고 있다. 그리고 창세기 3:14에 의하면 배로 기는 것을 하나님의 저주의 결과라고 이해하기 때문에 배로 기는 모든 동물을 먹지 못하도록 가르친다.

제357조항 : 기어다니는 것을 먹을 수 없다

⁴¹ 땅에 기어 다니는 모든 길짐승은 가증한즉 먹지 못할지니(레 11:41)

레위기 11:41은 땅 위에 떼를 지어 다니는 것은 먹지 못한다고 가르친다.

본문의 이해 땅에 기어 다니는 모든 길짐승(콜−하쉐레츠 하쇼레츠 알−하아레츠, כָּל־הַשֶּׁרֶץ הַשֹּׁרֵץ עַל־הָאָרֶץ)은 문자적으로 '땅 위를 기며 무리지어 다니는 것'이다. 레위기 11:42에는 기어 다니는 길짐승의 종류를 제시한다. 즉, 배로 밀어 다니는 것, 네 발로 걷는 것 그리고 여러 발을 가진 것을 먹어서는 안 된다고 규정하고 있다. 이에 대한 포괄적인 금지 규정은 레위기 20:25에 반복되어 나타난다.

기는 것은 하나님의 저주를 받은 것이라고 생각하였기 때문에(창

3:14) 땅에 기는 것을 부정한 것으로 분류하여 먹지 못하도록 가르친다.

의미 하나님의 저주받은 것은 부정한 것임을 가르쳐 준다.

제358조항 : 파충류는 먹을 수 없다

⁴⁴ 땅에 기는 길짐승으로 말미암아 스스로 더럽히지 말라(레11:44)

레위기 11:44은 파충류를 먹지 못하도록 금하고 있다.

본문의 이해 땅에 기는 길짐승(콜-하쉐레츠 하로메스 알-하아레츠, עַל־הָאָרֶץ כָּל־הַשֶּׁרֶץ הָרֹמֵשׂ)은 문자적으로 '땅위를 기며 떼를 지어 다니는 것'으로 번역 할 수 있으며, 아마도 파충류를 의미하는 것으로 보인다. 레위기 11:29~30에 의하면 큰 도마뱀, 도마뱀붙이, 육지악어, 도마뱀, 모래(사막)도마뱀, 카멜레온 등이 부정하다고 기록하고 있다.

제359조항 : 과일이나 소산물에서 발견된 벌레는 먹을 수 없다

⁵⁴² 곧 땅에 기어 다니는 모든 기는 것 중에 배로 밀어 다니는 것이나 네 발로 걷는 것이나 여러 발을 가진 것이라 너희가 먹지 말지니 이것들은 가증함이니라(레 11:42)

레위기 11:42은 과일이나 소산물에서 발견된 벌레를 먹지 못한다고 가르친다.

본문의
이해
42절에 제시된 배로 밀어 다니는 것, 네 발로 걸으면서 떼로 지어 다니는 것 그리고 많은 다리를 가진 것으로 떼로 지어 다니는 것들은 주로 과일이나 농산물에서 발견되는 벌레의 종류로 이해된다.

제360조항 : 기는 가증스러운 짐승을 먹을 수 없다

43 너희는 기는 바 기어 다니는 것 때문에 자기를 가증하게 되게 하지 말며 또한 그것 때문에 스스로 더럽혀 부정하게 되게 하지 말라(레 11:43)

레위기 11:43에서 기어다니는 것은 가증스러운 짐승으로 먹지 못한다.

본문의
이해
기는 바 기어 다니는 것(콜-하쉐레츠 하쇼레츠, כָל־הַשֶּׁרֶץ הַשֹּׁרֵץ)은 문자적으로 '기어 다니는 것'이란 의미이다. 따라서 기어 다니는 것은 부정한 것으로 분류하여 먹지 못하도록 규정하고 있다.

제361조항 : 스스로 죽은 것은 먹을 수 없다

21 너희는 너희의 하나님 여호와의 성민이라 스스로 죽은 모든 것은 먹지 말 것이나 그것을 성중에 거류하는 객에게 주어 먹게 하거나 이방인에게 파는 것은 가하니라 너는 염소 새끼를 그 어미의 젖에 삶지 말지니라(신 14:21)

신명기 14:21은 스스로 죽은 것을 먹지 못한다고 가르치고 있다.

본문의 이해 스스로 죽은 것(콜-네벨라, כָּל־נְבֵלָה)은 문자적으로는 '죽은 것'인데 자연사 한 것으로 이해한다. 그 이유는 여러 가지로 추정할 수 있다. 무엇보다 이스라엘의 더운 기후로 인하여 사체가 급속도록 빠르게 부패되어 사체가 오염될 확률이 높기 때문에 스스로 죽은 것을 먹지 말라고 가르치는 것으로 이해할 수 있다. 또 한 가지는 신명기 12:16처럼 정상적인 방식으로 동물을 잡지 않았기 때문이다. 정상적으로 잡은 동물의 경우에는 피를 모두 쏟아 버려야 한다.[23] 그러나 자연히 죽은 것은 이 절차를 밟지 못했기 때문이다.

신약의 이해 사도행전 15:20, 29에서 목매어 죽인 것을 먹지 말라는 것도 죽는 방식의 차이는 있지만 피를 쏟아내는 정상적인 도축 방법이 아니기 때문에 먹지 말라고 권면하고 있다.

제362조항 : 찢기거나 상처 난 짐승은 먹을 수 없다

³¹ 너희는 내게 거룩한 사람이 될지니 들에서 짐승에게 찢긴 동물의 고기를 먹지 말고 그것을 개에게 던질지니라(출 22:31)

출애굽기 22:31(30)은 찢기거나 상처 난 짐승은 먹지 못한다고 가르친다.

본문의 이해 들에서 짐승에게 찢긴 동물의 고기를 먹지 말라고 기록하고 있다. 찢긴 동물의 고기(트레파, טְרֵפָה)는 맹수에 의하여 찢긴 고기를 의미한다. 그러나 현대 이스라엘 사람들에게 있어서 트레파는 정결법의 기준을 준수하지 않은 고기를 의미한다.[24] 특히 맹수에 의하여 찢겨 죽은 짐승은 피를 제거하지 않았기 때문에 먹을 수 없다.

제363조항 : 산 짐승으로부터 수족을 취해 먹을 수 없다

²³ 다만 크게 삼가서 그 피는 먹지 말라 피는 그 생명인즉 네가 그 생명을
고기와 함께 먹지 못하리니(신 12:23)

신명기 12:23은 살아있는 짐승으로부터 취한 수족을 먹지 못한다고
가르치고 있다.

본문의 이해 신명기 12:23의 생명을 고기와 함께 먹지 말라(로-토칼 하네페
쉬 임-하바싸르, לֹא־תֹאכַל הַנֶּפֶשׁ עִם־הַבָּשָׂר)는 구절의 의미는 살아
있는 짐승의 고기를 먹지 말라는 의미이다. 즉, 생고기를 먹지 말라는 것
이다. 살아있는 짐승의 고기는 아직 피가 다 빠지지 않았기 때문이다(레
19:26). 뿐만 아니라 짐승을 잡는 법과도 맞지 않기 때문이다.

제364조항 : 허벅지 관절의 둔부 힘줄을 먹을 수 없다

³² 그 사람이 야곱의 허벅지 관절에 있는 둔부의 힘줄을 쳤으므로 이스라
엘 사람들이 지금까지 허벅지 관절에 있는 둔부의 힘줄을 먹지 아니하더
라(창 32:32)

창세기 32:32은 허벅지 관절의 둔부 힘줄을 먹지 못한다고 밝힌다.

본문의 이해 창세기 32:32은 야곱의 역사적인 사건을 근거로 해서 생겨난 식습관을 소개한다. 이스라엘 사람들이 허벅지 관절에 있는 둔부의 힘줄(기드 하나쉐 아쉐르 알-카프 하야레크, גִיד הַנָּשֶׁה אֲשֶׁר עַל-כַּף הַיָּרֵךְ)을 먹지 않는 습관이 생겼음을 소개하고 있다.

이 부위 음식을 금하는 규정은 창세기 32:32에서만 찾아 볼 수 있다.

제365조항 : 사냥한 짐승은 피를 흘린 후 피를 흙으로 덮으라

¹³ 모든 이스라엘 자손이나 그들 중에 거류하는 거류민이 먹을 만한 짐승이나 새를 사냥하여 잡거든 그것의 피를 흘리고 흙으로 덮을지니라(레 17:13)

레위기 17:12~14은 10~11절을 다시 한 번 강조하는 것으로 13절에서 피를 먹지 말 것을 가르친다.

본문의 이해 13절은 피를 처리하는 방법을 제시하고 있다. 즉, 짐승이나 새의 피를 흘리고 흙으로 덮음으로 먹지 말 것을 강조한다(레 7:26). 이처럼 어떤 종류의 피도 먹어서는 안 되는데, 그 이유는 레위기 17:14에 의하면 피가 생물의 생명이기 때문이다.

제366조항 : 피는 먹을 수 없다

²⁶ 너희가 사는 모든 곳에서 새나 짐승의 피나 무슨 피든지 먹지 말라(레 7:26)

레위기 7:26은 모든 생물의 피를 먹을 수 없다고 가르치고 있다.

본문의 이해 피를 먹지 말라는 규정은 창세기 9:4, 레위기 3:17, 17:12, 19: 26, 신명기 12:16, 23, 25, 15:23에 기록되어 있다. 피를 먹어서는 안 되는 이유는 신명기 12:23의 기록처럼 피는 생명이기 때문이다.

신약의 이해 사도행전 15:20, 29에서도 피를 먹지 말라고 기록하고 있다.

의미 피는 생명이기 때문에 먹을 수 없다는 것은 성경이 생명 존중을 강조하고 있음을 보여 준다.

제367조항 : 기름은 먹을 수 없다

²³ 너희는 소나 양이나 염소의 기름을 먹지 말 것이요(레 7:23)

레위기 7:23은 소, 양 그리고 염소의 기름을 먹지 못한다고 말한다.

본문의 이해 23절의 기름(헬레브, חֵלֶב)을 먹어서는 안 된다고 기록하고 있는데 여기서 기름은 짐승의 내장을 덮고 있는 기름을 의미하며, 이것은 하나님께 드려야 하는 하나님의 것이기 때문이다. 이것들은 화제로 여호와에게 드려야 한다(레 1:10~13).

제368조항 : 고기와 우유를 함께 요리 할 수 없다

¹⁹ 네 토지에서 처음 거둔 열매의 가장 좋은 것을 가져다가 너의 하나님 여호와의 전에 드릴지니라 너는 염소 새끼를 그 어미의 젖으로 삶지 말지니라(출 23:19)

출애굽기 23:19은 고기와 우유를 함께 요리하지 말라고 가르친다.

본문의 이해 19절의 가르침은 신명기 14:21에도 반복적으로 기록되어 있다. 그러나 염소 새끼를 어미의 젖에 삶지 말라는 것은 전체적인 내용상 잘 맞지 않고 그 의미를 파악하기 매우 어렵다. 따라서 많은 학자들은 이것이 알려지지는 않았지만 이방인들이 염소새끼를 어미 젖에 삶는 제의가 있었는데 그것을 따르지 말라는 의미로 이해하고 있다. 10세기에 활동하였던 므나헴 이븐 사루크(Menahem ibn Saruq)는 히브리어 게디(גְּדִי)는 어린 염소가 아니라 말린 씨를 의미한다고 주장하였다. 이러한 주장을 수용하여 므나헴 벤 솔로몬(Menahem ben Solomon)은 어미의 젖은 씨를 포함하고 있는 눈의 즙이라고 주장한다.[25]

제369조항 : 고기와 우유 혼합물을 먹을 수없다

[26] 네 토지 소산의 처음 익은 것을 가져다가 네 하나님 여호와의 전에 드릴지며 너는 염소 새끼를 그 어미의 젖으로 삶지 말지니라(출 34:26)

출애굽기 34:26은 고기와 우유를 혼합물로 먹는 것을 금한다.

본문의 이해 출애굽기 34:26은 염소 새끼를 그 어미의 젖으로 삶아 요리한 음식을 먹지 말라는 규정이다.

유대인의 이해 오늘날 유대인들은 고기를 먹은 후 커피 마실 때 프림이나 우유를 타서 마시지 않는다.

제370조항 : 정죄받아 돌에 맞아 죽은 소고기는 먹을 수 없다

²⁸ 소가 남자나 여자를 받아서 죽이면 그 소는 반드시 돌로 쳐서 죽일 것이요 그 고기는 먹지 말 것이며 임자는 형벌을 면하려니와(출 21:28)

출애굽기 21:28은 정죄 받아 돌에 맞아 죽은 소의 고기를 먹을 수 없다.

본문의 이해 본문은 소가 죄값을 치르기 위하여 죽었으면 그 고기를 먹을 수 없다고 가르친다. 왜냐하면 이 소가 죽음을 당한 것은 죄를 지었기 때문이며 부정한 소이기에 그 고기 역시 부정한 것이다.

또 한가지 이유는 돌에 맞아 죽은 고기는 피를 빼지 않은 것이기도 하다. 따라서 먹지 말라고 가르친다.

출애굽기 21:29~31에서 소가 사람을 들이받게 되면 그 소는 반드시 죽임을 당하고 그 소의 주인에게는 죄가 없다고 기록하고 있다. 그러나 그 소가 사람을 받는 것을 알고도 주인의 부주의함에 의하여 죽는 일이 발생하면 주인도 함께 죽이도록 규정하고 있다. 따라서 출애굽기에서는 사람의 생명을 해한 자에 대하여 생명으로 값을 치르게 하는 것을 발견할 수 있다.

근동의 이해 그러나 고대근동에서는 같은 범죄인데도 구약성서의 처벌과 다른 처벌을 내리고 있다. '만일 황소가 길을 지나다가 사람을 피 흘려 죽게 하면, 손해보상을 요구할 수 없다'(함무라비 제250조). '만일 어떤 사람의 황소가 사람을 죽여서 시의회가 주인에게 그 사실을 알게 하였는데, 그가 그 뿔에 덧대거나 그의 황소를 묶어두지 않아서 그 황소가 귀족계급의 구성원을 피 흘려 죽게 하면, 그는 은 1/2미나를 지불해야 한다'(함무라비 제251조).

함무라비 법전에서는 비록 소가 사람을 들이 받더라도 소에게 책임을 묻지 않는다. 만약 소의 나쁜 버릇을 알고도 주인이 부주의해서 생긴 일이면 주인이 손해를 보상하게 되어 있다. 구약성서나 함무라비 법전 모두 소 주인의 부주의에 대해서는 책임을 묻지만 그러나 책임을 묻는 방법에 있어서 차이가 있다.

신약의 이해 사도행전 15:19~21, 29에서 이방민족 가운데 예수를 믿는 이들도 목졸라 죽인 짐승을 먹지 못하도록 가르치는데 이는 피를 빼지 않은 고기이기 때문이다.

의미 이스라엘 백성들은 부정한 음식을 먹지 못하도록 가르친다.

제371조항 : 하나님께 예물로 가져오기 전에 새 곡식으로 만든 빵은 먹을 수 없다

14 너희는 너희 하나님께 예물을 가져오는 그날까지 떡이든지 볶은 곡식이든지 생이삭이든지 먹지 말지니 이는 너희가 그 거하는 각처에서 대대로 지킬 영원한 규례니라(레 23:14)

레위기 23:14은 니산 월 18일에 하나님께 예물을 가져오기 전에는 새 곡식으로 떡을 만들어 먹지 말라고 가르친다.

본문의 이해 14절은 하나님께 곡식을 드리기 전에 어떤 곡식의 수확물을 먹어서는 안 된다고 가르치고 있다. 즉, 모든 곡식은 하나님이 주신 것이니 먼저 하나님께 드린 후 먹어야 한다는 가르침이다.

의미 새 곡식의 첫 수확은 여호와의 것이기 때문에 이를 드리기 전에
는 먹을 수 없음을 가르친다.

제372조항 : 하나님께 예물로 가져오기 전에 볶은 새 곡식
을 먹을 수 없다

¹⁴ 너희는 너희 하나님께 예물을 가져오는 그날까지 떡이든지 볶은 곡식이
든지 생이삭이든지 먹지 말지니 이는 너희가 그 거하는 각처에서 대대로
지킬 영원한 규례니라(레 23:14)

레위기 23:14은 하나님께 예물을 드리기 전에는 볶은 곡식을 먹지 말
라는 가르침이다.

본문의 이해 14절에서는 새 곡식을 여호와에게 드리기 전에는 어떤 방식으
로든지 먹지 말라는 것이다. 왜냐하면 첫 수확은 여호와의 것이
기 때문이다.

의미 여호와께 드리기 전에 먹지 말라고 가르친다.

제373조항 : 하나님께 예물로 가져오기 전에 생 곡식을 먹을 수 없다

14 너희는 너희 하나님께 예물을 가져오는 그날까지 떡이든지 볶은 곡식이든지 생이삭이든지 먹지 말지니 이는 너희가 그 거하는 각처에서 대대로 지킬 영원한 규례니라(레 23:14)

레위기 23:14에서는 하나님께 예물을 드리기 전에는 생 곡식을 먹지 말라고 가르친다.

본문의 이해 14절에서 새 곡식은 여호와의 것이기 때문에 여호와에게 드리기 전에는 어떤 용도로도 먹을 수 없다. 따라서 곡식을 날 것으로라도 먹지 말라는 가르침이다.

제374조항 : 심은 지 삼 년 이내의 열매는 먹을 수 없다

23 너희가 그 땅에 들어가 각종 과목을 심거든 그 열매는 아직 할례 받지 못한 것으로 여기되 곧 삼 년 동안 너희는 그것을 할례 받지 못한 것으로 여겨 먹지 말 것이요(레 19:23)

레위기 19:23은 심은 지 첫 3년 이내의 열매(오를라, עָרְלָה)는 먹지 말라고 가르친다.

본문의 이해 이스라엘이 가나안에 들어간 후 과일나무를 심고 거기서 생산한 것을 어떻게 처리할 것인가 하는 과정을 자세히 설명하고 있다. 삼 년 동안 생산되는 과실은 할례 받지 못한 것과 같이 부정한 것으로 여겼으며, 따라서 먹을 수 없다고 가르치고 있다.

첫 삼 년 이내의 열매를 오를라(עָרְלָה)라고 부른다. 오를라는 할례를 받지 않은 표피란 뜻이다. 이스라엘 사람들은 할례를 받지 않은 사람을 부정하게 여겼기 때문에 이를 은유적으로 표현한 것이다.

신약의 이해 그러나 신약성서에서, 특히 로마서 2:17~29에서 육체의 할례의 의미가 중요하게 여겨지지 않기 때문에 이 개념은 더 이상 존재하기 어렵다. 누가복음 13:6~9의 무화과 나무의 비유에서 삼 년 동안 열매가 없는데 1년을 더 기다리는 것은 4년 째가 되어야 자신의 수확을 얻을 수 있기 때문에 아무런 이의 없이 기다린 것으로 이해할 수 있다.

의미 하나님께 드리는 것은 완전히 거룩해 진 것만 드릴 수 있음을 가르쳐 준다. 이처럼 삼 년이 지난 것을 먹을 수 있다는 것은 신명기 23:7~8의 이집트 사람과 에돔 사람의 삼 대 후 후손 즉, 사대부터 여호와의 총회에 들어올 수 있는 것과 사상적으로 같은 배경을 가지고 있다.

제375조항 : 포도원의 두 종자를 먹을 수 없다

⁹ 네 포도원에 두 종자를 섞어 뿌리지 말라 그리하면 네가 뿌린 씨의 열매와 포도원의 소산을 다 빼앗길까 하노라(신 22:9)

신명기 22:9은 포도원에 있는 서로 다른 씨의 소산은 먹지 말라고 가르친다.

본문의 이해 포도원에 두 종자를 섞어 뿌려서는 안 되며, 만약 섞어 뿌렸다면 포도와 뿌린 씨의 열매는 먹을 수 없다고 기록하고 있다. 두 종자(킬르아임, כִּלְאַיִם)의 사전적 의미는 '두 종류'이다.[26]

빼앗긴다고 번역한 히브리어 표현(카다쉬, קָדַשׁ)은 '구별하다'는 뜻으로 성물이란 의미를 지닌다. 따라서 이스라엘은 그 소산에 대하여 손을 댈 수 없다는 뜻이다.

이것은 두 종류의 종자를 섞어 뿌리지 말라는 것과 유사한 개념이다(레 19:19).

신약의 이해 누가복음 13:6~9의 비유에서 포도원에 무화과나무를 심은 것은 신명기 22:9의 규정을 어긴 것이다.

제376조항 : 우상에게 바친 술은 마실 수 없다

[38] 그들의 제물의 기름을 먹고 그들의 전제의 제물인 포도주를 마시던 자들이 일어나 너희를 돕게 하고 너희를 위해 피난처가 되게 하라(신 32:38)

신명기 32:38은 우상에게 바친 술을 마시지 못하게 한다.

본문의 이해 본문은 하나님이 이스라엘 백성들의 우상숭배를 꾸짖는 말 가운데 등장하는 것으로 '너희들이 우상에게 전제를 드렸던 것을 마시던 자들에게 일어나 도와달라고 해 보아라'는 의미이다. 즉, 그들이 돕지 못한다는 의미이다. 호세아 9:4에서는 아시리아 사람들의 제물을 먹는 자는 더러워지며, 여호와의 집에 드릴 것이 아니라고 말한다.

신약의 이해 사도행전 15:19~21, 29에서 이방인이 예수를 믿으면 우상에게 드려졌던 더러운 음식은 먹지 말라고 가르친다. 고린도전서 8장에서는 우상에게 바쳐졌던 제물을 먹느냐 먹지 않느냐는 믿음에 중요한 것이 아니지만 그것이 믿음이 약한 이들에게 장애가 된다면 먹지 말라고 가르친다.

제377조항 : 폭식이나 폭주를 할 수 없다

²⁶ 너희는 무엇이든지 피 채 먹지 말며 점을 치지말며 술법을 행하지 말며 (레 19:26)

²⁰ 그 성읍 장로들에게 말하기를 우리의 이 자식은 완악하고 패역하여 우리 말을 듣지 아니하고 방탕하며 술에 잠긴 자라 하면(신 21:20)

레위기 19:26은 폭식을 금하고, 신명기 21:20은 술에 잠기지 말라고 가르친다.

본문의 이해 레위기 19:26은 피와 함께 먹는 것을 금한다. 피를 제거할 동안 기다리지 못하고 음식을 먹는 폭식을 금하는 것으로 이해할 수 있다. 이러한 사실은 사무엘상 14:31~35의 이스라엘 백성들의 행동에서 잘 알 수 있다.

또한 신명기 21:18~21에서는 술취한 자를 불효자로 구분하여 돌로 쳐 죽였다. 술에 잠긴 자(쏘베, סֹבֵא)의 사전적인 의미는 '술에 취한 자'이다.

사무엘상 14:31~35에 의하면 사울의 군사들이 믹마스에서 블
레셋 군사를 물리친 후 백성들이 소와 양, 그리고 송아지등을 피
째 먹는 죄를 지었다고 기록하고 있다.

사도행전 15:29에 의하면 우상의 제물과 함께 동물의 피를 멀리하라고
가르친다. 또한 로마서 13:13에서는 술 취하지 말라고 가르치며 고린도
전서 6:10에서는 술취한 자는 하나님의 나라를 유업으로 받지 못하는 자
에 속한다고 기록하고 있다. 에베소서 5:18에서는 술 취하지 말며 성령
으로 충만함을 받으라고 가르친다.

이스라엘 백성들은 이방민족들의 식습관을 따라 피째 먹거나 혹
은 술에 취하는 것을 삼가해야 함을 가르친다. 이 두 가지는 신
약성서에서도 모두 금하는 것이다.

제378조항 : 새의 보금자리를 통째로 취하지 말라

⁶ 길을 가다가 나무에나 땅에 있는 새의 보금자리에 새 새끼나 알이 있고
어미 새가 그의 새끼나 알을 품은 둘것을 보거든 그 어미 새와 새끼를 아
울러 취하지 말고(신 22:6)

신명기 22:6에서는 새끼와 어미를 함께 취하지 말라고 기록하고 있
다. 즉, 새의 보금자리를 통째로 취함으로 인하여 어미와 새끼를 함께 취
하지 말라는 것이다.

본문의 이해 사람들이 새를 취하는 것은 식량을 공급하는 목적을 가지고 있다. 따라서 일반적으로 새 집에 어미와 새끼가 함께 있으면 둘 다 취하는 것이 더 많은 식량을 공급하는 방법이다. 그러나 어미를 놓아주라는 것은 미래의 식량을 확보하는 것과 같은 의미이다. 만약 어미를 잡아 먹으면 미래의 식량이 끊어지는 것과 같다.

04

특별한 절기에 못 먹는 것

특별한 종교절기에 금해야 할 음식이 있거나 금식을 해야 되는 절기에는 음식을 먹을 수 없다. 일곱째 달인 티슈리 달 십일에 지켜지는 속죄일은 금식하는 날이다. 따라서 이날은 음식을 먹을 수 없다. 뿐만 아니라 유월절에는 일주일 간 누룩을 먹을 수 없다.

제379조항 : 속죄일에 아무 것도 먹지 말라

²⁹ 이 날에 스스로 괴롭게 하지 아니하는 자는 그 백성 중에서 끊쳐질 것이라(레 23:29)

레위기 23:29은 속죄일에 아무 것이든지 먹지 말고 스스로 금식해야 함을 가르치고 있다.

본문의 이해 속죄일은 티슈리 달 십일에 자신의 죄를 고하는 날이다. 이 날 본문에 의하면 스스로 괴롭게 하는 행위인 금식을 하지 않는 자는 백성들 가운데서 잘려나간다고 가르친다. 이에 대하여 레빈(B.A. Levine)은 스스로 괴롭게 하다를 '스스로 부인하다'라고 번역하였다.²⁷

신약의 이해 스스로 괴롭게 하지 아니하는 자(로-테우네 베에쩸, לֹא־תְעֻנֶּה בְּעֶצֶם)를 직역하면 '자신을 괴롭히지 않으면'이다.

구약의 이해 레위기 16:29에서도 속죄일에 자기의 영혼을 괴롭게 해야 함을 기록하고 있다. 이런 속죄일 규정은 민수기 29:7에도 기록되어 있다.

속죄일은 아니지만 죄를 자복할 때 금식하는 예를 구약성경에서 찾아볼 수 있다. 요나 3:5에서 니느웨 사람들은 성이 무너질 것이라는 요나의 말씀을 듣고 금식을 선포하며 회개하였다고 기록하고 있다.

의미 하나님께 죄를 속하기를 구할 때 일하지 말고 금식해야 함을 가르쳐준다. 오늘날 이스라엘에서 성인들은 속죄일에 금식을 한다.

제380조항 : 유월절에 누룩을 먹지 말라

³ 모세가 백성에게 이르되 너희는 애굽 곧 종 되었던 집에서 나온 그 날을 기념하여 유교병을 먹지 말라 여호와께서 그 손의 권능으로 너희를 그 곳에서 인도해 내셨음이니라(출 13:3)

출애굽기 13:3은 유월절 기간 동안에 유교병을 먹지 말라고 가르친다. 즉 무교병을 먹어야 함을 가르친다.

본문의 이해 이것은 곧 유월절 기간 중에 유교병을 먹어서는 안 되고, 무교병을 먹어야 함을 의미한다. 유교병을 먹지 말라(로 예아켈 하메츠, לֹא יֵאָכֵל חָמֵץ)를 직역하면 '누룩을 먹지 말라'이다. 히브리어 하메츠(חָמֵץ)

는 발효된 반죽을 가리킨다. 따라서 레위기 23:6에 의하면 유월절을 하그-하마쪼트(הַג הַמַּצּוֹת) 즉, '무교병의 절기'라고 부른다. 무교병을 먹어야 함을 의미한다.

신약의 이해 고린도전서 5:6~8, 특히 8절에서 바울은 고린도교회 성도들에게 명절(유월절)을 묵은 누룩이나 악의에 찬 누룩으로 말고 누룩이 없는 순전함과 진실함의 떡으로 하라고 말한다.

제381조항 : 유월절에 누룩이 포함된 것을 먹지 말라

⁷ 이레 동안에는 무교병을 먹고 유교병을 네게 보이지 아니하게 하며 네 땅에서 누룩을 네게 보이지 아니하게 하라(출 13:7)

출애굽기 13:7에서는 유월절 기간에 누룩이 포함된 것은 어떤 것도 먹지 말라고 가르친다.

본문의 이해 유월절의 가장 중요한 것은 주변에 모든 누룩을 없애는 것이다. 따라서 유교병(하메츠, חָמֵץ)을 보이지 않게 해야 하며, 누룩을 보이지 않게 해야 한다고 가르친다. 누룩(스오르, שְׂאֹר)의 문자적인 의미는 '반죽을 발효시키는 것'이다. 누룩을 뜻하는 히브리어 스오르(שְׂאֹר)는 다른 것을 발효시키는 것이다. 출애굽 12:15과 신명기 16:1에서 유월절 첫날 누룩을 제거하였기 때문에 누룩이 집에 남아 있어서는 안 된다.

의미 오늘날 유대인들은 유월절에 누룩을 제거하기 위하여 집안 대청소를 실시한다. 심지어 유월절에는 햄버거도 누룩이 들지 않은 빵으로 만든 것을 판다.

제382조항 : 유월절 전날부터 누룩을 먹지 말라

³ 유교병을 그것과 함께 먹지 말고 이레 동안은 무교병 곧 고난의 떡을 그
것과 함께 먹으라 이는 네가 애굽 땅에서 급히 나왔음이니 이같이 행하여
네 평생에 항상 네가 애굽 땅에서 나온 날을 기억할 것이니라(신 16:3)

신명기 16:3은 유월절 전날에 유교병을 먹지 못한다고 가르친다.

본문의 이해 신명기 16:2~3을 정확히 이해하기 위해서는 레위기 23:4~8에
대한 이해가 필요하다. 레위기 23:4~8에 의하면 첫째 달 열나
흗날 저녁은 여호와의 유월절이며, 열닷새날부터 이레 동안은 여호와의
무교절이기 때문에 무교병을 먹어야 한다. 따라서 첫째 달 열나흗날부터
스물둘째 날까지 무교병을 먹어야 한다.

따라서 신명기 16:2~3에 의하면 첫째 달 열나흗날 유월절 제사를 드
리고 첫째 달 열다섯째날부터 이레 동안 무교병을 먹는다. 무교병(마짜,
מַצָּה)은 누룩을 넣지 않고 밀로 만든 빵을 통칭하는 명칭이다. 무교병은 빵
의 모양으로 만들기도 하고 경우에 따라서는 크래커처럼 만들기도 한다.

제383조항 : 유월절에 집에 누룩이 보이지 말아야 한다

⁷ 이레 동안에는 무교병을 먹고 유교병을 네게 보이지 아니하게 하며 네
땅에서 누룩을 네게 보이지 아니하게 하라(출 13:7)

출애굽기 13:7에서는 유월절 기간 동안에 이스라엘 전역에서 누룩이 하나도 보이지 않아야 한다고 가르치고 있다.

본문의 이해 유월절에는 무교병만 먹을 뿐 아니라 이스라엘 전역에서(베콜-그불레카, בְּכָל־גְּבֻלֶךָ) 누룩을 제거해야 한다. 누룩은 술을 만드는 효소를 갖고 있는 곰팡이를 곡류에 번식시킨 것이다. 따라서 누룩은 부패를 상징하였다.

신약의 이해 신약성서에서는 누룩이 가지고 있는 엄청난 파급력에 관하여 언급하고 있다. 마태복음 13:33의 누룩의 비유는 누룩의 엄청난 파급력을 설명하고 있다. 누룩은 약 50 kg정도의 밀가루로 100~150인분의 빵을 만들 수 있다. 갈라디아 5:9에서는 거짓 교사의 가르침을 누룩이 떡덩이에 퍼지는 것에 비유하였다.

의미 극단적인 유대인들은 유월절 기간 동안 수돗물을 먹지 않으려고 한다. 왜냐하면 이스라엘 순례객들이 유월절 기간 동안 갈릴리 호수에서 누룩이 든 빵을 갈매기나 물고기에게 주기에 갈릴리 호수 물에 누룩이 섞여 있다고 믿기 때문이다.

제384조항 : 유월절에 누룩을 소유해서는 안 된다

¹⁹ 이레 동안은 누룩이 너희 집에서 발견되지 아니하도록 하라 무릇 유교물을 먹는 자는 타국인이든지 본국에서 난 자든지를 막론하고 이스라엘 회중에서 끊어지리니(출 12:19)

출애굽기 12:19은 유월절 기간 동안에는 사람들의 소유 가운데 누룩
이 발견되지 않아야 한다고 가르친다.

본문의 이해 출애굽기 13:7은 이스라엘 땅에서 누룩을 제거해야 하는 것
에 대하여 기록하고 있으며 출애굽기 12:19에서는 이스라엘들
의 집에서 누룩을 제거해야 한고 말한다. 무교절 칠일 동안 누룩이 발견
되지 않도록 하고 누룩을 먹는 자가 없도록 하라는 것이다. 이미 출애
굽 12:15와 신명기 16:1에서 유월절 첫 날 누룩을 제거하였기 때문에 누
룩이 집에 남아 있어서는 안 된다. 출애굽기 12:20에 의하면 이스라엘
이 유하는 곳에서 그곳이 어디든지 무교병을 먹어야 한다. 누룩(스오르,
שְׂאֹר)의 문자적인 의미는 '반죽을 발효시키는 것'이다. 스오르(שְׂאֹר)는 다
른 것을 발효시키는 것이다. 그러나 하메츠(חָמֵץ)는 발효된 반죽을 가리
킨다. 유교물(마흐메쩨트, מַחְמֶצֶת) 역시 발효된 모든 것을 의미한다. 유월
절 기간 중 집안의 모든 것에서 누룩을 제거해야 한다. 개인의 옷 주머니
나 가방 등에서도 누룩을 제거해야 한다.

의미 오늘날 유대인들은 집안 청소, 세탁 그리고 식기를 더운 물에 삶
는 등 누룩을 제거하기 위하여 노력한다.

05

제사장 음식

제385조항 : 짐승을 잡을 때 제사장에게 몫을 주어라

³ 제사장이 백성에게서 받을 몫은 이러하니 곧 그 드리는 제물의 소나 양이나 그 앞다리와 두 볼과 위라 이것을 제사장에게 줄 것이요(신 18:3)

신명기 18:3은 제사장이 희생제물 가운데서 받을 분깃에 대하여 가르치고 있다.

본문의 이해 제사장이 백성에게서 받을 몫(미쉬파트 하코하님, מִשְׁפַּט הַכֹּהֲנִים)은 문자적으로 '제사장이 받을 것'이라는 의미이다. 몫으로 번역된 히브리어 미쉬파트(מִשְׁפָּט)는 매우 다양한 의미를 갖고 있다. 제사장에게 돌아가는 몫은 앞다리(즈로아, זְרֹעַ), 두 볼(레히, לְחָיַיִם) 그리고 위(케바, קֵבָה)이다. 앞다리로 번역된 즈로아(זְרֹעַ)의 원래 의미는 어깨이나 동물에게는 앞다리에 해당한다. 두 볼은 턱을 의미한다. 소나 양의 턱과 앞다리 부분과 동물의 위를 취하도록 가르치고 있다.

그러나 이 몫은 레위기 7:31~34, 10:14, 민수기 6:20, 18:18~19의 내용과 차이가 있다. 이들 기록에 의하면 제사장은 가슴과 오른쪽 넓적다리를 자신의 몫으로 받았다고 기록하고 있다.

구약의 이해 제사장의 몫을 잘못 사용하면 하나님의 심판을 받게 된다. 사무엘상 2장에 의하면 엘리 제사장의 아들들이 제사장의 몫을 먹음으로 인하여(삼상 2:12~17) 하나님의 심판을 받았다(삼상 2:22~36).

의미 하나님의 일을 감당하는 제사장들은 정해진 분깃을 받아 먹고 살아야 함을 가르친다.

제386조항 : 처음 깎은 양털을 제사장에게 주어라

⁴ 또 네가 처음 거둔 곡식과 포도주와 기름과 네가 처음 깎은 양털을 네가 그에게 줄 것이니(신 18:4)

신명기 18:4에서는 제사장이 받을 분깃에 대하여 처음 거둔 곡식, 포도주, 기름 그리고 처음 깎은 양의 털 등을 주도록 가르치고 있다.

본문의 이해 '처음'으로 번역된 히브리어 레쉬트(רֵאשִׁית)의 의미는 문자적으로 '처음'이라는 의미를 지니지만 민수기 18:12의 헬레브(חֵלֶב)와 동의어로 '최고'라는 의미도 지닌다.

따라서 제사장들에 주어야 하는 음식으로는 신명기 18:3의 희생제물의 일부와 처음 거둔 곡식(소제), 포도주(전제), 올리브기름 등이다. 뿐만 아니라 처음 깎은 양털을 제사장에게 주도록 가르치고 있다.

이처럼 토지 소산의 맏물을 제사장에게 주어야 한다는 것은 신명기 26:1~11에도 기록되어 있다.

그러나 처음 깎은 양털을 제사장의 몫으로 주어야 한다는 규정은 신명기 18:4에만 기록되어 있다. 양털(게즈, גֵּז)은 한 마리 양에서 깎는 털을 의미한다. 양털의 경우 양 한 마리에서 약 1.5미나(mina) 즉 0.75kg의 양털을 생산한다.

제387조항 : 헌정 된것은 하나님과 제사장에게 주라

21 희년이 되어서 그 밭이 돌아오게 될 때에는 여호와께 바친 성물이 되어 영영히 드린 땅과 같이 제사장의 기업이 될 것이며 ...... 28 어떤 사람이 자기 소유 중에서 오직 여호와께 온전히 바친 모든 것은 사람이든지 가축이든지 기업의 밭이든지 팔지도 못하고 무르지도 못하나니 바친 것은 다 여호와께 지극히 거룩함이며(레 27:21, 28)

레위기 27:21~28은 어떤 사람이 밭을 여호와에게 드렸다가 희년이 되어 다시 돌아왔을 때 그 땅의 처리에 관하여 가르치고 있다.

본문의 이해 레위기 27:16~25은 밭을 성별하여 드리는 것에 관한 규정을 기록하고 있다. 그 가운데 밭을 여호와에게 성별하여 드렸다가 희년에 다시 찾게 될 때 이 땅은 여호와께 바친 성물과 같이 되어 제사장의 기업이 될 것임을 가르치고 있다. 그 이유는 누구든지 자기 소유 가운데 여호와에게 성별하여 드린 것은 다 거룩한 것이기 때문이라고 설명하고 있다(레 27:28).

1) Rashi, *Leviticus,* pp. 150-151.

2) J. Milgrom, *Leviticus 1-16,* p. 743.

3) D.Z. Hoffmann, *Leviticus* Vol. 1(Jerusalem: Mosad Harav Kook, 1953)(Hebrew).

4) S.D. Luzzatto, *Commentary to the Pentateuch and Hamishtadel,* (Tel Aviv: Dvir, 1965)(Hebrew).

5) J. Milgrom, *Leviticus 1-16,* pp. 774-775.

6) J. Hartley, *Leviticus,* p. 186.

7) J. Wilkinson, "Leprosy and Leviticus: The Problem of Description and Identification," *SJT* 30 (1977), pp. 153-169, esp. 154-156.

8) R. G. Cochrane, *Biblical Leprosy: A Suggested Interpretation.* (Glasgow: Pickering & Inglis, 1963), pp. 3-7.

9) Rashi, *Leviticus,* p. 111.

10) J. Milgrom, *Leviticus 1-16,* p. 809.

11) J. Milgrom, *Leviticus 1-16,* p.907.

12) B.A. Levine, *Leviticus,* p. 96.

13) J. Milgrom, *Leviticus 1-16,* p. 927.

14) J. Milgrom, *Leviticus 1-16,* p. 927.

15) W.L. Lane, *The Gospel of Mark,* p. 191.

16) B.A. Levine, *Numbers 1-20,* (New Haven and London: Yale University Press, 2008), p. 467.

17) N. Kiuchi, *Leviticus,* p. 279.

18) B.A. Levine, *Numbers 1-20,* p. 460.

19) B. A. Levine, *Leviticus,* pp. 68.

20) A.D.H. Mayes, *Deuteronomy,* The New Century Bible Commentary(Grand Rapids: Eerdmans, 1979), p. 241.

21) A.D.H. Mayes, *Deuteronomy,* The New Century Bible Commentary(Grand Rapids: Eerdmans, 1979), p. 241.

22) B. A. Levine, *Leviticus,* pp. 68.

23) P.C. Craigie, *The Book of Deuteronomy,* p. 233.

24) N.M. Sarna, *Exodus,* p. 141.

25) N.M. Sarna, *Exodus,* p. 147.

26) *HALOT,* p. 475.

27) B.A. Levine, *Leviticus,* p. 109.

Commandments

and

Gospel

제10부

사회생활

01

이웃에 대하여

제388조항 : 이웃을 네 몸같이 사랑하라

18 원수를 갚지 말며 동포를 원망하지 말며 이웃 사랑하기를 네 몸과 같이
하라 나는 여호와니라(레19:18)

레위기 19:18은 이웃 사랑하기를 네 몸과 같이 할 것을 가르치고 있다.

본문의 이해 18절에서는 이웃을 네 몸과 같이 사랑하기 위하여 두 가지를 금
하고 있다. 즉, 원수 갚는 것(나캄, נָקַם)과 원망하는 것을 하지 말
라(나타르, נָטַר)고 가르친다.

랍비 아키바(Rabbi Akiba)는 이웃을 사랑하라는 것이 오경 가르침의
가장 핵심적인 것이라고 주장한다.

신약의 이해 이것은 예수의 가장 큰 두 계명 가운데 하나에 속하는 것이다.
마태복음 22:39에서 예수님은 '둘째도 그와 같으니 네 이웃을 네
자신 같이 사랑하라 하셨으니'라 말하며 레위기 19:18을 인용한다. 로마
서 12:10에서는 형제를 사랑하라고 가르치며, 갈라디아서 5:13에서도
오직 사랑으로 서로 종노릇하라고 가르친다. 로마서 13:8에서는 피차 사

랑의 빚 외에는 아무에게든지 아무 빚도 지지 말라고 가르친다.

사랑하기 위하여 필요한 두 가지 자세 즉, 원수 갚지 않는 것과
원망하지 말 것을 가르치고 있다.

제389조항 : 가난한 자에게 자선을 베풀라

35 네 형제가 가난하게 되어 빈손으로 네 곁에 있거든 너는 그를 도와 거류
민이나 동거인처럼 너와 함께 생활하게 하되 36 너는 그에게 이자를 받지
말고 네 하나님을 경외하여 네 형제로 너와 함께 생활하게 할 것인즉(레
25:35~36)

8 반드시 네 손을 그에게 쳐서 그 요구하는 대로 쓸 것을 넉넉히 꾸어주라
(신 15:8)

레위기 25:35~36과 신명기 15:8에서는 가난한 자에게 자선을 베풀
것을 가르치고 있다.

레위기 25:35~36에서는 이스라엘 형제가 가난하게 되었을 때
그를 도와주어야 하며, 그에게서 이자를 받지 말라고 규정하고
있다. 더 나아가 신명기 15:8에서는 가난한 자가 요구하는 대로 넉넉히
꾸어주라고 규정한다.

그런데 신명기 23:20에서는 이스라엘 백성에게서 이자를 받을 수 없
지만 타국인에게서 이자를 받을 수 있다고 기록하고 있다. '타국인에게
네가 꾸어주면 이자를 받아도 되거니와 네 형제에게 꾸어주거든 이자를

받지 말라 그리하면 네 하나님 여호와께서 네가 들어가서 차지할 땅에서 네 손으로 하는 범사에 복을 내리시리라'(신 23:20).

신약의 이해 이런 생각은 예수의 가르침 가운데 누가복음 6:30의 '네게 구하는 자에게 주며......'와 6:35의 '아무것도 바라지 말고 꾸어주라'는 것과 같은 맥락의 말씀이다.

마태복음 19:16~26, 마가복음 10:17~22의 부자 청년은 율법의 가르침을 다 지킨 것 같지만 가난한 자를 돌보라는 가르침은 지키지 못하였다.

사도행전 4:34에 의하면 초대교회에는 가난한 사람이 없었는데 그 이유는 재산 있는 자가 판 값을 사도들에게 맡겨서 사도들이 각 사람의 필요에 따라 나눠주었기 때문이다.

에베소서 2:10에 의하면 사람은 누구나 선한 일(선행)을 위하도록 그리스도 예수 안에서 창조되었다.

의미 가난한 사람에게 자선을 베푸는 것은 하나님의 뜻임을 가르쳐 준다.

제390조항 : 가난한 자에게 자비 베푸는 일을 거부할 수 없다

7 네 하나님 여호와께서 네게 주신 땅 어느 성읍에서든지 가난한 형제가 너와 함께 거주하거든 그 가난한 형제에게 네 마음을 완악하게 하지 말며 네 손을 움켜 쥐지 말고(신 15:7)

신명기 15:7에서는 가난한 자에게 자비를 베푸는 일을 거부할 수 없음을 가르쳐주고 있다.

본문의 이해　신구약성경 가르침의 핵심은 가난한 이웃을 돕고, 자비를 베푸는 일을 강조한다. 따라서 가난한 형제에게 완악하게 해서는 안 된다. 네 마음을 완악하게 하지 말며(아도나이 엘로헤이카 노텐 라크 로 테아메츠 에트-레바브카, יְהוָה אֱלֹהֶיךָ נֹתֵן לָךְ לֹא תְאַמֵּץ אֶת-לְבָבְךָ)의 문자적인 의미는 '너희 하나님 여호와가 너에게 마음을 완고하게 하라고 하지 않았다'이다.

또한 네 손을 움켜쥐지 말고(로 티크포츠 에트-야드카 메하히카 하에비욘, לֹא תִקְפֹּץ אֶת-יָדְךָ מֵאָחִיךָ הָאֶבְיוֹן)의 의미는 '너의 가난한 형제에게 너의 손을 닫지 말라'이다.

Rashi의 이해　이 구절에 대해 랍비 라쉬(Rabbi Rashi)는 어려운 형제를 돕는데 있어서 친가 형제가 외가 형제보다 앞서며, 내 성안에 있는 자를 다른 성에 있는 자보다 먼저 도와야 된다고 설명한다. 이러한 설명의 근거는 '형제'(아흐, אָח)라는 표현과 성읍으로 번역된 '너의 문 어느 곳'(베아하드 스아레이카, בְּאַחַד שְׁעָרֶיךָ)이라는 표현을 근거로 한 것이다.

신약의 이해　사도행전 4:34~35의 궁핍한 사람이 하나도 없었다는 것은 자신의 손에 움켜쥐지 않고 가난한 자들에게 자비를 베푼 결과였다. 따라서 초대교회도 구약과 예수의 가르침에 충실하였음을 보여준다.

히브리서 13:2에는 손님 대접하기를 잊지 말라고 가르친다. 그런데 여기서 손님은 단순히 아는 손님을 의미하는 것이 아니라 모르는 객까지를 포함한다.

01 · 이웃에 대하여 **697**

가난한 사람을 돕는 것을 게을리해서는 안 된다는 가르침이다.

제391조항 : 고용인은 그가 일하는 곳의 생산물을 먹을 수 있다

²⁴ 네 이웃의 포도원에 들어갈 때에는 마음대로 그 포도를 배불리 먹어도 되느니라 그러나 그릇에 담지는 말 것이요 ²⁵ 네 이웃의 곡식밭에 들어갈 때에는 네가 손으로 그 이삭을 따도 되느니라 그러나 네 이웃의 곡식밭에 낫을 대지는 말지니라(신 23:24~25)

신명기 23:24~25은 배고픈 이웃이 남의 밭이나 포도원에 들어가 배고픔을 면하게 하라고 가르친다.

원래 24절은 어떤 자에게 이웃의 포도원과 밭에서 식량의 공급을 허락하는지 구체적으로 명시되어 있지는 않다. 그러나 대부분의 학자들은 이 구절을 여행자들이 이웃의 포도원이나 곡식밭에서 식량을 공급받지만 도둑질해가는 것은 금하고 있다고 생각한다. 손으로 포도나 곡식의 이삭을 따 먹을 수 있지만 그것을 가져가기 위하여 그릇에 담거나 낫을 댈수는 없다고 기록하고 있다.

그러나 이 구절을 고용인으로 피고용인의 밭에 들어가는 경우로도 해석할 수 있다. 이 경우에는 신명기 25:4과 같은 의미의 가르침이다.

출애굽기 16:4~16의 만나와 메추라기를 줌으로 여호와의 가르침을 지키는지 시험한다는 것과도 같은 맥락의 말씀이다. 여섯째 날을 제외하고는 매일 그 날의 양식만을 가져가야 했다. 각 사람이 먹을 만큼만 거두었다(출 16:18).

신약의
이해 사도행전 4:35에서 저마다 필요한 만큼 받았다는 것이 신명기
23:24~25의 정신과 가르침을 잘 나타낸다. 마태복음 6:11의 주
기도문 가운데 일용할 양식을 주시옵고와도 같은 생각이다. 야고보서
1:27에서 경건은 고아와 과부를 환란 중에 돌보는 것이라고 정의한다.

의미 이러한 가르침은 여행자들의 식량공급과 밭에 도둑이 드는 것을
방지하는 이중적 목적이 있다.

제392조항 : 말로 사람을 현혹시키지 말라

¹⁷ 너희 각 사람은 자기 이웃을 속이지 말고 네 하나님을 경외하라 나는 너
희의 하나님 여호와이니라(레 25:17)

레위기 25:17은 강압적인 말로라도 사람을 현혹시켜 잘못 인도하지
말라고 가르치고 있다.

본문의
이해 17절 본문에서는 이웃을 속이지 말라고 말하는데 여기에 사용
된 동사도 '억압하다'는 의미의 호나(הוֹנָה<√ינה)가 사용되었다.
이는 강압적인 말로 다른 사람을 잘못 인도하지 않도록 하라는 것과 같다.

Rashi의
이해 이 가르침에 대하여 랍비 라쉬는 말로 다른 사람을 현혹해서는 안
된다는 것으로 이해한다. 즉, 상담자가 자신이 옳다고 생각하지
만 그 사람에게 맞지 않는 조언을 하는 것을 금하는 것이라고 설명한다.

로마서 16:18에서 거짓 교사는 교활한 말과 아첨하는 말로 순진
한 자들의 마음을 미혹하는 자라고 규정한다(골 2:4, 빌 3:19).

제393조항 : 잘못된 조언으로 다른 사람을 그릇 인도하지 말라

18 맹인에게 길을 잃게 하는 자는 저주를 받을 것이라 할 것이요 모든 백성
은 아멘 할지니라(신 27:18)

신명기 27:18은 잘못된 조언을 함으로서 다른 사람을 그릇 인도하지
말 것을 가르친다.

이 가르침에 의하면 다른 사람의 길을 잃게 하는 자는 저주를 받
을 것이라고 기록하고 있다. 맹인을 예로 들었지만 이 규정의 의
미는 모든 사람들의 길을 잘못 인도하면 그는 저주를 받게 된다는 것이다.
레위기 19:14에서는 맹인 앞에 장애물을 놓지 못하도록 가르친다. 욥
기 29:15에서는 과거 자신이 누렸던 행복을 묘사하면서 맹인의 눈이 되
어 주었던 것을 회고한다.

이 가르침에 대하여 랍비 라쉬는 어떤 일에 대하여 맹인과 같이
문외한인 자에게 잘못된 조언을 하지 말라는 의미로 이해하였다.

마태복음 15:14은 맹인을 인도하는 책임이 있지만 그러나 그가
맹인이면 어디로 인도하겠느냐는 것이다. 이 이야기의 중심은
맹인의 길을 인도할 책임이 있음을 전제한다(롬 2:19).
남을 잘못 인도하는 것에 대하여 마태복음 18:6~9의 기본적인 생각

은 남을 잘못 인도하는 것에 대한 책임을 강조한다.

제394조항 : 다른 유대인을 미워하지 말라

¹⁷ 너는 네 형제를 마음으로 미워하지 말며 네 이웃을 반드시 견책하라 그러면 네가 그에 대하여 죄를 다당하지 아니하리라(레 19:17)

레위기 19:17은 마음에 미움을 품지 말라고 가르친다.

본문의 이해 17절은 마음으로 형제를 미워하는 자가 되어서는 안 된다고 가르친다.

신약의 이해 신약성서에서는 특히 사도 바울의 경우 형제 뿐만 아니라 이방인도 미워해서는 안 된다고 가르친다. 에베소서 2:14~17에서 사도바울은 그리스도께서 양쪽, 즉 유대인과 이방인을 하나로 만드셨기 때문에 이방인도 유대인과 같이 존귀한 자이며 사랑해야 함을 가르친다. 따라서 에베소서 3:6에서는 이방인들도 그리스도 예수 안에서 복음을 통하여 상속자가 되며, 한 몸의 지체가 됨을 가르친다.

의미 형제를 미워하지 말라고 가르친다.

제395조항 : 원한을 품지 말라

18 원수를 갚지 말며 동포를 원망하지 말며 네 이웃 사랑하기를 네 자신과 같이 사랑하라 나는 여호와이니라(레 19:18)

레위기 19:18은 원한을 품지 말라고 가르친다.

본문의 이해 동포를 원망하지 말며(로 티토르, לא־תטר)의 문자적인 의미는 '너는 원한을 갖지 말라' 혹은 '진노하지 말라'는 의미이다. 나훔 1:2에 의하면 나타르(נטר)는 하나님이 품는 감정상태임을 보여준다. 따라서 사람은 원한이나 진노를 품지 말라고 가르친다.

Rashi의 이해 원망에 대하여 라쉬는 다음과 같이 설명한다. 갑이 을에게 도끼를 빌려달라고 했는데 을이 빌려주지 않았다. 그런데 얼마 후 을이 갑에게 낫을 빌려달라고 했더니 갑이 빌려주면서 을에게 나는 도끼를 빌려주지 않았던 너와 같지 않다라고 말하는 것이 원망하는 것이라고 설명한다.

신약의 이해 마태복음 5:22에서 형제에게 노하는 자는 심판을 받음으로 노하지 말라고 가르친다.

로마서 12:7, 21에서는 악을 악으로 갚지 말고, 악에게 지지 말라고 가르친다.

제396조항 : 원수를 갚지 말라

¹⁸ 원수를 갚지 말며 동포를 원망하지 말며 네 이웃 사랑하기를 네 자신과 같이 사랑하라 나는 여호와이니라(레 19:18)

레위기 19:18은 원수를 갚지 말라고 가르친다.

본문의 이해 원수를 갚지 말며(로-티콤, לֹא־תִקֹּם)의 문자적인 의미는 '너는 복 수하지 말라'이다. 구약성서에서 나캄(נָקַם) 동사는 하나님을 주 어로 사용하는 경우가 많다. 레위기 26:25에서 하나님이 언약을 어긴 자 에게 원수를 갚는다고 기록하고 있으며, 나훔 1:2에서도 하나님의 보복 을 언급하고 있다. 하나님이 아닌 경우는 이스라엘이 다른 민족에 대하 여 원수 갚는 것을 언급한다(민 31:2, 수 10:13). 원수 갚지 말라는 가르침 은 오뎃 선지자의 선포에서도 나타난다. 역대하 28:9~15에 의하면 이스 라엘 군대가 유다와의 전쟁에서 유다 백성을 포로로 잡아오자 이들을 놓 아주라고 말한다(11절). 즉, 이스라엘 왕국의 원수였던 유다 백성을 석방 하라는 것이다.

Rashi의 이해 라쉬는 원수 갚는다는 것을 다음의 예로 설명한다. 갑이 을에게 낫을 빌려달라고 하니 을이 빌려주지 않았다. 그런데 얼마 후 을 이 갑에게 도끼를 빌려달라고 하니 갑이 빌려주지 않았다. 이것이 바로 원수를 갚는 것이라고 설명한다.

신약의 이해 마태복음 5:44에서 예수는 원수를 사랑하며 박해자를 위하여 기 도하라고 가르친다. 즉, 원수를 갚지 말라는 것이다.
로마서 12:14에서는 박해자를 축복하고 저주하지 말라고 가르친다.

의미 누구의 원한 살만한 일이 있으면 그것을 갚으려하지 말라는 가르침이다.

제397조항 : 어떤 동족도 저주하지 말라

¹⁴ 너는 귀먹은 자를 저주하지 말며 맹인 앞에 장애물을 놓지 말고 네 하나님을 경외하라 나는 여호와이니라(레 19:14)

레위기 19:14은 어떤 동족도 저주하지 말라고 가르친다.

본문의 이해 너는 귀먹은 자를 저주하지 말며에 사용된 저주하다 동사(칼랄, קָלַל)는 재판장(하나님)을 저주하지 말라는 출애굽기 22:28(27)에 사용된 동사를 그대로 쓰고 있다. 따라서 귀머거리(헤레쉬, חֵרֵשׁ) 조차 저주하지 말라는 것은 누구든지 저주하지 말라는 의미이다.

Rashi의 이해 이에 대하여 라쉬는 출애굽기 22:27에 이와 같은 말씀이 있음에도 귀먹은 자를 예로 들어 다시 한번 강조하는 것은 귀먹은 자라는 것이 단지 그가 살아있는 것 외에 아무것도 아닌 사람임을 말한다고 주장한다. 따라서 레위기 19:14은 살아있는 자는 누구든지 저주하지 말라는 것을 강조하는 것이라고 설명한다.

의미 본 가르침은 이 땅에 생명이 있는 자는 누구든지 저주해서는 안 된다는 것을 강조하여 가르치고 있다.

제398조항 : 죄인을 책선하라

17 너는 네 형제를 마음으로 미워하지 말며 이웃을 인하여 죄를 당치 않도록 그를 반드시 책선하라(레 19:17)

레위기 19:17은 동족이 잘못하였을 때는 반드시 꾸짖어 죄를 짓지 않도록 해야 한다고 가르친다.

본문의 이해 레위기 19:17~18은 이웃에 대한 사랑을 기록하고 있다. 특히 이웃에 대한 생각의 긍정성을 강조하고 있다. 이웃에 대한 견책의 소중함을 강조한다. 이러한 생각은 잠언 27:5의 "견책은 숨은 사랑보다 낫다"는 구절에서 잘 나타난다. 17절은 이스라엘의 윤리적 의무의 절정에 해당한다.

특히 17절은 네 형제에게 선한 일을 권장하라고 기록하고 있다.

공동체를 죄로부터 보호하기 위해서는 잘못을 행하는 동족을 못 본 채 하지 말고, 그 죄를 꾸짖으라고 가르친다.

제399조항 : 형제가 부끄러움 당하지 않게 하라

17 너는 네 형제를 마음으로 미워하지 말며 이웃을 인하여 죄를 당치 않도록 그를 반드시 책선하라(레 19:17)

레위기 19:17은 이스라엘 형제들이 죄를 지음으로 부끄러움을 당하지 않게 하라고 가르친다.

본문의 이해 17절은 형제에 대하여 견책하여 그가 죄를 짓지 않게 하라는 것이다. 잠언 27:5에서는 숨은 사랑보다 견책이 낫다고 기록하고 있다.

Rashi의 이해 라쉬는 이 가르침에 대하여 형제가 공공 앞에서 부끄러움을 당하게 하면 그것 때문에 죄를 짓게 된다고 설명한다.

신약의 이해 마태복음 18:15에는 형제가 죄를 범하면 그에게 가서 권면하고 이를 들으면 형제를 얻는다고 가르친다.

또한 갈라디아서 6:1에도 같은 말씀이 기록되어 있다.

제400조항 : 지붕 난간을 만들라

⁸ 네가 새 집을 지을 때에 지붕에 난간을 만들어 사람이 떨어지지 않게 하라 그 피가 네 집에 돌아갈까 하노라(신 22:8)

신명기 22:8은 지붕에 난간을 만들어 위험을 사전에 방지할 것을 가르치고 있다.

본문의 이해 신명기 22:8은 사고의 사전예방 뿐만 아니라 집을 지으면서 지붕공사를 할 때 사전에 안전장치를 하지 않아 사고가 났을 경우 집 주인에게 그 책임이 있음을 기록하고 있다.

문화사적인 측면에서 보면 고대 이스라엘에서 사람들이 집 지붕(가그, גג) 위에서 활동하였음을 보여준다. 사무엘하 11:2에 의하면 다윗도 왕궁 옥상을 거닐다 밧세바의 목욕하는 광경을 목격하였음을 통해 옥상에서의 활동이 보편적이었음을 알 수 있다.

의미 사고예방을 소홀히 하면 그 책임이 그 주인에게 있음을 가르치고 있다.

제401조항 : 소송 당사자에 관한 법

⁸ 도둑이 잡히지 아니하면 그 집 주인이 재판장 앞에 가서 자기가 그 이웃의 물품에 손 댄 여부의 조사를 받을 것이며(출 22:8)

출애굽기 22:8은 다른 문제의 해결에 대하여 가르치고 있다.

본문의 이해 도둑을 맞았지만 범인이 잡히지 않았으면, 집 주인은 자신이 이웃의 물건에 손대지 않았음을 조사받아야 한다. 이것은 자신의 결백을 위해서도 중요하다.

의미 문제의 해결을 위하여 자신의 결백함을 조사받아야 함을 가르친다.

제402조항 : 꾸민 이야기는 하지 말라

¹⁶ 너는 네 백성 중으로 돌아다니며 사람을 비방하지 말며 네 이웃의 피를 흘려 이익을 도모하지 말라 나는 여호와니라(레 19:16)

레위기 19:16은 꾸민 이야기를 하지 말라고 가르친다. 즉 남을 헐뜯거나 비방하지 말라는 가르침이다.

본문의 이해 사람을 비방하지 말라는 것은 없는 이야기로 다른 사람을 비방하는 일을 삼가하며 꾸며낸 이야기를 하지 말라는 것이다. 신명기 22:13~21에서 비방거리를 만들어 누명을 씌웠으나 그것이 사실이 아닐 때는 비방거리를 만든 사람을 매우 엄격하게 처벌하였다. 이사야 51:7에서는 이방인의 비방을 두려워하지 말라고 가르친다.

근동의 이해 리피트 이쉬타르 법전 제17조항에 의하면 '만일 누군가 자신이 알지도 못하는 일에 대하여 근거 없이 타인을 비방한 후 그것을 입증할 수 없다면 그는 자신이 비방한데에 대한 벌금을 내야 한다'고 기록하고 있다.

신약의 이해 마태복음 15:19에서 사람의 마음의 더러운 것 가운데 비방함이 있음을 가르친다.

의미 진실된 삶을 살아야지 사실이 아닌 이야기로 남을 비방하는 삶을 살아서는 안 된다고 가르친다.

제403조항 : 길에 장애물을 두지 말라

¹⁴ 너는 귀먹은 자를 저주하지 말며 맹인 앞에 장애물을 놓지 말고 네 하나님을 경외하라 나는 여호와이니라(레 19:14)

레위기 19:14은 길에 있는 장애물을 버려 두지 말라고 가르친다.

본문의 이해 레위기 19:14은 맹인들 앞에 장애물을 두어 그들을 불편하게 하지 말라는 것이다. 이것을 적극적으로 이해하면 맹인들의 길을 인도하라는 것과 같은 의미의 말이다.

따라서 오늘날 이스라엘 사람들은 길거리의 맹인들을 만나면 그들의 길을 함께 건너주는 일을 서슴없이 한다.

Rashi의 이해 라쉬는 이 가르침의 의미가 사람에게 부적합한 조언을 하지 말라는 것이라고 설명한다.

의미 어느 누구에게도 방해가 되어서는 안 된다.

제404조항 : 문둥병 표적을 제거하지 말라

⁸ 너는 나병에 대하여 삼가서 레위 사람 제사장들이 너희에게 가르치는대로 네가 힘써 다 지켜 행하되 너희는 내가 그들에게 명령한대로 지켜 행하라(신 24:8)

신명기 24:8은 문둥병의 표적을 제거하지 말라고 가르친다.

본문의 이해 문둥병은 접촉을 통하여 균을 옮기는 것으로 생각하였기 때문에 문둥병 환자에게는 그 표식을 하였다.

레위기 13:45~46에 의하면 나병 환자는 옷을 찢고 머리를 풀며 윗 입술(수염)을 가리고 부정하다 부정하다를 외치도록 되어 있다.

라쉬는 피부병이 있는 자를 격리시키거나 혹은 그가 피부병이 있

다는 사실을 알리고 후에 그가 완쾌되었다는 것을 알려야 한다

고 가르친다.

02

자기 정체성

자기정체성이란 이스라엘 백성이기 때문에 반드시 지켜야 할 것들을 가리킨다.

제405조항 : 성전세를 내라

[12] 네가 이스라엘 자손의 수효를 따라 조사할 때에 조사 받은 각 사람은 그 생명의 속전을 여호와께 드릴찌니 이는 그 계수할 때에 그들 중에 온역이 없게 하려 함이라 [13] 무릇 계수 중에 드는 자마다 성소에 세겔대로 반세겔을 낼찌니 한 세겔은 이십게라라 그 반 세겔을 여호와께 드릴찌며(출 30:12~13)

출애굽기 30:12~13은 모든 남자들에게 매년 반 세겔을 성전에 드릴 것을 가르치고 있다.

본문의 이해 출애굽기 20:13에 의하면 성전세는 반 세겔을 내도록 기록하고 있다. 그러나 성전세의 액수가 이스라엘 역사상 한 가지로 통일되어 있지는 않았다.

성전세로 납부된 은은 여호와의 성전을 위하여 사용되었다. 따라서 13절에서는 성전세를 여호와께 드리라고 규정하고 있다.

성소에 세겔대로(베쉐켈 하코데쉬, בְּשֶׁקֶל הַקֹּדֶשׁ)라는 표현을 통하여 고대 이스라엘에는 다양한 단위가 있었음을 보여준다. 즉, 창세기 23:16에는 '상인이 통용하는'(오베르 라쏘헤르, עֹבֵר לַסֹּחֵר)이란 표현이 등장하고, 사무엘하 14:26에는 '왕의 저울'(베에벤 하멜렉, בְּאֶבֶן הַמֶּלֶךְ)이란 표현이 등장한다. 고대 시대의 화폐 가치는 무게에 의하여 결정되는데, 1세겔은 약 11.4그램이다. 따라서 반 세겔은 약 5.7그램의 은을 의미한다.

구약의 이해 구약성서에 의하면 반 세겔이던 성전세가 시대에 따라 달리 납부되었음을 알 수 있다.

느헤미야 10:32에서는 세겔의 삼분의 일을 성전세로 걷었음을 알 수 있다.

> 32 우리가 또 스스로 규례를 정하기를 해마다 각기 세겔의 삼분의 일을 수납하여 하나님의 전을 위하여 쓰게 하되(느 10:32)

따라서 성전세가 고대 이스라엘 사회의 경제적 상황에 의하여 그 액수가 달라질 수 있음을 보여준다.

신약의 이해 마태복음 17:18~27에 의하면 예수님 당시에도 성전세를 반 세겔씩 납부하였음을 알 수 있다.

제406조항 : 선지자의 말을 들으라

¹⁵ 네 하나님 여호와께서 너희 가운데 네 형제 중에서 너를 위하여 나와 같은 선지자 하나를 일으키시리니 너희는 그의 말을 들을지니라(신 18:15)

신명기 18:15~22은 여호와가 선지자를 세우는 것에 대하여 언급하는데 특히 15절에서는 선지자가 전하는 말을 들을 것을 가르치고 있다.

본문의 이해 이스라엘 백성들이 선지자의 말을 들어야 하는 이유는 여호와가 선지자를 일으켰을 뿐만 아니라 선지자는 여호와가 하는 말을 대신 전하는 대언자(代言者) 역할을 하였기 때문이다. 신명기 18:18에서는 다음과 같이 기록하고 있다. "내 말을 그 입에 두리니 내가 그에게 명령하는 것을 그가 무리에게 다 말하리라." 따라서 이스라엘 백성들은 선지자가 전하는 말을 듣고 순종해야 한다. 만약 이스라엘 백성들 가운데 선지자의 말을 듣지 않을 경우에는 벌을 받게 된다. 신명기 18:19에 '누구든지 내 이름으로 전하는 내 말을 듣지 아니하는 자는 내게 벌을 받을 것이요'라고 기록하고 있다.

그러나 이스라엘 멸망의 원인은 선지자의 말을 듣지 않았기 때문이다.

구약의 이해 그러나 구약성서에 의하면 이스라엘 백성들이 예언자들에게 예언을 하지 못하도록 한 경우를 볼 수 있다.

아모스 2:12에 의하면 이스라엘 사람들이 예언자에게 예언하지 말라고 하였으나(암 7:12) 아모스는 3:8에서 여호와께서 말씀하시는데 누가 예언하지 아니하겠느냐고 말함으로써 예언자의 사명을 다할 것을 말하고 있다. 또한 이사야 30:10에서 패역한 백성들이 선견자들에게 선견하지 말고 부드러운 말을 하고 거짓된 것을 보이라고 요청하였다.

베드로후서 1:21에서 예언은 인간의 뜻에서 나온 것이 아니라 하나님께로부터 받아 전하는 것이라고 설명한다.

사도행전 3:22~23에서는 신명기 18:15, 레위기 23:29의 내용이 뒤섞여 기록되어 있기는 하지만 예언자의 말을 들으라는 것을 강조한다. 베드로는 여기서 예수님을 우리가 그의 말을 들어야 하는 예언자로 소개하고 있다.

의미 하나님께서 예언자를 통하여 주시는 말씀을 순종해야 함을 가르친다.

제407조항 : 사내아이는 할례를 행하라

¹⁰ 너희 중 남자는 다 할례를 받으라 이것이 나와 너희와 너희 후손 사이에 지킬 내 언약이니라(창 17:10)

³ 여덟째 날에는 그 아이의 포피를 벨 것이요(레 12:3)

창세기 17:10과 레위기 12:3은 사내아이에게 할례를 행하도록 가르치고 있다.

**본문의
이해** 레위기 12:3의 할례는 고대 근동의 여러 지역에서 흔히 행하던 관습이다. 예레미야 9:26에서는 이집트, 에돔, 암몬, 모압 그리고 아랍권에서 할례를 행하였음을 알 수 있다. 창세기 17:10에서 할례는 하나님과의 계약의 상징으로 해석하고 있다(창 17:1~27).

따라서 여호수아 5:1~8에 의하면 이스라엘 백성들은 가나안 땅에 들

어가 길갈에서 출애굽 과정에 태어난 남자아이들의 할례를 행하였다. 할
례 없는 자가 되지 않게 하기 위하여 할례를 행한 것이다.

이 가르침에 의하여 유대인들에게 있어서 할례 시행여부는 성민을 구
분하는 외적인 표적이 되었다. 따라서 레위기 19:3에서는 가나안에 들어
가 3년까지 그 열매를 먹지 못하는 것은 할례 받지 못한 것과 같은 것으
로 여긴다.

신약의 이해 요한복음 7:23에 의하면 사내 아이는 난지 팔일만에 할례를 행
하였고 그 날이 안식일일지라도 할례를 거행하였다.

사도행전 11:2에서 베드로가 예루살렘에 갔을 때 할례 받은 자들이
베드로가 할례 받지 않은 자와 함께 식사한 것을 비난한 것은 레위기
12:3의 생각을 전제할 때 가능한 것이다(갈 2:12~13).

고린도전서 7:19에서 사도 바울은 할례나 무할례가 아무것도 아니며
단지 하나님 계명을 지키는 것이 더 중요함을 가르치고 있다.

의미 이스라엘 백성 가운데 새로 태어난 남자 아이는 난지 팔일만에
할례를 행하도록 가르침으로 하나님의 언약을 항상 잊지 말고
살라는 가르침이다.

제408조항 : 살해된 시체가 발견된 골짜기는 개간 말라

⁴ 그 성읍의 장로들이 물이 항상 흐르고 갈지도 않고 씨를 뿌린 일도 없는
골짜기로 그 송아지를 끌고 가서 그 골짜기에서 그 송아지의 목을 꺾을 것
이요(신 21:4)

신명기 21:4은 살해된 시체가 발견된 골짜기는 개간하지 말 것을 가르친다.

본문의 이해 신명기 21:4은 범인을 알 수 없는 살인을 대속하는 의식을 소개하고 있다. 살해 당한 자의 피를 속하기 위하여 골짜기로 송아지를 끌고가 잡는다. 그런데 갈지도 않고 씨를 뿌린 일이 없는 골짜기에 송아지 목을 꺾는다는 것은 시체가 발견된 골짜기를 개간할 수 없다는 것을 의미한다. 왜냐하면 창세기 4:14에 의하면 이 골짜기는 다시는 효력(지력)을 회복할 수 없기 때문이다.

제409조항 : 무당을 살려두지 말라

¹⁸ 너는 무당을 살려두지 말라(출 22:18)

출애굽기 22:18(17)에서는 무당을 살려 두지 말라고 가르친다.

본문의 이해 무당은 금하기 때문에 이들을 살려두지 말라고 가르친다. 특히 무당은 여호와 하나님을 의지하기 보다는 무당을 의지하게 하기 때문에 그들을 죽이라고 가르친다. 이스라엘 신앙에 도움을 주지 않기 때문이다.

신약의 이해 사도행전 13:8~12은 왜 무당 혹은 마술사를 살려두어서는 안되는가를 잘 보여준다. 마술사(μάγος) 엘리마스는 총독이 바나바와 사울을 불러 말씀 듣는 것을 막았다. 마술사는 구약에서 무당을 뜻하는 히브리어 메카쉐프(מְכַשֵּׁף)의 헬라어 번역인 파르마코스(φαρμακός)

와 어원적으로 관련이 있다. 파르마코스(φαρμακός)를 계시록 21:8에서는 점술가로 번역하였고, 이들은 불과 유황 못에 던져질 자라고 기록하고 있다.

의미 이방의 관습이며, 이스라엘 백성들을 유혹하는 무당을 살려두지 말라는 것으로 신앙의 순수성을 지키라는 가르침이다.

제410조항 : 거세를 금한다

²⁴ 너희는 고환이 상하였거나 치었거나 터졌거나 베임을 당한 것은 여호와께 드리지 말며 너희의 땅에서는 이런 일을 행하지도 말지며(레 22:24)

레위기 22:24은 제물로 드리는 수컷을 거세하지 못하듯이 이스라엘 백성들도 거세하지 말도록 가르친다.

본문의 이해 레위기 22:24은 여호와에게 드리는 제물이 거세가 된 것은 드릴 수 없다는 것이다. 이것은 사람에 대한 가르침인 신명기 23:1과는 차이가 있다. 22절에서는 제물로 드리는 수컷 짐승의 고환 상태를 자세히 제시한다. 즉, 상한 상태, 치인 상태, 터진 상태 혹은 베인 상태에 있는 것은 여호와에게 드리지 말라는 것이다. 이 가르침은 근본적으로 제물은 흠 없는 것을 드려야 한다는 규정에도 맞지 않는 것이다.

신명기 23:1의 거세 금지는 사람이 다른 신을 숭배하기 위한 행동으로 거세하는 것을 의미한다. 따라서 이스라엘 백성들은 거세를 할 수 없다.

본문에서 의도하는 것은 다른 신을 숭배하기 위한 행동으로 스스로 거세하는 것을 금하는 것이지, 사고나 질병에 의한 거세를 의미하지는 않는다. 이런 일을 행하지 말라고 가르치는 것은 의도적으로 거세하는 것을 금하는 것이다.

이와 관련하여 구약성서에 등장하는 환관(싸리스, סָרִיס)은 실제로 환관이라기 보다는 군대 장관 정도로 번역하는 것이 바람직하다. 왜냐하면 이스라엘은 거세를 금하기 때문이다.

신약의 이해 마태복음 19:12에서는 태어나면서부터 고자된 자(εὐνοῦχος), 사람이 만든 고자 그리고 천국을 위한 고자도 있다고 말씀하신다. 본문에서 고자란 거세나 신체 장애로 인하여 결혼하기에 적합하지 않은 사람이란 의미로 사용되었다. 유대인들은 창조에서 번성하라는 명령의 관점에서 고자는 하나님으로부터 저주 받았거나 혹은 하나님으로 인하여 병든 자로 인식하였다. 그러나 예수님은 고자에 대하여 아무런 거부감을 나타내지 않으셨다. 따라서 예수의 가르침은 매우 놀랄만한 것이었다. 초기 기독교의 교부였던 알렉산더의 클레멘츠는 영적 고자라는 용어를 쓰기도 하였다.[1]

의미 하나님의 제물을 다른 다른 신을 위하여 드리지 말 것을 가르친다. 왜냐하면 하나님의 제물은 하나님의 것이기 때문이다.

제411조항 : 해의 첫 달을 결정함

² 이 달을 너희에게 달의 시작 곧 해의 첫 달이 되게 하고(출 12:2)

¹ 아빕월을 지켜 네 하나님 여호와께 유월절을 행하라 이는 아빕월에 네

하나님 여호와께서 밤에 너를 애굽에서 인도하여 내셨음이라(신 16:1)

출애굽기 12:2과 신명기 16:1을 통하여 이스라엘의 첫 달은 아빕월이 었음을 가르쳐 준다.

본문의 이해 출애굽기 12:2에서는 이스라엘이 출애굽한 달을 한 해의 첫 달로 계수하라 명하였고, 신명기 16:1에 의하면 이스라엘이 애굽에서 출애굽한 것은 아빕월이었음을 보여준다. 고대 이스라엘에서 이처럼 해와 계절을 계수하는 역할을 산헤드린이 담당하였다.

아빕(아비브, אָבִיב)은 '봄'이란 의미로 3~4월에 해당한다. 그러나 후기 시대에 이스라엘의 첫 번째 달은 니싼(נִיסָן)이라고 불렀다.

이스라엘의 월별 명칭은 다음과 같다.

현대 달력	구약 달력	현대 이스라엘 달력	메소포타미아 달력
3월	첫째 달	[니싼]נִיסָן	니산(Nisannu) 월
4월	둘째 달	[이야르]אייר	아야르(Ayaru) 월
5월	셋째 달	[시반]סיון	시마누(Simanu) 월
6월	넷째 달	[타무즈]תמוז	타무즈(Tamuzu) 월
7월	다섯째 달	[아브]אב	아부(Abû) 월
8월	여섯째 달	[엘룰]אלול	엘룰(Elulu) 월
9월	일곱째 달	[티슈리]תשרי	타슈리투(Tašritu) 월
10월	여덟째 달	[마르헤쉬반]מרחשון	아라흐삼누(Araḥsamnu) 월
11월	아홉째 달	[키슬레무]כסלו	키슬리무(Kislimu) 월
12월	열째 달	[테베트]טבת	테베투(Ṭebetu) 월
1월	열한째 달	[샤바투]שבט	샤바투(Šabatu) 월
2월	열두째 달	[아다르]אדר	아다루(Addaru) 월

03

약자를 위한 삶

제412조항 : 나그네를 사랑하라

¹⁹ 너희는 나그네를 사랑하라 전에 너희도 애굽 땅에서 나그네 되었음이니라(신 10:19)

신명기 10:12~22의 여호와가 이스라엘 백성에게 요구하는 것들 가운데 19절은 나그네를 사랑하라고 가르치고 있다.

본문의 이해 특히 19절은 나그네를 사랑해야 하는 이유가 이스라엘 백성들이 애굽에서 나그네가 되었었기 때문이라고 설명한다. 나그네(게르, גֵּר)는 그가 거주하는 곳에서 아무런 사회적인 기반을 가지고 있지 않는 자를 의미한다. 이러한 자들도 사랑하라고 기록하고 있다.

사랑이란 민족과 나라를 넘어서는 것임을 가르쳐 준다.

신약의 이해 로마서 12:13에 손 대접하기를 힘쓰라고 가르친다(벧전 4:9).

의미 사회적 기반이 전혀 없는 사회적 약자인 나그네를 사랑하라는 것으로 나그네를 사랑할 정도면 이는 곧 모든 사람을 사랑하라는 것과도 같은 의미의 가르침이다.

제413조항 : 가난한 자와 객을 위하여 남겨두고 추수하라

²² 너희 땅의 곡물을 벨 때에 밭모퉁이까지 다 베지 말며 떨어진 것을 줍지 말고 너는 그것을 가난한 자와 객을 위하여 버려두라 나는 너희 하나님 여호와니라(레 23:22)

레위기 23:22은 수확 때 가난한 사람을 위하여 한 모퉁이를 남겨두고 추수해야 함을 가르치고 있다.

본문의 이해 레위기 23:22은 레위기 19:9~10을 다시 한 번 반복하는 것인데, 차이점은 19:10의 '네 포도원의 열매를 다 따지 말며, 네 포도원에 떨어진 열매도 줍지 말고' 부분이 22절에서는 생략되어 있다. 신명기 24:19~22에도 기록되었다.

가난한 자(아니, עָנִי)란 자신의 토지가 없고, 단지 자신의 노동력을 팔아서 생계를 유지하는 자들을 의미한다. 따라서 이들을 위하여 추수할 때 남겨두라고 가르친다.

제414조항 : 가난한 자와 객을 위하여 이삭을 줍지 말라

²² 너희 땅의 곡물을 벨 때에 밭모퉁이까지 다 베지 말며 떨어진 것을 줍지

말고 너는 그것을 가난한 자와 객을 위하여 버려두라 나는 너희 하나님 여호와니라(레 23:22)

레위기 23:22은 가난한 사람과 객을 위하여 추수할 때 이삭을 줍지 말고 남겨두라고 가르치고 있다.

본문의 이해 추수 과정에서 떨어진 이삭을 줍지 말고 내버려두어 가난한 자와 객이 이를 취할 수 있게 하라는 것이다. 이삭을 줍지 말라는 가르침이 어떻게 지켜졌는지는 룻기 2장을 통해서 잘 알 수 있다(룻 2:7). 룻기에서 룻은 이삭을 줍는 것을 감독관에게 승낙 받지만 그것은 룻의 개인적인 성품으로 인한 것이지 율법에는 허락을 받지 않아도 된다.

제415조항 : 포도송이를 딸 때 포도원의 전체 생산을 따지 말라

¹⁰ 너의 포도원의 열매를 다 따지 말며 너의 포도원에 떨어진 열매도 줍지 말고 가난한 사람과 타국인을 위하여 버려두라 나는 너희 하나님 여호와니라(레 19:10)

레위기 19:10은 익지 않은 포도송이를 따지 말 것을 가르친다.

본문의 이해 10절의 너의 포도원의 열매를 다 따지 말며(카르메카 로 테올렐, כַּרְמְךָ לֹא תְעוֹלֵל)의 문자적인 의미는 '너의 포도원을 괴롭게 하지 말며' 혹은 '너의 포도원을 벌거벗기듯이 따지 말라'이다. 즉, 포도원에서 수확할 때 하나도 남김없이 다 수확하지 말라는 가르침이다. 모든 농사는 열매가 동시에 다 익지 않기 마련이다. 따라서 수확할 때 익지 않은 것까지 다 수확하지 말고 남겨두어 후에 가난한 사람과 타국인들이 이것을 따 먹을 수 있게 하라는 것이다.

구약의 이해 요엘 1:4에 의하면 메뚜기도 한꺼번에 모든 것을 다 먹어치우지 않고 남겨 두어 다음의 것들이 그 남은 것을 먹는다고 기록하고 있다.

제416조항 : 떨어진 포도를 줍지 말라

¹⁰ 너의 포도원의 열매를 다 따지 말며 너의 포도원에 떨어진 열매도 줍지 말고 가난한 사람과 타국인을 위하여 버려두라 나는 너희 하나님 여호와니라(레 19:10)

레위기 19:10은 땅에 떨어진 포도송이를 줍지 말라고 기록하고 있다.

본문의 이해 10절(테레트 카르메카 로 텔라케트, פֶּרֶט כַּרְמְךָ לֹא תְלַקֵּט)의 의미는 땅에 떨어진 포도를 줍지 말라는 것이다. 그 이유는 가난한 사람과 타국인을 위한 인도주의적인 이유 때문이다.

제417조항 : 잊어버린 곡식단을 다시 줍지 말라

¹⁹ 네가 밭에서 곡식을 벨 때에 그 한 뭇을 밭에 잊어버렸거든 다시 가서 가져오지 말고 나그네와 고아와 과부를 위하여 남겨두라 그리하면 네 하나님 여호와께서 네 손으로 하는 모든 일에 복을 내리시리라(신 24:19)

신명기 24:19은 잊어버린 곡식 단을 다시 가서 취하지 말라고 가르치고 있다.

본문의 이해 19절(키 티끄쪼르 크찌르카 베싸데카 베오메르 바싸데 로 타슈브 레카흐토, כִּי תִקְצֹר קְצִירְךָ בְשָׂדֶךָ וְשָׁכַחְתָּ עֹמֶר בַּשָּׂדֶה לֹא תָשׁוּב לְקַחְתּוֹ)을 직역하면 '너의 들판에서 네의 추수를 할 때 들판에 곡식 단을 잊어버렸으면 그것을 가지러 다시 돌아가지 말라'는 것으로 잊어버린 곡식단은 나그네, 고아 그리고 과부를 위하여 그대로 두라고 가르치고 있다.

의미 나그네, 고아 그리고 과부가 식량이 없음으로 인하여 고통당하지 않도록 추수할 때 밭에 잊어버렸던 곡식의 단을 그대로 내버려 두라는 것이다.

제418조항 : 고아나 과부를 해하지 말라

²² 너는 과부나 고아를 해롭게 하지 말라(출 22:22)

출애굽기 22:22(21)은 고아나 과부를 해하지 말라고 가르친다.

본문의 이해 이 규정은 고대 사회에 사회적 보호가 없는 과부나 고아의 삶이 매우 위험에 노출되어 있음을 짐작하게 한다. 이러한 생각은 고대 근동사회에도 널리 퍼져 있었다. 따라서 고아, 과부 등 사회적 약자에 대한 보호사상이 등장한다. 이러한 사실은 룻기 2:9에서 보아스가 자신의 소년들에게 과부인 룻을 건드리지 못하도록 명령한 데서도 잘 알 수 있다. 해롭게 한다로 번역된 히브리어 동사는 이나(עָנָה)는 '비하하다'란 의미를 가지고 있다.

구약의 이해 예레미야 22:3에 의하면 유다에서 이방인, 과부, 고아에 대해 압제하거나 학대함이 있었음을 보여준다.

의미 이 가르침의 의도는 과부나 고아처럼 사회적으로 보호받지 못하는 자들을 비하하지 말고 이들을 지키는 책임이 있음을 가르치는 것이다.

제419조항 : 말로 이방인을 해하지 말라

²⁰ 너는 이방 나그네를 압제하지 말며 그들을 학대하지 말라 너희도 애굽 땅에서 나그네였음이라(출 22:20)

출애굽기 22:20(21)은 말로 이방인을 해하지 말라고 가르치고 있다.

본문의 이해 본문에서는 이방인을 압제하거나(호나, הּוֹנָה) 학대하지 말라고 기록하고 있다. 히브리어 호나(הּוֹנָה)를 영어성경(JPS)에서는 wrong으로 번역하고 있다. 따라서 이방인에게 나쁘게 하지 말라는 의미이다.

구약의 이해 예레미야 22:3에 의하면 유다에서 이방인, 과부, 고아에 대한 압제가 있었음을 보여준다.

라쉬는 히브리어 호나(הַנֹּה)의 의미를 말로 남을 해하는 것으로 이해하였다.

제420조항 : 레위인에게 도시를 줘라

2 이스라엘 자손에게 명령하여 그들이 받은 기업에서 레위인에게 거주할 성읍들을 주게 하고 너희는 또 그 성읍들을 두르고 있는 초장을 레위인에게 주어서(민 35:2)

민수기 35:1~8에서는 레위인에게 거주할 성읍을 주라고 규정하고 있다.

민수기 35:1~8에 의하면 레위인들에게 마흔 여덟 성읍을 주라고 기록되어 있지만 그 도시의 명단은 생략되어 있다. 여호수아 21장에는 레위인들의 48 도시 목록이 제시되어 있다. 이 목록에 의하면 레위인들의 도시는 대략적으로 각 지파마다 네 도시씩 할당되었다.

여호수아 21장에는 48개의 레위인들의 도시가 기록되어 있으며, 역대상 6:54~81에도 기록되어 있다. 그러나 이 두 기록 사이에는 차이점을 발견할 수 있다.

여호수아 21	역대상 6
유다와 시므온	
헤브론(Hebron)	헤브론(Hebron)
립나(Libnah)	립나(Libnah)
얏딜(Jattir)	얏딜(Jattir)
에스드모아(Esthemoa)	에스드모아(Esthemoa)
홀론(Holon)	힐렌(Hilen)
드빌(Debir)	드빌(Debir)

아인(Ain)	아산(Ashan)
윳다(Juttah)	———
벧세메스(Beth-shemesh)	벧세메스(Beth-shemesh)
베냐민	
기브온(Gibeon)	———
게바(Geba)	게바(Geba)
아나돗(Anathoth)	아나돗(Anathoth)
알몬(Almon)	알라멧(Alemeth)
에브라임	
세겜(Shechem)	세겜(Shechem)
게셀(Gezer)	게셀(Gezer)
깁사임(Kibzaim)	———
———	욕므암(Jokmeam)
벧 호론(Beth~horon)	벧 호론(Beth-horon)
단	
엘드게(Eltekeh)	———
깁브돈(Gibbethon)	———
아얄론(Aijalon)	아얄론(Aijalon)
가드림몬(Gath-rimmon)	가드림몬(Gath-rimmon)
므낫세 반지파	
다아낙(Taanach)	아넬(Aner)
가드 림몬(Gath-rimmon)	빌르암(Bileam)
길르앗의 므낫세 반지파	
골란(Golan)	골란(Golan)
브에스드라(Be-eshterah)	아스다롯(Ashtaroth)
잇사갈	
기시온(Kishion)	게데스(Kedesh)
다브랏(Daberath)	다브랏(Daberath)
야르뭇(Jarmuth)	라못(Ramoth)
언 간님(En-gannim)	아넴(Anem)
아셀	
미살(Mishal)	마살(Mashal)
압돈(Abdon)	압돈(Abdon)

헬갓(Helkath)	후곡(Hukok)
르홉(Rehob)	르홉(Rehob)
납달리	
가데스(Kedesh)	게데스(Kedesh)
함못 돌(Hammoth-dor)	함몬(Hammon)
가르단(Kartan)	기랴다임(Kiriathaim)
스불론	
욕느암(Jokneam)	——
가르다(Kartah)	다볼(Tabor)
딤나(Dimnah)	림모노(Rimmono)
나할랄(Nahalal)	——
르우벤	
베셀(Bezer)	베셀(Bezer)
야하스(Jahazah)	야하스(Jahazah)
그데못(Kedemoth)	그데못(Kedemoth)
므바앗(Mephaath)	므바앗(Mephaath)
갓	
길르앗 라못(Ramoth in Gilead)	길르앗 라못(Ramoth in Gilead)
마하나임(Mahanaim)	마하나임(Mahanaim)
헤스본(Heshbon)	헤스본(Heshbon)
야셀(Jaazer)	야하스(Jaazer)

여호수아 21장에는 모두 48개의 도시가 기록되어 있지만 역대상 6:54~81에는 42개 도시만 기록되어 있다. 여호수아서의 웃다(Juttah), 기브온(Gibeon), 깁사임(Kibzaim), 엘드게(Eltekeh), 깁브돈(Gibbethon), 욕느암(Jokneam), 나할랄(Nahalal) 등이 역대상 6장에는 생략되어 있다. 반대로 역대상 6장에 기록된 욕므암(Jokmeam)이 여호수아 21장에는 기록되어 있지 않다.

제421조항 : 레위 족속의 땅은 소유주를 바꿀 수 없다

³³ 만일 레위 사람이 무르지 아니하면 그의 소유 성읍의 판 가옥은 희년에 돌려보낼지니 이는 레위 사람의 성읍의 가옥은 이스라엘 자손 중에서 받은 그들의 기업이 됨이니라(레 25:33)

레위기 25:33에 의하면 레위 족속의 땅은 소유주를 바꿀 수 없다는 것을 가르쳐 준다.

본문의 이해 레위기 25:32~33에 의하면 레위인이 가옥을 판 경우에는 언제든지 무를 수 있으며, 레위인들이 무르지 않으면 희년에 돌려보내도록 가르치고 있다. 즉, 레위인의 토지 및 가옥은 소유권이 이전되지 않는다는 것을 보여준다.

제422조항 : 레위인을 돕지 않고 내버려 둬서는 안 된다

¹⁹ 너는 삼가 네 땅에 거주하는 동안에 레위인을 저버리지 말지니라(신 12:19)

신명기 12:19은 레위 족속을 돕지 않고 내버려 둬서는 안 됨을 말하고 있다.

본문의 이해 19절은 그 땅에 거주하는 레위인들을 도우라는 규정이다. 본문에 의하면 레위인을 내버려 두어서는 안 된다고 기록되어 있다. 왜냐하면 레위인들은 기업을 받지 않기 때문이다.

제423조항 : 위험한 사람을 구하는 것을 주저하지 말라

¹⁶ 너는 네 백성 중으로 돌아다니며 사람을 비방하지 말며 네 이웃의 피를 흘려 이익을 도모하지 말라 나는 여호와니라(레 19:16)

레위기 19:16은 위험으로부터 사람을 구하는 것을 주저하지 말 것을 가르치고 있다.

본문의 이해 네 이웃의 피를 흘려 이익을 도모하지 말라(로 타아모드 알-담 레에카, לֹא תַעֲמֹד עַל־דַּם רֵעֶךָ)의 문자적인 의미는 '너는 네 이웃의 피를 밟고 서지 말라'이다. 이 구절의 의미는 '네 이웃의 피를 무시하지 말라'이다. 따라서 위험에 처한 자들을 구하는 일을 주저하지 말라는 것이다.

Rashi의 이해 라쉬에 의하면 이 가르침은 예를 들어 강물에 빠진 사람이나 강도를 만난 자 그리고 맹수를 만난 자를 반드시 도와야 한다는 뜻이라고 설명한다.

신약의 이해 누가복음 10:25~37에서 사마리아 사람이 강도 만난 사람을 구한 것은 이웃의 피흘림을 무시하지 않은 행동이었다.

의미 이스라엘 사람들은 어려움에 처한 자들을 돕는 것을 게을리해서는 안 된다고 가르친다.

04

종에 관한 태도

제424조항 : 종은 일곱째 해에 석방하라

² 네가 히브리 종을 사면 그가 여섯 해 동안 섬길 것이요 일곱째 해에는 몸값을 물지 않고 나가 자유인이 될 것이며(출 21:2)

출애굽기 21:2은 히브리 종을 사면 그를 일곱째 해에 석방하라고 가르치고 있다.

본문의 이해 구약성서에서는 종을 6년 이상 부리지 못하도록 제한하고 있다. 모든 종은 안식년이나 희년이 되면 풀어 주어야 했다. 그러나 고대 이스라엘만이 이런 법을 갖고 있었던 것은 아니다. 고대 근동세계에서 보편적으로 발견되는 종에 관한 가르침이다.

구약성서에 기록된 종의 해방에 관한 것은 두 경우가 등장한다. (1) 시드기야 왕 때 종을 해방시켰으며(렘 34:8~20), (2) 느헤미야 때도 종을 해방시키려 했다(느 5:1~13).

근동의 이해 함무라비 법전은 모든 종은 3년 동안 일을 시킨 다음 놓아주어야 한다고 규정하고 있다. 언뜻 보면, 함무라비 법전이 성서보다 더 종들에 대해 관대한 것처럼 보인다. 이스라엘에서는 6년간 일을 하게 한 반면(레위기 25:10절과 40~41절에서는 4년 일하고 5년째 방면됨), 바빌론에서는 3년간만 일을 시키도록 한 것은 바빌론 사회가 그만큼 경제가 발전했음을 보여주는 것이다. 종들은 기본적으로 노동력 제공을 통해 빚을 갚는 사람들이었다. 바빌론 사회는 경제가 발전하여 노동 임금이 높았기에 3년 만에 빚을 갚을 수 있었다. 그러나 이스라엘의 경우는 그렇지 않았기에 6년 동안 일을 시키도록 한 것으로 이해하여야 할 것이다. 물론 전쟁 포로로 끌려와 종이 된 사람들은 방면하지 않았다.

신약의 이해   요한복음 8:35의 종은 영원히 집에 거하지 못한다는 예수님의 언급은 출애굽기 21:2을 근거한 것이다. 고린도전서 7:21에 종으로 있다가 자유롭게 될 수 있으면 그것을 이용하라고 가르치는 것도 출애굽기 21:2을 배경으로 한 가르침이다.

제425조항 : 주인은 그 여종과 결혼해야 한다

⁸ 만일 상전이 그를 기뻐하지 아니하여 상관하지 아니하면 그를 속량하게 할 것이나 상전이 그 여자를 속인 것이 되었으니 외국인에게는 팔지 못할 것이요(출 21:8)

출애굽기 21:8은 주인이 그의 히브리 여종과 결혼해야 함을 가르치고 있다.

본문의 이해   고대 사회에서 아버지가 딸을 다른 사람에게 파는 것은 딸을 산 사람이나 그의 아들과의 결혼을 전제하는 것이다. 따라서 성서에서 이러한 여종은 마치 자유인과 같은 특권을 가지고 있었다. 그러나 상전이 그녀를 기뻐하지 아니하면 그녀와의 계약을 어긴 것이기 때문에 상전은 그녀를 놓아주어야 한다. 뿐만 아니라 이 여종을 종과 같이 여겨 외국인에게 팔지도 못하도록 규정하고 있다.

근동의 이해 우르남무 법전 제8조에 의하면 여종을 강간하였으면 5세겔을 보상하도록 기록하고 있다.

의미 이러한 규정을 통하여 성서시대의 여종의 지위가 보존 되었음을 알 수 있다.

제426조항 : 주인은 그 여종과 결혼하지 않으면 석방하라

⁸ 만일 상전이 그를 기뻐하지 아니하여 상관하지 아니하면 그를 속량하게 할 것이나 상전이 그 여자를 속인 것이 되었으니 외국인에게는 팔지 못할 것이요(출 21:8)

출애굽기 21:8은 주인이 그의 히브리 여종과 결혼해야 하지만 만약 결혼하지 않으면 석방하라고 가르치고 있다.

본문의 이해 주인이 여종을 산 후에 그녀를 기뻐하지 않아 결혼하지 않으면 그녀를 놓아주어야 한다고 기록하고 있다. 고대 사회에서 여종 이 석방되는 일은 그녀의 가족이 그녀를 위하여 속량하거나 혹은 주인이 그녀를 부당하게 처우했을 때 그녀를 석방하도록 가르치고 있다.

라쉬는 이 가르침에서 남자가 여종을 마치 부인처럼 대해야 함을 보여주고 있다고 설명한다.

제427조항 : 이방인 노예는 영원한 종으로 삼아라

⁴⁶ 너희는 그들을 너희 후손에게 기업으로 주어 소유가 되게 할 것이라 이방인 중에서는 너희가 영원한 종을 삼으려니와 너희 동족 이스라엘 자손은 너희가 피차 엄하게 부리지 말지니라(레 25:46)

레위기 25:46은 이방인 종은 영원한 종이 됨을 가르치고 있다.

본문의 이해 레위기 25:46에 의하면 이방인 가운데서 종을 삼으면 그는 영원한 종이 됨을 규정하고 있다.

제428조항 : 동족 노예를 석방할 때 선물을 주라

¹² 네 동족 히브리 남자나 히브리 여자가 네게 팔렸다 하자 만일 여섯 해 동안 너를 섬겼거든 일곱째 해에 너는 그를 놓아 자유롭게 할 것이요 ¹³ 그를 놓아 자유하게 할 때에는 빈 손으로 가게 하지 말고 ¹⁴ 네 양 무리 중에서와 타작 마당에서와 포도주 틀에서 그에게 후히 줄지니 곧 네 하나님 여호와께서 네게 복을 주신 대로 그에게 줄지니라(신 15:12~14)

신명기 15:12~18에서는 히브리인 종의 처우에 관하여 기록하는데, 12~14절은 종을 놓아줄 때 주인이 그에게 선물을 줘야 한다고 가르치고 있다.

본문의 이해 종의 처우에 관한 기록은 출애굽기 21:1~11에도 기록되어 있는데, 특별히 신명기 15:12~14은 히브리인 가운데 종으로 팔린 자가 있음을 전제하고 있다. 레위기 25:46의 "너희 동족 이스라엘 자손은 너희가 피차 엄하게 부리지 말지니라"는 규정 역시 히브리인들이 히브리인을 종으로 부리고 있었음을 보여준다. 이처럼 히브리인 종들을 이방인 종처럼 부려서는 안 되고, 율법에 따라 부리도록 규정하고 있다. 따라서 출애굽기 21:1~11이나 신명기 15:12~14에서 히브리인 종을 부리는 규정을 기록하고 있다.

히브리인들이 종이 되는 경우는 어떤 경우인가? 여러 가능성 있는 경우를 추정할 수 있지만 느헤미야 5:5에 의하면 가난한 자들이 자녀를 종으로 파는 경우가 있었음을 보여준다.

제429조항 : 동족을 종으로 팔지 말라

⁴² 그들은 내가 애굽 땅에서 인도하여 낸 내 종들이니 종으로 팔지 말것이다(레 25:42)

레위기 25:42은 히브리인들은 동족을 종으로 팔지 말 것을 가르친다.

본문의 이해 이스라엘 백성들을 종으로 팔지 못하는 것은 이스라엘 백성들이 이미 여호와의 종이기 때문이라는 신학적 해석이 제시되어 있다.

제430조항 : 동족 가운데 팔린 자를 엄하게 부리지 말라

43 너는 그를 엄하게 부리지 말고 네 하나님을 경외하라(레 25:43)

레위기 25:43은 이스라엘 백성들 가운데 팔린 자들을 가혹하게 부리지 말 것을 가르치고 있다.

본문의 이해 '엄하게'로 번역된 히브리어 단어는 페레크(פֶרֶךְ)로 그 의미는 '무력' 혹은 '폭력'이란 의미를 가지고 있다. 따라서 '폭력으로 무자비하게 부리지 말라'는 의미를 갖는다. 왜냐하면 비록 그들이 가난으로 인하여 팔렸을지라도 하나님의 백성이기 때문이다.

제431조항 : 이방인이 동족 가운데 팔린 자를 엄하게 부리지 못하게 하라

53 주인은 그를 매년의 삯꾼과 같이 여기고 네 목전에서 엄하게 부리지 말지니라(레 25:53)

레위기 25:53은 이방인이 동족 가운데 가난으로 팔린 자를 학대하도록 허용하지 말라고 가르친다.

본문의 이해 이스라엘 사람을 산 자는 그를 삯꾼으로 여겨야 하며, 폭력으로 잔인하게 대할 수 없음을 기록하고 있다.

제432조항 : 히브리인 여종을 팔지 말라

⁸ 만일 상전이 그를 기뻐하지 아니하여 상관하지 아니하면 그를 속량하게 할 것이나 상전이 그 여자를 속인 것이 되었으니 외국인에게는 팔지 못할 것이요(출 21:8)

출애굽기 21:8은 히브리인 여종을 외국인에게 팔지 말 것을 가르치고 있다.

본문의 이해 히브리인 여인을 여종으로 팔았는데 상전이 그녀와 상관하지 아니하면 주인이 그녀를 속인 것이기 때문에 그녀를 외국인에게 팔지 못하도록 규정하고 있다.

제433조항 : 주인이 다른 여자와 결혼해도 여종의 의복과 음식을 끊지 말라

¹⁰ 만일 상전이 다른 여자에게 장가 들지라도 그 여자의 음식과 의복과 동침하는 것은 끊지 말것이요(출 21:10)

출애굽기 21:10은 주인이 다른 여자와 결혼한다 해도 주인이 관계한 여종에게 의복과 음식과 애정생활의 권리를 끊지 못함을 가르친다.

본문의 이해 히브리인 여종을 산 후에 그녀와 관계하고도 다른 여자와 결혼을 하게 된다 해도 그 여종에게 음식과 의복 그리고 애정생활의 권리를 끊지 못한다고 규정하고 있다.

근동의 이해 이와 유사한 예를 고대근동에서 찾아 볼 수 있다. 리피트 이쉬타르 법 제 28조에 다음과 같이 기록되어 있다. '어떤 사람이 아내가 매력을 잃거나 혹은 불구가 된다하더라도 거주하는 집에서 쫓아내서는 안 된다. 그러나 남편은 건강한 여자와 다시 결혼할 수 있다. 그리고 재혼한 여인은 원래 부인을 돌봐야 한다.'

의미 이 구절은 종과 같은 약자들의 삶을 보장해주는 인도주의적인 가르침이다.

제434조항 : 아내 삼았던 여자 포로를 팔지말라

¹⁴ 그 후에 네가 그를 기뻐하지 아니하거든 그의 마음대로 가게하고 결코 돈을 받고 팔지 말지라 네가 그를 욕보였은즉 종으로 여기지 말지니라(신 21:14)

신명기 21:14은 아내로 삼았던 여자 포로를 팔지 말 것을 가르친다.

본문의 이해 신명기 21:10~14은 여자 포로를 아내로 삼는 규정을 기록하고 있는데, 여자 포로를 아내로 삼은 후에 그 여자를 기뻐하지 아니하면 그 여자를 그녀 마음대로 석방하지만 돈을 받고 팔아서는 안 된다고 말한다. 기뻐하다(하파츠, חָפֵץ)라고 번역된 히브리어의 문자적인 의미는 '원하다'의 의미이다. 즉 '그를 기뻐하지 아니하거든'의 문자적인 의미는 '네가 그녀를 원하지 않거든'의 의미이다.

포로인 아내를 얻은 남편이 후에 그 아내를 원하지 않으면 자유롭게 가게 해야 한다고 가르친다.

제435조항 : 아내 삼았던 여자 포로를 종처럼 취급하지 말라

14 그 후에 네가 그를 기뻐하지 아니하거든 그의 마음대로 가게하고 결코 돈을 받고 팔지 말지라 네가 그를 욕보였은즉 종으로 여기지 말지니라(신 21:14)

신명기 21:14은 아내로 삼았던 여자 포로를 노예처럼 취급하지 말라고 가르친다.

본문의 이해 자신의 아내로 삼았던 여자 포로를 종처럼 취급해서 팔지 못하도록 규정하고 있다. 그 이유는 그 여자를 욕보여서 아내로 삼았기 때문이다.

제436조항 : 종을 석방할 때 빈손으로 가게하지 말라

13 그를 놓아 자유하게 할 때에는 빈 손으로 가게 하지 말고(신 15:13)

신명기 15:13은 히브리 종이 주인을 섬기는 기한이 차서 놓아 줄 때에 빈손으로 보내지 말라고 가르친다.

본문의 이해 히브리인 남녀 노예가 팔려서 종이 되어 6년간 일했다면 일곱째 해에 석방해야만 한다. 종을 석방할 때 빈손으로 가게하지 말라는 것은 종이 살아갈 수 있는 기반을 준비해주라는 의미이다. 이러한 가르침은 출애굽기 3:21에서 이스라엘이 이집트에서 석방 될 때 빈손으로 가게 하지 않겠다는 여호와의 말씀에 근거한 것으로 보인다.

제437조항 : 도망온 종을 주인에게 돌려주지 말라

15 종이 그의 주인을 피하여 네게로 도망하거든 너는 그의 주인에게 돌려주지 말고(신 23:15)

신명기 23:15은 이스라엘 땅으로 도망쳐 온 종을 그 주인에게 돌려주지 말라고 가르친다.

본문의 이해 종을 그 주인에게 돌려줄 경우 그는 생명을 보존하지 못하기 때문이다. 이것은 오늘날 난민이나 망명자에 대한 처우와 유사하다.

근동의 이해 이러한 성서의 가르침은 고대 근동의 세계와는 다른 입장이다. 고대근동의 여러 법전에서는 도망친 종을 주인에게 돌려주어야 한다고 기록하고 있다. 이것은 종을 주인의 재산으로 이해하였기 때문이다. 함무라비 법전 제 15조부터 제 20조는 도망한 종에 관한 내용이다. 특히 15조에서는 도망하는 종을 도우면 사형에 처하고, 제18조에서는 도망하는 종을 잡아 주인에게 데려가면 주인은 2세겔을 주어야 한다고 기록하고 있다. 히타이트 법전 제 22조에도 '만약 어떤 노예가 도망가면, 어떤 사람은 그 노예를 되돌려 주어야 한다'고 기록하고 있다. 뿐만 아니라 고대근동의 국제 조약을 맺을 때 도망자를 송환한다는 내용을 대부분 포함하고 있다.

의미 이러한 사실을 통하여 고대 이스라엘의 생명 존중 사상을 엿볼 수 있다.

제438조항 : 도망온 종에게서 어떤 이득도 취하지 말라

16 그가 네 성읍 중에서 원하는 곳을 택하는 대로 너와 함께 네 가운데에 거주하게 하고 그를 압제하지 말지니라(신 23:16)

신명기 23:16은 도망온 종들에게서 어떤 이득을 취하지 말라고 가르친다.

본문의 이해 본문에서는 도망온 종이 원하는 곳에 살게 하며, 그를 압제하지 말라고 기록하고 있다. 이러한 규정을 통하여 고대 사회에 도망온 종들이 많이 있었으며, 이들의 신분과 지위를 보장하는 제도가 형성되어 있었음을 알 수 있다.

제439조항 : 종을 쳐 죽인 자는 복수당한다

20 사람이 매로 그 남종이나 여종을 쳐서 당장에 죽으면 반드시 형벌을 받으려니와(출 21:20)

출애굽기 21:20은 종을 죽인 자는 복수를 당한다고 가르치고 있다.

본문의 이해 구약성서에서 주인이 종에게 상해를 입힌 경우에 대해서 규정하고 있다. 이 때 종이 즉사하면 주인은 형벌을 받아야 했다. 그러나 즉사하지 않은 경우에는 주인은 아무런 책임도 지지 않았다(출 21:20~21, 26~27). 이와는 모순되게 신체를 상해한 경우에는 그 종을 놓아주어야 한다고 규정하고 있다. 이스라엘에서 종을 주인의 재산으로 여긴 것이 사실이기는 하지만(출 21:21) 상품처럼 취급하지는 않았다. 성서는 종의 권리 보호에 초점을 모으고 있으며, 그들을 가족으로 여겨야 한다고 규정하고 있다(출 21:9).

근동의 이해 바벨론의 함무라비 법전에 의하면, 주인은 종을 마음대로 할 수 있었다. 심지어는 주인은 종을 죽일 수도 있었다. 따라서 함무라비 법전에서는 주인이 종을 상해하거나 죽인 경우에 대한 언급이 없다. 그것은 주인의 권리에 속하는 것이었기 때문이다. 그러나 다른 사람들에 의해 종이 상해를 입거나 죽게 된 경우에 대해서는 기록하고 있다. 이 때 주인은 배상을 받을 수 있었다. 왜냐하면 종에 대한 상해는 재산에 대한 손실로 여겼기 때문이다. 함무라비 법전에서는 종의 권리 보호에 대해서는 관심이 없으며, 주인의 권리 보호에 초점을 두고 있다.

1) Ben Witherington III, *Matthew,* Smyth & Helwys Commentary(Macon, Georgia: Smyth & Helwys Publishing, Inc., 2006), pp. 364-364.

제11부

사법생활

01

원리

제440조항 : 말씀대로 판결하라

¹⁰ 여호와께서 택하신 곳에서 그들이 네게 보이는 판결의 뜻대로 네가 행하되 그들이 네게 가르치는 대로 삼가 행할 것이니 ¹¹ 곧 그들이 네게 가르치는 율법의 뜻대로, 그들이 네게 말하는 판결대로 행할 것이요 그들이 네게 보이는 판결을 어겨 좌로나 우로나 치우치지 말 것이니라(신 17:10~11)

신명기 17:10~13은 사법기관의 판결에 관하여 가르치고 있다.

본문의 이해 신명기17:11은 이스라엘에서 재판을 할 때 그 판단의 기준이 하나님의 말씀임을 가르쳐주고 있다. 율법의 뜻대로(알 피 하토라, עַל פִּי הַתּוֹרָה)의 문자적인 의미는 '율법에 의하여' 혹은 '가르침에 의하여'이다. 즉, 양형 기준에 의한 판단 및 처벌을 의미한다.

구약의 이해 고대 이스라엘의 재판 기관은 다음과 같이 다양하다. 유대인들의 최고 재판기구는 산헤드린(Sanhedrin, '모여 앉다')이다. 구약 성서에서는 산헤드린의 결정에 순종해야 함을 기록하고 있다. 탈무드의 산헤드린 편에 의하면 산헤드린에 대하여 구체적으로 설명하고 있다.

(1) 세 명의 재판관이 있는 재판소의 사법권은 주로 벌금을 부과하는 것과 같은 민간의 문제를 다루었다(Sanh. 1:1). 이 재판관들은 이혼의 문제도 관장하였다. 뿐만 아니라 비유대인들의 개종에 관해서도 다루었다. 뿐만 아니라 6년 후에 종을 석방하지 않을 때도 이들의 재판이 필요하였다(출 21:6). 또한 도둑질을 한 사람이 그것을 갚지 못하여 그를 종으로 만들 때도 재판장의 판결이 필요하였다(출 22:9).

(2) 23명의 재판관이 있는 재판소에서는 치명적인 경우에 재판하였다(Sanh. 1:4). 이들은 유사범죄와 같은 것에 대하여 재판하였다. 특히 짐승을 죽여야 하는 경우가 포함되었다(예, 레 20:15~16, 출 21:28~29, Sanh. 1:4).

(3) 71명의 재판관에 의한 산헤드린 크타나는 무제한적인 사법권을 가지고 있었지만 그러나 사법적이고 행적적인 기능으로만 제한되었다. 따라서 대제사장(Sanh. 1:5), 각 지파의 족장(Sanh. 15a), 그리고 아마도 산헤드린의 의장이 71명의 재판관에 의하여 위임되었다. 그러나 거짓 예언이나(Sanh. 1:5) 장로에 의한 잘못된 가르침(Sanh. 11:2), 지파나 도시 전체의 전복에 관한 것과 같은 범죄(Sanh. 1:5) 그리고 사형에 처하는 범죄는 이 형을 집행하기 전에 산헤드린 크타나의 재판을 거쳐야 했다. 그러나 여인이 간통으로 의심을 받는 고통을 겪게 된다면 이것은 예루살렘의 산헤드린 그돌라에서 다루었다(Sot. 1:4).

(4) 산헤드린 그돌라의 행정적인 기능 가운데 23명의 재판관을 임명하거나(Sanh. 1:5; Maim. Yad, Sanh. 5:1) 혹은 왕을 선출하고 그리고 대제사장을 선출하는 권한이 있었다(Yad, Kelei ha-Mikdash 4:15). 뿐만 아니라 예루살렘의 지경을 확장하거나 혹은 예루살렘 성전의 지경을 넓히는 문제는 이곳에서 다루었다(Sanh. 1:5). 또한 지파의 구역을 나누는 일,

전쟁을 선포하는 일(Sanh. 1:5), 이스라엘 전체 공동체의 속죄제를 드리는 일(레 4:13~15, Sanh. 13b) 그리고 성전에서 제사장들을 관리하거나 혹은 제사장을 임명하여 관리하는 일 등도 산헤드린 그돌라에서 결정하였다(Mid. 5:4; Tosef., Hag. 2:9).

산헤드린 그돌라의 입법적인 기능은 일일이 열거할 수 없다. 예루살렘의 대법정으로서 산헤드린 그돌라는 모든 구전법(Oral Law)의 근원지가 되었다(Yad, Mamrim 1:1). 산헤드린 그돌라에서 제정한 법은 모든 사람에게 구속력이 있었으며, 이 법을 위반하거나 무시하게 되면 죽음을 면치 못하였다(신 17:12, Sif. Deut. 155; Yad, Mamrim 1:2). 산헤드린 그돌라는 다른 법정에서 법 집행상의 의문이 있을 때 조언해 주었으며 예루살렘 법정의 결정을 채택해야만 했다.

(4) 이러한 정규적인 법정 이외에 제사장에 의한 특별 법정이 예루살렘 성전에서 개최되었는데, 이는 성전 제의에 관한 것이거나 혹은 제사장과 관련된 민사상의 문제였다. 제사장에 의한 특별 법정과 마찬가지로 레위인들에 의한 특별 법정도 개최되었는데, 이 법정도 제사장에 의한 법정과 같은 역할을 하였다(cf. Tosef., Sanh. 4:7).

(5) 정규 법정은 3인 이하로 구성될 수 없었다. 재판과 관련 있는 자는 한 사람의 재판관에 의한 재판을 요구할 수 없었다.

유대인들의 재판기관은 상급심 일수록 재판관의 수가 더 많아짐을 볼 수 있다. 이러한 전통은 오늘날도 발견할 수 있다.

공동체 사회의 옳고 그름을 판단하는 기준은 하나님의 말씀이어야 함을 의미한다.

신약의 이해 이러한 생각때문에 로마서 6:1~11에서는 세상 법정에 송사하지 말라고 가르친다.

요한복음 18:31에서 빌라도가 유대인들에게 예수에 대하여 너희 법대로 재판하라 말한 것은 신명기 17:11을 염두에 둔 말이다.

의미 고대 이스라엘 사회에서 재판이 하나님의 가르침에 따라 행하도록 가르치는 것은 재판을 매우 엄정하고 공정하게 진행하였음을 보여준다.

제441조항 : 율법에 따라 책벌하라

¹ 사람들 사이에 시비가 생겨 재판을 청하면 재판장은 그들을 재판하여 의인은 의롭다 하고 악인은 정죄할 것이며 ² 악인에게 태형이 합당하면 재판장은 그를 엎드리게 하고 그 앞에서 그의 죄에 따라 수를 맞추어 때리게 하라 ³ 사십까지는 때리려니와 그것을 넘기지는 못할지니 만일 그것을 넘겨 매를 지나치게 때리면 네가 네 형제를 경히 여기는 것이 될까 하노라 (신 25:1~3)

신명기 25:1~3은 율법에 따라 책벌할 것을 가르치고 있다.

본문의 이해 신명기 25:1~3에서는 태형의 처벌을 할 때 죄에 맞는 수만큼 때리도록 규정하고 있으며 아무리 중한 죄라고 해도 40대를 넘을 수 없다고 규정하고 있다. 이렇게 제한규정을 둔 것은 생명을 경히 여기지 못하게 하기 위함이다. 따라서 고대 이스라엘의 처벌은 양형 기준에 합당한 처벌을 내리도록 가르치고 있다.

죄인을 처벌하는 데 있어서 공정을 기하고 감정적인 처벌을 금하기 위하여 양형 기준을 제시한다.

신약성서에서 태형의 예를 많이 찾아 볼 수 있다. 고린도후서 11:23 ~25에 의하면 사도바울은 세 번 태장을 맞았고, 사십에서 하나 감한 매를 다섯 번 맞았다고 기록하고 있다.

책벌하는 데 있어서 감정에 의한 법 집행이 되지 않기 위하여 양형 기준에 의해 처벌하도록 가르치고 있다.

제442조항 : 다수결로 결정하라

² 다수를 따라 악을 행하지 말며 송사에 다수를 따라 부당한 증언을 하지 말며(출 23:2)

출애굽기 23:2은 의견 일치가 되지 않을 때 다수결의 원칙으로 결정해야 함을 가르친다.

출애굽기 23:2처럼 다수를 따르지 말라는 것은 다수의 부당성을 고발하는 것이다. 즉, 법정에서 다수결의 원칙이 지켜졌음을 암시하는 구절이다.
그러나 이 구절의 히브리어 원문의 의미가 분명하지 않다.

제443조항 : 재판은 다수결로 결정하지 말라

² 다수를 따라 악을 행하지 말며 송사에 다수를 따라 부당한 증언을 하지 말며(출 23:2)

출애굽기 23:2은 재판에 있어서 다수결에 의해서 결정 지을 수 없음을 가르치고 있다. 왜냐하면 악한 다수가 있기 때문이다.

 출애굽기 23:2은 다수결의 폐해를 지적하는 것이다. 한 사람이 옳고 다수가 틀릴 수 있음을 지적하는 것이다.

제444조항 : 말씀대로 한 판결에 복종하라

¹¹ 곧 그들이 네게 가르치는 율법의 뜻대로, 그들이 네게 말하는 판결대로 행할 것이요 그들이 네게 보이는 판결을 어겨 좌로나 우로나 치우치지 말 것이니라(신 17:11)

신명기 17:11은 율법에 의한 판결에 반항하지 말 것을 가르친다.

 신명기 17:11은 판결하기 어려운 일이 있어 레위사람 제사장과 재판장에게 물을 때, 여호와가 그들을 통하여 내리는 판결을 그대로 지키며 어기지 말라는 것이다.

이러한 어려운 결정을 내리는 사법기관은 산헤드린이다. 따라서 산헤드린의 결정에 복종할 것을 가르친다.

 하나님 말씀에 의한 결정은 잘 지켜져야 함을 가르친다.

02

재판관의 자격

제445조항 : 재판장과 지도자를 임명하라

¹⁸ 네 하나님 여호와께서 네게 주시는 각 성에서 네 지파를 따라 재판장들과 지도자들을 둘 것이요 그들은 공의로 백성을 재판할 것이니라(신 16:18)

신명기 16:18은 고대 이스라엘에서 각 성마다 재판장과 지도자를 임명하여 재판을 수행하라고 가르친다.

본문의 이해 신명기 16:18은 각 성에 지파를 따라 재판장(쇼페트, שׁפֵט)과 지도자(쇼테르, שׁטֵר)를 세우고 이들로 하여금 재판을 담당하도록 하였다. 이렇게 재판관을 각 도시에 세우는 것이 이스라엘 땅에서만 가능하였는지 아니면 바벨론 포로시대에도 이러한 재판제도가 유지되었는지는 논란의 여지가 있다. 일부 학자들은 이스라엘 땅 밖에서는 각 지역마다 재판관이 임명되었지 각 도시에 재판관을 임명하지 못하였다고 주장한다. 그러나 다른 학자들은 이러한 제도는 이스라엘 땅에만 국한된 제도였지 이방 땅에서도 이 제도가 시행되지 않았다고 주장한다.

그렇다면 어떤 자들을 재판관으로 세우는가? 성경에 기록된 재판관의 자격에 대해 출애굽기 18:21에 의하면 "재덕이 겸전한 자 곧 하나님을 두려워하며 진실무망하며 불의한 이를 미워하는 자를" 재판관으로 세 웠으며, "지혜와 지식이 있는 유명한 자를" 재판관으로 세웠다(신 1:13). 즉 출애굽기 18:21에는 (1) 재덕이 있는 자(안쉐이 하일, אַנְשֵׁי־חַיִל), (2) 하 나님을 두려워하는 자(이르에이 엘로힘, יִרְאֵי אֱלֹהִים), (3) 진실무망하며(안 쉐이 에메트, אַנְשֵׁי אֱמֶת), (4) 불의한 이를 미워하는 자(소네이 바짜아, שֹׂנְאֵי בָצַע)이다. 또한 신명기 1:13에서는 지혜가 있는 자(아나쉼 하카밈, אֲנָשִׁים חֲכָמִים), 지식이 있는 자(느보님, נְבֹנִים) 그리고 유명한 자(예두임, יְדֻעִים) 이다.

지도자(유사)로 번역된 히브리어 쇼테르(שׁוֹטֵר)는 구약성서에 25회 등 장한다. 그러나 히브리어 쇼테르(שׁוֹטֵר)의 정확한 번역은 매우 어렵다. 왜 냐하면 쇼테르(שׁוֹטֵר) 직책을 가진 사람의 기능과 역할이 각기 다양하게 등장하기 때문이다. 신명기에서 쇼테르(שׁוֹטֵר)는 장로(자켄, זָקֵן), 우두머 리(로쉬, ראשׁ), 재판관(쇼페트, שֹׁפֵט) 등과 함께 사용되는데 많은 경우 쇼 테르(שׁוֹטֵר)는 군사적인 상황에서 많이 사용된다(수 1:10, 3:2, 대하 26:11, 34:13 등). 따라서 어떤 학자들은 쇼테르(שׁוֹטֵר)가 재판관이라고 주장한다 (대상 26:29, 대하 19:11). 또 일군의 학자들은 쇼테르(שׁוֹטֵר)가 군사와 관 련이 있는 직책이라고 주장한다(대하 26:11). 신명기 20:5~9에서도 쇼테 르(שׁוֹטֵר)는 징집하는 과정에서 누구 적임자이고 그렇지 못한 가를 판결 하는 자로 기록되어 있다.

구약의 이해 출애굽기 2:14에서 모세는 동족으로부터 '누가 당신을 우리의 관리와 재판관으로 세웠느냐?'는 항의를 듣게 된다.

신약의 이해 사도행전 10:42에서 베드로가 고넬료 집에서 설교할 때 하나님 께서 예수님을 산 자와 죽은 자의 심판관으로 세웠음을 증언하라고 사도들에게 분부하였다.

제446조항 : 말씀을 무시하는 자는 재판관이 될 수 없다

¹⁶ 내가 그 때에 너희의 재판장들에게 명하여 이르기를 너희가 너희의 형제 중에서 송사를 들을 때에 쌍방간에 공정히 판결할 것이며 그들 중에 있는 타국인에게도 그리 할 것이라 ¹⁷ 재판은 하나님께 속한 것인즉 너희는 재판할 때에 외모를 보지 말고 귀천을 차별없이 듣고 사람의 낯을 두려워하지 말 것이며 스스로 결단하기 어려운 일이 있거든 내게로 돌리라 내가 들으리라(신 1:16~17)

신명기 1:16~17은 적어도 하나님의 말씀을 무시하는 자는 재판관으로 임명받을 수없음을 보여준다.

본문의 이해 재판관들에게 율법(하나님의 말씀)에 대한 존중과 순종이 요구되는 것은 재판이 하나님에게 속한 것이기 때문이며, 결정하기 어려운 것은 하나님에게 가져와 하나님의 판단을 들어야 하기 때문이다. 하나님께로 돌리라는 것은 말씀에서 그 답을 찾으라는 의미로도 해석할 수 있다.

신약의 이해 누가복음 18:2의 재판장은 하나님을 두려워하지 않고 사람을 무시한 자로서 재판장의 자격이 없는 자이다.

의미 고대 이스라엘의 재판관들이 재판을 하기는 하지만 이스라엘을 판단하는 최고의 권위는 여호와임을 가르쳐준다. 따라서 여호와의 말씀을 무시하고 듣지 않는 자는 재판관이 될 수 없다는 것을 가르친다.

제447조항 : 재판관은 불의를 행하지 말라

15 너희는 재판할 때에 불의를 행하지 말며 가난한 자의 편을 들지 말며 세력 있는 자라고 두둔하지 말고 공의로 사람을 재판할지며(레 19:15)

레위기19:15은 재판관이 불의를 행할 수 없다는 것을 가르친다.

본문의 이해 재판할 때 불의를 행하지 말라는 것은 재판관들이 재판을 공정하게 진행할 것을 명령하는 것이다. 불의로 번역된 히브리어는 아벨(עָוֶל)이다. 히브리어 아벨(עָוֶל)의 의미는 '불공정' 혹은 '삐뚤어짐'이다. 따라서 원문의 의미는 '너는 재판할 때 불의를 행하지 말라' 혹은 '너는 재판할 때 한쪽으로 기울어지지 말라'의 의미이다. 따라서 불공정한 판단을 하지 말라는 것이다.

Rashi의 이해 라쉬는 이 가르침에 대하여 다음과 같이 설명한다. 재판관이 정의에서 벗어난 것은 악을 행하는 자이며, 악을 행하는 자는 여호와에게 가증한 것이 된다고 설명한다(신 25:16).

신약의 이해 누가복음 18:1~8의 재판장은 불의를 사랑하는 불의한 재판장이다.

의미 재판관이 공정한 판단을 하기 위해서는 불의한 일을 해서는 안 된다는 것을 가르쳐 준다.

제448조항 : 하나님(재판장)을 저주하지 말라

²⁸ 너는 재판장을 모독하지 말며 백성의 지도자를 저주하지 말지니라(출 22:28)

출애굽기 22:28에서는 재판장을 저주하지 말라고 가르친다.

본문의 이해 너는 재판장을 모독하지 말며(엘로힘 로 테칼렐, אֱלֹהִים לֹא תְקַלֵּל) 를 직역하면 '너는 하나님을 모독하지 말라'이다. 70인역도 히브리어 성경을 그대로 번역하여 엘로힘(אֱלֹהִים)을 데우스(θεοὺς)로 번역하였다. 그런데 이것을 재판장으로 번역한 것은 재판이 하나님에게 속한 것이기 때문이다.

이사야 33:22에서 여호와를 우리의 재판장이라고 부르고 있다.

제449조항 : 뇌물을 받지 말라

⁸ 너는 뇌물을 받지 말라 뇌물은 밝은 자의 눈을 어둡게 하고 의로운 자의 말을 굽게 하느니라(출 23:8)

출애굽기 23:8은 뇌물을 받으면 안 된다는 것을 가르친다.

뇌물(쇼하드, שֹׁחַד)은 잘못된 판단을 하게 하기 때문에 금한다. '밝은 자의 눈을 어둡게 한다'의 문자적인 의미는 '볼 수 있는 것을 보지 못하게 한다' 즉, 뇌물은 볼 수 있는 것을 보지 못하게 하거나 정직한 자의 말을 굽게, 혹은 기울어지게 만든다. 특히 뇌물을 금하는 것은 뇌물이 재판을 타락하게 만드는 주범이기 때문이다(사 1:23, 5:23 등). 신명기 16:19에서도 뇌물을 받지 말라고 가르친다. 따라서 하나님도 뇌물을 싫어하며, 받지 않는다(신 10:17).

사무엘의 두 아들 요엘과 아비야는 이스라엘 사사로서 뇌물을 받고 판결을 굽게 하였다. 또한 미가 7:3에 의하면 재판관들이 뇌물을 구하는 부패함에 대하여 언급하고 있다. 잠언 17:15나 18:5에서는 '(뇌물로 인하여) 악인을 의롭다하고 의인을 악하다 하는 이 두 사람은 다 여호와께 미움을 받는다'고 기록하고 있다.

뇌물로 재판의 공정성을 해쳐서는 안 된다.

제450조항 : 사람을 두려워하지 말라

17 재판은 하나님께 속한 것인즉 너희는 재판할 때에 외모를 보지 말고 귀천을 차별없이 듣고 사람의 낯을 두려워하지 말 것이며 스스로 결단하기 어려운 일이 있거든 내게로 돌리라 내가 들으리라(신 1:17)

신명기 1:17은 재판관이 재판할 때 사람을 두려워해서는 안된다고 가르친다.

본문의 이해 재판을 할 때 얼굴(외모)을 보지 말고, 사람의 낯을 두려워하지 말라고 명한다. 그 이유는 재판의 권위가 하나님에게 있는 것이기 때문이다. 마치 예언자들이 담대하게 하나님의 말씀을 전해야 하는 것은 그의 권위가 하나님께 있기 때문이라는 생각과 같은 것이다. 이와 유사한 말씀이 신명기 16:18~19에도 기록되어 있다.

Rashi의 이해 라쉬는 이 가르침을 설명하면서 재판과정에서 사람을 존대하지 말라는 것으로 이해하였다. 이것은 곧 재판관을 임명할 때 이 사람은 힘이 있다고 말하지 않는 자여야 함을 의미한다. 더 나아가 친척을 재판관으로 임명하거나 그를 성의 재판관으로 임명하려는 자를 재판관으로 임명해서는 안 된다는 의미라고 설명한다.

신약의 이해 사도행전 4:19~20, 5:29에서 사람에게 순종하는 것보다 하나님께 순종하는 것이 더 마땅하다는 것은 베드로가 대제사장을 비롯한 유대인들의 협박 가운데서도 사람을 두려워하지 않은 것을 설명한다.

제451조항 : 가난한 사람을 두둔하지 말라

³ 가난한 자의 송사라고 해서 편벽되이 두둔하지 말지니라(출 23:3)

¹⁵ 너희는 재판할 때에 불의를 행하지 말며 가난한 자의 편을 들지 말며 세력 있는 자라고 두둔하지 말고 공의로 사람을 재판할지며(레 19:15)

출애굽기 23:3과 레위기 19:15에서는 가난한 사람이라고 해서 두둔

해서 재판하지 말라는 것이다.

본문의 이해 출애굽기 23:3의 문자적인 의미는 '너는 가난한 사람의 송사에서 가난한 사람을 편애하지 말라'이다. 따라서 세력있는 자의 편도 들지 말고, 가난한 자의 편도 들지 않는 것이 재판의 공정성임을 지적한다. 경제적으로 어려운 약자라고 해서 정의까지 굽게해서는 안 된다는 것이다.

Rashi의 이해 라쉬는 이 가르침은 이 사람은 가난한 사람이고 따라서 부자들이 가난한 사람을 도와야 하며, 이번 재판에서 그를 선처할 것이라는 말을 해서는 안 된다는 의미를 갖고 있다고 설명한다.

의미 공정한 재판이란 그가 가난한 자라고 해서 그에게 유리한 재판을 행하는 것이 아님을 가르쳐 준다.

제452조항 : 가난한 사람을 차별하지 말라

⁶ 너는 가난한 자의 송사라고 정의를 굽게하지 말며(출 23:6)

출애굽기 23:6에서는 가난한 자의 송사에서 재판을 불공평하게 하지 말라는 것이다.

본문의 이해 이것은 출애굽기 23:3이나 레위기 19:15과 유사한 것이다. 성경의 의도는 재판은 여호와에게 속한 것이기에(신 1:17) 공정해야 함을 강조하고 있다. 특히 옳고 그름을 가리는 재판에서는 더욱 더 공평해야 한다.

제453조항 : 재판관은 다른 재판관의 견해에 대한 확신이 없으면 받아들이지 말라

² 다수를 따라 악을 행하지 말며 송사에 다수를 따라 부당한 증언을 하지 말며(출 23:2)

출애굽기 23:2은 재판관에게 다른 재판관의 의견이 정확한 것으로 확신되지 않으면 받아 들이지 말 것을 권한다.

본문의 이해 따라서 유대인들은 무죄를 위해서는 한 사람의 견해만 있으면 되지만 유죄로 인정하기 위해서는 두 사람 이상의 주장이 있어야 했다. 즉, 다수가 유죄 결정을 해도 한 사람이 무죄 인정을 하면 그는 무죄이다.

03

재판과정

제454조항 : 공정하게 재판하라

15 너희는 재판할 때에 불의를 행치 말며 가난한 자의 편을 들지 말며 세력 있는 자라고 두호하지 말고 공의로 사람을 재판할지며(레 19:15)

레위기 19:15에서는 공정한 재판에 대하여 가르치고 있다.

본문의 이해 15절은 재판상의 정의에 대하여 언급하고 있다. 특히 재판 받는 자의 사회적 신분에 관계없이 공정한 재판을 행하라고 가르치고 있다.

불의(아벨, עָוֶל)를 행하지 말고, 잘못된 연민으로 가난한 자의 편을 들지도 말고, 반대로 힘 있는 자의 편도 들지 말고, 공의(쩨덱, צֶדֶק)로 재판할 것을 가르친다.

구약의 이해 그러나 고대 이스라엘에 있어서 재판이 공정하게 진행되지 못했다는 것은 예언서를 통해서 쉽게 알 수 있다. 미가 3:11은 주전 8세기 말 고대 이스라엘의 재판의 타락상을 보여준다.

그들의 우두머리들은 뇌물을 위하여 재판하며 그들의 제사장은 삯을 위하

여 교훈하며....(미 3:11)

이러한 현상은 미가 7:3('두 손으로 악을 부지런히 행하도다 그 군장과 재판자는 뇌물을 구하며 대인은 마음의 악한 사욕을 발하며 서로 연락을 취하니') 뿐만 아니라 같은 시대의 다른 예언서에서도 쉽게 찾아 볼 수 있다.

호세아 10:3~4에서 다음과 같이 기록하고 있다.

> ³ 저희가 이제 이르기를 우리가 여호와를 두려워 아니하므로 우리에게 왕
> 이 없거니와 왕이 우리를 위하여 무엇을 하리요 하리로다 ⁴ 저희가 헛된 말
> 을 내며 거짓 맹세를 발하여 언약을 세우니 그 재판이 밭이랑에 돋는 독한
> 인진같으리로다(호 10:3~4)

호세아 기록은 당시 재판이 얼마나 타락하였는가를 여실히 보여주고 있다.

재판과정을 공정하게 진행해야 한다는 것은 고대 근동의 모든 재판관에게 부여된 임무였다. 앗시리아 왕도 하자누(*hazannu*)와 사르티누(*sartinnu*)를 임명하면서 공평하고 정의로운 재판을 행할 것을 당부한다.

근동의 이해 그러나 일반적으로 고대 근동 사회에서는 계급에 의하여 불평등한 법집행이 보편적이었다. 즉, 사회적 계층에 따라 처벌규정이 달리 기록되어 있다. 특히 상류계층에 대하여 관대하였다. 함무라비 법전에서는 형벌이 피해자와 상해자의 사회적 지위에 따라 다르게 적용되었다. 한 예를 들면, 상해를 입은 피해자가 아윌룸(*awīlum*, 무스케눔보다 상위에 속하는 계층) 계층일 때는 예외 없이 동태복수법이 적용되었다(제 196~197). 그러나 피해자가 무스케눔(*muskenum*, 아윌룸 계층보다 하위에 속하는 계층) 계층일 때에는 단지 벌금으로 처리되었다(제 201조). 종

이 주인의 아들을 때렸을 경우에는 그에게는 동태복수법보다 더 무서운 체형이 가해졌다(제 205조). 그러나 회복되지 않는 상해일 경우, 가해자와 피해자가 같은 계층일 때에는 동태복수법이 적용되었지만 같은 계층에서 회복될 수 있는 상해를 입힌 경우에는 벌금으로 처리될 수 있도록 하였다(제 202~204조). 따라서 함무라비 법전은 상해의 경우 어떤 계층의 사람이 누구에게 상해를 입혔는가 하는 것이 분명히 언급되어 있다.

그러나 고대 이스라엘의 인간존중 사상은 법 집행의 평등원칙에서 찾아볼 수 있다. 성서는 모든 사람에게 형평 적용의 원칙이 적용되고 있다. 더 나아가 성서의 율법은 특별히 가난한 자들과 과부, 고아, 이방인들과 같이 법적인 보호를 받기 어려운 사람들에 대해서까지 공정하게 대할 것을 강조하고 있다. 구약성서의 율법에서는 피해자나 가해자의 사회적 신분에 따라 법을 다르게 적용하는 예를 발견할 수 없다. 이처럼 구약성서에서 법 적용의 평등원칙을 고수하는 것은 인간이 하나님의 피조물이라는 생각 때문이다. 따라서 하나님이 만든 피조물의 우열을 가릴 수 없다.

고대 근동에서는 재판과정의 공정성을 강조하고 있다. 함무라비 법전의 발문에 '샤마쉬의 명령에 의하여 하늘과 땅의 위대한 재판관은 이 땅에서 정의가 공포되도록 해야 한다'고 기록하고 있다. 신명기 16:18에서는 '공의로 백성을 재판하라'고 규정하고 있다.

재판 과정의 공정성을 강조하는 것은 고대 근동이나 고대 이스라엘에서 발견되는 것이지만 법 자체의 공정성 즉, 같은 사건에 대한 처벌이 신분의 계급에 관계없이 동등하게 적용되는 것은 구약성서 율법의 특징이며, 이를 통하여 구약성서의 율법이 고대 근동의 법전보다 인간의 존엄성을 강조하고 있음을 발견할 수 있다.

성서의 가르침은 고대근동의 다른 세계와는 달리 재판 과정의
공정성을 강조하고 있다.

제455조항 : 불공평한 재판을 하지 말라

15 너희는 재판할 때에 불의를 행치 말며 가난한 자의 편을 들지 말며 세력
있는 자라고 두호하지 말고 공의로 사람을 재판할지며(레 19:15)

레위기 19:15은 재판관이 불공평한 재판을 해서는 안 된다는 것을 가
르친다.

본문의
이해 본문에서는 상황에 따라 유리하게 재판을 해서는 안 된다는 것
을 말하고 있다. 공의롭게 재판하는 자가 되어야 한다. 아모스
5:7에 의하면 이스라엘 사람들이 공의를 땅에 던지는 불공평한 사람이
었음을 말한다. 또한 아모스 5:14에서 성문에서 정의를 세우라는 것은
재판의 공정성을 회복하라는 것이다.

제456조항 : 객, 고아의 재판을 억울하게 하지 말라

17 너는 객이나 고아의 송사를 억울하게 하지 말며 과부의 옷을 전당잡지
말라(신 24:17)

신명기 24:17은 객이나 고아의 재판을 억울하게 해서는 안 된다고 가
르친다.

본문의 이해 객이나 고아와 같은 사회적 약자의 재판을 굽게하지 말라는 것이다. 신명기 16:19의 재판을 공정하게 하라는 말씀에 대한 좀 더 구체적인 예를 제시한 것이다. 성경에서는 객, 고아 그리고 과부의 재판을 억울하게 하는 자는 저주를 받게 되어 있다(신 27:19).

신약의 이해 누가복음 18:1~8에 재판장이 과부의 재판을 얼마동안 억울하게 하는 것은 잘못이다.

04

증인

제457조항 : 증인은 증언해야 함

¹ 만일 누구든지 저주하는 소리를 듣고서도 증인이 되어 그가 본 것이나 알고 있는 것을 알리지 아니하면 그는 자기의 죄를 져야 할 것이요 그 허물이 그에게로 돌아갈 것이며(레 5:1)

레위기 5:1은 증거를 알고 있는 자는 누구나 재판장에 나와 진술해야 함을 가르치고 있다.

본문의 이해 1절은 해석이 어려운 구절이다. 왜냐하면 이 구절의 의미가 매우 복잡하기 때문이다. 따라서 학자들은 각기 다양하게 이 구절을 해석한다. 노트(M. Noth)는 이 구절을 어떤 사람이 저주하는 것을 들었는데 그가 법을 어겼음을 알리고 죄를 입증하는 일을 하지 못한 경우를 의미한다고 해석한다. 그러나 이 구절에서 맹세나 저주가 죄라는 정의가 없기 때문에 해석에 문제가 있다. 어떤 학자들은 이 구절은 어떤 사람이 공적인 저주에 대하여 대답하지 못하여 죄를 졌을 때 정죄 받은 쪽이 정당하게 재판 받게 하기 위하여 증인을 부르고 검증하는 것을 의미한다고 보았다.

1절은 저주하는 소리를 들은 자가 법정에서 증인이 되지 않았을 때 벌을 받게 된다는 내용이다. 저주하는 소리(콜 알라, קוֹל אָלָה)는 하나님의 법을 지키지 못하는 자에게 저주하는 것을 의미한다. 히브리어 알라(אָלָה)는 '하나님에게 선서', '약속하는 것'을 의미한다. 문자적으로는 저주하는 소리이지만 그 의미는 '공적인 저주'를 의미한다. '죄를 지다'(나사 아본, נָשָׂא עָוֹן)는 것은 '죄 때문에 벌을 받을 것이다'라는 뜻이다. 히브리어 아본(עָוֹן)은 '죄' 혹은 '죄의 값'을 의미한다.

1절은 앞에서 언급했듯이 증인에 관한 법이 왜 제사규정에 등장하는가 하는 의문이 생긴다. 이러한 의문은 고대 근동의 문화를 통하여 설명할 수 있다. 고대 근동에서 법정은 신전 복합체에 속해 있었다. 이러한 현상은 이스라엘의 경우도 마찬가지이다. 따라서 재판이 넓은 의미에서는 성전에서 행해지기 때문에 제의에 관한 규정이 속한 것으로 이해할 수 있다.

근동의 이해 우르남무 법전 제 28조에 의하면 어떤 사람의 증언이 위증으로 밝혀지면 위증한 사람은 은 15세겔의 벌금을 지불하도록 규정하고 있다. 또한 제 29조에서는 증인이 맹세를 하지 않으면 그 역시 재판에 관계된 모든 것을 배상해야 한다고 기록하고 있다.

신약의 이해 어떤 사람이 눈으로 보거나 혹은 알게 된 것을 증언하는 것을 거부하는 것 혹은 공적인 저주나 혹은 자신이 알게된 것에 대하여 말해달라고 부탁을 받고도 말하지 않는 것은 그가 죄를 짓는 것임을 가르친다. 따라서 예수는 마태복음에서 '예'는 '예,' '아니오'는 '아니오' 하라고 가르친다.

누구든지 진실을 밝히는 삶을 살아야 함을 가르친다. 자신의 이익을 위하여 진실을 은폐해서는 안 된다는 것을 가르친다.

제458조항 : 증언을 충분히 검토하라

¹⁴ 너는 자세히 묻고 살펴 보아서 이런 가증한 일이 너희 가운데에 있다는 것이 확실한 사실로 드러나면(신 13:14)

신명기 13:14(15)은 증언을 충분히 검토해야 함을 가르치고 있다.

재판관은 주의 깊음과 세심함으로 재판에 임해야 하며, 마지막 결정을 하기 전 몇 번이고 재고해 보아야 한다. 따라서 어떤 사안에 대하여, 특히 증언에 대하여 자세히 조사해야 한다. 그러나 너무 심하게 재판을 연기해서도 안 된다. 재판관은 자신이 정의를 행하고 있다는 것을 스스로 행할 뿐만 아니라 보여주어야 한다.

재판관이 세심하게 조사해야 함을 나타내는 세 동사가 있다. 즉, 조사하다(다라쉬, דָּרַשׁ), 알아보다(하카르, חָקַר) 그리고 심문하다(샤알, שָׁאַל)이다.

라쉬는 이 가르침에 대하여 다음과 같이 설명한다. 첫째로 조사한다는 것은 증언에 대하여 이중조사를 하는 것을 의미한다. 또한 알아보는 것은 다른 곳에서 언급된 것과 비교해 보는 것이다. 그리고 심문하는 것은 들은 것에 대하여 수 차례 질문하는 것을 의미한다고 설명한다.

요한복음 7:51에서 니고데모는 말은 충분히 조사하여 판단하라고 말한다.

재판의 신중함을 가르친다. 어떤 죄를 결정지을 때 신중하게 조사하고, 알아보고, 그리고 심문의 과정을 통하여 사실을 입증해야 한다.

제459조항 : 거짓 증거하지 말라

¹⁶ 네 이웃에 대하여 거짓 증거하지 말찌니라(출 20:16)

출애굽기 20:16에서는 거짓 증거하지 말라고 가르치고 있다.

십계명의 아홉 번째 계명으로 거짓 증거하지 말라고 명한다. 16절의 핵심 단어는 거짓 증언(에드 샤케르, עֵד שָׁקֶר)이다. 거짓 증언의 문제는 이스라엘 사법 제도가 갖는 문제점 가운데 하나이다. 신명기 19:15에 의하면 두 세 증인의 증언으로 사건을 확정하게 되어 있다. 그런데 문제는 악한 사람들끼리 연합하여 모함하는 경우이다. 시편 27:12, 35:11에서는 모함으로 인한 고통을 호소하고 있다. 따라서 성경은 모함한 것이 판명되면 그대로 갚아 주어 악을 몰아내도록 규정하고 있다(신 19:18~21).

잠언 6:19에서 거짓 증인은 여호와가 싫어하시는 예닐곱 가지에 속해 있다.

미쉬나에서는 거짓 증언하지 못하도록 다음과 같은 규정을 제정하였다. (1) 두 사람 이상의 증인들의 증언이 서로 다르면 증언의 내용을 알 수 없게 단독으로 증언하게 해야 한다. (2) 증인들의 증언이 상충되고 일치하지 않으면 그 증언은 모두 무효이다. (3) 증인은 증언과 관련하여 어떤 보상도 받을 수 없다. 만약 증인과 재판관이 증언과 판결로 인하여 보상을 받으면 모두 무효이다. (4) 사건과 관련하여 혐의를 받고 있는 사람, 피고인과 가까운 혈연관계에 있는 사람, 피고인의 재산을 상속받을 사람, 피고인과 원한이 있거나 적대관계가 있는 사람 등은 증인이 될 수 없도록 규정하여 증언의 공정성을 높이려고 애썼다. 뿐만 아니라 인격이 의심되는 사람 즉, 도박꾼, 고리대금업자, 매매가 금지된 물건을 장사해서 돈을 버는 자도 증인이 될 수 없도록 규정하고 있다.

제460조항 : 거짓증언은 행한대로 갚아주라

[18] 재판장은 자세히 조사하여 그 증인이 거짓 증거하여 그 형제를 거짓으로 모함한 것이 판명되면 [19] 그가 그의 형제에게 행하려고 꾀한 그대로 그에게 행하여 너희 중에서 악을 제하라(신 19:18~19)

신명기 19:18~19은 증언에 관한 규정이며, 그 가운데서 19절은 거짓 증언을 한 자는 그가 피고소자에게 행하려고 한대로 처벌받아야 함을 가르치고 있다.

신명기 19:19은 복수의 원칙을 제시한다. 형제를 거짓으로 모함한 것이 드러나면 그가 행하려고 꾀한 그대로 행하라고 가르친다. 이렇게 복수법을 제시함으로 다시는 그런 악을 행하지 않도록 예방하려는 의미가 있다.

남을 해하려고 거짓을 말한 자는 그가 의도한 그대로 그에게 갚아주어야 한다.

제461조항 : 쌍방이 함께하지 않은 상태에서 한 사람의 말만 듣지 말라

¹ 너는 거짓된 풍설을 퍼뜨리지 말며 악인과 연합하여 위증하는 증인이 되지말며(출 23:1)

출애굽기 23:1은 소송 당사자 쌍방이 함께 하지 않은 상태에서 한사람의 말만 듣는 것을 금하고 있다. 즉, 대질 심문해야 함을 가르친다.

본문의 이해 거짓된 풍설(쉐마 샤베, שָׁמַע שָׁוְא)이란 문자적으로 '망령된 혹은 거짓된 이야기'란 의미이다. 따라서 악인이 연합하지 못하도록 쌍방 대질 심문해야 함을 가르친다.

Rashi의 이해 라쉬는 이 가르침이 중상모략하는 말을 듣지 말라는 것이며, 재판관은 다른 재판 관계자가 올 때까지 한쪽 이야기를 들어서는 안 된다는 것을 의미한다고 설명한다.

제462조항 : 한 사람의 증언으로 판단하지 말라

15 사람의 모든 악에 관하여 또한 모든 죄에 관하여는 한 증인으로만 정할 것이 아니요 두 증인의 입으로나 또는 세 증인의 입으로 그 사건을 확정할 것이며(신 19:15)

신명기 19:15은 한 증인에만 근거하여 판결을 내리지 말라고 가르친다.

본문의 이해 재판에서 죄를 판결할 때는 반드시 두 세 증인의 증언을 통하여 판결하라는 것이다. 그러나 이 두 세 증인도 위증을 할 경우가 있다(나봇의 재판, 왕상 21:10). 따라서 두 세 사람의 복수의 증언일지라도 악한 사람과 연합하여 위증한 경우 그 사실이 드러나면 동태복수법에 의하여 처벌 받도록 규정하고 있다(신 19:18~21).

신약의 이해 마태복음 18:16에서도 예수는 죄를 지은 자가 권면을 듣지 않으면 한 두 사람을 데리고 가서 두 세 증인의 입으로 말마다 확증하게 하라고 가르친다.

마태복음 26:60에서도 가야바는 예수의 죄를 발견하기 위하여 두 사람의 증인을 데려온다. 고린도후서 13:1에서도 사도바울은 두 세 증인의 입으로 말마다 확증한다고 말하고 있다. 디모데전서 5:19에서 장로에 대한 고발을 두 세 증인이 없으면 받지 말라는 것도 같은 맥락이다.

제463조항 : 증인 한 사람으로 사형판결을 하지 말라

30 사람을 죽인 모든 자 곧 살인한 자는 증인들의 말을 따라서 죽일 것이나 한 증인의 증거만 따라서 죽이지 말 것이요(민 35:30)

민수기 35:30은 사형 판결의 경우에 한 증인이 재판관처럼 되어서는 안 된다고 가르친다.

본문의 이해 사형을 판결하기 위해서는 복수의 증인의 증언이 있어야 한다는 것으로 나봇의 경우도 이세벨이 불량한 자 두 사람을 세워 나봇에게 사형 판결을 내리게 했다(왕상 21장). 이것은 사형판결을 내리는 데 신중해야 함과 인간생명의 귀중함을 보여준다.

제464조항 : 악인의 증언을 채택하지 말라

1 너는 거짓된 풍설을 퍼뜨리지 말며 악인과 연합하여 위증하는 증인이 되지말며(출 23:1)

출애굽기 23:1은 악인의 증언을 받지 말라고 가르치고 있다.

본문의 이해 거짓된 풍설을 퍼뜨리지 말며(로 티싸 쉐마 샤베, לֹא תִשָּׂא שֵׁמַע שָׁוְא)의 문자적인 의미는 '너는 거짓된/사악한 소문을 채택하지 말라'이다. 즉, 거짓 증인을 채택하지 말라는 것이다. 출애굽기 20:16에서는 거짓 증거하지 말라고 가르치고, 신명기 19:16~19에서도 거짓 증거의 악을 제거하라고 가르친다(잠 19:9). 열왕기상 21:10에 의하면 이세벨은 나봇을 죽이고 그의 포도원을 빼앗기 위하여 불량한 자 두 사람을 증인으로 세워 나봇을 돌에 맞아 죽게 하였다. 따라서 악인들의 증언을 채택할 경우 잘못된 판단을 할 수 있는 위험성이 있기 때문에 그들의 증언을 채택하지 말라고 규정하고 있다.

제465조항 : 사건과 관련된 사람의 친척일 경우 증언을 받아들이지 말라

¹ 너는 거짓된 풍설을 퍼뜨리지 말며 악인과 연합하여 위증하는 증인이 되지말며(출 23:1)

출애굽기 23:1은 사건에 관련된 사람의 친척일 경우 증언을 받아들이지 말라고 가르친다.

본문의 이해 악인과 연합하여 위증하는 증인이 되지 말라는 구절 속에는 사건과 관련 있는 자들의 증언을 채택하지 말라는 의미를 내포하고 있다. 따라서 미쉬나에는 사건과 관련하여 혐의를 받고 있는 사람, 피고인과 가까운 혈연관계에 있는 사람, 피고인의 재산을 상속받을 사람, 피고인과 원한이 있거나 적대관계가 있는 사람 등은 증인이 될 수 없도록 규정하여 증언의 공정성을 높이려고 애썼다.

신약의 이해 이 가르침을 기초로 요한복음 8:17~18의 예수가 자신의 증언자가 되며, 아버지 하나님도 증언한다는 것은 출애굽기 23:1의 가르침과 맞지 않는다.

제466조항 : 정황 증거만으로 유죄 판결하지 말라

7 거짓 일을 멀리하며 무죄한 자와 의로운 자를 죽이지 말라 나는 악인을 의롭다 하지 아니하겠노라(출 23:7)

출애굽기 23:7은 상황의 증거만으로 유죄를 판결하지 말라고 가르친다.

본문의 이해 정확한 증거 없이 무죄하고 의로운 자를 죽이는 일이 없어야 한다. 이러한 일은 대체로 정황 증거만으로 사건을 판결할 때 나타나는 현상이다. 따라서 상황 상의 증거만으로 유죄 판결을 하지 않아야 한다. 잠언 17:15에 악인을 의롭다하고 의인을 악하다 하는 것은 여호와의 미움의 대상이라고 가르친다.

신약의 이해 마태복음 26:57~65에서 가야바가 예수를 죽일 증거를 찾으려고 노력한 것은 바로 정황 증거만으로는 사형 유죄 판결을 내릴 수 없기 때문이다.

요한복음 18:38에서 빌라도가 나는 저 사람에게서 아무런 죄목을 찾을 수 없다고 말한 것은 정황증거로 유죄 판결 할 수 없음을 보여준다.

05
양형기준

제467조항 : 정한 양보다 더 많은 매질을 하지 말라

² 악인에게 태형이 합당하면 재판장은 그를 엎드리게 하고 그 앞에서 그의 죄에 따라 수를 맞추어 때리게 하라 ³ 사십까지는 때리려니와 그것을 넘기지 못할지니 만일 그것을 넘겨 매를 지나치게 때리면 네가 네 형제를 경히 여기는 것이 될까 하노라(신 25:2~3)

신명기 25:2~3은 범법자에게 정한 태형보다 더 많은 매질을 해서는 안 된다는 것을 가르쳐 준다.

본문의 이해 처벌하는 데 있어서 정해진 양의 죄값만 치르게 해야 하며, 태형의 경우 너무 많이 매질을 하여 사람을 경히 여기는 일이 벌어지지 않도록 해야 한다.

신약의 이해 후기 유대교에서는 한 대라도 더 때리지 못하도록 39대를 때릴 수 있는 최대치로 정하였다. 이러한 사실은 고린도후서 11:24에서 나타난다.

제468조항 : 적절한 재판 없이 처형할 수 없다

¹² 이는 너희가 복수할 자에게서 도피하는 성을 삼아 살인자가 회중 앞에서서 판결을 받기까지 죽지 않게 하기 위함이니라(민 35:12)

민수기 35:12은 적절한 재판을 거치거나 확신 없이는 아무도 처형할 수 없다는 것을 가르친다.

본문의 이해 민수기 35:12은 도피성을 만든 목적을 설명하는 가운데 등장하는 것으로 누구도 재판 없이 사형을 당해서는 안 됨을 가르친다. 도피성은 부지중 살인죄를 지은 자가 피신하는 곳이며, 회중 앞에서 자신의 죄가 고의성이 없는 죄였음을 판결받아야 한다. 그가 부지중 살인한 것이면 그는 도피성에서 피를 보복하는 자의 손으로부터 생명을 지킬 수 있다. 이것은 곧 모든 사람은 적절한 재판을 거치지 않고서는 사형 당할 수 없음을 가르친다.

제469조항 : 사형은 매질로 집행한다

²⁰ 사람이 매로 그 남종이나 여종을 쳐서 당장에 죽으면 반드시 형벌을 받으려니와(출 21:20)

출애굽기 21:20에서 종을 죽인 자는 복수를 당한다고 가르치고 있다. 따라서 매질로 그도 죽임을 당하게 됨을 말한다.

본문의 이해 출애굽기 21:20에서는 매로 남여 종을 쳐 죽인 자는 그와 같이 복수를 당하게 됨을 말한다. 따라서 고대 구약시대의 처형법 가운데 매질이 있었음을 보여준다.

신약의 이해 사도들의 시대에 베드로나 바울이 복음을 전하다가 매질을 당한 예가 많이 있다.

제470조항 : 사형은 교살한다

¹⁶ 사람을 후린 자가 그 사람을 팔았든지 자기 수하에 두었든지 그를 반드시 죽일찌니라(출 21:16)

출애굽기 21:16은 사람을 유괴하나 그 사람을 판 사람을 죽이라고 가르친다.

본문의 이해 출애굽기 21:16에서 사람을 후린 자(고네브 이쉬, גֹּנֵב אִישׁ)의 문자적인 의미는 '사람을 훔친 자' 즉, '사람을 유괴한 자'란 의미이다. 사람의 생명은 여호와에게 속한 것이기 때문에 이것을 유괴한 자에게 사형의 처벌이 내려진 것이다. 이때 교살시킨다. 신명기 24:7에서는 "사람이 자기 형제 수하 이스라엘 자손 중 한 사람을 유인하여 종으로 삼거나 판 것이 발견되면 그 유인한 자를 죽일지니 이같이 하여 너희 중에 악을 제할지니라"고 규정하고 있다.

Rashi의 이해 라쉬는 이 경우에는 교살시킨다고 설명한다.

제471조항 : 사형은 불로 태운다

¹⁴ 누구든지 아내와 그 장모를 아울러 취하면 악행인즉 그와 그들을 함께 불사를지니 이는 너희 중에 악행이 없게 하려 함이니라(레 20:14)

레위기 20:14에서는 처형 방법 가운데 화형에 대하여 가르치고 있다.

본문의 이해 레위기 20:14에 의하면 장모와 동침한 자를 화형시키라고 가르친다.

근동의 이해 함무라비 법전 제 157조에 의하면 어머니와 동침한 자는 둘 다 화형하도록 기록하고 있다.

제472조항 : 사형은 돌로 친다

²⁴ 너희는 그들을 다둘 다 성읍 문으로 끌어내고 그들을 돌로 쳐죽일 것이니 그 처녀는 성안에 있으면서도 소리 지르지 아니하였음이요 그 남자는 그 이웃의 아내를 욕보였음이라 너는 이같이 하여 너희 가운데에서 악을 제할지니라(신 22:24)

신명기 22:24은 사람을 죽이는 방법 가운데 돌로 쳐 죽이는 것이 있음을 가르치고 있다.

본문의 이해 신명기 22:24에서는 약혼한 처녀가 다른 남자와 성읍에서 동침하였다면 둘 다 돌로 쳐 죽이도록 가르침으로써 사형법 가운데 돌로 쳐 죽이는 방법이 있음을 보여준다.

사도행전 7:59에 의하면 스데반 집사가 돌에 맞아 순교하였다.

제473조항 : 사형이 집행된 시체는 나무 위에 달아라

²² 사람이 만일 죽을 죄를 범하므로 네가 그를 죽여 나무 위에 달거든(신 21:22)

신명기 21:22은 사형 집행된 시체를 나무 위에 달도록 가르치고 있다

신명기 21:22은 사형이 집행된 시체는 나무 위에 매달도록 규정하고 있다. 시체를 나무에 다는 것은 죽은 자를 모욕하는 것은 아니고 하나님의 심판을 받았음을 보여주는 것이다. 뿐만 아니라 이러한 관습을 통하여 이 시체를 보는 백성들에게 법을 지키게 하는 효과를 가지고 있다. 시체를 나무 위에 다는 관습은 전쟁의 상황에서 쉽게 발견할 수 있다. 여호수아 8:29에서 여호수아는 아이의 왕을 저녁때까지 나무에 매달아 두었으며, 여호수아 10:26~27에서는 여호수아가 다섯 왕을 쳐 죽이고 그 시체를 나무 위에 저녁 때까지 매달아 두었다고 기록하고 있다. 이러한 관습은 고대 이스라엘에서 처음 생겨난 것이 아니며 이스라엘도 고대 시대부터 있어왔던 관습을 채택한 것으로 보인다.

라쉬를 비롯한 유대인 랍비들은 돌에 맞아 죽은 자들을 모두 나무에 매달았다고 설명한다. 왜냐하면 하나님을 모독한 자들은 모두 달리기 때문이다.

제474조항 : 시체를 나무에 달린 채로 밤새도록 두지 말라

²³ 그 시체를 나무 위에 밤새도록 두지 말고 그 날에 장사하여 네 하나님 여호와께서 네게 기업으로 주시는 땅을 더럽히지 말라 나무에 달린 자는 하나님께 저주를 받았음이니라(신 21:23)

신명기 21:23은 사람의 시체를 나무 위에 달린 채로 밤새도록 두지 말라고 가르치고 있다.

본문의 이해 신명기 21:22~23은 죄로 인해 나무에 매달아 죽였을 경우 그 시체를 밤새도록 나무에 두지 말라는 것이다. 그 이유는 시체는 부정한 것이기(민 9:7, 19:13) 때문에 그것을 오래 둠으로 인하여 이스라엘 땅을 더럽히지 않으려는 이유 때문이다.

따라서 시체를 오랫동안 방치하는 것은 곧 여호와를 더럽히는 신성모독에 해당한다.

구약의 이해 여호수아 8:29에서는 아이의 왕을 저녁 때까지 나무에 달았다가 해 질 때에 시체를 나무에서 내려 성문 어귀에 던지고 그 위에 큰 무더기를 쌓았다고 말한다.

여호수아 10:27에 의하면 여호수아가 아모리 족속의 다섯 왕을 죽인 후 다섯 나무에 매달고 저녁까지 두었다가 해질 때 시체를 나무에서 내려 굴 안으로 던지고 굴 어귀를 큰 돌로 막은 것은 이러한 가르침을 따른 것이다.

신약의 이해 날이 저물었을 때 아리마대의 부자 요셉이 빌라도에게 예수의 시체 달라하여 장사를 지낸 것도 유대인들의 전통을 따른 것으로 보인다(마 27:57~58).

요한복음 19:31~34은 당일에 장사 지내는 상황을 잘 나타내고 있다.

의미 이 가르침은 어떤 경우에도 거룩한 것을 더럽히는 일을 해서는 안 된다는 것이다. 이러한 이유로 오늘날 유대인들은 죽은지 24시간 내에 장례를 치른다.

06

도피성

제475조항 : 도피성을 설정하라

³ 네 하나님 여호와께서 네게 기업으로 주시는 땅 전체를 세 구역으로 나누어 길을 닦고 모든 살인자를 그 성읍으로 도피하게 하라(신 19:3)

신명기 19:1~3에서는 도피 성읍을 설정할 것을 가르치고 있다.

본문의 이해 고대 이스라엘의 도피성에 대하여 구약성서 여러 곳에 기록되어 있다. 신명기 19:1~3 뿐만 아니라 민수기 35:9~28과 여호수아 20:1~9에도 기록되어 있다. 여호수아 20:7~8에 의하면 여섯 성읍은 납달리의 산지 갈릴리 게데스와 에브라임 산지의 세겜과 유다 산지의 기럇 아르바 곧 헤브론과 여리고 동쪽 요단 저쪽 르우벤 지파 중에서 평지 광야의 베셀과 갓 지파 중에서 길르앗 라못과 므낫세 지파 중에서 바산 골란 등이다.

신명기 19:3은 모든 살인자가 도피성으로 피할 수 있는 것처럼 기록하고 있지만 민수기 35장에 의하면 도피성에 피할 수 있는 살인의 내용은 무엇보다 부지중에 살인 한 모든 자이다(민 35:15). 뿐만 아니라 악의가 없이 우연히 사람을 밀치거나, 기회를 엿봄이 없이 무엇을 던지거나,

보지 못하고 사람을 죽일만한 돌을 던져서 죽였을 때(민 35:22~23) 이 살인자는 도피성에 들어갈 수 있다.

의미 의도하지 않은 살인자를 보호하고 새로운 기회를 부여하라는 것이다. 이것은 잘못을 시인한 자에 대한 용서를 가르쳐 준다.

제476조항 : 도피성

²² 악의가 없이 우연히 사람을 밀치거나 기회를 엿봄이 없이 무엇을 던지거나 ²³ 보지 못하고 사람을 죽일 만한 돌을 던져서 죽였을 때에 이는 악의도 없고 해하려 한 것도 아닌즉 ²⁴ 회중이 친 자와 피를 보복하는 자 간에 이 규례대로 판결하여 ²⁵ 피를 보복하는 자의 손에서 살인자를 건져내어 그가 피하였던 도피성으로 돌려보낼 것이요 그는 거룩한 기름 부음을 받은 대제사장이 죽기까지 거기 거주할 것이니라(민 35:22~25)

민수기 35:22~25은 우연히 살인의 범죄를 짓게 된 자는 도피성에서 생명을 보존할 수 있음을 가르치고 있다.

본문의 이해 민수기 35:22~25은 업무상 과실치사의 경우 도피성으로 피하여 생명을 보존할 수 있음을 기록하고 있다. 이 구절은 악의가 없는 과실치사 자들의 생명을 보존하는 것이다.

제477조항 : 도피성에 피한 자의 속전을 받지 말라

³² 또 도피성에 피한 자를 대제사장의 죽기 전에는 속전을 받고 그의 땅으로 돌아가 거하게 하지 말것이니라(민 35:32)

민수기 35:32에서는 도피성에 피한 살인자의 속전을 받지 말 것을 가르친다.

본문의 이해 이 가르침은 대제사장이 죽을 때까지 생명의 속전을 받지 못하도록 규정하고 있다. 그러나 대제사장이 죽은 후에는 속전을 받을 수 있다. 이 규정의 의미는 도피성에 피한 자가 일찍 그곳에서 벗어나기 위해 속전을 대제사장이 죽기 전에 미리 줄 수 있게 해서는 안 된다는 것이다.

07

도둑질

제478조항 : 마음의 욕심을 금하라

²¹ 네 이웃의 아내를 탐내지 말지니라 네 이웃의 집이나 그의 밭이나 그의 남종이나 그의 여종이나 그의 소나 그의 나귀나 네 이웃의 모든 소유를 탐내지 말지니라(신 5:21)

신명기 5:21은 마음의 욕심 자체도 금하고 있다.

본문의 이해 신명기 5:21은 마음의 욕심도 금해야 함을 말하고 있다. 특히 이웃의 아내를 탐내는 음욕의 마음을 금해야 한다.

구약의 이해 이스라엘 역사에서 마음의 욕심을 절제하지 못한 예가 다윗과 밧세바의 사건이다(삼하 11:2~27).

신약의 이해 예수는 음욕을 품고 여자를 보는 자마다 마음에 이미 간음하였느니라(마 5:28)고 말한다. 예수의 이 가르침은 마음의 욕심을 금하라는 것이다.

골로새서 3:5은 탐심이 우상숭배라고 정의한다. 그 이유는 이방여인에 대한 탐심 뿐만 아니라 우상의 재물에 대한 탐심 등은 곧 우상숭배로 이어지기 때문이다.

의미 이 구절은 마음의 욕심을 절제하고 금할 때 거룩한 성도의 삶을 살 수 있음을 가르쳐 준다.

제479조항 : 훔친 물건을 주인에게 돌려주라

³ 남의 잃은 물건을 줍고도 사실을 부인하여 거짓 맹세하는 등 사람이 이 모든 일 중의 하나라도 행하여 범죄하면(레 6:3)

레위기 6:3은 훔친 재물을 그 주인에게 돌려줄 것을 가르치고 있다.

본문의 이해 2~3절에는 세 가지 경우를 예로 들고 있다. 첫째는 이웃이 맡긴 물건이나 저당물을 속이거나, 둘째는 도둑질하거나 착취하고도 사실을 부인하거나, 셋째는 남의 잃은 물건을 줍고도 사실을 부인하여 거짓 맹세하는 경우이다. 2~4절에 기록된 범죄는 사회질서를 파괴하는 것으로 레위기 5:14~19와 마찬가지로 20%를 더하여 원주인에게 돌려주고, 속건제를 드리도록 규정하고 있다. 2~4절에서 규정하는 사회적인 죄는 십계명의 8~10계명을 어긴 것을 다룬 것이다.

근동의 이해 고대근동의 함무라비 법전에서도 도둑질에 대한 처벌규정을 발견할 수 있다. 함무라비 법전 제 22조에 의하면 '만일 어떤 사람이 도둑질을 하고 잡히면 그는 사형해야한다'고 기록하고 있다. 뿐만 아니라 레위기의 규정처럼 훔친 물건에 대한 배상의 규정도 발견된다. 함무라비 법전 제265조항에 의하면 '만일 소떼나 양떼를 먹여야 하는 목자가 신용할 수 없는 자가 되어 소의 표시를 바꾸고 (그것들을) 팔면, 그들은 이를 입증해야 하고 그는 소나 양들 가운데 그가 훔친 것의 10배를 주인에게 보상해야 한다'고 기록하고 있다.

의미 타인의 소유를 탐내는 것이 범죄임을 가르쳐 준다.

제480조항 : 도둑을 처벌하라

[1] 사람이 소나 양을 도둑질하여 잡거나 팔면 그는 소 한 마리에 소 다섯 마리로 갚고 양 한 마리에 양 네 마리로 갚을지니라 [2] 도둑이 뚫고 들어오는 것을 보고 그를 쳐죽이면 피 흘린 죄가 없으나 [3] 해 돋은 후에는 피 흘린 죄가 있으리라 도둑은 반드시 배상할 것이나 배상할 것이 없으면 그 몸을 팔아 그 도둑질한 것을 배상할 것이요 [4] 도둑질한 것이 살아 그의 손에 있으면 소나 나귀나 양을 막론하고 갑절을 배상할지니라(출 22:1~4)

출애굽기 22:1~4은 도둑들을 처벌하라고 가르치고 있다.

출애굽기 22:1~4은 남의 소나 양을 도둑질하여 잡거나 팔면 소 한 마리에 소 다섯 마리로 갚고(5배), 양은 한 마리에 양 네 마리로 갚으라고(4배) 규정하고 있다. 그런데 만약 소, 나귀, 양 등이 살아 있으면 갑절로 배상하도록 규정하고 있다(4절). 이어서 3절 하반절에 의하면 도적은 반드시 배상해야 하고, 배상할 것이 없으면 몸을 팔아서라도 배상할 것을 규정하고 있다.

그런데 도적이 밤에 벽을 뚫고 들어오는 것을 쳐 죽이면 죄가 없지만 해가 돋은 후 도적을 쳐 죽이면 도둑을 죽인 자에게 죄가 있다고 기록하고 있다.

고대근동의 법 가운데 함무라비 법전에서는 도둑질에 대하여 다음과 같이 기록하고 있다.

만일 어떤 사람이 집을 허물면, 그를 죽이고, 그를 그 틈새에 매달아야 한다(함무라비 법전 제 21조).

만일 어떤 사람이 도둑질을 하고 잡히면 그는 사형해야한다(함무라비 법전 제 21조).

또한 에쉬눈나의 규정에 의하면 밤에 도둑질하는 자는 죽이지만 낮에 도둑질하는 자는 배상하도록 규정하고 있다.

대낮에 곡식 단 가운데에 어떤 서민의 들판에서 붙잡힌 사람은 은 10세겔을 부담하여 내어 주어야 한다. 밤에 곡식단 가운데에서 붙잡힌 사람은 죽을 것이며, 그는 살아남지 못할 것이다(제 12조).

한 낮에 서민의 집에서, 집 안에서 붙잡힌 사람은 은 10세겔을 부담하여 내어 주어야 한다. 밤에 집 안에서 붙잡힌 사는 죽게 될 것이며, 그는 살아남지 못할 것이다(제 13조).

모든 재산은 하나님이 주신 것이기 때문에 이 소유를 인위적으로 바꿀 수 없음을 가르쳐 준다.

제481조항 : 살인하지 말라

¹³ 살인하지 말찌니라(출 20:13)

출애굽기 20:13은 살인하지 말라고 가르친다.

본문의 이해 살인을 금하는 가장 근본적인 이유는 생명이 하나님에 속하기 때문이다. 살인하지 말라는 가르침이 있기는 하지만 성경에서도 살인이 허용되는 예가 있다. 첫째는 하나님의 성전인 전쟁에서이다. 고대 사회의 모든 전쟁은 성전(聖戰)이다. 하나님의 허락에 의하여 전쟁을 하는 것이다. 따라서 이 경우 적이나 이방인을 진멸하는 것이 허락되었다(신 7:2). 둘째는 사형에 처하는 죄를 지은 경우이다. 이런 경우는 대체로 다른 사람의 생명을 해하는 죄를 지은 경우이거나(출 21:12~14, 레 24:17, 신 19:11~13 등), 부모를 저주하거나(출 21:15, 17, 레 20:9, 신 21:18~21), 간음죄(레 20:10, 신 22:22), 사람을 유괴한 죄(출 21:16, 신 24:7), 그리고 여호와의 계명을 어기고 우상을 숭배한 죄이다(출 22:20, 레 20:27, 24:15~16 등). 따라서 몇 가지 예외를 제외하고 살인에 대하여 엄격하게 금하고 있다. 이러한 살인 금지는 고대 근동사회에서 보편적으로 발견된다.

근동의 이해 그러나 히타이트 법전에서는 살인죄에 대하여 보상의 처벌을 내린다. 제 1조~제 6조까지 각 경우의 살인죄에 따라 보상하도록 규정하고 있다.

우르남무 법전 제 1조에 의하면 살인자는 죽이도록 규정하고 있다.

의미 생명이 여호와에게 속해 있기 때문에 살인하지 말 것을 가르친다.

제482조항 : 유괴자는 죽임을 당한다

16 사람을 후린 자가 그 사람을 팔았든지 자기 수하에 두었든지 그를 반드시 죽일찌니라(출 21:16)

출애굽기 21:16은 사람을 유괴하나 그 사람을 판 사람을 죽이라고 가르친다.

본문의 이해 사람을 후린 자(고네브 이쉬, גֹנֵב אִישׁ)의 문자적인 의미는 '사람을 훔친 자,' 즉 '사람을 유괴한 자'란 의미이다. 사람의 생명은 여호와에게 속한 것이기 때문에 이것을 유괴한 자에게 사형의 처벌이 내려진 것이다. 유괴자의 목적은 유괴해서 이들을 되팔아 이득을 남기거나 혹은 자기의 수하에 두어 노동력을 얻기 위해서다.

구약의 이해 출애굽기 21:16에서도 유괴범에 대하여 다루고 있다. 즉, "사람을 납치한 자가 그 사람을 팔았든지 자기 수하에 두었든지 그를 반드시 죽일지니라"고 규정하고 있다. 또한 신명기 24:7에서는 "사람이 자기 형제 수하 이스라엘 자손 중 한 사람을 유인하여 종으로 삼거나 판 것이 발견되면 그 유인한 자를 죽일지니 이같이 하여 너희 중에 악을 제할지니라"고 규정하고 있다.

근통의 이해 함무라비 법전 제 14조는 유괴범에 대하여 규정하고 있다. "만일 어떤 사람이 사람의 어린 아이를 유괴했다면, 그는 사형에 처한다."

신약의 이해 유괴의 목적이 인신매매이면 디모데전서 1:10에 기록된 불법자에 속한다.

의미 하나님의 것으로 부당한 이익을 취하지 말라는 것과 같은 의미의 가르침이며, 노동력은 노동력을 가지고 있는 그 사람의 것이기에 타인의 재산 또한 보호되어야 함을 가르쳐 준다.

제483조항 : 유괴하지 말라

¹³ 살인하지 말찌니라(출 20:13)

출애굽기 20:13은 유대인을 유괴하는 것을 금함을 가르친다.

본문의 이해 본문의 의미는 살인하지 말라는 것이지만 유괴를 금하는 것을 뜻한다고 해석하기도 한다.

근통의 이해 유괴금지는 함무라비 법전 제 14조에서도 기록되어 있다. '만일 어떤 사람이 사람의 어린 아이를 유괴했다면 그는 사형에 처한다'고 기록하고 있다.

08

기타

제484조항 : 밝혀지지 않은 살인을 위해 송아지를 드려라

⁴ 그 성읍의 장로들이 물이 항상 흐르고 갈지도 않고 씨를 뿌린 일도 없는 골짜기로 그 송아지를 끌고 가서 그 골짜기에서 그 송아지의 목을 꺾을 것이요(신 21:4)

신명기 21:1~4은 누가 살인자인지 판명되지 아니한 살인을 위하여 멍에를 메지 아니한 송아지를 희생으로 드려야 함을 가르치고 있다.

본문의 이해 누가 살인 했는지 알지 못하는 미궁의 살인 사건을 위하여 장로들은 항상 물이 흐르고, 땅을 일구지도 않았고, 씨를 뿌리지도 않은 골짜기에서 송아지를 죽이라고 기록하고 있다. 여기서 송아지를 죽이는 것은 제의적 목적이 아니다.

이러한 행동을 통하여 이 죄에 대한 책임을 송아지에게 돌리는 상징적인 행동으로 보인다. 그러나 송아지를 어떻게 준비했는지 구체적인 언급이 없다. 단지 상징적인 행동을 통하여 다시는 살인이 생기지 않게 하기 위한 것이며, 이러한 의식을 참관한 이들은 끔찍함으로 인하여 살인죄에 대한 경각심을 갖게 하는 효과도 있다.

미궁에 빠진 범죄의 죄값을 묻는 상징적 행동을 통하여 공동체가 죄에 빠지지 않도록 해야 함을 가르친다.

제485조항 : 상해를 입히면 율법에 따라 처리하라

18 사람이 서로 싸우다가 하나가 돌이나 주먹으로 그의 상대방을 쳤으나 그가 죽지 않고 자리에 누웠다가 19 지팡이를 짚고 일어나 걸으면 그를 친 자가 형벌은 면하되 그간의 손해를 배상하고 그가 완치되게 할 것이니라 (출 21:18~19)

출애굽기 21:18~19은 사람이 상대에게 상해를 입혔을 때에 해당 율법에 따라 처리할 것을 가르치고 있다.

본문의 이해 출애굽기 21:18~19에 의하면 돌이나 주먹으로 상대를 때렸으나 죽지 않고 살아나면 가해자는 벌을 면하지만 손해를 배상하고 완치하도록 해야 함을 기록하고 있다.

근동의 이해 우르남무 법전 제 3조에 의하면 상해를 입힌 자는 옥살이와 함께 15세겔을 배상하도록 규정하고 있다.

제486조항 : 사람을 죽인 소는 죽이고 주인은 형벌을 면한다

28 소가 남자나 여자를 받아서 죽이면 그 소는 반드시 돌로 쳐서 죽일 것이요 그 고기는 먹지 말 것이며 임자는 형벌을 면하려니와(출 21:28)

출애굽기 21:28에서는 동물이 사람을 상해했을 때 어떤 처벌이 있는가를 가르치고 있다.

본문의 이해 출애굽기 21:28에 의하면 사람을 죽인 소는 반드시 죽이며, 그 고기는 먹지도 말아야 한다고 가르친다. 그러나 그 주인에게 형벌은 면제된다. 성서의 법에서 사람을 들이 받은 소를 죽이는 규정은 창세기 1:26, 28에 기록된 인간의 존엄성 때문으로 이해된다. 사람은 하나님의 형상으로 창조되어 피조물을 다스리도록 되어있기 때문에 소가 사람에게 상해를 가했을 때는 죽이도록 규정한 것이다.

근동의 이해 그러나 고대근동에서는 다른 해석이 등장한다. 소를 죽이지 않고, 주인이 이를 배상하면 된다. 고대 근동 세계에서는 소를 경제적인 관점으로만 이해했기 때문에 살려둔 것이다. 따라서 소에게는 아무런 제약이 없고, 주인만 벌금을 지불하도록 규정하고 있다. 함무라비 법전 제251조에 의하면 은 30세겔을 물어주어야 한다고 기록하고 있다.

에쉬눈나 법전 제76조에 의하면 개가 사람을 물어 죽이면 개 주인은 40세겔을 지불해야 한다고 기록하고 있다.

제487조항 : 구덩이에 소나 나귀가 빠져 죽으면 주인은 보상해야 한다

33 사람이 구덩이를 열어두거나 구덩이를 파고 덮지 아니하므로 소나 나귀가 거기에 빠지면 34 그 구덩이 주인이 잘 보상하여 짐승의 임자에게 돈을 줄 것이요 죽은 것은 그가 차지할 것이니라(출 21:33~34)

출애굽기 21:33~34은 구덩이에 빠져 상해를 입었을 때 어떻게 처리해야 하는가를 가르치고 있다.

본문의 이해 구덩이를 판 주인이 부주의함으로 인하여 소나 나귀가 빠지면 구덩이 주인은 짐승의 임자에게 돈으로 보상하며, 죽은 것은 구덩이 주인의 차지가 된다. 이 규정은 타인의 재산권을 보호하는 규정이다.

제488조항 : 학대 받는 자가 있으면 그를 죽여서라도 학대 받는 자를 구하라

12 너는 그 여인의 손을 찍어버릴 것이고 네 눈이 그를 불쌍히 여기지 말지니라(신 25:12)

신명기 25:12은 두 사람이 싸우는 중에 가세하여 한쪽 편을 든 여자를 불쌍히 보거나 인정을 주지 말라는 것을 가르친다. 즉, 한쪽이 수적으로 열세에 놓여 당할 때 상대를 죽여서라도 학대받는 자를 구하라는 것이다.

본문의 이해 본문의 상황은 한 여인의 남편이 다른 사람과 싸울 때 남편을 거들기 위하여 다른 사람의 음낭을 잡은 경우 그 여인의 손을 찍어버리고 불쌍히 여기지 말라는 것이다. 이 경우 여인의 손을 찍어버리는 이유가 불분명할 뿐만 아니라 처벌이 너무 가혹하다. 아마도 여인은 남자의 성기를 잡을 수 없도록 규정되어 있거나 혹은 여인이 이 남자의 음낭을 잡아 영구 불구를 만들었을 상황을 상정할 수 있다. 그러나 본문에서는 불분명하다.

여기서는 종교적, 도덕적 이유라기 보다는 한쪽이 수적으로 열세에 놓여 있는 자를 구원하기 위하여 싸움에 참가한 그 여자를 죽여서라도 구원하라는 것이다.

제489조항 : 강박상태에서 범한 행동은 처벌하지 말라

25 만일 남자가 어떤 약혼한 처녀를 들에서 만나서 강간하였으면 그 강간한 남자만 죽일 것이요 26 처녀에게는 아무 것도 행치 말것은 처녀에게는 죽일 죄가 없음이라 이 일은 사람이 일어나 그 이웃을 쳐 죽인 것과 일반이라(신 22:25~26)

신명기 22:25~26은 강박 당하여 범한 행동을 처벌하지 말 것을 가르친다.

본문의 이해 약혼한 여인이 아무도 도와줄 수 없는 들판에서 강간을 당하였으면 강간한 남자만 처벌하지 강간을 당한 처녀에게 아무 법적인 책임을 물어서는 안 된다는 것이다. 성경은 이 여인에게 죄가 없다고 판결한다. 비록 그녀가 몸이 더럽혀졌다해도 이것은 그녀의 죄가 아니라는 것이다. 그녀가 소리를 질러도 아무도 구원해 줄 자가 없었기 때문이다. 따라서 불가항력적인 상황에서 일어난 사건에 대해서는 책임을 물을 수 없음을 가르쳐 준다.

근동의 이해 이 경우 강간을 범한 남자를 반드시 죽여야 한다. 우르–남무 법전 제 6조에도 이와 유사한 규정이 있다. 처녀인 젊은이의 아내를 다른 사람이 힘을 행하여 강간했을 경우에 그 사람을 죽일 것이라 명시한다.

제490조항 : 고살자의 속전을 받지 말라

³¹ 고의로 살인죄를 범한 살인자는 생명의 속전을 받지 말고 반드시 죽일 것이며(민 35:31)

민수기 35:31은 고살자로부터 속전을 받지 말 것을 가르치고 있다.

본문의 이해 왜냐하면 고살자는 어떤 경우에도 살려둘 수 없기 때문에 생명의 속전을 받아서는 안 된다고 기록하고 있다. 사람의 생명을 돈으로 속죄 받을 수 없음을 보여주는 것이다. 살인죄를 지은 자에 대한 사형 집행은 일반적으로 피를 보복하는 자(민 35:27)에 의하여 집행된다. 시편 49:7~8은 이러한 생각을 반영하고 있다.

신약의 이해 마태복음 16:26에서는 바꿀 수 없는 가장 귀한 생명의 소중함에 대하여 언급하고 있다.

제491조항 : 죄인을 동정하지 말라

¹³ 네 눈이 그를 긍휼히 여기지 말고 무죄한 피를 흘린 죄를 이스라엘에서 제하라 그리하면 네게 복이 있으리라(신 19:13)

신명기 19:13은 살인 죄를 저지르고 정죄받은 자를 불쌍히 여기지 말 것을 가르친다.

본문의 이해 이 가르침은 살인죄를 지은 자가 도피성으로 도망하였으나 도피성 장로들이 그를 잡아 보복자의 손에 넘겨 주었을 때 그 살인자를 긍휼히 여기지 말라는 것이다. 본문의 의도는 죄를 짓고 정죄받은 자에 대하여 동정의 눈을 갖지 말라는 것이다. 왜냐하면 이러한 냉정한 행동이 죄를 몰아낼 수 있기 때문이다.

제492조항 : 성전 재산을 착복하면 20% 더하여 보상한다

¹⁶ 성물에 대한 잘못을 보상하되 그것에 오 분의 일을 더하여 제사장에게 줄 것이요 제사장은 그 속건제의 숫양으로 그를 위하여 속죄한즉 그가 사함을 받으리라(레 5:16)

레위기 5:16은 사람이 성전의 재산으로부터 부지중에 이익을 취했으면 20퍼센트를 더하여 제사장에게 배상하도록 가르치고 있다.

본문의 이해 레위기 5:15~16은 성전의 재산을 착복한 경우 속건제와 착복한 것의 20퍼센트를 더하여 제사장에게 돌려 줘야 함을 가르친다. 15절의 '범죄하였으면'(마알, מַעַל)으로 번역된 히브리어 동사 마알은 '착복하다'의 의미를 가지고 있으며, 구약성서에서는 대체로 성전의 재산을 잘못 사용하는 경우 혹은 속이거나 부부 사이의 불신, 배신 등을 의미할 때 사용되었다. 법률적인 의미에서 마알(מָעַל)은 다른 사람의 재산을 축내는 것을 포함한다. 여호수아의 아간의 경우 여리고의 전리품을 강탈하여 사형에 처해졌다. 부지중에(בִּשְׁגָגָה)는 '의도하지 않은 죄'란 뜻이다. '성물'(코데쉬 아도나이, קָדְשֵׁי יהוה)은 성전 재산을 의미하지 제사장의 몫을 의미하지는 않는다. 레위기 22:14에 의하면 제사장의 몫을 잘못 사용하였을 때는 이것을 배상하고 벌금을 내야 하기 때문이다.

15절의 지정한 가치(에렉, עֵרֶךְ) 즉 에렉은 고대 이스라엘 성전 행정의 기초가 되는 단위였다. 에렉 제도는 레위기 27장의 서원제와 레위기 5장의 속건제를 드릴 때 등장한다. 따라서 '정한 값'이란 의미로 이해할 수 있다. 배상할 때 성소의 세겔(쉐켈 하–코데쉬, שֶׁקֶל הַקֹּדֶשׁ)로 배상해야 하는데 성소의 세겔은 어떤 특정 시대에 유행하던 단위이며(겔 45:12), '쉐켈 하–코데쉬'는 20게라에 해당한다(레 27:25, 출 31:13).

15절의 속건제로 번역된 것은 배상으로 번역해야 한다. 히브리어 아샴(אָשָׁם)이 속건제 혹은 배상 제사가 아니라 단순한 배상으로 사용된 예는 레위기 5:15, 19:21 등이다.

16절의 성물이란 봉헌된 것이란 의미를 지닌다.

15~16절에서는 성물에 대하여 죄를 범하면 그 가치를 성소의 세겔로 갚고, 여기에 오 분의 일(20%)을 더 추가하여 갚는 것이 성전 행정제도의 원칙임을 보여준다.

구약의 이해 성물에 대한 잘못에 대하여 열왕기하 12:4~8에서는 제사장들이 성전을 보수하지 않고 봉헌된 돈을 착복한 상황을 나타내고 있다.

제12부

가족생활

01

부모 공경

제493조항 : 노인을 공경하라

³² 너는 센 머리 앞에 일어서고 노인의 얼굴을 공경하며 네 하나님을 경외
하라 나는 여호와니라(레 19:32)

레위기 19:32은 노인을 공경하라고 가르친다.

본문의 이해 노인을 공경하라는 것은 인류의 보편적인 도덕률이다. 노인은
한 집단의 최연장자를 의미하며, 고대사회에서는 그 집단을 대
표하는 자였다.

센 머리로 번역된 히브리어 쉐이바(שֵׂיבָה)는 '회색 머리'(gray hair) 혹은
'늙은이'라는 뜻을 가지고 있다. 이사야 3:5에 의하면 노인을 공경하지
못하면 그것이 곧 멸망의 원인이 된다. 노인을 뜻하는 히브리어 자켄(זָקֵן)
은 남여를 모두 포함하는 집합명사이다.

제494조항 : 부모를 공경하라

¹² 네 부모를 공경하라 그리하면 너의 하나님 나 여호와가 네게 준 땅에서

네 생명이 길리라(출 20:12)

출애굽기 20:12은 부모를 공경하라고 가르친다.

본문의 이해 부모를 공경하라는 가르침 역시 인류의 보편적인 도덕률이다. 이 구절에서 공경하다(카바드, כָּבֵד)가 사용된 것은 매우 특이하다. 왜냐하면 이 히브리어 단어는 하나님에 대해서만 사용하는 단어이기 때문이다. 따라서 부모를 공경하는 것이 하나님을 공경하는 것과 같은 개념이라는 것을 말해준다.

공경하다는 단어는 복종의 의미와 함께 때리지 않고 모욕하지 않는 것 뿐만 아니라 돌보는 것까지 포함하는 단어이다. 탈무드에 의하면 먹고 마시게 하며 옷을 주고 덮어주는 것이라고 말한다(b. Kid 31b).

제495조항 : 부모를 경외하라

³ 너희 각 사람은 부모를 경외하고 나의 안식일을 지키라 나는 너희 하나님 여호와니라(레 19:3)

레위기 19:3은 부모를 경외하라고 가르치고 있다.

본문의 이해 레위기 19:3a에는 십계명 5계명과 같은 내용이 기록되어 있다. 그러나 레위기 19:3은 출애굽기 20:12와 달리 카바드(כָּבֵד) 동사 대신 야라(יָרֵא) 동사가 사용되었다. 야라(יָרֵא) 동사는 카바드(כָּבֵד) 동사와 의미상의 차이가 있다. 야라(יָרֵא) 동사는 주체의 하위성을 인정하는 것이고, 카바드(כָּבֵד)는 객체의 우월성을 인정하는 것이다. 특히 야라(יָרֵא) 동사는 심판의 두려움과 같은 부정적인 의미를 강조한다. 레위기 19:3에서 카바드 동사 대신 부정적 의미를 내포하고 있는 야라 동사를 채택한 것은 이어지는 안식일을 지키라는 규정과 연관되어 있는 듯하다. 왜냐하면 안식일을 지키는 것(샤마르, שָׁמַר)은 절제를 통해서 가능하기 때문에 부정적 의미를 내포하고 있다.

신약의 이해 마태복음 15:4~9에서 예수님은 하나님께 드리는 일을 위하여 부모를 공경하지 않는 것은 말씀을 폐한 것과 마찬가지라고 비판함을 통해 부모 공경을 강조한다.

에베소서 6:1에서 자녀들아 주 안에서 너희 부모에게 순종하라는 것도 부모를 공경하라는 것과 같은 맥락의 말씀이다.

제496조항 : 부모를 저주하지 말라

¹⁷ 자기의 아버지나 어머니를 저주하는 자는 반드시 죽일지니라(출 21:17)

출애굽기 21:17에서는 부모를 저주하지 말라고 가르친다.

본문의 이해 아버지와 어머니를 저주하는 자(메칼렐, מְקַלֵּל)는 반드시 죽이도록 가르치고 있다. 레위기 19:14의 어떤 동족도 저주하지 말라는 규정도 있는데 부모를 저주하는 자를 죽이는 것은 성경의 율법에 의하면 당연한 것이다. 잠언 20:20, 30:17은 부모를 저주하고 조롱하는 자들은 흑암 중에 깨짐을 당할 것이라고 말한다.

제497조항 : 부모를 때리지 말라

¹⁵ 자기 아버지나 어머니를 치는 자는 반드시 죽일지니라(출 21:15)

출애굽기 21:15에서는 부모를 때리지 말라고 가르친다.

본문의 이해 그의 아버지와 어머니를 치는 자는 반드시 죽을 것임을 기록하고 있다. 이러한 규정을 통해서 볼 때 부모를 때리는 예가 종종 있었음을 짐작할 수 있다.

구약의 이해 출애굽기 21:15, 17에도 부모를 치거나 저주하는 자에 대한 엄격한 처벌을 가르친다.

근동의 이해 함무라비 법전 제 195조에 의하면 '만일 아들이 아버지를 치면 그들은 그의 손을 잘라야 한다'는 매우 엄중한 처벌을 기록하고 있지만 그러나 성경보다는 덜 중한 처벌이다.

신약의 이해 마가복음 7:9~13에서 예수는 유대인들이 부모를 섬기지 않고 하나님에게만 제물(고르반)을 드리는 자들에 대하여 꾸짖으면서 유대인들이 전통 때문에 말씀을 폐하는 것을 질책한다.

의미 부모을 공경하고 함부로 대하지 말 것을 가르치고 있다.

02

결혼 및 이혼

제498조항 : 인류의 존속을 위해 결혼해야 함

²⁸ 하나님이 그들에게 복을 주시며 그들에게 이르시되 생육하고 번성하여 땅에 충만하라 땅을 정복하라, 바다의 고기와 공중의 새와 땅에 움직이는 모든 생물을 다스리라 하시니라(창 1:28)

창세기 1:28은 인류를 영속케 하기 위하여 결혼해야 함을 가르치고 있다.

본문의 이해 생육하고 번성하여 땅에 충만하라, 땅을 정복하라, ... 모든 생물을 다스리라 하시니라(프루 우르부 우밀우 에트―하아레츠 베킵슈하 우레두 비드가트 하얌 우베오프 하샤마임 우베콜―하야 하로메세트 알―하아레츠, פְּרוּ וּרְבוּ וּמִלְאוּ אֶת־הָאָרֶץ וְכִבְשֻׁהָ וּרְדוּ בִּדְנַת הַיָּם וּבְעוֹף הַשָּׁמַיִם וּבְכָל־חַיָּה הָרֹמֶשֶׂת עַל־הָאָרֶץ)는 표현은 인간으로 하여금 모든 피조물을 다스리라고 명하는 것이다. 가톨릭교회나 유대인들이 산아제한이나 낙태를 금지하는 것은 바로 이 성경구절 때문이다. 특히 땅을 정복하라는 것은 곧 인간으로 하여금 자연을 정복하라는 말이다. 땅이 지닌 잠재 능력을 잘 발휘할 수 있도록 조화 있게 개발하라는 말이다. 특히 모든 생물을 다스리라는 말씀은 조화의 중요성을 강조하는 것이다.

창세기 1:28은 인간의 결혼의 가장 근본적인 목적이 자손의 번성임을 주장하는 근거가 되는 구절이기도 하다.

신약의 이해 고린도전서 7장에서는 음행을 피하기 위해서(7:2, 9), 즉 정결함을 위해서 결혼하라고 가르친다.

제499조항 : 결혼에 관한 규정

¹ 사람이 아내를 맞이하여 데려온 후에 그에게 수치되는 일이 있음을 발견하고 그를 기뻐하지 아니하면 이혼 증서를 써서 그의 손에 주고 그를 자기 집에서 내보낼 것이요 ² 그 여자는 그의 집에서 나가서 다른 사람의 아내가 되려니와 ³ 그의 둘째 남편도 그를 미워하여 이혼 증서를 써서 그의 손에 주고 그를 자기 집에서 내보냈거나 또는 그를 아내로 맞이한 둘째 남편이 죽었다 하자 ⁴ 그 여자는 이미 몸을 더럽혔은즉 그를 내보낸 전남편이 그를 다시 아내로 맞이하지 말지니 이 일은 여호와 앞에 가증한 것이라 너는 네 하나님 여호와께서 네게 기업으로 주시는 땅을 범죄하게 하지 말지니라(신 24:1~4)

신명기 24:1~7은 결혼이 율법에 의해 주관되어야 함을 강조하고 있다. 특히 신명기 24:1~4은 이혼과 재혼에 관하여 가르치고 있다.

본문의 이해 신명기 24:1~4에서는 이혼과 재결합에 관하여 기록하고 있다. 이혼이 가능한 첫 번째 조건은 아내에게서 수치 되는 일이 발견된 경우이다. '수치 되는 일'로 번역된 히브리어 에르바(עֶרְוָה)는 "벌거벗음" 혹은 "성기"라는 뜻을 가지고 있다. 따라서 수치되는 일이란 간음을 의미한다. 이혼의 절차에서 가장 중요한 것은 이혼증서를 써주는 것이다. 이혼한 여인은 다른 남자의 아내가 될 수 있지만 두 번째 남편으로부터 이혼 당하거나 혹은 그가 죽은 후에 원래 첫 번째 남편에게로 다시 돌아갈 수 없음을 기록하고 있다.

근동의 이해 고대 구약시대와 달리 고대 근동세계에서는 여자의 잘못이 없이도 이혼이 가능하도록 법제화 되어 있었다. 함무라비 법전 제 137~139조에 의하면 다음과 같이 규정하고 있다.

만일 어떤 사람이 그의 자녀를 낳은 여제사장 혹은 그에게 자녀를 낳아준 성전 여인과 이혼하기로 결심했다면, 그들은 그녀에게 지참금을 돌려줘야 하고 또한 땅, 과수원과 물건들의 절반을 그녀에게 주어야 하는데 이는 그녀가 자녀를 양육하게 하기 위함이다; 그녀가 자녀를 양육한 후에, 그들은 그녀에게 자녀들의 몫으로부터 개인 상속자에 상응하는 비율의 재산을 주어야 하는데, 그녀가 선택한 남자가 그녀와 결혼하도록 하기 위함이다(제 137조).

만일 어떤 사람이 그의 아이를 낳지 않은 아내와 이혼하기를 원한다면, 그는 그녀의 결혼비용 전액을 주어야 하고 또한 그녀가 그녀의 아버지의 집으로부터 가져온 지참금도 지불해주어야 하며 그리고 나서야 그는 그녀와 이혼할 수 있다(제 138조).

만일 결혼비용이 없다면, 그는 그녀에게 은 1미나를 위자료로서 주어야 한다(제 139조).

고대근동의 규정에 의하면 이혼을 원하는 사람은 그의 부인에게 결혼비용과 결혼지참금을 돌려주고, 만약 아이가 있으면 아이의 양육비까지 주도록 규정하고 있다. 즉, 이혼 시의 재산분할과 위자료의 지급을 규정하고 있다. 이러한 함무라비 법전의 내용은 결혼을 경제적 관점에서 이해하고 이에 대한 대체 방안을 제시한 것이다.

구약의 이해 신명기 22:13~19의 기록은 남자가 아내의 잘못을 발견하지 못하면 임의로 이혼하지 못하도록 금지하고 있다. 따라서 여성이 이유 없이 이혼당하는 것을 방지하는 규정이다.

의미 이러한 이혼 금지 규정을 통하여 성서가 다른 고대근동의 법에 비하여 약자인 여성의 권익을 대변한다고 이해할 수 있다. 성서에 이러한 규정이 있는 것은 구약성서가 가지고 있는 인간 존엄성에 의한 것으로 이해할 수 있다. 즉, 모든 인간은 '하나님의 형상'으로 창조되었기 때문에 창조 질서 안에서 남자와 여자가 조금도 다르지 않다는 것을 바탕으로 한 것이다.

제500조항 : 신랑은 신부를 위하여 일 년간 헌신해야 한다

5 사람이 새로이 아내를 맞이하였으면 그를 군대로 내보내지 말 것이요 아무 직무도 그에게 맡기지 말 것이며 그는 일 년 동안 한가하게 집에 있으면서 그가 맞이한 아내를 즐겁게 할지니라(신 24:5)

신명기 24:5에서 새로 아내를 맞이한 신랑은 일 년 동안 그의 아내와 더불어 즐겁게 지내야 할 것을 가르치고 있다.

본문의 이해 새로 아내를 맞이한 남자에게는 군대나 사회적인 직무가 일 년간 면제되고, 그는 그의 아내를 즐겁게 할 의무가 부과된다. 이러한 사실은 고대 사회에서 전쟁에 동원된다는 것은 생명을 보장할 수 없기 때문에 일 년간 신혼부부가 즐겁게 지내면서 아마도 후손을 잇게 하기 위한 조치로 보인다.

제501조항 : 우상숭배자와 결혼하지 말라

³ 또 그들과 혼인하지 말지니 네 딸을 그 아들에게 주지 말 것이요 그 딸로 네 며느리를 삼지 말 것은(신 7:3)

신명기 7:3은 이스라엘에게 우상숭배하는 가나안 사람들과 결혼하지 말라고 가르치고 있다.

본문의 이해 신명기 7:3에서 결혼을 금지하는 것은 결혼을 통하여 우상숭배 자의 영향을 받기 때문이다(7:4). 결혼이 다른 문화가 유입될 수 있는 가장 손쉬운 통로였기 때문이다.

구약의 이해 아브라함도 이삭을 결혼시킬 때 가나안 여인과 결혼시키지 않 고, 자신의 고향 사람 가운데서 택하여 결혼시켰다(창 24:1~9).

솔로몬과 아합의 경우가 우상숭배자와 결혼한 대표적인 왕들이며, 룻 기의 룻도 모압여인이었다. 이처럼 소위 국제결혼이 가능해 진 것은 국 제 정세의 변화 및 이스라엘의 지위의 변화에 의하여 일어난 현상이다. 여기서 우상숭배자들의 개종을 통한 결혼이 가능해졌다.

신약의 이해 그러나 이 구절은 신약시대의 사도바울의 가르침과 차이를 드러 낸다. 고린도전서 7장의 결혼에 관한 사도바울의 가르침에서는 우상을 숭배하던 자가 예수르 믿기로 하면 그녀와 결혼을 허락하였다.

제502조항 : 형사취수제를 행하라

⁵ 형제들이 함께 사는데 그 중 하나가 죽고 아들이 없거든 그 죽은 자의 아 내는 나가서 타인에게 시집 가지 말 것이요 그의 남편의 형제가 그에게로 들어가서 그를 맞이하여 아내로 삼아 그의 남편의 형제 된 의무를 그에게 다 행할 것이요(신 25:5)

신명기 25:1~10은 사람이 아들 없이 죽으면 그 형제가 그 죽은 자의 아내와 결혼할 것을 가르치고 있다.

본문의 이해 소위 형사취수제도(levirate marriage)는 이스라엘 뿐만 아니라 고 대근동 세계에 보편적으로 유행하던 제도이다. 이러한 제도는 히타이트, 아시리아, 우가릿 사회에서도 유행하였던 제도이다. 이러한 형사취수제도의 목적은 죽은 자의 가족들에게 그가 남긴 재산을 관리하 도록 허용하는 것이다.

형사취수제도의 예는 유다의 아들에 관한 이야기나 룻기에서 찾아 볼 수 있다.

근동의 이해 형사취수제도에 관한 규정은 히타이트 법전에서도 발견된다. 히타이트 법전 제 193조에 의하면 다음과 같이 기록하고 있다. '만약 어떤 남자가 부인을 데리고 있는데 그 남자가 죽었다면, 그 남자의 형제가 그의 아내를 취할 것이다. 그런 다음 그의 아버지가 그녀를 취할 것이다. 만약 다음 차례로 그의 아버지가 죽는다면, 그의 형제의 아들들 중 한 명이 그 아버지가 취했던 그 여자를 취할 것이다'라고 기록하고 있다. 이러한 히타이트의 규정은 성서의 가르침과는 차이가 있다. 성경에서는 아버지가 등장하지 않는데 히타이트에서는 아버지(시부)도 그녀를 취할 권한이 있는 것으로 기록되어 있다.

신약의 이해 마태복음 22:23~33, 마가복음 12:18~27, 누가복음 20:27의 부활에 관한 질문에서 형사취수제도가 인용되었다.

의미 형사취수제도를 지키는 것은 무엇보다 후손을 잇기 위한 방편이었다.

제503조항 : 형사취수를 원하지 않으면 그 여자를 놓아주라

⁹ 그의 형제의 아내가 장로들 앞에서 그에게 나아가서 그의 발에서 신을 벗기고 그의 얼굴에 침을 뱉으며 이르기를 그의 형제의 집을 세우기를 즐겨 아니하는 자에게는 이같이 할 것이라 하고(신 25:9)

신명기 25:9에서는 형사취수를 원하지 않으면 그 여자를 놓아 주어야 함을 기록하고 있다.

본문의 이해 신명기 25:9의 예는 룻기 4:7에서 찾아 볼 수 있다.
특별히 신발은 고대 이스라엘에게 있어서 힘, 소유, 통치의 상징이었다(수 10:24, 시 8:6, 60:8). 따라서 다윗이 맨발로 걸었다는 것은 힘이 없으며 매우 천한 존재임을 상징적으로 보여준 것이다(삼하 15:30, 사 20:2~4, 겔 24:17).

뿐만 아니라 신발은 소유권의 이동을 상징하기도 했다. 따라서 구약 성서에서 어떤 땅에 발을 들여놓는 것은 곧 소유권을 인정하는 것이었다 (신 1:36, 11:25, 수 1:3, 14:9).

구약의 이해 아브라함이 가나안 땅을 걸은 것(창 13:17)이나 야곱이 가나안에 눕는 것(창 28:13) 등이 모두 토지 소유권을 상징적으로 나타내 는 관습을 배경으로 한 것이다.

따라서 룻기 4:7은 고대 이스라엘의 관습에 의하여 한 행동이었다.

제504조항 : 처녀를 통간하면 그와 결혼해야 한다

²⁸ 만일 남자가 약혼하지 아니한 처녀를 만나 그를 붙들고 동침하는 중에 그 두 사람이 발견되면 ²⁹ 그 동침한 남자는 그 처녀의 아버지에게 은 오십 세겔을 주고 그 처녀를 아내로 삼을 것이라 그가 그 처녀를 욕보였은즉 평 생에 그를 버리지 못하리라(신 22:28~29)

신명기 22:28~29에서는 처녀를 통간한 자는 그와 결혼해야 한다는 것을 가르치고 있다.

본문의 이해 신명기 22:28~29의 가르침은 결혼 전 음행을 하다 발각되었을 경우 그 여인을 아내로 맞이하였으면 그 여인은 영원히 버리지 못하도록 규정하고 있다. 이 여인의 입장에서는 혼전 행음이라는 수치를 당했을 뿐만 아니라 원하지 않은 결혼을 하였기 때문이다.

근동의 이해 함무라비 법전 제 130조의 규정에 강간범에 관한 규정을 기록하고 있다. "만일 어떤 사람이 다른 사람의 (약혼한) 여인을 구금했는데, 그녀는 남자와는 관계한 적이 없고 그녀의 아버지의 집에서 머물고 있었던 중이었다면, 그리고 그가 그녀의 가슴에 누워 있다가〈자다가〉잡혔다면, 그 사람은 사형에 처해질 것이고 그녀는 자유로워질 것이다."

제505조항 : 강간으로 얻은 아내와 평생 이혼할 수 없다

²⁹ 그 동침한 남자는 그 처녀의 아버지에게 은 오십 세겔을 주고 그 처녀를 아내로 삼을 것이라 그가 그 처녀를 욕보였은즉 평생에 그를 버리지 못하리라(신 22:29)

신명기 22:29은 강간으로 결혼한 아내와는 평생 이혼할 수 없음을 가르치고 있다.

본문의 이해 강간을 당한 여인의 권익을 보호하는 제도로서 남편이 그 여자를 어떤 이유로도 버리지 못하도록 규정하고 있다.

이 경우 남자는 처녀의 아버지에게 은 50세겔을 지참금으로 주고 그녀를 아내로 삼아야 하며, 평생 그를 버리지 못한다. 이 경우는 간음 때나 약혼한 여자를 범했을 때보다 벌금이 가볍다. 약혼한 여자를 범했을 경우에는 죽임을 면치 못한다.

그렇다면 왜 이 남자는 아내를 평생 버리지 못하도록 가르치는가? 그것은 동침으로 인하여 아이가 생겼을 경우 그 여자와 그 아이의 권리를 보호하기 위한 처사이다. 창세기 34장의 디나는 강간 당한 후 버려졌다. 또한 이 구절은 결혼하는 딸에 대한 아버지의 권한을 보호하는 역할도 한다.

신명기 22:29은 혼전 강간당한 여인과 그로 인하여 출생하게 될 아이의 권리를 보호하는 가르침이다.

의미 강간 당한 여인의 권익을 보호하는 것이다.

제506조항 : 아내를 부당하게 비방하면 이혼할 수 없다

¹³ 누구든지 아내를 맞이하여 그에게 들어간 후에 그를 미워하여 ¹⁴ 비방 거리를 만들어 그에게 누명을 씌워 이르되 내가 이 여자를 맞이하였더니 그와 동침할 때에 그가 처녀임을 보지 못하였노라 하면 ¹⁵ 그 처녀의 부모 가 그 처녀의 처녀인 표를 얻어가지고 그 성문 장로들에게로 가서 ¹⁶ 처녀 의 아버지가 장로들에게 말하기를 내 딸을 이 사람에게 아내로 주었더니 그가 미워하여 ¹⁷ 비방거리를 만들어 말하기를 내가 네 딸에게서 처녀임을 보지 못하였노라 하나 보라 내 딸의 처녀의 표적이 이것이라 하고 그 부모 가 그 자리옷을 그 성읍 장로들 앞에 펼 것이요 ¹⁸ 그 성읍 장로들은 그 사 람을 잡아 때리고 ¹⁹ 이스라엘 처녀에게 누명을 씌움으로 말미암아 그에게 서 은 일백 세겔을 벌금으로 받아 여자의 아버지에게 주고 그 여자는 그 남자가 평생에 버릴 수 없는 아내가 되게 하려니와(신 22:13~19)

신명기 22:13~19은 어떤 남편이 그 아내를 혼전 처녀성 상실이라는 이유로 부당하게 비방하면 그는 징계를 받아야 하고 그녀와 이혼할 수 없다는 것을 가르치고 있다.

신명기 22:13~19의 가르침은 부인이 싫어서 그녀에게 죄를 뒤집어 씌우는 일을 금하는 것이다.

리피트 이쉬타르 법전 28조항에는 다음과 같은 조항이 있다. "만일 누군가의 아내가 매력을 잃게 된다든지, 불구가 된다하더라도 거주하는 집에서 쫓겨나서는 안된다"고 기록하고 있다. 따라서 남편으로부터 일방적인 불이익을 당하는 것을 방지하고 있다. 그러나 이 경우 남편이 다른 여자와 결혼할 수 있도록 허용하며, 재혼한 부인이 원래 부인을 돌보는 의무를 부과한다.

제507조항 : 누명을 씌운 아내를 버릴 수 없다

¹⁹ 이스라엘 처녀에게 누명 씌움으로 말미암아 그에게서 은 일백 세겔을 벌금으로 받아 여자의 아버지에게 주고 그 여자는 그 남자가 평생에 버릴 수 없는 아내가 되게 하려니와(신 22:19)

신명기 22:13~21은 순결에 관한 가르침인데 22:19은 처녀에게 누명을 씌웠던 자는 그 아내를 버릴 수 없음을 가르치고 있다.

처녀와 결혼 후 아내를 미워하여 아내가 순결이 없었다는 누명을 씌웠으나 사실무근으로 밝혀지면 그 남자는 거짓 누명에 대한 처벌로서 제정적, 육체적 처벌을 받는다. 제정적으로는 은 100세겔(1.13 kg)을 벌금으로 장인에게 주고, 육체적으로는 그가 싫어하는 아내와 평생 살아야 하는 것이다.

누명(쉠 라아, רַע שֵׁם)으로 번역된 히브리어 단어는 문자적으로 '나쁜 이름'이란 뜻이다. 따라서 누명을 씌웠다는 것은 곧 나쁜 이름이 나게 하는 것을 의미한다. 남편이 아내가 미워 나쁜 이름이 나게 하면 처벌을 받는다는 의미이다.

여기서 미워하는 자와 이혼하지 못하게 하는 것은 여인에게 가혹한 벌로 이해할 수도 있지만 그러나 이러한 조치는 신명기 21:15~17의 장자 상속에 관한 법을 함께 생각해야 할 것이다. 신명기 21:15~17은 미움 받는 아내의 아들의 장자권을 보호해 주는 것이다. 신명기 22:19의 가르침은 미움을 받고, 누명을 받은 이 여자가 아들을 낳았다면 그 아들의 장자권을 지켜주기 위하여 이혼을 허락하지 않는 것으로 이해할 수 있다.

구약의 이해 창세기 16장의 하갈과 이스마엘의 이야기에서 사래를 피해 도망치던 하갈에게 다시 돌아가 여 주인에게 복종하라고 말하는 것은 하갈의 태중에 있는 아들의 상속권을 지켜주기 위한 것으로 이해할 수 있다.

의미 미움 받는 아내의 자녀들의 권한을 보호하는 가르침이다.

제508조항 : 환관은 이스라엘 여인과 결혼할 수 없다

¹ 고환이 상한 자나 음경이 잘린 자는 여호와의 총회에 들어오지 못하리라 (신 23:1)

신명기 23:1은 고환이 상하거나 잘린 자가 이스라엘 회중에 들어오지 못하기 때문에 이들은 이스라엘 여인과 결혼수 없음을 가르치고 있다.

본문의 이해 흠이 있는 자는 여호와의 총회에 들어 올 수 없고, 이스라엘 여인과 결혼할 수 없음을 기록하고 있다. 여기서 말하는 고환이 상하거나 음경이 잘린 것은 어떤 사고나 질병으로 인한 고자를 의미하는 것이 아니라 다른 신을 숭배하기 위하여 고환을 자른 경우를 의미한다. 그러나 이사야 56:3~5에서는 고자(싸리씸, סָרִיסִים)도 여호와의 축복에서 끊어지지 않을 것임을 선언한다. 이 경우도 스스로 고자가 되거나 종교적인 행위로서 고자가 되지 않은 경우를 의미한다.

이렇게 거세된 자가 이스라엘 총회에 들어 올 수 없다는 것은 이스라엘 여인과 결혼할 수 없음을 함축하고 있다.

근동의 이해 고대 아시리아 시대의 제의 가운데서 거세된 환관이 이쉬타르 여신과 관계된 제의에서 여자의 옷을 입고 참석하는 경우가 있다. 이와 같이 본문은 다른 신을 숭배하기 위하여 거세하는 것을 금하는 것이다.

의미 본문의 의도는 이방신을 섬기기 위하여 고자가 된 자는 여호와의 회중에 들지 못함을 가르침으로써, 자신의 몸을 오직 여호와만을 위하여 사용해야 함을 가르친다.

제509조항 : 이혼 당한 여자가 재혼하면 처음 남편과 재결합 할 수 없다

⁴ 그 여자는 이미 몸을 더럽혔은즉 그를 내보낸 전남편이 그를 다시 아내로 맞이하지 말지니 이 일은 여호와 앞에 가증한 것이라 너는 네 하나님

여호와께서 네게 기업으로 주시는 땅을 범죄하게 하지 말지니라(신 24:4)

신명기 24:4은 이혼 당한 여인이 그동안 다른 남자와 결혼했다면 그의 처음 남편과는 재혼할 수 없음을 가르치고 있다.

본문의 이해 신명기 24:1~4은 이혼과 재혼에 대하여 기록하고 있는데, 4절은 이혼당한 여자가 재혼을 하였으나 그 남편이 죽었거나 혹은 다시 이혼하였을 경우 원래의 남편과 재결합을 할 수 없다는 가르침이다.

본문을 통하여 이혼당한 여인이 다른 남자와 재혼하는 것을 마치 간음과 같이 여겼음을 알 수 있다(레 18:20). 따라서 레위기 18:20의 "너는 네 이웃의 아내와 동침하여 설정하므로 그 여자와 함께 자기를 더럽히지 말지니라"는 것을 어긴 것으로 이해하였다. 신명기 24:4의 구조는 한 여인이 원래 남편을 떠났다가 다시 원래 남편에게 돌아가는 것이 마치 간음하는 것과 같은 구조를 가지고 있다는 것이다.

이러한 금지를 가르쳐 주는 이유는 이혼을 쉽게 하지 못하게 하기 위한 것이다. 이혼이 악용되거나 쉽게 이혼하려는 것을 방지하기 위한 것이다.

구약의 이해 예레미야 3:1에서는 하나님을 떠나갔던 이스라엘이 다시 여호와에게로 돌아오려는 것을 마치 이혼한 여인이 다른 남자와 결혼하였다가 다시 돌아오는 것에 빗대어 말하고 있다.

제510조항 : 아이가 없이 과부된 여인은 죽은 남편의 형제 외의 다른 사람과 결혼할 수 없다

⁵ 형제들이 함께 사는데 그 중 하나가 죽고 아들이 없거든 그 죽은 자의 아내는 나가서 타인에게 시집가지 말것이요 그의 남편의 형제가 그에게로 들어가서 그를 맞이하여 아내로 삼아 그의 남편의 형제 된 의무를 그에게 다 행할 것이요(신 25:5)

신명기 25:5은 아이가 없이 과부된 여인은 그의 죽은 남편의 형제 외의 다른 사람과 결혼할 수 없음을 가르치고 있다.

본문의 이해 신명기 25:5~10은 죽은 형제에 대한 의무에서 죽은 형제의 미망인의 재혼문제에 대하여 언급하고 있다. 이러한 제도를 형사취수제도라고 하며, 이러한 제도의 가장 큰 목적은 자손의 대를 잇는 것이다.

이러한 제도는 여인에게 매우 불리한 제도임이 분명하다. 그렇지만 남성중심적인 고대 이스라엘 사회에서는 여성의 권리보다 가문을 더 중시했다. 구약성서에는 이런 제도에 반기를 드는 예를 찾아 볼 수 있다. 창세기 38장의 유다의 아들 오난은 그의 형 엘이 죽임을 당하자 아버지의 요청대로(5절) 형수인 다말에게 들어갔으나 형의 씨를 잇는 것을 원치 않아 땅에 설정하여 죽게 된 사건은 바로 이러한 제도의 폐단을 보여준다(창 38:9~10).

형사취수제도로 인하여 아들이 없는 미망인이 반드시 그 시형제와 재혼을 하라는 것은 혈통을 잇기 위한 제도였다.

제511조항 : 암몬 모압사람과 결혼하지 말라

³ 암몬 사람과 모압 사람은 여호와의 총회에 들어오지 못하리니 그들에게 속한 자는 십 대뿐 아니라 영원히 여호와의 총회에 들어오지 못하리라 ⁴ 그들은 너희가 애굽에서 나올 때에 떡과 물로 너희를 길에서 영접하지 아니하고 메소보다미아의 브돌 사람 브올의 아들 발람에게 뇌물을 주어 너희를 저주하게 하려 하였으나 ⁵ 네 하나님 여호와께서 너를 사랑하시므로 네 하나님 여호와께서 발람의 말을 듣지 아니하시고 네 하나님 여호와께서 그 저주를 변하여 복이 되게 하였나니 ⁶ 네 평생에 그들의 평안함과 형통함을 영원히 구하지 말지니라(신 23:3~6)

신명기 23:3~6에서는 암몬과 모압 사람들이 개종 했을지라도 그들과 결혼하지 말라고 가르치고 있다.

본문의 이해 신명기 23:3에서는 모압과 암몬 사람들이 여호와의 총회에 영원히 들어오지 못하도록 규정하고 있다. 여호와의 총회에 들어오지 못하기 때문에 이들과는 결혼 할 수 없다.

혈통적으로 암몬과 모압은 아브라함의 조카 롯의 후손이기 때문에 이방이라고 할 수 없다. 그러나 이들이 이스라엘의 출애굽 때 그 영토의 통과를 허락하지 않았을 뿐만 아니라 발람에게 뇌물을 주어 이스라엘에 대한 나쁜 예언을 하게 했던 옛 사건 때문이다(창 19:30~38).

십 대(도르 아시리, רוֹד עֲשִׂירִי)란 열 번째 세대란 의미로 본문에서는 영원히(아드 올람, עֲד עוֹלָם)와 같은 의미로 사용되었다.

제512조항 : 이스라엘 사람은 사생자와 결혼하지 말라

³ 사생자는 여호와의 총회에 들어오지 못하리니 십대에 이르기까지도 여호와의 총회에 들어오지 못하리라(신 23:3)

신명기 23:3은 사생자가 이스라엘 사람들의 총회에 영원히 들어 올 수 없음을 가르친다.

본문의 이해 사생자는 여호와의 총회에 들어올 수 없다고 기록하고 있다. 이유에 대한 설명은 없으며 총회에 들어오지 못하기 때문에 이는 곧 결혼할 수 없다는 의미이다. 사생자(맘제르, מַמְזֵר)는 사전적으로 '사생아' 혹은 '(이스라엘) 혼혈아'를 의미한다. 신명기 23:2(3)에서는 사생아로 번역되었으나 스가랴 9:6에서는 잡족으로 번역되었다.[1] 70인역에서는 히브리어 맘제르(מַמְזֵר)를 포르네(πόρνη)(음행)로 번역하였다. 사생아든 혼혈아든 여호와의 총회에 들어 올 수 없다.

제513조항 : 포로된 여인과의 결혼

¹⁰ 네가 나가서 적군과 싸울 때에 네 하나님 여호와께서 그들을 네 손에 넘기시므로 네가 그들을 사로잡은 후에 ¹¹ 네가 만일 그 포로 중의 아리따운 여자를 보고 그에게 연연하여 아내를 삼고자 하거든 ¹² 그를 네 집으로 데려갈 것이요 그는 그 머리를 밀고 손톱을 베고 ¹³ 또 포로의 의복을 벗고 네 집에 살며 그 부모를 위하여 한 달 동안 애곡한 후에 네가 그에게로 들어가서 그의 남편이 되고 그는 네 아내가 될 것이요 ¹⁴ 그 후에 네가 그를 기뻐하지 아니하거든 그의 마음대로 가게 하고 결코 돈을 받고 팔지 말지

라 네가 그를 욕보였은즉 종으로 여기지 말지니라(신 21:10~14)

신명기 21:10~14은 포로 된 여인을 처리하는 방법, 특히 그녀를 아내로 삼는 법에 대하여 가르치고 있다.

본문의 이해 신명기 21:10~14는 포로가 된 여인을 율법의 절차를 통하여 아내로 맞이하는 절차를 기록하고 있다. 특히 이렇게 아내로 삼은 여인은 남편이 마음대로 가게 하지 못하며, 돈을 받고 팔지도 못한다. 그 이유는 그 남자가 이 여자를 욕보였기 때문에 종으로 다루지 못하도록 규정하여 사회적 약자의 권리를 보호하고자 함께 있다.

제514조항 : 이혼 증서를 써 주고 이혼하라

¹ 사람이 아내를 맞이하여 데려온 후에 그에게 수치되는 일이 있음을 발견하고 그를 기뻐하지 아니하면 이혼 증서를 써서 그의 손에 주고 그를 자기 집에서 내보낼 것이요(신 24:1)

신명기 24:1은 이혼 증서를 통한 이혼의 방법을 설명하고 있다.

본문의 이해 이혼 증서를 써주고 이혼을 허락하는 것이다. 그러나 이 경우 아내에게서 불륜을 발견했을 때만 가능한 것이다.

고대 사회에서 남자는 별반 어려움 없이도 그의 아내와 이혼할 수가 있었다. 이혼의 경우에 있어서 주도권은 항상 남자에게 주어져 있었다. 이는 고대 이스라엘에서도 마찬가지였다. 아내가 '수치스러운 일'을 했을 경우, 이혼 증서만 써 주면 이혼할 수가 있었다(신 24:1~4). 그러나 함무라비 법전에서는 여자에게도 그녀의 남편과 이혼할 수 있는 권리를 부여하고 있다(제 142~143조). 이러한 예가 성서에서는 발견되지 않는다. 한편 오경에서는 남편이 아내와 이혼할 수 없는 몇몇 경우들에 대해 규정하고 있다(신 22:13~19, 28~29).

근동의 이해 함무라비 법전은 여자 편의 잘못 없이 이혼할 경우 여자가 위자료를 받을 수 있는 권리를 규정하고 있다. 여자는 이혼 당할 때, 지참금은 물론이며 자녀의 양육비와 자신의 생계를 위해 필요한 경비까지 요구할 수 있었다(제 137~139조). 그러나 구약성경에서는 이러한 위자료 지불 규정을 찾아볼 수 없다. 함무라비 법전에서는 아내가 심각한 질병을 잃거나 자식을 낳지 못하는 경우에도 이혼할 수 있도록 하였다(§138). 그러나 성서에서는 이혼의 사유로 단 한 가지, 여자가 '수치스런 일'을 행했을 경우만을 제시하고 있다.

우르남무 법전 제 4조에 의하면 아내와 이혼 시 은 1 미나를 지급하도록 기록하고 있다.

신약의 이해 고린도전서 7:15에서 믿지 않는 자가 원하면 이혼하라고 가르친다. 그러나 예수님은 마가복음 10:1~12에서 어떤 경우에도 이혼을 반대하신다.

03

근친상간 금지

제515조항 : 혈육과의 육체적 관계 맺지 말라

⁶ 각 사람은 자기 살붙이를 가까이 하여 그의 하체를 범하지 말라 나는 여호와니라(레 18:6)

레위기 18:6은 자신의 아내 외에 관계를 맺을 수 없는 사람과 육체적 접촉을 하지 말라고 가르치고 있다.

본문의 이해 레위기 18:6은 살붙이 친척과 결혼을 하지 못할 뿐만 아니라 혼외 육체관계도 하지 못하도록 가르치고 있다.

제516조항 : 어머니와 성관계 하지 말라

⁷ 네 어머니의 하체는 곧 네 아버지의 하체이니 너는 범하지 말라 그는 네 어머니인즉 너는 그의 하체를 범하지 말지니라(레 18:7)

레위기 18:7은 어미와 성 관계를 금하고 있다.

본문의 이해 어머니의 하체를 범하지 말아야 하는 이유는 첫째, 어머니는 아버지의 소유이기 때문이고 둘째, 자신의 어머니이기 때문이다.

하체(에르바, עֶרְוָה)의 문자적인 의미는 '벌거벗음' 혹은 '부끄러움'이다. 그러나 이 단어가 의미하는 것은 '성적 관계'를 의미한다. 그리고 히브리어 에르바(עֶרְוָה)는 부적절한 성적관계를 나타내는 완곡어법으로 이해할 수 있다. 레위기 18:7를 다시 번역하면 다음과 같다. '너의 아버지의 벌거벗음은 네 어머니의 벌거벗음이다. 너는 발견하지 말라. 그녀는 네 어머니이다. 그녀의 벌거벗음을 발견하지 말라'이다.

구약의 이해 구약성서에 어머니와 성관계를 하는 예는 기록되어 있지 않다. 그러나 일부 학자들이 창세기 9:22의 함의 죄를 그의 어머니와의 근친상간으로 해석하기도 한다. 레위기 18:7의 네 어머니의 하체는 곧 아버지의 하체니라는 구절을 통하여 '가나안의 아버지 함이 그의 아버지의 하체를 보고'(창 9:22)는 곧 함이 어머니와 근친상간을 저질렀다는 것을 의미하는 것이라고 설명한다.

근동의 이해 히타이트 법전에서도 어머니와의 성관계를 금하고 있다. 제189조항에 의하면 '만약 어떤 사람이 자신의 어머니에게 불경한 짓을 행한다면 그것은 중대한 범죄가 된다'고 기록하고 있다.

제517조항 : 계모와 성관계 하지 말라

⁸ 너는 네 아버지의 아내의 하체를 범하지 말라 이는 네 아버지의 하체니라(레 18:8)

레위기 18:8은 계모와 성 관계를 하지 말것을 가르친다.

본문의 이해 레위기 18:8의 가르침에서 아버지의 아내가 7절처럼 너의 어머니(임카 히, אִמְּךָ הִוא)라는 표현이 없다. 따라서 계모임을 알 수 있다. 이 구절의 가르침은 계모의 벌거벗음도 보지 말라는 것이다. 특히 이 경우는 아버지가 죽은 후에 생기는 문제이다. 열왕기상 2:21~25에 의하면 아도니야가 아비삭을 아내로 줄 것을 요구하자 솔로몬이 그를 죽이는데, 이와 관련된 사건이다.

구약의 이해 신명기 22:30(23:1)에 의하면 아버지의 하체를 드러내지 말지니라(로 예갈레 크나프 아비브, לֹא יְגַלֶּה כְּנַף אָבִיו)고 기록하고 있다. 이 구절을 직역하면 '아버지의 옷을 들추지 말라'이다. 에스겔 16:8 그리고 룻기 3:9에서 여인에게 남자의 옷을 덮어주는 것은 그 여인을 취했다는 의미이다. 그런데 본문에서 아버지의 옷을 들추지 말라는 것은 아버지의 여자를 취하지 말라는 의미로 이해할 수 있다.[2]

근동의 이해 이에 대하여 히타이트 법은 조금 다른 내용을 제시한다. 히타이트 법전 제 190조에 의하면 "만약 어떤 사람이 그의 계모에게 불경한 짓을 행한다면 어떠한 벌도 부과도지 않을 것이다. 그러나 만약 그의 아버지가 살아 있는 중이라면 그것은 중대한 범죄가 된다"고 기록하고 있다.

함무라비 법전 제 158조에서는 아버지가 죽은 후 양어머니와 관계를 하면 그는 친가와 관계를 끊어야 한다고 가르친다.

> **의미** 레위기 18:8은 인위적으로 맺어진 가족관계도 존중해야 함을 가르
> 친다. 특히 계모도 친모와 똑같은 지위를 갖고 있음을 보여준다.

제518조항 : 누이와 성관계 하지 말라

⁹ 너는 네 자매 곧 네 아버지의 딸이나 네 어머니의 딸이나 집에서나 다른
곳에서 출생하였음을 막론하고 그들의 하체를 범하지 말지니라(레18:9)

레위기 18:9은 자매(누이)와 성 관계를 금하도록 가르치고 있다.

> **본문의
> 이해** 히브리어의 아흐(אָח)는 '여자 형제'라는 의미로서 문맥에 따라서
> '자매' 혹은 '누이' 등으로 다양하게 번역될 수 있다. 본문에서는
> 문맥상 누이로 번역해야 한다.
> 　아버지의 딸이란 표현은 친누이라는 의미다. 9절은 친누이의 벌거벗
> 음을 보아서는 안 된다고 가르치고 있다. 즉, 친누이와 성관계를 맺어서
> 는 안 된다는 것을 가르친다.

> **의미** 혈연적 가족의 관계를 소중히 여겨야 함을 가르친다.

제519조항 : 이복누이와 성관계 하지 말라

⁹ 너는 네 자매 곧 네 아버지의 딸이나 네 어머니의 딸이나 집에서나 다른
곳에서 출생하였음을 막론하고 그들의 하체를 범하지 말지니라(레18:9)

레위기 18:9은 이복 누이와 성 관계를 금하는 것을 가르치고 있다.

본문의 이해 9절의 '어머니의 딸'(바트 이메카, בַּת אִמֶּךָ)이란 이복누이라는 의미이며, 집에서나 다른 곳에서(몰레데트 바이트 오 몰레데트 후츠, מוֹלֶדֶת בַּיִת אוֹ מוֹלֶדֶת חוּץ)라는 말의 의미는 다양하다. 직역하면 '집에서든 혹은 밖에서든'의 의미이지만 '합법적이든 혹은 비합법적이든'의 의미도 있고, '아버지의 소생이든 혹은 다른 여인으로부터 낳았든지'의 의미로도 번역할 수 있다. 따라서 9절은 친누이이든 이복누이이든 그녀들의 벌거벗음을 보아서는 안 된다고 가르치고 있다.

Rashi의 이해 라쉬는 이 가르침에는 강간으로 얻은 딸도 포함된다고 설명한다.

의미 인위적으로 맺어진 가족관계를 존중하라는 가르침이다.

제520조항 : 손녀와 성관계 하지 말라

¹⁰ 네 손녀나 네 외손녀의 하체를 범하지 말라 이는 네 하체니라(레 18:10)

레위기 18:10은 손녀와의 관계를 금하도록 가르치고 있다.

본문의 이해 레위기 18:10의 문자적인 의미는 '네 아들의 딸이나 네 딸의 딸의 부끄러움을 보지말라. 그녀들의 부끄러움은 너의 부끄러움이기 때문이다'다.

10절에서 친손녀의 하체를 범하지 말아야 하는 것은 손녀들이 원래 네 것이기 때문이라고 말한다.

손녀는 자녀들의 결혼으로 생긴 관계이며, 피가 섞인 자들이다. 따라서 이들의 부끄러움은 곧 자신의 부끄러움과 같은 것이기 때문에 이들과의 관계를 금지하도록 가르치고 있다.

제521조항 : 외손녀와 성관계 하지 말라

¹⁰ 네 손녀나 네 외손녀의 하체를 범하지 말라 이는 네 하체니라(레 18:10)

레위기 18:10은 딸의 딸, 즉 외손녀와의 관계를 금하도록 가르치고 있다.

본문의 이해 10절에서 외손녀의 하체를 범하지 말아야 하는 것은 그들이 자신의 딸의 딸이기 때문이다. 즉, 혈육이기 때문에 금하는 것이다.

손녀는 자녀들의 결혼으로 생긴 관계이며, 피가 섞인 자들이다. 따라서 이들의 부끄러움은 곧 자신의 부끄러움과 같은 것이기 때문에 이들과의 관계를 금지하도록 가르치고 있다.

제522조항 : 딸과 성관계 하지 말라

¹⁰ 네 손녀나 네 외손녀의 하체를 범하지 말라 이는 네 하체니라(레 18:10)

레위기 18:10을 통해서 아버지와 딸의 성 관계 금지를 가르치고 있다.

본문의 이해 레위기 18장에 의하면 아들과 어머니 사이의 관계를 금하는 구절은 있지만 아버지와 딸의 관계를 금하는 구절이 없다. 따라서 일부 학자들은 레위기 18:10을 딸과의 관계를 금하는 것으로 이해하기도 한다. 창세기의 롯과 두 딸의 관계로부터 암몬과 모압이 생겨났다는 기원론적 이야기는 레위기의 이 규정을 어기는 것이다. 그러나 함무라비 법전에 의하면 아버지와 딸이 관계를 가졌을 경우에는 그곳을 떠나도록 되어 있다.

Rashi의 이해 라쉬는 이 가르침을 딸과의 관계를 금하는 것으로까지 이해한다.

근동의 이해 그러나 딸과 성관계를 금지하는 것은 단지 추상적으로 추정할 수 있을 뿐이다. 그러나 함무라비 법전은 매우 다른 설명을 제시한다. 제 154조에 의하면 "만일 어떤 사람이 그의 딸과 관계를 했다면 그들은 그가 도시에서 떠나도록 해야 한다." 그러나 히타이트 법은 성서의 기록처럼 딸과의 성관계를 금하고 있다.

히타이트 법전 제 189조에 의하면 '만약 어떤 사람이 그 딸에게 불경한 짓을 행한다면 그것은 중대한 범죄가 된다'고 기록하고 있다.

제523조항 : 여자와 그녀의 딸과 함께 성관계 하지 말라

17 너는 여인과 그 여인의 딸의 하체를 아울러 범하지 말며 또 그 여인의 손녀나 외손녀를 아울러 데려다가 그의 하체를 범하지 말라 그들은 그의 살붙이이니 이는 악행이니라(레 18:17)

레위기18:17은 자기와 성 관계를 가진 어떤 여인의 딸과 성관계를 금하고 있다.

본문의 이해 본문의 의도는 여인과 그 여인의 딸과 함께 관계를 맺지 말라는 것이다. 이것의 변형된 형태의 가르침은 레위기 20:14으로 아내와 장모를 동시에 취한 자는 불로 사르도록 가르치고 있다.

제524조항 : 관계가 있는 여인의 손녀와 성관계 하지 말라

¹⁷ 너는 여인과 그 여인의 딸의 하체를 아울러 범하지 말며 또 그 여인의 손녀나 외손녀를 아울러 데려다가 그의 하체를 범하지 말라 그들은 그의 살붙이이니 이는 악행이니라(레 18:17)

레위기 18:17은 자기와 성관계를 가진 어떤 여인의 손녀와의 성관계를 금하고 있다.

본문의 이해 본문에서 '데려다가'로 번역한 히브리어 라카흐(לָקַח)는 문자적으로 '취하다'의 의미이지만 '결혼하다'로 이해한다. 따라서 본 가르침은 관계를 맺고 있는 여인의 손녀를 데려다가 결혼하지 말라는 것이다.

유대인들의 할라카(Halaka)에서는 레위기 18장을 증오하는 결혼의 예로 이해한다.

만약 이 결혼을 허락한다면 문제는 부인의 할머니를 범한 격이 된다.

제525조항 : 관계가 있는 여인의 외손녀와 성관계 하지 말라

¹⁷ 너는 여인과 그 여인의 딸의 하체를 아울러 범하지 말며 또 그 여인의 손녀나 외손녀를 아울러 데려다가 그의 하체를 범하지 말라 그들은 그의 살붙이이니 이는 악행이니라(레 18:17)

레위기 18:17은 자기와 성 관계를 가진 어떤 여인의 외손녀와 관계하지 말라고 가르친다.

본문의 이해 17절에서는 딸의 딸과도 결혼하지 말라고 가르친다.

제526조항 : 고모와 성관계 하지 말라

¹² 너는 네 고모의 하체를 범하지 말라 그는 네 아버지의 살붙이니라(레 18:12)

레위기 18:12은 고모와 성관계를 금하라고 가르치고 있다.

본문의 이해 레위기18:12은 아버지의 여자 형제(아호트 아비카, אֲחוֹת־אָבִיךָ)와 관계를 금하고 있다. 그 이유는 아버지의 살붙이이기 때문이다 (스에르 아비카 히, שְׁאֵר אָבִיךָ הוּא). 히브리어 스에르(שְׁאֵר)는 '육체'(flesh)를 뜻하며, 바싸르(בָּשָׂר)와 같은 의미로 사용된다. 본문에서는 혈육이라는 의미로 사용되었다.

의미 혈육과의 성적인 관계를 맺어서는 안 됨을 기른다.

제527조항 : 이모와 성관계 하지 말라

¹³ 너는 네 이모의 하체를 범하지 말라 그는 네 어머니의 살붙이니라(레 18:13)

레위기 18:13은 이모와 성관계를 가져서는 안 된다고 가르친다.

본문의 이해 본문은 네 어머니의 여자형제(아호트-이메카, אֲחוֹת־אִמְּךָ) 즉, 이모와 성관계를 가져서는 안 된다고 가르치고 있다. 이모는 어머니로 인하여 가족관계가 형성된 자이다.

의미 혈연이 아닌 인위적으로 형성된 가족관계를 중시하며, 이들과 성관계를 맺어서는 안 된다는 것을 가르쳐 준다.

제528조항 : 숙(백)모와 성관계 하지 말라

¹⁴ 너는 네 아버지의 형제의 아내를 가까이 하여 그의 하체를 범하지 말라 그는 네 숙모니라(레 18:14)

레위기 18:14은 숙모와 성 관계를 금하고 있다.

본문의 이해 레위기 18:14을 문자적으로 번역하면 다음과 같다. "너는 아버지의 형제의 부끄러움을 드러내지 말라. 그의 아내에게 가까이 하지 말라. 그녀는 네 숙모이다."

본문은 아버지의 형제의 부끄러움은 곧 아버지의 형제의 부인인 숙(백)모의 부끄러움을 의미한다. 따라서 숙모나 백모와 성관계를 맺어서는 안 된다는 것을 가르쳐 준다.

백모나 숙모는 삼촌의 결혼관계로 형성된 가족관계이다. 따라서 이 관계를 소중히 여기며 이들과 성적 관계를 맺어서는 안 된다는 것을 가르쳐 준다.

제529조항 : 며느리와 성관계 하지 말라

15 너는 네 며느리의 하체를 범하지 말라 그는 네 아들의 아내이니 그의 하체를 범하지 말지니라(레 18:15)

레위기 18:15은 며느리와 성관계를 금하도록 가르치고 있다.

본문의 이해 본문에서 며느리의 하체를 범해서 안 되는 이유는 그녀는 아들의 아내이기 때문이라고 설명한다. 즉, 소유의 개념에서 남의 소유를 탐내지 말라는 의미이다.

이것은 레위기 18:7~8에서 아들이 어머니나 계모와 관계를 맺을 수 없음을 가르쳤듯이 18:15에서는 아들의 아내와 어머니나 계모의 남편과 관계를 맺을 수 없음을 가르친다.

구약의 이해 창세기 38장의 유다와 다말의 관계가 바로 며느리와 시아버지의 관계를 나타낸다.

근동의 이해 함무라비 법전 제 155조에 다음과 같이 기록하고 있다. "만일 어떤 사람이 아들의 신부(며느리)를 선택하고 그 아들이 그녀와 관계를 했는데, 나중에 아버지가 그녀의 가슴에 누워 있다가 그들이 그를 붙잡았으면, 그들은 그를 묶어서 물속에 던져 넣어야 한다." 즉, 레위기 18:15처럼 며느리와 성관계를 금지하고 있다.

의미 이 구절은 혈연적 관계로 인하여 생겨나는 인위적 가족관계를 소중히 여기라는 가르침이다.

제530조항 : 형제의 아내와 성관계 하지 말라

¹⁶ 너는 네 형제의 아내의 하체를 범하지 말라 이는 네 형제의 하체니라(레 18:16)

레위기 18:16은 형제의 아내와 성관계를 갖지 못하도록 가르치고 있다.

본문의 이해 레위기 18:16은 형제의 아내 즉, 제수나 형수와 성관계를 금하는 것이다. 왜냐하면 형수와 제수는 형제의 하체이기 때문이다.

신약의 이해 마가복음 6:17~18에서 헤롯이 동생 빌립의 아내 헤로디아를 아내로 맞이한 것은 하나님의 가르침을 어긴 것이다. 따라서 요한은 이를 지적하다 참수를 당한다.

제531조항 : 아내의 자매와 성관계 하지 말라

¹⁸ 너는 아내가 생존할 동안에 그의 자매를 데려다가 그의 하체를 범하여 그로 질투하게 하지 말지니라(레 18:18)

레위기 18:18은 아내가 살아 있는 동안 아내의 자매와 성관계를 맺지 못하도록 가르치고 있다.

본문의 이해 18절의 규정은 아내가 살아 있는동안 아내의 여자형제와 성관계를 맺어서는 안 된다고 가르치고 있다. 그 이유는 아내의 질투를 유발하기 때문이다. 그러나 아내가 죽은 후 그녀의 자매와 결혼하는 것은 칭찬받을 만한 일로 여겨졌다.

구약의 이해 야곱의 경우 그는 라반의 딸인 레아, 라헬과 결혼하였기 때문에 레위기 18:18의 가르침을 어긴 것이다.

창세기 29:21~30에서는 언니와 동생을 동시에 아내로 맞이한 야곱의 예가 있지만 이것은 레위기 18:18에 의하여 금지된 관습이다.

근동의 이해 히타이트 법전 제 192조에도 '만약 어떤 남자의 아내가 죽었는데 그가 그 부인의 자매와 결혼한다면 거기엔 어떠한 형벌도 부과되지 않는다'고 기록하고 있다.

제532조항 : 아내와 장모를 동시에 취한 자는 죽임을 당한다

¹⁴ 누구든지 아내와 그 장모를 아울러 취하면 악행인즉 그와 그들을 함께 불사를지니 이는 너희 중에 악행이 없게 하려 함이니라(레 20:14)

레위기 20:14에서는 아내와 장모를 동시에 취한 자는 불로 사르도록 가르치고 있다.

레위기 20:14의 목적은 장모와의 동침을 금지하는 것이다. 이러
한 규정은 레위기 18:17의 변형된 형태로 보인다. 즉, '너는 여인
과 그 여인의 딸의 하체를 아울러 범하지 말며 또 그 여인의 손녀나 외손
녀를 아울러 데려다가 그의 하체를 범하지 말라 그들은 그의 살붙이이니
이는 악행이니라'(레18:17).

제533조항 : 월경 중인 자와 성관계 하지 말라

¹⁹ 너는 여인이 월경으로 불결한 동안에 그에게 가까이 하여 그의 하체를
범하지 말지니라(레 18:19)

레위기 18:19은 월경이 있는 여인과 성관계를 해서는 안 된다고 가르
친다.

히브리어로 월경 기간을 니다트 투메아타(נִדַּת טֻמְאָתָהּ)라고 부른
다. 월경이 부정하다는 의미를 지닌 트무아와 결합함으로 월경
을 부정한 것으로 이해하고 있다. 이처럼 월경을 부정하게 여기는 것은
레위기 15:26에서도 발견된다.
따라서 여인이 부정할 때 관계를 맺음으로 부정해지지 말라고 가르치
는 것이다.

이 구절은 성관계를 맺음으로 자신을 더럽히는 일을 해서는 안
된다는 것을 가르친다.

04

불건전한 성관계 금지

제534조항 : 간음하지 말라

²⁰ 너는 네 이웃의 아내와 동침하여 설정함으로 그 여자와 함께 자기를 더럽히지 말지니라(레 18:20)

레위기 18:20은 간음하지 말라고 가르친다.

본문의 이해 간통을 금하는 것으로 출애굽기 20:14, 레위기 20:10, 신명기 22:22에도 기록되어 있다.

구약의 이해 민수기 25장에서 이스라엘이 싯딤에서 모압 여인과 음행하여(민 25:1) 이에 가담한 자를 모두 죽였다고 기록하고 있다(민 25:5).

근동의 이해 함무라비 법전은 간음에 대한 남편의 역할이 중요함을 강조하고 있다. 법전 제 129조에 의하면 "만일 어떤 사람의 아내가 다른 사람과 누워 있다가 잡혔으면 사람들은 그들을 묶어서 물에 던져버려야 한다. 만일 여자의 남편이 그의 아내를 살리기를 원한다면 왕은 그 백성 (여자와 함께 잔 남자)을 용서할 수 있다"고 기록하고 있다.

사도 바울은 고린도전서 10:8에서 이스라엘 백성이 간음하다 하
루에 이만 삼천 명이 죽었으니 간음하지 말라고 말한다. 이것은
민수기 25장 사건을 염두에 둔 것이다.

제535조항 : 음행자를 처벌하라

²⁰ 그 일이 참되어 그 처녀에게 처녀의 표적이 없거든 ²¹ 그 처녀를 그의 아
버지 집 문에서 끌어내고 그 성읍 사람들이 그를 돌로 쳐 죽일지니 이는
그가 그의 아버지 집에서 창기의 행동을 하여 이스라엘 중에서 악을 행하
였음이라 너는 이와 같이 하여 너희 가운데서 악을 제할지니라 ²² 어떤 남
자가 유부녀와 동침한 것이 드러나거든 그 동침한 남자와 그 여자를 둘 다
죽여 이스라엘 중에 악을 제할지니라 ²³ 처녀인 여자가 남자와 약혼한 후
에 어떤 남자가 그를 성읍 중에서 만나 동침하면 ²⁴ 너희는 그들을 둘 다
성읍 문으로 끌어내고 그들을 돌로 쳐죽일 것이니 그 처녀는 성안에 있으
면서도 소리 지르지 아니하였음이요 그 남자는 그 이웃의 아내를 욕보였
음이라 너는 이같이 하여 너희 가운데에서 악을 제할지니라(신 22:20~24)

신명기 22:20~24은 행음하는 자는 율법에 의해서 처벌할 것을 가르
치고 있다.

신명기 22:20~24에는 다양한 음행이 기록되어 있다. 20~21절
은 처녀에게서 처녀의 표적이 발견되지 않을 때 그녀를 돌로 쳐
죽이라고 기록되어 있다. 22절에서는 어떤 남자가 유부녀와 동침하다 적
발되면 남자와 여자 모두 돌로 쳐 죽이라고 규정하고 있다. 23~24절에
서는 약혼한 처녀가 다른 남자와 동침하면 둘 다 돌로 쳐 죽이라고 기록

하고 있다. 그 이유는 처녀는 성 안에서 소리를 지르지 않았기 때문이며, 그 남자는 다른 사람의 아내를 욕보였기 때문이라고 설명한다. 따라서 고대 이스라엘 시대에 약혼은 결혼과 같은 효력을 지니고 있었음을 보여준다.

근동의 이해 고대 사회에 있어서 간음은 기본적으로 혈연관계로 맺어진 공동체의 유지에 치명적인 위협을 가하는 것으로 여겼다. 따라서 간음죄에 대해서는 고대 근동의 모든 법전에 등장하며, 그 처벌에 있어서도 매우 중한 벌이 내려졌다. 간음 문제를 다룸에 있어서 고대 근동이나 이스라엘은 모두 여자에 의한 간음을 문제시하고 있다. 함무라비 법전에서는 간음한 여인은 물에 던져 죽게 하였다(제 129조). 여자가 간음죄로 기소를 당했을 때에는 무죄를 증명하기 위해서 맹세를 하거나 시죄법을 통과해야 했다(제 131, 132조). 약혼한 여인을 범한 경우에는 남자에게도 사형이 주어졌다(제 130조).

구약의 이해 구약성서에 간음의 문제에 대한 처벌규정은 여자의 태도에 따라 달라졌다. 첫째는 여자 편에서 그러한 행위에 대해 동의했는가? 둘째는 여자가 결혼한 여자인가 약혼한 여자인가 혹은 약혼하지 않은 여자인가? 이 두 가지 사항에 따라서 사형(死刑)으로 처벌되느냐, 아니냐 하는 문제가 결정되었다. 결혼한 여자가 동의에 의해서 간음죄를 범한 경우에는 남자와 여자 두 사람은 똑같이 돌로 사형에 처해졌다. 남자가 약혼한 여자를 범했을 때에는 범행의 장소가 어디냐에 따라 처벌이 달라진다. 그 장소가 성읍 안인 경우에는 남자와 여자 모두 사형에 처해졌다(신 22:23~24). 반대로 남자가 약혼한 여자를 범한 장소가 성읍 밖이었을 경우에는 여자는 처벌을 면하고 남자만 사형 당했다(신 22:25~27). 남자가 약혼하지 않은 여자를 범한 경우 남자는 처벌 받지 않고, 반드시 50세 겔을 그 여자의 아버지에게 지불하고 결혼해야만 했고, 이런 경우, 남자 쪽의 이혼이 허락되지 않았다(신 22:28~30). 이러한 규정이 있는 것은 처녀가 처녀성을 잃었을 경우 당하게 될 고통으로부터 여자와 그 아버지를 보호하기 위한 것이다. 이러한 관점에서 이 규정 역시 약자 보호의 규정이라고 이해할 수 있다.

신약의 이해 고린도전서 5:9에서는 음행하는 자와 사귀지 말라고 가르친다. 고린도전서 6:13에서 몸은 음란을 위해 있지 않고 주를 위하여 있다고 가르친다. 음란죄는 자기 몸을 더럽히는 것이다(6:18). 따라서 음행을 피하기 위하여 결혼하라고 가르친다(고전 7:2, 살전 4:3~5).

제536조항 : 약혼한 여인의 음행은 돌로 쳐 죽이라

²⁴ 너희는 그들을 둘 다 성읍 문으로 끌어내고 그들을 돌로 쳐죽일 것이니 그 처녀는 성안에 있으면서도 소리 지르지 아니하였음이요 그 남자는 그 이웃의 아내를 욕보였음이라 너는 이같이 하여 너희 가운데에서 악을 제할지니라(신 22:24)

신명기 22:24은 약혼한 여자가 성읍 가운데서 다른 남자와 동침한 것이 발견되면 둘 다 돌로 쳐 죽이도록 가르치고 있다.

본문의 이해 약혼한 처녀가 다른 남자와 성읍에서 동침하였다면 둘 다 돌로 쳐 죽이도록 규정하고 있다. 여자의 경우에는 성중에서 소리를 지르지 않았기 때문이며, 남자는 이웃의 아내를 욕보였기 때문이다. 신명기 22:27에 의하면 만약 이 여자가 들에서 욕보임을 당하였다면 여자에게는 죄를 묻지 않았다.

이 규정을 통하여 고대 이스라엘에서 약혼은 결혼과 같은 효력을 지니고 있었음을 알 수 있다.

제537조항 : 간통의 혐의가 있으면 이를 검증하라

¹ 사람이 아내를 맞이하여 데려온 후에 그에게 수치되는 일이 있음을 발견하고 그를 기뻐하지 아니하면……(신 24:1)

신명기 24:1은 여인이 간음한 혐의가 있으면 소정의 시험을 받도록 해야 함을 가르치고 있다.

본문의 이해 본문은 아내에게 간음 혐의가 있으면 이를 조사하여 밝혀 그에 합당한 조치를 취하도록 가르치고 있다.

근동의 이해 우루-남무(Ur-Namu)의 법 제 14조에 의하면 젊은이의 아내와 잠자리를 했다고 고소당할 경우 강물에 뛰어드는 시죄법을 행한 후 죄가 없으면 고소인이 은 20세겔을 지불하도록 규정하고 있다.

함무라비 법전 제 132조에 의하면 그녀가 현장에서 잡히지 않았지만 그러나 간음의 혐의를 받게 되면 그녀는 남편을 위하여 스스로 강물에 몸을 던져야 한다고 기록함으로써 의심을 받는 그녀 자신이 강물에 몸을 던져서 자신의 무고함을 증명해야 한다고 기록하고 있다. 뿐만 아니라 제 131조에서는 남편에 의하여 고소 당했지만 현장범이 아니면 그녀는 신 앞에서 자신의 무고함을 맹세하고 집으로 돌아가도록 규정하고 있다.

이처럼 근동세계에서 간음혐의를 밝히는 최대의 방법은 시죄법이나 신 앞에서 맹세하는 것이다.

리피트 이쉬타르 법 제 3조에 의하면 다른 사람의 딸의 부정함을 주장하는 자가 있어서 그것을 조사한 결과 그의 말이 사실이 아님이 밝혀지면 그는 은 10세겔을 배상하도록 규정하고 있다.

제538조항 : 창기를 금한다

17 이스라엘 여자 중에 창기가 있지 못할 것이요 이스라엘 남자 중에 남창이 있지 못할지니(신 23:17)

신명기 23:17은 창기나 남창을 금하는 것을 가르치고 있다.

본문의 이해 신명기 23:17은 이스라엘에서 남창(카데쉬, קָדֵשׁ)과 창기(크데샤, קְדֵשָׁה)를 금하는 것이다. 왜냐하면 이들은 하나님께 가증한 것이기 때문이다(18).

본문의 창기와 남창은 단순한 창녀가 아니라 성창을 의미한다. 고대 근동에서는 성창이 성전의 보편적인 구성원이었다. 특히 이들은 풍요를 위한 제의에서 역할을 담당하였다.

근동의 이해 리피트 이쉬타르 법전 제 30조에 의하면 "만일 어떤 젊은이가 거리의 창녀랑 관계를 하면 재판관들은 그에게 더 이상 창녀에게 가지 말 것을 명령해야 한다"고 기록하고 있다.

제539조항 : 수간하지 말라

²³ 너는 짐승과 교합하여 자기를 더럽히지 말며 여자는 짐승 앞에 서서 그
것과 교접하지 말라 이는 문란한 일이니라(레 18:23)

레위기 18:23은 짐승과 성적 관계를 갖는 수간을 금하는 것을 가르치
고 있다.

본문의 이해 수간(獸姦)을 금하는 것은 하나님이 주신 인간과 동물의 경계를
범하는 것이기 때문이다. 이처럼 수간을 금하는 것은 고대 근동,
특히 히타이트 법에서도 발견된다. 이 성서 밖의 법에서 동물과 수간을
행할 때에는 이를 중대한 범죄로 여기고 그를 사형에 처하였다. 레위기
18:23은 동물과의 수간을 금하고 있다.

근동의 이해 수간을 금지하는 것은 고대근동의 법전에서도 발견된다. 히타
이트의 법 제187조, 제188조, 제199조, 제200조는 소, 양, 돼
지, 말 또는 노새에 대한 수간을 행하면 그는 죽임을 당한다고 기록하고
있다.

의미 하나님의 창조 질서를 파괴하는 행위를 하지 말라는 가르침
이다.

제540조항 : 여자는 수간을 하지 말라

²³ 너는 짐승과 교합하여 자기를 더럽히지 말며 여자는 짐승 앞에 서서 그것과 교접하지 말라 이는 문란한 일이니라(레 18:23)

레위기 18:23은 여자가 짐승과 성적 관계를 갖는 수간을 금하라고 가르치고 있다.

본문의 이해 여자가 동물 앞에서 수간(獸姦)을 금하는 것이다. 여자는 짐승 앞에 서서 그것과 교접하지 말라를 문자적으로 번역하면 '여자는 동물과 눕기 위하여 동물 앞에 서지 말라'이며, 이 문장의 의미는 '교접하다'는 뜻이다. 왜냐하면 이것은 문란한 일이기 때문이다. 문란하다는 것은 사람과 동물의 경계가 허물어지는 것을 의미한다.

의미 하나님의 창조 질서를 파괴하는 행위를 하지 말라는 가르침이다.

제541조항 : 동성연애 하지 말라

²² 너는 여자와 동침함 같이 남자와 동침하지 말라 이는 가증한 일이니라 (레 18:22)

레위기 18:22은 동성연애를 하지 말라고 가르치고 있다.

본문의 이해 동성애는 고대 이스라엘에서 오래 전부터 발견되었다.

구약의 이해 창세기 19:5의 소돔과 고모라 사건과 사사기 19:22의 사건에서도 이미 발견되었다. 동성애는 히타이트 법에서도 금하고 있다.

근동의 이해 히타이트 법에서도 동성애를 금한다. 만약 어떤 사람이 그의 아들에게 불경한 짓을 행한다면, 그것은 중대한 범죄가 된다(히타이트 법 제 189조).

신약의 이해 유다서 7절의 다른 육체를 따라 간다는 것은 소돔과 고모라의 동성애를 의미한다(창 19:5). 이들은 영원한 불형벌을 받는다. 로마서 1:27에서는 '남자가 남자와 더불어 부끄러운 일을 행하여'라는 표현으로 동성애를 기록하고 있으며, 이는 하나님 앞에 불경할 뿐만 아니라 범죄행위였다.

제542조항 : 아비와 동성연애 하지 말라

⁶ 각 사람은 자기 살붙이를 가까이 하여 그의 하체를 범하지 말라 나는 여호와니라(레 18:6)

레위기 18:6은 아비와 동성연애를 하지 못하도록 가르치고 있다.

본문의 이해 6절은 살붙이(스에르, שְׁאֵר)와 성교하지 못하도록 금하고 있다. 왜냐하면 살붙이는 그의 살(바싸르, בָּשָׂר)이기 때문이다. 따라서 이 규정을 통하여 아버지가 그의 아들과 동성애 하지 말라는 것으로 해석할 수 있다.

구약성서에서 아버지와의 동성애에 관한 기록은 없다. 그러나
일부 학자들은 창세기 9:18~29의 함이 노아의 하체를 본 것에
관한 해석 가운데 이를 동성애로 해석하는 자들이 있다. 라쉬에 의하면
함이 노아를 거세했거나 혹은 함이 노아와 동성애를 했을 것으로 설명한
다.[3] 특히 전자의 설명에 관심을 갖는 것은 노아가 홍수 이후에 아들을
더 이상 낳지 않기 때문이다.

히타이트 법 제 189조에 의하면 '만약 어떤 사람이 그의 아들에
게 불경한 짓을 행한다면 그것은 중대한 범죄가 된다'고 규정하
고 있다.

제543조항 : 숙부와 동성연애 하지 말라

[14] 너는 네 아버지의 형제의 아내를 가까이 하여 그의 하체를 범하지 말라
그는 네 숙모니라(레 18:14)

레위기 18:14은 숙부와 동성애를 하지 말라고 가르친다.

본문을 통하여 숙부와의 동성애를 금하는 것으로 해석할 수도
있다. 왜냐하면 너는 네 아버지의 형제의 아내를 가까이 하여 그
의 하체를 범하지 말라의 히브리어 원문(에르바트 아히-아비카 로 테갈레
(עֶרְוַת אֲחִי־אָבִיךָ לֹא תְגַלֵּה))을 '너는 네 아버지의 형제의 부끄러움을 드러내
지 말라'고 번역할 수 있기 때문이다.

가족생활

가족관계 가운데 특히 근친상간을 금한다. 혈연적인 근친상간 뿐만 아니라 사회적인 근친상간도 금한다.

또한 불법적인 성적 관계인 간음과 음행을 금할 뿐만 아니라 동성애 나 수간과 같은 창조 질서를 파괴하는 행위를 금한다.

1) *HALOT*, p. 595.

2) M. Greenberg, *Ezekiel 1–20*, AB(Garden City, New York: Doubleday, 1983), p. 277.

3) Rashi, *Genesis,* p. 85.

Commandments

and

Gospel

제13부

정치생활

01

왕에 대하여

왕에 관한 가르침은 주로 신명기 17:14~20을 근거로 한 것이다. 신명기 17:14~20은 왕의 자격과 의무에 관하여 기록하고 있다. 오경에서 왕의 자격에 관한 기록은 유일하다. 사무엘상 8:10~18은 소위 왕의 제도(미쉬파트 하멜렉, מִשְׁפַּט הַמֶּלֶךְ)에 관한 기록으로 주로 왕의 기능 혹은 역할에 대하여 언급하고 있다.

신명기 17:14~20은 왕을 세우는 것을 허가하지만 그러나 몇 가지 요소를 갖추지 않은 자는 안 된다는 식으로 기록하고 있다. 본문에서는 신정정치를 잘 구현할 수 있는 자격있는 사람이 왕이 되어야 한다는 것이다. 신정정치적 관점에서 이스라엘의 참된 왕은 오직 여호와이다. 이러한 관점에서 신명기 17:14~20은 인간적인 측면에서 요구되는 자격과 여호와의 관계를 잘 유지할 수 있는 자를 요구한다. 따라서 가장 중요한 자격은 '여호와께서 택하신 자'(이브하르 아도나이, יִבְחַר יהוה)이다.

제544조항 : 왕을 세울 것이다

[15] 반드시 네 하나님 여호와께서 택하신 자를 네 위에 왕으로 세울 것이며 네 위에 왕을 세우려면 네 형제 중에서 한 사람을 할 것이요 네 형제 아닌

타국인을 네 위에 세우지 말 것이며(신 17:15)

신명기 17:14~20은 이스라엘의 왕 제도에 관하여 가르치고 있는데 그 가운데서 15절에 의하면 여호와가 이스라엘의 왕을 세운다고 가르치고 있다.

본문의 이해 신명기 17:15의 여호와가 이스라엘의 왕을 선택했다는 사실은 왕권에 대한 이스라엘 사람들의 입장 혹은 자세를 결정지어준다. 이스라엘 사람들은 왕은 여호와로부터 나온다는 전통을 세우게 되었다. 따라서 유다왕국에서는 북 이스라엘 왕국에 비하여 반란으로 왕위를 빼앗는 일이 덜 발생하였다. 오히려 이스라엘 사람들은 왕권에 대한 절대적 순종을 요구하게 된다. 따라서 로마서 13:1~2에서는 세상의 권력에 순종하지 않는 것이 곧 여호와에게 순종하지 않는 것이라고 가르친다.

고대 근동의 전통적인 왕권에 대한 입장은 메소포타미아와 이집트 사이의 약간의 차이가 있다. 메소포타미아 지역에서 왕은 신의 대리자로 여겼던 반면에 이집트에서는 왕을 신 자체로 이해하였다. 따라서 이집트에서는 반란이 거의 발생하지 않았다. 왜냐하면 왕에게 반대하는 것은 곧 신을 거역하는 것이었기 때문이다.

신명기 17:14~19에는 이스라엘 왕의 자격에 해당하는 내용이 자세히 기록되어 있다.

첫째는 왕의 국적에 관한 것으로, 이스라엘 사람을 왕으로 세워야지 외국인을 왕으로 세우지 말라(15절)고 규정한다. 둘째는 군대를 많이 두지 말라(16절)고 규정한다. 왜냐하면 군대가 많으면 군대를 의지하지 여호와를 의지하지 않기 때문이다. 셋째는 왕의 사생활에 관한 것으로 아내를 많이 두지 말라(17절)고 규정한다. 넷째는 왕국의 재정적 상태에 관한 것으로 은금을 많이 쌓지 말라(17절)고 규정하고 있다. 그 이유는 솔로몬이나 아합 왕처럼 은, 금을 더 많이 얻기 위하여 국제 교역을 하는 것이 종교의 혼합화를 야기하기 때문이다. 다섯째는 종교적인 것으로 율법서를 읽어 여호와 경외하기를 배우고 그 율법을 지켜야 한다(18~19절)고 규정하고 있다.

신명기 17:15은 권력 혹은 왕은 여호와가 세운 자라는 생각을 가르쳐 준다.

제545조항 : 이스라엘 사람 아닌 사람을 왕으로 세우지 말라

15 반드시 네 하나님 여호와께서 택하신 자를 네 위에 왕으로 세울 것이며 네 위에 왕을 세우려면 네 형제 중에서 한 사람을 할 것이요 네 형제 아닌 타국인을 네 위에 세우지 말 것이며(신 17:15)

신명기 17:15은 이스라엘의 왕은 이스라엘 사람이어야 함을 가르치고 있다.

본문의 이해 신명기 17:14~20은 이스라엘의 왕에 관한 규정으로 15절은 이스라엘의 왕은 반드시 이스라엘 사람이어야 하며, 타국인은 왕이 될 수 없음을 기록하고 있다. 이러한 가르침은 당연한 것일 수 있다. 모든 나라가 대부분 자기 나라 사람을 왕으로 세우기 때문이다.

그러나 이스라엘의 왕이 이스라엘 사람이어야 한다는 가르침을 고대 근동의 정치적인 환경 속에서 생각해보면 또 다른 의미를 갖는다. 이스라엘은 고대근동의 정치 소용돌이 속에서 외세의 침략과 통치를 많이 받았다. 주전 2천년대 중–말기에는 이집트, 주전 1천년대에는 아시리아, 바벨론 그리고 페르시아의 통치를 받았다. 이러한 상황 속에서 이 가르침은 이방 총독의 통치를 거부하는 것이다. 다른 관점에서 사사시대에 두 경우의 이방인 통치의 가능성이 보이기 때문이다. 삼갈의 경우 그가 아낫의 아들인데(삿 3:31) 아낫은 가나안 신의 이름이다. 비록 삼갈이 이스라엘을 위하여 싸우기는 했지만 그러나 그는 이방인이었을 가능성이 있다. 또 다른 경우는 아비멜렉이다. 아비멜렉의 왕권에 대한 부정적인 태도나 세겜에서 가나안 사람과 관련이 되어 있다는 점 등이 그 이유이다. 실패하기는 했지만 이사야 7:6의 다브엘(Tabeel) 역시 이방인일 가능성이 있다.

외국인을 왕으로 세우지 말라는 것은 다른 정치적 의도보다는 종교적인 의도가 강하다. 즉, 이스라엘의 종교적인 정체성을 유지하기 위해서 이방인이 왕이 되는 것을 거부하고 있다.

의미 이스라엘의 왕은 반드시 이스라엘 사람이어야지 이방인이어서는 안 된다는 가르침이다.

제546조항 : 왕은 말을 많이 두지 말라

¹⁶ 그는 병마를 많이 두지 말 것이요 병마를 많이 얻으려고 그 백성을 애굽으로 돌아가게 하지 말 것이니 이는 여호와께서 너희에게 이르시기를 너희가 이 후에는 그 길로 다시 돌아가지 말 것이라 하셨음이라(신 17:16)

신명기 17:16은 왕이 지나치게 많은 말(馬)을 두지 말 것을 가르치고 있다.

본문의 이해 말을 많이 두지 말라는 것은 여러 가지 이유가 있는데, 첫째는 말을 많이 얻으려고 다시 이집트로 가지 말라는 뜻이 있다. 둘째는 여호와보다는 병마의 힘을 의지하지 않게 하기 위해서이다. 병마는 최고의 병기였다. 솔로몬 시대에 이집트와 구에(Que)에서 말을 수입하였으며, 므깃도나 솔로몬 시대의 성에서 마굿간의 흔적이 발견되었다.

말(수스, סוּס)은 고대 사회에서 다양한 용도로 사용되었다. 말은 타고 다니거나 혹은 전차를 끄는데 사용하였다. 아시리아는 주전 3천년대부터 터키의 퀼테베(Kültepe)에서 상품을 수송할 때 주로 사용하였다. 갑바도기아 문서에 의하면 말은 주석을 실어나르는데 사용되었다. 아리시아 제국 시대에는 거대한 제국을 유지하기 위한 제국의 속달 제도를 발전시키는데도 말은 중요한 역할을 하였다. 뿐만 아니라 말의 사용은 제국의 정복전쟁에 큰 역할을 하였을 뿐만 아니라 기동성 향상에도 기여하였다.

이스라엘 역사에서 말을 가장 많이 보유하고 있었던 왕은 솔로몬이었다. 열왕기상 10:26~29에 의하면 병거 1,400대와 마병 12,000명을 거느렸다. 병거 한대의 가격이 은 600세겔(약 6.78 kg)이며, 말 한필의 가격은 은 150세겔(1.695 kg)이었다.

이처럼 말은 고대 사회에서 매우 중요한 역할을 하였다. 본문은 이렇게 귀한 말을 구하기 위하여 다시 이집트로 돌아가지 말라는 것이다.

말은 고대 사회에서 매우 중요한 것이지만 그 말을 의지함으로 여호와를 의지하지 않는 일이 벌어지지 않도록 하기 위한 것이다. 뿐만 아니라 말은 이집트가 주요 산지이기 때문이 말을 구하기 위하여 다시 이집트로 가지 말라는 것이다. 이집트는 이스라엘이 노예생활을 하였던 곳이기에 그곳으로 다시 돌아가지 말라는 것이다.

제547조항 : 왕은 아내를 많이 두지 말라

¹⁷ 그에게 아내를 많이 두어 그의 마음이 미혹되게 하지 말 것이며 자기를 위하여 은금을 많이 쌓지 말 것이니라(신 17:17)

신명기 17:17에서는 왕은 자신을 위하여 많은 아내를 두지 말 것을 가르친다.

본문의 이해 17절에서는 왕의 마음을 미혹하게 하는 아내를 많이 두지 말라는 것이다. 특히 이방인 아내를 두어서 이방인 아내가 섬기던 신을 섬기는 일이 생기기 때문에 종교적 정체성을 지키기 위하여 아내를 많이 두지 말라고 가르친다.

이스라엘 역사에서 이방인 아내로 인하여 문제를 일으킨 예가 있다. 솔로몬의 경우 많은 이방 아내가 솔로몬의 마음을 여호와로부터 떠나게 하는 역할을 하였다. 솔로몬에게는 아내와 첩의 수가 1,000명이나 되었다(왕상 11:1~3).

북 이스라엘에서는 이방인 왕비인 이세벨로 인하여 바알 숭배가 확산되는 일도 있었다(왕상 16:29~34, 18~19장).

의미 신명기 17:17의 의미는 종교적 정체성을 지키기 위하여 왕이 많은 이방 여인을 아내로 맞이해서는 안 된다고 가르친다.

제548조항 : 왕은 재산을 많이 쌓지 말라

17 그에게 아내를 많이 두어 그의 마음이 미혹되게 하지 말 것이며 자기를 위하여 은금을 많이 쌓지 말 것이니라(신 17:17)

신명기 17:17은 왕은 자신을 위하여 많은 부를 쌓지 말 것을 가르치고 있다.

본문의 이해 한 나라의 왕이 나라의 부를 축적하는 것은 필요한 일이고, 당연한 왕의 당연한 책무이다. 그러나 17절에서는 사적인 목적을 위하여 은, 금을 많이 쌓지 말라고 가르치며 그 의도는 자신이 쌓은 재물을 쓰기 위하여 이상적인 왕이 가야 할 길(18~19절)과는 다른 길로 가는 위험성이 있기 때문이다.

이스라엘 왕 가운데서 가장 많은 부를 축적한 왕은 솔로몬이었다. 솔로몬의 재산에 관하여는 열왕기상 10:14~22에 기록되어 있다.

의미 본문의 의도는 재물로 인하여 왕이 이상적인 왕인 여호와에게 해야 할 도리를 다하지 않을 위험성을 제거하기 위한 것이다.

제549조항 : 지도자를 저주하지 말라

28 너는 재판장을 모독하지 말며 백성의 지도자를 저주하지 말지니라(출 22:28)

출애굽기 22:28에서는 재판장을 저주하지 말라고 가르친다.

본문의 이해 출애굽기 22:28(27)에서는 백성의 지도자를 저주하지 말라고 말한다. 지도자(나씨, נָשִׂיא)는 일반적인 멜렉(מֶלֶךְ)이나 싸르(שַׂר)를 사용하지 않는데 나씨(נָשִׂיא)는 후기 시대에 많이 사용되었다. 이처럼 지도자를 저주하지 않는 것은 모든 권력을 여호와가 세웠기 때문이다(신 16:18).

구약의 이해 성경에서 지도자는 하나님이 세운 것이기 때문에 이를 저주하는 것은 곧 하나님을 저주하는 것과 같이 여겼다. 열왕기상 21:10, 13에 의하면 나봇은 왕과 여호와를 모독했다는 죄명으로 죽었다. 이는 출애굽기 22:28의 가르침을 어긴 것이다. 사무엘하 16:5에 의하면 게라의 아들 시므이가 요단으로 도망가는 다윗을 저주하였다.

신약의 이해 사도행전 23장에서 사도바울이 대제사장 아나니야의 심문을 받는 과정에서 곁에 있던 사람들이 바울에게 하나님의 대제사장을 욕하느냐는 질문에 바울은 출애굽기 22:28의 말씀으로 답한다.

02

전쟁에 관하여

제550조항 : 전쟁에 관한 계명을 기억하라

ᴵᴵ 그 성읍이 만일 평화하기로 회답하고 너를 향하여 성문을 열거든 그 온 거민으로 네게 공을 바치고 너를 섬기게 할 것이요 12 만일 너와 평화하기를 싫어하고 너를 대적하여 싸우려하거든 너는 그 성읍을 에워쌀 것이며 (신 20:11~12)

신명기 20:11~12은 전쟁에 관한 규칙을 기록하고 있다. 특히 포위당한 성읍이 평화를 원할 때와 평화를 싫어할 때 어떻게 할 것인가에 대하여 기록하고 있다.

본문의 이해 고대 이스라엘의 전쟁에 관한 규칙은 이스라엘이 포위하고 있는 성읍이 전쟁을 하기 원하지 않는다면 그들과 화평을 맺고, 그들이 이스라엘을 섬기게 해야 한다. 그러나 적군이 화평을 원하지 않고 전쟁을 원하면 그 성을 포위하라고 말한다.

이처럼 이스라엘이 전쟁을 수행할 때 여호와의 계명(말씀, 명령)을 그대로 따라야 승리할 수 있다. 그 이유는 고대 이스라엘의 전쟁은 모두가 성전 혹은 여호와의 전쟁이기 때문에 여호와의 말씀에 순종해야만 승리할 수 있다.

본 가르침의 의도는 이스라엘의 전쟁은 하나님이 이스라엘을 대신하여 전쟁을 하기 때문에 하나님의 말씀을 듣고 그대로 전쟁하는 것이 중요함을 강조한다.

제551조항 : 적을 두려워하지 말라

²¹ 너는 그들을 두려워하지 말라 너희의 하나님 여호와 곧 크고 두려운 하나님이 너희 중에 계심이니라(신 7:21)

신명기 7:21은 우상숭배 하는 적을 두려워 하지 말라고 가르친다.

본문의 이해 신명기 7:21에서 우상숭배하는 적을 두려워하지 말라는 것은 하나님이 함께 하시기 때문이라고 설명한다. 즉, 크고 두려운 하나님이 함께하는데 이민족을 두려워할 이유가 없다는 것이다. 이스라엘이 가나안에 정착하는 과정에서 많은 이방민족과 전쟁을 수행하였는데 이들을 두려워하지 말라는 것이다.

문맥상 그들은 신명기 7:16의 '여호와께서 네게 넘겨주신 모든 민족'이다.

의미 여호와와 함께 하는 자들은 우상을 숭배하는 이방민족을 두려워하지 말라는 가르침이다.

제552조항 : 전쟁에 나갈 때 제사장을 임명하라

² 너희가 싸울 곳에 가까이 가거든 제사장은 백성에게 나아가서 고하여 ³ 그들에게 이르기를 이스라엘아 들으라 너희가 오늘날 너희의 대적과 싸우려고 나아왔으니 마음에 겁내지 말며 두려워 말며 떨지 말며 그들로 인하여 놀라지 말라 ⁴ 너희 하나님 여호와는 너희와 함께 행하시며 너희를 위하여 너희 대적을 치고 너희를 구원하시는 자니라 할 것이며(신 20:2~4)

신명기 20:2~4은 전쟁 중에 제사장들에게 부여된 특별한 임무를 수행할 것을 가르치고 있다.

본문의 이해 전쟁 중 제사장들에게 부과된 특별한 임무는 여호와가 함께 행하시며, 대적을 무찌르고 구원을 주기 때문에 두려워하지 말라고 군인들을 격려하는 역할을 하는 것이다. 특히 네 가지를 말한다. 겁내지 말라(알-예락, אַל־יֵרַךְ), 두려워 말라(알-티르무, אַל־תִּירְאוּ), 떨지 말라(알-타흐프즈, אַל־תַּחְפְּזוּ) 그리고 놀라지 말라(알-타아르쭈, אַל־תַּעַרְצוּ)이다. 즉, 두려운 존재를 만났을 때 보편적으로 느끼는 감정을 갖지 말라는 것이다. 그 이유는 여호와가 이스라엘과 함께 하고 대적을 물리쳐 이스라엘을 구원하기 때문이다.

제사장은 전쟁에 참여한 군사들에게 성전(聖戰)의 개념으로 백성들을 격려하는 역할을 하는 것이다.

성전을 수행하는 병사들에게 여호와가 함께 하심을 잊지 말고, 두려움 없이 그 사명을 다하도록 하는 역할을 담당하였다.

의미 전쟁 중 제사장들이 진에 머물면서 그 역할을 다해야 하는 것은 다름이 아니라 여호와가 진 가운데 계시기 때문이며 여호와를 위해 제사장의 역할이 필요하다.

제553조항 : 전쟁 중 진을 거룩하게 지켜라

¹⁴ 이는 네 하나님 여호와께서 너를 구원하시고 적군을 네게 붙이시려고 네 진중에 행하심이라 그러므로 네 진을 거룩히 하라 그리하면 네게서 불합한 것을 보시지 않으므로 너를 떠나지 아니하시니라(신 23:14)

신명기 23:14(15)은 전쟁 중인 진의 거룩함을 유지할 것을 가르친다.

본문의 이해 신명기 23:14은 하나님이 이스라엘의 전쟁에 함께 하고 있기 때문에 거룩함을 지키라고 말한다. 불합한 것(에르바, עֶרְוָה)이라고 번역된 히브리어의 의미는 '벌거벗음' 혹은 '(여성의) 성기'를 뜻한다. 따라서 진을 거룩히 하라는 것은 음행으로 진을 더럽히지 말라는 것이다.

인류사적인 측면에서 전쟁 중에 군사들에 의하여 많이 발생하는 범죄는 강간이다. 따라서 본문은 이스라엘 사람들이 거룩한 여호와의 전쟁을 수행하면서 진을 더럽혀서는 안 된다는 것을 가르친다.

하나님의 언약의 백성들에게 도덕적 책임이 있음을 강조하고 있다.

의미 고대 이스라엘의 전쟁은 여호와의 전쟁으로 하나님이 이스라엘을 위하여 대신 싸운다. 따라서 여호와는 이스라엘의 진 가운데 계시기 때문에 진을 항상 거룩하게 보존해야만 한다.

제554조항 : 전쟁 중 배설물을 진 밖에 묻으라

13 너의 기구에 작은 삽을 더하여 밖에 나가서 대변을 통할 때에 그것으로 땅을 팔 것이요 몸을 돌이켜 그 배설물을 덮을찌니(신 23:13)

신명기 23:13은 전쟁 중 배설물을 진 밖에 묻을 것을 가르치고 있다.

본문의 이해　신명기 23:13은 변소를 진 밖에 만들라는 것이다. 이처럼 배설물을 진 밖에 묻어야 하는 것은 진의 거룩함을 지키기 위한 것이다(14절). 이론적으로 이스라엘의 진에는 여호와가 계시기 때문이다. 따라서 여호와가 계시는 곳은 어디든지 그 거룩함을 지켜야만 한다.

의미　여호와가 있는 곳의 거룩함을 지켜야 한다는 것을 가르친다.

제555조항 : 결혼 첫 해 신랑에게 군대 복무를 강요 말라

5 사람이 새로이 아내를 맞이하였으면 그를 군대로 내보내지 말 것이요 아무 직무도 그에게 맡기지 말 것이며 그는 일년동안 한가하게 집에 있으면서 그가 맞이한 아내를 즐겁게 할지니라(신 24:5)

신명기 24:5은 결혼한 첫 해 동안은 신랑으로 하여금 군대 근무를 강요하지 말라고 가르친다.

본문의 이해　새로 아내를 맞이한 자를 군대에 보내지 않아야 하는 것은 일 년 동안 집에서 아내를 즐겁게 하기 위한 것이다. 고대 이스라엘에서 군대에 징집된다는 것은 매우 어려운 일이다. 결혼한 군인의 아내는 남편 걱정으로 마음이 편하지 않았다. 뿐만 아니라 이스라엘이 많은 전쟁에 휘말렸기 때문에 자칫 전쟁에서 신랑을 잃을 수도 있었다. 아시리아와 바벨론 제국 하에서는 제국의 전쟁에도 군인을 동원해야 했기 때문이다.

이런 상황에서 새로 결혼한 남자에게는 일 년간 군복무를 유보해 주었다.

제556조항 : 전쟁 중 과실수를 찍어내지 말라

¹⁹ 너희가 어떤 성읍을 오랫동안 에워싸고 그 성읍을 쳐서 점령하려 할 때에도 도끼를 둘러 그 곳의 나무를 찍어내지 말라 이는 너희가 먹을 것이 될 것임이니 찍지 말라 들의 수목이 사람이냐 너희가 어찌 그것을 에워싸겠느냐(신 20:19)

신명기 20:19에서는 전쟁 중 과실수를 찍어내지 못하도록 가르치고 있다.

본문의 이해 이스라엘이 가나안에 정착하기까지 수많은 전쟁을 겪었고 특히 가나안 일곱 족속과 전쟁할 때 전쟁 중에 과실수를 자르지 말라고 가르친다. 전쟁 중 어느 성읍을 포위하였을 때 과실수를 자르지 않는 것은 두 가지 이유가 있다. 첫째, 포위하고 있는 군대의 식량을 공급하기 위한 것이다. 둘째, 승리한 후에는 이 과실수들이 이스라엘의 소유가 되기 때문이다.

성읍을 포위한 후 나무를 잘라내는 것은 이집트의 왕이나 고대근동의 왕들의 전쟁에 관한 기록에서 볼 수 있다. 특히 이집트의 투트모세 3세(Thutmose III)의 기록에는 전쟁 중 나무를 자르는 이야기들이 포함되어 있다.

뿐만 아니라 열왕기하 3:25에 의하면 이스라엘 사람들이 모압 사람들을 친 후 성읍을 헐고, 좋은 밭을 돌로 메우고, 그리고 좋은 나무를 베었다고 기록하고 있다. 적들을 약화시키기 위하여 농경지를 못 쓰게 만든 것이다.

그러나 이것은 신명기 20:19과 어울리지 않는다. 우상을 섬기는 성읍을 진멸하라는 가르침을 충실히 따른 것이다(신 13:12~17).

03

역사적 사건으로 인한 금기사항

제557조항 : 애굽으로 돌아가지 말라

16 그는 병마를 많이 두지 말 것이요 병마를 많이 얻으려고 그 백성을 애굽으로 돌아가게 하지 말 것이니 이는 여호와께서 너희에게 이르시기를 너희가 이 후에는 그 길로 다시 돌아가지 말 것이라 하셨음이며(신 17:16)

신명기 17:16은 이스라엘 백성들이 애굽으로 돌아가는 것을 금하고 있다.

본문의 이해 신명기 17:14~20은 이스라엘 왕의 자격에 관하여 기록하고 있는데, 병마를 얻으려고 애굽으로 돌아가는 것을 금하고 있다. 고대 이스라엘에서 말을 공급하는 곳은 이집트와 쿠에(Que) 두 곳이다(왕상 10:28). 쿠에는 오늘날 터키 남부지역을 의미한다.

이스라엘이 출애굽 과정에서 가나안으로 이르는 짧은 길을 선택하지 않은 것은 이스라엘 사람들이 다시 이집트로 돌아가지 못하게 하기 위함이라고 기록하고 있다(출 13:17). 실제로 광야생활의 어려움 가운데서 이스라엘 백성들은 수 차례 이집트에서의 생활을 그리워하거나 다시 돌아가려고 했던 경험이 있다(민 14:3).

신명기 17:16에서는 말을 사기 위하여 애굽으로 돌아가게 해서는 안 된다고 기록하고 있다.

구약의 이해 신명기 28:68에 의하면 이스라엘이 다시 이집트로 돌아가는 것은 여호와에 대한 불순종의 결과라고 언급하고 있다. 따라서 이스라엘이 다시 이집트로 돌아가는 것은 곧 종의 지위로 내려가는 것을 의미한다. 호세아 8:13 역시 이스라엘이 애굽으로 가는 것을 하나님이 이스라엘을 벌하는 것이라고 기록하고 있다(호 9:3).

구약성서에서 이집트에 대한 이미지는 복합적이다. 첫째로 이집트는 이스라엘에 기근이 들었을 때 식량을 얻을 수 있는 피난처의 역할을 하였다. 아브라함이 이집트로 내려 간 것은 가나안에 기근이 들었기 때문이다(창 12:10). 뿐만 아니라 야곱이 이집트로 내려 가서 아들 요셉을 만날 수 있었던 계기 역시 가나안의 기근 때문이었다(창 42:1~3).

이와 연계하여 두 번째 이집트에 대한 이미지는 정치적 망명지라는 것이다. 가나안에 형성된 어떤 정체 세력에 의하여 억압을 받던 자들이 정치적으로 피난했던 곳이 이집트였다. 솔로몬 통치 때 하닷(왕상 11:17~18)과 여로보암(왕상 11:40)이 이집트로 망명하였다. 예레미야 26:21에 의하면 우리야가 이집트로 도망하였으며, 심지어는 예수도 헤롯을 피하여 이집트로 피신하였다(마 2:14~15). 이와 함께 이집트의 도움으로 세력 확장을 꾀하던 자들도 이집트로 갔다(사 30:2).

세 번째 이미지는 종살이 하던 곳이라는 것이다. 야곱이 이집트에 내려가 오랜 기간 체류한 이후 요셉을 모르는 자들이 이집트의 왕이 되자 이스라엘 백성들의 번성함을 시기하고 두려워한 나머지 이들에게 람암셋과 비돔을 짓는 건축노예의 신분으로 강등되었다. 이후부터 이집트는 억압당하고 종살이 하던 곳이란 이미지가 강하게 부각되었다. 따라서 신명기에서 이집트는 이스라엘 백성들이 가서는 안 될 곳으로 기록하고 있다(신 17:16). 더 나아가 이스라엘이 이집트로 다시 가게된다는 것은 하나니의 심판의 결과라고 언급한다(신 28:68, 호 9:3). 따라서 이사야 31:1에서는 이집트를 의지하는 자들을 여호와를 배반한 자로 묘사하고 있다. 심지어 여호아하스는 이집트로 잡혀가기까지 하였다(왕하 23:34).

이와 함께 이집트에 대한 이미지는 정치적 환경의 변동에 의하여 시대에 따라 다르게 인식되었다. 솔로몬 시대에 솔로몬이 이집트의 공주와 결혼함으로 인하여 이집트는 사돈의 나라가 되었으며, 이집트의 문물이 유입되는 계기가 되었다. 그러나 르호보암 시대에 예루살렘 성전에서 성전의 기명을 가져감으로 인하여(왕상 14:25~28) 이집트는 매우 부정적으로 인식되었으며, 특히 성전을 중시하는 당시 사가들에게는 더욱더 부정적인 이미지로 작용하였다. 유다 왕국 말기에는 요시야가 느고와의 전쟁에서 전사함으로 이집트에 대한 반감이 극에 달했을 것이고(왕하 23:29), 여호아하스 왕이 이집트로 잡혀감에 따라 반 이집트의 감정은 극에 달하였다(왕하 23:34).

따라서 이러한 배경 속에서 신명기 역사가는 이집트로 돌아가지 말 것을 강력히 권고하고 있다.

이집트와의 불미스러웠던 과거사로 인하여 이스라엘 백성들에게 다시 이집트로 돌아가지 말라고 말한다. 특히 말을 사서 경제적, 군사적 이득을 얻기 위하여 다시는 이방나라로 가지 말라는 것이다.

의미 이 가르침은 역사적 사건을 통하여 과거의 아픔을 재현하지 말 것을 가르친다.

제558조항 : 가나안 일곱 족속과 조약을 맺지 말라

³² 너는 그들과 그들의 신들과 언약하지 말라(출 23:32)

출애굽기 23:32은 이스라엘 백성들에게 가나안 일곱 족속과 조약을 맺지 말라고 가르치고 있다.

본문의 이해 출애굽기 23:32(로-티크로트 라헴 베레로헤이헴 브리트, לֹא־תִכְרֹת לָהֶם וְלֵאלֹהֵיהֶם בְּרִית)은 두 가지 의미를 내포하고 있다. 가나안 일곱 족속과 계약을 맺지 말라는 것은 정치적인 의미의 계약을 맺지 말라는 것이다. 뿐만 아니라 그들의 신들, 즉 가나안 일곱 족속이 섬기는 신들과 계약을 맺지 말라는 것은 종교적인 계약을 맺지 말라는 것이다. 즉, 정치적인 조약과 종교적인 조약을 맺지 말라는 것이다. 이것은 이스라엘과 어떤 종류의 접촉도 금지하는 조항이다. 이러한 가르침은 신명기 7:2에도 기록되어 있다.

이러한 가르침을 주는 것은 무엇보다도 이방에 대한 부정적인 시각을 근거한 것이다.

그러나 이스라엘 역사에 있어서 솔로몬과 아합 이외에도 이방민족과 그들의 신과 언약을 맺은 예를 많이 찾아 볼 수 있다. 열왕기상 15:16~24에 의하면 유다 왕 아사는 아람 왕 벤하닷과 조약을 체결하였다. 뿐만 아니라 열왕기하 17:4에 의하면 북 이스라엘의 마지막 왕이었던 호세아는 이집트의 소(So) 왕에게 사신을 보내 동맹을 맺었다.

이스라엘은 여호와만을 의지해야지 다른 나라와 조약을 맺고 그들을 의지해서는 안 된다는 것이다.

본문은 이스라엘 백성들이 가나안에 들어가 가나안의 일곱 족속과 그리고 그들의 신들과 계약을 맺지 말라는 것이다.

제559조항 : 가나안 일곱 족속을 살리지 말라

16 오직 네 하나님 여호와께서 네게 기업으로 주시는 이 민족들의 성읍에서는 호흡 있는 자를 하나도 살리지 말찌니(신 20:16)

신명기 20:16은 가나안 일곱 족속의 생명을 하나도 살리지 말라고 가르치고 있다.

하나님이 이스라엘에게 기업으로 주는 민족들의 성읍에서는 호흡이 있는 자를 하나도 살려두지 말라고 가르치고 있다. 그 이유는 이들로부터 우상숭배의 영향을 받을 것을 염려해서이다. 살아 있는 사람과의 다양한 방법을 통한 교제로 인하여 우상숭배가 유입될 것을 우려해서 내려진 조치이다.

이것은 신명기 20:17과 관련지어 생각하면 쉽게 이해된다. 뿐만 아니라 우상숭배한 도시를 완전히 멸하라는 것과도 관계지어 이해할 수 있다(신 13:12~17).

그 가운데서 특별히 이스라엘이 들어가 살 가나안에 거주하던 모든 우상숭배자들을 살려두지 말라는 것이다.

제560조항 : 우상숭배자를 불쌍히 여기지 말라

² 네 하나님 여호와께서 그들을 네게 붙여 너로 치게 하시리니 그 때에 너는 그들을 진멸할 것이라 그들과 무슨 언약도 말 것이요 그들을 불쌍히 여기지도 말것이며(신 7:2)

신명기 7:2은 우상숭배자들을 불쌍히 여기지 말라고 가르치고 있다.

본문의 이해 본문에서 불쌍히 여기지 말라(로 테하넴, לֹא תְחָנֵּם)는 문자적으로 '너는 우호적인 마음을 보이지 말라' 혹은 '너는 관대함을 보이지 말라'는 의미이다. 그 이유는 관대함으로 인하여 우상숭배자들과 접촉하여 그들의 유혹에 넘어갈 것을 염려하기 때문이다.

종교적 순수성을 지키기 위하여 우상숭배자에 대한 동정을 금하고 있다.

의미 우상 숭배자를 불쌍히 여기며 동정하다 그들에게 물들지 말라는 가르침이다.

제561조항 : 우상숭배자를 그 땅에 살게 하지 말라

³³ 그들이 네 땅에 머무르지 못할 것은 그들이 너로 내게 범죄케 할까 두려움이라 네가 그 신을 섬기면 그것이 너의 올무가 되리라(출 23:33)

출애굽기 23:33은 우상숭배자들이 이스라엘에 거하는 것을 허락하지 말라고 가르치고 있다.

본문의 이해 이 구절은 가나안 사람들을 이스라엘 땅에 거주하지 못하게 하라고 기록하고 있다. 그 이유는 이스라엘이 그들로 인하여 우상숭배를 하는 죄를 지을 것을 두려워해서 이다. 출애굽기 23:33의 가르침은 신명기 20:16의 가나안 일곱 족속을 살려두지 말라는 가르침과 관련이 있다.

이스라엘의 종교적 전통에 의하면 우상숭배자와 함께 거하는 것은 이스라엘과 거기에 사는 사람을 더럽게 하는 것이기 때문에 원천적으로 금하는 것이다.

우상숭배자와 함께 거하면서 그들의 우상숭배의 유혹을 받지 말라는 가르침이다.

제562조항 : 에서 혈통을 미워하지 말라

7 너는 에돔 사람을 미워하지 말라 그는 네 형제임이니라 애굽 사람을 미워하지 말라 네가 그의 땅에서 객이 되었음이니라(신 23:7)

신명기 23:7(8)은 에서의 혈통이라는 이유로 그의 자손을 미워하지 말라고 가르친다.

본문의 이해 신명기 23:7(8)은 에돔과 이집트 사람을 미워하지 말라고 규정하는데, 에돔 사람의 경우 그들이 이스라엘의 형제이기 때문이라고 설명한다. 에돔을 미워하지 말아야 하는 것은 에돔이 야곱의 형인 에서의 후손들이기 때문이다. 따라서 '네 형제'이기 때문에 미워하지 말라고 기록하고 있다.

제563조항 : 이집트 사람을 미워하지 말라

⁷ 너는 에돔 사람을 미워하지 말라 그는 네 형제임이니라 애굽 사람을 미워하지 말라 네가 그의 땅에서 객이 되었음이니라(신 23:7)

신명기 23:7(8)은 이집트 사람을 미워하지 말라고 가르치고 있다.

본문의 이해 신명기 23:7(8)은 에돔과 이집트 사람을 미워하지 말라고 규정하는데, 이집트 사람의 경우에는 역사적인 배경을 통하여 그들을 미워할 수 없다고 기록하고 있다. 즉, 이스라엘 백성들이 이집트에서 객이 되었던 때를 기억하여 미워하지 말라고 말하고 있다.

즉, 과거의 사건을 기억하여 자비를 베풀라는 것이다.

본문은 이스라엘 백성들에게 과거의 은혜를 기억하고 보답하는 자가 되어야 함을 가르친다.

제564조항 : 암몬과 모압사람과 화친하지 말라

³ 암몬 사람과 모압 사람은 여호와의 총회에 들어오지 못하리니 그들에게 속한 자는 십 대뿐 아니라 영원히 여호와의 총회에 들어오지 못하리라 ⁴ 그들은 너희가 애굽에서 나올 때에 떡과 물로 너희를 길에서 영접하지 아니하고 메소보다미아의 브돌 사람 브올의 아들 발람에게 뇌물을 주어 너희를 저주하게 하려 하였으나 ⁵ 네 하나님 여호와께서 너를 사랑하시므로 네 하나님 여호와께서 발람의 말을 듣지 아니하시고 네 하나님 여호와께서 그 저주를 변하여 복이 되게 하셨나니 ⁶ 네 평생에 그들의 평안함과 형통함을 영원히 구하지 말지니라(신 23:3~6)

신명기 23:3(4)~6(7)은 이스라엘 사람들이 암몬과 모압 족속과는 화친해서는 안 됨을 가르치고 있다.

본문의 이해 원래 암몬과 모압은 이스라엘의 친척으로 묘사되어 있다. 아브라함의 조카인 롯의 후손으로 기록되어 있다. 그러나 이스라엘이 출애굽 할 당시 암몬과 모압 사람들이 발람에게 이스라엘 백성을 저주하도록 부탁한 것 때문에 영원히 이들과 화친하지 말라고 기록하고 있다. 이 규정은 역사적인 사건이 혈연보다 더 중요하게 작용하고 있음을 보여준다.

제565조항 : 아말렉의 악행을 잊지 말라

¹⁹ 그러므로 네 하나님 여호와께서 네게 기업으로 주어 차지하게 하시는 땅에서 네 하나님 여호와께서 사방에 있는 모든 적군으로부터 네게 안식을 주실 때에 너는 천하에서 아말렉에 대한 기억을 지워버리라 너는 잊지 말지니라(신 25:19)

신명기 25:19은 아말렉이 이스라엘에게 행한 악행을 잊지 말라고 기록하고 있다.

본문의 이해 신명기 25:17~19은 이스라엘이 출애굽 할 때 아말렉이 뒤에서 이스라엘을 친 것을 잊지 말라는 것이다. 17절에서도 '너희는 애굽에서 나오는 길에 아말렉이 네게 행한 일을 기억하라'고 기록하고 있다. 19절의 아말렉에 대한 기억을 지워버리라는 것은 아말렉 민족에 관한 기록을 지워버리라는 것이다. 그러나 뒤이어 나오는 '너는 잊지 말지니라'는 신명기 25:17~19에서 언급한 아말렉에 대하여 행해야 할 것을 잊지 말라는 것이다.

성경에 의하면 아말렉은 에서의 아들 엘리바스의 아들이며(창 36:12), 아말렉은 에돔 땅에 거주하는 여러 부족 가운데 하나로 기록되어 있다(창 36:15~16). 따라서 일부 탈굼은 에스더 3장의 하만 족보를 에서의 족보와 연결시키며 하만과 모르드개의 갈등을 에서와 야곱의 갈등으로 이해하기도 한다. 아말렉에 관한 기록은 구약성서가 유일하다. 어떤 학자들은 성경에 등장하는 아말렉과 이집트 기록이 등장하는 샤슈(Šasu)를 동일시하기도 한다. 그러나 오늘날 이 주장은 지지되지 못한다. 구약성서에서 아말렉의 족보와 에돔은 구별된다(창 36:12, 22:24). 민수기 24:20에서 발람은 아말렉을 여러 민족 가운데 으뜸으로 여긴다.

아말렉은 주로 정착민들 주변에 거주하는 유목민으로, 활동범위가 사사기 12:15에 의하면 북쪽으로는 에브라임 산지까지이며 서쪽으로는 시글락 근처 블레셋 사람의 땅까지이다(삼상 30:1). 이들은 주로 가나안 혹은 유다 지파의 남쪽 사막과 경작지 중간 지역을 중심으로 활동하였다. 아말렉의 중심지는 시내반도의 므리바-가데스(Meribath-Kadesh) 근처 지역이다. 사무엘상 15:7에 의하면 아말렉은 하윌라에서부터 술까지에 거주하였다.

아말렉은 네겝과 시내반도의 경계지점에 거주하였기 때문에 이스라엘 백성들의 광야생활부터 초기 왕정시대까지 끊임없이 갈등을 빚었다. 따라서 구약성서에 의하면 아말렉은 이스라엘의 적으로 묘사되어 있다. 사울과 다윗에 의하여 패한 아말렉은 더 이상 유다 국경과 네겝 지역을 공격하지 않았다(삼하 8:12).

유대인들은 아말렉을 이스라엘의 전통적인 원수, 적으로 이해한

유대인의 이해 다. 따라서 부림절의 배경인 하만과 모르드개의 갈등 역시 아말

렉과 이스라엘의 갈등으로 이해하기도 한다. 왜냐하면 에스더 3:1에서

하만은 아각 사람으로 기록되었다. 그런데 이 아각 사람을 사무엘상

15:4~9의 아말렉의 왕 아각의 후손으로 이해한다. 따라서 하만(아말렉

의 후손)과 모르드개(유대인)의 갈등을 아말렉과 이스라엘의 갈등으로 이

해한다.

따라서 부림절에는 구약성서에 기록된 아말렉에 관한 본문을 읽는다.

신명기 25:17~19은 부림절 전 안식일에 읽으며 하프타라(Haftarah)로는

사무엘상 15장을 읽고 부림절 당일에는 출애굽기 17:8~16의 모세의 인

도 아래 있는 이스라엘의 아말렉에 대한 승전 이야기를 읽는다.

Commandments

and

Gospel

제14부

경제생활

01

공정한 거래

🍂

제566조항 : 도량형을 정확히 하라

³⁵ 너희는 재판에든지 도량형에든지 불의를 행치 말고 ³⁶ 공평한 저울과 공평한 추와 공평한 에바와 공평한 힌을 사용하라(레 19:35~36)

레위기 19:35~36에서는 거래에 있어서 도량형을 정확하게 사용할 것을 가르치고 있다. 왜냐하면 상거래의 안정을 위하여 필요했기 때문이다.

본문의 이해 35절의 도량형(베미다 베미쉬칼, 우베메슈라,) 으로 번역되었지만 원문에서는 '길이와 무게와 부피'라는 의미이다.

공평한(쩨덱, צֶדֶק) 저울이란 곧 '정직한'의 의미이다. 따라서 36a절은 정직한 저울, 추, 에바를 사용하라는 것이다. 공평한 저울을 직역하면 '정직한 저울눈금'이다.

에바와 힌의 관계는 일 에바가 육 힌이다. 즉, 에바의 육 분의 일이 힌이다. 에바와 힌의 정확한 양에 대해서는 알려지지 않았지만 일 에바는 대략 15 리터 정도의 양이며, 힌은 대략 삼 리터 정도의 양이다.

구약의 이해 안정적인 상업을 위하여 믿을 만한 도량형의 사용이 필요하였기 때문에 구약성서의 여러 곳에서 공평한 도량형에 대한 언급이 등장한다.

거래에 있어서 공평함에 관한 규정은 신명기 25:13~16에서도 언급되어 있다. 즉,

> 13 너는 주머니에 같지 않은 저울추 곧 큰 것과 작은 것을 넣지 말 것이며 14 네 집에 같지 않은 되 곧 큰 것과 작은 것을 두지 말 것이요 15 오직 십분 공정한 저울추를 두며 십분 공정한 되를 둘 것이라 그리하면 네 하나님 여호와께서 네게 주시는 땅에서 네 날이 장구하리라 16 무릇 이같이 하는 자, 무릇 부정당히 행하는 자는 네 하나님 여호와께 가증하니라(신 25:13~16)

뿐만 아니라 예언서에 의하면 짧은 자를 내는 자에 대한 심판이 언급되어 있다. 아모스 8:5에 의하면 에바를 작게 하고 세겔을 크게 하여 거짓 저울로 속이는 자를 정죄하며, 미가 6:10 이하에서는 부정한 저울추를 사용하는 것에 대한 정죄함이 발견된다.

또한 잠언 11:1, 16:11, 20:10, 23 등에서는 믿을만한 도량형의 사용을 권면한다.

근동의 이해 정직한 도량형에 대하여 이집트 아메네모페(Amenemope)의 가르침 가운데서도 정직한 도량형의 사용에 대하여 언급하고 있다.

제567조항 : 도량형을 속이지 말라

35 너희는 재판에든지 도량형에든지 불의를 행치 말고(레 19:35)

레위기 19:35은 도량형을 속이지 말라고 가르친다. 도량형의 단위를 정직하게 지키는 것은 공정한 거래의 기본적인 요소이다.

본문의 이해 35절에서는 재판할 때나 길이, 무게, 양을 거짓되게 하지 말라고 기록하고 있다. 본문을 문자적으로 해석하면 '너는 재판할 때 길이나 무게나 양을 거짓되게 해서는 안 된다'이다. 길이(미다, מִדָּה)는 길이나 면적을 측량하는 것이고, 무게(미쉬칼, מִשְׁקָל)는 중량을 그리고 양(미슈라, מְשׂוּרָה)은 부피를 계산하는 것을 의미한다. 이 세 가지 영역이 고대시대의 도량형이었다. 미가 6:9~11에 의하면 부정한 저울, 가증한 에바, 거짓 저울추 등을 사용하였음을 보여주고 있다.

제568조항 : 거짓된 추를 가지지 말라

¹³ 너는 네 주머니에 두 종류의 저울추 곧 큰 것과 작은 것을 넣지 말 것이며(신 25:13)

신명기 25:13은 부정확한 저울추를 가지는 것을 금지한다.

본문의 이해 신명기 25:13의 의미는 속이는 저울추를 가지지 말라는 것이다. 큰 것과 작은 것 두 종류를 가지고 있다가 필요에 따라서 선택하여 사용하는 것을 금하고 있다. 도량형은 언제 어디서나 일정해야 한다. 그러나 신명기 25:13은 두 가지 각기 다른 추를 함께 가지고 다르게 사용하는 것을 금한다.

미가 6:9~11에 의하면 부정한 저울, 가증한 에바, 거짓 저울추 등을 사용하였음을 보여주고 있다.

의미 이 가르침은 단순히 경제적인 영역에서 뿐만 아니라 이스라엘 전체 사회의 공평, 평등과 밀접한 관련이 있다. 안면이 있거나 혹은 친밀한 자 또는 힘 있는 자와 그렇지 못한 자에게 각기 다른 도량형을 사용해서 안 된다는 것은 곧 평등과 공평을 지향하는 성경의 가르침을 경제적인 측면에서 보여주는 것이다.

제569조항 : 거래에서 속이지 말라

14 네 이웃에게 팔든지 네 이웃의 손에서 사거든 너희 각 사람은 그의 형제를 속이지 말라(레 25:14)

레위기 25:14은 상거래가 발생하여 사고 팔 때 속이지 말라고 가르치고 있다.

본문의 이해 14절에서는 사람들 사이에 소유권을 이전할 때 거짓을 행해서는 안 된다고 가르친다. 특히 거래되는 물건의 값을 결정할 때 속여서는 안 된다는 것이다. 당시 값은 질이나 양으로 결정되었기 때문에 결국은 양과 질을 속이지 말라는 가르침과 같은 맥락이다. 이 구절에 대하여 랍비들은 땅을 임대할 때 그 토지 사용권의 거래에 있어서 속이지 말라는 것으로 이해하였다. 그런데 14절에서 임대하다는 뜻으로 팔다는 의미의 동사 마카르(מָכַר)를 사용한 것은 성서 히브리어에서 임차하다의 뜻을 가진 동사가 없었기 때문으로 설명한다.[1] 특히 17절에서 이웃을 속이지 말고 네 하나님을 경외하라는 것은 그 거래에 여호와를 인정하라는 뜻으로 정직한 거래를 행할 것을 촉구한다.

속이는 행위는 도량형을 속이는 경우와 파는 물건의 품질을 속이는 것 등 다양한 양태로 나타난다. 도량형을 속이는 것에 대해서 미가 6:10~11에서는 에바와 저울추를 부정하게 사용하여 수익을 얻는 것에 대하여 비난하고 있다.

의미 자신의 이익을 위하여 소유권 이전을 위한 상거래에서 양이나 질을 속이지 말 것을 가르친다.

제570조항 : 거래에 있어서 남에게 손해를 입히지 말라

²¹ 너는 이방 나그네를 압제하지 말며 그들을 학대하지 말라 너희도 애굽 땅에서 나그네였음이라(출 22:21)

출애굽기 22:21(20)은 거래에 있어서 남에게 손해를 입히지 말라고 가르친다.

본문의 이해 학대하다로 번역된 히브리어 라하츠(לחץ)는 '강제하다' 혹은 '괴롭히다'의 의미로 사용된다. 본문은 이방인들의 신분을 이용하여 값싼 노동력을 착취해서는 안 된다는 것이다.

제571조항 : 채무를 부인하지 말라

¹¹ 너희는 도둑질하지 말며 속이지 말며 서로 거짓말하지 말며(레 19:11)

레위기 19:11은 타인의 재산에 관하여 거짓 맹세하지 말라고 가르치고 있다.

본문의 이해 서로 거짓말하다는 의미의 히브리어 동사는 샤카르(שָׁקַר)이다. 이 것은 타인의 재산에 관하여 거짓말을 함으로 자기의 이득을 챙기는 것을 의미한다.

제572조항 : 거래에 있어서 아무도 속이지 말라

¹⁴ 네 이웃에게 팔든지 네 이웃의 손에서 사거든 너희 각 사람은 그의 형제를 속이지 말라(레 25:14)

레위기 25:14은 거래에 있어서 아무도 속이지 말라고 가르친다.

본문의 이해 14절의 의도는 소유권의 이전에 있어서 상대를 속이는 행위를 금하는 것이다. 그런데 여기서 사용된 '속이다'는 의미의 히브리어 동사는 호나(הוֹנָה < √ינה)로서 그 의미는 '억압하다'이다. 따라서 본문에서 속이다는 의미는 사고파는 상거래에서 강압적으로 속이는 것을 의미한다. 이와 유사한 내용으로 레위기 25:17에 "각 사람은 자기 이웃을 속이지 말고 네 하나님을 경외하라"고 기록되어 있다. 이 구절을 통하여 이웃을 속이지 않기 위해서는 하나님을 인정하는 삶을 살라고 기록하고 있다.

상거래에 있어서 속이는 일이 많았다는 것은 미가 6:10~11에 나타나 있다.

제573조항 : 강탈하지 말라

¹³ 너는 네 이웃을 억압하지 말며 착취하지 말며 품꾼의 삯을 아침까지 밤새도록 네게 두지 말며(레 19:13)

레위기 19:13은 착취하지 말라고 가르친다.

본문의 이해 착취하지 말라는 것은 사취하지 말라는 뜻이다. 착취하지 말라는 말의 히브리어 동사는 가잘(גָּזַל)이며, 그 의미는 '가죽을 벗기다'이다. 따라서 이스라엘 사람들은 이웃 사람들의 가죽을 벗기는 것과 같이 착취하지 말라는 의미이다.

구약성서에는 많은 착취의 예를 발견할 수 있다.

미가 2:2에서 유다의 권력자들은 남의 집을 탐하여 사취하였다. 미가서 본문의 의미가 사취하였다인데 이것을 차지하였다로 번역한 것이다. 뿐만 아니라 말라기 1:8에 의하면 유대 백성들이 사취한 것을 여호와에게 드렸다. 에스겔 18:7에는 정의와 공의를 행하는 사람은 강탈하지 않는 자여야 함을 기록하고 있다.

제574조항 : 영수증이나 보증금 받은 것을 부정하지 말라

¹¹ 너희는 도둑질하지 말며 속이지 말며 서로 거짓말하지 말며(레 19:11)

레위기 19:11은 빚이나 기탁물의 영수증이나 보증금 받은 것을 부정하지 말라고 가르친다.

속이다(카하쉬, שָׁחַק)는 의미를 가진 히브리어 동사는 주로 진실을 은폐하기 위하여 속이는 것을 의미한다.

함무라비 법전 제124조에 의하면 '만일 어떤 사람이 보관을 위해서 다른 사람에게 은, 금, 혹은 다른 물건을 증인들 앞에서 건네 주었는데 맡은 이가 그 사실을 맡긴 이에게 부정하면 그들은 그것을 입증해야 하고, 맡은 이는 그가 부정한 것의 2배를 지불해야 한다'고 기록하고 있다. 그렇지만 보관 계약서나 증인이 없을 경우에는 맡은 것을 부인하면 보상을 요구할 수 없다(제123조).

제575조항 : 보증인, 증인 또는 계약 작성자 등으로 이해관계에 휘말리는 협약에 관여하지 말라

25 네가 만일 너와 함께 한 내 백성 중에서 가난한 자에게 돈을 꾸어 주면 너는 그에게 채권자 같이 하지 말며 이자를 받지 말 것이며(출 22:25)

출애굽기 22:25(24)은 보증인, 증인 또는 계약 작성자 등으로 이해 관계에 휘말리는 협약에는 참여하지 말라고 가르친다.

이 가르침은 이자를 주고 받는 것이 원천적으로 금지되어 있기 때문에 이와 관련된 어떤 계약에도 관계하지 말라는 가르침이다.

제576조항 : 땅을 팔지 말라

²³ 토지를 영구히 팔지 말 것은 토지는 다 내 것임이니라 너희는 거류민이요 동거하는 자로서 나와 함께 있느니라(레 25:23)

레위기 25:23은 이스라엘 땅에서 물려 받은 땅을 영원히 팔지 말 것을 가르친다.

본문의 이해 23절에서 이스라엘 백성들은 토지의 소유자가 아니라 하나님으로부터 일시적으로 토지를 빌려 쓰는 거류민과 같은 처지와 같기 때문에 소유권을 주장할 수 없고, 그 결과 땅을 팔지 못한다고 기록하고 있다.

그러나 민수기 36:1~9에 의하면 토지가 지파 중에서는 이동할 수 있음을 보여준다. 또한 예레미야 역시 옥에 갇혀 있으면서 아나돗의 토지를 구입한 경우가 있다(렘 32장). 이것은 지파 내에서 토지 소유권이 이동한 경우이다.

제577조항 : 땅의 경계표를 이동하지 말라

¹⁴ 네 하나님 여호와께서 네게 주어 차지하게 하시는 땅 곧 네 소유가 된 기업의 땅에서 조상이 정한 네 이웃의 경계표를 옮기지 말지니라(신 19:14)

신명기 19:14은 땅의 경계표를 이동하지 말라고 가르친다.

본문의 이해 기업의 땅의 경계표를 마음대로 움직이지 말라는 것이다. 왜냐하면 땅은 하나님이 주신 것이기 때문이다. 땅의 경계표를 옮기지 말라는 것은 과부나 고아의 밭을 탐내는 권력자들로부터 사회적 약자의 권리를 지켜주기 위한 것이다.

구약의 이해 신명기 19:14처럼 경계표를 옮기지 말라는 것은 신명기 27:17에 한 번 더 기록되어 있다. 뿐만 아니라 잠언 15:25에서도 여호와께서 '과부의 지계를 정하시느니라'고 기록하고 있을 뿐만 아니라 23:10에서도 '옛 지계석을 옮기지 말며'라고 기록하고 있다. 또한 22:28에 '네 선조가 세운 옛 지계석을 옮기기 말지니라'고 기록되어 있다.

민수기 27:1~11의 슬로브핫의 딸의 이야기는 경계표(지계석)를 옮기지 말라는 여호와의 가르침을 지킨 예이다.

02

이자

제578조항 : 이자받기 위하여 돈을 빌려주지 말라

³⁷ 너는 그에게 이자를 위하여 돈을 꾸어주지 말고 이익을 위하여 네 양식을 꾸어주지 말라(레 25:37)

레위기 25:37은 이자를 받기 위하여 다른 사람에게 돈을 빌려주지 말라는 것을 가르친다.

본문의 이해 여유가 있는 사람이 그것을 통하여 가난한 사람으로부터 이익을 취하는 일체의 행위를 금하고 있다. 타인의 고통을 통하여 이익을 누리지 못하게 하는 것이다. 이러한 이자(네쉐크, נֶשֶׁךְ) 금지에 대한 가르침은 신명기 23:20에서도 발견할 수 있다. "타국인에게 네가 꾸어주면 이자를 받아도 되거니와 네 형제에게 꾸어주거든 이자를 받지 말라 그리하면 네 하나님 여호와께서 네가 들어가서 차지할 땅에서 네 손으로 하는 범사에 복을 내리시리라"(신 23:20). 이 신명기의 규정에 의하면 이방인들에게는 이자를 받을 수 있지만 이스라엘 형제들에게는 이자를 받지 말 것을 기록하고 있다.

느헤미야 5:7에서 느헤미야는 이스라엘 귀족과 민장들에게 높은 이자를 취하는 것을 질책하였다. 또한 에스겔 22:12에서도 예루살렘의 죄 가운데 이자를 받는 것이 언급 되었으며, 에스겔 18:5~9의 정의롭고 공의로운 자는 이자를 받지 않아야 한다고 말한다.

제579조항 : 가난한 자에게 돈을 빌려줘라

²⁵ 네가 만일 너와 함께 한 내 백성 중에서 가난한 자에게 돈을 꾸어 주면 너는 그에게 채권자 같이 하지 말며 이자를 받지 말 것이며(출 22:25)

출애굽기 22:25은 가난한 자에게 돈을 꾸어 줄 때 이자를 받지 말라고 가르치고 있다.

본문의
이해 출애굽기 22:25에서는 두 가지 사실을 언급하고 있다. 즉, 가난한 자들에게 돈을 꾸어주고 채권자처럼 독촉하거나 불의한 일을 하지 말라는 것이다. 뿐만 아니라 어려워서 빌리는 자들로부터 이자를 받지 말라는 것이다.

신약의
이해 누가복음 6:35의 '아무것도 바라지 말고 꾸어 주라'는 예수의 가르침과 같은 것이다.

제580조항 : 이자를 주고 꾸지 말라

²⁰ 타국인에게 네가 꾸어주면 이자를 받아도 되거니와 네 형제에게 꾸어주거든 이자를 받지 말라 그리하면 네 하나님 여호와께서 네가 들어가서 차지할 땅에서 네 손으로 하는 범사에 복을 내리시리라(신 23:20)

신명기 23:20에서는 다른 유대인에게 이자를 주고 꾸지 말라고 가르친다.

본문의 이해 신명기 23:20에는 이자에 관한 두 가지 구체적인 예를 기록하고 있다. 즉, 타국인(노크리, נָכְרִי)으로부터 이자를 취할 수 있지만 이스라엘 형제에게는 이자를 받고 꾸어주지 말라고 금하고 있다. 이 가르침은 이자를 주고 돈을 꾸는 것을 금하는 것이다. 이 가르침을 통하여 고대 이스라엘에서 타국인과 자국인 사이의 이중적인 경제 원칙이 적용되고 있음을 알 수 있다.

제581조항 : 타국 사람들에게 이자를 받아라

²⁰ 타국인에게 네가 꾸어주면 이자를 받아도 되거니와 네 형제에게 꾸어주거든 이자를 받지 말라 그리하면 네 하나님 여호와께서 네가 들어가서 차지할 땅에서 네 손으로 하는 범사에 복을 내리시리라(신 23:20)

신명기 23:20은 타국인에게는 돈을 꾸어 주고 이자를 받아도 된다고 가르친다.

타국인(노크리, נָכְרִי)인란 이스라엘에 어떤 목적을 위하여 체류하
는 자들을 의미한다. 특히 무역을 위하여 이스라엘에 체류하던
자들이었기 때문에 이들에게 돈을 빌려주고 이자를 받는 것은 당연하게
여겼던 것으로 보인다.

제582조항 : 면제년 이후에 채무이행을 요구할 수 없다

² 면제의 규례는 이러하니라 그의 이웃에게 꾸어준 모든 채주는 그것을 면
제하고 그의 이웃에게나 그 형제에게 독촉하지 말지니 이는 여호와를 위
하여 면제를 선포하였음이라(신 15:2)

신명기 15:2에서는 면제년이 지나면 채무 이행을 요구할 수 없음을
가르치고 있다.

따라서 고대 이스라엘 사람들은 채무기간이 최장 7년을 넘기지
않도록 규정하고 있다. 메소포타미아의 암미짜투카 칙령에 의
하면 왕이 미샤룸(mišarum)을 선포하면 빚을 받아서는 안된다고 기록하
고 있다(제6조).

느헤미야 10:31에 의하면 일곱째 해마다 땅을 쉬게하고 모든 빚을 탕
감하라고 말한다.

제583조항 : 면제년에 취소된 부채를 요구할 수 없다

⁹ 삼가 너는 마음에 악한 생각을 품지 말라 곧 이르기를 일곱째 해 면제년이 가까이 왔다 하고 네 궁핍한 형제를 악한 눈으로 바라보며 아무것도 주지 아니하면 그가 너를 여호와께 호소하리니 그것이 네게 죄가 되리라(신 15:9)

신명기 15:9은 면제년이 가까워 온다고 해서 가난한 자가 빌려 달라는 요구를 거부할 수 없음을 가르친다.

본문의 이해 면제년에는 모든 부채를 탕감해 주어야 하기 때문에 면제년이 가까워 옴에 따라서 가난한 사람들은 돈을 빌리기가 더욱 힘들어지는 상황이 종종 발생하였다. 따라서 어떤 상황에서도 가난한 사람을 돌보는 일을 게을리 하지 말라는 것으로 인도주의적인 가르침이다.

신약의 이해 이러한 생각이 한층 더 발전된 것을 예수의 가르침 속에서 발견할 수 있다. 누가복음 6:34~35에 의하면 바라지 말고 꾸어주라고 가르친다.

제584조항 : 채무자가 갚을 능력이 없을 때 빚 독촉하지 말라

²⁵ 네가 만일 너와 함께 한 내 백성 중에서 가난한 자에게 돈을 꾸어 주면 너는 그에게 채권자 같이 하지 말며 이자를 받지 말 것이며(출 22:25)

출애굽기 22:25(24)에서는 채무자가 갚을 능력이 없을 때에는 빚 독촉을 하지 말라는 것이다.

본문에 백성 중에 가난한 자에게 돈을 꾸어 주면 채권자처럼 하지 말며, 또한 이자도 받지 말라고 규정하고 있다. 본문의 규정을 통하여 성서의 가난한 자란 경제적 능력이 없는 자를 의미한다.

03

품삯

제585조항 : 품삯을 그날 지불하라

¹⁵ 그 품삯을 당일에 주고 해 진 후까지 미루지 말라 이는 그가 가난하므로 그 품삯을 간절히 바람이라 그가 너를 여호와께 호소하지 않게 하라 그렇지 않으면 그것이 네게 죄가 될 것임이라(신 24:15)

신명기 24:15은 일꾼의 품삯을 미루지 말고 그 날에 지불할 것을 가르치고 있다.

본문의 이해 신명기 24:15에 의하면 가난한 일꾼의 품삯의 지불을 지연하지 말 것을 규정하면서 그 이유는 가난한 일꾼은 그 품삯을 간절히 바라기 때문이라고 설명한다. 만약 주인이 품삯 지불을 지연해 일꾼이 여호와에게 호소하면 그것이 주인의 죄가 된다는 것이다.

구약의 이해 이같은 가르침은 레위기 19:13에도 기록되어 있으며, 예레미야 22:13에서는 '자기의 이웃을 고용하고 그의 품삯을 주지 아니하는 자에게 화 있을진저'라고 말할 뿐만 아니라 말라기 3:5에서는 '품꾼의 삯에 대하여 억울하게 하는 자'를 심판할 것이라고 말한다.

야고보서 5:4에서는 '너희 밭에서 추수한 품꾼에게 주지 아니한 삯이 소리를 지르며 그 추수한 자의 우는 소리가 만군의 주의 귀에 들렸느니라'고 기록하고 있음으로 품꾼의 삯을 지체 없이 주어야 함을 가르친다.

노동의 대가를 그날 반드시 지불해야 함을 기록하고 있다.

제586조항 : 임금 지불을 지체하지 말라

¹³ 너는 네 이웃을 압제하지 말며 늑탈하지 말며 품꾼의 삯을 아침까지 밤새도록 네게 두지 말며(레 19:13)

레위기 19:13은 임금 지불을 지체하지 말라고 가르친다.

13절의 품삯을 다음 날 아침까지 주지 않는 것이 불법은 아니지만 가난한 자들에게는 매우 고통스러운 일이다. 신명기 24:15에는 "그 품삯을 당일에 주고 해진 후까지 미루지 말라 이는 그가 가난하므로 그 품삯을 간절히 바람이라 그가 너를 여호와께 호소하지 않게 하라. 그렇지 않으면 그것이 네게 죄가 될 것임이라"고 규정하면서 품삯을 당일 줄 것을 권면한다. 13절은 은밀하지 않은 행동에 관계된 것이다.

04

저당

제587조항 : 꾸어줄 때 담보를 취하지 말라

¹⁰ 네 이웃에게 무엇을 꾸어줄 때에 너는 그의 집에 들어가서 전당물을 취하지 말고(신 24:10)

신명기 24:10에 채권자는 채무자로부터 담보물을 취하지 말라고 가르치고 있다.

본문의 이해 전당물을 채무자가 채권자에게 건네줄 때까지 밖에서 기다려야만 한다(신 24:11). 왜냐하면 채무자가 돈을 빌린다고 해도, 재산의 소유주는 채무자이지 채권자가 아니기 때문이다.

근동의 이해 함무라비 법전 제 114조에 의하면 빚이 없는데도 압류 하였다면 피압류인에게 20세겔을 지불하도록 규약함으로써 함부로 남의 재산을 압류/저당잡지 못하도록 규정하고 있다.

제588조항 : 담보물을 주인이 필요하다면 돌려주라

²⁶ 네가 만일 이웃의 옷을 전당 잡거든 해가 지기 전에 그에게 돌려보내라
(출 22:26)

¹² 그가 가난한 자이면 너는 그의 전당물을 가지고 자지 말고 ¹³ 해 질 때에
그 전당물을 반드시 그에게 돌려줄 것이라 그리하면 그가 그 옷을 입고 자
며 너를 위하여 축복하리니 그 일이 네 하나님 여호와 앞에서 네 공의로움
이 되리라(신 24:12~13)

출애굽기 22:26과 신명기 24:12~13에서는 돈을 빌려주고 저당잡은
물건을 만약 그 주인이 필요로 하다면 돌려 주어야 함을 가르치고 있다.

본문의 이해 12~13절은 전당물이 망토나 외투와 같은 것인 특별한 경우에
대하여 언급하고 있다. 가난한 자의 저당물을 해 질 때 그에게
돌려주라는 규정은 가난한 자의 옷은 저녁에 그의 이불과 같은 역할을
하기 때문이다(암 2:8).
본문의 의미는 채권자가 채무자의 안녕에 책임을 가져야 함을 가르쳐
준다.

제589조항 : 채무자가 담보물을 원할 때 돌려주라

¹² 그가 가난한 자이면 너는 그의 전당물을 가지고 자지 말고 ¹³ 해 질 때에 그 전당물을 반드시 그에게 돌려줄 것이라 그리하면 그가 그 옷을 입고 자 며 너를 위하여 축복하리니 그 일이 네 하나님 여호와 앞에서 네 공의로움 이 되리라(신 24:12~13)

신명기 24:12은 가난한 자의 전당물을 가지고 자지 말라고 가르치고 있다.

본문의 이해 이 가르침은 13절과 함께 읽어야 쉽게 이해가 된다. 즉, 전당물 이 옷이며, 옷을 채권자가 가지고 자면 가난한 채무자가 밤새 추 위에 고생하기 때문이다.

제590조항 : 과부에게 옷을 담보물로 취하지 말라

¹⁷ 너는 객이나 고아의 송사를 억울하게 하지 말며 과부의 옷을 전당 잡지 말라(신 24:17)

신명기 24:17은 과부에게서 옷을 저당물로 잡지 말라고 가르치고 있 다.

본문의 이해 마찬가지로 과부의 옷은 과부의 치부를 가려야 하기 때문이다. 출애굽기 2:26~27에는 옷을 담보로 잡았을 때 돌려줘야 하는 이유를 설명한다.

제591조항 : 생계유지물을 담보물로 취하지 말라

⁶ 사람이 맷돌이나 그 위짝을 전당 잡지 말지니 이는 그 생명을 전당 잡음 이니라(신 24:6)

신명기 24:6에서는 저당하려는 물건이 생계를 유지하는 것이면 채무 자로부터 그것을 담보로 취하지 말라는 것을 가르친다.

본문의 이해 맷돌로 생계를 유지하는 사람에게서 맷돌 전체나 혹은 위짝을 저당을 잡으면 그의 생계가 막막하기 때문에 그것을 저당 잡을 수 없음을 기록하고 있다. 따라서 매우 인본주의적인 측면을 강조하고 있다. 출애굽기 22:25에서는 돈을 꾸어주면 채권자처럼 행동하지 말라 고 가르치고 있다.

05

타인의 재산권 보호

성경은 타인의 재산권을 보호한다. 왜냐하면 타인의 재산도 하나님의 은혜로 형성된 것이기 때문이다.

제592조항 : 짐승에 실린 짐을 내리는 것을 도와라

5 네가 만일 너를 미워하는 자의 나귀가 짐을 싣고 엎드러짐을 보거든 그 것을 버려두지 말고 그것을 도와 그 짐을 부릴지니라(출 23:5)

출애굽기 23:5에서는 짐승에 실린 짐을 부리는 일을 도와 줄 것을 가르치고 있다.

본문의 이해 출애굽기 23:5의 규정은 나귀가 짐을 과하게 실어 엎드러졌을 때 그 짐을 부리는 것을 도와주라는 것이다. 그런데 나귀의 주인이 미워하는 자일지라도 도와주라는 규정이다.

이 규정은 인도주의적인 측면과 동물을 잔인하게 학대하는 것을 금하는 것이다. 성서와 랍비의 전통에 의하면 생물이 고통을 당하는 것을 금하도록 되어 있다.

고대 시대에 나귀(하모르, חֲמוֹר)는 중요한 운송수단으로 사용되었다. 따라서 나귀는 대상의 운송수단으로 주전 3000년부터 사용되었다. 특히 나귀는 낙타나 수레가 가지 못하는 산악지대나 가파른 경사지역의 운송에 많이 사용되었다. 미쉬나에 의하면 나귀는 15세아 즉, 96kg까지 운반할 수 있다고 기록하고 있다. 구약성서에서도 나귀 수컷(야이르, עַיִר)은 짐을 운반하거나 혹은 여인이나 아이들이 타는 짐승으로 기록되어 있다 (출 4:20, 수 15:18, 삿 1:14, 10:4, 12:14, 슥 9:9).

제593조항 : 넘어진 짐승을 일으켜 세우라

⁴ 네 형제의 나귀나 소가 길에 넘어진 것을 보거든 못 본 체하지 말고 너는 반드시 형제를 도와 그것들을 일으킬지니라(신 22:4)

신명기 22:4은 실은 채 넘어진 짐승을 일으켜 세우는 것을 도우라는 규정이다.

본문의 이해 신명기 22:4의 규정이 어떤 상황인지 본문에는 기록되어 있지 않다. 왜냐하면 일반적으로 나귀나 소가 넘어지면 짐승 스스로 일어나기 마련이다. 그런데 신명기 22:4에서는 형제를 도와 넘어진 짐승을 일으켜 세우라고 말한다. 따라서 이 규정은 출애굽기 23:5과 관련지어 생각하면 적은 양의 짐을 실고 넘어진 경우 이 짐승들을 세우는 것을 도우라는 것이다. 짐을 실은 짐승을 세우는 일을 한 사람이 감당하기에는 매우 어려운 일이기 때문이다. 출애굽기 23:5은 짐을 많이 실은 경우 짐승에게서 짐을 부리는 것을 도우라는 것이고, 신명기 22:4의 경우는 짐을 실은 채 짐승을 세우는 것을 도우라는 것이다.

소와 나귀는 고대 시대에 수송 즉 짐을 나르거나 사람이 타고 다니던 짐승이었다.

제594조항 : 잃어버린 짐승을 주인에게 돌려주라

⁴ 네가 만일 네 원수의 길 잃은 소나 나귀를 보거든 반드시 그 사람에게로 돌릴지며(출 23:4)

¹ 네 형제의 소나 양이 길 잃은 것을 보거든 못 본 체하지 말고 너는 반드시 그것들을 끌어다가 네 형제에게 돌릴 것이요(신 22:1)

출애굽기 23:4과 신명기 22:1은 잃어버린 소, 양 혹은 나귀 등을 그 주인에게 찾아 줄 것을 가르치고 있다.

본문의 이해 소와 나귀는 고대 시대에 수송을 담당하던 짐승인데, 종종 길을 잃는 경우가 많았다. 이러한 사실은 사무엘상 9:3, 20의 다윗의 이야기에서도 볼 수 있다.

따라서 출애굽기 23:4에서는 길을 잃은 원수의 소나 나귀를 못 본 체하지 말고 반드시 그 주인에게 돌려주라고 가르친다. 마찬가지로 신명기 22:1에서는 형제의 소나 양과 같은 길 잃은 짐승을 주인에게 돌려주라고 규정하고 있다. 따라서 누구의 것이든 길을 잃은 소나 양 혹은 나귀를 보면 그 주인에게 반드시 돌려주어야 한다. 신명기 22:4에서는 그것이 동물뿐만 아니라 의복과 같은 다른 재산일 경우도 반드시 돌려주어야 한다고 기록하고 있다.

이러한 규정은 발견자가 소유자라는 보편적인 생각과 반대되는 개념이다. 심지어 주인을 알지 못할지라도 주인을 발견할 때까지 보관하였다가 돌려주라고 기록하고 있다.

제595조항 : 가축의 손해를 배상하라

⁵ 사람이 밭에서나 포도원에서 짐승을 먹이다가 자기의 짐승을 놓아 남의 밭에서 먹게 하면 자기 밭의 가장 좋은 것과 자기 포도원의 가장 좋은 것으로 배상할지니라(출 22:5)

출애굽기 22:5은 가축이 다른 사람의 밭을 침해했을 때도 배상해야 한다고 가르친다.

본문의 이해 출애굽기 22:5에서는 타인의 재산권을 보호하는 규정으로 어떤 사람의 짐승이 다른 사람의 밭이나 포도원에 가서 따먹게 되면, 짐승의 주인은 자신의 밭이나 포도원에서 가장 좋은 것으로 배상해야 함을 규정하고 있다.

제596조항 : 방화범은 손해를 배상하라

⁶ 불이 나서 가시나무에 댕겨 낟가리나 거두지 못한 곡식이나 밭을 태우면 불 놓은 자가 반드시 배상할지니라(출 22:6)

출애굽기 22:6에서는 방화범에게 피해를 배상하도록 가르치고 있다.

어떤 이유에서인지는 모르지만 불이 나서 낟가리나 곡식 혹은 밭을 태우게 되면 불을 놓은 자는 배상해야 한다고 기록하고 있다.

제597조항 : 위임받은 재산의 손실에 대한 처리

⁷ 사람이 돈이나 물품을 이웃에게 맡겨 지키게 하였다가 그 이웃 집에서 도둑을 맞았는데 그 도둑이 잡히면 갑절을 배상할 것이요 ⁸ 도둑이 잡히지 아니하면 그 집 주인이 재판장 앞에 가서 자기가 그 이웃의 물품에 손 댄 여부의 조사를 받을 것이며(출 22:7~8)

출애굽기 22:7~8은 위임 받은 돈이나 물품을 도둑맞았을 때 이를 어떻게 처리할 것인가를 가르치고 있다.

여기서 잡히게 되면 도둑은 두 배로 보상해야 한다. 그러나 도둑이 잡히지 않으면 아무 대가 없이 돈이나 물품을 맡아 지킨 자가 재판장 앞에서 자신의 무고함을 조사받아야 한다.

함무라비 법전에서는 보관을 위해 맡겨진 재산의 손실이 있을 경우 잃어버린 자가 보상하도록 규정하고 있다(제 125조). 특히 맡은 물건에 대하여 부정을 저지르면 부정을 저지는 액수의 두 배를 갚도록 규정하였다(제 124조).

제598조항 : 유급 감시인의 위임받은 재산의 손실에 대한 처리

¹⁰ 사람이 나귀나 소나 양이나 다른 짐승을 이웃에게 맡겨 지키게 하였다가 죽거나 상하거나 끌려가도 본 사람이 없으면 ¹¹ 두 사람 사이에 맡은 자가 이웃의 것에 손을 대지 아니하였다고 여호와께 맹세할 것이요 그 임자는 그대로 믿을 것이며 그 사람은 배상하지 아니하려니와 ¹² 만일 자기에게서 도둑 맞았으면 그 임자에게 배상할 것이며 ¹³ 만일 찢겼으면 그것을 가져다가 증언할 것이요 그 찢긴 것에 대하여 배상하지 아니할지니라(출 22:10~13)

출애굽기 22:10~13은 유급 감시인에 대한 배상 청구에 대하여 가르치고 있다.

본문의 이해 사람이 나귀나 소, 양 그리고 다른 짐승을 맡았다가 죽거나 상하거나 끌려가는 것을 본 사람이 없으면 맡은 사람은 여호와에게 맹세할 것이며, 짐승의 주인은 그대로 믿고 배상을 받을 수 없다. 그러나 맡은 사람이 도둑을 맞았으면 임자에게 배상을 해 주어야 한다. 그런데 짐승이 찢겨진 흔적이 있으면 그것을 가져다가 증언하고 찢겨진 것에 대해서는 배상하지 않아도 된다.

들에서 짐승을 돌본다는 것은 매우 힘든 일이기 때문에 반드시 맡기는 자는 대가를 지불해야 한다.

근동의 이해 함무라비 법전에서는 비슷한 경우에 대하여 다음과 같이 기록하고 있다.

만일 신이 양우리를 방문하거나 사자가 양을 죽이면, 목자는 신 앞에서 자신이 결백함을 입증해야 하고, 양우리의 주인은 그로부터 양우리에서 공격받은 동물을 받아야 한다(제266조).

만일 목자가 부주의해서 양우리에서 불구가 생겼다면, 목자는 그가 우리에서 생기도록 방치한 불구로 인한 손실을 보상해야 하고(그것들을) 주인에게 주어야 한다(제267조).

제599조항 : 이웃에 빌린 것에 상해가 생겨도 배상하라

14 만일 이웃에게 빌려온 것이 그 임자가 함께 있지 아니할 때에 상하거나 죽으면 반드시 배상하려니와 15 그 임자가 그것과 함께 있었으면 배상하지 아니할지니라 만일 세 낸 것이면 세로 족하니라(출 22:14~15)

출애굽기 22:14~15은 이웃에게서 빌려온 것에 상해가 생기면 배상하도록 가르치고 있다.

본문의 이해 빌려온 것이 임자와 함께 있을 때 죽으면 배상하지 않아도 되지만 임자와 함께 있지 않을 때 상하거나 죽으면 반드시 배상해야만 한다. 그리고 세를 낸 것은 세만 갚으면 된다.

근동의 이해 함무라비 법전은 임대 후 손실에 대한 배상책임에 대하여 다음과 같이 기록하고 있다. 제244조에 의하면 '만일 어떤 사람이 황소나 나귀를 임대하였는데 밖에서 사자가 그것을 죽였다면 그 손실은 그 주인에게 돌아간다'고 기록함으로 임차인의 책임이 없을 때에는 그 배상의 책임이 면해짐을 기록하고 있다. 이와 유사한 경우가 제 249조에 기록되어 있다. 즉 '만일 어떤 사람이 황소를 지불하였는데 신이 그것을 쳐서 그것이 죽으면 그 황소를 임대한 이는 신 앞에서 맹세하고 나면 그는 자유로울 것이다'라고 기록하고 있다. 신에 의한 죽임과 같이 임차인이 어찌 할 수 없는 상황에 대한 책임은 면해 준다. 그러나 임차인의 부주의에 의한 손실에 대해서는 임차인이 임대인에게 배상해야 한다. 함무라비 법전 제 246조에 의하면 '만일 어떤 사람이 황소를 임대하였는데 그것의 발이 부러지거나 목의 힘줄이 끊어지면, 그는 황소의 주인에게 다른 황소로 보상해 주어야 한다'(참고 제 247, 248조)고 기록함으로 임차인의 부주의에 의한 손실은 임차인이 보상해야만 한다고 말한다.

리피트이쉬타르 법전 제 34조~제 38조에 의하면 빌린 것의 손해와 상해에 대하여 배상하도록 기록하고 있다.

제600조항 : 타인의 소유를 탐내지 말라

¹⁷ 네 이웃의 집을 탐내지 말찌니라 네 이웃의 아내나 그의 남종이나 그의 여종이나 그의 소나 그의 나귀나 무릇 네 이웃의 소유를 탐내지 말찌니라 (출 20:17)

출애굽기 20:17은 타인의 소유를 탐내지 말 것을 가르친다.

본문의 이해 출애굽기 20:17은 십계명의 열 번째 계명으로 탐심을 금한다. 왜냐하면 탐심은 도둑질로 연결되는 범죄의 근원적인 마음이기 때문이다.

미가 2:2에 의하면 유다의 부유한 자들이 탐심으로 남의 소유를 빼앗았다고 질책한다.

이 구절에서 탐심을 금하는 것은 탐심이 또 다른 범죄를 유발하기 때문이다. 누가복음 12:13~15에서 형제 사이의 유산분쟁 가운데 있는 자들에게 탐심을 물리치라 사람의 생명이 소유의 넉넉한데 있지 않다고 가르친다.

제601조항 : 타인의 재산에 관해 거짓 맹세하지 말라

11 너희는 도둑질하지 말며 속이지 말며 서로 거짓말하지 말며(레 19:11)

레위기 19:11은 타인의 재산에 관하여 거짓 맹세하지 말라고 가르치고 있다.

서로 거짓말하다는 의미의 히브리어 동사는 샤카르(שָׁקַר)이다. 이것은 타인의 재산에 관하여 거짓말을 함으로 자기의 이득을 챙기는 것을 의미한다.

부당하게 이득을 취하지 말라는 것이다.

제602조항 : 남의 잃어버린 것을 찾아 취하지 못한다

³ 나귀라도 그리고 의복이라도 그리고 형제가 잃어버린 어떤 것이든지 네가 얻거든 다 그리고 못본체하지 말것이며(신 22:3)

신명기22:3은 남의 잃어버린 것을 찾으면 그것을 취해서는 안 된다는 것을 가르친다.

본문의 이해 남의 잃은 것을 보면 못 본 체 하지 말고, 그것을 집에 가져가 잘 보관하였다가 주인이 찾을 때 돌려주어야 한다. 출애굽기 23:6 에도 이에 대하여 언급하고 있다.

근동의 이해 히타이트 법전 제 45조에 의하면 '만약 어떤 사람이 농기구나 또는 황소, 양, 말 또는 나귀를 발견하게 된다면 그는 그것을 주인에게 되돌려 주어야 할 것이고 주인은 그에게 보상할 것이다'고 기록하고 있다. 뿐만 아니라 함무라비 법전 제 10조에 의하면 남의 잃어버린 것을 취하여 부당 이득을 취하려는 자는 사형에 처하도록 규정하고 있다.

제603조항 : 짐에 깔린 짐승을 돕는 일을 거부하지 말라

⁵ 네가 만일 너를 미워하는 자의 나귀가 짐을 싣고 엎드러짐을 보거든 그것을 버려두지 말고 그것을 도와 그 짐을 부릴지니라(출 23:5)

출애굽기 23:5은 짐 밑에 깔린 짐승이나 사람을 도와주는 일을 거부해서는 안 된다고 가르친다.

이것과 유사한 규정은 신명기 22:4에 기록되어 있는데, 이러한 규정의 의도는 사람 뿐만 아니라 짐승의 고통을 방치해서도 안 된다는 의미이다. 더 나아가 짐승을 학대하는 것을 금지하고 있다.

마태복음 12:11의 구덩이에 빠진 양을 끌어내는 것은 당연한 일이다.

제604조항 : 도둑질하지 말라

11 너희는 도둑질하지 말며 속이지 말며 서로 거짓말하지 말며(레 19:11)

레위기 19:11에는 도둑질하지 말라고 가르친다.

레위기 19:11의 도둑질을 금하는 규정은 출애굽기 20:15의 제8계명을 인용한 것이다.

도둑질을 금하고 이에 대하여 엄격한 처벌을 하는 규정은 고대 근동의 여러 법전에서 쉽게 발견할 수 있다. 함무랍비 법전 제22조에 의하면 '만일 어떤 사람이 도둑질을 하고 잡히면 그는 사형해야 한다'고 기록하고 있다.

제605조항 : 강탈하지 말라

¹³ 너는 네 이웃을 압제하지 말며 늑탈하지 말며 품꾼의 삯을 아침까지 밤새도록 네게 두지 말며(레 19:13)

레위기 19:13은 이웃을 강탈하지 말라는 것을 가르친다.

본문의 이해 13절의 이웃을 압제하지 말라는 것은 히브리어 동사 아샤크 (עשק)를 번역한 것으로 가난한 사람을 '속여서 착취하다'의 의미를 갖는다. 따라서 이 가르침은 가난하고 힘든 사람들을 속여서 착취하지 말라는 의미이다.

제606조항 : 이웃 곡식밭에서 곡식을 베지 못한다

²⁵ 네 이웃의 곡식밭에 들어갈 때에는 네가 손으로 그 이삭을 따도 되느니라 그러나 네 이웃의 곡식밭에 낫을 대지는 말지니라(신 23:25)

신명기 23:25은 이웃의 곡식밭에서 곡식을 베지 못한다고 가르치고 있다.

본문의 이해 이웃의 곡식밭에서 손으로 이삭을 따는 것은 허용이 되지만 곡식밭에 낫을 대는 것은 금하고 있다.

이 구절은 인도주의적인 면을 강조하면서도 타인의 재산권을 보호해 주는 것이다.

룻기서에서 룻은 보아스의 밭에 떨어진 이삭을 주웠다.

제607조항 : 먹을 수 있는 것보다 더 많은 열매를 취하지 못한다

25 네 이웃의 곡식밭에 들어갈 때에는 네가 손으로 그 이삭을 따도 되느니라 그러나 네 이웃의 곡식밭에 낫을 대지는 말지니라(신 23:25)

신명기 23:25은 먹을 수 있는 것보다 더 많은 열매를 취해서는 안 된다는 것을 가르치고 있다.

본문의 이해 손으로 먹을 만큼 이삭을 따는 것은 허용되지만 낫을 대서 많은 양을 취하는 것은 금하고 있다. 24절에 의하면 포도를 딸 때 손으로 따서 배불리 먹는 것은 가능하지만 그릇에 담는 것을 금하는 것도 자신이 먹을 수 있는 것보다 더 많은 것을 따는 것을 금한 것과 같다. 즉, 인도주의적인 면에서 허기를 채우기 위하여 먹는 것은 허락하였다.

신약의 이해 마태복음 12:1~8에서 예수의 제자들이 밀 이삭을 잘라 먹는 것은 문제가 되지 않는다. 단지 그 일을 안식일에 행했다는 것이 문제였다.

제608조항 : 아들이 없는 경우의 유산 상속에 대하여

8 너는 이스라엘 자손에게 말하여 이르기를 사람이 죽고 아들이 없으면 그의 기업을 그의 딸에게 돌릴 것이요(민 27:8)

민수기 27:8은 이스라엘 백성들 사이의 재산 분쟁에 대한 해법을 가르치고 있다.

본문의 이해 특히 아들이 없는 경우에는 딸에게 돌리되, 이 딸은 같은 지파의 남자와만 시집을 갈 수 있다(민 36:2~3). 그 이유는 다른 지파의 사람과 결혼하면 기업이 다른 지파에 넘어가기 때문이다.

근동의 이해 리피트 이쉬타르 법에 의하면 아버지가 남아가 없이 사망하면 결혼하지 않은 여식이 상속자가 된다고 기록하고 있다(제 9조).

06

농업

농업은 이스라엘 산업의 핵심이다. 이스라엘의 농업은 지형과 기후의 영향을 많이 받기 때문에 지중해성 식물, 산악성 식물 그리고 사막성 식물이 재배된다. 밀, 보리, 포도, 무화과, 올리브, 종려나무 그리고 석류 등이 주로 재배된다(신 8:8). 가축은 주로 소, 양, 염소가 사육되며 이들은 주로 제물로 드려진다. 그러나 나귀와 말은 특별한 목적을 위하여 사육된다. 나귀는 주로 수송을 위하여, 말은 주로 군사적 목적을 위하여 사용된다.

성서는 이스라엘 농업에 있어서 지켜야 할 몇 가지 원칙을 제시한다. 그 가운데서 파종과 수확의 원칙을 설명한다.

제609조항 : 두 종자를 섞어 뿌리지 말라

¹⁹ 너희는 내 규례를 지킬지어다 네 육축을 다른 종류와 교합시키지 말며 네 밭에 두 종자를 섞어 뿌리지 말며 두 재료로 직조한 옷을 입지 말지며 (레 19:19)

레위기 19:19은 두 종자를 섞어 뿌리지 말라고 가르치고 있다.

본문의 이해 하나님께서 모든 것을 구별하셨기에 모든 것을 섞는 것은 하나님의 거룩함에 위배된다고 생각하였다. 따라서 한 밭에 두 종자를 섞어 뿌리는 것은 하나님의 거룩함에 위배되는 것으로 생각하였다(참고 신 22:9~11).

신약의 이해 두 가지를 겸하여 하지 말라는 가르침이 성경에 많이 등장하는데 이것은 유일신 신앙과 밀접한 관련이 있다.

마태복음 6:24에서 예수님은 재물과 하나님 나라를 겸하여 섬길 수 없다고 가르친다.

고린도전서 10:21에서는 주의 잔과 귀신의 잔을 겸하여 마시지 못하고 주의 식탁과 귀신의 식탁에 겸하여 참여하지 못하리라고 가르친다.

제610조항 : 포도원에 곡식을 심지 말라

⁹ 네 포도원에 두 종자를 섞어 뿌리지 말라 그리하면 네가 뿌린 씨의 열매와 포도원의 소산을 다 빼앗길까 하노라(신 22:9)

신명기 22:9은 포도원에 곡식을 심지 말 것을 가르친다.

본문의 이해 신명기 22:9은 레위기 19:19의 가르침을 좀 더 구체화 한 것이다. 포도원에 포도 이외의 다른 것의 씨를 뿌리지 말라는 것이다.

제611조항 : 서로 다른 종류의 육축을 교배시키지 말라

¹⁹ 너희는 내 규례를 지킬지어다 네 육축을 다른 종류와 교합시키지 말며 네 밭에 두 종자를 섞어 뿌리지 말며 두 재료로 직조한 옷을 입지 말지며 (레 19:19)

레위기 19:19은 서로 다른 종류의 육축을 교배시키지 말라는 것이다.

본문의 이해 본문 19절의 네 육축을 다른 종류와 교합시키지 말며(베헴트카 로-타르비아 킬르아임, בְּהֶמְתְּךָ לֹא־תַרְבִּיעַ כִּלְאַיִם)의 히브리어 원어 의 의미는 '너의 가축의 경우 두 종류를 같이 눕게 하지 말라'이다. 즉, 서 로 다른 동물을 교미시키지 말라는 뜻이다. 하나님께서 구별하여 창조하 신 것을 지켜야 함을 강조하고 있다. 창조의 질서를 지킬 것을 요청하는 것이다.

나귀를 제물로 드리지 못하는 것은 나귀가 선택 교배가 가능한 짐승 이었기 때문에 이를 부정한 것으로 추정한 듯하다. 숫나귀와 암말을 교 배하면 노새가, 암나귀와 숫말이 교배하면 버새가 태어난다.

이것은 수간을 금지시키는 것과 밀접한 관련이 있다(레 18:23).

제612조항 : 두 종류의 짐승에 한 멍에를 메지 말라

¹⁰ 너는 소와 나귀를 겨리하여 갈지 말며(신 22:10)

신명기 22:10은 두 종류의 짐승에 한 멍에를 메어 일하지 말 것을 가 르치고 있다.

본문의 이해 10절에서는 정결한 동물(소)과 불결한 동물(나귀)을 함께 일하게 하지 말라는 것(신 14:1~8)으로, 그럴 경우 정결한 동물까지 부정해지기 때문이다. 기능적인 측면에서는 서로 다른 종류 즉, 다른 크기와 힘을 가진 동물들에게 한 멍에를 메게 했을 경우 일의 효율성이 떨어질 수 있다.

신약의 이해 사도바울은 고린도후서 6:14~16에서 신명기의 구절을 통하여 믿는 자와 믿지 않는 자가 멍에를 함께 메지 말라고 가르친다.

제613조항 : 들에서 일하는 소의 입에 망을 씌우지 말라

⁴ 곡식 떠는 소에게 망을 씌우지 말지니라(신 25:4)

신명기 25:4은 들에서 일하는 짐승이 먹지 못하게 그 입에 망을 씌우지 말 것을 가르치고 있다.

본문의 이해 소가 곡식을 떠는 동안 그의 입에 망을 씌우지 말라는 것이다. 이것은 고대 사회에서 곡식을 떨 때 소나 짐승이 밟게 해서 떠는 관습이 있었음을 보여준다. 이때 소가 곡식 알갱이를 먹지 못하도록 망을 씌우면 안 된다는 것이다.

신약의 이해 이 구절을 근거로 사도바울은 고린도전서 9:7~9에서 선교비에 대한 권리를 주장하였다.

뿐만 아니라 디모데전서 5:18에서도 신명기 25:4이 인용되었다. 마태복음 10:10에서 예수님도 복음을 전하는 자는 복음으로 말미암아 살리라고 말씀하셨고 이는 고린도전서 9:14에 재인용되었다.

농업에 관하여

이스라엘 농사와 관련된 가르침들은 이미 제물을 드리는 가르침에서 언급되었다. 이스라엘의 농사와 관계된 가르침을 크게 두 부분으로 분류하면 첫째, 수확과 증식에 관한 가르침과 둘째, 이익 분배의 원칙에 관한 가르침이다.

수확과 증식에 대해서는 두 종류가 합해지는 것을 원천적으로 금하고 있다. 이것은 성경 전체의 생각으로 서로 다른 두 종류를 합하는 것을 창조질서의 파괴로 인식하고 이를 허락하지 않았다. 이러한 생각의 근본은 유일신 신앙에서 기인한 것으로 보인다. 따라서 예수님도 재물과 하나님을 겸하여 섬길 수 없다고 가르친다(마 6:24).

[증식]

초태생은 거룩히 구별하여 드려라(출 13:2)

나귀의 초태생은 대속하라(출 34:20)

양의 첫 새끼의 털을 깎지 말라(신 15:19)

[수확]

처음 익은 열매를 성전에 드려라(출 23:19, 신 18:4)

제 4년째의 것을 여호와에게 드려라(레 19:24~25)

곡물의 이삭을 남겨 두어라(레 19:9)

떨어진 이삭을 줍지 말라(레 19:9)

잊어버린 곡식단도 버려두어라(신 24:19)

포도원 열매를 다 따지 말라(레 19:10)

떨어진 포도원 열매를 버려두어라(레 19:10)

[산업의 십일조]

기름의 십일조(신 12:17)

포도주의 십일조(신 12:17)

[농업의 십일조]

가축의 십일조(레 27:32)

곡식의 십일조(신 12:17)

[급료의 십일조]

레위인도 십일조를 드려라(민 18:26)

1) J. Milgrom, *Leviticus 23-27*, p. 2177.

Appendix
613 핵심 말씀 목록

1. 하나님을 믿으라(출 20:2)
2. 여호와의 유일성(하나이신)(신 6:4)
3. 여호와를 사랑하라(신 6:5)
4. 여호와를 경외하라(신 6:13)
5. 여호와를 섬기라(출 23:25)
6. 여호와를 친근히하라(신10:20)
7. 여호와의 이름으로 맹세하라(신10:20)
8. 여호와의 길로 가라(신28:9)
9. 여호와의 이름을 거룩하게 하라(레22:32)
10. 여호와의 이름을 모독하지 말라(레24:16)
11. 맹세의 말을 어기지 말라(레19:12)
12. 망령되이 부르지 말라(출20:7)
13. 여호와의 약속과 경고를 시험하지 말라(신6:16)
14. 성전과 거룩한 책들을 부수지 말라(신12:3~4)
15. 다른 신을 믿지 말라(출20:3)
16. 섬기기 위하여 우상을 만들지 말라(출20:4)
17. 다른 이를 위해서도 우상을 만들지 말라(레19:4)
18. 사람의 상을 만들지 말라(출20:20)
19. 아무 형상에든지 절하지 말라(출20:5)
20. 아무 형상에든지 예배하지 말라(출20:5)

21. 몰렉에게 아이를 드리지 말라(레18:21)
22. 혼백을 불러내지 말라(레19:31)
23. 점쟁이 도움을 받지 말라(레19:31)
24. 우상의 관습을 배우지 말라(레19:4)
25. 주상을 세우지 말라(신16:22)
26. 우상수배를 위해 단을 세우지 말라(레20:1)
27. 성소에 아세라 상을 세우지 말라(신16:21)
28. 다른 신의 이름으로 맹세하지 말라(출23:13)
29. 백성에게 우상숭배를 권장하지 말라(출23:13)
30. 이스라엘에게 우상숭배를 권장하지 말라(신13:12)
31. 우상숭배를 권장하는 자를 따르지 말라(신13:6~8)
32. 우상숭배를 권하는 자를 죽이라(신13:9)
33. 우상숭배를 권하는 자를 동정하지 말라(신13:9)
34. 우상숭배를 권하는 자를 용서하지 말라(신13:9)
35. 우상숭배를 권하는 자를 덮어주지 말라(신13:8)
36. 우상을 장식품을 탐하지 말라(신7:25)
37. 우상을 섬기는 파괴된 도시를 재건하지 말라(신13:17)
38. 진멸한 우상의 물건에서 이득을 보지말 (신13:17)
39. 우상이나 우상숭배에 관련 된 것은 사용하지 말라(신7:26)
40. 다른 신의 이름으로 예언하지 말라(신18:20)
41. 거짓 예언하지 말라(신18:20)
42. 우상의 이름으로 한 예언을 듣지 말라(신13:3~4)
43. 거짓 예언자를 두려워 말라(신18:22)
44. 우상숭배와 그 신전을 파괴하라(신7:5)
45. 변절한 성읍은 율법에 의해 처리하라(신13:17)
46. 가나안 칠족을 멸하라(신20:17)
47. 아말렉의 이름을 도말하라(신25:19)
48. 아말렉의 행위를 기억하라(신25:17)
49. 이방의 풍습과 습관을 취하지 말라(레20:23)
50. 점을 행하지 말라(레19:26-28)
51. 복술자를 용납하지 말라(신18:10~11)

52. 길흉 예언을 용납하지 말라(신18:10~11)

53. 요술을 용납하지 말라(신18:10~11)

54. 무당을 용납하지 말라(신18:10~11)

55. 진언자에게 의견을 묻지 말라(신18:10~11)

56. 신접자나 박수에게 의견을 묻지 말라(신18:10~11)

57. 초혼자에게 의견을 묻지 말라(신18:10~11)

58. 여자는 남자의 옷이나 장식을 입지 말라(신22:5)

59. 남자는 여자의 옷이나 장식을 입지 말라(신22:5)

60. 문신을 새기지 말라(레19:28)

61. 양털과 베실로 섞어 짠 옷을 입지 말라라(신22:11)

62. 머리 가를 둥굴게 깎지 말라(레19:27)

63. 수염을 깎지 말라(레19:27)

64. 죽은 자를 위하여 살을 베지 말라(레19:28, 신14:1)

65. 말씀을 거듭 들려줘라(신6:7)

66. 토라를 배우고 가르치라(신6:7)

67. 모든 사람은 율법을 기록하라(신31:12)

68. 왕은 토라를 복사하라(신17:18)

69. 모든 이스라엘 사람은 토라 두루마리를 가져라(신31:19)

70. 트필린을 미간에 차라(신6:8)

71. 트필린을 팔에 매라(신6:8)

72. 옷에 술을 달아라(민15:38)

73. 문설주를 달아라(신6:9)

74. 식후 하나님께 감사하라(신8:10)

75. 구전 혹은 기록된 율법에 가감하지 말라(신12:32(13:1)

76. 말씀을 손상하지 말라(신12:32)

75. 부정한 생각이나 눈의 욕심에 빠지지 말라(민15:39)

75. 성소를 건축하라(출25:8)

79. 성소를 공경하라(레19:30)

80. 성소를 지켜라(민18:4)

81. 레위인의 회막 직무(민18:23)

82. 성소에서의 직무를 경히 여기지 말라(민18:5)

83. 제사장은 교대로 제사를 집전할 수 있다(신18:6~8)

84. 레위인과 제사장은 직무를 바꾸지 말라(민18:3)

85. 제사장과 레위인이 아닌 자는 성소 봉사를 금하라(민18:4)

86. 술취한 자는 회막에 들어가거나 율법을 가르치지 말라(레10:9~11)

87. 대제사장은 정한 때 외에는 지성소에 들어가지 말라(레16:2)

88. 흠 있는 제사장은 성소에 들어가지 말라(레21:23)

89. 흠 있는 제사장은 제사를 드리지 말라(레21:17)

90. 육체적 흠이 없어질 때까지 성소에 들어가지 말라(레21:18)

91. 부정한 제사장은 성소에서 일하지 말라(레22:3)

92. 부정한 제사장은 성물에 가까이 하지 말라(레22:6)

93. 부정한 자를 진 밖으로 보내라(민5:2)

94. 부정한 자는 성소의 어떤 부분에도 들어가지 말라(민5:1~3)

95. 부정한 자는 레위인의 진에 들어가지 말라(신23:10(11))

96. 제사장의 세족(출30:19)

97. 철이 닿은 돌로 제단을 만들 수 없다(출20:25)

98. 제단에 오를때 계단으로 제단에 오르지 말라(출20:26)

99. 제사장은 등불을 관리하라(출27:20~21)

100. 제단의 불을 꺼뜨리지 말라(레6:6)

101. 제사장은 제단의 불을 꺼뜨리지 말라(레6:13)

102. 제사장은 재를 치워라라(레6:10~11)

103. 제사장은 이스라엘을 축복하라(민6:22~27)

104. 제사장은 진설병을 두라(출25:30)

105. 제사장은 향을 피워라(출30:7~8)

106. 다른 향을 사르지 말라(출30:9)

107. 향단에 태울 향과 같은 향을 만들지 말라(출30:37)

108. 제사장에게 예복을 입혀라(출28:2)

109. 흉패(가슴받이)를 에봇에서 떼지 말라(출28:28)

110. 대제사장의 옷 윗부분이 찢어지지 않게 하라(출28:32)

111. 고핫 자손은 법궤를 멘다(민7:9)

112. 채를 법궤의 고리에서 빼지 말라(출25:15)

113. 관유를 만드는 방법(출30:22~25)

114. 관유 만드는 법으로 다른 기름을 만들지 말라(출30:32)

115. 향기름을 잘못 사용해서는 안 된다(출30:32)

116. 제사장을 거룩히 여기라(레21:8)

117. 살붙이 죽음으로 제사장이 부정해질 수 있다(레21:2~3)

118. 제사장은 기생과 결혼할 수 없다(레21:7)

119. 제사장은 부정한 여인과 결혼할 수 없다(레21:7)

120. 제사장은 이혼 당한 여자와 결혼할 수 없다(레21:7)

121. 제사장은 긴 머리로 성소에 들어가지 못한다(레10:6)

122. 제사장은 찢어진 옷으로 성소에 들어가지 못한다(레7:6)

123. 제사장은 직무 중 성소를 떠나지 말라(레10:7)

124. 제사장은 몸을 더럽히지 말라(레21:1~3)

125. 대제사장은 과부와 결혼할 수 없다(레21:14)

126. 대제사장은 첩을 취할 수 없다(레21:14~15)

127. 대제사장은 처녀 장가를 가야한다(레21:13)

128. 대제사장은 몸을 더럽히지 말라(레21:11)

129. 대제사장은 어떤 이유에서도 자신을 더럽히지 말라(레21:11)

130. 레위 지파는 기업이 없다(신18:1)

131. 레위 사람은 전리품의 몫에 참여할 수 없다(신18:1)

132. 모든 남자는 매년 세 번 절기를 지켜라(출23:14)

133. 절기동안 여호와 앞에 나와야 한다(출34:23, 신16:16)

134. 절기 중에 즐거워하라(신16:14)

135. 순례 절기 때 빈손으로 나오지 말라(출23:15)

136. 안식일을 거룩히 지켜라(출20:8)

137. 안식일에 일하지 말라(출20:10)

138. 안식일은 쉬어라(출23:12)

139. 안식년에 땅을 쉬게하라(출34:21)

140. 안식일에 허용된 거리보다 멀리 걷지 말라(출16:29)

141. 안식일에 불을 피우지 말라(출35:3)

142. 유월절에 누룩을 제거하라(출12:15)

143. 유월절을 설명하라(출13:8)

144. 유월절 첫 날 밤에 무교병을 먹으라(출12:18)

145. 유월절 첫날은 성회로 쉬라(출12:16)

146. 유월절 일곱째날도 성회로 쉬어라(출12:16)

147. 유월절 첫 날에 일하지 말라(출12:16)

148. 유월절 일곱째날에 일하지 말라(출12:16)

149. 칠칠절을 계산하라(레23:15~16)

150. 오십일째 되는 날에 쉬어라(레23:21)

151. 칠칠절에 일하지 말라(레23:21)

152. 정초에 쉬어라(레23:24)

153. 정초에 나팔을 불라(민29:1)

154. 정초에 일하지 말라(레23:25)

155. 속죄일에 금식하라(레16:29)

156. 속죄일에 쉬어라(레16:29)

157. 속죄일에 일하지 말라(레23:28)

158. 속죄일에 뿔나팔을 불라(레25:9)

159. 초막절 첫째 날에 쉬어라(레23:35)

160. 초막절 여덟 째 날에 쉬어라(레23:36)

161. 초막절에는 초막에 거하라(레23:42)

162. 초막절에 네 가지를 취하라(레23:40)

163. 초막절 첫 날에 일하지 말라(레23:35)

164. 초막절 팔일에도 일을 하지 말라(레23:36)

165. 안식년에 자란 것은 모든 사람이 주인이다(출23:11)

166. 안식년에 부채를 면제하라(신15:3)

167. 안식년에도 이방인의 부채를 받을 수 있다(신15:3)

168. 일곱째 해에 땅을 경작하지 말라(레25:4)

169. 일곱째 해에 나무를 전지하지 말라(레25:5)

170. 일곱째 해에 소산을 거두지 말라(레25:5)

171. 일곱째 해에 열매를 거두지 말라(레25:5

172. 희년을 거룩하게 지켜라(레25:10)

173. 희년에 토지를 원 주인에게 돌려주라(레25:24)

174. 성 안의 집을 산자는 일년 안에 무를 수 있다(레25:29~30)

175. 희년을 계수하라(레25:8)

176. 희년에 밭을 갈거나 나무를 전지하지 말라(레25:11)

177. 희년에 스스로 난 것을 거두지 말라(레25:11)

178. 희년에 포도 과실을 거두지 말라(레25:11)

179. 상번제에 관하여(번제(민28:3)

180. 상소제에 관하여(레6:20)

181. 안식일 제사에 관하여(민28:9)

182. 초하루 제사에 관하에(민28:11)

183. 초막절 화제에 관하여(레23:36)

184. 첫 이삭 단을 드리는 제사에 관하여(레23:10)

185. 칠칠절 소제에 관하여(민28:26~27)

186. 칠칠절 요제에 관하여(레23:17)

187. 일곱째 달 초일의 번제에 관하여(민29:1~2)

188. 속죄일 번제를 드려라(민29:7~8)

189. 속죄일 아보다에 관하여(레16장)

190. 번제에 관하여(레1:2)

191. 가축을 드리는 최소 나이(레22:27)

192. 제물에 소금을 치라(레22:21)

193. 흠 없는 가축을 드려라(레2:13)

194. 성소 밖에서 제물을 드리지 말라(신12:13)

195. 제물을 회막 밖에서 도살하지 말라(레17:3~5)

196. 흠이 있는 제물을 제단위에 드리지 말라(레22:20)

197. 흠이 있는 동물을 도살하지 말라라(레22:22)

198. 흠이 있는 동물의 피를 뿌리지 말라(레22:22)

199. 흠이 있는 동물의 내장을 태우지 말라(레22:22)

200. 심각한 흠이 있는 것을 드리지 말라(신17:1)

201. 이방인의 흠이 있는 제물을 드리지 말라(레22:25)

202. 온전한 것을 드려라(레22:21)

203. 소제에 관하여(레2:1, 레6:14)

204. 제사장만 소제물을 먹는다(레16:16)

205. 누룩이나 꿀을 제단에 드리지 못한다(레2:11)

206. 소금없이 제물을 드리지 말라(레2:13)

207. 소제에 누룩을 넣지 말라(레6:17)

208. 니산 월 14일에 유월절 양을 잡아라(출12:6)

209. 니산 월 14일에 유월절 양을 구워 먹으라(출12:8)

210. 이야르 월 14일(두 번째 유월절)에 관하여(민9:11)

211. 두 번째 유월절 무교병과 쓴 나물을 먹으라(민9:11)

212. 누룩이 있는 동안 유월절 제물을 잡지 말라(출34:25)

213. 유월절 제물을 아침까지 두지 말라(출34:25, 신16:4)

214. 유월절 양은 남김없이 다 먹어야 한다(출12:10)

215. 제물을 삼일까지 남겨두지 말라(레19:6~8)

216. 두 번째 유월절 제물을 아침까지 두지 말라(민9:12)

217. 감사제사의 고기는 아침까지 두지 말라(레22:30)

218. 유월절 첫양의 뼈를 꺾지 말라(출12:46)

219. 유월절 양의 뼈도 꺾지 말라(민9:2)

220. 유월절 양고기를 집 밖으로 내지 말라(출12:46)

221. 유월절 양을 생으로나 삶아먹지 말라(출12:9)

222. 이방인과 품꾼은 제물을 먹지 말라라(출12:45)

223. 할례 받지 못한 자는 유월절 제물을 먹지 말라(출12:48)

224. 이방사람은 유월절 제물을 먹지 말라(출12:43)

225. 부정한 자는 거룩한 음식을 먹지 말라(레12:4)

226. 초막절 칠일 동안 화제를 드려라(민29:13)

227. 초막절 제 8일에 화제를 드려라(민29:36)

228. 속죄제에 관하여(레6:25)

229. 이스라엘 회중을 위한 속제사(레4:13)

230. 죄에 대한 자복과 회개(민5:6~7)

231. 죄 지은 평민을 위한 속죄제(레4:27)

232. 제사장만 속죄물 고기를 먹는다(출29:33)

233. 속죄제에 기름을 붓지 말라(레5:11)

234. 속죄제에 유향을 놓지 말라(레5:11)

235. 속죄제의 제물을 고기를 먹지말 (레6:30(23)

236. 비둘기를 속죄물로 드릴 때 머리를 쪼개지 말라(레5:8)

237. 속건제에 관하여(레7:1)

238. 도적질과 거짓 맹세 때 드리는 속건제(레5:15, 레19:20~21)

239. 특별한 환경에서 드리는 속건제(레5:1~11)

240. 화목제를 드려라(레3:1)

241. 유출병이 난 자가 드리는 제물(레15:13~15)

242. 유출병 여자가 드리는 제물(레15:28~30)

243. 출산한 여자는 제물을 드려라(레12:6)

244. 문둥병이 난 후 예물을 드려라(레14:10)

245. 성소에서 나팔을 불어라(민10:10)

246. 감사제물의 고기는 이틀날까지 두지 말라(레22:30)

247. 죄가 의심될 때 드리는 속건제(레5:17)

248. 의심의 소제에 감람유를 섞지 말라(민5:15)

249. 의심의 소제에 유향을 섞지 말라(민5:15)

250. 제물은 예루살렘에서 드려라(신12:5~6)

251. 모든 제물을 성소로 가져오라(신12:14)

252. 이스라엘 밖에서 가져온 제물을 성소로 가져오라(신12:26)

253. 흠 없는 가축을 드려라(레22:21)

254. 흠 있는 제물을 드리지 말라(신15:21)

255. 자의적으로 드릴 제물을 지체하지 말라(신23:21~22)

256. 제물로 구별된 짐승을 바꾸지 말라(레27:10)

257. 여호와의 것으로 여호와께 드리지 말라(레27:26)

258. 구별된 짐승을 부리지 말라(신15:19)

259. 창기의 소득이나 개의 소득으로 드리지 말라(신23:18)

260. 어미와 새끼를 같은 날에 잡지 말라(레22:28)

261. 부정한 고기는 먹지말고 태워라(레7:19)

262. 정한 기한 내 먹지 않은 고기는 태워라(레7:17)

263. 부정한 성물을 먹지 말라(레7:19)

264. 정한 기간이 지난 성물을 먹지 말라(레19:6~8)

265. 스스로 죽은 고기는 먹지 말라(레7:24(18))

266. 제사장 이외의 사람은 성물을 먹지 말라(레22:10)

267. 객이나 품꾼은 성물을 먹지 말라(레22:10)

268. 할례받지 못한 자는 성물을 먹지 말라(레22:10)

269. 부정한 제사장은 성물을 먹지 말라(레22:4)

270. 일반인에게 출가한 제사장의 딸은 성물을 먹지 말라(레22:12)

271. 제사장의 소제물을 먹지 말라(레6:23(16))

272. 제사장은 성전 밖에서 과일의 첫 열매를 먹지 말라(신12:17)

273. 번제의 고기를 먹지 말라(신12:27)

274. 가증한 제물을 먹지 말라(신14:3)

275. 제단에 피가 뿌려지기 전에 성물을 먹지 말라(신12:27)

276. 자기의 값을 성전에 드려라(레27:28)

277. 여호와께 드린 밭을 팔지 말라(레27:28)

278. 여호와께 드린 밭을 무르지 말라(레27:2~8)

279. 밭을 성별하여 드리는 절차(레27:11~12)

280. 부정한 동물은 값을 드려라(레27:14)

281. 집을 드리려면 값을 드려라(레27:16, 22~23)

282. 서원과 맹세를 지켜라(신23:23)

283. 약속을 어기지 말라(민30:2(3))

284. 서원과 맹세를 취소 할 수 있는 경우(민30:3~8)

285. 첫번째 십일조를 구별하라(레27:30, 민18:24)

286. 레위인도 제사장을 위하여 십일조를 드려라(신14:22~23)

287. 가난한 자를 위한 십일조를 드려라(민18:26)

288. 레위인, 객, 고아, 과부를 위한 십일조(신14:28~29)

289. 가축의 십일조에 관하여(신26:13)

290. 십일조의 우열을 바꾸지 말라(레27:32)

291. 가축의 십일조를 팔지 말라(레27:33)

292. 두번째 십일조를 드려라(레27:33)

293. 곡식의 십일조는 예루살렘 밖에서 먹지 말라(신12:17)

294. 포도주의 십일조는 예루살렘 밖에서 먹지 말라(신12:17)

295. 기름의 십일조는 예루살렘 밖에서 먹지 말라(신12:17)

296. 부정한 상태에서 십일조를 먹지 말라(신26:14)

297. 애곡하는 날 십일조를 먹지 말라(신26:14)

298. 십일조를 내지 않은 소산은 먹지 말라(신14:22~23)

299. 십일조를 변경하지 말라(출22:29)

300. 초태생은 거룩히 구별하여 드려라(출13:2)

301. 초태생은 대속하라(민18:15, 출22:29)

302. 나귀의 초태생은 대속하라(출34:20)

303. 첫 나귀 새끼를 대속하지 않으면 목을 꺾어라(출13:13, 출34:20)

304. 거룩한 동물의 처음 난 것을 대속하지 말라(민18:17)

305. 흠 없는 초태생을 예루살렘 밖에서 먹지 말라(신12:17)

306. 제사장은 첫 열매를 예루살렘 밖에서 먹지 말라(출29:32)

307. 드려진 양의 털을 깎지 말라(신15:19)

308. 첫 열매를 성전으로 가져와라(출23:19)

319. 첫 열매를 성전으로 가져와라(신18:4)

310. 맏물을 가져오는 것을 여호와께 고하라(신26:5)

311. 제사장을 위하여 첫 곡식의 떡을 구별하라(민15:20)

312. 제사년 째의 것을 여호와께 드려라(레19:24~25)

313. 가난한 자를 위하여 곡물을 남겨두어라(레19:9)

314. 가난한 자를 위하여 떨어진 이삭을 남겨두어라(레19:9)

315. 가난한 자를 위하여 잊어버린 곡식단을 남겨두어라(신24:19)

316. 포도원 열매를 다 따지 말라(레19:10)

317. 가난한 자를 위하여 떨어진 포도를 남겨두라(레19:10)

318. 나실인은 서원하고 구별한 날동안 머리를 길러야 한다(민6:5)

319. 나실인은 머리를 깎지말라(민6:5)

320. 나실인은 구별 기간이 끝나면 머리를 자르고 제물을 드려야 한다(민6:18)

321. 나실인은 포도주를 마시지 말라(민6:3)

322. 나실인은 생포도를 먹지 말라(민6:3)

323. 나실인은 건포도를 먹지 말라(민6:3)

324. 나실인은 포도 씨를 먹지 말라(민6:4)

325. 나실인은 포도 껍질도 먹지 말라(민6:4)

326. 나실인은 시체 때문에 몸을 더럽히지 말라(민6:7)

327. 나실인은 시체가 있는 장막에 들어가서는 안 된다(레21:11)

328. 시체를 만진 자는 부정하다(레11:8, 24)

329. 땅에 기는 동물의 사체를 통한 부정(레11:29~31)

330. 부정한 것에 닿은 그릇에 담긴 음식은 부정하다(레11:34)

331. 월경중인 여인은 부정하다(레15:19)

332. 출산한 여인의 부정(레12:2)

333. 피부병(나병)의 부정(레13:2)

334. 곰팡이가 핀 의복의 부정(레13:51)

335. 곰팡이가 핀 집은 부정(레14:44)

336. 유출하는 자는 부정하다(레15:2)

337. 설정한 자의 부정(레15:16)

338. 유출하는 여자의 부정(레15:19)

339. 사체의 부정(민19:14)

340. 부정해진 자 정결법(민19:13, 21)

341. 유출병자의 정결(미크베에 몸을 담그는 법)(레15:13~16)

342. 나병환자의 정결법(레14:2)

343. 나병 환자는 모든 털을 밀어야 한다(레14:9)

344. 머리와 수염의 부스럼 환부를 밀지 말라(레13:33)

345. 나병환자는 옷을 찢고 머리를 풀다(레13:35)

346. 붉은 암송아지의 재로 정결수 만들다(민19:2~9)

347. 율법대로 소와 양을 잡아 먹으라(신12:21)

348. 먹을 수 있는 생물(레11:2)

349. 먹을 수 있는 새(신14:11)

350. 어미 새는 놓아 주어라(신22:7)

351. 메뚜기를 먹을 수 있다(레11:21)

352. 먹을 수 있는 물고기(레11:9)

353. 부정한 동물을 먹지 말라(신14:7)

354. 부정한 물고기를 먹지 말라(레11:10~11)

355. 부정한 새를 먹지 말라(레11:13)

356. 날기도 하고 기어다니는 것을 먹지 말라(신14:19)

357. 기어다니는 것을 먹을 수 없다(레11:41)

358. 파충류는 먹을 수 없다(레11:44)

359. 과일이나 소산물에서 발견된 벌레는 먹을 수 없다(레11:42)

360. 기는 가증스러운 짐승을 먹을 수 없다(레11:43)

361. 스스로 죽은 것은 먹을 수 없다(신14:21)

362. 찢기거나 상처난 짐승은 먹을 수 없다(출22:31(30))

363. 산 짐승으로부터 수족을 취해 먹을 수 없다(신12:33)

364. 허벅지 관절의 둔부 힘줄을 먹을 수 없다(창32:32)

365. 사냥한 짐승은 피를 흘린 후 흙으로 덮으라(레17:1)

366. 피는 먹을 수 없다(레7:26)

367. 기름은 먹을 수 없다(레7:23)

368. 고기와 우유를 함께 요리 할 수 없다(출23:19)

369. 고기와 우유 혼합물을 먹을 수 없다(출34:26)

370. 정죄받아 돌에 맞아 죽은 소고기는 먹을 수 없다(출21:28)

371. 하나님께 예물로 가져오기 전에 새 곡식으로 떡을 먹을 수 없다(레23:14)

372. 하나님께 예물로 가져오기 전에 볶은 새 곡식을 먹을 수 없다(레23:14)

373. 하나님께 예물로 가져오기 전에 생 곡식을 먹을 수 없다(레23:14)

374. 심은 지 삼년 이내의 열매는 먹을 수 없다(레19:23)

375. 포도원에 있는 잡종 식물의 소산을 먹지 말라(신22:9)

376. 우상에게 바친 술은 사용할 수 없다(신32:28)

377. 폭식이나 폭주를 할수 없다(레19:26, 신21:20)

378. 새의 보금자리를 통채로 취하지 말라(신22:6)

379. 속죄일에 아무것도 먹지 말라(레23:29)

380. 유월절에 누룩을 먹지 말라(출13:3)

381. 유월절에 누룩이 포함된 것을 먹지 말라(출13:7)

382. 유월절 전날부터 누룩을 먹지 말라(신16:3)

383. 유월절에 집에 누룩이 보이지 말아야 한다(출13:7)

384. 유월절에 누룩을 소유해서는 안된다(출12:19)

385. 짐승을 잡을 때 제사장에게 몫을 주어라(신18:3)

386. 처음 깎은 양털을 제사장에게 주어라(신18:4)

387. 헌정된 것은 하나님과 제사장에게 주라(레27:21, 28)

388. 이웃을 네 몸같이 사랑하라(레19:18)

389. 가난한 자에게 자선을 베풀라(레25:35~36, 신15:8)

390. 가난한 자에게 자비 베푸는 일을 거부할 수 없다(신15:7)

391. 고용인은 그가 일하는 곳의 생산물을 먹을 수 있다(신23:24~25)

392. 말로 사람을 현혹시키지 말라(레25:17)

393. 잘못된 조언으로 다른 사람을 그릇 인도하지 말라(신27:18)

394. 다른 유대인을 미워하지 말라(레19:17)

395. 원한을 품지 말라(레19:18)

396. 원수를 갚지 말라(레19:18)

397. 어떤 동족도 저주하지 말라(레19:14)

398. 죄인을 책망하라(레19:17)

399. 형제가 부끄러움 당하지 않게 하라(레19:17)

400. 지붕 난간을 만들라(신22:8)

401. 소송 당사자에 관한 법(출22:8)

402. 꾸민 이야기는 하지 말라(레19:16)

403. 길에 장애물을 두지 말라(레19:14)

404. 문둥병 표적을 제거하지 말라(신24:8)

405. 성전세를 내라(출30:12~13)

406. 선지자의 말을 들어라(신18:15)

407. 사내아이는 할례를 행하라(창17:10)

408. 살해된 시체가 발견된 골짜기는 개간 말라(신21:4)

409. 무당을 살려두지 말라(출22:18)

410. 거세를 금한다(레22:24)

411. 해의 첫 달을 결정함(출12:2 신16:1)

412. 나그네를 사랑하라(신10:19)

413. 가난한 자와 객을 위하여 남겨두고 추수하라(레23:22)

414. 가난한 자와 객을 위하여 이삭을 줍지 말라(레23:22)

415. 포도송이를 딸 때 포도원의 전체 생산을 따지 말라(레19:10)

416. 떨어진 포도를 줍지 말라(레19:10)

417. 잊어버린 곡식단을 다시 줍지 말라(신24:19)

418. 고아나 과부를 해하지 말라(출22:22)

419. 말로 이방인을 해하지 말라(출22:20)

420. 레위인에게 도시를 줘라(민35:2)

421. 레위 족속의 땅은 소유주를 바꿀 수 없다(레25:33)

422. 레위인을 돕지 않고 내버려 둬서는 안 된다(신12:19)

423. 위험한 사람을 구하는 것을 주저하지 말라(레19:16)

424. 종은 일곱째 해에 석방하라(출21:3)

425. 주인은 그 여종과 결혼해야 한다(출21:8)

426. 주인은 그 여종과 결혼하지 않으면 석방하라(출21:8)

427. 이방인 노예는 영원한 종으로 삼아라(레25:46)

428. 동족 노예를 석방할 때 선물을 주라(신15:12~14)

429. 동족을 종으로 팔지 말라(레25:42)

430. 동족 가운데 팔린 자를 엄하게 부리지 말라(레25:43)

431. 이방인이 동족 가운데 팔린 자를 엄하게 부리지 못하게 하라(레25:53)

432. 히브리인 여종을 팔지 말라(출21:8)

433. 주인이 다른 여자와 결혼해도 여종의 의복과 음식을 끊지 말라(출21:10)

434. 아내 삼으면 여자 포로를 팔지말라(신21:14)

435. 아내 삼았던 여자 포로를 종처럼 취급하지 말라(신21:14)

436. 종을 석방할 때 빈손으로 가게하지 말라(신15:13)

437. 도망온 종을 주인에게 돌려주지 말라(신23:15)

438. 도망온 종에게서 어떤 이득도 취하지 말라(신23:16)

439. 종을 쳐 죽인 자는 복수당한다(출21:20)

440. 말씀대로 판결하라(신17:10~11)

441. 율법에 따라 처벌하라(신25:1~3)

442. 다수결로 결정하라(출23:2)

443. 재판은 다수결로 결정하지 말라(출23:2)

444. 말씀대로 한 판결에 순종하라(신17:11)

445. 재판장과 지도자를 임명하라(신16:18)

446. 말씀을 무시하는 자는 재판관이 될 수 없다.(신1:16~17)

447. 재판관은 불의를 행하지 말라(레19:15)

448. 하나님(재판장)을 저주하지 말라(출22:28)

449. 뇌물을 받지 말라(출23:8)

450. 사람을 두려워하지 말라(신1:17)

451. 가난한 사람을 두둔하지 말라(출23:3, 레19:15)

452. 가난한 사람을 차별하지 말라(출23:6)

453. 재판관은 다른 재판관의 견해에 대한 확신이 없으면 받아들이지 말라(출
    23:2)

454. 공정한 재판을 해야 한다(레19:15)

455. 불공평한 판단을 하지 말라(레19:15)

456. 객, 고아의 재판을 억울하게 하지 말라(신24:17)

457. 증인은 증언해야 한다(레5:1)

458. 증언을 충분히 검토하라(신13:14)

459. 거짓 증거하지 말라(출20:16)

460. 거짓 증언은 행한대로 갚아주라(신19:19)

461. 쌍방이 함께하지 않은 상태에서 한 사람의 말만 듣지 말라(출23:1)

462. 한 사람의 증언으로 판단하지 말라(신19:15)

463. 증인 한 사람으로 사형 판결을 하지 말라(민35:30)

464. 악인의 증언을 채택하지 말라(출23:1)

465. 사건과 관련된 사람의 친척일 경우 증언을 받아들이지 말라(출23:1)

466. 정황 증거만으로 유죄 판결하지 말라(출23:7)

467. 정한 양보다 더 많은 매질을 하지 말라(신25:2~3)

468. 적절한 재판 없이 처형할 수 없다(민35:12)

469. 사형은 매질로 집행한다(출21:20)

470. 사형은 교살한다(출21:16)

471. 사형은 불로 태운다(레20:14)

472. 사형은 돌로 친다(신22:24)

473. 사형이 집행된 시체는 나무 위에 달아라(신21:22)

474. 시체를 나무에 달린 채로 밤새도록 두지 말라(신21:23)

475. 도피성을 설정하라(신19:3)

476. 도피성(민35:22~25)

477. 도피성에 피한 자의 속전을 받지 말라(민35:32)

478. 마음의 욕심을 금하라(신5:21)

479. 훔친 물건을 주인에게 돌려주라(레6:3)

480. 도둑을 처벌하라(출22:1~4)

481. 살인하지 말라(출20:13)

482. 유괴자는 죽임을 당한다(출21:16)

483. 유괴하지 말라(출20:13)

484. 밝혀지지 않은 살인을 위하여 송아지를 드려라(신21:4)

485. 상해를 입히면 율법에 따라 처리하라(출21:18~19)

486. 사람을 죽인 소는 죽이고 주인은 형벌을 면한다(출21:28)

487. 구덩이에 소나 나귀가 빠져 죽으면 주인은 보상해야 한다(출21:33~34)

488. 학대 받는 자가 있으면 그를 죽여서라도 학대 받는 자를 구하라(신25:12)

489. 강박상태에서 범한 행동은 처벌하지 말라(신22:25~26)

490. 고살자의 속전을 받지 말라(민 35:31)

491. 죄인을 동정하지 말라(신19:13)

492. 성전 재산을 착복하면 20% 더하여 배상하라(레5:16)

493. 노인을 공경하라(레19:12)

494. 부모를 공경하라(출20:12)

495. 부모를 경외하라(레19:3)

496. 부모를 저주하지 말라(출21:17)

497. 부모를 때리지 말라(출21:15)

498. 인류의 존속을 위하여 결혼하라(창1:28)

499. 결혼에 관한 규정(신24:1~7)

500. 신랑은 신부를 위하여 일 년간 헌신해야 한다(신24:5)

501. 우상숭배자와 결혼하지 말라(신7:3)

502. 형사취수제를 행하라(신25:5)

503. 형사취수제를 원하지 않으면 그 여자를 놓아주라(신25:9)

504. 처녀를 통간하면 그와 결혼해야 한다(신22:28~29)

505. 강간으로 얻은 아내와 평생 이혼할 수 없다(신22:29)

506. 아내를 부당하게 비방하면 이혼할 수 없다(신22:13~19)

507. 누명을 씌운 아내를 버릴 수 없다(신22:19)

508. 환관은 이스라엘 여인과 결혼할 수 없다(신23:1)

509. 이혼당한 여자가 재혼하면 처음 남편과 재결합 할 수 없다(신24:4)

510. 아이가 없이 과부된 여인은 죽은 남편의 형제 외의 다른 사람과 결혼할 수 없다(신25:5)

511. 암몬 모압사람과 결혼하지 말라(신23:3~6)

512. 이스라엘 사람은 사생아와 결혼하지 말라(신23:2)

513. 포로된 여인과의 결혼(신21:10~14)

514. 이혼 증서를 써주고 이혼하라(신24:1)

515. 혈육과의 육체적 관계를 맺지 말라(레18:6)

516. 어머니와 성관계 하지 말라(레18:7)

517. 계모와 성관계 하지 말라(레18:8)

518. 누이와 성관계 하지 말라(레18:9)

519. 이복누이와 성관계 하지 말라(레18:9)

520. 손녀와 성관계 하지 말라(레18:10)

521. 외손녀와 성관계 하지 말라(레18:10)

522. 딸과 성관계하지 말라(레18:10)

523. 여자와 그의 딸과 함께 성관계 하지 말라(레18:17)

524. 관계가 있는 여인의 손녀와 성관계 하지 말라(레18:18)

525. 관계가 있는 여인의 외손녀와 성관계 하지 말라(레18:17)

526. 고모와 성관계 하지 말라(레18:12)

527. 이모와 성관계 하지 말라(레18:13)

528. 숙(백)모와 성관계 하지 말라(레18:14)

529. 며느리와 성관계 하지 말라(레18:15)

530. 형제의 아내와 성관계를 하지 말라(레18:16)

531. 아내의 자매와 성관계를 하지 말라(레18:18)

532. 아내와 장모를 동시에 취한 자는 죽임을 당한다(레20:14)

533. 월경 중인 자와 성관계를 하지 말라(레18:19)

534. 간음하지 말라(레18:20)

535. 음행자의 처벌(신20:20~24)

536. 약혼한 여인의 음행은 돌로 쳐 죽이라(신22:24)

537. 간통의 혐의가 있으면 이를 검증하라(신24:1)

538. 창기를 금한다(신23:17)

539. 수간하지 말라(레18:23)

540. 여자는 수간하지 말라(레18:23)

541. 동성연애 하지 말라(레18:22)

542. 아비와 동성연애 하지 말라(레18:6)

543. 숙부와 동성연애 하지 말라(레18:14)

544. 왕을 세울 것이다(신17:15)

545. 이스라엘 사람 아닌 사람을 왕으로 세우지 말라(신17:15)

546. 왕은 말을 많이 두지 말라(신17:16)

547. 왕은 아내를 많이 두지 말라(신17:17)

548. 왕은 재산을 많이 쌓지 말라(신17:17)

549. 지도자를 저주하지 말라(출22:28)

550. 전쟁에 관한 계명을 기억하라(신20:11~12)

551. 적을 두려워하지 말라(신7:21)

552. 전쟁에 나갈때 제사장을 임명하라(신20:2~4)

553. 전쟁 중에 진을 거룩하게 지켜라(군인의 음행금지)(신23:14)

554. 전쟁 중 배설물을 진 밖에 묻으라(신23:13)

555. 결혼 첫 해 신랑에게 군대 복무를 강요하지 말라(신24:5)

556. 전쟁 중 과실수를 찍어내지 말라(신20:19)

557. 애굽으로 돌아가지 말라(신17:16)

558. 가나안 일곱 족속과 조약을 맺지 말라(출23:32)

559. 가나안 일곱 족속을 살리지 말라(신20:16)

560. 우상숭배자를 불쌍히 여기지 말라(신7:2)

561. 우상숭배자를 그 땅에 살게 하지 말라(출23:33)

562. 에서의 혈통을 미워하지 말라(신23:7)

563. 이집트 사람을 미워하지 말라(신23:7)

564. 암몬 모압 사람과 화친하지 말라(신23:3~6)

565. 아말렉의 악행을 잊지 말라(신25:19)

566. 도량형을 정확히 하라(레19:35~36)

567. 도량형을 속이지 말라(레19:35)

568. 거짓된 추를 가지지 말라(신25:13)

569. 거래에서 속이지 말라(레25:14))

570. 거래에 있어서 남에게 손해를 입히지 말라(출22:20)

571. 타인의 재산에 관한 거짓 맹세를 하지 말라(레19:11)

572. 거래에 있어서 아무도 속이지 말라(레25:14)

573. 강탈하지 말라(레19:13)

574. 영수증이나 보증금 받은 것을 부정하지 말라(레19:11)

575. 보증인, 증인 또는 계약 작성자 등으로 이해관계에 휘말리는 협약에 관여
하지 말라(출22:25(24))

576. 땅을 팔지 말라(레25:23)

577. 땅의 경계표를 이동하지 말라(신19:14)

578. 이자받기 위하여 돈을 빌려주지 말라(레25:37)

579. 가난한 자에게 이자를 받지 말라(출22:25)

580. 이자를 주고 꾸지 말라(신23:20)

581. 타국 사람들에게 이자를 받아라(신23:20)

582. 면제년 이후에는 채무이행을 요구할 수 없다(신15:2)

583. 면제년에 취소된 부채를 요구할 수 없다(신15:9)

584. 채무자가 갚을 능력이 없을 때 빚 독촉하지 말라(출22:25)

585. 품삯을 그날 지불하라(신24:15)

586. 임금지불을 지체하지 말라(레19:13)

587. 꾸어줄 때 전당물을 취하지 말라(신24:10)

588. 담보물을 주인이 필요하다면 돌려주라(출22:26)

589. 채무자가 담보물을 원할 때 돌려주라(신24:12)

590. 과부에게 옷을 담보물로 취하지 말라(신24:17)

591. 생계 유지물을 담보물로 취하지 말라(신24:6)

592. 짐승에 실린 짐을 내리는 것을 도와라(출23:5)

593. 넘어진 짐승을 일으켜 세우라(신22:4)

594. 잃어버린 짐승을 주인에게 돌려주라(출23:4, 신22:1)

595. 가축의 손해를 배상하라(출22:5)

596. 방화범은 손해를 배상하라(출22:6)

597. 위임받은 재산의 손실에 대한 처리(출22:7~8)

598. 유급 감시인의 위임받은 재산의 손실에 대한 처리(출22:10~130)

599. 이웃에 빌린 것에 상해가 생겨도 배상하라(출22:14~150)

600. 타인의 소유를 탐내지 말라(출20:170

601. 타인의 재산에 관한 거짓 맹세를 하지 말라(레19:11)

602. 남의 잃어버린 것을 찾아 취하지 못한다(신22:3)

603. 짐에 깔린 짐승을 돕는 일을 거부하지 말라(출23:5)

604. 도적질 하지 말라(레19:11)

605. 강탈하지 말라(레19:13)

606. 이웃 곡식 밭에서 곡식을 베지 못한다(신23:25)

Bibliography

참고문헌

Allen C., *A Textbook of Psychosexual Disorders,* 1962.

Alt A., "Origin of Israelite Law," *Essays on the Old Testament History and Religion* (Oxford: Blackwell, 1966).

Andreasen N-E. A., *The Old Testament Sabbath* (Missoula, Montana: Society of Biblical Literature, 1972).

Anderson C.B., *Ancient Laws and Contemporary Controversies: The Need for Inclusive Biblical Interpretation* (Oxford: Oxford University Press, 2009).

Bailey L.R., *Leviticus~Numbers,* Smyth & Helwys Bible Commentary (Marcon, Georgia: Smyth & Helwys, 2005).

Ben Witherington III, *Matthew,* Smyth & Helwys Commentary(Macon, Georgia: Smyth & Helwys Publishing, Inc., 2006), pp. 364-364.

Bordreuil H., Israel F., and Pardee D., "Deux ostraca pal -h breux de la Collection Sh. Moussa eff," *Semitica* 46 (1996), pp. 49-76.

Bordreuil H., Israel F., and Pardee D., "King's Command and Widow's Plea. Two New Hebrew Ostraca of the Biblical Period," *Near Eastern Archaeology* 61(1998), pp. 2-13.

Bozeman T.B., "The Book of Numbers," *NIB II,* pp. 68-69.

Cochrane R. G., *Biblical Leprosy: A Suggested Interpretation,* (Glasgow: Pickering & Inglis, 1963).

Craigie P.C., *The Book of Deuteronomy*, NICOT, (Grand Rapids, Michigan: Eerdmans, 1976).

Donner H. and Röllig W., *Kanaanäische und aramäische Inscriften*, 3 Vols, (Wiesbaden, 1962).

Eph'al I. and J. Naveh, "Remarks on the Recently Published Moussaieff Ostraca," *IEJ* 48 (1998), pp. 269-273.

Falk, Z.W., *Hebrew Law in Biblical Times* (Winona Lake: Eisenbrauns, 2001).

Freedman D.N., "A Second Mesha Inscription," *BASOR* 174 (1964), pp. 50-51.

Fuhs H.F., "[r"y"'" *TDOT VI*,   pp. 290-315.

Gerstenberger E.S., *Leviticus*, OTL, (Louisville: Westminster John Knox Press, 1996).

Gitin S., "Tel Miqne-Ekron: A Type-Site for the Inner Coastal Plain in the Iron Age II Period," S. Gitin and W.G. Dever eds., *Recent Excavations in Israel: Studies in Iron Age Archaeology*, (Winona Lake, IN: Eisenbrauns, 1989), pp. 23-58.

Gitin S., "The Neo-Assyrian Empire and Its Western Periphery: The Levant, with a Focus on Philistine Ekron," S. Parpola and R.M. Whiting eds., *Assyria 1995*,(Helsinki: Helsinki University Press, 1997), pp. 77-103.

Greenberg M., *Ezekiel 1-20*, AB (Garden City, New York: Doubleday, 1983).

Gruney O.R., *Some Aspects of Hittite Religion*, Schweich Lectures (Oxford: Oxford University Press, 1977).

Gunneweg, A. H. J., *Understanding the Old Testament*, (London: SCM Press, 1978).

Hallo W. W. and Younger, K.L. Jr., *The Context of Scripture Volume I: Canonical Compositions from the Biblical World*; *Volume II: Monumental Inscriptions from the Biblical World*; *Volume III*:

Archival Documents from the Biblical World, Leiden: E·J Brill,
1995, 2000, 2002

Hartley J.E., *Leviticus*, WBC 4, (Dallas: Word, 1992).

Hasel G.F., "Sabbath," *ABD V*, pp. 849-856.

Hoffmann D.Z., *Leviticus* Vol. 1 (Jerusalem: Mosad Harav Kook,
1953)(Hebrew).

Hyatt J.P., *Exodus,* The New Century Bible Commentary, (Grand Rapids:
Eerdmans, 1971).

Keel O., *The Song of Songs*, (Minneapolis: Fortress, 1994).

Kiuchi N., *Leviticus*, Apollos Old Testament Commentary(Nottingham:
Apollos, 2007).

Lane W.L., *The Gospel of Mark*, (Grand Rapids: Eerdmans, 1974).

Latham J.E., *The Religious Symbolism of Salt*, (Paris: Edition Beauchesne,
1982).

Levine B.A., *Leviticus* arqyw, The JPS Torah Commentary. (Philadelphia:
The Jewish Publication Society, 1989).

Levine B.A., *Numbers 1-20,* AB 4. (New York: Doubleday, 1993).

Luzzatto S.D., *Commentary to the Pentateuch and Hamishtadel,* (Tel Aviv:
Dvir, 1965)(Hebrew).

Mainonides M., "Commandments, the 613," *Judaica 2nd,* 5: 763-782.

Malena S., "Spice Roots in the Song of Songs," pp. 165-184.

Mayes A.D.H., *Deuteronomy*, The New Century Bible Commentary(Grad
Rapids: Eerdmans, 1979).

Mazar A., *Archaeology of the Land of the Bible* 10,000-586 B.C.E., (New
York: Double day, 1990).

Milgrom J., *Numbers,* The JPS Torah Commentary, (Philadelphia·New York:
The Jewish Publication Society, 1990).

Milgrom J., *Leviticus 1-16,* Old Testament Library, (New York: Doubleday,
1991).

Milgrom J., *Leviticus 17-22*, Old Testament Library, (New York: Doubleday,
2001).

Milgrom J., *Leviticus 23-27*, Old Testament Library, (New York: Doubleday, 2001).

Nielsen K., *Insense in Ancient Israel*, J.A. Emerton et al. eds., VTSup. 38 (Leiden: Brill,

nones de Historia Sabbati (Lipzig: Hinrichs, 1938).

North R., "Jubilee Year," *NCE* 2nd Vol. 7, pp. 1062-1063.

Noth M., "The Laws in the Pentateuch: Their Assumptions and Meaning," in *Laws in* the *Pentateuch and Other Studies*, (Edinburgh: Oliver & Boyd, 1966), pp. 1-107.

Noth M., *A History of Pentateuch Traditions*, (California: Prentice Hall, 1970).

Parpola S., *Assyrian Prophecies*, SAA IX,(Helsinki: Helsinki University Press, 1997).

Pederson J., *Israel Its Life and Culture III-IV*, (Copenhagen: Branner OG Korch, 1964).

Pope M.H., *Song of Songs*, (New York: Doubleday, 1977).

Rabbi A. Ben Isaiah and Rabbi B. Sharfman, *Deuteronomy*, The Pentateuch and Rashi's Commentary A Linear Translation into English (New York: S.S. & R. Publishing Company, INC, 1977).

Rabbi A. Ben Isaiah and Rabbi B. Sharfman, *Exodus*, The Pentateuch and Rashi's Commentary A Linear Translation into English (New York: S.S. & R. Publishing Company, INC, 1977).

Rabbi A. Ben Isaiah and Rabbi B. Sharfman, *Genesis*, The Pentateuch and Rashi's Commentary A Linear Translation into English (New York: S.S. & R. Publishing Company, INC, 1977).

Rabbi A. Ben Isaiah and Rabbi B. Sharfman, *Leviticus, The Pentateuch and Rashi's Commentary A Linear Translation into English* (New York: S.S. & R. Publishing Company, INC, 1977).

Rabbi A. Ben Isaiah and Rabbi B. Sharfman, *Numbers*, The Pentateuch and Rashi's Commentary A Linear Translation into English (New York: S.S. & R. Publishing Company, INC, 1977).

Reed W.L. - Winnet F.V., "A Fragment of an Early Moabite Inscription from Kerak," *BASOR* 172 (1963), pp. 1-9.

Reynolds F., *The Babylonian Correspondence of Esarhaddon,* SAA XVIII (Helsinki: Helsinki University Press, 2003).

Sansom M. C., "Laying on of Hands in the Old Testament," *The Expository Time*s 94 (1982/3), pp. 323-326.

Sarna N.M., *Exodus,* The JPS Torah Commentary, (Philadelphia·New York: The Jewish Publication Society, 1990).

Scharbert J., "$rb," *TDOT* 2, pp. 279-307.

van Driel G., "Neo-Babylonian Sheep and Goats," *JCS* 7 (1993), pp. 219-258.

Waldow, H. E., "Social Responsibility and Social Structure in Early Israel," *CBQ* 32 (1970), p. 189.

Weinfeld M., "The Worship of Molech and the Queen of Heaven and Its Back ground," *UF* 4 (1972), pp. 133-154.

Weinfeld M., "Tithe," *Judaica 2nd*, pp. 735-739.

Wenham G. J., *The Book of Leviticus.* The New International Commentary on the Old Testament (Grand Rapids: William B. Eerdmans Publishing Company, 1979).

Wilkinson J., "Leprosy and Leviticus: The Problem of Description and Identification," *SJT* 30 (1977), pp. 153-169.

Zakovitz Y., "Ruth," pp. 71-106 in *The Book of Scrolls: Song of Songs, Ruth, and Lamentation*, J. Klein, M. Paqes and Y. Zakovitz eds., (Jerusalem: Rabibim, 2000) (Hebrew).

Zimmerli W., *Ezekiel 2: A Commentary on the Book of the Prophet Ezekiel.* Hermeneia, (Philadelphia: Fortress, 1983).

김영진, 『이스라엘 역사 서설』(광주, 올람하타낙, 2002).

김영진, "고대 근동 및 이스라엘의 재판제도," 「한국기독교신학논총」 28 (2003), pp. 5-26.

김영진, 『고대근동의 역사문헌』(서울: 한들출판사, 2005).

김영진, 『조약과 언약』(서울: 한들출판사, 2005).

김영진, 『율법과 법전: 율법과 고대근동의 법 연구』(서울: 한들출판사, 2005).

김영진, 『이스라엘 역사』(서울: 이레서원, 2006).

김영진, 『너희는 거룩하라: 레위기 주석』(서울: 이레서원, 2008).

김영진, 『가장 아름다운 노래 아가서』(서울: 하늘유통, 2009).

정중호, 『레위기: 만남과 나눔의 장』(서울: 한들출판사, 1999).

Index
색인

주제 색인

성구 색인